Strategien europäischer Fluggesellschaften
in einem liberalisierten Weltluftverkehr

Europäische Hochschulschriften
Publications Universitaires Européennes
European University Studies

Reihe V
Volks- und Betriebswirtschaft

Série V Series V
Sciences économiques, gestion d'entreprise
Economics and Management

Bd./Vol. 2366

PETER LANG
Frankfurt am Main · Berlin · Bern · New York · Paris · Wien

Bernhard Wiezorek

Strategien europäischer Fluggesellschaften in einem liberalisierten Weltluftverkehr

PETER LANG
Europäischer Verlag der Wissenschaften

Die Deutsche Bibliothek - CIP-Einheitsaufnahme

Wiezorek, Bernhard:

Strategien europäischer Fluggesellschaften in einem liberalisierten Weltluftverkehr / Bernhard Wiezorek. - Frankfurt am Main ; Berlin ; Bern ; New York ; Paris ; Wien : Lang, 1998
(Europäische Hochschulschriften : Reihe 5, Volks- und Betriebswirtschaft ; Bd. 2366)
Zugl.: Dortmund, Univ., Diss., 1998
ISBN 3-631-33713-2

D 290
ISSN 0531-7339
ISBN 3-631-33713-2

Mein besonderer Dank gilt Herrn ***Prof. Dr. Hartmut Berg****, Inhaber des Lehrstuhls für Wirtschaftspolitik an der Universität Dortmund, der meinen Themenvorschlag für die vorliegende Dissertation angenommen und die Ausarbeitung bis zum Abschluß betreut hat. Bedanken möchte ich mich auch bei Herrn* ***Prof. Dr. Ulrich Teichmann*** *für die Erstellung des Zweitgutachtens.*

Darüber hinaus bin ich der ***Flughafen Frankfurt Main Stiftung*** *zu Dank verpflichtet, deren Förderung maßgeblich zur erfolgreichen Fertigstellung meiner Arbeit beigetragen hat.*

Inhaltsverzeichnis

Abbildungen

Tabellen

Abkürzungen

AAPA	=	Association of Asia Pacific Airlines *[früher OAA]*
ABL	=	Amtsblatt der Europäischen Gemeinschaften
ACE	=	Association des Companies Aériennes de la Communaute Européenne
ADA	=	Airline Deregulation Act
AEA	=	Association of European Airlines
AOCI	=	Airport Operators Council International
ASM	=	Available Seat Miles (angebotene Sitzmeilen)
ASA	=	Air Services Agreement
ASK	=	Available Seat Kilometers (angebotene Sitzkilometer)
ATA	=	Air Transport Association of America
ATW	=	Air Transport World
BTCE	=	Bureau of Transport and Communications Economics (Australien)
CAB	=	Civil Aeronautics Board
CEO	=	Chief Executive Officer (≈ Vorstandsvorsitzender, Geschäftsführer)
CRS	=	Computerreservierungssystem
DJWR	=	durchschnittliche jährliche Wachstumsrate
DOJ	=	U.S. Department of Justice
DOT	=	U.S. Department of Transportation
ECAC	=	European Civil Aviation Conference
ERA	=	European Regional Airlines Association
EU	=	Europäische Union
EWR	=	Europäischer Wirtschaftsraum
FAA	=	Federal Aviation Administration
FFP	=	Frequent Flier Programm (Vielfliegerprogramm)
GAO	=	General Accounting Office
GATS	=	General Agreement on Trade in Services
HHI	=	Herfindahl-Hirschman-Index
IATA	=	International Air Transport Association
ICAO	=	International Civil Aviation Organization
IFE	=	Inflight Entertainment System
IT	=	Information Technology (Informationstechnologie)
ITA	=	Institut du Transport Aérien
JV	=	Joint Venture
n.v.	=	nicht verfügbar *[Daten, etc.]*
OAA	=	Orient Airlines Association *[seit 1997 AAPA]*
Pax	=	Passagier
RPM	=	Revenue Passenger Miles (verkaufte Passagiermeilen)

RPK	=	Revenue Passenger Kilometers (verkaufte Passagierkilometer)
SIA	=	Singapore Airlines
TACO	=	Travel Agent Commission Override (Reisebürozusatzprovision)
VFR	=	Visiting Friends and Relatives
WTO	=	World Trade Organization

1. Problemstellung und Abgrenzung

Trotz eines im Vergleich zu anderen Wirtschaftszweigen überproportionalen Wachstums, haben viele Luftfahrtunternehmen im vergangenen Jahrzehnt hohe Verluste eingeflogen. Hierfür waren nicht nur die Auswirkungen des Golfkriegs, die unbefriedigende konjunkturelle Situation in vielen Ländern und starke Kerosinpreisschwankungen verantwortlich, sondern insbesondere auch die Folgen des weltweit fortschreitenden Liberalisierungsprozesses. Innerhalb Europas beendeten drei Liberalisierungspakte der EU die vorherrschende Praxis strikter staatlicher Marktzugangs-, Kapazitäts- und Preisregulierung und ermöglichten somit eine Intensivierung des Wettbewerbs. Aber auch im Verkehr mit Drittstaaten führten freizügigere Luftverkehrsabkommen und die Bildung Strategischer Allianzen zu einer beträchtlichen Zunahme des Konkurrenzdrucks.

Unter den neuen Rahmenbedingungen konnten sich nur jene europäischen Fluggesellschaften behaupten, die ihre Strategie der veränderten Situation anpaßten und wirksame Maßnahmen zur Erhöhung der Produktivität sowie zur Verringerung der Kosten einleiteten. Viele Unternehmen begannen damit, das Flugangebot stärker an der Nachfrage auszurichten, Arbeitsabläufe neu zu strukturieren, kostengünstigere Tochtergesellschaften bzw. unabhängige Profit Center zu gründen und Kooperationen sowie Beteiligungen und Fusionen einzugehen. Nicht alle Bemühungen waren allerdings erfolgreich. Häufig erwies sich der Widerstand von Politikern, Gewerkschaftern und Mitarbeitern als so stark, daß dringend erforderliche Rationalisierungspakete nicht oder lediglich in abgeschwächter Form durchgeführt werden konnten. Nur wenigen Gesellschaften (z.B. British Airways, KLM und SAS) gelang es, aus eigener Kraft Gewinne zu erzielen. Dagegen überlebten die meisten Staatscarrier (z.B. Air France, Iberia und Olympic Airways) nur aufgrund hoher staatlicher Subventionszahlungen.

Das kommende Jahrzehnt wird sicherlich durch eine weitere Intensivierung des Wettbewerbs geprägt sein, sowohl innerhalb Europas als auch im Verkehr mit Drittstaaten. Im Rahmen der vorliegenden Arbeit soll daher untersucht werden, wie die großen europäischen Luftfahrtunternehmen auf die veränderten Rahmenbedingungen reagieren müssen, um langfristig als „Global Player" bestehen zu können. Zu Beginn erfolgt eine Darstellung der im Weltluftverkehr eingesetzten Regulierungsinstrumente sowie eine Bewertung der Liberalisierungsbestrebungen in den USA und Europa. Hierauf wird die derzeitige Stellung europäischer Fluggesellschaften erörtert. Den Hauptteil der Untersuchung bilden die Analyse luftverkehrsspezifischer Wettbewerbsfaktoren und die darauf aufbauende Formulierung liberalisierungsbedingter Strategieempfehlungen. Abschließend wird der Versuch unternommen, die voraussichtliche Entwicklung der Marktstruktur zu prognostizieren und erfolgversprechende Strategieoptionen für die Airlines in Europa aufzuzeigen.

Wegen der Komplexität des Themas war eine Beschränkung auf bestimmte Schwerpunkte erforderlich. Als Untersuchungsobjekt wurde der Personenlinienverkehr großer, international operierender Fluggesellschaften gewählt. Eine Berücksichtigung des Charter- bzw. Ferienflugverkehrs sowie der Besonderheiten kleinerer Luftfahrtunternehmen erfolgt daher nur insofern, als es für das Verständnis der untersuchten Thematik erforderlich ist. Der Frachtsektor, für den andere Gesetzmäßigkeiten gelten als für die Personenbeförderung, bleibt vollkommen ausgeklammert.

Innerhalb des gewählten Untersuchungsobjekts werden nur jene Bereiche analysiert, die als luftverkehrsspezifisch gelten können oder in denen eine freie unternehmerische Entfaltung erst durch den Wegfall staatlicher Reglementierung möglich wird. Hierunter fallen Maßnahmen zur Optimierung des Streckennetzes, des Flugangebots und der Preissetzung, das Eingehen neuartiger Kooperationen mit anderen Luftfahrtunternehmen sowie die Gründung ausländischer Niederlassungen und Tochtergesellschaften. Optimierungsmaßnahmen, die auch für andere Industrie- und Dienstleistungsbranchen typisch sind oder die bisher schon von den Airlines ergriffen werden konnten (z.B. Straffung der Organisationsstrukturen, Intensivierung der Beziehung zum Kunden oder Verbesserung des Serviceniveaus), werden dagegen nur am Rande erwähnt.

Da es vornehmlich um die Sichtweise der Fluggesellschaften geht, wird auf volkswirtschaftliche Bewertungen und Empfehlungen weitgehend verzichtet. Es sei jedoch darauf hingewiesen, daß einige Strategieempfehlungen (z.B. Aufbau einer marktbeherrschenden Stellung auf mehreren, zentral gelegenen Flughäfen oder Wachstum durch Fusionen und Strategische Allianzen mit anderen Großunternehmen der Branche) durchaus zu Wohlfahrtsverlusten führen können. Wie die Wettbewerbsbehörden hierauf reagieren müssen, bleibt der Untersuchung durch andere Autoren überlassen.

2. Rahmenbedingungen des Luftverkehrs

2.1. Das Angebot an Luftverkehrsleistungen

Das Hauptprodukt einer Fluggesellschaft besteht in der Luftverkehrsbeförderung von Passagieren, Post und/oder Fracht zwischen zwei Flughäfen. Viele Unternehmen haben ihre Produktpalette aber mittlerweile um eine Vielzahl derivativer, mit der originären Leistung mehr oder weniger eng verbundener Angebote erweitert. Beispielsweise werden während des Fluges zollfreie Waren verkauft und auch das Telefonieren von fest installierten Satellitentelefonen ist möglich. Bereits in naher Zukunft dürften die meisten Airlines Teleshopping, Telebanking, Computerspiele und andere multimediale Anwendungen an Bord offerieren[1]. Auch über den eigentlichen Flug hinaus existieren zahlreiche interessante Angebote, wie Transfers vom und zum Flughafen, Airport Lounges, Stopover-Programme[2] und sogar Schulungen gegen Flugangst[3]. Manche Fluggesellschaften sind zudem an Kreditkartenorganisationen, Reisebüros, Touristikunternehmen und Hotelketten beteiligt und bieten deren Leistungen ebenfalls ihren Kunden an.[4]

Beim originären Produkt von Fluggesellschaften, der Beförderung in der Luft, handelt es sich um eine Dienstleistung, die durch einen simultanen Produktions-

---

[1] Die World Airline Entertainment Association (WAEA) schätzt, daß die Fluggesellschaften 1994 insgesamt 800 Millionen US-Dollar für den Einbau von Unterhaltungselektronik in ihre Flugzeuge ausgegeben haben. Nach verschiedenen Schätzungen könnten große Gesellschaften wie United Airlines schon in naher Zukunft durch Gebühren für die Nutzung von Bordtelefonen, Glücks- und Videospielen sowie Teleshopping mehr als 1 Mrd. US-Dollar pro Jahr verdienen [vgl. Cotter (1995), Cleghorn (1996) und Hilleary (1995)].

[2] Stopover-Programme sollen den Kunden mit niedrigen Hotelpreisen ködern. Ursprünglich von asiatischen Fluggesellschaften entwickelt, werden sie mittlerweile von vielen großen Airlines angeboten, wobei häufig nicht nur Hotels an Stopover-Punkten, sondern auch solche am Zielort offeriert werden [vgl. Hassenmeier (1996): *Billige Betten sollen die Flugzeuge füllen*].

[3] Vgl. Entenmann (1995).

[4] Die Deutsche Lufthansa ist beispielsweise mit 48,8 % an der Kreditkartenorganisation Lufthansa AirPlus Servicekarten GmbH, mit 50 % an der Reisebürokette Lufthansa City Center Reisebüropartner GmbH und mit 85 % an dem Reiseveranstalter Euro Lloyd Reisebüro GmbH beteiligt [Lufthansa Geschäftsbericht 1994, S. 23].

und Konsumprozeß gekennzeichnet ist.[5] Da die Speicherung nicht verkaufter Leistungen unmöglich ist, besteht das Erfordernis, auf allen Flügen eine möglichst hohe Auslastung zu erzielen. Erschwerend wirkt sich hierbei aus, daß im Luftverkehr *Batch-Production* vorliegt. Eine Variation der Angebotsmenge ist demnach nur in diskreten Schritten möglich, deren Größenordnung von den in der Flotte vorhandenen Flugzeugtypen abhängt. Ein weiteres wichtiges Merkmal des Luftverkehrsprodukts sind die bei seiner Erstellung anfallenden äußerst geringen Grenzkosten. Die Beförderung eines zusätzlichen Passagiers bedingt nur geringfügige Mehrausgaben, die für den Service während des Fluges (Mahlzeiten, Getränke, Zeitungen, etc.), zusätzliches Kerosin infolge des erhöhten Gewichts und gegebenenfalls Provisionszahlungen an ein Reisebüro anfallen.

Aufgrund der Nichtlagerbarkeit des Produkts und der äußerst geringen Grenzkosten herrscht im Luftverkehr eine Tendenz zu intensivem Preiswettbewerb.[6] Um ihre Flugzeuge zu füllen sind Airlines häufig gewillt, freie Plätze zu Preisen zu verkaufen, die weit unter den Durchschnittskosten liegen. Hierdurch ergibt sich ein Druck auf andere Fluggesellschaften, diese Preise ganz oder teilweise zu übernehmen. Ein solches Vorgehen kann zu Tarifen führen, die nur die variablen, nicht aber die fixen Kosten decken.[7] Im Vergleich zu anderen Wirtschaftszweigen weisen Luftverkehrsgesellschaften daher auch nur eine geringe Profitabilität auf.[8]

---

[5] Vgl. hierzu Jäckel (1991) S. 79ff, Diegruber (1991) S. 108f, Pompl (1991) S. 33ff und Hunziker (1983) S. 79f.

[6] Vgl. Jäckel (1991) S. 82f und Doganis (1991) S. 282ff

[7] American Airlines beschreibt diese *„variable cost pricing trap"* wie folgt: „Airline seats are a perishable commodity whose costs include a very high proportion of fixed charges. As a result, there has always been a financial incentive for airlines to sell seats that would otherwise depart empty for any price that exceeds variable costs, i.e. expenses for passenger ticketing, baggage handling, food service and incremental fuel .... As simple and reasonable as this sounds, prices based on variable costs cannot, in the real world, be limited to seats that would otherwise depart empty. The highly competitive airline marketplace ensures that whatever price is set will be made available for a large percentage of all seats, including many that could have been sold at higher fares .... The problems associated with variable cost pricing become particulary acute when demand for air travel slackens .. In periods of reduced economic activity, there are many more seats, a circumstance that leads to heightened temptation on the part of airlines to fall into the varibale cost pricing trap" [AMR Corporation 1992 Annual Report, S. 6].

[8] Eine Analyse von 1.500 internationalen Unternehmen durch die Financial Times kommt zu dem Ergebnis, daß die Eigenkapitalrendite (vor Zinsen und Steuern) von Luftverkehrsunternehmen mit lediglich 4% unterhalb des Durchschnitts liegt [vgl. Bammer, Herbert (1996):

In der Vergangenheit existierten bei den Angeboten der einzelnen Fluggesellschaften keine gravierenden Preis- und Qualitätsunterschiede. Da zudem ähnliche oder sogar typgleiche Produktionsmittel eingesetzt wurden[9], vertraten viele Autoren die Ansicht, daß es sich bei der Luftverkehrsbeförderung um ein homogenes Produkt handelt.[10] In Zeiten rigoroser Preis- und Qualitätsregulierung durch staatliche Stellen und die International Air Transport Association (IATA) war diese Ansicht sicherlich zu rechtfertigen.[11] Bedingt durch die zunehmende weltweite Liberalisierung ist nunmehr allerdings ein Übergang vom homogenen zum heterogenen Produkt feststellbar, der sich in einer stärkeren Differenzierung des eigenen Angebots gegenüber der Konkurrenz und in der Herausbildung von Marken mit spezifischen Merkmalen und emotionalem Gehalt manifestiert.[12]

Mapping the future of the global airline, Rede auf der IATA-Konferenz über "Financial Management" am 22.04.96 in New York (1996), S. 10]. Die höchsten Nettoumsatzrenditen erzielten Fluggesellschaften Mitte der 60er Jahre (knapp über 6 %) und zwischen 1976 und 1978 (zwischen 3 % und 4 %) [Doganis (1991) S. 17ff]. In den USA lag die Nettoumsatzrendite nach Dempsey in der präderegulativen Periode (1960-1977) bei durchschnittlich 2,4 % und in der postderegulativen Periode (1978-1992) bei -0,4 %. Demgegenüber erwirtschafteten andere Industriebranchen Nettoumsatzrenditen von 4 - 6 % [Dempsey (1995) S. 186f und 193]. Branchenkenner gehen davon aus, daß die Umsatzrendite für eine angemessene Bedienung der Schulden mindestens 4 % und für eine Modernisierung der Flotte mindestens 6 % betragen muß.

[9] Für den Personentransport stehen derzeit nur wenige Typen größerer Düsenflugzeuge zur Verfügung. Auf Langstrecken werden beispielsweise fast ausschließlich Maschinen der Firmen Boeing (B-747, B-767, B-777, MD-11) und Airbus (A-300, A-310, A-340) eingesetzt.

[10] Beispielsweise sieht Wheatcraft eine „originäre Homogenität" der Luftverkehrsleistung [vgl. Wheatcroft (1964) S. 87] und O´Conner spricht von einem „undifferentiated product" [vgl. O´Conner (1985) S. 5]. Krahn geht grundsätzlich von einer „relativ ausgeprägten Homogenität" des Kernproduktes aus, schränkt jedoch ein, daß „unter Einbeziehung aller Nebenleistungen größere Produktunterschiede bestehen können" [Krahn (1994) S. 9]. Eine ähnliche Auffassung vertritt Schmidt, der darauf hinweist, daß die Luftfahrtunternehmen durch „Angliederung vor- oder nachgelagerter Serviceleistungen" versuchen, die „Homogenität der Luftverkehrsprodukte in der Perspektive der Verbraucher zu überwinden" [Schmidt (1993) S. 44].

[11] In den 60er, 70er und teilweise auch 80er Jahren (im Verkehr zwischen einigen Ländern aber sogar noch heute) wurden die Flugtarife von den angeflogenen Ländern oder von den IATA-Verkehrskonferenzen für alle Routen verbindlich festgesetzt. Bis 1979 gab es zudem IATA-Vorschriften hinsichtlich des Servicestandards, die von allen Airlines eingehalten werden mußten (für die Economy Class wurden beispielsweise die Bestandteile der Mahlzeiten, der maximale Sitzabstand und Mindestpreise für alkoholische Getränke sowie Kopfhörer vorgegeben). Vgl. Jäckel (1991) S. 54f.

[12] Die Markenidee hat sich im Luftverkehr bisher nicht in dem Umfang wie in anderen Konsumgüter- und Dienstleistungsindustrien durchgesetzt. Noch heute vertrauen viele Fluggesellschaften weitgehend auf ihr Image als „National Flag Carrier". Hierbei übersehen sie aller-

Bei der Konzeption des Angebots haben die Fluggesellschaften in der Tat zahlreiche Optionen hinsichtlich Preis, Flugzeiten und Streckenführung (z.B. Anzahl der Flüge pro Tag, Angebot von Nonstop-, Direkt- oder Umsteigeverbindungen), Serviceniveau (z.B. Angebot verschiedener Beförderungsklassen, Anordnung und Komfort der Sitzplätze, Mahlzeiten und Unterhaltung an Bord, Freundlichkeit des Kabinenpersonals), Image (z.B. Ferienflieger oder Gesellschaft für Geschäftsreisende, Billig- oder Qualitätsanbieter) und technischer Standards (z.B. Pünktlichkeit, Alter und Qualität der eingesetzten Flugzeuge, Wartungsintensität).

Zahlreiche technische Innovationen, durch die die Produktivität und Leistungsfähigkeit der eingesetzten Flugzeuge erheblich verbessert wurde, haben die Entwicklung der Zivilluftfahrt in den letzten 50 Jahren entscheidend geprägt. Von besonderer Bedeutung war die Einführung von Düsentriebwerken Ende der 50er Jahre, die zu einer Verdopplung der Reisegeschwindigkeit und zu einer erheblichen Ausweitung der beförderbaren Nutzlast führte.[13] In der Folge setzte ein Trend zu immer schnelleren und vor allem größeren Flugzeugen ein. Dieser schwächte sich zwar Mitte der 80er Jahre etwas ab, als die Verringerung des Treibstoffverbrauchs, die Senkung der Betriebskosten und die Entwicklung von (zweistrahligen) Jets mit großer Reichweite in den Vordergrund rückten. Bereits in naher Zukunft dürfte jedoch mit dem Bau noch größerer und schnellerer Flugzeuge begonnen werden.[14]

---

dings, daß eine zu starke Assoziation mit einem bestimmten Land eher hinderlich ist, wenn es darum geht, Passagiere aus anderen Teilen der Welt zu gewinnen und globale Allianzen einzugehen. Beispiele für eine gelungene Markenpolitik sind *Virgin Atlantic* (Übertragung des Markenimages der Virgin Gruppe auf die 1984 gegründete Fluggesellschaft), *Singapore Airlines* (asiatische Gastfreundschaft personifiziert durch die in klassische Gewänder gehüllten und in Madame Tussauds Londoner Wachsfigurenkabinett verewigten „Singapore Girls"; innovatives Kommunikationssystem „Celestel" und vielseitiges Unterhaltungssystem „KrisWorld"; eine der jüngsten und sichersten Flotten der Welt bestehend aus Flugzeugtypen wie „B 747-400 Megatop" und „A 340 Celestar") und *British Airways* (erfolgreiche Einführung der Untermarken „Club Europe" und „Club World") [vgl. Porter (1995)].

[13] Die mit Kolbenmotoren ausgestattete und 1952 eingeführte *Lockheed Super Constellation* hatte eine Reisegeschwindigkeit von 499 km/h und eine maximale Nutzlast von 2,7 Tonnen bzw. 21 Passagieren. Demgegenüber erzielte die düsengetriebene und 1969 zum Erstflug gestartete *Boeing 747-100* bereits eine Reisegeschwindigkeit von 948 km/h und konnte eine maximale Nutzlast von 49,5 Tonnen bzw. 493 Passagieren befördern [Doganis (1991) S. 1ff].

[14] Sowohl Airbus wie auch Boeing denken ernsthaft über den Bau eines Flugzeugs für bis zu 1.000 Passagiere nach. Außerdem soll als Ersatz für die seit 1976 fliegende *Concorde* ein neues Überschallflugzeug entwickelt werden [vgl. Walker/Odell (1997) und Donoghue (1997)].

Durch den Einsatz neueren und effizienteren Fluggeräts, das mehr Menschen über größere Entfernungen transportieren konnte, wurde eine Senkung der Stückkosten[15] und somit eine Reduzierung der Flugpreise ermöglicht.[16] Für die Luftfahrtunternehmen war damit jedoch auch ein starker Anstieg der Investitionskosten verbunden, der dazu geführt hat, daß die Luftfahrtindustrie heute eine für den Dienstleistungssektor vergleichsweise hohe Kapitalintensität aufweist.[17]

Die Betriebserlöse einer Fluggesellschaft resultieren vornehmlich aus der Erbringung von Passagier-, Fracht- und Postbeförderungsleistungen. Verschiedentlich haben auch streckenbezogene Subventionen des Staates eine nicht unerhebliche Bedeutung. In Zukunft dürften darüber hinaus Gebühren für die Nutzung von Nebenprodukten (z.B. Bordtelefone, interaktive Unterhaltungsprogramme) sowie Einnahmen durch den Verkauf von Bonusmeilen[18] erheblich zum Umsatz beitragen.

---

[15] Stückkosten beziehen sich in der Regel auf die Kosten pro angebotenem Passagierkilometer (Available Seat Kilometer = ASK) bzw. pro verkauftem Passagierkilometer (Revenue Passenger Kilometer = RPK). Vgl. Fußnoten 22 und 51.

[16] Von 1973 bis 1993 sind die Erträge pro verkauftem Passagierkilometer um real durchschnittlich 1,44 % pro Jahr gesunken (zwischen 1988 und 1993 sogar um 1,63 %). Bis zum Jahre 2013 wird mit einem weiteren Rückgang der Erträge um jährlich 0,95 % gerechnet [McDonnell Douglas (1995): *Outlook for Commercial Aircraft 1994-2013*, S. 11f].

[17] Kosteten die größten Flugzeuge Mitte der 50er Jahre höchstens 2 Mio. US-Dollar, so sind heute für Großraumflugzeuge der Typen A-330, A-340 bzw. B-747, B-777 zwischen 90 und 150 Mio. US-Dollar zu zahlen [Avmark Aviation Economist (1996), No. 1, S. 23]. Da die Maschinen über einen Zeitraum von bis zu 25 Jahren abgeschrieben werden [vgl. Baggaley (1995) S. 243f], ist der Anteil der Abschreibungen an den Betriebsausgaben aber vergleichsweise gering. Er betrug 1994 bei US-Airlines 5,9 % [ATA (1995): *Air Transport 1995*, S. 17], bei asiatischen Fluggesellschaften 9,9 % [OAA (1994): *Statistical Report 1993-94*, S. 10] und im Durchschnitt der ICAO-Luftfahrtunternehmen 7,1 % [ICAO (1995): *Financial Data 1994*, S. A-1].

[18] Vgl. hierzu die Ausführungen über Vielfliegerprogramme in Kapitel 4.5.3.

Kostenklassifikation der ICAO

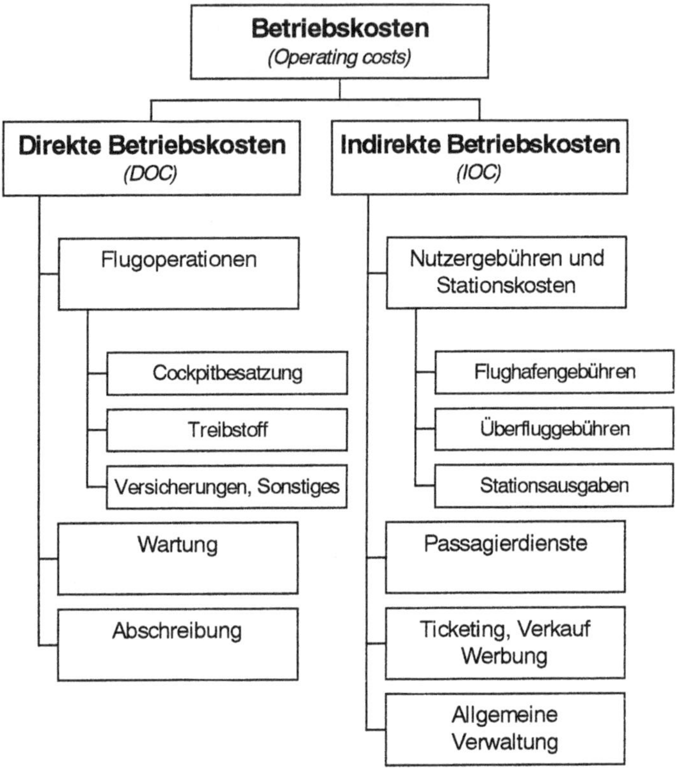

Abbildung 2.1

Quelle: Eigene Darstellung nach ICAO (1995) Financial Data S. X-13

Die Betriebskosten eines Luftfahrtunternehmens werden gewöhnlich in Anlehnung an die Vorgehensweise der internationalen Zivilluftfahrtsorganisation ICAO in direkte und indirekte Kosten unterteilt (vgl. Abbildung 2.1).[19] Direkte Betriebskosten (*DOC, Direct Operating Costs*) beinhalten Aufwendungen für a) Flugoperationen: Gehälter, Übernachtungskosten und Schulungen der Cockpit-

[19] Vgl. hierzu ICAO (1995): *Financial Data - Commercial air carriers*, S. X-13.

besatzungen, Treibstoff, Versicherungen und Sonstiges, b) Wartung der Flugzeuge sowie c) Abschreibung der Fluggeräte und Bodeneinrichtungen. Indirekte Betriebskosten (*IOC, Indirect Operating Costs*) verteilen sich auf die Bereiche a) Nutzungsgebühren und Stationskosten (z.B. Flughafengebühren, Entgelte für die Nutzung des Luftraums und der Luftverkehrskontrolle, Personalaufwendungen für das Bodenpersonal, Wartung und Instandhaltung der Bodeneinrichtungen), b) Passagierdienste (z.B. Gehälter und Übernachtungskosten der Kabinenbesatzungen, Ausgaben für Mahlzeiten und Unterhaltungseinrichtungen an Bord), c) Ticketing, Verkauf und Werbung (z.B. Gehälter des Reservierungs- und Verkaufspersonals, Reisebüroprovisionen, Gebühren für die Nutzung von Computerreservierungssystemen, Ausgaben für eigene Verkaufseinrichtungen) sowie d) Allgemeine Verwaltung (Personal- und Sachaufwendungen für alle bisher nicht genannten Bereiche).

Das Klassifikationsschema der ICAO ist leider weder in sich schlüssig noch für eine aussagekräftige Kosten- und Produktivitätsanalyse einzelner Flüge oder Routen geeignet. Beispielsweise ist es logisch nur schwer nachvollziehbar, daß die Ausgaben der Cockpitbesatzungen bei den direkten Kosten unter „Flugoperationen" aufgeführt werden, während jene für das Kabinenpersonal bei den indirekten Kosten unter „Passagierdienste" erscheinen. Das gleiche gilt für die Tatsache, daß sich innerhalb der direkten Kosten die Wartungsausgaben nur auf das Fluggerät beziehen, während die Abschreibungsbeträge auch Bodeneinrichtungen berücksichtigen. Obwohl die Airlines ihre Kosten intern sicherlich nach anderen Kriterien aufschlüsseln,[20] ist eine Neustrukturierung des ICAO-Klassifikationsschemas dringend geboten, um auch Außenstehenden ohne Zugriff auf vertrauliche Daten eine bessere Bewertung der Leistungsfähigkeit von Luftfahrtunternehmen zu ermöglichen.

Insgesamt haben die direkten Betriebskosten einen Anteil von 43,7 % und die indirekten einen Anteil von 56,3 % an den Gesamtkosten. Die Bereiche Ticketing, Verkauf und Werbung (16 %), allgemeine Verwaltung (12 %), Treibstoff (12 %), Passagierdienste (11 %), Stationsausgaben (11 %) und Wartung (11 %) stellen dabei die größten Kostenblöcke dar (vgl. Abbildung 2.2). Während Treibstoffkosten sowie Flughafen- und Überfluggebühren (zusammen ca. 18 % der Betriebskosten) für die Airlines weitgehend ein Datum sind, können alle anderen Kostenpositionen mehr oder weniger stark beeinflußt werden. Hierbei ist

---

[20] vgl. hierzu Doganis (1991) S. 107-127.

allerdings zu berücksichtigen, daß die einzelnen Positionen auch Personalkosten enthalten, die sich kurzfristig nur in geringem Maße ändern lassen. Werden diese von den reinen Sachkosten getrennt, so machen sie mit ca. 20-35 % den weitaus größten Kostenblock aus.[21]

Aufteilung der Betriebskosten von ICAO-Fluggesellschaften (1992)

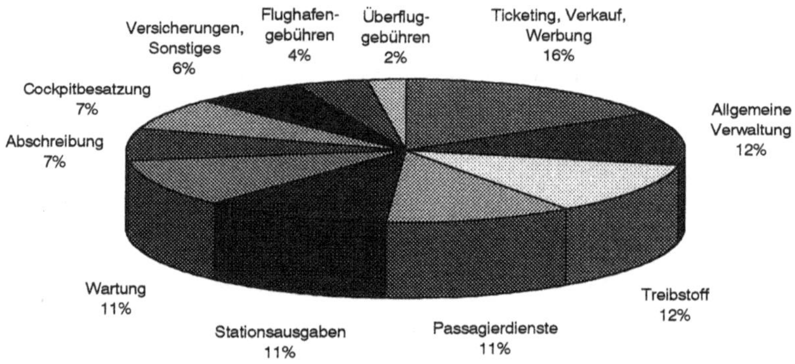

Abbildung 2.2

Quelle: eigene Darstellung nach ICAO (1995): Outlook for air transport to the year 2003, S. 31

Ein wichtiges Charakteristikum des Luftverkehrs ist, daß die Kosten pro angebotenem Sitzkilometer[22] mit zunehmender Streckenlänge abnehmen (vgl. Abbildung 2.3). Fluggesellschaften, die vorwiegend Kurzstrecken bedienen, haben somit ceteris paribus höhere Stückkosten als Airlines, die auf Mittel- und Langstrecken operieren (vgl. Abbildung 2.4). Das Kostensenkungspotential durch eine Erhöhung der durchschnittlichen Streckenlänge nimmt mit zunehmender

---

[21] Vgl. hierzu Kapitel 4.2.1.

[22] Für einen bestimmten Flug berechnet man die *angebotenen Sitzkilometer (Available Seat Kilometers, ASK)* durch Multiplikation der Anzahl der verfügbaren Sitzplätze mit der zurückgelegten Kilometerentfernung. Die *Kosten pro angebotenem Sitzkilometer* ergeben sich, wenn man die Gesamtkosten des Fluges durch die angebotenen Sitzkilometer dividiert.

Entfernung allerdings ab und ist im Langstreckenverkehr nur noch marginal.[23] Die Gründe für das inverse Verhältnis zwischen Stückkosten und Streckenlänge sind vielschichtig. Zum einen können die direkten und indirekten Fixkosten bei längeren Entfernungen auf mehr Stückeinheiten verteilt werden. Zum anderen entwickeln sich die variablen Kosten nicht proportional zu den geflogenen Kilometern. Beispielsweise wird Kerosin beim Warten am Boden und in der Luft verbraucht, ohne daß sich dadurch die angebotenen Sitzkilometer erhöhen. Außerdem sind sowohl die Start- als auch die Landephase in Bezug auf die zurückgelegte Entfernung äußerst treibstoffintensiv, während der Verbrauch beim Flug mit Reisegeschwindigkeit in großer Höhe vergleichsweise gering ausfällt. Langstrecken haben zudem den Vorteil, daß bei ihnen nur geringe Leerzeiten für die Crew und das Fluggerät entstehen.[24]

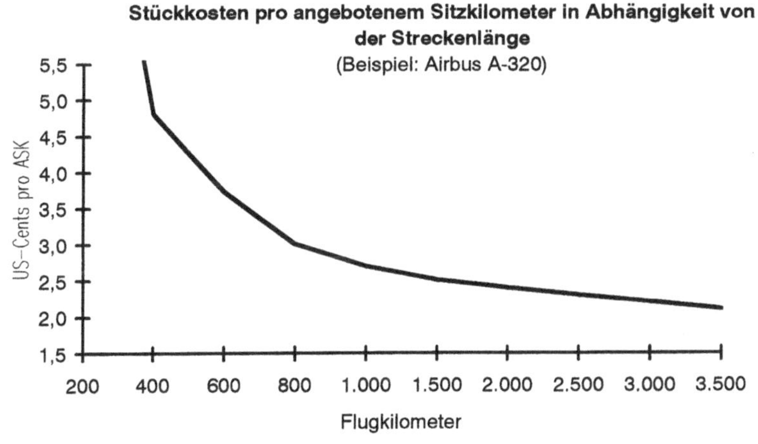

Abbildung 2.3

Quelle: Doganis (1991) S. 156

---

[23] Wird die Maximalreichweite, für die ein Flugzeug konzipiert ist, mit Hilfe von Zusatztanks überschritten, kommt es aufgrund der zusätzlichen Nutzlast sogar wieder zu einer Erhöhung der Stückkosten [Vgl. Berg/Tielke-Hosemann (1989) S. 132].

[24] Eine ausführliche Erläuterung des Einflusses der Streckenlänge und anderer Parameter auf die Stückkosten erfolgt in Doganis (1991) S. 153-158, Tretheway/Oum (1992) S. 4-10 und BTCE (1994) S. 9-12. Vgl. auch die Resultate der ökonometrischen Untersuchungen von Stoetzer (1991) S. 137ff. und Windle (1995) S. 133.

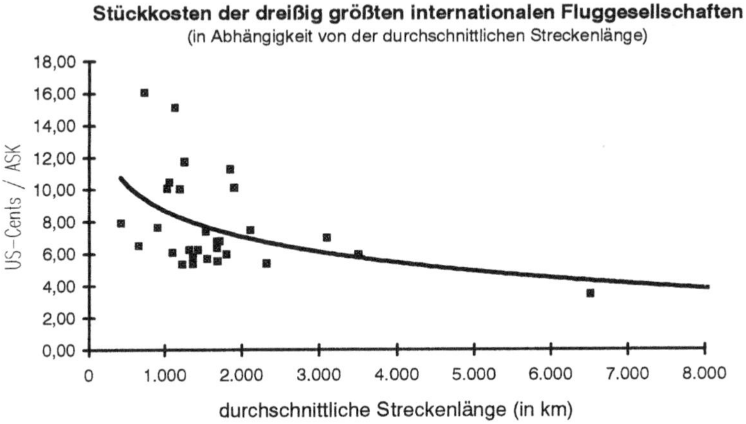

Abbildung 2.4

Quelle: eigene Darstellung nach Daten aus IATA (1996): World Air Transport Statistics (WATS); Air Transport World (1996): ATW's 33rd World Airline Report, Vol. 33, No. 6, S.33-117 und Airline Business (1996): Airline Business 100, Vol. 12, No. 9, S. 32-35

Ein ähnliches Verhältnis wie zwischen Streckenlänge und Stückkosten besteht auch zwischen Flugzeuggröße und Stückkosten. Je mehr Passagiere ein Flugzeug befördern kann, desto geringer sind die Stückkosten. Für die Branche folgt daraus, daß Airlines, die vorwiegend Langstrecken mit großen Maschinen bedienen, ceteris paribus die geringsten Stückkosten aufweisen.

Der Verkauf von Personenbeförderungsleistungen kann über verschiedene Distributionskanäle erfolgen (vgl. Abbildung 2.5). Derzeit entfallen etwa 80 % aller Buchungen auf Reisebüros.[25] Diese erwerben die Flugtickets entweder direkt von den Airlines[26] oder über Reiseveranstalter und Consolidators[27]. Für ihre

---

[25] In Europa und Nordamerika wird der Reisebüroanteil sogar auf bis zu 90 % geschätzt [vgl. Guzder (1995) S. 4 und Schmidt (1995) S. 12].

[26] Airlines können auch die Tickets anderer Fluggesellschaften verkaufen, sofern hierfür entweder ein Interlining oder ein General Sales Agency Agreement vorliegt [vgl. Pompl (1991) S. 176 und Sterzenbach (1996) S. 243].

[27] Consolidators sind Unternehmen, die große Ticketkontingente von den Airlines erwerben und diese auf eigene Rechnung und eigenes Risiko weiterverkaufen.

Tätigkeit erhalten sie vom jeweiligen Verkäufer eine in der Regel umsatzabhängige Provision, deren Höhe stark variieren kann.[28] Der Direktvertrieb hat bei den meisten Airlines eine eher geringe Bedeutung. Er erfolgt über eigene Stadt- oder Flughafenbüros, Firmenreisestellen und telefonische Reservierungszentralen. Neuerdings haben auch der multimediale Vertrieb (vor allem über Internet[29]) sowie die Einrichtung von Ticketautomaten auf den Flughäfen an Bedeutung gewonnen.[30]

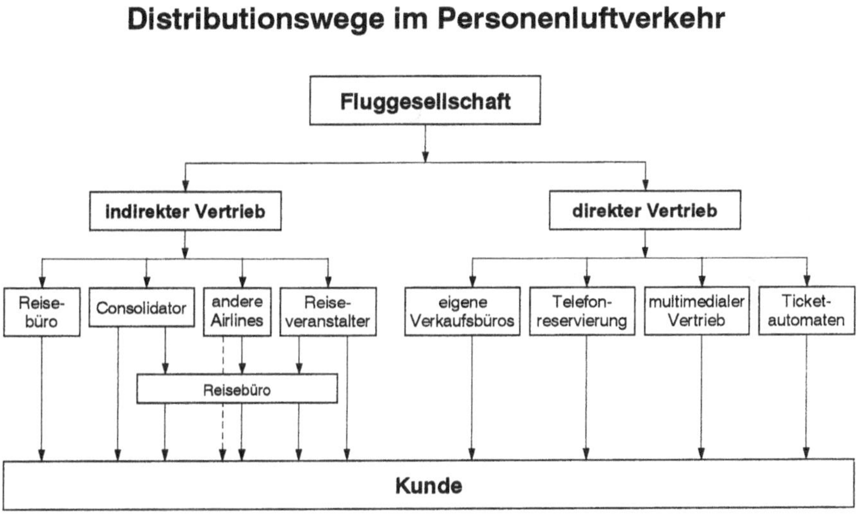

Abbildung 2.5

Quelle: eigene Darstellung

---

[28] Vgl. Henderson (1996): *Commission costs nosedive* und Henderson (1997): *Commission costs level.*

[29] Mittlerweile sind fast alle Airlines im Internet vertreten. Während bei einigen Gesellschaften die Planung, Buchung und Bezahlung von Flügen möglich ist, bieten andere nur oberflächliche Werbeinformationen. Eine Auflistung und Bewertung der Internet-Angebote findet sich in Whitaker/Levere (1997).

[30] Gewöhnlich wird der Flug vorher bei der Airline telefonisch oder per Fax reserviert und dann am Ticketautomaten in bar oder per Kreditkarte bezahlt. Hierdurch entfällt die früher übliche Zusendung des Tickets per Post. Da der Passagier vom Automaten nur die Bordkarte und einen Zahlungsbeleg erhält, spricht man auch vom „ticketless travel“.

Die vertriebsbezogenen Ausgaben dürften sich bei den meisten Fluggesellschaften auf mehr als 20 % der Einnahmen belaufen (vgl. Abbildung 2.6).[31] Der bei weitem größte Anteil, nämlich 14 %, entfällt auf Reisebüros in Form von Base Commissions (ca. 9 %) und Override Commissions (ca. 5 %). Einen weiteren erheblichen Ausgabenblock stellen mit 4,5 % die Gebühren für die Buchung über ein Computerreservierungssystem (CRS) und mit 4 % die Ausgaben für Reservierung und Verkauf dar.

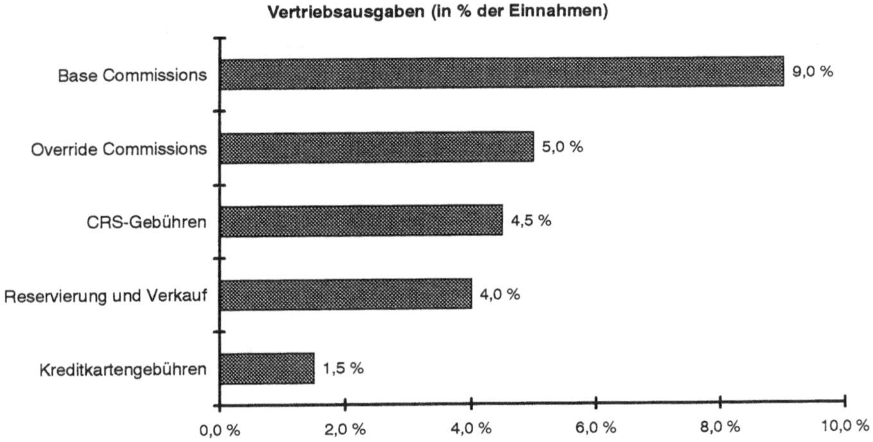

Abbildung 2.6

Quelle: eigene Darstellung nach Daten von Guzder (1995) S. 6

Sowohl aus der Organisation des Vertriebs als auch aus der Zusammensetzung der Vertriebskosten läßt sich die derzeit noch dominante Position der Reisebüros

[31] Nach Guzder betragen die Distributionskosten 24 % der Einnahmen. Von den restlichen 76 % entfallen 33 % auf Löhne und Gehälter, 14 % auf Kerosin, 9 % auf Abschreibung und Leasing-Raten, 5 % auf Wartung, 5 % auf Mahlzeiten und 10 % auf Sonstiges (der Unterschied zur ICAO-Kostenaufgliederung ergibt sich durch Abgrenzungsunterschiede, insbesondere durch die separate Aufgliederung der Lohn- und Gehaltskosten) [vgl. hierzu Guzder (1995) S. 5f; Bauer, Herb (1996): Why distribution costs are such an important issue, Rede vor IATA´s 7th Airline Financial Management Conference am 22.04.96 in New York; Baumgarten, Jean-Claude (1996): *Restructuring Distribution*, ebenda und Henderson (1997): *Commission costs level*].

ablesen. Diese übernehmen nicht nur die technische Abwicklung der Buchung, sondern können den Kunden durch ihr Verhalten auch maßgeblich bei der Wahl einer Fluggesellschaft beeinflussen. Die Luftverkehrsgesellschaften bemühen sich daher seit einigen Jahren verstärkt, den Anteil der Reisebürobuchungen zu reduzieren.

2.2. Die Nachfrage nach Luftverkehrsleistungen

Ein Flug darf nie isoliert, sondern immer nur als Bestandteil einer Reise gesehen werden, die den verschiedensten Zwecken dienen kann (z.B. Geschäftsreise, Urlaubsreise, Besuch von Bekannten, Teilnahme an einer Konferenz, Studium an einem entfernten Ort, Auswanderung). Da ohne die Reise auch der Flug nicht stattfinden würde, handelt es sich bei der Nachfrage nach Luftverkehrsleistungen um eine abgeleitete Nachfrage. Die Bestimmungsfaktoren, die die Reiseentscheidung beeinflussen, wirken sich somit auch auf die Nachfrage nach Flügen aus. Dies bedeutet jedoch nicht, daß die für Fluggesellschaften relevante Nachfrage grundsätzlich als vorgegeben anzusehen ist. Vielmehr können Airlines durch eine entsprechende Ausgestaltung ihres Angebots die Wahrscheinlichkeit der Durchführung einer Reise beeinflussen.

Bei den Bestimmungsfaktoren der Nachfrage nach Luftverkehrsleistungen können exogene und endogene Faktoren unterschieden werden (vgl. Abbildung 2.7). Exogene Faktoren sind von den Fluggesellschaften kaum oder gar nicht beeinflußbar. Hierunter fallen beispielsweise wirtschaftliche Rahmenbedingungen (z.B. Konjunktur, Höhe des Volkseinkommens, Einkommensverteilung, Umfang des internationalen Handels, Wechselkurse), zeitliche Faktoren (z.B. Jahreszeit, Wochentag, Tageszeit), demographische Einflüsse (z.B. Bevölkerungsgröße, Bevölkerungsdichte, Altersstruktur der Bevölkerung, Anzahl von Gastarbeitern), politische Einflüsse (z.B. Kriege, Ölkrisen, Terroranschläge), sozio-kulturelle Einflüsse (z.B. Verhaltenstrends in der Bevölkerung, Reise- und Urlaubsgewohnheiten), streckenbezogene Faktoren (z.B. Entfernung, Handels- und Touristikströme, frühere und gegenwärtige Bevölkerungsströme zwischen dem Ausgangs- und Endpunkt, Ein- und Ausreisebeschränkungen) sowie Substitutionsgüterkonkurrenz (z.B. intermodale Konkurrenz durch Auto und Bahn, Konkurrenz von Kommunikationsmedien wie Telefon, Telefax und Telekonferenzen). Endogene Faktoren können hingegen von den Luftfahrtunternehmen ganz oder zumindest zu einem erheblichen Teil beeinflußt werden. Die wichtigsten sind Preis, Flugangebot (z.B. Anzahl der angebotenen Verbindungen, Abflug- und Ankunftszeiten), Flugdauer (Nonstopflug oder Umsteigeverbindung), Serviceleistungen vor, während und nach dem Flug sowie Sicherheit, Pünktlichkeit und Image einer Fluglinie.[32]

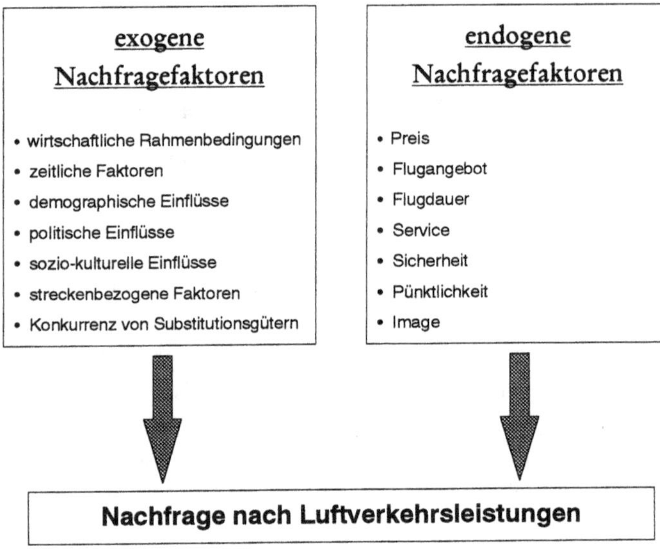

Abbildung 2.7
Quelle: eigene Darstellung

Gewöhnlich unterteilt man die Gesamtnachfrage in die Segmente Geschäftsreisen und Privatreisen[33]. Beide unterscheiden sich vor allem dadurch, daß die Kosten für Geschäftsreisen vom Unternehmen getragen werden und zudem steuerlich absetzbar sind, während Privatreisen vom Passagier selbst gezahlt werden müssen und das verfügbare Einkommen somit in vollem Umfang belasten. Ein weiterer wichtiger Unterschied liegt darin, daß über die meisten Geschäftsreisen

[32] Gute Zusammenfassungen der Bestimmungsfaktoren der Luftverkehrsnachfrage finden sich in Doganis (1991) S. 200-229 und Tretheway/Oum (1992) S. 11-15.

[33] Vgl. hierzu Tretheway/Oum (1992) S. 15ff, Shaw (1990) S. 14-24, 30f, Schmidt (1995) S. 246ff und Doganis (1991) S. 204-211.

erst kurze Zeit vor Abflug entschieden wird, während Privatreisen in der Regel schon mehrere Monate vor Antritt feststehen. So erfolgen in der Regel 80 % der Reservierungen von Geschäftsleuten erst in den letzten 20 Tagen vor Abflug, während 80 % der Privatreisen bereits 140 Tage im voraus gebucht werden.[34] Von Bedeutung ist auch, daß Geschäftsreisende gewöhnlich häufiger fliegen als Privatreisende.[35]

Bei Geschäftsreisen differenziert man zwischen normalen Geschäftsreisen (z.B. Besuch einer Zweigniederlassung oder von Geschäftspartnern) und Reisen zu Messen oder Konferenzen[36], bei Privatreisen zwischen Urlaubsreisen und Besuchsreisen (Visiting Friends and Relatives, VFR)[37]. Nach einer Untersuchung der Air Transport Association of America (ATA) aus dem Jahre 1993 erfolgen 48 % aller inneramerikanischen Flüge aus geschäftlichen Gründen, 34 % um Freunde oder Verwandte zu besuchen und 14 % um in Urlaub zu fahren.[38] Für die Zukunft ist damit zu rechnen, daß sich der Luftverkehr immer mehr zu einem Massentransportmittel entwickeln und der Anteil des Geschäftsreiseverkehrs daher zurückgehen wird.[39]

---

[34] Diegruber (1991) S. 115.

[35] In den USA sind zwar nur 34 % aller Passagiere Geschäftsreisende, ihr Anteil an den gebuchten Flügen beträgt jedoch 49 % [ATA (1993) S. II-20].

[36] Normale Geschäftsreisen sind in der Regel schwerer vorhersehbar und daher durch späte Buchung und Ticketausstellung sowie häufige Umbuchungsvorgänge an den einzelnen Destinationen gekennzeichnet. Demgegenüber wird die Teilnahme an einer Messe oder Konferenz gewöhnlich längere Zeit im voraus geplant und die Zeiten für Hin- und Rückflug sind weitgehend durch das Veranstaltungsprogramm vorgegeben. Obwohl die normalen Geschäftsreisen nach wie vor dominieren, nimmt die Bedeutung von Messe- und Konferenzreisen immer mehr zu.

[37] VFR-Reisende sind auf einen bestimmten Flughafen oder ein - aus mehreren nahe beieinander liegenden Airports bestehendes - Flughafensystem fixiert. Dagegen haben Urlaubsreisende eine große Auswahl an Destinationen und können jene wählen, die ihnen vom Preis-Leistungs-Verhältnis her am günstigsten erscheint. Ein weiterer Unterschied zwischen VFR und Urlaubsreisenden besteht darin, daß letztere den Flug häufig zusammen mit einem Hotelaufenthalt oder einer Rundreise buchen (Pauschalreise). Einfluß auf die Wahl der Fluggesellschaft besteht dabei im Gegensatz zu den VFRs in der Regel nicht.

[38] ATA (1993), S. III-18. Die Untersuchung ergab auch, daß der typische Reisende männlich und 25-34 bzw. 55-64 Jahre alt ist sowie 40.000 US$ oder mehr verdient [S. I-2].

[39] Die Lufthansa schätzt, daß in Zukunft 80 % des Wachstums im Luftverkehr auf Privatreisen entfallen wird [Klein (1996) S. 12].

Aufgrund der stark gestiegenen Passagierzahlen, der geänderten Reisegewohnheiten und der teilweisen Vermischung von Geschäfts- und Privatreisen reicht die traditionelle Unterteilung für ein gezieltes Marketing bei weitem nicht mehr aus. Manche Fluggesellschaften segmentieren potentielle Passagiere daher auch nach anderen Kriterien (z.B. psychologische, demographische oder sozioökonomische Faktoren) oder bilden weitere Untergruppen.[40] Da Kunden, die verschiedenen Nachfragesegmenten angehören, teilweise erhebliche Unterschiede hinsichtlich ihres Buchungsverhaltens, ihres Serviceanspruchs und ihrer Zahlungsbereitschaft aufweisen[41], ist eine genaue Kenntnis der einzelnen Marktsegmente für das Marketing einer Fluggesellschaft von entscheidender Bedeutung. Die rasante Entwicklung der Informationstechnologie und die zunehmenden Möglichkeiten der Airlines, detaillierte Informationen über Präferenzen und Reisegewohnheiten einzelner Kunden sammeln zu können, dürfte in Zukunft sogar zu einem *„segment of one"*-Marketing führen. Hierbei bildet jeder Kunde ein einzelnes Marktsegment, dessen Bedeutung mit Hilfe des zu erwartenden „Lebens-Ertragswertes" gemessen und das mit speziell entwickelten Kundenbindungsprogrammen, Produkten und Distributionsverfahren bearbeitet wird.[42]

Die einzelnen Bestimmungsfaktoren der Nachfrage nach Luftverkehrsleistungen haben insgesamt und bezogen auf die einzelnen Nachfragesegmente eine unterschiedliche Bedeutung. Ein wichtiger Faktor ist sicherlich der Preis. Oum und Gillen (1983) fanden bei einer Untersuchung über den Luftverkehr in Kanada heraus, daß eine Senkung des Preises um 10 % zu einer Nachfrageerhöhung um

---

[40] Ende der 80er Jahre wurden Geschäftsreisende von British Airways beispielsweise in „attention seekers", „comfort cravers" oder „schedule seekers" unterteilt und Privatreisende in „service seekers", „schedule seekers" and „nervous nellies" [Doganis (1991) S. 212]. Eine Untersuchung von United Airlines im Jahr 1997 ordnete Passagiere in fünf Geschäftsreisegruppen (road warriors, global travelers, eager corporate soldiers, reluctant corporate soldiers, do-it-yourself price shoppers) und drei Privatreisegruppen (personal service seakers, mile collecting vacationers, price driven occasionalists) ein [o.V. (1997): *Road warriors and price-driven occasionalists*].

[41] Ein Geschäftsmann, der kurzfristig zu einer Besprechung von Frankfurt nach London reisen muß, ist vor allem an hohen Frequenzen, einer sofortigen Sitzverfügbarkeit auf den gewünschten Flügen, schnellem Check-in und der Möglichkeit, seine Flugpläne jederzeit ändern zu können, interessiert. Der Preis spielt für ihn nur eine untergeordnete Rolle. Demgegenüber ist für eine mehrköpfige Familie, die ihren Urlaub am Mittelmeer verbringen möchte, der Preis von entscheidender Bedeutung.

[42] vgl. Guillebaud/Bond (1997) S. 57.

11-13 % führt.[43] In anderen Ländern und Regionen dürften ähnliche Abhängigkeitsverhältnisse zwischen Verkehrsaufkommen und Preis bestehen. Die Bedeutung des Preises ist jedoch nicht für alle Marktsegmente gleich. Während Geschäftsleute vergleichsweise preisinsensitiv sind (schließlich zahlen nicht sie, sondern ihr Unternehmen das Ticket), zeichnet sich die Nachfrage von Privatpersonen durch eine hohe Preiselastizität aus.[44] Ebenso von großer Bedeutung für die Luftverkehrsnachfrage ist das Einkommen. Verschiedene Untersuchungen haben eine Einkommenselastizität zwischen 1,5 und 2,5 ermittelt[45]. Die Nachfrage nach Luftverkehrsleistungen steigt bei wachsendem Einkommen also stark überproportional, wobei Privatpersonen stärker reagieren als Geschäftsleute.[46]

Die Beschaffungs- und Angebotspolitik von Fluggesellschaften wird durch drei Eigenschaften der Nachfrage erheblich erschwert. Von besonderer Bedeutung ist die starke Konjunkturanfälligkeit der Luftverkehrsnachfrage.[47] Die vergleichsweise hohe Einkommenselastizität läßt den Luftverkehr zwar einerseits überproportional am gesamtwirtschaftlichen Wachstum partizipieren, andererseits wird er jedoch von einem Rückgang der Wirtschaftstätigkeit stärker getroffen als andere Branchen. Empirisch läßt sich ein stark ausgeprägtes prozyklisches Verhalten der Verkehrsleistung nachweisen und auch die Ertragsentwicklung folgt im wesentlichen dem Konjunkturverlauf (vgl. Abbildung 2.8).

---

[43] vgl. Tretheway/Oum (1992) S. 14.

[44] Nach einer Untersuchung des US-Luftverkehrs durch Oum/Gillen/Noble (1986) liegt die Preiselastizität von Geschäftsreisenden bei -1,15 und von Privatreisenden bei -1,5 [Tretheway/Oum (1992) S. 15].

[45] Oum/Gillen (1983) ermitteln für den innerkanadischen Verkehr Einkommenselastizitäten zwischen 1,6 und 2,5 [Tretheway/Oum (1992) S. 14]. Eine Studie der British Airports Authority (BAA) aus dem Jahre 1989 kommt für Flüge von/nach London in Abhängigkeit von der Flugstrecke und der Herkunft des Reisenden zu Einkommenselastizitäten zwischen 1,5 und 2,2 [vgl. Doganis (1991) S. 223].

[46] Für die Vereinigten Staaten fanden Oum, Gillen und Noble (1986) eine Einkommenselastizität bei Geschäftsreisen von 1,5 und bei Privatreisen von 2,1. Nach einer Studie der British Airports Authority (BAA) aus dem Jahre 1978 lag die Einkommmenselastizität von Geschäftsleuten je nach Flugentfernung zwischen 1,2 und 1,6, jene von Privatleuten aber zwischen 2,0 und 2,3 [vgl. Doganis (1991) S. 222].

[47] Eine ausführliche Analyse der Konjunkturanfälligkeit des Luftverkehrs erfolgt in Gialloreto (1988) S. 58-86 und Hille (1988).

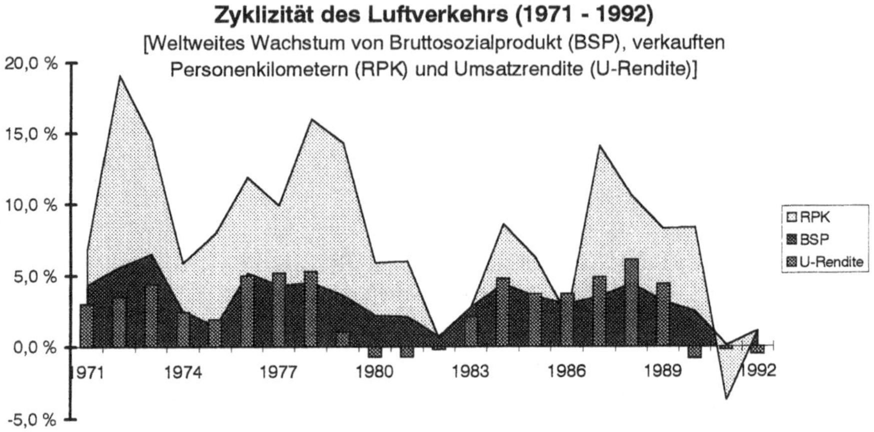

Abbildung 2.8

Quelle: eigene Darstellung nach Daten aus BTCE (1994) S. 283 u. 301

Ein weiteres schwerwiegendes Problem, insbesondere für die Kapazitäts- und Preisplanung, liegt in den ausgeprägten zeitlichen Schwankungen der Nachfrage, die sowohl tageszeitlich als auch wöchentlich und saisonal auftreten. Bei kurzen und mittleren Strecken kommt es beispielsweise zu täglichen Nachfragespitzen am frühen Morgen und am frühen Abend. Bezogen auf eine Woche konzentriert sich der Verkehr vor allem auf die Tage Montag und Freitag.[48] Saisonale Schwankungen sind je nach Region verschieden. In Europa gibt es beispielsweise in den Sommermonaten eine erhebliche Nachfrage nach Ferienflügen ans Mittelmeer, während sich der Urlaubsverkehr von den USA in die Karibik vor allem auf den Winter konzentriert. Eine besonders hohe Nachfrage wird zudem um Feiertage wie Weihnachten und Ostern herum registriert.

Letztendlich ist die No-show-Problematik zu erwähnen. No-shows sind Personen, die einen bestimmten Flug zwar gebucht haben, diesen aber nicht antreten. Obwohl ihre Anzahl durch hohe Storno- und Umbuchungsgebühren reduziert

---

[48] Für muslimische Länder, in denen Donnerstag und/oder Freitag Feiertage sind, gelten andere Nachfragespitzen.

werden kann, sind bei vielen Gesellschaften No-show-Raten von 15 - 20 % (auf einigen Strecken sogar von bis zu 50 %) keine Seltenheit.

Hat sich ein Passagier zu einer Flugreise entschlossen, muß er noch eine Entscheidung über die in Anspruch zu nehmende Airline treffen. Die Wahl einer Fluggesellschaft ist selbst dann erforderlich, wenn die gewünschte Flugroute nur von einem Unternehmen nonstop bedient wird. In der Regel bestehen mehrere andere Verbindungen, die zwar eine Zwischenlandung oder den Flugzeugwechsel an einer Umsteigestation erforderlich machen, sich aber bei einer eingehenden Preis-Leistungs-Analyse gegenüber der Nonstopverbindung als vorteilhaft erweisen können. Was die Kriterien anbelangt, die die Wahl einer bestimmten Fluggesellschaft bestimmen, gibt es zahlreiche Untersuchungen, die teilweise zu recht unterschiedlichen Schlüssen gelangen, da nicht immer eine klare Trennung der Marktsegmente vorgenommen wird.[49] Für die meisten Geschäftsreisenden scheinen allerdings die folgenden Faktoren ausschlaggebend zu sein: Günstige Flugverbindungen (angenehme Abflugs- und Ankunftszeiten, hohe Frequenzen, Nonstopflüge), Sicherheit, Pünktlichkeit, hoher Service und Sitzkomfort, schnelle und bequeme Abfertigung, attraktives Vielfliegerprogramm, Freundlichkeit des Kabinenpersonals, Sitzverfügbarkeit und Prestige der Fluggesellschaft.[50] Für den Privatreisenden sind vor allem der Preis, günstige Abflugs- und Ankunftszeiten sowie die Sicherheit entscheidend. Es ist allerdings zu berücksichtigen, daß die tatsächliche Wahl der Fluggesellschaft nicht immer den Präferenzen des Passagiers folgt. So kann ein Geschäftsmann zur Inanspruchnahme

---

[49] Wenn überhaupt, wird meistens nur zwischen Geschäfts- und Privatreisenden unterschieden. Vgl. Pöll (1996), Doganis (1991) S. 261f, Gialloreto (1988) S. 109, Toh/Hu (1988) S. 19, Tretheway/Oum (1992) S. 16 und Diegruber (1991) S. 104f.

[50] Im Jahre 1997 wurde eine OAG Umfrage bei 5.250 Geschäftsreisenden aus den USA (17 %), Großbritannien (14 %), Australien (12 %), Italien (12 %), Deutschland (10 %), Frankreich (10 %), Japan (9 %), Hongkong (8 %) und Singapur (8 %) durchgeführt, um die Faktoren für die Wahl der Fluggesellschaft zu ermitteln. Die Bewertung auf einer Rating-Skala von 1 (unwichtig) bis 10 (sehr wichtig) ergab folgende Einordnung: Flugplan (8,27), Sicherheit (8,03), Pünktlichkeit (7,22), Komfort und Beinfreiheit (6,84), schneller Check-in (6,79), attraktives Vielfliegerprogramm (6,59), Freundlichkeit des Kabinenpersonals (6,38), vorherige Sitzplatzreservierung (6,33), günstigster verfügbarer Preis (5,54), Zutritt zu Flughafenlounges (5,45), Qualität des Essens und der Getränke (5,28). Hinsichtlich des wichtigsten Merkmals während des Fluges führte Beinfreiheit (Nennung bei 91 % der Befragten) vor Neigungswinkel der Rückenlehne (72 %), Mahlzeiten auf Nachfrage (28 %), individueller Bildschirm am Sitzplatz (21 %), Kopfkissen und Decken (20 %), Betten (12 %), Telefon (8 %) und PC/Faxanschluß (5 %) [OAG: Business Travel Lifestyle Survey 1997, in: Airline Business (1997), Vol. 13, No. 7, S. 67].

einer unbeliebten Airline gezwungen werden, da keine akzeptable Alternative zur Verfügung steht. Bei Urlaubsreisenden, die ein Pauschalpaket gebucht haben, übernimmt in der Regel nicht der Passagier sondern der Reiseveranstalter die Auswahl des Carriers.

2.3. Das Verkehrsaufkommen im internationalen Personenluftverkehr

Der Luftverkehr ist in den letzten Jahrzehnten rasant gewachsen. Hatte die Anzahl der verkauften Passagierkilometer (Revenue Passenger Kilometers, RPK)[51] im Jahre 1970 noch 457 Mrd. RKP betragen, so stieg sie bis 1994 um mehr als 350 % auf 2.086 Mrd. RPK, was einer durchschnittlichen jährlichen Wachstumsrate von 6,26 % entspricht (vgl. Abbildung 2.9).[52] Im selben Jahr wurden weltweit 1,203 Mrd. Passagiere über eine durchschnittliche Streckenlänge von 1.734 km befördert.[53]

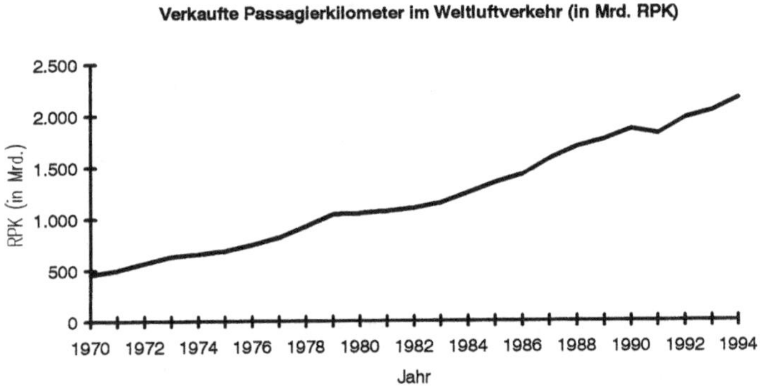

Abbildung 2.9

Quelle: eigene Darstellung nach Daten von Boeing (1994), Appendix B

---

[51] Die verkauften Passagierkilometer (Revenue Passenger Kilometres, RPK) lassen sich berechnen, indem man die Anzahl der Passagiere auf einem bestimmten Flug mit der jeweiligen Streckenlänge multipliziert und dann die Summe über alle Flüge bildet.

[52] Vgl. Boeing (1994): *Current Market Outlook*, Appendix B und ICAO (1995): *The World of Civil Aviation 1994-1997*, S. 119.

[53] ICAO (1995): *The World of Civil Aviation 1994-1997*, S. 119.

1994 entfielen bei Liniendiensten 54 % der verkauften Passagierkilometer auf den internationalen und 46 % auf den inländischen Verkehr. Wird die Anzahl der beförderten Passagiere zugrunde gelegt, betrug das Verhältnis 28 % internationaler zu 72 % inländischer Verkehr.[54] Die Verkehrsströme sind allerdings nicht über alle Regionen gleich verteilt. Die größte Bedeutung hat zweifellos der inländische Verkehr in den USA. 1994 entfielen auf diesen 29 % der verkauften Personenkilometer. Mit einigem Abstand folgt der Verkehr innerhalb Fernost (14 %). Von Bedeutung sind auch die Strecken über den Nordatlantik (12 %), zwischen Europa und Fernost (8 %), über den Nord- und Mittelpazifik (8 %) sowie innerhalb Europas (8 %) (vgl. Abbildung 2.10).[55]

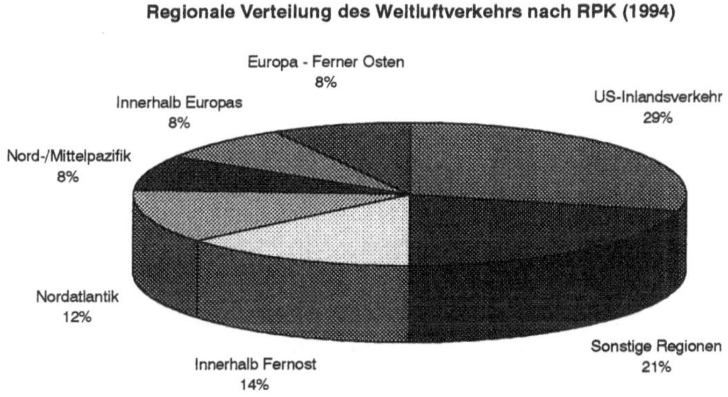

Abbildung 2.10

Quelle: eigene Berechnung nach Daten aus McDonnel Douglas (1995): World economic and traffic outlook 1995, S. 45f

Die unterschiedliche Bedeutung einzelner Kontinente bzw. Regionen spiegelt sich auch im Aufkommen der heimischen Fluggesellschaften wider (vgl. Abbildung 2.11). So haben Fluggesellschaften aus Nordamerika, Asien/Pazifik und Europa zusammen einen Anteil von 86 % der weltweit verkauften Passagierkilometer. Demgegenüber spielen Luftfahrtunternehmen aus Afrika oder dem Na-

---

[54] Vgl. ICAO (1995): *The World of Civil Aviation 1994-1997*, S. 119.

[55] Eigene Berechnung nach McDonnell Douglas (1995): *World economic and traffic outlook 1995*, S. 45f.

hen Osten im internationalen Verkehr so gut wie keine Rolle (vgl. Abbildung 2.11).

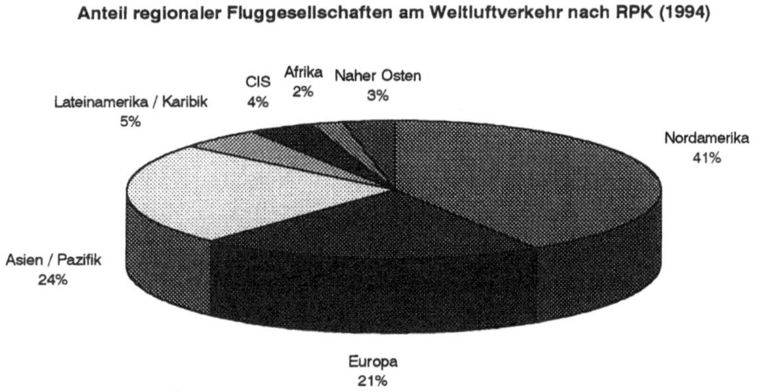

Abbildung 2.11

Quelle: eigene Darstellung nach ICAO (1995): The World of Civil Aviation, S. 119

In den nächsten Jahrzehnten wird mit einem kontinuierlichen, im Vergleich zu anderen Wirtschaftssektoren überproportionalen Wachstum gerechnet. Bis zum Jahre 2014 lauten die Prognosen für die jährliche Steigerungsrate der verkauften Passagierkilometer auf 5 - 6 %.[56] Das größte Wachstum erwartet man mit 10,2 % für den Inlandsverkehr in der Volksrepublik China, während der inneramerikanische Verkehr nur um 3,7 - 4,2 % und der innereuropäische Verkehr nur um 3,9 - 4,4 % wachsen dürfte (vgl. Abbildung 2.12).[57]

---

[56] Airbus Industrie sagt ein Wachstum von 5,1 % voraus [Airbus Industrie (1995) *Global market forecast 1995-2014* S. 8f], Boeing von 5,2 % [Boeing (1994): *Current market outlook*, S. 14ff] und McDonnell Douglas von 6 % [McDonnell Douglas (1995): *World economic and traffic outlook 1995*, S. 45f].

[57] Gemäß Vorhersagen von Boeing, McDonnell Douglas und Airbus [vgl. Fußnote 56].

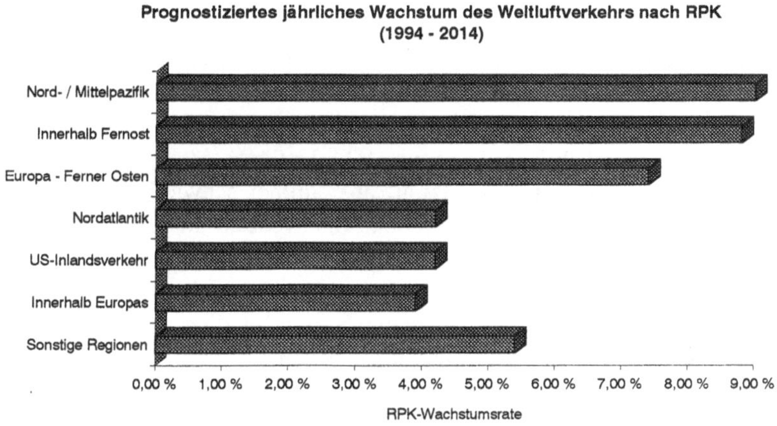

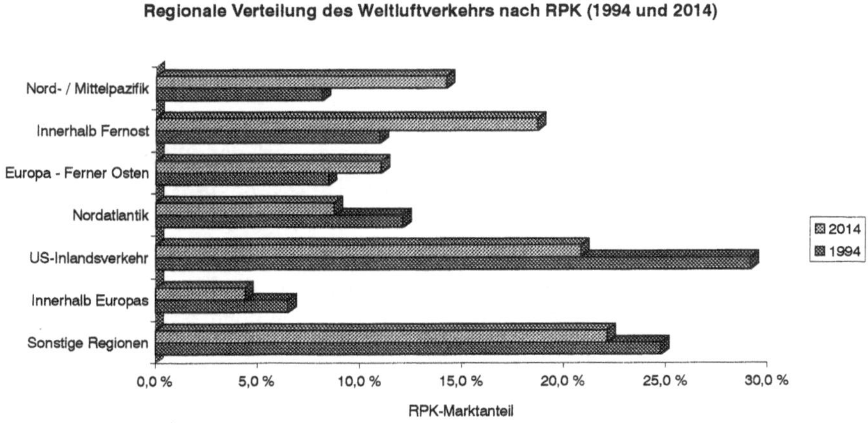

Abbildung 2.12

Quelle: eigene Darstellung nach McDonnell Douglas (1995): World economic and traffic outlook, S. 45f

1994 entfiel mit 90 % die überwiegende Mehrzahl der weltweit erwirtschafteten Passagierkilometer auf den Linienverkehr. Sein Anteil am Gesamtverkehr betrug auf Inlandsdiensten 97,5 % und auf internationalen Strecken 84,0 %.[58] Der Charterverkehr spielt vor allem in Europa eine wichtige Rolle. Auf Routen zwischen Zentral- bzw. Nordeuropa und dem Mittelmeer hat er in der Vergangenheit einen Marktanteil von bis zu 45 % erzielen können.[59] Darüber hinaus besitzt er im Verkehr von Europa in die Karibik sowie zu einigen Destinationen in Asien und Nordamerika erhebliche Bedeutung. Die Unterscheidung zwischen Linien- und Charterverkehr dürfte in Zukunft aber immer schwieriger werden, da mehr und mehr Chartergesellschaften in den Linienverkehr drängen, andererseits aber Liniengesellschaften selbst Charterflüge anbieten bzw. größere Sitzkontingente an Reiseveranstalter verkaufen.[60] Das „Dritte Liberalisierungspaket" der Europäischen Union unterscheidet zwar noch grundsätzlich zwischen Linien- und Gelegenheitsverkehr, die Bestimmungen gelten jedoch zumeist einheitlich für alle „Luftfahrtunternehmen der Gemeinschaft".[61]

2.4. Die Regulierung des internationalen Luftverkehrs

2.4.1. Grundlagen der Regulierung

Trotz vermehrter Liberalisierungsbestrebungen gehört der internationale Luftverkehr zu den am stärksten regulierten Wirtschaftssektoren. Neben technischen Standards (z.B. hinsichtlich Flugtauglichkeit und Wartung der Flugzeuge, Flugvorbereitung und -durchführung, Ausbildung und Einsatz der Cockpit- und Kabinenbesatzungen, Luftverkehrskontrolle, Infrastruktur der Flughäfen) und rechtlichen Aspekten (z.B. Haftung bei Unfällen, Behandlung terroristischer Akte gegen Flugzeuge und Straftaten, die in einem Flugzeug begangen werden) unterliegen auch viele ökonomische Faktoren (z.B. Marktzugang, Kapazitätsplanung und Preisgestaltung) einer Vielzahl bi- und multilateraler Abkommen.

---

[58] ICAO (1994): *Civil Aviation Statistics of the World 1994*, S. 17.

[59] Vgl. Doganis (1991) S. 174.

[60] Im Jahre 1994 wurden bereits 8 % aller internationalen und 3 % aller inländischen Charterflüge von Liniengesellschaften angeboten [Vgl. ICAO (1994): *Civil Aviation Statistics of the World 1994*, S. 17].

[61] Vgl. Verordnung (EWG) Nr. 2408/92.

Im Rahmen dieser Arbeit sind ausschließlich solche Regulierungsinstrumente von Interesse, die den Wettbewerb zwischen Fluggesellschaften nachhaltig beeinflussen können. Hierunter fallen neben einer Reihe zwischenstaatlicher Verträge auch bestimmte privatwirtschaftliche Vereinbarungen zwischen Luftfahrtunternehmen, sofern diese auf die staatlichen Abkommen zurückgehen oder zumindest von diesen sanktioniert werden (vgl. Abbildung 2.13).[62]

Regulierungsinstrumente im internationalen Luftverkehr		
	Staat	**Unternehmen**
bilateral	Luftverkehrsabkommen zwischen zwei Staaten (z.B. Deutschland und USA)	Abkommen zwischen den nationalen Fluggesellschaften (z.B. Poolvereinbarungen)
multilateral	Verträge zwischen mehreren Staaten (z.B. Abkommen von Chicago, ECAC-Verträge, EU-Verträge)	IATA-Vereinbarungen

Abbildung 2.13

Quelle: eigene Darstellung

Ob und wie die Fluggesellschaften eines Landes den Luftraum eines anderen Staates nutzen können, hängt von den gewährten „Freiheiten der Luft“ ab (vgl. Abbildung 2.14).[63] Die als *technische Rechte* bezeichneten Freiheiten 1 und 2 sind fast immer gegeben. Vom Vorliegen der als *Verkehrsrechte* bekannten Freiheiten 3 bis 8 kann dagegen nicht in allen Fällen ausgegangen werden. Beson-

[62] Eine Erörterung anderer Kooperationsformen, die von den Fluggesellschaften aus rein wirtschaftlichen Erwägungen und ohne Einflußnahme des Staates eingegangen werden (z.B. Strategische Allianzen), erfolgt in Kapitel 5.4.

[63] Das Konzept der „Freiheiten der Luft“ wurde analog zu den 1941 in der „Atlantik Charta“ verkündeten „Freiheiten der Meere“ entwickelt. Die Freiheiten eins bis fünf sind in Artikel 1 der 1944 auf der Konferenz von Chicago ausgearbeiteten Transport-Vereinbarung enthalten und die achte Freiheit (Kabotage) in Artikel 7 des ebenfalls auf dieser Konferenz entworfenen Abkommens von Chicago. Bei der sechsten Freiheit handelt es sich um eine Kombination der dritten und vierten Freiheit. Das Konzept der siebten Freiheit wurde erst in jüngerer Zeit entwickelt und spielt in der internationalen Zivilluftfahrt bisher noch keine große Rolle [vgl. Haanappel (1984) S. 10-13, Pompl (1991) S. 235f und Zantke (1985)].

ders Rechte der fünften Freiheit sind im Verkehr zwischen den meisten Ländern immer noch stark begrenzt, und solche der siebten und achten Freiheit existieren so gut wie überhaupt nicht, wenn man einmal vom innereuropäischen Verkehr absieht.

Freiheiten der Luft	
1. Freiheit	Das Recht, das Territorium eines fremden Staates ohne Landung zu überfliegen
2. Freiheit	Das Recht, im Territorium eines fremden Staates zu nichtgewerblichen Zwecken zu landen
3. Freiheit	Das Recht, Passagiere, Fracht und Post im Heimatland aufzunehmen und in einem fremden Staat abzusetzen
4. Freiheit	Das Recht, Passagiere, Fracht und Post in einem fremden Staat aufzunehmen und in das Heimatland zu befördern
5. Freiheit	Das Recht, Passagiere, Fracht und Post zwischen zwei fremden Staaten zu befördern, sofern das betroffene Flugsegment Teil eines Fluges ist, der im Heimatland beginnt oder endet (d.h. das Flugsegment erfolgt im Anschluß an einen Dienst der 3. Freiheit oder vor einem Dienst der 4. Freiheit)
6. Freiheit	Das Recht, Passagiere, Fracht und Post in einem fremden Staat aufzunehmen und nach Zwischenlandung im Heimatland in einen Drittstaat weiterzubefördern (Kombination eines Rechts der 3. und 4. Freiheit)
7. Freiheit	Das Recht, Passagiere, Fracht und Post zwischen zwei fremden Staaten zu befördern (im Gegensatz zur 5. Freiheit muß der Flug dabei nicht im Heimatland beginnen oder enden)
8. Freiheit	Das Recht, Passagiere, Fracht und Post innerhalb eines fremden Staates zu befördern (Kabotage)

Abbildung 2.14

Quelle: eigene Darstellung

2.4.2. Multilaterale staatliche Abkommen

Der Ordnungsrahmen für den Weltluftverkehr wurde auf der Konferenz von Chicago geschaffen, zu der sich vom 1. November bis 7. Dezember 1944 Vertreter von 54 Nationen versammelten, um über die Zukunft der internationalen Zivilluftfahrt zu beraten.[64] Da die Ansichten teilweise stark divergierten,[65] erwies es sich als unmöglich, eine umfassende Vereinbarung für den gewerblichen Verkehr zu schließen. Statt dessen einigte man sich in der 1947 in Kraft getretenen und mittlerweile von 183 Staaten unterzeichneten *Convention on International Civil Aviation*, die später unter dem Namen *Abkommen von Chicago* bekannt wurde, lediglich auf einige Grundprinzipien. Beispielsweise wurde festgelegt, daß „jeder Staat über seinem Hoheitsgebiet volle und ausschließliche Lufthoheit besitzt“ (Artikel 1) und „planmäßiger internationaler Fluglinienverkehr über oder in das Hoheitsgebiet eines Vertragsstaates ... nur mit der besonderen Erlaubnis ... dieses Staates ... betrieben werden“ darf (Artikel 6).[66] Durch den Kabotagevorbehalt wurde jedem Staat auch das Recht zugestanden, Flugzeugen anderer Vertragsstaaten die Erlaubnis zu verweigern, innerhalb des eigenen Hoheitsgebiets gewerbliche Transporte von Fluggästen, Post und Fracht durchzuführen (Artikel 7).

Ebenfalls auf der Konferenz von Chicago wurden zwei andere Vereinbarungen ausgearbeitet, denen sich jedoch weit weniger Staaten anschlossen. Im *International Air Services Transit Agreement*, bekannt unter dem Namen *Transit-Vereinbarung*, gewährte jeder Unterzeichnerstaat den anderen Vertragsstaaten das Recht des Überflugs und der nichtgewerblichen Landung (Rechte der 1. und 2. Freiheit). Das Abkommen trat 1945 in Kraft und ist mittlerweile von 104 Staaten unterschrieben worden.[67] Das im gleichen Jahr in Kraft getretene *International Air Transport Agreement*, abgekürzt *Transport-Vereinbarung*, sah dagegen für alle teilnehmenden Nationen die Anerkennung der ersten fünf Freihei-

---

[64] Vgl. hierzu Sochor (1991) S. 1-21, Haanappel (1984) S. 9-18, Zantke (1985) S. 7ff und ICAO (1996) *Manual on the regulation of international air transport* S. 3.2-3ff.

[65] Während die Vereinigten Staaten aufgrund der starken Stellung ihrer eigenen Fluggesellschaften eine weitgehend freiheitliche Ordnung anstrebten, vertraten vor allem die durch den 2. Weltkrieg in ihrer Entwicklung stark zurückgeworfenen europäischen Regierungen unter Führung Großbritanniens eine protektionistische Haltung, durch die die Entwicklung der eigenen Luftfahrtindustrie langfristig gesichert werden sollte.

[66] Zantke (1985) S. 8f. Für den Charterverkehr wurden in Artikel 5 wesentlich freizügigere Regelungen vereinbart, insbesondere das Recht, prinzipiell ohne Einholung einer vorherigen Erlaubnis in das Hoheitsgebiet eines Staates einzufliegen, es ohne Aufenthalt zu durchfliegen und dort nicht gewerbliche Landungen vorzunehmen. Die Aufnahme bzw. das Absetzen von Fluggästen, Fracht und Post unterliegt jedoch den jeweiligen Vorschriften und Beschränkungen der betroffenen Staaten [ebenda].

[67] Vgl. ICAO Journal (1995), Vol. 50, No. 6, S. 33-36.

ten der Luft vor. Da es nur von 11 kleineren Ländern ratifiziert wurde, wirkte es sich aber kaum auf die Zivilluftfahrt aus. Die Gewährung von Verkehrsrechten ist daher weitgehend bilateralen Vereinbarungen zwischen den betroffenen Staaten überlassen.

Auf der Konferenz von Chicago wurde auch die *International Civil Aviation Organization (ICAO)*[68] ins Leben gerufen, der bis zum Jahre 1994 insgesamt 182 Staaten beitraten. Die ICAO fungiert als Forum der Regierungen der am internationalen Luftverkehr teilnehmenden Nationen und ist der UNO seit 1947 als Sondereinrichtung angegliedert. Sie soll einen Ordnungsrahmen für die internationale Zivilluftfahrt entwickeln, der faire und gleiche Chancen für alle Luftfahrtnationen ermöglicht und einen sicheren, geordneten, effizienten und bedarfsorientierten Flugverkehr gewährleistet. Konkret befaßt sich die ICAO vor allem mit der Ausarbeitung technischer Standards und der Erbringung verschiedener Dienste im technischen Bereich.[69] Auf rechtlichem Gebiet koordiniert sie die Weiterentwicklung des internationalen Luftfahrtrechts[70] und berät Mitgliedsstaaten in Fragen der Ausgestaltung bilateraler Luftverkehrsabkommen. Darüber hinaus veröffentlicht die ICAO zahlreiche Statistiken und Untersuchungen über den internationalen Luftverkehr.

---

[68] Ausführliche Hintergrundinformation zur ICAO finden sind in Sochor (1991) und ICAO (1994).

[69] Die ICAO beschließt *International Standards and Recommended Practices (SARP)*, die für die Mitglieder weitgehend bindend sind, sowie weniger verpflichtende *Procedures for Air Navigation Services (PANS)*. Durch diese werden so unterschiedliche Bereiche abgedeckt wie allgemeine Luftverkehrsregeln, Ausbildung und Qualifikation von Piloten, Mechanikern oder Luftverkehrskontrolleuren, Wartung und Betrieb von Flugzeugen, aeronautische Kommunikation, Meteorologie, und Umweltschutz. Außerdem stellt die ICAO Navigationshilfsmittel zur Verfügung, entwickelt neue satellitengestütze Kommunikations-, Navigations- bzw. Überwachungssysteme und untersucht Unfälle im Luftverkehr [vgl. ICAO (1994)].

[70] Das Rechtskomitee der ICAO bereitete bisher 15 internationale Verträge vor, durch die verschiedene Rechtsfragen geklärt wurden. Hervorzuheben sind das 1948 geschlossene *Genfer Abkommen* (Anerkennung bestimmter Rechte in Flugzeugen), das *Abkommen von Rom* aus dem Jahre 1952 (Entschädigung von Dritten auf dem Boden), das *Abkommen von Tokyo* aus dem Jahre 1963 (Behandlung von Straftaten an Bord eines Flugzeugs), das *Hager Abkommen* aus dem Jahre 1970 (Entführung von Flugzeugen) und das 1971 geschlossene *Abkommen von Montreal* (unrechtmäßige Handlungen gegen die Sicherheit eines Flugzeugs) [vgl. ICAO (1996) *Manual on the regulation of international air transport* S. 3.2-5; ICAO Journal (1995), Vol. 50, No. 6, S. 33-36, ICAO (1994)].

Aufgrund der unterschiedlichen Ausgangspositionen der einzelnen Mitglieder gelang es im Rahmen der ICAO aber trotz wiederholter Anstrengungen nicht, für den Marktzugang und die Preisbildung eine weltweit gültige Ordnung zu schaffen. Auch die in Europa, Afrika und Lateinamerika gegründeten regionalen Luftverkehrsorganisationen[71], die weitgehend dieselbe Zielsetzung und Aufgabenstellung wie die ICAO haben, vermochten bisher keinen Durchbruch bei der Schaffung eines für alle verbindlichen ökonomischen Rahmens zu erzielen. Verschiedene multilaterale Verträge zwischen mehreren, zumeist benachbarten Staaten waren nur auf Einzelbereiche (z.B. Preisbildung oder Charterverkehr) beschränkt.[72] Die Schaffung eines einheitlichen Luftverkehrsmarktes gelang bisher nur in Europa[73], in den sog. „Andenstaaten“ (Bolivien, Ecuador, Kolumbien, Peru und Venezuela)[74], zwischen Australien und Neuseeland[75] sowie zwischen

---

[71] In Europa existiert seit 1954 die *European Civil Aviation Conference (ECAC)*, in Afrika seit 1969 die *African Civil Aviation Commission (AFCAC)* und in Lateinamerika die *Latin American Civil Aviation Commission (LACAC)*.

[72] Hierunter fallen zum Beispiel das *Multilateral Agreement on Commercial Rights of Nonscheduled Air Services in Europe*, (Pariser Abkommen, 1956) und das *International Agreement on the Procedure for the Establishment of Tariffs for Scheduled Air Services* (1967), welche jeweils von den Mitgliedern der European Civil Aviation Conference (ECAC) unterzeichnet wurden, das *Multilateral Agreement on Commercial Rights of Non-scheduled Air Services among the Association of South-East Asian Nations* (1971) und das *Memorandum of Understanding* (1982) zwischen den ECAC-Mitgliedern und den USA hinsichtlich der Tarife im Nordatlantikverkehr [vgl. Kealy (1989), Pompl (1991) S. 241 und ICAO (1996) S. 3.2-5]. Außerdem sind noch jene drei Verträge zu nennen, die die Gründung der multinationalen Fluggesellschaften SAS (1946 von Dänemark, Norwegen und Schweden gegründet), Air Afrique (1961 von Benin, Burkina Faso, Côte d'Ivoire, Mali, Mauretanien, Niger, Senegal, Tschad, Togo, Zaire und Zentralafrikanische Republik gegründet) und Gulf Air (1971 von Bahrain, Oman, Katar und Abu Dhabi gegründet) ermöglichten [vgl. BTCE (1994) S. 129f].

[73] Die Liberalisierung in Europa geht auf Anstrengungen der Europäischen Union zurück, die in der Zeit von 1988 bis 1997 den Europäischen Binnenmarkt auch im Luftverkehr verwirklichte. Durch das EWR-Abkommen aus dem Jahre 1992 wurden sowohl die luftverkehrsspezifischen Bestimmungen als auch die Wettbewerbsregelungen der EU auf sechs Staaten der EFTA (Finnland, Island, Liechtenstein, Norwegen, Österreich und Schweden) übertragen. Der Europäische Luftverkehrsmarkt ist somit in ganz West- und Mitteleuropa - mit Ausnahme der Schweiz - Realität [vgl. hierzu De Coninck (1992) S. 124-126 und Kapitel 2.6].

[74] Im Rahmen des 1969 gegründeten *Andenpakts* zwischen Bolivien, Kolumbien, Ecuador, Peru und Venezuela wurde 1991 die Schaffung eines „Open Skies“ zwischen den beteiligten Ländern vereinbart [vgl. BTCE (1994) S. 142, Wassenbergh (1993) S. 15 und ICAO (1996) S. 3.7-3].

[75] Der *Australia-New Zealand Single Aviation Market* wurde in den Jahren 1992 bis 1994 geschaffen [vgl. BTCE (1994) S. 142-145].

den USA und Kanada.[76] Erfolgversprechende Bestrebungen bestehen darüber hinaus bei den Mercosur-Staaten.[77]

2.4.3. Bilaterale staatliche Abkommen

Wegen des im Abkommen von Chicago festgelegten Prinzips der nationalen Lufthoheit und in Ermangelung eines weltweit gültigen Ordnungsrahmens, ist für die Aufnahme von Flügen zwischen zwei Staaten eine grundsätzliche Vereinbarung auf Regierungsebene erforderlich. Gewöhnlich werden hierzu bilaterale Luftverkehrsabkommen - in englisch *Air Services Agreements* oder *Bilaterals* genannt - geschlossen,[78] die teilweise bis in Einzelheiten alle wirtschaftlich relevanten Fragen der jeweiligen Luftverkehrsbeziehungen regeln.[79]

Hauptbestandteil eines bilateralen Luftverkehrsabkommens ist ein Rahmenvertrag, in dem die allgemeinen Prinzipien vorgegeben werden, nach denen der Luftverkehr zwischen den beteiligten Staaten abzuwickeln ist. Als Basis der Zusammenarbeit wird gewöhnlich ein *„fair and equal opportunity"*-Artikel vereinbart, der diskriminierende oder unfaire Praktiken ausschließen soll.[80] Darüber

---

[76] Im Einklang mit dem 1992 zwischen den USA, Kanada und Mexiko geschlossenen *North American Free Trade Agreement (NAFTA)* vereinbarten die USA und Kanada im Jahre 1995 ein neues bilaterales Luftverkehrsabkommen, durch welches de facto ein gemeinsamer Luftverkehrsmarkt geschaffen wurde [vgl. Walker (1997): *A breath of fresh air*].

[77] 1997 vereinbarten die Präsidenten von Argentinien, Brasilien, Chile, Paraguay und Uruguay für ihre Carrier umfassende Rechte der 3. und 4. Freiheit zwischen den jeweiligen Territorien [vgl. Airline Business (1997), Vol. 13, No. 3, S. 14].

[78] Die Vereinigten Staaten hatten beispielsweise bis zum Februar 1996 Luftverkehrsabkommen mit 75 Staaten geschlossen. Außerdem blieben mit 35 ehemaligen europäischen Kolonien bzw. Republiken der UdSSR die Luftverkehrsabkommen in Kraft, die vor der Unabhängigkeit Anwendung gefunden hatten (z.B. das Abkommen mit Großbritannien für die Beziehungen mit Ghana und jenes mit der UdSSR für die Beziehungen mit der Ukraine) [ATA (1996)].

[79] Ausführliche Informationen über die Inhalte von bilateralen Luftverkehrsabkommen finden sich in ICAO (1992), ICAO (1995): *Digest of bilateral air transport agreements*, ICAO (1996), ATA (1996), Doganis (1991) S. 27-29, Doganis (1993) S. 48-56 und OECD (1988) S. 28-29.

[80] Die ICAO schlägt für die einzelnen Vertragstypen (vgl. Abbildung 2.17) folgende Klauseln vor: 1) bei Prädeterminations-Verträgen: „Each contracting party shall allow fair and equal opportunity for the designated airlines of both Contracting Parties to operate the agreed services between their respective territories so as to achieve equality and mutual benefit, in principle by equal sharing of the total capacity between the Contracting Parties", 2) im Falle von

hinaus werden die Verfahren zur Vergabe von Verkehrsrechten, die Abstimmungsprozesse bei der Festlegung von Kapazitäten, Frequenzen und Flugpreisen sowie Schlichtungsmechanismen bei Streitigkeiten festgelegt. Häufig erfolgt auch eine Behandlung anderer Punkte wie Flugsicherheit, Zölle und Steuern oder Nutzergebühren.

Dem Abkommen ist als Anhang eine *Schedule of Routes* beigefügt. Aus dieser gehen die Strecken hervor, die bedient werden dürfen. Außerdem sind in ihr die mit jeder Route verbundenen Verkehrsrechte sowie gegebenenfalls Kapazitäts- und Frequenzrestriktionen oder sonstige Einschränkungen aufgeführt. Gewöhnlich wird ein Luftverkehrsabkommen auch um vertrauliche *Diplomatic Notes* oder *Memoranda of Understanding* ergänzt. In diesen werden Bestimmungen des Vertrags näher erläutert und gegebenenfalls eingeschränkt oder ausgeweitet.

Der Inhalt eines Abkommens hängt von den wirtschaftspolitischen Einstellungen der beteiligten Regierungen und der jeweiligen Stärke der nationalen Fluggesellschaften ab. Staaten mit großen, leistungsfähigen Airlines (z.B. USA) und solche mit geringem eigenen Verkehrsaufkommen (z.B. Niederlande, Singapur) neigen gewöhnlich zu freizügigen Regelungen, eventuell sogar zum Abschluß eines „Open Sky"-Abkommens[81]. Demgegenüber vertreten vor allem Entwicklungsländer und Staaten mit „heruntergewirtschafteten" staatlichen Fluggesellschaften (z.B. Griechenland, Italien) eine protektionistische, auf starke Regulierung bedachte Luftverkehrspolitik.[82] Grundsätzlich gilt, daß alle Regierungen hauptsächlich daran interessiert sind, der oder den nationalen Fluggesell-

---

Bermuda I-Verträgen: „The designated airline or airlines of each Contracting Party shall have a fair and equal opportunity to operate on any agreed route between the territories of the two Contracting Parties" oder 3) bei Post 1977-Verträgen: „Each Party shall allow a fair and equal opportunity for the designated airlines of both Parties to compete in the international air transportation covered by this Agreement." [ICAO (1992) S. 14-18].

[81] Nach dem früheren US Verkehrsminister Frederico Pena ist unter „open sky" zwischen zwei Ländern ein Ordnungsrahmen zu verstehen, in dem „all carriers of both our nations would have the same unrestricted freedom to operate to and beyond each other with no regulations or restrictions on designations, routings, capacity, frequency, pricing or other matters" [Knibb (1997) S. 57]. Eine solche Definition läßt jedoch Rechte der 7. und 9. Freiheit (Kabotage) sowie uneingeschränkte Niederlassungsfreiheit außer Acht und ist somit lediglich als eine „limited open sky"-Version zu betrachten. Tatsächlich sprechen viele Regierungen heutzutage von „open sky", obwohl sie in Wirklichkeit nur ein Reglement mit erweiterten Rechten der 3., 4. und 5. Freiheit sowie umfangreicheren Möglichkeiten bei der Preisbildung meinen.

[82] Vgl. Sochor (1991) S. 72-80, Doganis (1993) S. 61-63 und Hill (1997).

schaft(en) einen Wettbewerbsvorteil gegenüber ausländischen Konkurrenten zu sichern.[83]

Folgende Bereiche werden in der Regel durch die bilateralen Abmachungen erfaßt:

* Streckenrechte: Die jedem Land zustehenden Streckenrechte sind häufig bis ins Detail festgelegt. Wie dies aussehen kann, veranschaulicht Abbildung 2.15.

route rights for country A (example)				
route	**points in country A**	**intermediate points**	**points in country C**	**beyond points**
1	City A1		City C1	
2	City A2	City B1	City C1	
3	City A3 / City A4		City C2 / City C 3	Country D
4	City A1	City B2	City C2	Country D
5	any point or points in country A	North Africa	Cities C1, C2, C3	one point
6	any point or points in country A	Middle East and South Asia	any point or points in country C	Australasia

Abbildung 2.15

Quelle: ICAO (1996) Manual on the regulation of international air transport S. 4.1-4

* Change of Gauge: Hierunter versteht man den planmäßigen Wechsel des Fluggeräts auf einem Zwischenstop.[84]

---

[83] Die Vereinigten Staaten, die gewöhnlich eine „Öffnung des Himmels" propagieren, halten beispielsweise gegenüber Japan an einem für japanische Carrier äußerst restriktiven Luftverkehrsabkommen fest, welches auf das Jahr 1952 zurückgeht, als die Amerikaner ihrem unterlegenen Kriegsgegner einen sehr unausgeglichenen Vertrag oktroyieren konnten. Das Abkommen ermöglicht sowohl United als auch Northwest den Betrieb eines Drehkreuzes in Tokyo, von dem aus zahlreiche Destinationen in Asien mit Rechten der 5. Freiheit bedient werden können. 1995 betrug der gemeinsame Anteil beider US-Gesellschaften am Verkehr zwischen Japan und Südostasien 12 % [der Anteil der japanischen Carrier JAL, ANA und Japan Asia betrug 33 % und jener von neun südasiatischen Airlines 55 %]. Die Beratungsgesellschaft Booz Allen & Hamilton schätzt, daß ein Wegfall dieser Rechte der 5. Freiheit United und Northwest zwingen würde, die Dienste zwischen den USA und Japan um mehr als 30 % und jene innerhalb Asiens um 40 % zu kürzen. Der jährliche Umsatz würde hierdurch um schätzungsweise 1,6 Mrd. US-$ reduziert [vgl. o.V. (1995): *US-Japan ASA - Inequities on both* sides].

* Coterminalization: Das Recht, auf einer Route (bzw. einem Flug) zwei oder mehr Punkte bedienen zu dürfen.
* Designierung: Damit ein Luftfahrtunternehmen eine bestimmte internationale Strecke bedienen kann, muß es vorher von seiner Regierung benannt (designiert) worden sein.[85] Gewöhnlich ist die Anzahl der von jedem Vertragsstaat benennbaren Fluggesellschaften auf eine oder wenige Airlines beschränkt.[86]
* Codesharing: Seit Anfang der 90er Jahre gibt es im Luftverkehr die Praxis, einen Flug unter der Flugnummer von zwei oder mehr Airlines durchzuführen.[87] Sofern ein solches „Codesharing" auf internationalen Strecken eingesetzt wird, bedarf es grundsätzlich der Zustimmung der beteiligten Staaten. Zunehmend werden daher auch Codeshare-Rechte in bilaterale Vereinbarungen aufgenommen.

---

[84] Das Vorhandensein von „Change of Gauge"-Rechten für die Strecke Los Angeles - Frankfurt - Warschau ermöglichte es beispielsweise der amerikanischen Delta Air Lines, die Nordatlantikstrecke mit einem Großraumflugzeug und den innereuropäischen Flug mit einer kleineren Maschine zu bedienen. Ohne dieses Recht hätte ein halb leeres Großraumflugzeug von Frankfurt nach Warschau weiterfliegen müssen, da die Mehrzahl der Passagiere gewöhnlich in Deutschland ausstieg. Die Anschlußstrecke wäre in diesem Fall sicherlich aufgrund mangelnder Wirtschaftlichkeit eingestellt worden.

[85] Die Auswahl einer bestimmten Fluggesellschaft unter mehreren Bewerbern ist in der Regel ein kompliziertes, langwieriges und für die Fluggesellschaften kostspieliges Verfahren, welches Patrick Murphy, Unterstaatssektretär im U.S. Verkehrsministerium, einmal als einen „widerwärtigen Prozeß" bezeichnete. Beispielsweise dauerte die Designierung zweier amerikanischen Fluggesellschaften für zwei Strecken zwischen je einem Punkt in den USA und Manchester, die durch das 1990 zwischen Großbritannien und den USA geschlossenen Luftverkehrsabkommens ermöglicht worden waren, fast ein Jahr. Nach ausgiebiger Analyse der Anträge von 7 US-Fluggesellschaften und mehrmaligem Meinungswechsel wurden schließlich American Airlines (ab New York) und Delta (ab Atlanta) benannt. Hiergegen legte USAir Berufung beim Bundesgerichtshof ein, die aber abgewiesen wurde. Welche enormen Summen die an Designierungsverfahren teilnehmenden Fluggesellschaften für ihren Lobbyismus aufwenden müssen, zeigt das Beispiel von United Airlines, welche im Rahmen eines 1989 stattgefundenen Carrier-Selektionsverfahrens für die Strecke New York - Tokyo 4,5 Mio. US-Dollar ausgab [vgl. Ewald (1991)].

[86] Die am häufigsten bestehen Regelungen sind *einfache Designierung* (nur jeweils eine Fluggesellschaft aus jedem Vertragsstaat darf eine bestimmte Strecke bedienen) und *doppelte Designierung* (es werden je zwei Luftfahrtunternehmen eines jeden Staates benannt). Einige Luftverkehrsabkommen sehen aber auch *mehrfache Designierung* oder überhaupt keine Designierungsbestimmungen (d.h. freier Marktzugang für alle Fluggesellschaften) vor.

[87] So kann beispielsweise ein von der Lufthansa durchgeführter Flug von Frankfurt nach Washington nicht nur unter einer LH- Nummer (LH = Lufthansa) sondern auch unter einer UA-Nummer (UA = United Airlines) gebucht werden. Vgl. hierzu Kapitel 4.5.11.

* Nationalitätenklausel: In vielen Luftverkehrsabkommen ist vorgesehen, daß ein Unterzeichnerstaat die Flugerlaubnis für eine von dem anderen Vertragspartner designierte Airline verweigern darf, sofern ihm nicht nachgewiesen wird, daß „ein wesentlicher Teil des Eigentums und die tatsächliche Kontrolle" dieses Unternehmens beim anderen Vertragsstaat oder Staatsangehörigen desselben liegt.
* Kapazitäten: Unter Kapazität versteht man die Anzahl der auf einer bestimmten Strecke angebotenen Sitzplätze. Je nachdem, wie die Kapazitäten festgelegt werden, unterscheidet man: a) ex ante Genehmigung der Kapazitäten (Prädetermination), b) ex post facto Überprüfung der Kapazitäten (Bermuda I-Klausel), c) keine Kapazitätsregulierung (vgl. Abbildung 2.16).
* Frequenzen: Unter Frequenz versteht man die Anzahl der Flüge (i.d.R. pro Tag oder Woche), die auf einer bestimmten Strecke angeboten werden. Frequenzregelungen sind entweder indirekt in den Kapazitätsbestimmungen enthalten (eine Erhöhung der Frequenz vergrößert beim Einsatz desselben Flugzeugtyps auch die Kapazität) oder werden direkt für bestimmte Strecken festgelegt.
* Tarifbildung: Auf vielen Verbindungen können die Flugpreise nicht frei von den Fluggesellschaften festgelegt werden, sondern unterliegen einer staatlichen Tarifgenehmigung. Folgende Verfahren haben sich hierbei herausgebildet: a) Double Approval (beidseitige Zustimmung), b) Country of Origin (Ursprungslandprinzip), c) Double Disapproval (beidseitige Ablehnung) (vgl. Abbildung 2.16).

Für den Inhalt bilateraler Abkommen hat die ICAO Standardklauseln entwikkelt,[88] die von den Regierungen zumeist übernommen, manchmal jedoch auch leicht abgewandelt werden. Die bis zum heutigen Zeitpunkt geschlossenen bilateralen Vereinbarungen orientieren sich dabei mehr oder weniger an vier Musterverträgen: Prädeterminationsvertrag, Bermuda I-Vertrag, Post 1977-Vertrag und Open-Sky-Vertrag.[89]

---

[88] Vgl. ICAO (1992).

[89] Eine Auflistung der bei der ICAO registrierten bilateralen Luftverkehrsabkommen findet sich in ICAO (1988) *Digest of bilateral air transport agreements* einschließlich ICAO (1995) *Supplement. Digest of bilateral air transport agreements.*

Formen der Kapazitätskontrolle	
Prädetermination	Die gesamte anzubietende Kapazität wird im voraus von den beteiligten Staaten festgelegt (ex ante Genehmigung)
Bermuda I-Klausel	Die designierten Fluggesellschaften der Vertragsstaaten sollen „faire und gleiche Möglichkeiten" haben und Kapazitäten anbieten, die an der jeweiligen Nachfrage nach Luftverkehrsleistungen ausgerichtet sind. Sobald ein Ungleichgewicht zu Lasten eines Vertragsstaates entsteht, kann dieser Konsultationen mit dem Ziel der Überprüfung der Kapazitäten verlangen (ex post facto Überprüfung)
Freie Determination	Die designierten Fluggesellschaften der Vertragsstaaten sollen „faire und gleiche Möglichkeiten" haben. Die beteiligten Regierungen verpflichten sich, adäquate Wettbewerbsbedingungen herzustellen und ansonsten keinen Einfluß auf die Kapazitätsplanung der designierten Fluggesellschaften zu nehmen
Formen der Tarifkontrolle	
Double Approval	Damit ein Tarif in Kraft treten kann, müssen ihm die Regierungen beider Vertragsstaaten getrennt voneinander zustimmen (beidseitige Zustimmung)
Country of Origin	Jeder Staat kann nur Tarife für Flüge genehmigen, die in seinem Territorium beginnen. Auf die Tarife für Flüge, die im Territorium des anderen Vertragsstaates beginnen, hat er keinen Einfluß (Ursprungslandprinzip)
Double Disapproval	Ein Flugtarif kann nur dann außer Kraft gesetzt werden, wenn ihm die Regierungen beider Vertragsstaaten widersprechen (beidseitige Ablehnung)

Abbildung 2.16

Quelle: eigene Darstellung nach ICAO (1992)

Der *Prädeterminationsvertrag* schränkt den freien Luftverkehr am stärksten ein. Da das vorrangige Ziel im Schutz von schwachen Staatsfluglinien liegt, werden solche Verträge heutzutage nur noch von bzw. mit Entwicklungsländern abgeschlossen. Die protektionistischen Bestimmungen beinhalten eine ex-ante Kapazitätsgenehmigung (i.d.R. mit einer 50-50 Aufteilung), Einfachdesignierung, wenige oder keine Rechte der 5. Freiheit und Double Approval der Tarife.

Der *Bermuda I-Vertragstyp* geht auf ein Abkommen zwischen den Vereinigten Staaten und Großbritannien zurück, welches am 11. Februar 1946 auf den Bermudas geschlossen wurde. Die in ihm enthaltenen regulatorischen Elemente sind weniger stark ausgeprägt als beim Prädeterminationstyp. Beispielsweise sind eine ex post facto Kapazitätsüberprüfung[90], mehr Rechte der 5. Freiheit und die Möglichkeit der Mehrfachdesignierung vorgesehen. Für die Tarife gilt jedoch ebenfalls ein Double Approval Verfahren.[91]

Die *Post 1977-Verträge* entstanden im Zuge der 1977 in die Wege geleiteten Deregulierung des US-Inlandsverkehrs. Seit 1978 haben die Vereinigten Staaten eine Reihe liberaler Luftverkehrsabkommen geschlossen[92] und auch in Europa

---

[90] Das *U.S. Standard „Bermuda I" Agreement* enthält in Artikel 9 folgende Anforderungen hinsichtlich der anzubietenden Kapazität [vgl. ATA (1996)]:

A. There shall be a fair and equal opportunity for the airlines of each Contracting Party...
B. ... the interest of the airlines of the other Contracting Party shall be taken into conside ration...
C. The air services ... shall bear a close relationship to the requirements of the public for such services...
D. Services provided ... shall retain as their primary objective the provision of capacity adequate to the traffic demands ...
E. ...neither Contracting Party shall unilaterally restrict the airline or airlines of the other Contracting Party with respect to capacity, frequency, scheduling or type of aircraft employed ... In the event that one of the Contracting Parties believes that the operations conducted by an airline of the other Contracting Party have been inconsistent with the standards and principles set forth in this Article, it may request consultations ... for the purpose of reviewing the operations in question...

[91] Am 23. Juli 1977 schlossen die Vereinigten Staaten und Großbritannien ein neues Luftverkehrsabkommen, welches unter dem Namen *Bermuda II Vertrag* bekannt geworden ist. Dieser unterschied sich vom Bermuda I Vertrag in vier Punkten 1) Die Anwendbarkeit wurde auf den Charterverkehr ausgedehnt, 2) Das Recht der Mehrfachdesignierung wurde auf einigen Nordatlantikrouten eingeschränkt, 3) Zusätzliche Konsultationsverfahren wurden eingeführt, um Kapazitätsüberschüsse und -ungleichgewichte zu handhaben, 4) Der Frachtverkehr wurde voll dereguliert [vgl. ATA (1996)].

[92] Das erste liberale US-Luftverkehrsabkommen wurde im März 1978 mit den Niederlanden geschlossen. Kurz darauf folgten Vereinbarungen mit der Bundesrepublik (November 1978) und Belgien (Dezember 1978). Die Verträge mit Südkorea, Singapur, Thailand, Finnland, Australien, den Philippinen und einigen anderen Staaten wurden ebenfalls bis Ende 1980 revidiert und auch das bestehende Bermuda II Abkommen mit Großbritannien erhielt einige

setzte ab 1984 eine Entwicklung hin zu mehr freizügigen Verträgen ein.[93] Kernpunkte dieser Vereinbarungen sind Mehrfachdesignierung, umfangreiche Rechte der 5. Freiheit, keine Kapazitätskontrollen[94] und Double Disapproval-Tarifgenehmigung (in manchen Fällen aber nur Country of Origin). Der freie Verkehr zwischen den beteiligten Nationen ist aber insbesondere im Fall der US-Abkommen nicht möglich, da diese Verkehrsrechte der 3. und 4. Freiheit auf bestimmte Flughäfen oder Strecken beschränken.[95]

Im Oktober 1992 unterzeichneten die Vereinigten Staaten mit den Niederlanden das erste sogenannte *Open-Sky-Abkommen.*[96] Weitere solche Vereinbarungen, unter anderem auch mit der Bundesrepublik, folgten. Gewöhnlich sind in diesen Verträgen umfangreiche Rechte der 3., 4. und 5. Freiheit (allerdings noch keine Kabotage), Mehrfachdesignierung, freie Festlegung der Kapazitäten und Frequenzen[97], die Möglichkeit von Codeshare-Vereinbarungen mit anderen Fluggesellschaften sowie eine weitgehende Freiheit bei der Preissetzung[98] vorgesehen.

---

liberale Ergänzungen [Dresner/Tretheway (1992) S. 172f]. Zu den Hintergründen vgl. Doganis (1991) S. 52-57 und S. 59-61.

[93] Beispielsweise schloß Großbritannien zwischen 1984 und 1986 liberale Vereinbarungen mit den Niederlanden, der Bundesrepublik, Luxemburg, Belgien, Frankreich, der Schweiz, Italien und Irland. Eine tabellarische Auflistung dieser Verträge findet sich in Caves/Higgins (1993) S. 6.

[94] Das *U.S. Standard „Post 1977" Agreement* enthält in Artikel 11 hinsichtlich der anzubietenden Kapazitäten ähnliche Bestimmungen wie das U.S. Standard „Bermuda I" Agreement, d.h. jeder Vertragsstaat ist verpflichtet, alle erforderlichen Maßnahmen zu ergreifen, um gleiche Ausgangsbedingungen herzustellen und alle Formen der Diskriminierung und des unfairen Wettbewerbs zu unterbinden. Außerdem darf er nicht einseitig die Kapazitäten, Frequenzen oder den Flugzeugtyp der Fluggesellschaft(en) des anderen Vertragsstaates festlegen. Im Gegensatz zum Bermuda I Vertrag ist aber nicht explizit vorgesehen, daß ein Vertragsstaat bei Unzufriedenheit über die Entwicklung der jeweiligen Marktanteile Zwangskonsultationen mit dem Ziel einer Überprüfung der Kapazitäten verlangen kann [vgl. ATA (1996)].

[95] In liberalen US-Abkommen ist gewöhnlich festgelegt, daß ausländische Fluggesellschaften nur wenige Flughäfen in den USA anfliegen dürfen. Amerikanische Gesellschaften können dagegen in der Regel von jedem US-Flughafen ins Territorium des Vertragsstaates fliegen [Haanappel (1984) S. 42f; Doganis (1993) S. 52f]. Da die meistens Nationen in Europa und Asien nur über einen oder wenige große internationale Flughäfen verfügen, ergibt sich hieraus ein Wettbewerbsvorteil für die amerikanischen Airlines.

[96] Vgl. Wassenbergh (1993) S. 86-89, 231-234 und Hedlund (1994) S. 270ff

[97] Artikel 8 des deutsch-amerikanischen Luftverkehrsabkommens sieht beispielsweise vor, daß jedes designierte Unternehmen Kapazitäten und Frequenzen auf der Grundlage „kommerzieller, marktbezogener Gesichtspunkte" festlegen kann [Protokoll zwischen der Regierung der Bundesrepublik Deutschland und der Regierung der Vereinigten Staaten von

Bilaterale Luftverkehrsabkommen				
	Prädetermination	**Bermuda I**	**Post 1977**	**Open Sky**
Rechte der 3. und 4. Freiheit	begrenzt	begrenzt	weitreichend	unbegrenzt
Rechte der 5. Freiheit	sehr wenig	wenig	zahlreich	unbegrenzt
Kabotage	nein	nein	nein	nein (zumindest bisher)
Designierung	einfach	i.d.R. einfach	doppelt oder mehrfach	mehrfach
Kapazitätkontrolle	ex ante	ex post facto	keine	keine
Nationalitäten-klausel	ja	ja	ja	ja (zumindest bisher)
Tarife	double approval	double approval	double disapproval oder country of origin	frei

Abbildung 2.17

Quelle: eigene Darstellung

Verträge nach dem Prädeterminations- oder dem Bermuda I-Typ enthalten gewöhnlich keine Bestimmungen über den Charterverkehr. Dieser soll nach dem Abkommen von Chicago zwar prinzipiell freizügiger gehandhabt werden[99], in der Vergangenheit unterlag er aber häufig zahlreichen Beschränkungen der Zielländer.[100] Klare Regelungen für den Charterverkehr wurden erst durch die

Amerika zur Änderung des Luftverkehrsabkommens vom 7. Juli 1955, unterzeichnet in Milwaukee am 23. Mai 1996, S. 11].

98 Artikel 10 des deutsch-amerikanischen Luftverkehrsabkommens sieht vor, daß „die Festlegung von Preisen für den internationalen Luftverkehr durch die bezeichneten Unternehmen auf der Grundlage wirtschaftlicher Markterwägungen" erfolgt. Ein Eingreifen der Vertragsparteien beschränkt sich dabei auf: „1. die Verhinderung unangemessen diskriminierender Preise oder Praktiken, 2. den Schutz der Verbraucher vor unangemessen hohen oder restriktiven Preisen aufgrund des Mißbrauchs einer beherrschenden Stellung und 3. den Schutz der Unternehmen vor Preisen, die aufgrund direkter oder indirekter staatlicher Subventionen oder Beihilfen künstlich niedrig gehalten werden" [ebenda, S. 16].

99 Vgl. hierzu Fußnote 66.

100 In Europa konnte sich der Charterverkehr in den 60er, 70er und Anfang der 80er Jahre allerdings weitgehend unbehindert von staatlichen Beschränkungen entwickeln, da vor allem

liberalen Post 1977-Verträge geschaffen, die sowohl auf den Linien- als auch auf den Charterverkehr anwendbar sind. Da sich Linien- und Charterfluggesellschaften in ihren Leistungen immer mehr angleichen, dürfte eine unterschiedliche Behandlung in Zukunft kaum noch sinnvoll sein.[101]

2.4.4. Privatwirtschaftliche Wettbewerbsbeschränkungen

Obwohl die Wettbewerbsbedingungen im internationalen Luftverkehr vornehmlich durch multilaterale und bilaterale staatliche Vereinbarungen festgelegt werden, üben auch staatlich sanktionierte Abstimmungsprozesse zwischen Fluggesellschaften eine nicht zu unterschätzende Wirkung auf den Markt aus. Während neuerdings Strategische Allianzen in den Mittelpunkt des Interesses rücken, wurden in diesem Zusammenhang traditionell vor allem Pool- und Royalty-Abkommen sowie Vereinbarungen im Rahmen der IATA genannt.

Bei der *International Air Transport Association (IATA)*[102] handelt es sich um die weltweite Interessenvertretung der großen Fluggesellschaften, die im Jahr 1995 insgesamt 233 Mitglieder zählte.[103] Als Nachfolgeorganisation der 1919 in Den Haag ins Leben gerufenen International Air Traffic Association wurde die IATA auf der Konferenz von Chicago im Rahmen der Neuordnung des Weltluftverkehrs initiiert und 1945 in Montreal als nichtstaatliche, internationale Körperschaft konstituiert.[104] Im Gegensatz zu den regionalen Vereinigungen der Luft-

---

die Staaten im Süden Europas mehr an einer großen Zahl billig eingeflogener Touristen interessiert waren, als am Schutz ihrer Liniengesellschaften.

[101] Die meisten Chartergesellschaften nennen sich nunmehr „Ferienflieger" und bieten ihre Flüge nach einem festen, oftmals bereits Monate im voraus veröffentlichten Flugplan an. Ihre Tickets können direkt bei der Gesellschaft oder bei sog. Consolidators erworben werden und sind nicht mehr an die Buchung einer Pauschalreise gebunden. Der Service in der Hauptkabine entspricht weitgehend jenem der Tourist Class von Liniengesellschaften und der Service in der „Comfort Class" ist - sofern vorhanden - nicht weit von jenem einer Business Class entfernt.

[102] Ausführliche Informationen über die IATA sind enthalten in Haanappel (1984) S. 61-115, Zantke (1985) S. 221-228, IATA (1993), BTCE (1994) S. 116-119) ,IATA (1996) und ICAO (1996) Kapitel 3.8.

[103] Eine Auflistung der 233 IATA-Fluggesellschaften, aufgeschlüsselt nach 202 aktiven und 31 assoziierten Mitgliedern, findet sich in IATA (1995): *Annual Report 1995*, S. 41ff.

[104] Die IATA hat drei Hauptsitze (in Montreal, Genf und London) sowie vier Regionalbüros (in Amman, Santiago de Chile, Singapur und Washington D.C.).

fahrtgesellschaften[105], deren Tätigkeit weitgehend auf Lobbyistenfunktionen beschränkt ist, bietet die IATA ihren Mitgliedern zahlreiche Dienste an, durch die die Abwicklung des Luftverkehrs wesentlich erleichtert wird. Beispielsweise stellt das *IATA Multilateral Interline Traffic Agreement (MITA)* eine gegenseitige Anerkennung von Flugtickets im Rahmen des „Interlining“[106] sicher, der IATA *Proration Service (IPS)* teilt die dabei anfallenden Einnahmen auf die beteiligten Fluggesellschaften auf[107] und im *IATA Clearing House* erfolgt eine Verrechnung der Forderungen und Verbindlichkeiten zwischen den Luftfahrtunternehmen[108]. Die *Billing & Settlement Plans (BPS)* stellen die Abrechnung mit den Reisebüros[109] und die *Cargo Account Settlement Systems (CASS)* die Abrechnung mit den Frachtagenten sicher. Im Rahmen der *IATA Schedule*

---

105 Von Bedeutung sind die *Association of European Airlines (AEA)* in Brüssel, die *Air Transport Association (ATA)* in Washington, die *Association of Asia Pacific Airlines (AAPA)* [früher: *Orient Airlines Association (OAA)*] in Manila, die *Arab Air Carriers Organisation (AACO)* in Amman, die *Associatión Internacional de Transporte Aéreo Latinamericano (AITAL)* in Bogota, die *African Airlines Association (AFRAA)* in Nairobi und die *International Air Carrier Association (IACA)* in Brüssel [vgl. ITA (1995) S. 99f, Reuss (1995) S. 421ff].

106 Interlining liegt dann vor, wenn Reisende während der gesamten Reise nicht mit ein und derselben Fluggesellschaft fliegen, sondern auf Teilstrecken die Dienste anderer Airlines in Anspruch nehmen. Durch das MITA, welches mittlerweile annähernd 300 Luftfahrtunternehmen unterschrieben haben, wird sichergestellt, daß die teilnehmenden Fluggesellschaften die Tickets anderer Airlines akzeptieren und den Transport durchführen.

107 Ein Interline Passagier, der mit einem einzigen Ticket zwei oder mehr Sektoren abfliegt, zahlt den „end-to-end“-Tarif und nicht die Summe der Flugpreise der einzelnen Sektoren. Da ersterer in der Regel niedriger ausfällt, können die beteiligten Fluggesellschaften nicht den vollen Preis für Ihre Leistungen erhalten. Vielmehr wird ihnen durch ein kompliziertes, von der IATA entwickeltes Verfahren nur ein Teil des tatsächlich erzielten Erlöses, die sog. „prorate“, zugewiesen [Doganis (1991) S. 313f].

108 Derzeit kaufen ca. 20 Prozent aller Passagiere Tickets, die nicht nur Flüge der ausstellenden Airline sondern auch (Anschluß-) Flüge mit anderen Luftfahrtunternehmen beinhalten. Da die ticketausstellende Gesellschaft vom Reisenden den Gesamtbetrag für alle Sektoren der Reise erhält, muß sie den auf die Teilstrecken fremder Luftfahrtunternehmen entfallenden Betrag an diese abführen. 1994 betrug das Volumen dieser Verbindlichkeiten weltweit 22,8 Mrd. US-Dollar. Durch das IATA Clearing House besteht nun die Möglichkeit, die Forderungen und Verbindlichkeiten der teilnehmenden Fluggesellschaften miteinander zu verrechnen, so daß im Durchschnitt nur tatsächliche Zahlungen in der Größenordnung von 10 % der ursprünglichen Summe anfallen [IATA (1995): *Annual Report*, S. 33, IATA (1994): *Settling Accounts...*].

109 Im Rahmen des BSP wurde auch das IATA-Flugticket entwickelt, welches als neutraler Flugschein für alle am BSP beteiligten Fluggesellschaften gilt und heute für 95 % aller Linienflugbuchungen in der Bundesrepublik verwendet wird [vgl. Tettenborn (1993) S. 294].

Coordination Conferences werden Vereinbarungen über die Zuweisung von Abflugs- bzw. Landezeiten (Slots) auf kapazitätsbeschränkten Flughäfen getroffen,[110] das *Interline Data Exchange Centre (IDEC)* ermöglicht Fluggesellschaften den Austausch von Informationen über Passagiertickets und das *Baggage Tracing System (BAGTRAC)* sorgt für das schnelle Auffinden verlorengegangenen Gepäcks.

Von besonderer Bedeutung sind die *IATA-Verkehrskonferenzen (Traffic Conferences)*, in denen die Höhe der Flugtarife und die dazu jeweils gültigen Beförderungsbedingungen festgelegt werden.[111] Grundlage hierfür sind bestimmte, in fast allen Prädeterminations- und Bermuda I-Verträgen enthaltene Klauseln, welche implizit oder explizit eine Tarifkoordination im Rahmen der IATA vorsehen.[112] Die Flugpreise sind vor Inkrafttreten zwar noch bei den nationalen Regierungen anzumelden, wurden von diesen in der Vergangenheit aber immer vorbehaltlos akzeptiert.

Organisatorisch sind die Verkehrskonferenzen in Verfahrenskonferenzen und Tarifkonferenzen unterteilt. In den *Verfahrenskonferenzen (Procedures Conferences)* legen die Fluggesellschaften allgemeine Bestimmungen für die Passagierabfertigung und die Ausstellung von Beförderungsdokumenten sowie Buchungsverfahren und Automatisierungsstandards fest. Außerdem werden in ihnen die Beziehungen zwischen den Fluggesellschaften und den Verkaufsagenturen (i.d.R. Reisebüros) geregelt. In den *Tarifkonferenzen (Tariff Coordinating Conferences)* wird die Höhe der Referenztarife vereinbart. Die Abstimmung erfolgt in drei Gebietskonferenzen und vier Verbindungskonferenzen, die wieder-

---

[110] Vgl. IATA (1995) *Annual Report* S. 29f, IATA (1994) *Scheduling*.

[111] Vgl. hierzu Haanappel (1982), O´Connor (1985) S. 112-116, Pompl (1991) S. 157-164, Stoetzer (1991) S. 31-36 und IATA (1989).

[112] In den meisten Luftverkehrsabkommen ist festgelegt, daß die designierten Fluggesellschaften eine Übereinkunft über die Tarife treffen. Die ICAO-Musterklauseln sehen dabei vor, daß 1) „such aggreement shall be reached by the use of the appropriate international tariff coordination mechanism“, 2) „such aggreement may be reached by the use of the appropriate international tariff coordination mechanism“, oder 3) „both Parties permit designated airlines to participate in the activities of the appropriate international tariff-coordination mechanism“ [ICAO (1992) S. 54]. Die „Empfehlung Nr. 9“ der ICAO Air Transport Conference beinhaltet zudem, daß „the worldwide multilateral machinery for the IATA Traffic Conference shall, wherever applicable, be adopted as a first choice when establishing international fares and rates to be submitted for the approval of the States concerned, and that carriers should not be discouraged from participation in the machinery [ebenda S. 70].

um in Regionalkonferenzen unterteilt sind.[113] Da die Anzahl der Flugpreise aufgrund der großen Anzahl möglicher Streckenkombinationen in die Millionen geht, werden in den Konferenzen nur die Tarife zwischen den wichtigsten Flughäfen ausgehandelt (Specified Fares). Die Flugpreise für andere Strecken errechnen sich dann ebenso wie etwaige „pro-rates"[114] nach einem von der IATA genau festgelegten Verfahren.

Die im Rahmen der IATA vereinbarten Tarife haben den Vorteil, daß sie denselben Beförderungsbedingungen unterliegen und somit interlinefähig sind. Von ihnen abweichende Flugtarife sind dagegen in der Regel mit erheblichen Einschränkungen verbunden und berechtigen nur zur Beförderung durch die das Ticket ausstellende Fluggesellschaft.

Ursprünglich war die Teilnahme an den IATA-Verkehrskonferenzen für alle Mitglieder verbindlich und Entscheidungen konnten nur einstimmig getroffen werden. Festgelegt wurden dabei nicht nur die Flugpreise sondern auch bestimmte Servicestandards (z.B. Abstand der Sitze oder Bestandteile der Mahlzeiten in der Economy Class).[115] Da sich vor allem in den 50er und 60er Jahren alle bedeutenden Fluggesellschaften an der Tarifbildung beteiligten, lag de facto ein Angebotskartell vor, welches die Flugpreise am Kostenniveau der Unternehmen mit der geringsten Produktivität orientierte.[116] Anfang der 70er Jahre kam jedoch verstärkt Wettbewerb von Chartergesellschaften und solchen Luftfahrtunternehmen auf, die sich nicht der IATA angeschlossen hatten.[117] Da die profitablen IATA-Carrier deshalb zunehmend Tarifsenkungen verlangten, führte die Einstimmigkeitsregel immer seltener zu Verhandlungsergebnissen und es mehrten

---

[113] Die drei Gebietskonferenzen sind geographisch wie folgt abgegrenzt: I) Amerika, II) Europa, Afrika und Nahost sowie III) Asien und Australien. Die Verbindungskonferenzen legen die Tarife für Strecken zwischen den einzelnen Gebietskonferenzen fest [Pompl (1991) S. 159f, IATA (1996) S. 3.8-2f].

[114] Vgl. Fußnote 107.

[115] Vgl. Fußnote 11.

[116] Da für alle Entscheidungen Einstimmigkeit vorgesehen war, konnten Airlines mit einem hohen Kostenniveau billigere Tarife verhindern. Sofern durch ihr Veto keine Einigung zustande kam, lag die Entscheidung bei der eigenen Regierung, die sich zumeist den Argumenten der von ihr designierten Fluggesellschaft anschloß.

[117] Vor allem asiatische Carrier wie Singapore Airlines, Thai International und Malaysia Airlines konnten ihren Marktanteil gegenüber den etablierten IATA-Gesellschaften durch einen höheren Service und/oder erheblich niedrigere Flugpreise vergrößern.

sich die Rufe nach einer umfassenden Reorganisation der IATA. Für diese ausschlaggebend war letztendlich aber die im Juni 1978 vom US Civil Aeronautics Board (CAB) erlassene *Show Cause Order*[118], die in der Folge amerikanische Carrier zum Austritt aus der IATA veranlaßte. Durch den externen Druck wurde die IATA gezwungen, auf der Generalversammlung im Jahre 1978 wichtige Reformen zu beschließen, die im Folgejahr in Kraft traten:[119]

1) Den Fluggesellschaften wurde erlaubt, Mitglied der IATA zu werden, ohne an deren Tarifkoordinierung teilnehmen zu müssen.[120]
2) Die Einstimmigkeitsregel wurde abgeschwächt. Zum einen konnten von nun an auch regionale Vereinbarungen *(sub-area agreements)* ohne Einstimmigkeit geschlossen werden, sofern nicht 20 % oder mindestens fünf der anwesenden Mitglieder dagegen stimmten. Zum anderen wurden nunmehr auch begrenzte Abkommen *(limited agreements)* für Einzelstrecken möglich, sofern sich nicht die Mehrheit der Gesamtkonferenz dagegen aussprach.
3) Den Luftfahrtunternehmen wurde zugestanden, auf Strecken der 3. und 4. Freiheit ohne vorherige Zustimmung der Konferenz verkaufsfördernde Tarife *(innovative fares)* einzuführen, sofern die betroffenen Regierungen dem zustimmten.
4) Der Versuch, das Serviceniveau (z.B. Größe und Abstand der Sitze, Bestandteile der Mahlzeiten, Umfang und Preise der alkoholischen Getränke, Angebot an Zeitungen und Bordunterhaltung) festzusetzen, wurde aufgegeben.
5) Beobachter von Regierungen und internationalen Organisationen wurden zu den ehemals vertraulichen Verkehrskonferenzen zugelassen.

---

[118] Mit der sog. *„Show Cause Order“* vom 9. Juni 1978 wurde die IATA aufgefordert, „to show cause“, warum das CAB weiterhin eine Freistellung von der Antitrust-Gesetzgebung für die Teilnahme an den Verkehrskonferenzen zugestehen sollte. Nach mehreren Anhörungen stellte das CAB im April 1980 fest, daß die IATA-Tarifkoordinierung den freien Wettbewerb substantiell einschränke. US-Fluggesellschaften wurde daraufhin verboten, an den Tarifvereinbarungen für den Nordatlantik teilzunehmen. Für den Rest der Welt wurde die Freistellung aus politischen Gründen jedoch für zwei Jahre verlängert. Nach erfolgter Reform der IATA nahm Präsident Reagan die Anordnung Anfang der 80er Jahre wieder zurück [vgl. O´Connor (1985) S. 116ff und Doganis (1991) S. 61ff].

[119] Vgl. Doganis (1991) S. 40, Haanappel (1984) S. 61f und Pompl (1991) S. 55.

[120] Im Jahre 1995 nahmen von 202 aktiven Mitgliedern nur 103 an der IATA-Tarifkoordinierung teil [IATA (1995) *Annual Report 1995* S. 41].

Obwohl die IATA-Tarifkoordinierung bis heute fortbesteht, hat sie im Vergleich zu den 60er und 70er Jahren erheblich an Bedeutung eingebüßt. Zum einen nehmen zahlreiche renommierte Gesellschaften gar nicht an ihr teil (z.B. Cathay Pacific, Emirates und US Airways). Zum anderen können die IATA-Tarife immer weniger am Markt durchgesetzt werden. Ihre Bedeutung haben sie nur noch für Passagiere, die sich aus Gründen der Flexibilität das Recht auf Interlining vorbehalten möchten. Für alle anderen Passagiere bildete sich bereits in den 70er und 80er Jahren ein „Graumarkt", auf dem Flüge zu stark ermäßigten Preisen angeboten wurden. IATA-Preise sind somit Referenzpreise, die die obere Grenze der Preisspanne aufzeigen. Da der Anteil der nach IATA-Tarifen abgerechneten Flüge stetig abnimmt, hat auch die Diskussion um die wettbewerbsfeindlichen Implikationen der IATA-Tarifkoordinierung an Brisanz verloren.[121]

Der internationale Wettbewerb wurde in der Vergangenheit aber nicht nur durch Absprachen im Rahmen der IATA, sondern auch durch sogenannte *Pooling-Vereinbarungen*[122] zwischen einzelnen Fluggesellschaften behindert. Diese waren entweder in den bilateralen Luftverkehrsabkommen als Mittel zur Verwirklichung der Kapazitätsregulierung vorgesehen oder ergaben sich durch die auf vielen Strecken vorliegende Duopol- bzw. Oligopolsituation.[123] Zwei Arten sind

---

121 Für Europa werden auf den IATA-Koordinierungskonferenzen seit 1988 keine verbindlichen Absprachen, sondern nur noch Empfehlungen ausgesprochen. Da die Fluggesellschaften im zwischenstaatlichen Verkehr der Union ihre Flugpreise seit 1993 frei festsetzen können, hat die IATA-Tariffsetzung somit nur noch auf den Drittstaatenverkehr Einfluß. Im US-Inlandsverkehr gilt seit 1985 vollkommene Tariffreiheit. Für internationale Flüge, die von den USA ausgehen, gilt häufig der *Standard Foreign Fare Level (SFFL)* als Bezugsgröße, der anhand der tatsächlichen Betriebskosten der großen amerikanischen Fluggesellschaften halbjährlich festgelegt wird. Die Tarife können von ihm um 5 % nach oben bzw. um 50 % nach unten abweichen. IATA-Tarife finden somit höchsten noch bei Flügen aus dem Ausland in die USA Anwendung. Eine gewisse Bedeutung hat die IATA-Tarifkoordinierung aber weiterhin noch in Lateinamerika, Afrika und Asien. Aber auch hier beginnt ihr Einfluß merklich zu schwinden [vgl. hierzu Haanappel (1984) S. 78-81, Stoetzer (1991) S. 34-36, Doganis (1991) S. 38f, Pompl (1991) S. 164ff, Tettenborn (1993) S. 152ff und Eisermann (1995) S. 28f].

122 Pooling-Vereinbarungen werden ausführlich in Doganis (1991) S. 30-34 behandelt. Vgl. außerdem Schmidt (1993) S. 113.

123 Zahlreiche internationale Strecken dürfen aufgrund bilateraler Luftverkehrsabkommen nach wie vor nur von den jeweiligen nationalen Flag Carriern bzw. einem oder zwei weiteren nationalen Fluggesellschaften beflogen werden. Die hierdurch resultierende Situation eines stabilen Angebotsduoplos oder -oligopols wurde von den Fluggesellschaften oft zu - heimlichen oder offenen - Absprachen hinsichtlich der Preise und der anzubietenden Kapazitäten genutzt.

zu unterscheiden. Die gewöhnlichste Form ist der *Erlös-Pool (revenue-sharing pool)*, bei dem die Erlöse auf einer Strecke zwischen den Fluggesellschaften nach einer vorher festgelegten Formel aufgeteilt werden. Eher selten kommen *Kosten-Erlös-Pools (revenue-cost pools)* vor. Diese sehen vor, daß die Strecke nur von einem Carrier bedient wird und sowohl Kosten wie auch Erlöse nach einem fest vereinbarten Schlüssel zu verteilen sind. Obwohl solche Abmachungen auf Strecken, die nur ein geringes Verkehrsaufkommen haben und daher nicht von zwei Gesellschaften profitabel bedient werden können, durchaus Sinn machen, stellen sie insgesamt doch eine erhebliche Einschränkung des freien Wettbewerbs dar. Bedingt durch die zunehmende Liberalisierung des internationalen Verkehrs, ist die Zahl der traditionellen Pooling-Vereinbarungen in den letzten Jahren aber erheblich zurückgegangen.[124]

Sofern keine Rechte der 5. und 6. Freiheit vorliegen, Fluggesellschaften solche Strecken aber trotzdem bedienen möchten, können sie sich das Recht dazu durch sogenannte *Royalty-Vereinbarungen* erkaufen. Sie zahlen dann der oder den Fluggesellschaften, die durch ihren Dienst beeinträchtigt sind, einen festen Betrag für jeden Passagier, der auf der betroffenen Strecke befördert wird.[125] Die Zahlung von Royalties wird teilweise auch auf Strecken der 3. und 4. Freiheit vereinbart, wenn einer der designierten Carrier auf eine Bedienung der Strecke verzichtet.

Mit zunehmender Liberalisierung des internationalen Luftverkehrs verlieren klassische Pooling- oder Royalty-Vereinbarungen zwischen Fluggesellschaften immer mehr an Bedeutung. Gefahren für den Wettbewerb gehen dagegen von neueren Kooperationsformen zwischen Fluggesellschaften aus, vor allem von Codeshare-Vereinbarungen und weitreichenden Strategischen Allianzen. Die damit verbundenen Auswirkungen werden ausführlich in Kapitel 5.4 behandelt.

---

[124] Im Jahre 1996 bestanden kaum noch Pooling-Vereinbarungen der traditionellen Art. Erwähnenswert sind höchstens die Pool-Abkommen zwischen Air France und Air Madagascar (auf der Strecke Paris - Antananarivo) bzw. Aeroflot (auf den Strecken Paris - Moskau / St. Petersburg) oder zwischen Garuda und Saudia (auf den Strecken Jakarta - Riyadh / Jeddah / Dhahran) [vgl. Gallacher (1996): *A clearer direction?*].

[125] Beispielsweise mußte Singapore Airlines im Jahre 1977 auf der Strecke Singapur - Athen - London für jeden Passagier, der auf dem Teilstück Athen - London mitgenommen wurde (Verkehr der 5. Freiheit), 20 % des Ticketpreises an Olympic Airways entrichten. Thai International besaß zeitlang eine Vereinbarung mit British Airways, nach der für jeden Passagier auf der Strecke London - Sydney (Verkehr der 6. Freiheit) 60 US-Dollar gezahlt werden mußten [Doganis (1991) S. 35].

2.5. Die Erfahrungen der Deregulierung in den USA

2.5.1. Ursprung und Verlauf der US-Deregulierung[126]

Aufgrund des Civil Aeronautics Act von 1938 unterlag die US-Zivilluftfahrt vierzig Jahre lang einer ausgeprägten ökonomischen Regulierung. Zuständig für den Verkehr zwischen den einzelnen Bundesstaaten war das Civil Aeronautics Board (CAB), welches weitreichende Kompetenzen hinsichtlich der Lizenzierung von Fluggesellschaften, der Kontrolle des Marktein- und Marktaustritts sowie der Genehmigung von Tarifen hatte. Außerdem oblag ihm die Überprüfung von Fusionen und die Entscheidung über Subventionen für aufkommensschwache Routen.[127]

Die vorherrschende Praxis wurde Anfang der 70er Jahre zunehmend von Konsumenten und Wissenschaftlern, aber auch von Vertretern der Industrie in Frage gestellt. In einer Befreiung der Luftfahrtunternehmen von staatlicher Reglementierung sahen viele die Möglichkeit, den Wettbewerb zu erhöhen, die Flugtarife zu senken und das Serviceangebot zu verbessern. Bedingt durch die zunehmende Kritik an seiner restriktiven Politik[128] sah sich das CAB ab 1976 veranlaßt, erste Deregulierungsmaßnahmen einzuleiten. Der endgültige Niedergang dieser Regulierungsbehörde wurde 1978 durch den *Airline Deregulation Act (ADA)* einge-

---

[126] Einen guten Überblick über den Verlauf und die Auswirkungen der Deregulierung in den USA geben Bailey/Graham/Kaplan (1985), Morrison/Winston (1986), Knieps (1987) S. 26-51, Levine (1987), Pascher (1987), Joskow (1988), Dempsey (1990), Kahn (1990), Wheatcroft/ Lipman (1990) S. 12-23, Beyen/Herbert (1991) S. 15-21 und 37-64, Pompl (1991) S. 248-272, Pickrell (1991), Borenstein (1992), Reynolds-Feighan (1992), Williams (1993) S. 5-65 und Morrison/Winston (1995). Eine Auflistung der Literatur über die US-Deregulierung bis zum Jahre 1985 findet sich in Stanbury/Tretheway (1986).

[127] Die Regulierungskompetenzen des CAB erstreckten sich allerdings nur auf den „interstate traffic“ (Verkehr zwischen einzelnen Bundesstaaten) und nicht auf den „intrastate traffic“ (Verkehr innerhalb eines Bundesstaates). Da vor allem in Kalifornien und Texas eine weit weniger restriktive Politik verfolgt wurde, entwickelte sich in diesen Staaten ein stärkerer Wettbewerb, der zu deutlich geringeren Flugpreisen als auf Landesniveau führte [vgl. Williams (1993) S. 9f]. Außerdem war das CAB nicht für die Kontrolle der Flughäfen sowie für den Erlaß und die Durchsetzung von Sicherheitsvorschriften zuständig. Diese Aufgaben wurde von der 1958 ins Leben gerufenen *Federal Aviation Administration (FAA)* erfüllt [vgl. Pompl (1991) S. 250, Joskow (1988) S. 105 und Krahn (1994) S. 46].

[128] Zwischen 1950 und 1974 lehnte das CAB 79 Anträge zur Gründung einer neuen Fluggesellschaft ab. In der gesamten Regulierungsperiode wurde kein zusätzlicher Wettbewerber auf einer Hauptroute zugelassen [Krahn (1994) S. 47].

leitet, der einen sukzessiven Übergang zum freien Wettbewerb vorsah.[129] Mit Beginn des Jahres 1982 endete die CAB-Einflußnahme auf den Streckenzugang, ein Jahr später fiel die Tarifgenehmigungskompetenz und zum 1. Januar 1985 stellte das CAB seine Tätigkeit ganz ein. Alle noch verbliebenen staatlichen Aufgaben (z.B. Erteilung von Betriebsgenehmigungen, Designierung von Fluggesellschaften für den internationalen Verkehr, Vergabe von Geldern im Rahmen des „Small Community Air Service Programme“ sowie Genehmigung von Fusionen und weitreichenden Kooperationsabkommen) wurden dem Verkehrsministerium *(Department of Transportation, DOT)* übertragen, welches hierfür - mit Ausnahme der 1989 an das Justizministerium *(Department of Justice, DOJ)* abgetretenen Fusionskontrolle - heute noch zuständig ist.[130]

Basierend auf umfangreichen carrier-, routen- und flughafenspezifische Daten[131] haben mittlerweile zahlreiche wissenschaftliche Studien die Auswirkungen der Deregulierung auf die gesamtwirtschaftliche Wohlfahrt und die Effizienz des Luftfahrtsystems untersucht. Wegen des erheblichen Verkehrsaufkommens in den USA und der räumlichen Ausdehnung des Marktes sind die Erkenntnisse dieser Arbeiten auch für eine Analyse der Auswirkungen einer weltweiten Liberalisierung von erheblichem Interesse.

Die meisten Untersuchungen stimmen darin überein, daß die US-Deregulierung insgesamt positiv zu bewerten ist. Beispielsweise haben Morrison/Winston anhand eines Vergleichs der Jahre 1977 und 1983 festgestellt, daß sich die jährlichen Gewinne auf mindestens 8,5 Mrd. US-$ (in Preisen von 1977) belaufen, wobei 6 Mrd. US-$ auf eine Wohlfahrtsverbesserung der Reisenden (vornehmlich der Geschäftsreisenden durch erhöhte Flugfrequenzen) und 2,5 Mrd. US-$

---

[129] Obwohl das CAB seine Regulierung de jure nur allmählich über einen Zeitraum von sechs Jahren beenden sollte, war seine Tätigkeit nach 1978 de facto durch weitgehende Untätigkeit gekennzeichnet. Der Übergang zur vollkommenen Liberalisierung erfolgte daher in einer viel kürzeren Zeit, als nach dem ursprünglichen Stufenplan vorgesehen war [vgl. hierzu Petzinger (1995) S. 77-94 und Doganis (1991) S. 51f].

[130] Vgl. Joskow (1988) S. 106. Eine tabellarische Übersicht über die Durchführung der Deregulierung von 1979 bis 1986 findet sich in Bailey/Graham/Kaplan (1985) S. 35.

[131] Die Fluggesellschaften müssen dem Department of Transportation Informationen über 10 Prozent der von Ihnen ausgestellten Tickets zur Verfügung stellen. Angaben über den in Anspruch genommenen Carrier, den Abflug- und Zielort sowie den Ticketpreis werden vom DOT gespeichert und sind somit eine unverzichtbare Quelle, um carrier- oder routenspezifische Untersuchungen der Verkehrs- und Preisentwicklung durchzuführen [vgl. Windle/Dresner (1993) S. 30].

auf gestiegene Industriegewinne zurückzuführen sind.[132] Analysen, die auf Daten der frühen 80er Jahre basieren, nehmen allerdings in der Regel eine positivere Haltung ein als spätere Studien. Grund hierfür ist, daß der Wettbewerb in den ersten Jahren nach Verabschiedung des Airline Deregulation Act durch zahlreiche Markteintritte neu gegründeter Airlines stark belebt wurde, während gegen Mitte der 80er Jahre ein Konsolidierungsprozeß einsetzte, der die anfänglichen Konsumenten- und Effizienzgewinne teilweise wieder rückgängig machte. Bei der Analyse von mehr als zehn Jahren Deregulierung gelangt Dempsey sogar zu dem Schluß, daß „deregulation has been associated with unprecedented levels of concentration, discriminatory pricing, service deterioration and narrower savety margins and that by 1989, consumers were paying some 2.6 percent more to fly per mile than they would have had the pre-deregulation downward trend in the per-mile charge for flying simply continued“[133] und „the regulated olygopoly which existed under regulation has now been replaced with an unregulated oligopoly“[134]. Obwohl diese Ansicht sicherlich übertrieben ist, macht sie doch die Notwendigkeit einer differenzierteren Betrachtung deutlich, durch die die Gewinner und Verlierer der Deregulierung sowie deren Auswirkungen auf die Marktstruktur, das Marktverhalten und die Leistungsfähigkeit des Systems klarer herausgearbeitet werden. Im folgenden soll daher eingehender auf die Entwicklung der Streckennetze und des Flugangebots, auf Besonderheiten der Angebotsseite (Anzahl und Zusammensetzung der Anbieter, Marktkonzentration, Effizienz der Leistungserstellung) sowie auf Preiswirkungen eingegangen werden.

2.5.2. Streckennetze und Flugangebot

Eine weitreichende Entwicklung, die durch den Airline Deregulation Act in Gang gesetzt wurde, war die vollkommene Reorganisation der Streckennetze. Vor 1978 hatte das CAB die großen Fluggesellschaften durch seine Marktein- und Marktaustrittsregulierung daran gehindert, die einzelnen Routen ihres Streckennetzes so zu integrieren, daß diese gegenseitig als Zu- bzw. Abbringer fun-

---

[132] Die US-Luftfahrtunternehmen wiesen Anfang der 80er Jahre zwar eher schlechte finanzielle Ergebnisse auf, Morrison/Winston argumentieren jedoch, daß ohne Deregulierung diese Ergebnisse noch schlechter ausgefallen wären [vgl. Morrison/Winston (1986) S. 1f].

[133] Dempsey (1990) S. 3. Dempsey berücksichtigt bei seinen Berechnungen allerdings nur Kerosinpreisänderungen und nicht die teilweise erheblichen Preiserhöhungen bei anderen Inputs. Die von ihm ermittelten hypothetischen Regulierungstarife sind daher zweifellos zu niedrig angesetzt.

[134] Dempsey (1990) S. 1.

gieren und einen optimalen Flotteneinsatz gewährleisten konnten. Flüge über mittlere und lange Distanzen waren den „Trunk Carriers“ vorbehalten, während kurze Entfernungen von den „Regionals“ und „Local Service Carriers“ bedient wurden. Da die vom CAB - nach nicht immer wirtschaftlich nachvollziehbaren Kriterien - vergebenen Routen meistens Städte verbanden, die auf einer Linie lagen, bezeichnete man die resultierenden Streckennetze als *„linear networks“*.

In den ersten Jahren der Deregulierung begannen die Luftfahrtunternehmen damit, ihre Streckennetze in *„Hub-and-spoke“*-Systeme[135] umzuwandeln.[136] Diese bestehen aus einem oder mehreren Drehkreuz(en), über die der Verkehr zwischen den einzelnen Destinationen geleitet wird. Sowohl die Ankünfte als auch die Abflüge erfolgen dabei in einem engen Zeitkorridor von ca. einer Stunde, der den Passagieren gerade genügend Zeit für ein geordnetes Umsteigen erlaubt (sog. *„banks“* bzw. *„complexes of flights“*).[137] Der große Vorteil solcher Systeme liegt darin, daß Passagiere mit einer gemeinsamen Destination aber unterschiedlichen Abflugorten auf dem Drehkreuz gebündelt und in einem ein-

---

[135] Der Begriff „Hub-and-spoke“ bedeutet „Nabe und Speiche“. Wie bei einem Rad, gehen bei einem Hub-and-spoke-System von einem zentralen Drehkreuz (hub) speichenförmig Strecken (spokes) zu den einzelnen Destinationen aus. Eine ausführliche Behandlung von Streckennetzen erfolgt in Kapitel 4.5.8.

[136] Delta Air Lines hatte bereits Ende der 50er Jahre mit der Entwicklung eines kleineren Hub-and-spoke-Systems im Süden der USA begonnen und auch verschiedene andere Gesellschaften hatten versucht, ihre Flüge auf einen oder mehrere Flughäfen zu konzentrieren [vgl. Morrison/Winston (1986) S. 7]. Diese Anstrengungen waren jedoch durch die Vergabepolitik des CAB konterkariert worden. Erst mit Beginn der Deregulierung wurden die rechtlichen Voraussetzungen für die Errichtung von Hub-and-spoke- Netzen geschaffen. 1984 verfügten bereits 7 Fluggesellschaften über einen Hub mit mehr als 200 Abflügen pro Tag. 1988 hatte sich diese Zahl auf 12 erhöht, wobei 3 Gesellschaften sogar einen zweiten Hub mit mehr als 200 täglichen Abflügen betrieben [Pickrell (1991) S. 22]. Zwischen 1976 und 1984 stieg der Verkehrsanteil des wichtigsten Flughafens bei American Airlines von 14,2 % auf 19,0 % und jener der vier wichtigsten Flughäfen von 33,7 % auf 44,0 %, obwohl sich die Anzahl der angeflogenen Flughäfen im selben Zeitraum von 52 auf 103 erhöhte. Delta und TWA sowie in etwas geringerem Maße Frontier, Ozark, Piedmont und USAir wiesen ähnliche Konzentrationstendenzen auf [Hansen/Kanafani (1989) S. 583]. Von 1977 bis 1984 erhöhte sich die Hub-and-spoke-Routenführung (gemessen als Anteil der drei wichtigsten Flughäfen an den gesamten Abflügen einer Gesellschaft) um 48 %. Jede Erhöhung um 1 % führte dabei zu einer Reduzierung der Kosten um 0,11 % [McShan/Windle (1989) S. 210, 214]. Einen Überblick über die von einzelnen US-Airlines verfolgten Streckennetzstrategien findet sich in Gialloreto (1988) S. 27-34.

[137] In der Regel weist ein großes Drehkreuz um die 10 Flugkomplexe pro Tag auf. 1996 betrieb American Airlines auf dem Hub Dallas sogar 15 „banks“ [Air Transport World (1996): *Hub Statistics*, Vol. 33, No. 12, S. 1].

zigen Flugzeug ans Ziel weiterbefördert werden können. Dies ermöglicht den Einsatz größerer Flugzeuge (was bei gleichbleibendem Sitzladefaktor[138] zu geringeren Stückkosten führt), eine Erhöhung der Frequenzen (wodurch die Attraktivität der Gesellschaft bei den Passagieren zunimmt und ggf. ebenfalls Kostensenkungen möglich sind) oder beides. Der große Nachteil des „Hubbing“ besteht allerdings darin, daß Passagiere nicht mehr nonstop, sondern nur noch über Umsteigeverbindungen an ihr Ziel gelangen können.

Bis auf Southwest Airlines haben mittlerweile alle großen Gesellschaften ein System von Primär- und Sekundärdrehkreuzen[139] errichtet (vgl. Tabelle 2.1). Teilweise ist das Streckennetz so auf die Drehkreuze ausgerichtet, daß fast alle Flüge dort beginnen oder enden.[140] Viele Hubs weisen zudem mehr Umsteigepassagiere auf als Personen, die ihre Reise dort beginnen oder enden.[141]

---

[138] Der Sitzladefaktor gibt Aufschluß darüber, wieviel Prozent der angebotenen Sitzplätze tatsächlich verkauft wurden. Für einen bestimmten Flug wird er berechnet, indem man die Anzahl der im Flugzeug vorhandenen Sitzplätze durch die Anzahl der zahlenden Passagiere teilt.

[139] Die Begriffe Primär- und Sekundärdrehkreuze sind nicht eindeutig definiert, sondern hängen von der Größe des jeweiligen Luftfahrtunternehmens ab. Bei großen US-Fluggesellschaften weist ein Primärdrehkreuz (primary hub) in der Regel mehr als 200 tägliche Abflüge auf, ein Sekundärhub (secondary hub) mehr als 100. Die großen Carrier begannen Mitte der 80er Jahre damit, kleinere Drehkreuze fernab der Ballungszentren zu errichten (sog. „cornfield hubs“). Anfang der 90er Jahre wurden diese allerdings wieder geschlossen und die Airlines konzentrieren ihre Flüge seitdem wieder auf die Hauptdrehkreuze.

[140] Beispielsweise fliegen 98 % aller Flüge von Northwest eines der drei inländischen Drehkreuze (Detroit, Minneapolis, Memphis) an [Northwest Airlines Corporation (1996): *1995 Annual Report*, S. 5].

[141] Auf 10 der 30 größten Flughäfen in den USA lag der Anteil der Umsteigepassagiere im Jahre 1990 über 50 %. Die Spitzenposition belegte Charlotte (75,7 % Umsteigepassagiere), gefolgt von Atlanta (69.0 %), Memphis (67,7 %), Dallas/Ft. Worth (65,8 %), Pittsburgh (62,1 %), Salt Lake City (61,3 %), St. Louis (56,2 %), Chicago (55,7 %), Denver (54,1 %) und Minneapolis (51,0 %) [vgl. Borenstein (1992) S. 55].

Drehkreuze von US-Fluggesellschaften					
Fluggesellschaft	**Drehkreuz**	**Anzahl der genutzten Flugsteige**	**Anzahl der täglichen "banks"**	**Anzahl der täglichen Abflüge mit eigenen Flugzeugen**	**Anzahl der täglichen Abflüge von alliierten Commuters**
America West	Phoenix	28	10	187	74
	Las Vegas	13	3	85	0
				272	**74**
American Airlines	Dallas/Ft. Worth	58	15	495	267
	Chicago O´Hare	47	11	325	158
	Miami	41	7	192	82
				1012	**507**
Continental Airlines	Houston	32	13	315	115
	Newark	49	7	240	133
	Cleveland	16	9	106	134
				661	**382**
Delta Airlines	Atlanta	88	10	567	186
	Cincinnati	50	9	220	242
	Salt Lake City	30	9	176	98
	Dallas/Ft. Worth	39	6	142	88
				1105	**614**
Northwest Airlines	Detroit	54	10	371	124
	Minneapolis/St. Paul	52	9	339	135
	Memphis	47	3	115	106
				825	**365**
TWA	St. Louis	53	12	363	158
United Airlines	Chicago O´Hare	52	12	440	109
	Denver	44	13	296	153
	San Francisco	27	9	254	91
	Los Angeles	24	4	191	105
				1544	**616**
USAir	Charlotte	38	10	344	142
	Pittsburgh	53	8	313	206
	Philadelphia	29	7	192	134
	Baltimore/Washington	24	4	86	96
				935	**578**

Tabelle 2.1

Quelle: eigene Darstellung nach Air Transport World (1996): Hub Statistics, Vol. 33, No. 12, S. 1

Durch die Reorganisation der Streckennetze haben einige kleinere Städte ihre Luftverkehrsanbindung ganz verloren oder mußten zumindest eine erhebliche Reduzierung der Direktflüge hinnehmen.[142] Bei anderen übernahmen kleinere

---

142 Im Jahre 1977 gab es 638 sogenannte „Certified Points", also Flughäfen die für den Linienverkehr vorgesehen waren. Diese Zahl ging bis 1994 auf 503 zurück. Die Bedienung zahlreicher aufkommensschwacher Strecken wurde allerdings durch Subventionen im Rahmen des *Essential Air Services (EAS)*-Programms sichergestellt [Reynolds-Feighan (1995) S. 63f, Joskow (1988] S. 106, GAO/T-RCED-96-126, S. 6ff].

Gesellschaften mit Propellermaschinen den Verkehr.[143] Aber auch auf mittleren und größeren Flughäfen wurden unrentable Nonstopdienste durch Umsteigeverbindungen ersetzt.[144] Hierdurch verlängerte sich zwar die Reisezeit[145], die Frequenzen nahmen jedoch zu.[146] In der Regel existierten nämlich zahlreiche Flüge zu Drehkreuzen, von denen aus günstige Anschlußverbindungen zu einer Vielzahl von Destinationen bestanden. Außerdem wurden neue Städtepaare erschlossen, für die früher mehrmaliges Umsteigen mit eventuell erheblichen Wartezeiten erforderlich gewesen war. Da kurze Übergangszeiten auf den Hubs nur bei Anschlußflügen mit derselben Gesellschaft realisiert werden konnten, nahm der Anteil des Interlining erheblich ab.[147]

---

[143] Zwischen 1978 und 1988 nahm der Anteil von Turbopropflügen bei Nichtdrehkreuzflughäfen von 29 % auf 47 % zu, bei ganz kleinen Städten erhöhte er sich sogar von 52 % auf 91 % [Butler/Huston (1990) S. 8f und 14]. Flüge in solchen Maschinen werden in der Regel als unbequem eingestuft (weniger Bewegungsraum, mehr Turbulenzen aufgrund geringerer Reiseflughöhe). Außerdem sind sie mit einem höheren Sicherheitsrisiko behaftet. Durch ihren Einsatz konnten jedoch Überkapazitäten abgebaut oder Frequenzen erhöht werden [vgl. Dempsey (1990) S. 38].

[144] Von 1977 bis 1984 nahmen Nonstopdienste zwischen kleineren Drehkreuzen um 2,9 %, zwischen kleineren Drehkreuzen und Nichtdrehkreuzen um 16,9 % und zwischen Nichtdrehkreuzen um 6,9 % ab [Dempsey (1990) S. 37]. Der Anteil derjenigen Flüge, die einen Wechsel des Fluggeräts erforderlich machten, stieg zwischen 1978 und 1990 auf Strecken über 1.500 Meilen von 42 % auf 52 % und auf Strecken zwischen 500 und 1.500 Meilen von 33 % auf 38 %. Eine Erhöhung der Nonstopflüge war nur auf den 500 aufkommensstärksten Strekken zu verzeichnen, obwohl auch hier die Zunahme hinter dem allgemeinen Verkehrswachstum zurückblieb [Borenstein (1992) S. 49].

[145] Vgl. Dempsey (1990) S. 30 und Morrison/Winston (1995) S. 23ff.

[146] Morrison/Winston gehen davon aus, daß die Deregulierung folgende Frequenzerhöhungen bewirkte:

33,9 % auf Strecken zwischen Nichtdrehkreuzen,
33,9 % auf Strecken zwischen kleinen Drehkreuzen,
28,7 % auf Strecken zwischen Nichtdrehkreuzen und großen Drehkreuzen,
24,3 % auf Strecken zwischen Nichtdrehkreuzen und mittleren Drehkreuzen,
20,8 % auf Strecken zwischen kleinen und mittleren Drehkreuzen,
1,4 % auf Strecken zwischen Nichtdrehkreuzen und kleinen Drehkreuzen.

Eine Verringerung der Frequenzen erfolgte nur im Verkehr zwischen mittleren Drehkreuzen (- 4,3 %) und zwischen großen Drehkreuzen (- 3,5 %) [Morrison/Winston (1986) S. 23]. Bis 1988 erfuhren von den 183 Flughäfen, die 1979 im Linienverkehr bedient worden waren, 32,8 % eine Erhöhung der Frequenzen um mehr als fünfzig Prozent, 42,1 % eine Erhöhung zwischen einem und fünfzig Prozent und nur 25,1 % eine Reduzierung, die i.d.R. allerdings unter fünfzig Prozent ausfiel [Pickrell (1992) S. 32].

[147] Der Anteil der geflogenen Passagierkilometer, der Interlining (also den Wechsel der Fluggesellschaft an einem Zwischenpunkt) beinhaltete, ging von 22,9 % im Jahre 1973 auf 10,4 %

2.5.3. Zusammensetzung und Konzentration der Angebotsseite

A. Expansion und Kontraktion der Angebotsseite: Im Jahre 1978 existierten elf *Trunk Carrier* und acht *Local Service Carrier* mit einer Genehmigung für die Bedienung zwischenstaatlicher Strecken.[148] Hinzu kamen elf vom CAB zertifizierte kleinere Gesellschaften, die entweder auf innerstaatliche Routen beschränkt waren oder „Commuter"-Dienste[149] durchführten. Zu Beginn der Deregulierung expandierten einige dieser ehemals kleinen Gesellschaften und trugen zusammen mit neu gegründeten Airlines zu einer Belebung des Wettbewerbs auf zwischenstaatlichen Strecken bei.[150]

Im Gegensatz zur präderegulativen Periode, in der weitgehend identische Tarif- und Serviceniveaus geherrscht hatten, konnten die Konsumenten nunmehr zwischen einer Vielzahl von Preis-Leistungs-Optionen wählen. Einige neue Fluggesellschaften (z.B. Air Florida, Jet America und World) orientierten sich in ihrer Produktgestaltung weitgehend am Angebot der etablierten Unternehmen, boten ihre Dienste aber zu reduzierten Preisen und begrenzt auf sorgfältig selektierte Strecken an. Die große Mehrzahl konzentrierte sich allerdings auf ein bestimmtes Marktsegment, welches durch die Angebotspolitik der Trunk Carrier bisher nur unzureichend oder gar nicht berücksichtigt worden war. Air One, Ultra Air

---

im Jahre 1984 zurück [Phillips (1987) S. 218]. 1990 wechselten nur noch 1,2 % aller Reisenden die Fluggesellschaft [Borenstein (1992) S. 50].

148 Die elf *Trunk Carrier* (American, Braniff, Continental, Delta, Eastern, National, Northwest, Pan Am, TWA, United und Western) bedienten vor allem die größeren Städte im Mittel- und Langstreckenverkehr. Die acht *Local Service Carrier* (Allegheny, Frontier, Hughes Airwest, North Central, Ozark, Piedmont, Southern und Texas International) beflogen dagegen Strecken mit geringerem Verkehrsaufkommen zu oder zwischen mittelgroßen und kleineren Städten [vgl. Williams (1993) S. 13f].

149 Bei Commuter-Diensten handelt es sich um Zu- und Abbringerflüge, die zentrale Drehkreuzflughäfen mit kleinerer Airports der Umgebung verbinden. Sie werden von sog. „Commuter Carriern" erbracht, die vorwiegend mit Turbopropmaschinen operieren.

150 Nach Pickrell bedienten zwischen 1979 und 1989 zusätzlich zu den ehemals elf Trunk und acht Local Service Carriern folgende siebenundzwanzig Fluggesellschaften Routen zwischen einzelnen Bundesstaaten („inter-state routes") [Pickrell (1991) S. 18f]:

a) ehemalige *Intra-state Carrier (5):* Alaska, Air Cal, Air Florida, PSA und Southwest,
b) ehemalige *Charter Airlines (2):* Capitol und World,
c) ehemalige *Commuter Carrier (3):* Air Wisconsin, Empire und Horizon,
d) neue *Start-up Carrier (17):* Air Atlanta, Air One, American International, America West, Florida Express, Frontier Horizon, Hawaii Express, Jet America, Midway, Muse, New York Air, Northeastern, Pacific East, Pacific Express, People Express, Presidential und Sunworld.

und Regent Air setzten beispielsweise auf zahlungskräftige Kunden, indem sie die Anzahl der Sitzplätze pro Flugzeug erheblich reduzierten und den Service deutlich verbesserten. Andere Gesellschaften - allen voran Southwest Airlines und People Express - versuchten dagegen das große Potential preissensibler Kunden zu erschließen, die bisher aufgrund der hohen Ticketpreise selten oder nie geflogen waren. Als sogenannte „no-frills"-Airlines verzichteten sie auf viele Leistungen, die bei den Etablierten selbstverständlich waren. So wurden auch auf längeren Flügen keine Mahlzeiten sondern nur Snacks („peanuts") und alkoholfreie Getränke angeboten, wobei letztere teilweise noch bezahlt werden mußten.[151] Der eingeschränkte Service führte dabei keineswegs zwangsläufig zu enttäuschten Passagieren und niedrige Preise waren nicht automatisch mit einer unzureichenden Leistungserstellung verbunden. Vor allem Southwest gelang es, die etablierten Carrier hinsichtlich Kundenzufriedenheit und Pünktlichkeit zu überflügeln.[152] Da seit Bestehen der Fluggesellschaft keine Maschine abgestürzt ist, wurde das Unternehmen in einer Untersuchung des amerikanischen Magazins Conde Nast Traveller zudem zur sichersten Fluglinie der Welt gekürt.[153] Der ebenfalls schnell gewachsene Billiganbieter People Express war allerdings für seine Unpünktlichkeit bekannt.[154]

Um dem Wettbewerb mit den großen Gesellschaften zumindest teilweise auszuweichen, operierten viele Neuanbieter von kleineren Flughäfen, bedienten Märkte mit nur mittlerem bzw. geringem Verkehrsaufkommen oder beflogen Strecken, die in einer substitutiven Beziehung zu jenen der Etablierten standen.[155] Außerdem waren sie vorwiegend auf Kurzstrecken bis 1.000 km aktiv, da sie hier ihren Kostenvorteil gegenüber den Etablierten am besten ausspielen

---

[151] Vgl. Bailey/Graham/Kaplan (1985) S. 104ff.

[152] In DOT Untersuchungen belegte das Unternehmen hinsichtlich der drei Kriterien „Kundenzufriedenheit", „Pünktlichkeit" und „Sorgfalt bei der Gepäckabfertigung" viermal hintereinander den ersten Rang (1992 bis 1995). Vgl. Southwest Airlines Co. (1995): *1995 Annual Report*, S. 10.

[153] Bohlender (1996) S. 23.

[154] Durch die steigende Unzufriedenheit der Kunden und verschiedene Management-Fehler geriet People Express Mitte der 80er Jahre in finanzielle Schwierigkeiten und wurde 1987 von der Texas Air Corporation übernommen [vgl. Gialloreto (1988) S. 73-76 und Shaw (1990) S. 131-133].

[155] Piedmont konzentrierte seine Flüge beispielsweise auf den Hub *Baltimore/Washington* und machte damit den großen Gesellschaften auf dem Flughafen *Washington National* Konkurrenz. Eine ähnliche Strategie verfolgte Midway mit seinem Drehkreuz auf dem in der Nähe von *Chicago O'Hare* gelegenen *Midway Airport* [vgl. Gialloreto (1988) S. 32ff, 52].

konnten.[156] Ihre geringeren Kosten waren vor allem auf zwei Bereiche zurückzuführen. Zum einen konnten junge Fluggesellschaften ihre gewöhnlich nicht gewerkschaftlich organisierten Mitarbeiter zu geringeren Löhnen und flexibleren Arbeitsbedingungen einsetzen. Zum anderen hatten sie aufgrund ihrer geringen Größe und ihrer zumeist „flachen“ Organisationsstrukturen erheblich niedrigere Verwaltungkosten.[157] Trotz dieser Vorteile waren Neubewerber in vielen Fällen nicht in der Lage, sich gegen die alteingesessenen Airlines durchzusetzen. Letztere reagierten entweder mit kontingentierten Sondertarifen oder ließen sich auf einen direkten Preiskampf ein, den sie aufgrund ihrer besseren Kapitalausstattung in den meisten Fällen auch gewannen. Die Etablierten profitierten dabei von ihrem besseren Renommee, ihrem größeren Streckennetz und ihrem umfassenden Angebot an günstigen Anschlußverbindungen. Außerdem hatten sie durch den wirksamen Einsatz von Vielfliegerprogrammen, Reisebüroprovisionen, Computerreservierungssystemen und Yield-Management-Softwares erhebliche Vorteile.[158]

Die Zahl der von der FAA zertifizierten Fluggesellschaften, die zwischen 1969 und 1978 bei ungefähr 35 gelegen hatte, vergrößerte sich bis 1982 auf 64. Der zunehmende Konkurrenzdruck führte zwischen 1984 und 1986 jedoch zu einer Reihe von Konkursen, Übernahmen und Fusionen, so daß sich die Zahl der Wettbewerber bis 1988 wieder auf 41 verringerte.[159] 1991 existierten nur noch acht der ursprünglich elf Trunks und einer der acht Locals.[160] Von den zwischen 1979 und 1992 neu zertifizierten 168 Fluggesellschaften, flogen 1993 nur noch

---

[156] Vgl. Bailey/Graham/Kaplan (1985) S. 92, 103, 109.

[157] Die geringsten Stückkosten wiesen People Express und Southwest auf. Im Jahre 1982 betrugen die Kosten für einen Flug über 200 Meilen Entfernung bei United mit 3.613 US-$ fast doppelt so viel wie bei Southwest mit 1.900 US-$. Da das fliegende Personal von Southwest für ein geringeres Gehalt deutlich mehr Flugstunden pro Monat absolvierte, beliefen sich die Ausgaben für die Cockpit- bzw. Kabinenbesatzung nur auf 130 US-$ bzw. 70 US-$, während sie bei United 460 US-$ bzw. 149 US-$ ausmachten. Die Gemeinkosten schlugen bei Southwest mit 136 US-$ und bei United mit 332 US-$ zu Buch. Da United weniger Sitze pro Flugzeug installiert hatte und zudem einen geringeren Sitzladefaktor aufwies, lagen die Kosten pro befördertem Passagier mit 58 US-$ fast eineinhalb mal so hoch wie bei Southwest mit 24 US-$ [Bailey/Graham/Kaplan (1985) S. 94].

[158] Eine ausführliche Analyse dieser Marketing-Instrumente erfolgt in den Kapiteln 4.5.3 bis 4.5.6.

[159] Eine Tabelle über die Anzahl der von der FAA zwischen 1969 und 1988 zertifizierten Carrier findet sich in Reynolds-Feighan (1992) S. 53.

[160] Eigene Berechnungen nach Williams (1993) S. 14, 42f

56, was einer Ausfallquote von 67 % entspricht.[161] Im Jahre 1995 hatte sich die Zahl der US-Fluggesellschaften gemäß des neuen FAA Carrier-Klassifikationsschemas[162] auf 9 Majors[163], 25 Nationals[164] und ca. 80 Regionals eingependelt.[165]

Wie aus Tabelle 2.2 hervorgeht, war das Wachstum der US-Majors durchaus unterschiedlich. Beispielsweise erzielte die vom Intra-State Carrier zur siebtgrößten inländischen Fluggesellschaft aufgestiegene Southwest Airlines zwischen 1978 und 1995 eine durchschnittliche jährliche Steigerung der verkauften Passagiermeilen um 20 %, während das Verkaufsaufkommen von TWA über den gesamten Zeitraum hinweg nahezu konstant blieb. Auch die Wachstumsraten der drei Mega Carrier American, United und Delta fielen mit durchschnittlich weniger als 7 % per annum vergleichsweise gering aus. Werden dem Vergleich nicht Prozentzahlen sondern absolute Beträge zugrunde gelegt, schneiden die großen Luftfahrtunternehmen allerdings wesentlich besser ab. Hier zeigt sich, daß American mit einem durchschnittlichen jährlichen Zuwachs von 2,705 Mrd. RPM mehr als doppelt so stark gewachsen ist wie Southwest mit 1,320 Mrd. RPM. Der Wachstumsvorsprung der großen Gesellschaften fällt noch stärker aus, wenn man bedenkt, daß vor allem United, American, Northwest und

---

[161] Nocella (1993) S. 15.

[162] Seit 1981 werden die US-Fluggesellschaften von der FAA nach dem erzielten Umsatz wie folgt eingeteilt [vgl. Reynolds-Feighan (1992) S. 52]:

Majors:		≥	1.000 Mio. US-Dollar Umsatz,
Nationals:	100 Mio.	-	1.000 Mio. US-Dollar Umsatz,
Regionals:		<	100 Mio. US-Dollar Umsatz.

[163] Die neun Majors waren (geordnet nach der Anzahl der verkauften Sitzkilometer): American, United, Delta, Northwest, USAir (seit 1997 US Airways), Continental, Southwest, TWA und America West. Sechs dieser Gesellschaften (American, United, Delta, Northwest, Continental und TWA) besaßen vor der Deregulierung bereits den Status eines Trunk Carrier, USAir war ein Local Service Carrier (ursprünglich flog die Gesellschaft unter dem Namen Allegheny Airlines, wurde jedoch 1979 in USAir umbenannt), Southwest ein kleiner Intra-State Carrier in Texas und nur die 1981 gegründete America West kann als wirklicher Newcomer bezeichnet werden [Air Transport World (1996), Vol. 33, No. 6, S. 59].

[164] Zu den Nationals gehörten auch mehrere junge Fluggesellschaften wie beispielsweise ValuJet, MarkAir, Reno, Carnival und Kiwi [Air Transport World (1996), Vol. 33, No. 6, S. 59-62].

[165] Vgl. Air Transport World (1996), Vol. 33, No. 6, S. 59-64 und 99-117.

Continental ihr internationales Streckennetz in besagtem Zeitraum erheblich ausweiteten,[166] während Southwest keine Strecken ins Ausland bediente.

Inländisches Wachstum ausgewählter US-Majors						
Airline	1978	1995	Wachstum (in %)		Wachstum (in Mio. RPM)	
	RPM (in Mio)	RPM (in Mio)	insgesamt	pro Jahr	insgesamt	pro Jahr
American	25.200	71.184	182,48 %	6,30 %	45.984	2.705
United	39.399	69.507	76,42 %	3,40 %	30.108	1.771
Delta	22.401	63.252	182,36 %	6,30 %	40.851	2.403
Northwest	4.902	36.415	642,86 %	12,52 %	31.513	1.854
USAir	4.083	35.929	779,97 %	13,65 %	31.846	1.873
Continental	8.411	29.725	253,41 %	7,71 %	21.314	1.254
Southwest	1.049	23.497	2.139,94 %	20,07 %	22.448	1.320
TWA	17.635	17.980	1,96 %	0,11 %	345	20
America West		13.164			13.164	1.097

[Die Zahlen beziehen sich ausschließlich auf den US-Inlandsverkehr;
RPM = Revenue Passenger Miles (verkaufte Passagiermeilen);
America West nahm den Betrieb erst am 1. August 1983 auf. Die Angabe in der letzten Spalte bezieht sich daher nur auf einen Zeitraum von 12 Jahren]

Tabelle 2.2

Quelle: eigene Berechnung nach Daten aus Bailey/Graham/Kaplan (1985) S. 208-216 und Air Transport World (1996), Vol. 33, No. 6, S. 100

<u>B. Fusionen, Übernahmen und die Rolle der Kartellbehörden:</u> Großen Einfluß auf die Entwicklung der Anbieterstruktur hatten verschiedene Fusionen und Übernahmen, die vor allem in der zweiten Hälfte der 80er Jahre stattfanden (vgl. Tabelle 2.3).[167]

---

[166] Vor der Deregulierung wurden internationale Liniendienste fast ausschließlich von PanAm und TWA durchgeführt. Als es diesen Fluggesellschaften Mitte der 80er Jahre wirtschaftlich immer schlechter ging, veräußerten sie einen Großteil ihrer internationalen Streckenrechte an andere US-Fluglinien. Hierdurch konnten United, American, Northwest und Delta in kurzer Zeit zu großen internationalen Airlines aufzusteigen. 1995 hatten ihre Auslandsdienste bereits folgende Größenordnung erreicht [Air Transport World (1996), Vol. 33, No. 6, S. 103]:

United Airlines (UA):	42.286 Mio. RPM	bzw.	38 % des UA-Gesamtverkehrs,
American Airlines (AA):	31.537 Mio. RPM	bzw.	31 % des AA-Gesamtverkehrs,
Northwest Airlines (NW):	26.203 Mio. RPM	bzw.	42 % des NW-Gesamtverkehrs,
Delta Air Lines (DL):	21.878 Mio. RPM	bzw.	26 % des DL-Gesamtverkehrs.

[167] Für den Zeitraum von 1985 bis 1988 ermittelt Singal 27 Fusionen [Singal (1992) S. 35].

Fusionen und Übernahmen in der US-Luftfahrtindustrie		
Jahr	**betroffene Gesellschaften**	**überlebende bzw. neu entstandene Gesellschaft**
1980	PanAm, National	**PanAm**
1979 1980 1986	Southern, North Central Republic, Hughes Airwest Northwest, Republic	Republic Republic **Northwest**
1986	TWA, Ozark	**TWA**
1986	Delta, Western	**Delta**
1986	Southwest, Muse	**Southwest**
1987	American, Air California	**American**
1985 1987 1987	People Express, Frontier Continental, People Express Continental, New York Air	People Express Continental **Continental**
1988 1989	USAir, PSA USAir, Piedmont	USAir **USAir**

Tabelle 2.3[168]

Quelle: eigene Darstellung nach Borenstein (1992) S. 48, Jordan (1988) S. 29 und Williams (1993) S. 42

Nicht alle Fusionen und Übernahmen waren allerdings für die beteiligten Unternehmen erfolgreich. Heterogene Flotten, inkompatible Streckennetze und Unternehmenskulturen, Spannungen mit den Gewerkschaften und erdrückende Zinsbelastungen durch die gewöhnlich vorgenommene Schuldenfinanzierung führten fast immer zu erheblichen Schwierigkeiten. Vor allem in den Fällen PanAm (Erwerb von National) und People Express (Akquisition von Frontier) waren die Umstrukturierungskosten so erheblich, daß durch sie der Grundstein für das

[168] Die Tabelle enthält nur Fusionen und Übernahmen, in die größere Gesellschaften involviert waren. Nicht enthalten sind die zahlreichen Transaktionen, bei denen Feeder Carrier übernommen wurden. Beispielsweise übernahm American Airlines in den Jahren 1987 bis 1989 vier Commuter Carrier: Flagship Airlines (1987), Simmons Airlines (1988), Wings West Airlines (1988) sowie Executive Airlines (1989) [AMR Corporation: *Corporate Facts 1996*, S. 23] und United kaufte 1991 Air Wisconsin [Petzinger (1995) S. 374].

spätere Ausscheiden dieser Unternehmen aus dem Markt gelegt wurde.[169] Bemerkenswert war auch der schnelle Aufstieg und Fall der Texas Air Corporation. Ursprünglich nur Eigentümer der kleinen texanische Fluglinie Texas International, übernahm das Unternehmen unter der Führung von Frank Lorenzo neben einigen kleineren Airlines 1982 Continental und 1986 Eastern. Hierdurch wurde das weltweit größte Konsortium von Fluggesellschaften geschaffen, das 1987 einen Marktanteil von 21,7 % am US-Inlandsverkehr erzielte.[170] 1989 mußte Eastern jedoch Konkurs anmelden und ein Jahr später folgte die Texas Air Corporation selbst, da die ständigen Verluste von Continental und die durch die zahlreichen Übernahmen angehäuften Schulden nicht mehr finanziert werden konnten.[171]

Ermöglicht wurden die zahlreichen Übernahmen und Fusionen durch die weitgehende Untätigkeit der zuständigen Kartellbehörden.[172] Zu Beginn der Deregulierungsphase zwischen 1978 und 1984 lag die Fusionskontrolle noch beim Civil Aeronautics Board (CAB). Mit dessen Auflösung übernahm Anfang 1985 das Department of Transportation (DOT) diese Aufgabe. In den vier Jahren seiner

---

[169] Ziel von PanAm war es, die Flüge von National als Zu- und Abbringer für die eigenen Interkontinentaldienste einzusetzen. Da sich viele Routen aber überschnitten, war der tatsächliche Nutzen der Netzwerkintegration begrenzt. Demgegenüber entstanden erhebliche Zusatzkosten, da das niedrige Lohnniveau der National-Mitarbeiter auf das hohe Niveau von PanAm angehoben wurde und die Anzahl der Flugzeugtypen zunahm. Der „low-cost carrier" People Express wollte durch die Übernahme von Frontier seine Marktposition festigen und eine Beschleunigung des Wachstums herbeiführen. Da die Mitarbeiter von Frontier aber im Gegensatz zu jenen von People Express gewerkschaftlich organisiert waren und höhere Vergütungen bezogen, konnte ein deutlicher Kostenanstieg nicht verhindert werden [vgl. Gialloreto (1988) S. 41f, 73ff. und Petzinger (1995) S. 274-279].

[170] Der Marktanteil bezieht sich auf die verkauften Passagierkilometer. Es folgten United (16,1 %), American (15,4), Delta (13,4 %), Northwest (8,2 %), USAir (8,1 %) und TWA (6,6 %) [Joskow (1988) S. 121].

[171] Frank Lorenzo, der 50,4 % an der Jet Capital Corporation besaß, die wiederum 34 % der Texas Air Corporation hielt, hatte vorher bereits alle seine Anteile an die skandinavische SAS verkauft [vgl. Singal (1992) S. 64f sowie Petzinger (1995) S. 310-338].

[172] Von Bedeutung war auch, daß für den Luftverkehr ein eigenes Wettbewerbsrecht galt. Üblicherweise können in den Vereinigten Staaten Fusionen, die den Bestimmungen des Clayton Acts zuwiderlaufen, von der Antitrust Abteilung des Justizministeriums oder der Federal Trade Commission (FTC) unterbunden werden. Für den Luftverkehr galt bis Ende 1988 jedoch Paragraph 408 des Federal Aviation Act. Dieser stellte den Kontrollbehörden weniger Möglichkeiten der Informationsbeschaffung zur Verfügung und beinhaltete zudem eine Umkehr der Beweislast zu Lasten der Fusionsgegner [vgl. Höfer (1995) S. 161, Rule (1989) S. 107ff und Tettenborn (1993) S. 355-379].

Zuständigkeit stimmte es 24 Fusionen von nationaler Tragweite zu.[173] Umstritten waren vor allem die Zusammenlegung der Aktivitäten von Northwest und Republic, die beide ein Hauptdrehkreuz in Minneapolis unterhielten,[174] sowie von TWA und Ozark, die jeweils ihre Operationen in St. Louis konzentriert hatten.[175] Beide Fusionen wurden gegen den ausdrücklichen Widerstand des Justizministeriums vom DOT genehmigt, obwohl sie die Konzentration auf den betroffenen Flughäfen erheblich steigerten und zu höheren Flugpreisen führten.[176] Das DOT ging bei seinen Entscheidungen von der Überzeugung aus, daß das Auftreten neuer Anbieter die zeitweilig erhöhte Konzentration bald wieder auf ein normales Maß zurückführen würde. Allgemeine Untersuchungen der relevanten Markteintrittsbarrieren und der Branchenstruktur unterblieben dabei ebenso wie die genaue Analyse der betroffenen Fälle.[177] Alfred Kahn, den man als einen der Väter der Deregulierung bezeichnen kann, beschrieb die Untätigkeit des DOT treffend mit den folgenden Worten: „DOT never met an airline merger it didn´t like".[178] Seit 1989 ist die Antitrust-Abteilung des Justizministeriums für die Fusionskontrolle zuständig, die diese Aufgabe sehr viel gründlicher und restriktiver handhabt als das DOT.

C. Konzentration auf nationaler Ebene: Der Verkehrsanteil der größten US-Airlines, der sich Anfang der 80er verringert hatte, nahm gegen Ende des Jahrzehnts wieder zu und übertraf zu Beginn der 90er Jahre deutlich den Ausgangswert. Gemessen an der Zahl der verkauften Passagierkilometer stieg der Marktanteil der vier größten Fluggesellschaften (Top 4) zwischen 1977 und 1990 um

---

173 Höfer (1995) S. 159.

174 Northwest und Republic gehörten beide zu den zehn größten Fluggesellschaften in den USA. Sie kontrollierten zusammen 80 % der Gates in Minneapolis und hatten eine Monopolstellung auf 27 Nonstop-Städtepaaren von/zu diesem Flughafen. Außerdem besaßen beide eine starke Position in Detroit [vgl. Borenstein (1990) S. 401, Singal (1992) S. 54f und Joskow (1988) S. 122].

175 TWA und Ozark kontrollierten zusammen 76 % der Gates in St. Louis, boten 80 % der Flüge von/nach St. Louis an und hatten auf 19 Strecken ein Monopol [vgl. Borenstein (1990) S. 401, Singal (1992) S. 57f und Joskow (1988) S. 122].

176 Nach Borenstein ergaben sich im Fall Northwest-Republic auf allen Strecken signifikante Preiserhöhungen, während im Fall TWA-Ozark nur solche Strecken betroffen waren, auf denen kein direkter Wettbewerber vorhanden war [Borenstein (1990) S. 400ff].

177 Trotz der Vielzahl der Fusionskontrollverfahren wurden nur in 4 Fällen sogenannte Hearings veranstaltet [Höfer (1995) S. 161].

178 Singal (1992) S. 12.

5,3 Prozentpunkte auf 61,5 % und jener der acht größten Carrier (Top 8) sogar um 9,4 Prozentpunkte auf 90,5 % (vgl. Tabelle 2.4). Bedingt durch einige neue Anbieter ging der Anteil der Top 4 bzw. Top 8 bis 1995 allerdings wieder auf 58 % bzw. 84 % zurück (vgl. Tabelle 2.5). Werden nicht die verkauften Passagierkilometer, sondern die Zahl der beförderten Passagiere der Berechnung zugrunde gelegt, fallen die jeweiligen Marktanteile mit 50,6 % bzw. 78,3 % etwas geringer aus.[179]

Konzentrationsprozeß in der US-Luftfahrtindustrie

(gemessen in Prozent der verkauften inländischen Passagierkilometer)

Carrier	1977	1982	1987	1990
Top 4	56,2 %	54,2 %	64,8 %	61,5 %
Top 8	81,1 %	80,4 %	86,5 %	90,5 %

Tabelle 2.4

Quelle: Borenstein (1992) S. 47

[179] Die Frage, ob ein Vergleich anhand der beförderten Passagiere (Pax) oder der verkauften Passagierkilometer (RPK) sinnvoller ist, kann nicht pauschal beantwortet werden. Ein Vergleich auf RPK-Basis benachteiligt Gesellschaften mit geringer durchschnittlicher Streckenlänge. Ein Vergleich auf Pax-Basis wird dagegen einem reinen Langstreckenanbieter nicht gerecht, der aufgrund der langen Flugzeiten nicht genauso viele Passagiere befördern kann, wie ein Regional oder Commuter mit derselben Anzahl von Flugzeugen.

Marktanteile im US-Inlandsverkehr (1995)						
Airline	**Rang**	**Passagiere (in Mio)**	**Anteil**	**Rang**	**RPK (in Mrd.)**	**Anteil**
Delta	1	80,751	15,03 %	3	101,798	15,28 %
United	2	68,523	12,75 %	2	111,856	16,79 %
American	3	64,961	12,09 %	1	114,554	17,20 %
USAir	4	57,496	10,70 %	5	58,309	8,75 %
Southwest	5	50,152	9,33 %	7	37,812	5,68 %
Northwest	6	42,828	7,97 %	4	58,602	8,80 %
Continental	7	35,842	6,67 %	6	49,057	7,37 %
TWA	8	20,317	3,78 %	8	29,117	4,37 %
America West	9	16,685	3,10 %	9	21,185	3,18 %
Majors		**437,555**	**81,42 %**		**582,290**	**87,43 %**
Mesa	10	6,271	1,17 %	19	2,023	0,30 %
American Trans Air	11	5,368	1,00 %	10	14,333	2,15 %
ValuJet	12	5,178	0,96 %	14	4,222	0,63 %
Aloha	13	5,113	0,95 %	26	1,121	0,17 %
Simmons	14	4,979	0,93 %	22	1,695	0,25 %
Hawaiian	15	4,781	0,89 %	12	5,102	0,77 %
Reno	16	3,955	0,74 %	16	3,363	0,50 %
Horizon	17	3,796	0,71 %	23	1,354	0,20 %
Atlantic Southeast	18	3,067	0,57 %	25	1,230	0,18 %
Continental Micronesia	19	2,660	0,49 %	11	7,583	1,14 %
Sun Country	20	2,547	0,47 %	13	5,039	0,76 %
Carnival	21	1,948	0,36 %	15	3,626	0,54 %
Business Express	22	1,742	0,32 %	28	0,619	0,09 %
Trans States	23	1,725	0,32 %	29	0,552	0,08 %
Kiwi	24	1,662	0,31 %	20	1,890	0,28 %
Air Wisconsin	25	1,601	0,30 %	27	0,768	0,12 %
Executive	26	1,546	0,29 %	30	0,356	0,05 %
Midwest Express	27	1,401	0,26 %	21	1,850	0,28 %
Rich	28	1,011	0,19 %	17	3,192	0,48 %
Mark Air	29	0,990	0,18 %	24	1,300	0,20 %
Tower	30	0,825	0,15 %	18	2,333	0,35 %
Evergreen	31	0,052	0,01 %	31	0,263	0,04 %
Air Transport Int´l	32	0,027	0,01 %	32	0,096	0,01 %
Arrow	33	0,001	0,00 %	33	0,008	0,00 %
Nationals		**62,245**	**11,58 %**		**63,918**	**9,60 %**
Regionals		**37,615**	**7,00 %**		**19,817**	**2,98 %**
U.S. Airlines		**537,415**	**100,00 %**		**666,025**	**100,00 %**
Top 4		**271,731**	**50,56 %**		**386,810**	**58,08 %**
Top 8		**420,870**	**78,31 %**		**561,105**	**84,25 %**
HHI		**878,491**			**1.090,493**	
Gini-Koeffizient		**0,868**			**0,904**	

Tabelle 2.5

Quelle: eigene Berechnung nach Air Transport World (1996), Vol. 33, No. 6, S. 59-64 und 99-117

Eine Messung anhand des *Konzentrationskoeffizienten*[180] (z.B. Top 4 bzw. Top 8) gibt allerdings nur einen sehr ungenauen Überblick über die tatsächliche Konzentration auf einem Markt, da die Bedeutung der einzelnen Wettbewerber innerhalb der betrachteten Gruppe ebensowenig Berücksichtigung findet, wie der Einfluß derjenigen Unternehmen, die nicht zur Untersuchungsgruppe gehören. In Theorie und Praxis werden daher auch weitere Konzentrationsmaße verwendet, vor allem der Gini-Koeffizient (G), der Herfindahl-Hirschman-Index (HHI) und die Anzahl der effektiven Wettbewerber (EW).

Der *Gini-Koeffizient (G)* [181] eignet sich vor allem aufgrund seiner leichten optischen Darstellbarkeit mit Hilfe der *Lorenzkurve* (vgl. Abbildung 2.23).[182] Für das Jahr 1995 deutet er mit Werten von 0,868 (bezogen auf die beförderten Pas-

---

[180] Der Konzentrationskoeffizient CR_n (engl. *concentration ratio)* gibt den Marktanteil der n größten Unternehmen eines Marktes mit N Anbietern an. Er errechnet sich wie folgt [vgl. Aberle (1992), S. 96]:

$$CR_n = \frac{\sum_{i=1}^{n} x_i}{\sum_{i=1}^{N} x_i} \cdot 100$$

mit x_i = Umsatz bzw. Verkehrsleistung von Unternehmen i,

$x_i \geq x_{(i+1)}$

[181] Der *Gini-Koeffizient (G)* ergibt sich durch folgende Formel:

$$G = \frac{2 \cdot \sum_{i=1}^{N} i \cdot x_i}{N} - \frac{N+1}{N}$$

mit x_i = Marktanteil von Unternehmen i,

$x_i \leq x_{(i+1)}$

Es gilt $0 \leq G < 1$. Je ungleicher die Marktanteile sind, desto größer fällt der Gini-Koeffizient aus. Er ist gleich Null, wenn alle Anbieter den gleichen Marktanteil haben [Vgl. Bamberg/Bauer (1987) S.26-28]. Nachteil des Gini-Koeffizienten ist, daß er ausschließlich die relative Konzentration mißt, also nicht die Anzahl der Wettbewerber berücksichtigt. Für einen Monopolmarkt ist G daher ebenso gleich Null wie für einen Markt mit 50 gleich großen Anbietern. Er genügt jedoch zahlreichen anderen Eigenschaften, die Konzentrationsmaße erfüllen sollten, wie Sen 1976 in einer Untersuchung zur Einkommensverteilung nachgewiesen hat [vgl. Reynolds-Feighan (1992) S. 42]

[182] Die 1904 von M. O. Lorenz erstmals zur Messung der Vermögenskonzentration eingesetzte *Lorenzkurve* ist eine konvexe Funktion, die aufzeigt, welcher kumulierte Marktanteil jeweils auf eine bestimmt Anzahl von Unternehmen entfällt. Haben alle Unternehmen denselben Marktanteil, entspricht die Lorenzkurve einer Linie im 45°-Winkel zur Abszisse. Nimmt die Ungleichheit der Marktteilnehmer zu, so nähert sie sich der Abszisse. Der Gini-Koeffizient entspricht der Fläche zwischen der 45°-Linie und der Lorenzkurve [Vgl. Bamberg/Bauer (1987) S.24-26].

sagiere) bzw. 0,904 (bezogen auf die verkauften Passagierkilometer) ebenso wie der Konzentrationskoeffizient auf eine sehr ungleiche Verteilung der Marktanteile hin.

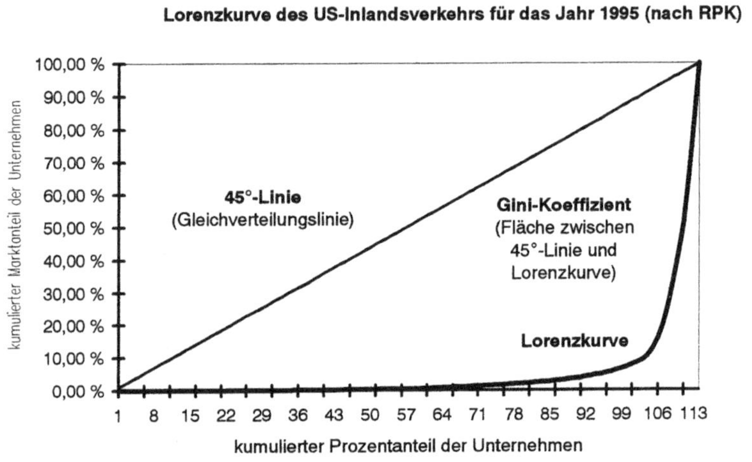

Abbildung 2.18

Quelle: eigene Darstellung nach Air Transport World (1996), Vol. 33, No. 6, S. 59-64 und 99-117

Der *Herfindahl-Hirschman-Index (HHI)*[183] wird vom amerikanische Justizministerium zur Bewertung von horizontalen Fusions- und Konzentrationsprozessen

---

[183] Der *Herfindahl-Hirschman-Index (HHI)* wurde erstmals 1950 von O.C. Herfindahl zur Messung der Konzentration in der US-Stahlindustrie verwendet [vgl. O.C. Herfindahl (1950): *Concentration in the Steel Industry*, Diss. Columbia University, New York]. Er ergibt sich durch Summation der quadrierten Marktanteile aller N Unternehmen eines Marktes:

$$HHI = \sum_{i=1}^{N} (p_i)^2 \qquad \text{mit } p_i = \text{prozentualer Marktanteil von Unternehmen i}$$

Bei einem Monopol nimmt der HHI den Höchstwert 10.000 an. Je mehr Wettbewerber in den Markt eintreten und je gleicher die Marktanteile werden, desto mehr geht der HHI gegen Null. Vorteil des HHI ist, daß er alle am Markt beteiligten Anbieter mit ihrem jeweiligen Gewicht berücksichtigt und zudem sehr leicht zu berechnen ist. Aufgrund seiner Größenabhängigkeit ist unter Wissenschaftlern allerdings umstritten, ob er ein gutes Maß für den Grad

eingesetzt. Die für das Jahr 1995 berechneten HHI-Werte von 878 (bzgl. Passagiere) bzw. 1.090 (bzgl. RPK) stellen nach Ansicht dieser Behörde keine bzw. nur eine ganz geringe Konzentration dar.[184]

Ebenfalls als Konzentrationsmaß wird häufig die *Anzahl der effektiven Wettbewerber (EW)* verwendet, die sich leicht mit Hilfe des Herfindahl-Hirschman-Index ermitteln läßt.[185] Mit Werten von 11,4 (bezogen auf die beförderten Passagiere) bzw. 9,2 (bezogen auf die verkauften Personenkilometer) weist er auf eine ausreichende Zahl landesweit operierender Wettbewerber hin[186], die sich zudem seit 1978 nicht verändert hat.[187]

---

der Marktkonzentration darstellt [vgl. hierzu Reynolds-Feighan (1992) S. 41]. Beispielsweise hat ein Markt mit drei gleich großen Unternehmen denselben HHI-Wert von 3.333,3 wie ein Markt mit vier Anbietern, von denen einer 50 % und die restlichen drei je 16,6 % Marktanteil aufweisen. Hier von der gleichen Konzentration zu sprechen, erscheint jedoch mehr als fragwürdig.

[184] Das US Department of Justice (DOJ) verwendet folgende Einordnung [vgl. Dempsey (1990) S.18]:

		HHI	<	1.000	⇒	keine Konzentration
1.000	≤	HHI	≤	1.800	⇒	geringe Konzentration
1.800	<	HHI	≤	10.000	⇒	hohe Konzentration

Fusionen werden dann nicht untersagt, wenn: a) der HHI-Wert unter 1.000 liegt, b) nach der Fusion ein HHI-Wert zwischen 1.000 und 1.800 vorliegt, dieser sich durch die Fusion aber nur um weniger als 100 Punkte erhöht hat oder c) der HHI-Wert nach der Fusion zwar 1.800 überschreitet, sich durch die Fusion aber nur um weniger als 50 Punkte erhöht hat [Rule (1989) S. 112f].

[185] Bei der „Anzahl der effektiven Wettbewerber (EW)" handelt es sich um einen „inverted Herfindahl index", der sich wie folgt berechnet:

$$EW = 10.000 / HHI$$

Der EW wurde von M.A. Adelman vorgeschlagen [Adelman, M.A. (1969): „Comment on the `H´concentration measure as a numbers-equivalent", in: Review of Economics and Statistics, Vol. 51, No. 2, S. 99-101]. Im Falle eines Monopols ist EW gleich eins, bei perfektem Wettbewerb geht der Index gegen unendlich. Der EW-Wert kann als die Anzahl gleich großer Wettbewerber interpretiert werden, die zu derselben Wettbewerbsintensität wie im betrachteten Markt führen würde. Besteht ein Markt beispielsweise aus drei Anbietern mit Marktanteilen von 2/3, 1/6 und 1/6, so entspricht dies einem Markt mit zwei „effektiven Wettbewerbern". Der EW-Wert ist somit intuitiv leichter nachvollziehbar als der HHI-Wert.

[186] Interessanterweise entspricht ein EW-Wert (bezogen auf die verkauften Personenkilometer) von 9,2 ziemlich genau der Anzahl der neun großen US-Fluggesellschaften (US-Majors).

[187] Im Jahre 1978 betrug der EW-Wert (bezogen auf die verkauften Passagierkilometer) neun. Bis 1985 stieg er auf zwölf an, um dann bis 1987 durch die zahlreichen Fusionen auf sieben zu sinken. In der Zeit bis 1993 blieb er auf diesem Niveau und ist erst seitdem - bedingt durch

Die Bewertung anhand der Marktanteile aller rechtlich selbständigen Unternehmen führt jedoch zu einer Unterbewertung des tatsächlichen Konzentrationsgrades. Tatsächlich haben bis auf Southwest Airlines alle Majors und sogar einige Nationals kleinere Gesellschaften über langfristige Kooperationsvereinbarungen oder Kapitalbeteiligungen eng an sich gebunden.[188] In der Regel vermarktet das größere Unternehmen die Flüge der kleineren Gesellschaft unter eigener Flugnummer (Codeshare-Vereinbarung) und nimmt entscheidenden Einfluß auf deren Flugplan- und Produktgestaltung.[189] Oftmals haben die kleineren Airlines sogar die gleiche Flugzeugbemalung und nur ein kleiner Schriftzug am Heck oder am Rumpf weist darauf hin, daß es sich um einen rechtlich unabhängigen Carrier handelt. Da das Ausmaß der Zusammenarbeit und der Grad der Beeinflussung nicht einheitlich sind, lassen sich aussagekräftige, um horizontale Kooperationen bereinigte Konzentrationsmaße nur schwer ermitteln. Eigene Proberechnungen haben allerdings ergeben, daß sich beispielsweise der Top 8-Marktanteil nur um ein bis zwei Prozentpunkte erhöht.

Zusammenfassend läßt sich feststellen, daß die Konzentration der US-Luftfahrtindustrie auf nationaler Ebene seit der Deregulierung zwar zugenommen, bisher aber noch kein wettbewerbsbedrohendes Ausmaß erreicht hat.[190]

---

eine zweite Welle von „start-up airlines" - wieder auf neun gestiegen. Vgl. Morrison/Winston (1995) S. 8-9.

[188] So führen beispielsweise Air Wisconsin, Atlantic Coast Airlines, Great Lakes Airlines, Mesa Airlines und UFS Flüge unter der Bezeichnung United Express mit United-Flugnummer durch [United Airlines Flugplan Juli - September 1996]. Simmons Airlines, Flagship Airlines, Wings West Airlines und Executive Airlines operieren mit American-Flugnummer unter dem Namen American Eagle [AMR Corporation (1996): *Corporate Facts*, S. 23]. Delta ist mit 24,2 % an ASA, mit 21,3 % an Comair und mit 15,0 % an SkyWest beteiligt und bietet deren Dienste mit eigener Flugnummer unter dem Namen Delta Connection an [vgl. Delta Air Lines (1996): *Annual Report* 1995, S. 29 und Delta Flugplan Juni - September 1996]. Einige Nationals arbeiten auch für mehrere Majors, z.B. Mesa für United, USAir und America West, Business Express für Delta und Northwest sowie Trans States für TWA, USAir und United [Air Transport World (1996), Vol. 33, No. 6, S. 107-117]. Vgl. auch Wheatcroft/Lipman (1990) S. 18ff.

[189] Vgl. hierzu die Kapitel 4.5.11 und 5.4.3.

[190] Eine wettbewerbsbedrohende Konzentration könnte sich jedoch ergeben, wenn die Anfang 1998 eingegangenen Kooperationsvereinbarungen zwischen Northwest und Continental, United und Delta sowie American und US Airways (früher USAir) in vollem Umfang realisiert werden. Bezogen auf die 1997 im Inland von Majors und Nationals verkauften Passagierkilometern, würde United/Delta einen Marktanteil von 33,4 % erzielen, gefolgt von American/US Airways mit 24,5 % und Northwest/Continental mit 16,2 %. Insgesamt entfiele auf die drei Blöcke ein Marktanteil von 74 % [eigene Berechnungen nach Daten aus Air

Die untersuchten Konzentrationsmaße untermauern somit keineswegs die manchmal geäußerte Überzeugung, der Wettbewerb im inneramerikanischen Luftverkehr sei durch die dominante Stellung einiger weniger Unternehmen weitgehend ausgeschaltet. Obwohl viele junge Airlines schnell vom Markt verschwinden, treten immer wieder neue „start-up carrier" auf und beleben somit den Konkurrenzkampf. Das für kleine Fluggesellschaften der Aufstieg zum Status eines US-Major durchaus möglich ist, beweist in eindrucksvoller Weise das Beispiel Southwest.

D. Hub-Konzentration: Der Umbau der Streckennetze hin zu Hub-and-spoke-Systemen hat den Verkehrsanteil großer Flughäfen zu Lasten mittlerer und kleinerer Airports von 68 % im Jahre 1977 auf fast 75 % im Jahre 1988 erhöht (vgl. Tabelle 2.6).[191]

Marktanteile der US-Flughäfen

(gemessen in Prozent der Passagierabflüge auf FAA-Hubs)

Jahr	Großer FAA-Hub		Mittlerer FAA-Hub		Kleiner FAA-Hub	
	Anzahl	Marktanteil	Anzahl	Marktanteil	Anzahl	Marktanteil
1977	25	68,1 %	39	18,4 %	92	10,2 %
1985	25	72,8 %	37	18,1 %	61	6,7 %
1988	25	74,6 %	32	15,9 %	64	7,3 %

Tabelle 2.6 [192]

Quelle: Reynolds-Feighan (1992) S. 38

Transport World (1998), Vol. 35, No. 5, S. 104, 106]. Obwohl die Allianz zwischen Northwest und Continental auch eine 14-%ige NW-Kapitalbeteiligung mit 51 % Stimmrecht an Continental vorsieht und somit als „de facto"-Fusion zu werten ist, stellen vor allem die beiden anderen Zusammenschlüsse eine erhebliche Bedrohung des Wettbewerbs dar. Es bleibt zu hoffen, daß die US-Kartellbehörden die Bildung dieser „Megablöcke" unterbinden werden [vgl. Flint (1998): *Will four go into two?*, o.V. (1998): Trio kommt auf 80 % Marktanteil, Walker (1998): *US alliance opens floodgates*, Walker (1998): *Delta ties knot at last* Walker (1998): *American to bed US rival*].

191 Der Anstieg des Verkehrsanteils großer Flughäfen darf jedoch nicht automatisch mit dem völligen Bedeutungsverlust kleinerer Airports gleichgesetzt werden. Vielmehr ist er zu einem großen Teil darauf zurückzuführen, daß Passagiere, die früher Nonstop- oder Direktdienste in Anspruch nahmen, nunmehr häufig an einem Drehkreuzflughafen umsteigen müssen und daher doppelt gezählt werden: zum einen am Ausgangsflughafen und zum anderen am Hub-Airport.

192 In der gängigen Fachliteratur wird unter Hub gewöhnlich das Drehkreuz einer Fluggesellschaft verstanden. Demgegenüber hat die Federal Aviation Administration (FAA) eine eigene Definition entwickelt. Als Hubs werden demnach alle Flughäfen bezeichnet, die einen Min-

Gleichzeitig ist die Konzentration auf den größeren Flughäfen signifikant gestiegen. Dies läßt sich daran ablesen, daß der größengewichtete durchschnittliche HHI-Wert für die fünfzig größten US-Flughäfen von 2.215 im Jahre 1978 um fast 60 % auf 3.513 im Jahre 1987 zugenommen hat. Von den 30 größten Airports wiesen 21 im Jahre 1990 einen HHI-Wert von mehr als 1.800 auf und hatten somit eine Angebotsstruktur, die nach Ansicht des Justizministeriums als bedenklich einzustufen ist.[193] Vor allem jene Flughäfen, die von einer Airline als Drehkreuz genutzt wurden, erlebten eine erhebliche Zunahme der Konzentration (vgl. Tabelle 2.7).

Marktanteile auf ausgewählten US-Flughäfen
(in Prozent der beförderten Passagiere)

Airport	Carrier	Marktanteil 1977	Marktanteil 1984	Marktanteil 1990	Änderung (in Prozentpunkten)
Chicago O'Hare	United	30 %	46 %	49 %	+ 19
Atlanta	Delta	50 %	52 %	57 %	+ 7
Dallas-Ft. Worth	Braniff/American	34 %	61 %	63 %	+ 29
Denver	United	32 %	40 %	49 %	+ 17
St. Louis	TWA	40 %	58 %	79 %	+ 39
Pittsburgh	USAir	46 %	77 %	87 %	+ 41
Minneapolis	Northwest	46 %	47 %	80 %	+ 34
Houston	Continental	37 %	45 %	77 %	+ 40
Philadelphia	USAir	22 %	24 %	46 %	+ 24

Tabelle 2.7

Quelle: eigene Darstellung nach Williams (1993) S. 23f

destmarktanteil - bezogen auf die inneramerikanischen Fluggäste (U.S. passenger enplanements) - erreichen. Nach der FAA-Hub-Klassifikation werden die US-Airports wie folgt eingeteilt [Reynolds-Feighan (1992) S. 34]:

Large FAA-Hub:		≥	1,00 %	aller US-Passagiere,
Medium FAA-Hub:	0,25 %	bis	1,00 %	aller US-Passagiere,
Small FAA-Hub:	0,05 %	bis	0,25 %	aller US-Passagiere,
FAA-Nonhub		≥	0,05 %	aller US-Passagiere.

Um Mißverständnisse zu vermeiden, wird immer von FAA-Hubs gesprochen, wenn diese Definition gemeint ist.

[193] Besonders hohe HHI-Werte waren auf den Flughäfen Charlotte (5.790), Pittsburgh (5.290), Houston Hobby (4.800), Salt Lake City (4.300), Houston Intercontinental (4.230), Minneapolis (4.180), Atlanta (3.470), St. Louis (3.540) und Memphis (3.470) festzustellen [Borenstein (1992) S. 55]. Vgl auch Avmark Aviation Economist (Juni/Juli 1993) S. 12f.

In den vergangenen fünfzehn Jahren ist es den meisten großen Airlines gelungen, auf ihren Hauptdrehkreuzen eine dominante Stellung zu erringen. USAir belegt beispielsweise auf allen Flughäfen, die die Gesellschaft als Drehkreuz nutzt, hinsichtlich der Anzahl der täglichen Abflüge den ersten Rang. Auf den beiden wichtigsten Drehkreuzen Charlotte und Pittsburgh besitzt das Unternehmen mit einem Marktanteil um die 90 Prozent sogar eine Quasi-Monopolstellung (vgl. Tabelle 2.8).

Drehkreuze von USAir (März 1996)			
	Anzahl der täglichen Abflüge	**Anteil an den täglichen Abflügen**	**Rang**
Charlotte	338	92 %	1
Pittsburgh	309	88 %	1
Philadelphia	172	63 %	1
LaGuardia	115	33 %	1
Washington D.C.	109	40 %	1
Boston	105	32 %	1
Baltimore	97	53 %	1

Tabelle 2.8

Quelle: eigene Darstellung nach USAir Group (1996): Group Annual Report 1995, S. 13

E. Konzentration auf Städtepaaren: Bedingt durch die Entwicklung von Hub-and-spoke-Systemen ist die Anzahl der Carrier, zwischen denen ein Kunde auf einer bestimmten Strecke wählen kann, erheblich gestiegen.[194] Nonstopdienste werden zwar nur noch auf den aufkommensstärkeren Routen angeboten, es besteht aber gewöhnlich die Wahl zwischen Umsteigeverbindungen mehrerer Airlines, die jeweils über deren Drehkreuze führen.[195] Im Durchschnitt stieg die

---

[194] Im Jahre 1978 wurden 4.093 Städepaare nur von einem einzigen Carrier bedient. 1988 hatte sich diese Zahl um fast 15 % auf 3.481 verringert. Demgegenüber war die Anzahl der Städtepaare mit zwei Anbietern von 899 auf 1.054 gestiegen (+ 17 %), jene mit drei Anbietern von 233 auf 413 (+ 77 %), jene mit vier Anbietern von 80 auf 192 (+ 140 %) und jene mit fünf Anbietern sogar von 21 auf 83 (+ 295 %) [Dempsey (1990) S. 20].

[195] Ein Passagier, der im Juli 1996 von Columbus (Ohio) nach San Francisco reisen wollte, konnte beispielsweise zwischen acht Gesellschaften wählen, die ihrerseits wieder mehrere Flugoptionen pro Tag anboten [OAG (1997): *Flight Disk - Premium Worldwide Edition*]:

Anzahl der „effektiven Wettbewerber“ von 1,52 im Jahre 1978 auf 2,0 im Jahre 1986, um dann jedoch wieder bis 1991 auf 1,8 zu sinken.[196] HHI-Berechnungen zeigen, daß sich die Konzentration vor allem auf Langstrecken deutlich verringert hat, während sie auf Direktflügen (also Flügen, die keinen Flugzeugwechsel erforderlich machen) und auf Strecken mit weniger als 500 Meilen Entfernung gestiegen ist.[197] Obwohl der durchschnittliche HHI-Wert für alle Verbindungen zwischen 1984 und 1990 um 5 % fiel, wies er mit 5.060 immer noch auf eine überaus hohe Konzentration hin.[198]

F. Flughafenkonzentration und Routenanteil: Verschiedene empirische Studien belegen, daß Airlines, die über eine starke Stellung auf einem bestimmten Flughafen verfügen, einen überproportionalen Anteil am Verkehrsaufkommen auf einzelnen, von diesem ausgehenden Routen erzielen können.[199] Dies gilt vor allem dann, wenn der Airport von der Gesellschaft als Hub genutzt wird. Eine Untersuchung von Kahn über die „Share Gaps“ (Anteil der abfliegenden Passa-

---

1) American Airlines:	Flug über Chicago oder Dallas
2) America West:	Flug über Las Vegas oder Phoenix
3) Continental Airlines:	Flug über Cleveland, Newark oder Houston
4) Delta Air Lines:	Flug über Cincinnati oder Atlanta
5) Southwest	Flug über Phoenix
6) United Airlines:	Flug über Chicago, Denver oder Washington
7) USAir:	Flug über Pittsburgh
8) TWA:	Flug über St. Louis.

[196] Saunders/Shepherd (1993) S. 204.

[197] Auf Direktflügen erhöhte sich der HHI-Wert zwischen 1984 und 1990 von 5.900 auf 6.320. Werden Direktflüge und Umsteigeverbindungen zusammen betrachtet, zeigt sich, daß der HHI-Wert auf Strecken bis 200 Meilen um 180 Punkte auf 6.180 und bei Strecken zwischen 200 und 500 Meilen um 260 Punkte auf 6.140 gestiegen ist. Auf Strecken über 1.500 Meilen sank er jedoch um 580 Punkte auf 3.570, was einer Erhöhung um 0,4 auf 2,8 „effektive Wettbewerber“ entspricht [Borenstein (1992) S. 49].

[198] Borenstein (1992) S. 49.

[199] Eine ökonometrische Untersuchung von Borenstein anhand von Daten aus dem Jahre 1986 ergab beispielsweise, daß ein Carrier, der auf einer bestimmten Strecke einen Passagieranteil von 35 % besitzt, diesen um durchschnittlich 0,22 % bis 0,26 % erhöht, wenn er seinen Marktanteil auf dem Ausgangsflughafen um ein Prozent steigert. Änderungen des Routenanteils sind vor allem dann stark ausgeprägt, wenn der Flughafenanteil zwischen 0 % und 20 % (Präsenzeffekt) bzw. zwischen 40 % und 60 % (Dominanzeffekt) liegt [Borenstein (1991) S. 1254f].

giere minus Anteil der verfügbaren Sitzplätze auf einer bestimmten Strecke)[200] ausgewählter Carrier auf dem Flughafen Chicago O'Hare (Drehkreuz von United) weist eindrucksvoll die Bedeutung der „Hub Dominanz" für die Wettbewerbsfähigkeit auf einzelnen Strecken nach.

"Share Gaps"

auf Flügen zwischen Chicago O'Hare und anderen Hubs (1990)

(SHARE GAP = Anteil der abfliegenden Passagiere minus Anteil der verfügbaren Sitzplätze auf einer bestimmten Strecke)

Anderer Hub (Hub Carrier)	Airlines	Abflüge von Chicago O'Hare	Abflüge vom anderen Hub
Nashville (American Hub)	United	8	-9
	American	-8	9
Raleigh-Durham (American Hub)	United	15	-8
	American	-14	8
Phoenix (America West Hub)	United	10	-9
	America West	-5	19
Houston (Continental Hub)	United	8	-7
	Continental	-15	13
Newark (Continental Hub)	United	11	-1
	Continental	-9	6
Atlanta (Delta Hub)	United	18	-8
	Delta	-4	25
Cincinatti (Delta Hub)	United	17	-14
	Delta	-16	21
Memphis (Northwest Hub)	United	13	-14
	Northwest	-13	14
Minneapolis (Northwest Hub)	United	19	-19
	Northwest	-13	28
Baltimore (USAir Hub)	United	17	-1
	USAir	-9	8
Charlotte (USAir Hub)	United	13	-15
	USAir	-13	15

Tabelle 2.9

Quelle: eigene Darstellung nach Kahn (1993) S. 390f

---

[200] Ein positiver „Share Gap" bedeutet, daß ein Carrier mehr Passagiere befördert hat, als nach seinem Kapazitätsanteil zu vermuten gewesen wäre. Bei einem negativen Share Gap ist genau das Gegenteil der Fall. Je höher der absolute Wert des "Share Gap" ist, desto stärker unterscheiden sich tatsächlicher und zu erwartender Wert.

Wie Tabelle 2.9 zeigt, verfügen die Hub-Carrier immer über positive Share Gaps, die Nicht-Hub-Carrier dagegen über negative Share Gaps. Was die Strekke Chicago - Minneapolis anbelangt, hat United auf seinem Drehkreuz Chicago einen positiven Wert von +19, auf dem Northwest-Hub Minneapolis dagegen einen negativen Wert von -19. Die Werte für Northwest haben jeweils das entgegengesetzte Vorzeichen, sie sind also negativ für Chicago (-13) und positiv für Minneapolis (+28). Die besonders hohen Werte deuten auf eine erhebliche Marktmacht der Carrier an ihren Drehkreuzen hin. In beiden Fällen kann daher von der Existenz eines „Fortress Hub“ gesprochen werden.

2.5.4. Flugpreise

Vor der Deregulierung hatten sich die Flugpreise am *Standard Industry Fare Level (SIFL)* orientiert, der vom CAB unter Berücksichtigung der durchschnittlichen Kosten, des durchschnittlichen Sitzladefaktors und der durchschnittlichen Bestuhlung festgelegt worden war und einem Unternehmen von mittlerer Produktivität eine Rendite von 12 % gewährleisten sollte.[201] Billigere Tarife gab es nur in sehr geringem Umfang.[202] Erst mit Inkrafttreten des Airline Deregulation Act wurde ein effektiver Preiswettbewerb möglich, obwohl die endgültige Freigabe der Preise nicht vor dem 1. Januar 1993 erfolgte.[203] Während die Entwicklung auf vielen Strecken wenig spektakulär verlief, ergaben sich dort, wo neu gegründete „low-cost carrier“ in den Markt eintraten oder angeschlagene Airlines ihre Tickets zu Niedrigpreisen verkauften, starke Preiskämpfe, die sich teilweise auf das ganze Land ausdehnten.[204]

---

[201] Vgl. hierzu Bailey/Graham/Kaplan (1985) S. 16-21 und Tettenborn (1993) S. 145-148.

[202] Ab 1977 ließ das CAB Ausnahmen vom SIFL zu, beispielsweise die sog. „peanuts fares“ von Texas International (Rabatte von bis zu 50 % auf bestimmten Strecken) und die „supersaver fares“ vom American Airlines (Rabatte von bis zu 45 %; Ticketkauf 30 Tage vor Abflug, Mindestaufenthalt 7 Tage, beschränkt auf 35 % der Sitzplätze eines Fluges). Eine Übersicht der CAB-Sondergenehmigungen findet sich in Bailey/Graham/Kaplan (1985) S. 42. Vgl. auch 0´Connor (1985) S. 98ff.

[203] Der Airline Deregulation Act sah für eine Übergangszeit von 1979 bis 1982 vor, daß jeder Carrier seine Flugtarife gegenüber dem SIFL um bis zu 5 % erhöhen bzw. um bis zu 50 % senken konnte [vgl. Bailey/Graham/Kaplan (1985) S. 45-47].

[204] Ein erster Höhepunkt des Preiskampfes wurde 1982/83 erreicht, als PanAm alle Inlandsstrecken zum Preis von 99 US-$ anbot, ohne hiermit Restriktionen (z.B. Kauf des Tickets mehrere Wochen im voraus) verbunden zu haben. Da alle anderen großen Airlines die Preissenkung mitmachten, ergab sich für die US-Luftfahrtindustrie im ersten Quartal 1983 ein Rekorddefizit von 640 Mio. US-$. 1985/86 kam es erneut zu einer Runde intensiver Preis-

In der Regel verfolgten die Gesellschaften hinsichtlich der Preisgestaltung eine von zwei Grundstrategien. Einige Unternehmen, vor allem neu gegründete Billiganbieter, bauten auf eine einfache und übersichtliche Preisstruktur, die gewöhnlich nur zwischen „peak" und „off-peak" Tarifen unterschied. Demgegenüber entwickelte die Mehrzahl der Airlines, unter ihnen alle großen Fluggesellschaften, mit Hilfe ausgeklügelter Yield-Management-Systeme[205] eine Vielzahl von Sondertarifen[206], die jeweils mit unterschiedlichen Restriktionen verbunden waren und - in Abhängigkeit von den vorherrschenden Marktverhältnissen - erhebliche streckenbezogene Variationen aufweisen konnten.[207] Es fand somit eine Neuausrichtung vom kostenorientierten zum marktorientierten Tarifsystem statt.[208] Für die Fluggesellschaften lag der Vorteil eines solchen Systems darin,

---

kämpfe, vor allem zwischen PanAm, People Express und New York Air auf den Strecken zwischen der Nordostküste und Florida (New York Air bot alle Strecken ab New York für 39 US-$ an), zwischen United, Continental und Frontier in Denver (Resultat war ein Preis von 9 US-$ für die Strecke Colorado Springs - Denver) sowie zwischen American Airlines und People Express (hierbei handelte es sich um einen sorgfältig vorbereiteten Verdrängungswettbewerb, durch den People Express in den Konkurs getrieben werden sollte). Als American Airlines 1992 mit seinem „value pricing"-Programm wieder stabile Verhältnisse herstellen wollte, brach erneut ein Preiskrieg aus, der das gesamte Land erfaßte [Petzinger (1995) S. 189, 249, 272, 278, 408ff].

[205] Vgl. hierzu Kapitel 4.5.6.

[206] Im Oktober 1996 existierten bei United Airlines für einen Flug von Columbus (Ohio) nach San Francisco in der Economy Class beispielsweise 19 Sondertarife, die von 270 US-$ (21,9 % des Normaltarifs) bis 1.233 US-$ (80,1 % des Normaltarifs) reichten [*Apollo fare display* vom 24.10.96].

[207] Nach Schwieterman spielen 23 Kriterien bei der Festsetzung von Flugpreisen eine Rolle. Am wichtigsten sind Tarifrestriktionen (z.B. Mindestaufenthaltsbestimmungen, Stornierungs- und Umbuchungskosten, Reise nur zu verkehrsschwachen Zeiten), für die teilweise erhebliche Preisnachlässe gewährt werden (im Jahre 1990 gewährten die US-Airlines im Durchschnitt Rabatte von 33 % beim Akzeptieren einer Mindestaufenthaltsbedingung, 24 % beim Akzeptieren von Stornierungskosten in Höhe von 50 Prozent und 20 % beim Ticketkauf sieben Tage vor Abflug). Auch Streckenmerkmale (z.B. Nonstopflug oder Umsteigeverbindung, Anzahl der Frequenzen), Marktcharakteristiken (z.B. Anzahl der Anbieter auf einer Strecke, Marktanteil der Gesellschaft) und Passagiereigenschaften (z.B. gelten für ausländische Touristen und Militärpersonal häufig Sonderbedingungen) beeinflussen die Höhe des Flugpreises [Schwieterman (1995) S. 296].

[208] Ein kostenorientiertes Tarifsystem richtet sich bei der Preisfindung vornehmlich nach den Kosten (i.d.R. den Voll-, Durchschnitts- oder Grenzkosten) und schlägt auf diese einen vorher festgelegten Prozentsatz auf. Demgegenüber orientiert sich ein marktorientiertes Tarifsystem vornehmlich an dem Preis, der am Markt durchgesetzt werden kann. Die Kosten gehen dabei nur als Nebenbedingung in die Preisberechnung ein, da mittel- und langfristig nicht mit Verlust gearbeitet werden darf. Während ein kostenorientiertes Tarifsystem mit wenigen Preisen auskommt, ermöglicht ein marktorientiertes Tarifsystem eine Vielzahl von Preisen, die opti-

daß die Konsumentenrente generell besser abgeschöpft und beim Vorliegen von Marktmacht höhere Erträge erzielt werden konnten. Gefordert wurde, was die Konkurrenten zuließen und was die Nachfrager zu zahlen bereit waren. Plötzlich kostete ein Flug über 1.500 Meilen ceteris paribus weniger als ein Flug über 500 Meilen. Ein Ticket, welches Umsteigen an einem Drehkreuz auf dem Weg zur Enddestination vorsah, wurde für weniger Geld verkauft als ein Ticket, das nur den Transfer zu diesem Drehkreuz beinhaltete.[209] Eine immer größer werdende Zahl von Mitarbeitern der Fluggesellschaften beschäftigte sich damit, neue Bündel von Tarifrestriktionen zu entwickeln und die dazu jeweils anwendbaren Flugpreise und Sitzplatzkontingente festzulegen. 1982 hatte es erst 4,6 Millionen Tarifänderungen pro Jahr gegeben. Bis 1986 stieg diese Zahl auf 20,3 Millionen an, um sich dann innerhalb eines Jahres auf 49,4 Millionen mehr als zu verdoppeln.[210] Für die Konsumenten ergab sich hierdurch eine kaum noch zu überblikkende Vielfalt von Preis-Leistungs-Optionen, durch die Angebotsvergleiche erheblich erschwert wurden. Da sowohl die Höhe als auch die Verfügbarkeit der einzelnen Tarife ständigen Anpassungen unterlag (oftmals erfolgten Änderungen täglich oder sogar stündlich), stieg die Abhängigkeit der Passagiere von der qualifizierten Beratung eines Reisebüros. Anfang der 90er Jahre wurden daher nur noch 20 % aller Tickets direkt bei den Fluggesellschaften gekauft. Vor der Deregulierung hatte dieser Prozentsatz bei 50 % gelegen.[211]

Bedingt durch die starke Zunahme von Sondertarifen ging der Anteil der Vollzahler zwischen 1981 und 1989 von 29,4 % auf 9,5 % zurück.[212] Außerdem änderte sich die Verteilung der Flugpreise (vgl. Tabelle 2.10). Hatten 1978 noch zwei Drittel der Passagiere einen Flugpreis innerhalb einer Bandbreite von ± 20 % um den Durchschnittstarif gezahlt, so reduzierte sich dieser Anteil bis

---

mal auf einzelne Nachfragesegmente und Produktausprägungen abgestimmt werden können. Gerade für eine Branche mit hohen Fixkosten und minimalen Grenzkosten, die eine möglichst hundertprozentige Auslastung erzielen muß, bietet ein marktorientiertes Tarifgefüge erhebliche Vorteile.

209 1987 verlangte Delta beispielsweise für einen Flug von Oakland nach Phoenix mit Umsteigen in Salt Lake City bedeutend weniger als für einen Flug von Oakland nach Salt Lake City. Dies führte dazu, daß viele Passagiere, die eigentlich nach Salt Lake City reisen wollten, ein Ticket nach Phoenix kauften, aber in Salt Lake City ausstiegen und den nicht gebrauchten Flugcoupon wegwarfen [Dempsey (1990) S. 27].

210 Dempsey (1990) S. 31.

211 Borenstein (1991) S. 1240.

212 Williams (1993) S. 60.

1988 auf etwas mehr als ein Drittel. Statt dessen erhöhte sich die Zahl der Reisenden, die entweder weniger als 80 Prozent oder mehr als 160 Prozent des Durchschnittstarifs zahlten, von 20 % auf über 50 %.[213]

Verteilung der Flugtarife in den USA			
Prozentsatz des Durchschnittstarifs	**1978**	**1988**	**Veränderung in Prozentpunkten**
< 40 %	0,2 %	1,5 %	1,3 %
41 % - 80 %	19,7 %	38,9 %	19,2 %
81 % - 120 %	66,2 %	35,0 %	-31,2 %
121 % - 160 %	12,5 %	14,8 %	2,3 %
> 160 %	0,1 %	9,8 %	9,7 %

Tabelle 2.10

Quelle: Pickrell (1991) S. 30

Insgesamt gesehen scheint die Höhe der Flugtarife im Vergleich zur Deregulierungsphase abgenommen zu haben.[214] Obwohl die veröffentlichten Normaltarife

---

[213] Pickrell (1991) S. 30.

[214] Nach Morrison/Winston lagen die tatsächlichen Preise im Zeitraum zwischen 1979 und 1988 durchschnittlich um 18 % unter den hypothetischen Regulierungspreisen, also den Preisen, die beim Fortbestand der Regulierung verlangt worden wären. Für die Reisenden ergab sich dadurch eine jährliche Ersparnis von 6 Mrd. US-Dollar [Morrison/Winston (1990) S. 390]. Zum gleichen Resultat gelangt Pickrell, der für das Jahr 1987 hypothetische Regulierungspreise berechnet, die um 15 % über den tatsächlichen Preisen lagen [Pickrell (1991) S. 28]. Demgegenüber konstatiert Dempsey, daß die Passagiere im Jahre 1989 inflations- und treibstoffkostenbereinigt 2,6 % mehr zahlen mußten, als beim Fortbestand des präderegulativen Preissenkungstrends erforderlich gewesen wäre [Dempsey (1990) S. 26]. Seine Berechnungen berücksichtigen jedoch nicht die teilweise erheblichen Kostensteigerungen bei anderen Produktionsfaktoren als Kerosin. Zwischen 1978 und 1989 erhöhte sich nämlich der Treibstoffpreisindex nur von 40,1 auf 61,2 (bezogen auf das Basisjahr 1982 = 100), während der Gesamtkostenindex von 60,9 auf 109,0 stieg [ATA Air Transport Association of America (1995): *Airline Cost Index - Fourth Quarter 1994*].

(„full fares") stark gestiegen sind,[215] wurde dies durch die Zunahme von Discount Tickets mehr als kompensiert. Nach Berechnungen der Air Transport Association of America (ATA) sind die Flugpreise im Zeitraum von 1978 bis 1988 inflationsbereinigt um 22 % gesunken. Andere Untersuchungen kommen zu ähnlichen Ergebnissen.[216] Die daraus resultierenden Vorteile wirkten sich jedoch nicht in gleichem Umfang auf alle Passagiere aus. Profitiert haben vor allem jene Reisenden, die von den angebotenen Rabatten Gebrauch machen konnten (z.B. Touristen). Demgegenüber müssen Personen, die aufgrund inflexibler und kaum vorhersehbarer Zeitpläne nur unbeschränkte „full fare"-Tickets kaufen können, mehr zahlen (z.B. Geschäftsleute).[217]

Die Ergebnisse der US-Deregulierung zeigen, daß die Stellung der Anbieter und das Vorhandensein von Markteintrittsbarrieren einen starken Einfluß auf das Preisniveau haben. Zahlreiche ökonometrische Untersuchungen belegen, daß eine hohe Anbieterkonzentration die Tarife verteuert.[218] Nach *Bailey/Graham/*

---

[215] Die veröffentlichten Normaltarife stiegen in der Zeit von 1978 bis 1988 um nominal 156 %, was der doppelten Steigerungsrate des Konsumentenpreisindexes entsprach [Dempsey (1990) S. 33].

[216] Vgl. Höfer (1995) S. 139f und Dempsey (1990) S. 28, 32. Die bisher erstellten Studien müssen jedoch mit Vorsicht behandelt werden. Zum einen berücksichtigen sie nicht die große Zahl von Freitickets, die im Rahmen von Vielfliegerprogrammen ausgegeben wurden. Da diese einen Bonus auf den Flugpreis darstellen, führt ihre Nichtberücksichtigung zu einer Überschätzung des tatsächlichen Preises. Zum anderen orientieren sich fast alle Studien am Ertrag pro verkauftem Passagierkilometer. Die durchschnittliche Streckenlänge hat sich jedoch im Rahmen der Deregulierung erhöht, da zumeist Umwege über ein Drehkreuz der befördernden Gesellschaft geflogen werden müssen. Hieraus ergibt sich eine Unterschätzung des tatsächlich vom Passagier entrichteten Preises. Nach neueren Berechnungen von Morrison/Winston darf der Einfluß des „circuitous routing" aber nicht zu hoch angesetzt werden, da sich die tatsächliche Streckenlänge zwischen 1978 und 1993 nur um ca. 1 % erhöht hat [Morrison/Winston (1995) S. 23f].

[217] Bei einer Untersuchung für den Zeitraum zwischen 1978 und 1988 stellten Evans/Kessides fest, daß die Preise für die billigsten 25 Prozent der Tickets inflationsbereinigt um 25 % gesunken sind. Demgegenüber sind die Preise für die billigsten 75 Prozent um 11 % und für die billigsten 90 Prozent um 37 % gestiegen. Der Medianpreis sank im Untersuchungszeitraum um 16 %. [Evans/Kessides (1993) S. 456]. Dies bedeutet, daß die Mehrzahl der Reisenden für einen Flug im Jahre 1988 real weniger zahlen mußte als 1978. Diejenigen allerdings, die keinen Rabatt in Anspruch nehmen konnten, zahlten erheblich mehr. Insgesamt hat sich die Preisspanne zwischen den billigsten und den teuersten Tarifen erheblich ausgeweitet.

[218] Vgl. hierzu Stoetzer (1991) S. 153-172, Graham/Kaplan/Sibley (1983), Borenstein (1989), Morrison/Winston (1990), GAO/RCED-91-101, Dresner/Windle (1992) und Evans/Kessides (1993).

Kaplan nehmen die Flugpreise mit steigender Routenkonzentration (gemessen anhand des Herfindahl-Hirschman-Index) zu. Der Anstieg auf weniger konzentrierten Strecken ist dabei besonders ausgeprägt, während ab einem HHI-Wert von 5.000 kaum noch nennenswerte Zunahmen zu verzeichnen sind.[219] *Borenstein* ermittelt für das Jahr 1987, daß eine Fluggesellschaft, die ihren Marktanteil auf einer Route um 1 % erhöht, die Preise um 0,03 % bis 0,22 % anheben kann. Eine Airline, die über einen Routenanteil von 70 % verfügt, ist demnach in der Lage, 2 % bis 12 % höhere Preise zu verlangen als ein Konkurrent mit nur 10 % Marktanteil.[220] Für das Jahr 1988 kommt das *U.S. General Accounting Office (GAO)* zu ähnlichen Ergebnissen.[221] Empirisch läßt sich auch eine positive Korrelation zwischen der Flughafenkonzentration und den Flugpreisen nachweisen. *Dresner/Windle* gelangen bei einer Untersuchung für das Jahr 1987 zu dem Resultat, daß Ertragsdifferenzen bei einer Airline für Flüge zwischen A und B im Vergleich zu Flügen zwischen B und A auf Unterschiede in den Marktanteilen an den beiden Flughäfen zurückzuführen sind. Bei einer durchschnittlich zu beobachtenden Marktanteilsdifferenz von 28 % stellen sie Preisunterschiede von 1 - 2 % fest.[222] Nach *Borenstein* kann eine Gesellschaft, die an beiden Endpunkten der Strecke einen Anteil von 50 Prozent der Abflüge aufweist, um bis zu 6 % höhere Preise verlangen als Airlines mit einem geringen Marktanteil.[223] Auch *Evans/Kessides* konstatieren für das Jahr 1988, daß Luftfahrtunternehmen, die einen Flughafen dominieren, Preisaufschläge von 5 % bis 16 % für dort beginnenden oder endenden Verkehr durchsetzen können.[224] Zusammenfassend läßt

---

[219] Graham/Kaplan/Sibley (1983) S. 134-136. Die Untersuchung basiert auf Daten der Jahre 1980 und 1981.

[220] Borenstein (1989) S. 357.

[221] GAO/RCED-91-101, S. 2, 30f. Vgl. auch GAO/T-RCED-96-126, S. 3ff.

[222] American Airlines (AA) besaß beispielsweise einen Marktanteil von 40 % in Chicago und von 12 % in St. Louis. Dies hatte zur Folge, daß AA-Passagiere für die Strecke Chicago - St. Louis - Chicago 5,46 US-Dollar mehr zahlen mußten als AA-Passagiere für dieselbe Strecke in umgekehrter Richtung, also St. Louis - Chicago - St. Louis. Bei Extrapolation auf den gesamten US-Inlandsmarkt ergibt sich eine Preiserhöhung von 457 Mio. US-Dollar [Dresner/Windle (1992) S. 329].

[223] Borenstein (1989) S. 358. Die Preiswirkung der Hub-Dominanz auf „full fares" ist erheblich größer als auf rabattierte Tickets, d.h. Flughafenkonzentrationen wirken sich in der Regel stärker auf Geschäftsreisende als auf Privatreisende aus. Begründet werden kann dies damit, das Geschäftsreisende aufgrund ihrer größeren Zeitsensibilität und ihrer Mitgliedschaft im Vielfliegerprogramm der dominierenden Gesellschaft eher bereit sind, Preisaufschläge zu zahlen.

[224] Evans/Kessides (1993) S. 462f.

sich somit feststellen, daß mit zunehmender Konzentration auf einem Flughafen auch die Höhe der Flugpreise steigt. Wie aus Abbildung 2.19 hervorgeht, ergeben sich in der Regel ab einem HHI-Wert von 2.000 Aufschläge gegenüber den Durchschnittspreisen.[225]

Mehrere Studien zeigen, daß eine Airline vor allem für Strecken von/zu ihrem Drehkreuzflughafen höhere Flugpreise realisieren kann. *Simat/Helliesen/Eichner* stellen beispielsweise für die Jahre 1980, 1984 und 1988 fest, daß die Flugpreise an Drehkreuzen um 2,2 % bis 3,8 % über jenen von Nichtdrehkreuzen lagen.[226] *Mauldin* errechnet für den Zeitraum 1982-88 einen Preisaufschlag von 6 % für Flüge von/zu einem Hub-Airport sowie von 20 % für Flüge zwischen zwei Drehkreuzen.[227] Auch *Morrison/Winston* konstatieren ein „Hub Premium", das im Jahre 1993 bei 5,2 % lag.[228] Carrier mit einer geringeren Präsenz auf dem Hub können Preisaufschläge anscheinend aber nur in geringerem Maß oder gar nicht durchsetzen.[229]

---

[225] Die Preisabschläge in Houston (Hobby), St. Louis, Detroit und Phoenix können weitgehend auf flughafenspezifische Gründe zurückgeführt werden, insbesondere auf die starke Marktposition von „low-cost"-Carriern und die daraus resultierende hohe Wettbewerbsintensität. Beispielsweise hat America West in Phoenix den höchsten Marktanteil gefolgt von Southwest. Beide Airlines sind für ihre Niedrigpreispolitik bekannt.

[226] Dresner/Windle (1992) S. 322.

[227] Mauldin (1990) S. 188ff.

[228] Das „Hub Premium" erreichte in der Zeit von 1988-1990 einen Spitzenwert von fast 10 % und ist seitdem auf Werte zwischen 4% und 7% gefallen [Morrison/Winston (1995) S. 46ff].

[229] Nach Mauldin können Airlines, die den Hub nicht als eigenes Drehkreuz nutzen, zwar auch einen Aufschlag durchsetzen, ihre Preise liegen jedoch um durchschnittlich 4 % unter jenen des Hub-Carriers [Mauldin (1990) S. 188ff]. Demgegenüber kommt Borenstein zu dem Ergebnis, daß ein „umbrella effect" kaum existiere, daß kleinere Gesellschaften also nicht von den Preisaufschlägen des dominanten Unternehmens profitieren können [Borenstein (1989) S. 359]. Diese voneinander abweichenden Ergebnisse sind wohl vornehmlich auf die Verwendung unterschiedlicher Daten und Analysemethoden zurückzuführen. Der Unterschied ist indes nicht so groß, wenn man bedenkt, daß Mauldin von einem durchschnittlichen Preisaufschlag des Hub-Carriers von 6 % auf Strecken von/zum Drehkreuz ausgeht.

Flughafenkontentration und Preisniveau (USA, 1990)

	Flughafen	HHI	Preisaufschlag
1	Charlotte	5.790	18,8 %
2	Pittsburgh	5.290	15,9 %
3	Houston (Hobby)	4.810	-23,4 %
4	Salt Lake City	4.300	19,1 %
5	Houston (Intern.)	4.230	15,6 %
6	Minneapolis	4.180	31,5 %
7	Dallas/Ft. Worth	3.860	20,5 %
8	Memphis	3.550	27,4 %
9	St. Louis	3.540	-4,0 %
10	Atlanta	3.470	17,2 %
11	Baltimore	2.990	9,1 %
12	Detroit	2.960	-0,7 %
13	New York (Newark)	2.920	11,5 %
14	Denver	2.720	15,3 %
15	Chicago	2.700	14,8 %
16	Philadelphia	2.170	11,2 %
17	Phoenix	2.050	-28,4 %
18	New York (JFK)	2.020	2,9 %
19	Honolulu	1.990	-20,8 %
20	Tampa	1.810	-12,4 %
21	Orlando	1.800	-15,6 %
22	Las Vegas	1.770	-27,8 %
23	Miami	1.710	-14,3 %
24	Seattle	1.450	8,7 %
25	San Francisco	1.450	-1,5 %
26	San Diego	1.380	-18,1 %
27	Washington (National)	1.250	10,7 %
28	Boston	1.200	9,0 %
29	New York (La Guardia)	1.180	9,5 %
30	Los Angeles	1.100	-5,3 %

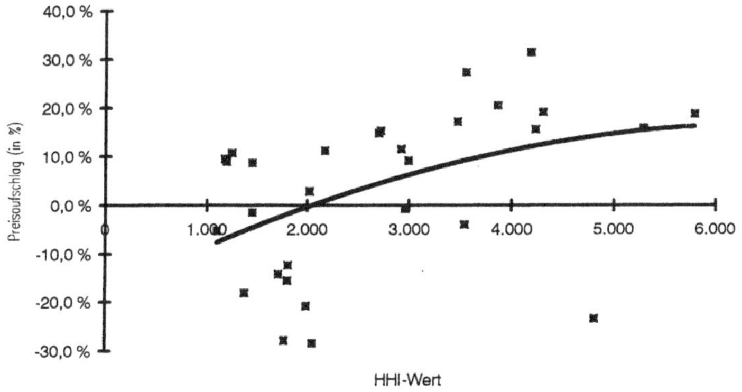

Abbildung 2.19

Quelle: eigene Darstellung nach Daten aus Borenstein (1992) S.55

Auch bestehende Markteintrittsbarrieren haben einen erheblichen Einfluß auf die Preissetzung. Das *U.S. General Accounting Office (GAO)* kommt für das Jahr 1988 zu dem Schluß, daß die Preise beim Vorliegen von Slotrestriktionen um 4 %, bei „majority in interest"-Klauseln[230] um 3 % und bei Codeshare-Vereinbarungen mit Commuter Carriern um 2 % höher ausfallen. Wenn zwei oder mehr Markteintrittsbarrieren zusammentreffen (was in 51 % der untersuchten Routen der Fall war), steigen die Preise um 5 % bis 9 %.[231] Die zunehmenden Infrastrukturengpässe scheinen die Situation weiter verschärft zu haben, denn 1995 lagen die Preise auf den zehn US-Airports, die über Slotbeschränkungen oder Engpässe bei den Gates verfügten, im Durchschnitt bereits um 31,06 % über jenen anderer großer Flughäfen.[232]

2.5.5. Produktivität und Rentabilität der Fluggesellschaften

Durch die Optimierung der Streckennetze und den liberalisierungsbedingten Rationalisierungsdruck hat sich die Produktivität der US-Fluggesellschaften vor allem in den ersten Jahren nach der Deregulierung erheblich erhöht.[233] *Caves/Christensen/Tretheway/Windle* schätzen, daß die Stückkosten im Jahre 1983 um 10 % niedriger ausfielen, als es ohne Deregulierung der Fall gewesen wäre. Dies entspricht einer jährlichen Gesamteinsparung in der Größenordnung von 4 Mrd. US-Dollar.[234]

Trotz der Produktivitätsfortschritte erwies sich die Deregulierungsphase keineswegs als Garant für hohe Gewinne. Ganz im Gegenteil mußten die meisten Gesellschaften Anfang der 80er und Anfang der 90er Jahre hohe Verluste verkraften, wobei hierfür zum einen der erhöhte Wettbewerb und zum anderen Phasen

---

[230] In den USA konnten viele Airlines eine sog. „majority in interest"-Klausel in Verträgen mit denjenigen Flughäfen durchsetzen, die von ihnen dominiert werden. Eine solche Klausel ermöglicht es ihnen, den Ausbau des Flughafens zu verhindern und somit potentiellen Konkurrenten die erforderliche Infrastruktur vorzuenthalten.

[231] GAO/RCED-91-101, S. 2, 30.

[232] Die vier Flughäfen mit Slotbeschränkungen waren Chicago O´Hare, Washington National sowie New York J.F. Kennedy und LaGuardia. Die sechs Airports mit beschränkter Gateverfügbarkeit waren Charlotte, Cincinnati, Detroit, Pittsburgh, Minneapolis und New York - Newark (vgl. hierzu auch Kapitel 4.3.3 und 4.3.4). GAO/RCED-97-4, S. 33.

[233] Vgl. hierzu Bailey/Graham/Kaplan (1985) S. 134-151 und McShan/Windle (1989).

[234] Caves/Christensen/Tretheway/Windle (1987) S. 286.

gesamtwirtschaftlicher Rezession verantwortlich waren (vgl. Abbildung 2.20).[235] *Morrison/Winston* haben allerdings festgestellt, daß die Jahresabschlüsse bei einem Fortbestand der Regulierung noch schlechter ausgefallen wären, als dies tatsächlich der Fall war.[236]

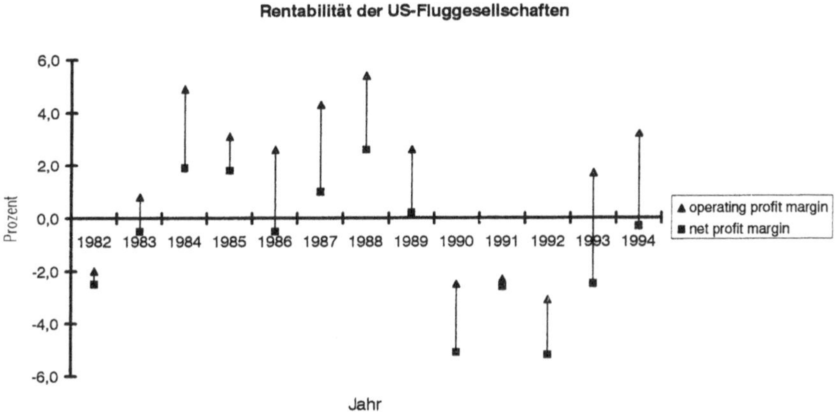

Abbildung 2.20

Quelle: eigene Darstellung nach ATA Annual Report 1993 S. 3 und 1995 S. 3

Vergleicht man die Erlöse und Kosten der großen amerikanischen Fluggesellschaften im 3. Quartal 1996, so zeigen sich teilweise gravierende Unterschiede (vgl. Abbildung 2.21). Bei USAir liegen die Stückkosten pro angebotener Sitzmeile mit 12,44 Cents/ASM um 68 % höher als bei America West mit 7,39 Cents/ASM. Ein ähnliches Bild ergibt sich bei Betrachtung der Stückerlöse. Diese betragen bei USAir 13,10 Cents/ASM und fallen somit um 72 % größer aus als bei America West mit 7,61 Cents/ASM.[237] Werden die Passagiereinnah-

---

[235] Die hohen Verluste Anfang der 90er Jahre sind zusätzlich noch auf eine extrem hohe Verschuldung zurückzuführen, die in vielen Fällen zur Finanzierung von Fusionen und Übernahmen eingegangen worden war. Es wird geschätzt, daß leveraged buy-outs (LBOs) und schuldenfinanzierte Fusionen den Schuldendienst der Fluggesellschaften um jährlich 2 Mrd. US-$ erhöhten. Hierdurch lassen sich 60 % der Verluste der Jahre 1990 bis 1992 erklären [Kahn (1993): *Change, challenge and competition*, S. 59].

[236] Morrison/Winston (1995) S. 104.

[237] Morrison/Winston (1995) S. 104.

men pro verkaufter Passagiermeile betrachtet, weisen die Einnahmen bei US Air mit 17,05 Cents/RPM einen um 71 % höheren Wert auf als bei America West mit 9,98 Cents/RPM. Für einer Entfernung von 675 Meilen (in etwa die durchschnittliche Streckenlänge beider Fluggesellschaften) ergibt dies einen Ertragsunterschied von 48 US-Dollar.

Erlöse und Kosten von US-Airlines (3. Quartal 1996)

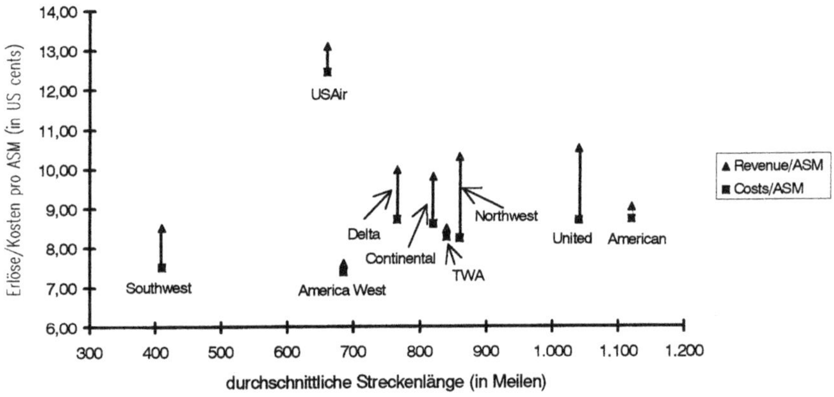

Abbildung 2.21

Quelle: eigene Darstellung nach Daten aus Air Transport World (1996), Vol. 33, No. 12, S. 18 und The Airline Monitor, March/April 1996, S.5

Unterschiedliche Ausgangsbedingungen können hierfür nur bedingt als Begründung angeführt werden. Zwar ist USAir gemessen in verkauften Passagiermeilen fast dreimal so groß wie America West, ansonsten bestehen aber zahlreiche Gemeinsamkeiten. Beide Airlines betreiben ein Hub-and-spoke-Streckennetz, bieten vollen Service (z.B. Mahlzeiten und audiovisuelle Unterhaltungssysteme an Bord, Zweiklassenbestuhlung mit Economy und First Class, Sitzplatzreservierung, Teilnahme an Computerreservierungssystemen, Angebot eines Vielfliegerprogramms) und haben eine fast identische durchschnittliche Streckenlänge. Die Kosten- und Ertragsdifferentiale weisen daher auf das Vorliegen unterschiedlicher Marktmacht hin. In der Tat werden die hohen Preise von USAir durch die fast monopolartige Stellung auf den Hauptdrehkreuzen Charlotte

(92 % der Abflüge) und Pittsburgh (88 % der Abflüge) ermöglicht. Ohne diese wäre USAir sicherlich bereits aus dem Markt ausgeschieden.

2.5.6. Zusammenfassende Beurteilung der US-Deregulierung

Das Aufkommen des inneramerikanischen Luftverkehrs, der vergleichsweise schnelle Übergang vom Zustand strenger Regulierung zum Laissez-faire, die Länge des Betrachtungszeitraumes von fast zwei Jahrzehnten sowie die Verfügbarkeit umfangreichen statistischen Materials machen die US-Deregulierung zu einem aussagekräftigen Untersuchungsobjekt. Ihre Analyse ermöglicht Prognosen über die Auswirkungen einer globalen Liberalisierung auf die Branchenstruktur, das Schicksal einzelner Fluggesellschaften und die Wahlmöglichkeiten der Konsumenten. Folgende Untersuchungsergebnisse sind für das weitere Vorgehen von Interesse:

Bewertung der US-Deregulierung

Auswirkungen

- Erhöhung der Angebotsvielfalt durch mehr Flugverbindungen und mehr Preis-Leistungs-Optionen.
- Errichtung von hub-and-spoke Streckennetzen.
- Sinken der Durchschnittserlöse. Einführung einer komplizierten, nachfrage- und marktmachtorientierten Tarifstruktur mit teilweise erheblichen Preisdifferenzen.
- Weitgehender Machterhalt der ehemaligen „Trunk Carrier“. Marktaustritt zahlreicher neu gegründeter Fluggesellschaften.
- Erhöhung der Angebotskonzentration auf nationaler Ebene durch Fusionen, Übernahmen und enge Kooperationen zwischen großen Fluggesellschaften und Feeder Carriern (ermöglicht vor allem durch die Untätigkeit der Kartellbehörden).
- Zunahme der Konzentration auf Drehkreuzflughäfen, aber Abnahme der Konzentration auf Städtepaaren (letzteres bedingt durch die Vielzahl von Umsteigeverbindungen über Hub-Flughäfen).
- Produktivitätssteigerung durch die Schaffung nachfrageorientierter Streckennetze und den Wettbewerbsdruck neuer Anbieter.

Relevante Wettbewerbsfaktoren

- Streckennetz- und Flugplangestaltung (vgl. Kapitel 4.5.8 und 4.5.9),
- Verkehrsdichte (vgl. Kapitel 4.3.6),
- Hub- und Routendominanz (vgl. Kapitel 4.3.8),
- Zugang zu Slots und Gates (vgl. Kapitel 4.3.3 und 4.3.4),
- Vielfliegerprogramme (vgl. Kapitel 4.5.3),
- Reisebüroprovisionen (vgl. Kapitel 4.5.4),
- Computerreservierungssysteme (vgl. Kapitel 4.5.5.),
- Yield Management-Systeme (vgl. Kapitel 4.5.6),
- Predation (vgl. Kapitel 4.3.7).

Abbildung 2.22

Quelle: eigene Darstellung

2.6. Die Liberalisierung des Europäischen Luftverkehrs

Der Luftverkehr innerhalb der Europäischen Gemeinschaft wurde - ebenso wie in anderen Teilen der Welt - lange Zeit durch ein komplexes Netz bilateraler Luftverkehrsabkommen geregelt.[238] Da die Mehrzahl der EG-Mitgliedsländer den Luftverkehr als öffentliche Aufgabe ansah und durch eine etwaige Liberalisierung den Verlust eines wichtigen Teils nationaler Souveränität befürchtete, unterblieben Anstrengungen, das bestehende System zu ändern. In ihrem Festhalten am Status Quo wurden die Regierungen durch die fast ausschließlich im staatlichen Mehrheitsbesitz befindlichen „National Flag Carrier" bestärkt, die in einer Öffnung des Marktes nur Vorteile für kostengünstigere und innovativere Neubewerber sahen. Liberalisierungsbestrebungen gingen daher im wesentlichen von der Europäischen Gemeinschaft, genauer gesagt der EG-Kommission, aus. Beflügelt durch die insgesamt positiven Erfahrungen der US-Deregulierung und gestärkt durch mehrere Urteile des Europäischen Gerichtshofes[239] sowie durch die Mailänder Beschlüsse von 1985, die die Vollendung des Europäischen Binnenmarktes unter ausdrücklicher Einbeziehung des Luftverkehrs vorsahen, gelang es der Kommission, den Rat zur Verabschiedung konkreter Liberalisierungsmaßnahmen zu veranlassen.

Im Gegensatz zur Deregulierung in den USA, die in äußerst kurzer Zeit umgesetzt wurde, erfolgte die Liberalisierung in der EU sukzessiv im Rahmen von

---

[238] Bis 1988 herrschte hinsichtlich der Kapazitätsregulierung der Prädeterminationstyp mit seiner a priori Genehmigungspflicht vor. Ihm entsprachen 41 % aller Abkommen, während nur 29 % eine ex post Überprüfung nach dem Bermuda I-Typ vorsahen. Die restlichen Verträge enthielten zwar explizit keine Kapazitätsklauseln, daß Angebot der Fluggesellschaften wurde aber in den meisten Fällen durch vertrauliche Notenwechsel festgelegt. Obwohl 60 % der Abkommen eine Mehrfachdesignierung erlaubten, flogen in der Praxis nur auf 6 % aller innereuropäischen Verbindungen mehr als zwei Airlines. Rechte der 5. Freiheit waren kaum vorgesehen und Kabotagerechte so gut wie nicht existent. Die Preisbildung wurde weitgehend dem IATA-Tarifkoordinierungsprozeß überlassen [vgl. Stoetzer (1991) S. 22ff].

[239] Durch das *„Seeleute-Urteil"* (1974) und die Rechtsprechung im Fall *„Nouvelles Frontières"* (1986) entschied der Europäische Gerichtshof, daß die allgemeinen Bestimmungen des EWG-Vertrages, insbesondere die in den Artikeln 85 bis 90 festgelegten Wettbewerbsregeln, auch auf den Luftverkehr anwendbar seien [Beyen/Herbert (1991) S. 27, 95]. In seiner Entscheidung zur *„Untätigkeitsklage des Europäischen Parlaments"* (1985) stellte der Gerichtshof fest, daß es bisher unterlassen worden sei, „die Dienstleistungsfreiheit auf dem Gebiet des internationalen Verkehrs sicherzustellen". Den Rat forderte er daher auf, entsprechende Schritte zu veranlassen [vgl. Wassenbergh (1993) S. 22].

drei Liberalisierungspaketen, die einen Zeitraum von zehn Jahren abdeckten.[240] Die *1. Liberalisierungsstufe*[241] trat am 01.01.1988 in Kraft. Durch sie wurde die bisher zumeist streng gehandhabte 50:50 Kapazitätsaufteilung etwas gelockert und die Möglichkeit der Mehrfachdesignierung auf bestimmten aufkommensstarken Strecken eingeführt. Außerdem wurden Dienste zu sogenannten Regionalflughäfen erleichtert, Rechte der 5. Freiheit erweitert und einheitliche Bedingungen für Tarife in der Rabattzone (66-90 % des Bezugstarifs) und der Superrabattzone (45-65 % des Bezugstarifs) festgelegt. Die *2. Liberalisierungsstufe*[242], die am 01.11.1990 in Kraft trat, lockerte die Kapazitätsregulierung und Designierungspraxis weiter und gewährte zusätzliche Rechte der 5. Freiheit. Die Aufnahme neuer Liniendienste der 3., 4. oder 6. Freiheit zwischen internationalen Flughäfen der EG durfte fortan nicht mehr von den nationalen Regierungen verweigert werden. Hinsichtlich der Flugtarife wurden drei Flexibilitätszonen eingerichtet, u.a. auch eine Superrabattzone von 30-79 % des Bezugstarifs. Durch die am 01.01.1993 in Kraft getretene *3. Liberalisierungsstufe*[243], die sowohl auf den Linien- als auch auf den Charterverkehr Anwendung fand, wurde endgültig ein weitgehend freier Luftverkehr innerhalb der Europäischen Union sichergestellt.[244] Abgesehen von „Strecken mit einer gemeinwirtschaftlichen Verpflichtung" sowie bestimmten neuen Diensten zwischen Regionalflughäfen können „Luftfahrtunternehmen der Gemeinschaft" nunmehr ihre Routen, Kapazitäten und Frequenzen frei bestimmen. Auch die Flugpreise dürfen von den Airlines nach eigenem Ermessen festgesetzt werden. Interventionsmöglichkeiten der Regierungen bestehen lediglich noch bei übermäßig hohen Basisflugpreisen zum Nachteil der Verbraucher sowie bei weiteren Preissenkungen auf einem Markt mit anhaltendem Preisverfall.

Durch einen Vertrag mit Norwegen und Schweden aus dem Jahre 1992 und durch das Inkrafttreten des Abkommens über den *Europäischen Wirtschaftsraum (EWR)* im Jahre 1994 wurde der Anwendungsbereich der gemeinschaftli-

---

[240] Eine Übersicht über Hintergründe, Ablauf und Ergebnis der Liberalisierung in der EU geben Beyen/Herbert (1991) S. 72-140, Button (1991) S. 85-121, Pompl (1991) S. 272-304, Williams (1993) S. 67-91, Teuscher (1994), BTCE (1994) S.353-366 und AEA Association of European Airlines (1997): *Yearbook 1997*, S. 16-25.

[241] Vgl. Entscheidung des Rates (87/602/EWG) und Richtlinie des Rates (87/601/EWG).

[242] Vgl. Verordnung (EWG) Nr. 2343/90 und Verordnung (EWG) Nr. 2342/90.

[243] Vgl. Verordnung (EWG) Nr. 2408/92 und Verordnung (EWG) Nr. 2409/92.

[244] Die Freigabe der Kabotage erfolgte allerdings erst zum 1. April 1997.

chen Rechtsvorschriften für den Luftverkehr auf fast ganz Westeuropa ausgedehnt.[245] Mit der Schweiz, die sich in einer Volksabstimmung gegen den EWR-Vertrag ausgesprochen hatte, und mit den Staaten Osteuropas bestehen Assoziierungsabkommen.

Da die Liberalisierung in Europa erst vor kurzem abgeschlossen wurde, ist eine Bewertung zum jetzigen Zeitpunkt äußerst schwierig. Dies gilt um so mehr, als detaillierte Daten über Flugpreise und Kosten nicht in dem Umfang wie in den Vereinigten Staaten vorliegen. In einer Mitteilung an den Rat und das Europäische Parlament aus dem Jahre 1996 kommt die Europäischen Kommission allerdings zu folgenden vorläufigen Ergebnissen:[246]

- Aufteilung des Gemeinschaftsmarktes: Im innereuropäischen Luftverkehr haben Charterfluggesellschaften nach wie vor eine sehr große Bedeutung. Auf sie entfallen 56 % der angebotenen Sitzkilometer[247], während große Linienunternehmen einen Anteil von 31 % und regionale Anbieter einen Anteil von 13 % aufweisen.
- Linienfluggesellschaften: Zwischen 1986 und 1996 ist die Zahl der Linienfluggesellschaften in der Gemeinschaft von 99 auf 156 gestiegen. Die Zahl der Großunternehmen wuchs dabei von 37 auf 54. Obwohl einige Airlines vom Markt verschwanden (in den Jahren 1993 bis 1996 erfolgten neben 80 Unternehmensgründungen auch 60 Unternehmensaufgaben), ergab sich somit eine Nettozunahme in beträchtlichem Umfang.
- Flugpreise: Im Gegensatz zu den Vereinigten Staaten sind die Tarife im innereuropäischen Linienverkehr nicht generell und merklich gesunken. Sowohl die Normaltarife (Business- und Economy-Tarife ohne Restriktionen) als auch herkömmliche Sondertarife (z.B. Pex, Apex) sind teilweise sogar gestiegen. Zeitlich begrenzte Niedrigpreisangebote haben allerdings zugenommen. Der Anteil derjenigen Reisenden, die nicht den regulären Tarif zahlen, ist zwischen 1985 und 1995 von 60,5 % auf

---

[245] Vgl. Beschluß des Rates (92/384/EWG), Beschluß des Rates (93/453/EWG), Beschluß des Rates (94/1/EWG) und Kommission der Europäischen Gemeinschaft (1994) S. 15.

[246] Vgl. Kommission der Europäischen Gemeinschaft (1996): *Auswirkungen des Dritten Pakets von Maßnahmen zur Liberalisierung des Luftverkehrs.*

[247] Bei bestimmten Zielgebieten (z.B. Spanien und Griechenland) entfallen sogar 80 % des gesamten Verkehrsaufkommens auf den Charterverkehr. Von den ca. 40 Charterunternehmen haben viele eine äußerst enge Beziehung zu einem Flag Carrier (z.B. Condor zu Lufthansa, Sobelair zu Sabena) oder zu einem großen Reiseveranstalter [ebenda, S. 19f].

70,9 % gestiegen.[248] Preiswettbewerb größeren Ausmaßes fand jedoch nur auf jenen Strecken statt, die von mehr als zwei Luftfahrtunternehmen bedient wurden oder auf Inlandsstrecken, in die neue Wettbewerber eintraten.[249]

- Wettbewerb: Obwohl alle Beschränkungen im zwischenstaatlichen Verkehr aufgehoben worden sind, hat die Konzentration auf innergemeinschaftlichen Strecken eher zugenommen. Existierten im Januar 1992 noch auf 56 % aller Strecken Monopole, so stieg diese Zahl bis zum Januar 1996 auf 64 %. Im gleichen Zeitraum sank der Anteil der Duopolstrecken von 40 % auf 30 %. Lediglich die Anzahl der Strecken, die von mehr als zwei Fluggesellschaften bedient wurden, erhöhte sich von 19 (= 4 %) auf 31 (= 6 %). Eine Zunahme des Wettbewerbs ergab sich jedoch auf Inlandsdiensten. Hier ging der Anteil der Monopolstrecken von 90 % auf 80 % zurück und die Zahl der von zwei und mehr Unternehmen angebotenen Routen stieg zwischen 1993 und 1996 von 65 auf 114.[250] Strecken der 5. oder 7. Freiheit sowie Kabotage spielen allerdings nach wie vor keine große Rolle.
- Kooperationen: Die Anzahl der Kooperationen hat sich beträchtlich erhöht. Es werden zunehmend Strecken im Rahmen des Codesharing bedient[251] und die Bedeutung von strategischen Allianzen (z.B. Lufthansa/ SAS) sowie Franchise-Vereinbarungen zwischen großen Gesellschaften

---

[248] Berücksichtigt man, daß 50 - 55 % des innereuropäischen Marktes auf den Charterverkehr entfallen, liegt der Anteil der Reisenden, die nicht den vollen Preis zahlen, sogar bei 90-95 % [ebenda, S. 4].

[249] In Deutschland waren dies vor allem die Deutsche BA und Eurowings, in Frankreich A.O.M., Air Liberté und T.A.T., in Spanien Air Europa und Spanair und in Italien Air One [ebenda, S. 6].

[250] Der Verkehrsanteil des zweitgrößten nationalen Luftfahrtunternehmens im Vergleich zum größten nationalen Unternehmen hat sich in fast allen Ländern erhöht. Zwischen 1993 und 1996 stieg er beispielsweise in Irland (Ryanair / Air Lingus) von 27 % auf 60 %, in Österreich (Lauda Air / Austrian Airlines) von 5 % auf 28 %, in Schweden (Transwede / SAS) von 2 % auf 16 % und in Deutschland (DeutscheBA / Lufthansa) von 8 % auf 13 %. In Großbritannien (British Midland / British Airways) sank er jedoch von 28 % auf 24 % und in Portugal (Portugalia / TAP) von 31 % auf 29 % [ebenda, S. 19].

[251] Vor allem für einige kleinere Gesellschaften hat das Codesharing eine erhebliche Bedeutung. So arbeiten Transwede, Air Dolomiti und Lauda Air auf über 90 % ihrer innergemeinschaftlichen Flüge mit anderen Gesellschaften in Form von Codeshare-Vereinbarungen zusammen. Bei Eurowings, Portugalia und Air UK sind es über 50 % [ebenda, S. 15].

und Feeder Carriern (z.B. British Airways mit City Flyer, Manx, GB Airways, Loganair und Maersk) ist stark gewachsen.

Insgesamt läßt sich feststellen, daß die Liberalisierung in Europa im Gegensatz zur Deregulierung in den Vereinigten Staaten bisher eher unspektakulär verlief. Gründe hierfür sind wohl a) die sukzessive Lockerung der Rahmenbedingungen und die damit verbundene zeitliche Streckung des Übergangsprozesses, b) die immer noch bestehenden erheblichen Beschränkungen im Drittlandverkehr,[252] c) die dominante Stellung der großen Flag Carrier auf ihrem Heimatmarkt und d) die Überlastung des europäischen Luftverkehrs, die einen erfolgreichen Markteintritt auf vielen Strecken unmöglich macht. Seit 1995 läßt sich jedoch eine zunehmende Tendenz zur Gründung neuer Fluggesellschaften erkennen.[253] Diese folgen entweder dem US-amerikanischen Vorbild der „low cost, no frills"-Airlines oder versuchen, den Kunden durch einen besseren Service aber geringere Ticketpreise zu ködern.[254] Erfolgversprechend erscheinen zur Zeit die Versuche von Virgin Express[255], Easy Jet[256], Debonair[257] und Ryanair. Es bleibt al-

---

[252] Für EU-Fluggesellschaft bestehen zwar innerhalb des Europäischen Wirtschaftsraumes keine Marktzugangsbeschränkungen mehr, Flüge in Drittstaaten unterliegen aber nach wie vor den jeweils geltenden bilateralen Bestimmungen. Diese erlauben gewöhnlich nur wenige oder gar keine Flüge der 5. oder 7. Freiheit und aufgrund von Nationalitätenklauseln dürfen in einem anderen EU-Staat eingetragene Tochtergesellschaften nicht von dort aus Drittländer anfliegen.

[253] Zu nennen sind beispielsweise die britischen Gesellschaften *Easy Jet* und *Debonair*, die italienischen Carrier *Alpi Express*, *Phoenix Air* und *Air One* und die irische *Ryanair* [Loppow (1997)]. Allein 1996 wurden 34 neue Gesellschaften gegründet [Jones (1997): *Much ado about nothing?*, S. 36].

[254] Ein Überblick über Billigtarife in Europa findet sich in Götzen (1997).

[255] Bei *Virgin Express* handelt es sich um eine Tochtergesellschaft der *Virgin Travel Group*, die auch im Besitz des bereits international erfolgreichen britischen Carriers *Virgin Atlantic* ist. Das Unternehmen fliegt ausschließlich B-737 Maschinen und bietet von Brüssel aus Linienflüge zu verschiedenen Destinationen in Europa an. Aufgrund einer Vereinbarung mit der angeschlagenen Sabena werden sogar deren Flüge von Brüssel nach London, Rom und Barcelona durchgeführt, was zu einer Preissenkung von bis zu 50 % auf diesen Strecken geführt hat. Nach Aussage des Geschäftsführers von Virgin Express, Jonathan Ornstein, betrachtet sich das Unternehmen als europäische Kopie der US-Fluggesellschaft Southwest (vgl. Kapitel 5.1): „We´re following Southwest in Europe and will emulate them where we can and when we can - why reinvent the wheel?" [Jones (1997): „*Having fun in Brussels*", S. 54f und Jones (1997): „Can Sabena bite the bullet?"].

[256] Das in London beheimatete Unternehmen *Easy Jet* wurde 1995 von Stelios Haji-Ioannou, Sohn eines griechischen Tankerkönigs, gegründet und bietet von dort aus „no frills"-Dienste („Nirgendwo gibt es ein Menü umsonst, auch nicht bei mir") zu äußerst niedrigen Preisen

lerdings abzuwarten, inwieweit die Veränderung der innergemeinschaftlichen und globalen Rahmenbedingungen sowie die zunehmende Konkurrenz von Neuanbietern, Drittstaatencarriern und effizienter gewordenen ehemaligen Flag Carriern die Marktstruktur, den Wettbewerb und die Preise innerhalb Europas verändern werden.

2.7. Globale Liberalisierungstendenzen

Die Liberalisierung des Inlandsverkehrs, bei der neben den USA und der EU vor allem Kanada[258] und Australien[259] eine Art Vorreiterrolle spielten, wird mittlerweile in vielen Staaten der Welt konsequent vorangetrieben. Demgegenüber bestehen im internationalen Verkehr noch zahlreiche Restriktionen. Für eine größere Freizügigkeit in bilateralen Luftverkehrsabkommen haben sich bisher besonders die Vereinigten Staaten ausgesprochen. Diese verfolgen seit geraumer Zeit eine „carrot and stick"-Politik, nach der ausländischen Gesellschaften nur dann eine enge Kooperation mit US-Airlines und somit ein verbesserter Zugang zum US-Inlandsmarkt gewährt wird, wenn im Gegenzug der Abschluß eines freizügigen Luftverkehrsabkommens erfolgt.[260] Wegen der Attraktivität des

---

nach Aberdeen, Glasgow und Edinburgh (je £ 29 pro Strecke) sowie Amsterdam (£ 35), Nizza und Barcelona (je £ 49) an [o.V. (1997): *Niedrige Tarife - und kein Menü umsonst* und Werbeanzeige in The Sunday Times vom 27.04.97. Vgl. auch Gallacher (1997): *A tale of two startups, S. 60ff*].

[257] Die seit 1996 von London-Luton aus startende *Debonair* bot 1997 als erste europäische Fluggesellschaft reine Kabotageflüge auf den Strecken München - Düsseldorf und Madrid - Barcelona an. Das Unternehmen hat fast alle Dienstleistungen an Fremdfirmen vergeben, bietet nur einen einfachen Service und hat daher nach eigenen Angaben 30 % niedrigere Kosten als die Konkurrenz. Flüge von London nach Düsseldorf, München, Kopenhagen, Barcelona, Madrid und Rom kosten lediglich £ 39 [o.V. (1997): *Niedrige Tarife - und kein Menü umsonst* und Gallacher (1997): *A tale of two startups, S. 62f*].

[258] In Kanada wurden bereits in den Jahren 1984 und 1988 einschneidende Lockerungen der Luftverkehrsregulierung realisiert [Vgl. Button (1991) S. 124-180 und Williams (1993) S. 93-98].

[259] In Australien wurde der Inlandsverkehr im Jahre 1990 fast vollständig liberalisiert [Vgl. Button (1991) S. 48-81, Grimm/Milloy (1993) und Williams (1993) S. 93-98].

[260] Die von der US-Regierung verfolgte Strategie basiert auf der Überlegung, daß vor allem amerikanische Fluggesellschaften von einer Liberalisierung des Weltluftverkehrs profitieren werden, da diese ausländischen Airlines durch ihre Größe, ihre vergleichsweise geringen Kosten und die langjährige Erfahrung in einem deregulierten, wettbewerbsintensiven Markt überlegen sind. Hauptbeweggrund ist daher nicht der Liberalisierungsgedanke an sich, son-

amerikanischen Marktes waren bis Mitte 1997 tatsächlich verschiedene Staaten zum Abschluß eines „Open Sky"-Abkommens mit den USA bereit (vgl. Abbildung 2.23).[261] Mit weiteren Vereinbarungen ist bereits in Kürze zu rechnen.

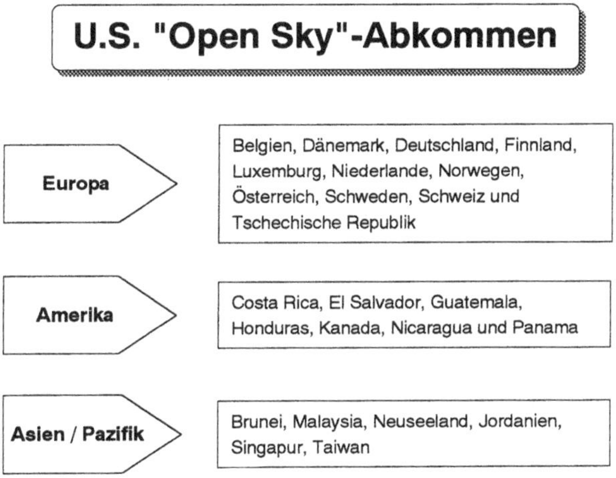

Abbildung 2.23

Quelle: eigene Darstellung nach Angaben aus Feldman (1997): It's still a bilateral world, S. 35 u.a.

Seitens der Europäischen Union sind bisher Impulse für eine Liberalisierung des Drittstaatenverkehrs ausgeblieben. Die EU-Kommission war zwar immer bemüht, ein allgemeines Mandat für Verhandlungen mit Drittstaaten zu erhalten, der Rat hat diesem Wunsch bisher jedoch nicht entsprochen.[262] Im Juni 1996 erhielt die Kommission allerdings den Auftrag, mit den Vereinigten Staaten in

---

dern vielmehr der Versuch, entscheidende Wettbewerbsvorteile für die eigenen Fluggesellschaften zu schaffen.

[261] Vgl. Kommission der Europäischen Gemeinschaft (1996): *Air negotiations with the United States - the European approach*, S. 2; Walker (1997): *US opens up centre stage*; Ballantyne (1997): *Ansett - Business revolution*, S. 31; Ballantyne (1997): *Asia's liberal minority* und Feldman (1997): *It's still a bilateral world*, S. 35.

[262] Vgl. Wassenbergh (1993) S. 42-56 und Wiezorek (1994) S. 6-10.

Verhandlungen einzutreten. In einer ersten Phase sollen die Möglichkeiten zur Schaffung eines einheitlichen Ordnungsrahmens für den Nordatlantikverkehr erörtert, Verkehrsrechtsfragen aber ausgeklammert werden. Über letztere soll erst in einer zweiten Phase - und nach ausdrücklicher Genehmigung durch den Rat - gesprochen werden. Bis zur Schaffung eines gemeinsamen Luftverkehrsgebiets zwischen den USA und der EU („Common EU-US Aviation Area"), welches bisher noch nicht absehbar ist, wird das bestehende System bilateraler Abkommen auf jeden Fall bestehen bleiben.[263]

Mittelfristig ist damit zu rechnen, daß sich die Kommission mit ihrer Meinung durchsetzen und die vollkommene externe Kompetenz für Verkehrsrechtsverhandlungen erlangen wird.[264] In diesem Fall könnte ein gemeinsamer europäisch-amerikanischer Luftverkehrsmarkt vergleichsweise schnell geschaffen werden. Weitere Vereinbarungen, beispielsweise mit den Staaten Osteuropas oder mir Australien/Neuseeland, wären ebenfalls in kurzer Zeit möglich. Die Realisierung eines kontinentübergreifenden Luftverkehrsmarktes würde mittel- und langfristig sicherlich auch die Beziehungen zu solchen Ländern entscheidend verändern, die bisher eine eher restriktive Politik verfolgen.

Um den Erfolg des weiteren Liberalisierungsprozesses sicherzustellen, sollte so schnell wie möglich ein multilateraler, weltweit gültiger Ordnungsrahmen geschaffen werden. Als Initiatoren könnten die *ICAO* oder die *WTO* (beispielsweise im Rahmen des *General Agreement on Trade in Services*) auftreten.[265] Obwohl diesbezüglich bereits Gespräche geführt werden, liegt ein Abschluß noch in weiter Ferne. Erst wenn genügend Open-Sky-Vereinbarungen zwischen einzelnen Ländern oder Ländergruppen geschlossen sein werden und somit akuter Handlungsbedarf besteht, kann mit der Verabschiedung einer auf alle wichtigen Luftfahrtnationen anwendbaren Wettbewerbsordnung gerechnet werden.

Der Liberalisierungsprozeß wird in den nächsten Jahren sicherlich noch maßgeblich auf der Ebene bilateraler Vereinbarungen zwischen Einzelstaaten bzw.

---

[263] Vgl. Kommission der Europäischen Gemeinschaft (1996): *Air negotiations with the United States*, S. 4.

[264] Vgl. Soames, Trevor (1997).

[265] Vgl. Wassenbergh (1993) S. 121-126; BTCE (1994) S. 146-151 und ICAO (1995): *Report of the world wide air transport conference on international air transport regulation: present and future.*

Staatenblöcken ablaufen. Wegen der konträren Vorstellungen vieler Regierungen ist mit unterschiedlichen Geschwindigkeiten in den verschiedenen Regionen der Welt zu rechnen. Am schnellsten dürften sich die USA und die EU auf freizügigere Regeln einigen, während die Beziehungen zu vielen Staaten in Asien noch einige Zeit von vergleichsweise starker Regulierung geprägt sein werden. Aber selbst zwischen den Befürwortern der Liberalisierung wird es nicht sofort zu einer vollkommenen Öffnung des Himmels kommen. Vielmehr muß von einem längeren Prozeß ausgegangen werden. Am Anfang dürfte die Vergabe zusätzlicher Rechte der 3., 4. und 5. Freiheit (später auch der 7. und 8. Freiheit) sowie die allmähliche Freigabe von Kapazitäten, Frequenzen und Preisen stehen. Hierauf wird die Designierungspraxis fallen. Erst zum Schluß ist mit einer Abschaffung der Nationalitätenklauseln zu rechnen.

Der derzeitige Stand des Liberalisierungsprozesses und die voraussichtliche zukünftige Entwicklung können wie folgt zusammengefaßt werden (vgl. Abbildung 2.24):

Liberalisierung des internationalen Luftverkehrs

- Der internationale Luftverkehr weist eine im Vergleich zu anderen Branchen hohe Regulierungsdichte auf. Die Schaffung eines freien Marktes gelang bisher nur in Europa (EWR-Staaten), Nordamerika (USA, Kanada), Australien (einschließlich Neuseeland) und in den Andenstaaten. Dagegen unterliegt der Verkehr in Asien und Afrika noch umfangreichen staatlichen Restriktionen.
- Auf den meisten Routen sind die Bestimmungen bilateraler Luftverkehrsabkommen zwischen den betroffenen Staaten bindend. Diese enthalten neben Nationalitätenklauseln, Kabotagevorbehalten und Designierungsvorschriften häufig Vorgaben für die Kapazitäts-, Frequenz- und Preisgestaltung der Fluggesellschaften.
- Freizügigere Regeln wurden bisher durch sog. „Open Sky"-Abkommen geschaffen, die seit 1992 vor allem von den USA geschlossen worden sind. Diese fördern zwar den Wettbewerb zwischen bestehenden Konkurrenten, beinhalten aber noch erhebliche Wettbewerbsnachteile für Neubewerber und Drittstaatencarrier.
- Obwohl innerhalb der Europäischen Union bereits ein gemeinsamer Luftverkehrsmarkt existiert, betreiben die meisten nationalen Regierungen eine eigenständige Politik gegenüber Drittländern. Damit der Luftverkehrsmarkt auf außereuropäische Staaten ausgeweitet werden kann, muß die EU-Kommission zuerst die volle externe Kompetenz erlangen.
- Für die Zukunft zeichnet sich ein weiterer Fortgang des Liberalisierungsprozesses ab. Zunächst ist mit der allmählichen Freigabe von Kapazitäten, Frequenzen und Preisen zu rechnen, während Designierungs- und Kabotagebestimmungen sowie Nationalitätenklauseln aller Voraussicht nach erst später fallen werden.

Abbildung 2.24

Quelle: eigene Darstellung

3. Ausgangsposition europäischer Fluggesellschaften

3.1. Klassifizierung europäischer Luftfahrtunternehmen

In der Vergangenheit wurden die europäischen Luftfahrtunternehmen in Linien- und Chartergesellschaften unterteilt.[1] Zu den Liniengesellschaften gehörten die nationalen „Flag Carrier" sowie deren kleinere Zubringer.[2] Die Charterunternehmen umfaßten dagegen all jene Airlines, die Pauschalreisende zu Urlaubszielen am Mittelmeer, später auch in der Karibik sowie an den Küsten Afrikas und Asiens beförderten. Die veränderte Rolle der Chartercarrier[3] sowie das liberalisierungsbedingte Aufkommen neuer Gesellschaften macht heute jedoch eine andere Aufteilung erforderlich:

1) Flag Carrier: Unternehmen, die in ihrem Heimatstaat traditionell über eine dominante Position verfügen und in der Regel ein weltweites Streckennetz unterhalten, z.B. Lufthansa (Deutschland), British Airways (Großbritannien), Air France (Frankreich), KLM (Niederlande), Iberia (Spanien), Alitalia (Italien), Swissair (Schweiz), SAS (Dänemark, Norwegen, Schweden), Olympic Airways (Griechenland), Sabena (Belgien),

---

[1] Der traditionelle Unterschied zwischen Charter- und Liniengesellschaften bestand darin, daß erstere keine regelmäßigen Flüge nach einem festen Flugplan durchführten, fast ausschließlich Urlaubsziele anflogen und nur im Rahmen von Pauschalprogrammen (bestehend aus Flug und Unterbringung am Zielort) gebucht werden konnten. Gewöhnlich wurden Charterflüge von Reiseveranstaltern veranlaßt, die alle Sitzplätze im voraus aufkauften und auf eigenes Risiko an den Endverbraucher vertrieben. Durch den Wegfall eigener Distributionskosten sowie durch höhere Sitzladefaktoren, die Beschränkung auf eine Beförderungsklasse, geringeren Service und eine engere Bestuhlung konnten Charterunternehmen in der Vergangenheit beträchtlich niedrigere Stückkosten realisieren als Liniengesellschaften. Eine detaillierte Darstellung der Besonderheiten des Charterverkehrs findet sich in Doganis (1991) S. 174-199.

[2] Lediglich in Großbritannien und Frankreich existierten mit British Caledonian bzw. UTA Zweitcarrier mit einem internationalen Streckennetz. Beide Gesellschaften wurden jedoch von ihren nationalen Flag Carriern übernommen: British Caledonian im Jahre 1988 von British Airways und UTA im Jahre 1990 von Air France [Balfour (1995): *Airline mergers and marketing alliances - legal constraints*, S. 113].

[3] Viele ehemalige Charterunternehmen bieten heute Flüge nach festem Flugplan an, verkaufen direkt an den Endkunden, haben ihren Service aufgewertet und verfügen neben der üblichen Touristenklasse zusätzlich über eine „Comfort Class". Darüber hinaus haben sie das Streckennetz häufig auf Ziele ausgeweitet, die früher ausschließliche Domäne der Flag Carrier waren. Da die Hauptkunden jedoch nach wie vor Urlaubsreisende sind, verzichten sie in der Regel auf hohe Frequenzen.

Finnair (Finnland), TAP (Portugal), Austrian Airlines (Österreich), Aer Lingus (Irland), Malev (Ungarn), CSA (Tschechische Republik) und LOT (Polen). Organisiert sind diese Fluggesellschaften weitgehend in der *Association of European Airlines (AEA)* mit Sitz in Brüssel.

2) Interkontinentale Neuanbieter: Zumeist junge Fluggesellschaften, die weltweit Dienste für Geschäfts- und Privatreisende anbieten, aber noch nicht die Größe der Flag Carrier erlangt haben, z.B. Lauda-air (Österreich) und Virgin Atlantic (Großbritannien). Sprachrohr dieser Gesellschaften ist die *Association des Companies Aériennes de la Communauté Européenne (A.C.E.)* in Brüssel.

3) Euro Carrier: Mittelgroße Airlines, die innereuropäische Strecken mit Düsenflugzeugen bedienen und über ein weitgehend selbständiges Streckennetz verfügen, z.B. British Midland, Airtours International und Monarch (jeweils Großbritannien), Aero Lloyd (Deutschland), Braathens (Norwegen), Air Europa und Spanair (jeweils Spanien), Meridiana (Italien) sowie Virgin Express (Belgien). Auch diese Gesellschaften werden zumeist von der A.C.E. repräsentiert.

4) Regionalfluggesellschaften: Kleinere Anbieter, die sich auf einen bestimmten Flughafen oder eine bestimmte Region spezialisiert haben und von dort Flüge mit kleineren Maschinen (i.d.R. bis zu 100 Sitzplätzen) anbieten, entweder als Nonstopdienste über Kurz- und Mittelstrecken oder als Zubringerdienste für die großen Fluggesellschaften. Beispiele hierfür sind Augsburg Airways, Eurowings, Hamburg Airlines, Interot Airways und Contact Air (jeweils Deutschland), Air Littoral und TAT (jeweils Frankreich), Air UK, Brymon Airways, Cityflier Express, Loganair und Maersk Air (jeweils Großbritannien), Air Dolomiti und Avianova (jeweils Italien), Crossair (Schweiz), Delta Air Transport (Belgien), Cimber Air (Dänemark), Manx Air (Isle of Man), Binter Canarias (Spanien), Olympic Aviation (Griechenland) sowie Tyrolean Airways (Österreich). Als Interessenvertretung fungiert die *European Regional Airlines Association (ERA)* mit Sitz auf dem Fairoaks Airport in Großbritannien.

5) Ferienflieger: Ehemalige Charterfluggesellschaften, die - zumeist nach festem Flugplan - Touristen ans Mittelmeer und zu anderen Reisezielen in der ganzen Welt befördern, z.B. LTU und Hapag-Lloyd (jeweils Deutschland), Britannia (Großbritannien), Martinair (Niederlande) oder

AOM und Corsair (jeweils Frankreich). Sprachrohr dieser Gesellschaften ist die A.C.E.

Die wichtigsten Kennzahlen der fünfzehn größten Flag Carrier und interkontinentalen Neuanbieter (nach verkauften Personenkilometern, RPK) finden sich in Tabelle 3.1.[4] Als bedeutendste Interkontalanbieter sind British Airways, Lufthansa, Air France und KLM zu nennen. Mit einigem Abstand folgen Alitalia, Iberia und Swissair. Alle anderen Gesellschaften konzentrieren sich vorwiegend auf Europa und verfügen nur über wenige Destinationen in anderen Teilen der Welt.[5] Mit Ausnahme von Virgin Atlantic[6] gehören alle Unternehmen der Kategorie der Flag Carrier an.

---

[4] Wegen der Besonderheiten der Leistungserstellung sind in der Tabelle keine Ferienflieger enthalten, obwohl einige mit ihrer Verkehrsleistung so bekannte Fluggesellschaften wie SAS, Sabena oder Austrian Airlines übertreffen. Im Geschäftsjahr 1995/96 flog die deutsche LTU beispielsweise 33 außereuropäische Ziele an und erbrachte im Rahmen von Linien- und Charterdiensten eine Verkehrsleistung von 21.040 Mio. RPK [LTU (September 1997): *Zahlen und Fakten*].

[5] Die irische Aer Lingus fliegt beispielsweise nur in die USA. Sabena hat sich auf Afrika spezialisiert und bedient ansonsten nur Tokyo, Macau und einige Ziele in den USA [vgl. Sommerflugpläne 1997].

[6] Virgin Atlantic war 1984 von dem britischen Unternehmer Richard Branson als „high quality, value for money airline" gegründet worden. Als erste Strecke wurde London (Gatwick) - New York (Newark) bedient. Es folgten Verbindungen von London nach Miami, Orlando, Tokyo, Los Angeles, Johannesburg, San Francisco, Boston, Washington und Athen. Mittlerweile stellt das Unternehmen auf den beflogenen Routen eine ernstzunehmende Alternative zu British Airways dar. Die als „Upper Class" vermarktete Beförderungsklasse für Geschäftsreisende bietet First Class Service zum Business Class Preis. Passagiere, die den vollen Economy Preis zahlen, können in der abgetrennten „Premium Economy"-Sektion des Flugzeuges reisen. Auch der Komfort in der „Economy Class" übertrifft den der meisten anderen Fluggesellschaften. Virgin Atlantic wurde daher auch mehrfach von namhaften Reisejournalen für seinen vorzüglichen Service ausgezeichnet [vgl. Virgin Atlantic (1997): *company profile*].

Kennzahlen großer europäischer Fluggesellschaften (1996)

Airline	RPK	Passagiere	Flugzeuge	Mitarbeiter	Destinationen			Umsatz	Staatsanteil
					insgesamt	Inland	außerhalb Europas	(in Mrd. US-$)	(in %)
British Airways	100.559	33,169	238	55.296	175	20	93	13,247	0,0
Lufthansa	63.260	33,118	268	34.167	307	18	150	13,841	5,0
Air France	57.472	16,404	141	36.484	166	9	99	8,833	90,1
KLM	48.857	12,876	109	25.528	148	4	85	5,952	25,0
Alitalia	34.556	23,138	158	17.871	110	22	46	5,064	89,5
Iberia	25.920	14,622	111	19.745	73	11	34	3,771	99,8
Swissair	21.230	8,733	62	15.045	159	5	66	6,646	20,4
SAS	19.487	19,685	156	21.348	103	39	10	5,252	50,0
Virgin Atlantic	15.711	2,292	15	3.800	10		10	0,596	0,0
Sabena	9.011	5,174	55	9.300	83	2	28	1,958	33,8
Finnair	8.573	4,944	52	8.214	70	21	9	1,577	72,3
Olympic Airways	8.533	6,396	51	7.809	80	35	18	0,992	100,0
TAP Air Portugal	7.978	3,832	34	7.448	52	8	21	1,124	100,0
Austrian Airlines	5.438	2,760	27	4.061	81	6	23	1,228	66,9
Aer Lingus	5.126	4,558	29	5.617	33	7	3	1,225	100,0

Staatsanteil bei der Lufthansa: Im Rahmen des Privatisierungsprozesses hielt die staatliche Kreditanstalt für Wiederaufbau (KFW) zeitweise 37,45 % der Anteile von Lufthansa. Diese wurden jedoch im Oktober 1997 an private Anleger verkauft.

Staatsanteil bei SAS: Eigentümer von SAS sind die SAS Sverige AB (42,85 %), die SAS Danmark AS (28,58 %) und die SAS Norge ASA (28,57 %). Diese drei Gesellschaften befinden sich zu je 50 % im Besitz des jeweiligen Staates.

Destinationen Inland von SAS: Die 39 „Inlandsdestinationen" von SAS liegen in den drei Eigentümerstaaten Schweden, Dänemark und Norwegen.

Tabelle 3.1

Quelle: eigene Darstellung nach Daten aus AEA (1997): Yearbook 1997 und Airline Business (1997), Vol. 13, No. 9, S. 30-36

Die meisten Fluggesellschaften befinden sich im Mehrheitsbesitz der öffentlichen Hand. Bei Olympic Airways, TAP Air Portugal und Aer Lingus beträgt der Staatsanteil sogar 100 %. Als Privatunternehmen können dagegen nur British Airways und Virgin Atlantic - mit Einschränkungen auch Lufthansa, Swissair, KLM und Sabena - bezeichnet werden. Je nach Ausmaß der staatlichen Einflußnahme werden die europäischen Flag Carrier häufig in zwei Gruppen unterteilt. Die erste Gruppe umfaßt die weitgehend privatisierten oder zumindest nach marktwirtschaftlichen Prinzipien geführten Luftfahrtunternehmen Nordeuropas wie British Airways, Lufthansa, KLM, Swissair und SAS. Diesen wird für die Zukunft eine ernstzunehmende Rolle im internationalen Verkehr zugetraut. Die zweite Gruppe wird in Luftfahrtkreisen auch als „Club Mediteranée“ bezeichnet. Zu ihr gehören die in erheblichem Umfang von staatlichen Subventionen abhängenden Carrier Südeuropas wie Air France, Alitalia, Iberia, Olympic Airways und TAP Air Portugal. Ob diese ihre zur Zeit prekäre Lage überwinden können, erscheint insbesondere im Fall von Olympic Airways und Alitalia fraglich.

Für die Flag Carrier ist eine starke Stellung auf den großen heimischen Flughäfen charakteristisch. Wie aus Tabelle 3.2 hervorgeht, liegt ihr dortiger Marktanteil (bezogen auf die international angebotenen Sitzplätze) im Durchschnitt zwischen 40 % und 50 %. SAS verfügt in Kopenhagen sogar über einen Anteil von 64,8 % und Finnair beherrscht in Helsinki 62,7 % des internationalen Verkehrs. Berücksichtigt man, daß der Großteil des Inlandsverkehrs von den nationalen Airlines oder deren Tochtergesellschaften durchgeführt wird, ergibt sich insgesamt ein noch höherer Marktanteil. Große europäische Luftfahrtunternehmen besitzen somit auf ihren Heimatflughäfen eine ähnlich starke Position wie die US-Carrier auf ihren Drehkreuzen.

Wo Europas Fluggesellschaften im globalen Vergleich anzusiedeln sind, soll im folgenden Kapitel untersucht werden.

Stellung europäischer Flag Carrier auf ihren Heimatflughäfen (1994)				
Fluggesellschaft	**Flughafen**	**International angebotene Sitzplätze**		
	(mit mehr als 1 Mio. internationaler Passagiere)	insgesamt (in Mio.)	des Flag Carriers (in Mio.)	Anteil (in %)
British Airways	London-Heathrow	31,582	12,188	38,6
	London-Gatwick	6,810	3,253	47,8
	Manchester	3,148	1,024	32,5
	Birmingham	1,699	0,982	57,8
Lufthansa	Frankfurt	20,257	9,082	44,8
	München	5,598	1,957	35,0
	Düsseldorf	5,335	1,299	24,4
	Hamburg	2,589	0,781	30,2
Air France	Paris-CDG	20,104	9,420	46,9
	Paris-Orly	6,196	1,509	24,4
KLM	Amsterdam	16,015	7,768	48,5
Alitalia	Rom	8,179	4,096	50,1
	Mailand	4,979	2,484	49,9
Iberia	Madrid	6,787	2,967	43,7
	Barcelona	3,358	1,469	43,8
Swissair	Zürich	10,294	5,077	49,3
	Genf	4,427	1,782	40,2
SAS	Stockholm	5,193	2,607	50,2
	Kopenhagen	9,072	5,879	64,8
	Oslo	3,181	1,964	61,7
Sabena	Brüssel	9,682	4,357	45,0
Finnair	Helsinki	3,215	2,016	62,7
Olympic Airways	Athen	3,960	1,524	38,5
TAP Air Portugal	Lissabon	2,917	1,384	47,4
Austrian Airlines	Wien	6,014	2,698	44,9
Aer Lingus	Dublin	3,877	1,853	47,8

Tabelle 3.2

Quelle: IATA (1995): European Air Transport Forecast 1980-2010, S. 10.4 - 10.35

3.2. Europas Fluggesellschaften im globalen Vergleich

Die Wettbewerbsfähigkeit eines Unternehmens hängt insbesondere von dessen Produktivität und finanzieller Leistungsfähigkeit ab. Die Produktivität von Fluggesellschaften kann mit Hilfe unterschiedlicher analytischer Methoden gemessen werden.[7] Weit verbreitet ist die Verwendung einfacher Produktivitätskennzahlen wie angebotene Sitzkilometer (ASK) bzw. verkaufte Sitzkilometer (RPK) pro Mitarbeiter, Passagiere pro Mitarbeiter, Blockstunden pro Mitarbeiter, Blockstunden pro Flugzeug, ASK pro 1.000 US-$ Arbeitskosten oder Kosten pro ASK.[8] Da solche partiellen Kennziffern aber nur Teilbereiche der Leistungserstellung abdecken und Unterschiede zwischen den Fluggesellschaften hinsichtlich Fertigungstiefe, Angebotsumfang und Serviceniveau nicht berücksichtigen, wurden komplexere Verfahren entwickelt. Hierzu gehören beispielsweise die Bildung von Indexzahlen (z.B. „TFP Index") sowie Regressionsrechnungen in Form der „TFP Index Decomposition", der „DEA Index Decomposition" oder der „Cost Function Decomposition".[9] Auch die Messung der finanziellen Leistungsfähigkeit erfolgt weitgehend anhand von mehr oder weniger komplexen Kennzahlen und Verfahren (z.B. Betriebsergebnis, Jahresüberschuß, Umsatz- und Eigenkapitalrendite, Cash Flow, Verschuldungsgrad, Capital Asset Pricing Modell).[10]

Im internationalen Luftverkehr wird die Durchführung von Vergleichsanalysen durch vier Problembereiche erheblich erschwert. Erstens sind die von der ICAO, IATA oder anderen Organisationen publizierten Daten in hohem Maße aggregiert, weisen teilweise nicht erklärbare Differenzen auf und sind vielfach unvollständig.[11] Zweitens sind viele Daten bei Veröffentlichung bereits mehrere

---

[7] Vgl. hierzu Windle/Dresner (1995).

[8] Ein Vergleich europäischer, amerikanischer und asiatischer Airlines anhand dieser Kennzahlen erfolgt in Avmark (1992) S. 3-12 bis 4-26.

[9] TFP steht für „Total Factor Productivity", DEA steht für „Data Envelopment Analysis". Vgl. hierzu Caves/Christensen/Diewert (1992), Caves/Christensen/Tretheway/ Windle (1987) und Windle/Dresner (1995).

[10] Für eine Analyse der verschiedenen Finanzkennzahlen europäischer, amerikanischer und asiatischer Airlines vergleiche Avmark (1992) S. 5-1 bis 5-42 und BTCE (1994) S. 153-248.

[11] Sowohl die ICAO als auch die IATA haben standardisierte Fragebögen entwickelt, deren Inhalt für eine eingehende wissenschaftliche Analyse aber nicht ausreicht (vgl. hierzu auch die Kritik der ICAO-Kostenklassifikation in Kapitel 1). Im Gegensatz zu den USA, wo eine gesetzliche Berichtspflicht existiert, erfolgt die Beteiligung an den ICAO- bzw. IATA-Umfragen auf freiwilliger Basis. Die Rückläufe sind daher unvollständig und weisen oftmals erhebliche Lücken oder sogar Unstimmigkeiten auf. Es kann davon ausgegangen werden, daß die Fluggesellschaften ihre Zahlen teilweise manipulieren, um der Konkurrenz keinen genauen Einblick in die eigene Geschäftstätigkeit zu gewähren. Die veröffentlichten Statistiken weisen daher auch häufig solche Bemerkungen wie „figures not published due to major inconsistency in the reporting data" auf. Ein Heranziehen der Geschäftsberichte einzelner Flug-

Jahre alt, wodurch sich eine Unter- bzw. Überschätzung der aktuellen Wettbewerbsfähigkeit ergeben kann. Drittens beziehen sich die Daten auf unterschiedliche Fertigungstiefen[12] und Serviceniveaus[13]. Werden diese bei der Analyse nicht gebührend berücksichtigt, sind Fehleinschätzungen unvermeidbar. Viertens hat das zunehmende Angebot von Codeshare-Flügen[14] dazu geführt, daß für andere Fluggesellschaften erbrachte Sitzkilometer nicht in die eigene Verkehrsleistung einfließen und von Partnerunternehmen beförderte Passagiere als eigene Kunden ausgewiesen werden.

Eine wissenschaftliche Analyse der Wettbewerbsfähigkeit einzelner internationaler Fluggesellschaften ist somit überaus schwierig, wenn nicht sogar unmöglich. Im folgenden werden daher nur einige wenige, in der gebräuchlichen Literatur weit verbreitete Kennzahlen aufgeführt, die einen ungefähren Überblick über die Stellung europäischer Luftfahrtunternehmen im globalen Vergleich ermöglichen sollen. Es sei jedoch ausdrücklich darauf hingewiesen, daß jeder aufgeführte Wert infolge der geschilderten Datenproblematik mit äußerster Skepsis zu behandeln ist. Eine solche Vorgehensweise ist zwar wenig zufriedenstellend, erscheint aber angesichts der Zielsetzung dieser Arbeit, nicht die gegenwärtige Leistungsfähigkeit europäischer Fluggesellschaften, sondern deren zukünftige Erfolgspotentiale herauszuarbeiten, vertretbar.

---

gesellschaften ist leider nur bedingt möglich, da diese unterschiedlich aufgebaut sind und ebenfalls nur aggregierte Daten enthalten.

[12] Einige Fluggesellschaften haben Aufgabenbereiche wie Wartung, Bodenabfertigung, etc. an Tochtergesellschaften oder Fremdfirmen ausgegliedert, während andere Airlines solche Leistungen nicht nur für sich selbst erbringen, sondern auch noch Aufträge von Außen annehmen.

[13] Größere Sitzabstände, mehr Flugbegleiter pro Passagier oder besseres Essen führen zwangsläufig zu einer Verschlechterung der Produktivitätskennzahlen, bedeuten jedoch keinesfalls eine ineffiziente Leistungserstellung. Beispielsweise setzt Singapore Airlines auf einem Langstreckenflug mit einer Boeing B-747 bewußt 19 statt der zwingend vorgeschriebenen 11 Flugbegleiter ein, um hierdurch eine größere Kundenzufriedenheit zu erzielen [Doganis (1991) S. 163].

[14] Vgl. hierzu Kapitel 4.5.11.

Linienverkehr der dreißig größten internationalen Fluggesellschaften (1995)

	Airline	Land	Region	RPK (in Mio.)	Rang	Passagiere (in Mio)	Rang	Flugzeuge	Rang	Arbeitnehmer	Rang
1	United Airlines	USA	Nordamerika	179,499	1	78,665	3	556	2	81.160	1
2	American Airlines	USA	Nordamerika	165,247	2	79,511	2	635	1	83.463	2
3	Delta Air Lines	USA	Nordamerika	136,962	3	86,992	1	539	3	66.302	3
4	Northwest Airlines	USA	Nordamerika	100,603	4	49,313	5	380	5	45.517	5
5	British Airways	Großbritannien	Europa	93,860	5	31,725	9	236	8	51.718	4
6	Japan Airlines	Japan	Asien/Pazifik	69,775	6	28,846	10	126	14	20.393	16
7	Lufthansa	Deutschland	Europa	61,602	7	32,538	8	269	7	33.240	8
8	US Airways	USA	Nordamerika	60,538	8	57,674	4	394	4	43.100	6
9	Continental	USA	Nordamerika	57,131	9	35,013	7	314	6	29.175	10
10	Qantas	Australien	Asien/Pazifik	51,870	10	14,997	16	92	21	29.350	9
11	Air France	Frankreich	Europa	49,524	11	14,474	17	156	10	37.323	7
12	Singapore Airlines	Singapore	Asien/Pazifik	48,400	12	10,761	24	69	26	13.410	28
13	KLM	Niederlande	Europa	44,458	13	12,219	21	104	19	25.307	11
14	All Nippon Airways	Japan	Asien/Pazifik	42,855	14	37,822	6	119	15	14.982	24
15	TWA	USA	Nordamerika	40,074	15	21,594	11	190	9	22.487	14
16	Cathay Pacific	Hongkong	Asien/Pazifik	35,323	16	10,375	25	57	28	14.744	25
17	Korean Airlines	Korea	Asien/Pazifik	33,782	17	21,225	12	105	18	16.518	23
18	Alitalia	Italien	Europa	31,748	18	20,898	13	149	12	17.982	20
19	Thai Airways	Thailand	Asien/Pazifik	27,053	19	12,771	19	73	25	21.906	15
20	Air Canada	Kanada	Nordamerika	26,314	20	12,569	20	128	13	20.051	17
21	Iberia	Spanien	Europa	23,804	21	14,228	18	109	17	23.617	13
22	Canadian Airlines	Kanada	Nordamerika	23,479	22	7,986	28	80	23	13.628	27
23	Malaysia Airlines	Malaysia	Asien/Pazifik	23,475	23	15,408	15	93	20	19.616	18
24	Varig	Brasilien	Sonstige	20,877	24	9,533	26	81	22	19.541	19
25	Swissair	Schweiz	Europa	19,725	25	8,543	27	66	27	17.733	21
26	SAS	Skandinavien	Europa	18,506	26	18,704	14	150	11	17.648	22
27	Saudi Arabian	Saudi Arabien	Sonstige	18,501	27	11,525	23	110	16	24.112	12
28	Garuda	Indonesien	Asien/Pazifik	17,584	28	6,357	29	79	24	14.364	26
29	Virgin Atlantic	Großbritannien	Europa	14,539	29	2,037	30	13	30	3.239	30
30	Ansett	Australien	Asien/Pazifik	14,533	30	11,647	22	16	29	12.712	29
30	***Mittelwert der Untersuchungsgruppe***			**51,721**	100 %	**25,865**	100 %	**183**	100 %	**28.478**	100 %
9	***Mittelwert Nordamerika***			**87,761**	170 %	**47,702**	184 %	**357**	195 %	**44.987**	158 %
9	***Mittelwert Europa***			**39,752**	77 %	**17,263**	67 %	**139**	76 %	**25.312**	89 %
10	***Mittelwert Asien/Pazifik***			**36,465**	71 %	**17,021**	66 %	**83**	45 %	**17.800**	63 %
2	***Mittelwert Sonstige Regionen***			**19,689**	38 %	**10,529**	41 %	**96**	52 %	**21.827**	77 %
	Summe der Untersuchungsgruppe			**1.551,641**	70 %	**775,950**	60 %	**5.488**		**854.338**	
	Summe aller Liniendienste			**2.230,000**	100 %	**1.287,500**	100 %				
	Top 4			**582,311**	26 %	**294,481**	23 %				
	Top 8			**868,086**	39 %	**445,264**	35 %				

Tabelle 3.3

Quelle: eigene Berechnung nach Daten aus IATA (1996): World Air Transport Statistics (WATS 6/96) und Air Transport World (1996): ATW's 33rd World Airline Report, Vol. 33, No. 6, S.33-117

Tabelle 3.3 enthält eine Auflistung der - nach verkauften Personenkilometern (RPK)[15] geordneten - dreißig größten Fluggesellschaften der Welt.[16] Von diesen

---

[15] Das Kriterium „verkaufte Personenkilometer" (RPK) wurde gewählt, da dieses am besten die Rolle einer Fluggesellschaft im internationalen bzw. interkontinentalen Verkehr wider-

stammen 10 aus dem Fernen Osten bzw. Australien, je 9 aus Nordamerika und Europa sowie 2 aus anderen Regionen der Welt (Saudi Arabien und Brasilien). Wie nach der Verteilung des Weltluftverkehrsaufkommens zu erwarten war, haben die größten Airlines ihren Firmensitz in den USA. Die „Mega Carrier" *United, American* und *Delta* liegen sowohl hinsichtlich der geflogenen Passagierkilometer wie auch hinsichtlich der Kriterien beförderte Passagiere, Anzahl der Flugzeuge und Anzahl der Beschäftigten unangefochten an der Spitze. Mit *Northwest, US Airways* und *Continental* befinden sich drei weitere amerikanische Carrier unter den ersten zehn Gesellschaften. Bedeutende europäische Unternehmen sind *British Airways* (Rang 5) und *Lufthansa* (Rang 7). Aber auch *Air France* (Rang 11) und *KLM* (Rang 13) haben eine vergleichsweise starke Position. Größtes Unternehmen aus dem asiatisch/pazifischen Raum ist *Japan Airlines* (Rang 6) gefolgt von der australischen *Qantas* (Rang 10) und *Singapore Airlines* (Rang 12). *All Nippon Airways* (Rang 14), *Cathay Pacific* (Rang 16) und *Korean Airlines* (Rang 17) weisen ebenfalls eine hohe Verkehrsleistung auf.

Von Interesse ist der geringe Konzentrationsgrad des weltweiten Luftverkehrs. Während der Marktanteil der *Top 4* in den USA bei 51 % (bezogen auf die beförderten Passagiere) bzw. 58 % (bezogen auf die verkauften Personenkilometer) liegt,[17] betragen die entsprechenden Werte für den Weltmarkt lediglich 23 % bzw. 26 %. Ein Vergleich des Marktanteils der *Top 8* zeigt einen ähnlich großen Unterschied. Während er in den USA bei 78 % (Pax) bzw. 84 % (RPK) liegt,

---

spiegelt. Das häufig verwendete Kriterium „beförderte Passagiere" führt hingegen leicht zur Überschätzung der Bedeutung von Carriern mit einer großen Zahl von Kurzstreckenpassagieren. So würde die japanische All Nippon Airways (ANA) bei einer Einordnung nach beförderten Passagieren vom 14. auf den 6. Rang steigen. 1995 wurden von ihr aber 94 % der Passagiere auf Inlandsdiensten in Japan befördert, wo selbst auf Kurzstrecken Großraumflugzeuge des Typs Boeing 747-400 zum Einsatz kommen. Dieses Beispiel legt eigentlich nahe, nur die „international" erbrachten Personenkilometer zu berücksichtigen. In diesem Falle wäre British Airways die weltweit größte Fluggesellschaft, gefolgt von Lufthansa, American Airlines, Air France, KLM, United Airlines, Singapore Airlines, Cathay Pacific, SAS und Japan Airlines. Eine Beschränkung auf den internationalen Verkehr ist jedoch aufgrund unterschiedlicher Ländergrößen äußerst problematisch. Während ein Langstreckenflug von New York nach Hawaii nicht erfaßt würde, ginge eine Beförderung von Düsseldorf nach Amsterdam in die Berechnung ein. Um vor allem die Rolle der US-amerikanischen Carrier nicht zu verzerren, basiert die Rangordnung in Tabelle 3.3 auf den insgesamt - also national und international - verkauften Personenkilometern.

[16] Die US-amerikanischen Fluggesellschaften *Southwest Airlines* und *America West Airlines* bleiben trotz ihrer beachtlichen Größe unberücksichtigt, da ihr Streckennetz auf Nordamerika begrenzt ist und sie somit nicht zu den global operierenden Carriern gezählt werden können.

[17] Vgl. S. 48.

entspricht er weltweit nur 35 % bzw. 39 %. Beim Fortschreiten der weltweiten Liberalisierung muß daher mit einem erheblichen Konzentrationsprozeß gerechnet werden.

Welche Größenunterschiede zwischen nordamerikanischen, europäischen und asiatisch/pazifischen Fluggesellschaften bestehen, zeigt ein Blick auf die arithmetischen Mittel, die für jede Region gesondert errechnet wurden. Das durchschnittliche europäische Luftfahrtunternehmen ist demnach - bezogen auf die Kriterien RPK und Passagiere - nur geringfügig größer als die durchschnittliche asiatisch-pazifische Airline, aber weniger als halb so groß wie der nordamerikanische Durchschnittscarrier (vgl. hierzu auch Abbildung 3.1).[18] Werden nur einzelne Fluggesellschaften berücksichtigt, wird die Dominanz der US-amerikanischen Airlines noch deutlicher. Bezogen auf die verkauften Personenkilometer ist United beispielsweise 1,9 mal größer als British Airways, 2,9 mal größer als Lufthansa, 3,6 mal größer als Air France und sogar 12,3 mal größer als Virgin Atlantic.

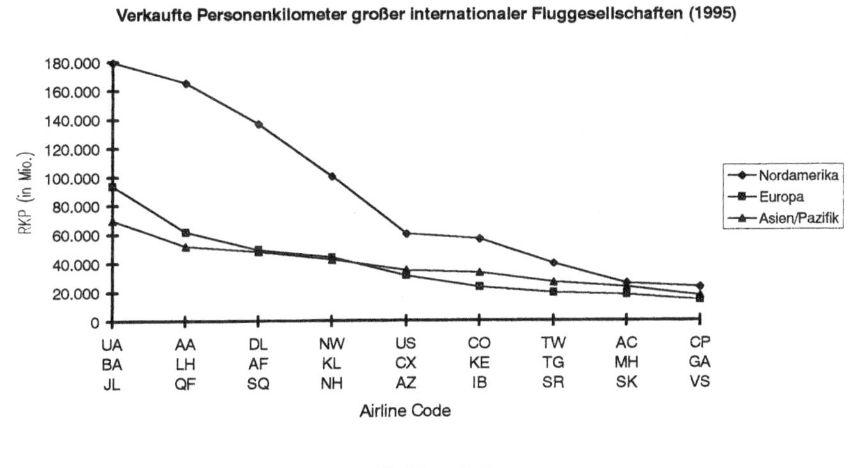

Abbildung 3.1

Quelle: eigene Berechnung nach Daten aus IATA (1996): World Air Transport Statistics (WATS 6/96) und Air Transport World (1996): ATW's 33rd World Airline Report, Vol. 33, No. 6, S.33-117

---

18 Die Stellung der nordamerikanischen Carrier fiele noch stärker aus, wenn bei diesen nur die US-Airlines und nicht die Fluggesellschaften aus Kanada berücksichtigt würden.

Da der überwiegende Teil der weltweiten Verkehrsleistung in Nordamerika, Europa und Asien/Pazifik erbracht wird und hier auch die größten Fluggesellschaften angesiedelt sind,[19] erfolgt für die weitere Analyse eine Beschränkung auf diese drei Schwerpunktregionen. Berücksichtigung finden dabei nur jene achtundzwanzig Airlines, die zu den dreißig größten Luftfahrtunternehmen der Welt gehören. Im gesamten Linienverkehr des Jahres 1995 entfielen auf diese 67,81 % der verkauften Personenkilometer (RPK), 66,24 % der angebotenen Personenkilometer und 61,10 % der Abflüge.

Tabelle 3.4 gibt einen Überblick über die wichtigsten Kennzahlen der untersuchten Fluggesellschaften. Die drei ersten Kennzahlen RPK, ASK und Abflüge verdeutlichen die Überlegenheit der US-Carrier im Vergleich zu den Airlines aus anderen Ländern. Beim Sitzladefaktor erzielt allerdings Europa mit 71,10 % den höchsten Durchschnittswert, gefolgt von Asien/Pazifik (68,25 %) und Nordamerika (67,41 %). Die Aussagekraft dieser Werte sollte jedoch nicht überschätzt werden. Zum einen unterliegen Sitzladefaktoren beträchtlichen konjunkturellen Schwankungen, so daß für wissenschaftlich verwertbare Aussagen eine Mehrperiodenbetrachtung unter Berücksichtigung der in den einzelnen Regionen jeweils vorherrschenden Konjunktursituation erforderlich wäre. Zum anderen hängt die Auslastung sehr von den bedienten Strecken und der Flugplanpolitik ab. Beispielsweise führt eine Erhöhung der Frequenzen in vielen Fällen zur Abnahme des Sitzladefaktors, insgesamt ist durch das attraktivere Angebot aber durchaus eine Verbesserung des Ergebnisses möglich.[20] Entscheidend ist lediglich, daß der *break-even load factor* des gesamten Streckennetzes nicht unterschritten wird.[21]

---

[19] Die ICAO unterscheidet für statistische Zwecke sechs Weltregionen: 1) Europa (einschl. Türkei und Rußland), 2) Nordamerika (USA, Kanada), 3) Süd- und Mittelamerika (einschl. Mexiko), 4) Naher Osten (einschl. Iran), 5) Asien/Pazifik (ab Pakistan) und 6) Afrika. 1984 wurden 86 % des Weltluftverkehrsaufkommens (gemessen in RPK) von Fluggesellschaften in Europa, Nordamerika und Asien/Pazifik erbracht [vgl. ICAO (1995): *The World of Civil Aviation 1994-1997*, Montreal, S. 119].

[20] Vgl. hierzu die Kapitel 4.5.6, 4.5.8 und 4.5.9.

[21] Auf einzelnen Zubringerstrecken kann es durchaus rational sein, mit Ladefaktoren unterhalb der Gewinnschwelle zu operieren, sofern hierdurch das Ergebnis auf ertragsstarken Interkontinentaldiensten deutlich verbessert wird. In diesem Fall werden die Verluste auf den Kurzstrecken von den Gewinnen auf den Langstrecken mehr als kompensiert, so daß der Gewinn des gesamten Unternehmens steigt.

	Airline	Code	RPK (in Mio.)	ASK (in Mio.)	Abflüge (in Stk.)	Sitzladefaktor (in %)	durchschnittl. Streckenlänge (in km)	Umsatz pro ASK (in US-Cents)	Kosten pro ASK (in US-Cents)	Gewinn pro ASK (in US-Cents)
	Liniendienste großer internationaler Fluggesellschaften (1995)									
	Welt insgesamt		2.230.000	3.335.000	13.561.000	66,90 %	1.224	7,54	7,11	0,43
	Anteil Top 28		67,81 %	66,24 %	61,10 %					
1	United Airlines	UA	179.499	254.654	779.845	70,49 %	1.682	5,87	5,54	0,33
2	American Airlines	AA	165.247	249.501	822.672	66,23 %	1.799	6,21	5,99	0,23
3	Delta Air Lines	DL	136.962	209.330	949.668	65,43 %	1.224	5,85	5,35	0,50
4	Northwest Airlines	NW	100.603	140.765	565.589	71,47 %	1.362	6,45	5,81	0,64
5	US Airways	US	60.538	93.602	793.654	64,68 %	901	7,98	7,64	0,34
6	Continental	CO	57.131	86.820	458.236	65,80 %	1.314	6,71	6,27	0,44
7	TWA	TW	40.074	61.000	270.606	65,70 %	1.363	5,44	5,40	0,04
8	Air Canada	AC	26.314	41.862	170.477	62,86 %	1.531	7,86	7,38	0,48
9	Canadian Airlines	CP	23.479	34.194	112.368	68,66 %	1.673	6,71	6,76	-0,06
	Summe Nordamerika		789.847	1.171.728	4.923.115					
	Mittelwert Nordamerika		**87.761**	**130.192**	**547.013**	**67,41 %**	**1.428**	**6,56**	**6,24**	**0,33**
	Stand.-Abw. Nordamerika		56.634	82.412	292.211	2,65 %	261	0,83	0,80	0,21
1	British Airways	BA	93.860	127.733	297.589	73,48 %	1.673	7,19	6,37	0,82
2	Lufthansa	LH	61.602	88.182	457.055	69,86 %	1.130	15,77	15,10	0,66
3	Air France	AF	49.524	69.792	189.484	70,96 %	1.847	11,40	11,28	0,12
4	KLM	KL	44.458	59.922	158.279	74,19 %	1.710	7,36	6,81	0,56
5	Alitalia	AZ	31.748	45.698	232.399	69,47 %	1.027	10,16	10,07	0,10
6	Iberia	IB	23.804	34.008	150.499	70,00 %	1.194	10,63	10,04	0,59
7	Swissair	SR	19.725	30.587	128.935	64,49 %	1.253	11,76	11,74	0,02
8	SAS	SK	18.506	28.447	301.780	65,05 %	724	17,56	16,07	1,49
9	Virgin Atlantic	VS	14.539	18.815	7.897	77,27 %	6.508	3,75	3,47	0,28
	Summe Europa		357.766	503.184	1.923.917					
	Mittelwert Europa		**39.752**	**55.909**	**213.769**	**71,10 %**	**1.896**	**11,48**	**10,94**	**0,54**
	Stand.-Abw. Europa		24.334	32.938	120.904	3,89 %	1.666	4,03	3,85	0,44
1	Japan Airlines	JL	69.775	102.561	134.461	68,03 %	2.322	5,64	5,39	0,25
2	Qantas	QF	51.870	71.749	129.132	72,29 %	2.111	7,81	7,46	0,34
3	Singapore Airlines	SQ	48.400	67.228	63.308	71,99 %	3.503	7,00	5,93	1,07
4	All Nippon Airways	NH	42.855	67.274	192.819	63,70 %	1.095	6,43	6,09	0,34
5	Cathay Pacific	CX	35.323	49.312	52.216	71,63 %	3.100	7,98	7,00	0,99
6	Korean Airlines	KE	33.782	50.329	334.113	67,12 %	414	8,67	7,92	0,75
7	Thai Airways	TG	27.053	40.298	86.501	67,13 %	1.547	6,07	5,70	0,37
8	Malaysia Airlines	MH	23.475	33.431	228.049	70,22 %	647	6,82	6,52	0,30
9	Garuda	GA	17.584	30.918	64.921	56,87 %	1.798			
10	Ansett	AN	14.533	21.169	152.552	68,65 %	1.056	10,82	10,47	0,34
	Summe Asien/Pazifik		364.650	534.269	1.438.072					
	Mittelwert Asien/Pazifik		**36.465**	**53.427**	**143.807**	**68,25 %**	**1.759**	**7,47**	**6,94**	**0,53**
	Stand.-Abw. Asien/Pazifik		16.228	22.974	83.947	4,43 %	965	1,49	1,48	0,30
	Summe Top 28		1.512.263	2.209.181	8.285.104					
	Mittelwert Top 28		**54.009**	**78.899**	**295.897**	**68,45 %**	**1.697**	**8,22**	**7,76**	**0,46**
	Stand.-Abw. Top 28		43.090	62.989	255.655	4,07 %	1.133	3,07	2,95	0,34

Tabelle 3.4

Quelle: eigene Berechnung nach Daten aus IATA (1996): World Air Transport Statistics (WATS 6/96) und Air Transport World (1996): ATW's 33rd World Airline Report, Vol. 33, No. 6, S.33-117

Da streckenspezifische Verkehrs- und Ertragsdaten nicht zur Verfügung stehen, muß im Rahmen dieser Arbeit auf eine genauere Analyse der Sitzladefaktoren verzichtet werden. Trotzdem soll kurz auf die großen Unterschiede bei den einzelnen Airlines eingegangen werden. Mit 77,27 % verfügt Virgin Atlantic über den höchsten Sitzladefaktor der Untersuchungsgruppe. Ausschlaggebend hierfür ist sicherlich die von dieser Fluggesellschaft verfolgte Konzentration auf aufkommensstarke Strecken. Ebenfalls hohe Ladefaktoren weisen KLM (74,19 %), British Airways (73,48 %), Qantas (72,29 %), Singapore Airlines (71,99 %), Cathay Pacific (71,63 %) und Northwest Airlines (71,47 %) auf. Demgegenüber erzielte Garuda mit 56,87 % einen extrem niedrigen Sitzladefaktor, der sich sicherlich auch nicht mit hohen Frequenzen rechtfertigen läßt.

Hinsichtlich der durchschnittlichen Streckenlänge weist Europa mit 1.896 km den höchsten Mittelwert auf, gefolgt von Asien/Pazifik mit 1.759 km und Nordamerika mit 1.428 km.[22] Auch hier sind jedoch weniger die regionalen Mittelwerte als vielmehr die Werte einzelner Fluggesellschaften von Interesse. Die ausschließlich auf Langstrecken gerichtete Unternehmensstrategie von Virgin Atlantic dokumentiert sich in einer durchschnittlichen Streckenlänge von 6.508 km. Der fehlende Inlandsmarkt führt bei Singapore Airlines (3.503 km) und Cathay Pacific (3.100 km) ebenfalls zu überdurchschnittlich langen Strecken. Demgegenüber weisen die Werte von Korean Airlines (414 km) und Malaysia Airlines (647 km) auf einen großen Anteil inländischen Verkehrs hin. Auch SAS (724 km) und US Airways (901 km) führen zahlreiche regionale Dienste durch. Alle anderen Fluggesellschaften haben ein mehr oder weniger stark ausgeprägtes Mix aus Kurz-, Mittel- und Langstrecken entwickelt.

Die Ermittlung der durchschnittlichen Streckenlänge ist wichtig, um Aussagen über die Höhe der Stückkosten und Stückerträge machen zu können. Allgemein gilt, daß diese mit zunehmender Streckenlänge abnehmen. Folglich müssen die

---

[22] Der hohe Wert der europäischen Carrier ist weitgehend darauf zurückzuführen, daß Virgin Atlantic mit 6.508 km eine erheblich über dem Mittel liegende durchschnittliche Streckenlänge aufweist. Wird der Mittelwert durch Gewichtung mit den geleisteten Flügen errechnet, ergibt sich für Europa nur noch ein Wert von 1.481 km. In diesem Fall erzielt Asien/Pazifik mit 1.891 km den höchsten Wert, während in Nordamerika mit 1.457 km nach wie vor die kürzesten Strecken beflogen werden.

jeweiligen Werte zueinander in Beziehung gesetzt werden (vgl. hierzu Kapitel 2.1).[23]

Wie aus Tabelle 3.4 und Abbildung 3.2a hervorgeht, haben europäische Fluggesellschaften im Durchschnitt sehr viel höhere Stückkosten (gemessen in US-Cents pro angebotenem Sitzkilometer) als ihre Konkurrenten in Nordamerika bzw. Asien/Pazifik. Bei letzteren haben die amerikanischen Unternehmen einen leichten Kostenvorteil. Während die carrierspezifischen Werte sowohl in Europa wie auch in Asien/Pazifik erheblich divergieren (Standardabweichungen von 3,85 bzw. 1,48 Cents), läßt sich in Amerika - zumindest bei den vier führenden Mega Carriern - eine annähernde Kostengleichheit feststellen (Standardabweichung von 0,80 Cents), was sicherlich auf die weitgehend gleichen Wettbewerbsbedingungen im hart umkämpften US-Inlandsmarkt zurückzuführen ist.[24] Erfolgt ein interregionaler Vergleich auf der Ebene einzelner Fluggesellschaften, zeigen sich teilweise gravierende Unterschiede. Beispielsweise weist SAS bei einer durchschnittlichen Streckenlänge von 724 km Stückkosten in Höhe von 16,07 Cents auf. Demgegenüber betragen die Stückkosten von *Malaysia Airlines* nur 6,52 Cents (≈ 41 %), obwohl die durchschnittliche Streckenlänge mit 647 km um fast 100 km niedriger ausfällt. Da beide Unternehmen sich größenmäßig nur geringfügig unterscheiden, ein ähnlich strukturiertes Streckennetz betreiben und eine auf Qualität bedachte Servicestrategie verfolgen, läßt der große Kostenunterschied auf sehr unterschiedliche Rahmenbedingungen schließen. Bei einer zunehmenden Liberalisierung des Weltluftverkehrs ist zu vermuten, daß sich die Stückkosten mittel- bis langfristig immer mehr anpassen werden. Am Ende dürfte eine durch den Wettbewerb vorgegebene Bandbreite existieren, innerhalb derer sich alle großen Unternehmen bewegen müssen, wenn sie am Markt erfolgreich operieren wollen.

---

[23] Strenggenommen müßten die Stückkosten im Rahmen einer Regressionsrechnung auch zu anderen Faktoren (z.B. Flottenzusammensetzung, Streckennetz, Frequenzen, Anteil des Inlands- und Regionalverkehrs, Anzahl der Destinationen, Sitzladefaktor) in Beziehung gesetzt werden. Hierfür fehlen jedoch in vielen Fällen die erforderlichen Informationen. Die bisherigen ökonometrischen Untersuchungen des internationalen Verkehrs beruhen daher auf stark aggregierten oder geschätzten Daten und vernachlässigen insbesondere solche wichtigen Faktoren wie Serviceniveau und Bestuhlung. Sie kommen daher, nicht zuletzt auch bedingt durch unterschiedliche analytische Vorgehensweisen, zu oftmals stark voneinander abweichenden Ergebnissen [Vgl. Stoetzer (1991) S. 89-111].

[24] Werden auch kleinere US-Fluggesellschaften berücksichtigt, ergeben sich allerdings größere Kostendiskrepanzen. Vgl. hierzu auch Kapitel 2.5.5.

Stückkosten, -erlöse und -gewinne in US-Cents/ASK der Top 28 (1995)

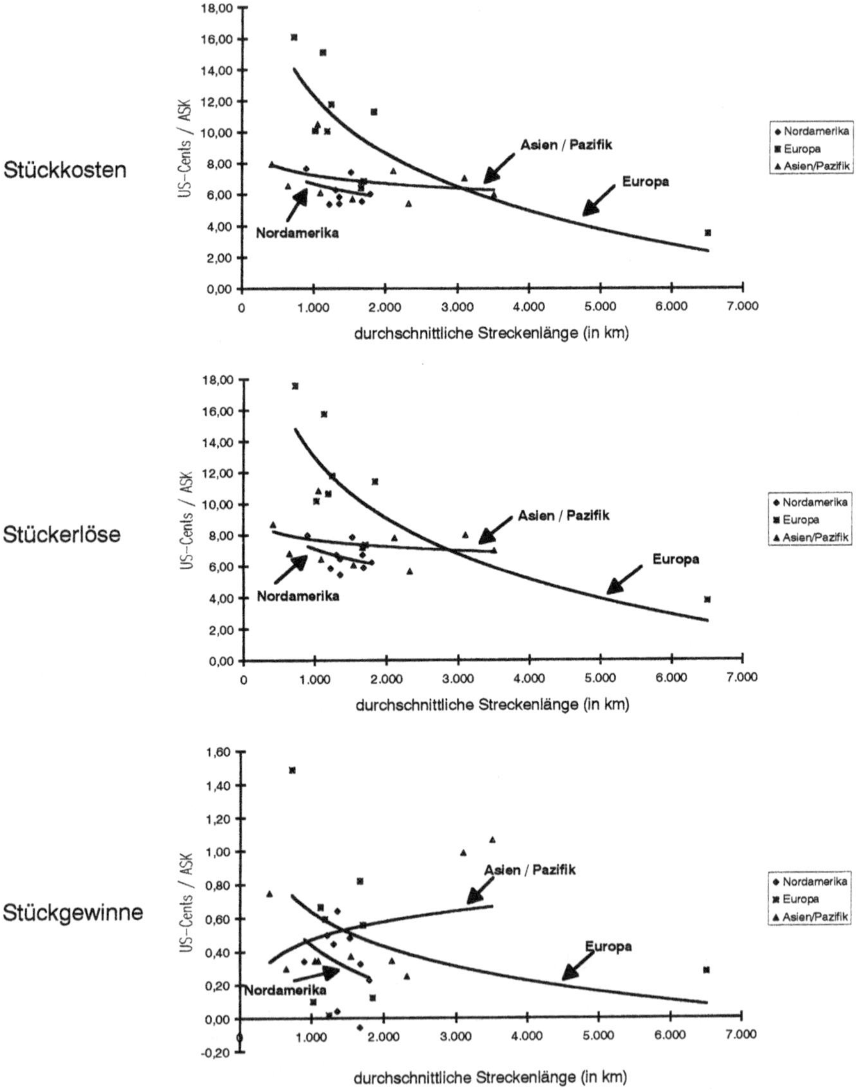

Abbildung 3.2

Quelle: eigene Berechnung nach Daten aus IATA (1996): World Air Transport Statistics (WATS 6/96), Air Transport World (1996): ATW's 33rd World Airline Report, Vol. 33, No. 6, S.33-117 und Airline Business (1996): Airline Business 100, Vol. 12, No. 9, S. 32-35

Bei den Stückerlösen verhält es sich ähnlich wie bei den Stückkosten. Die (logarithmischen) Regressionslinien in Abbildung 3.2b zeigen, daß sich die Werte der amerikanischen und asiatisch/pazifischen Fluggesellschaften kaum unterscheiden (mit einem leichten Nachteil für die US-Carrier), während jene der europäischen Luftfahrtunternehmen auf einem deutlich höheren Niveau liegen. Hinsichtlich der intraregionalen Verteilung weist Europa erneut die größten Unterschiede auf (Standardabweichung von 4,03 US-Cents), während die Werte besonders in Nordamerika eng beieinander liegen (Standardabweichung von 0,80 US-Cents). Auch der interregionale Vergleich einzelner Fluggesellschaften zeigt erhebliche Unterschiede. So erzielte Malaysia Airlines mit 6,82 Cents nur 39 % des Stückerlöses von SAS mit 17,56 Cents.

Was den Stückgewinn anbelangt, liegt Europa auf einer deutlich höheren Gewinnlinie als Nordamerika. Die Gründe hierfür scheinen vor allem der starke Wettbewerb auf dem US-Inlandsmarkt und der eher geringe Konkurrenzkampf auf vielen innereuropäischen Strecken zu sein. Das atypische Verhalten der Regressionslinie für die asiatisch/pazifischen Carrier ist auf die überaus hohen Stückgewinne von Singapore Airlines und Cathay Pacific zurückzuführen. Während Cathay Pacific von den stark beschränkten Verkehrs- und Landerechten ausländischer Carrier auf dem Flughafen Hongkong profitiert, ist der Erfolg von Singapore Airlines weitgehend auf den Ausbau des Flughafens Singapur Changi zu einer bedeutenden internationalen Drehscheibe und die erfolgreiche Vermarktung von Strecken der 6. Freiheit zurückzuführen.

Als Gründe für die überdurchschnittlich hohen Kosten europäischer Fluggesellschaften werden häufig deren überhöhte Personalaufwendungen genannt. Tabelle 3.5 zeigt in der Tat, daß die Aufwendungen für Cockpit-, Kabinen-, Wartungs-, Verkaufs- und Verwaltungspersonal in Europa das internationale Niveau übertreffen.[25] Da die Mittelwerte aber nur zwischen 5,9 % (bei den Cockpitbe-

[25] Die in Tabelle 3.5 aufgeführten Personalaufwendungen umfassen neben dem Bruttoentgelt auch Sozialversicherungsbeiträge und Pensionsrückstellungen des Arbeitgebers. Da letztere bei den US-Fluggesellschaften nur in einer Pauschalsumme für das gesamte Unternehmen aufgeführt waren, erfolgte für diese die Berechnung der jeweiligen Personalkosten durch Anwendung eines Lohnzusatzkostenaufschlags auf die von der ICAO veröffentlichten Bruttovergütungen. Der Lohnzusatzkostenaufschlag lag zwischen 20,9 % im Fall von Northwest Airlines und 30,3 % im Fall von TWA. Die Aussagekraft der Statistik wird hierdurch sicherlich eingeschränkt. Allerdings sorgen Datenlücken - vor allem bei den asiatisch/pazifischen Fluggesellschaften - sowie gewisse Ungereimtheiten bei einzelnen Airlines sowieso dafür, daß die Ergebnisse mit höchster Vorsicht betrachtet werden müssen.

satzungen) und 13,9 % (bei den Flugbegleitern) über dem Durchschnitt der jeweiligen Untersuchungsgruppe liegen, ist der Abstand zu Luftfahrtunternehmen aus anderen Regionen nicht so ausgeprägt wie erwartet. Betrachtet man einzelne Airlines, zeigen sich allerdings erhebliche Unterschiede. Während Lufthansa, Air France, SAS, KLM und - beim fliegenden Personal - auch Iberia mit hohen Personalkosten zu kämpfen haben,[26] beweist das Beispiel von British Airways, daß auch in Europa international wettbewerbsfähige Löhne und Gehälter durchgesetzt werden können. Das Vergütungsniveau dieser bereits 1987 privatisierten Fluggesellschaft liegt 11 bis 33 Prozentpunkte unterhalb des jeweiligen Gruppenmittels und die Personalkosten können in einigen Fällen sogar mit jenen effizienter asiatischer Carrier konkurrieren. Virgin Atlantic realisiert sogar noch niedrigere Werte, was allerdings vornehmlich auf die Besonderheiten dieser Fluggesellschaft (vor allem die junge Belegschaft und die kurze Firmenzugehörigkeit der Mitarbeiter) zurückzuführen sein dürfte. Interessanterweise fällt der Personalkostenanteil bei den europäischen Unternehmen geringer aus als bei den amerikanischen Gesellschaften, was auf hohe Kosten in anderen Bereichen schließen läßt. Die großen intraregionalen Unterschiede deuten auf abweichende Outsourcing-Praktiken hin. So scheinen vor allem Virgin Atlantic und British Airways ihre äußerst niedrigen Personalkostenquoten (12,9 % und 21,7 %) u.a. durch die gezielte Vergabe von Aufträgen an externe Leistungserbringer verwirklichen zu können.

---

[26] Bei diesen Fluggesellschaften wurden mittlerweile jedoch erhebliche Anstrengungen unternommen, um die Personalkosten zu senken. Beispielsweise stieg der Personalaufwand bei der Lufthansa zwischen 1990 und 1996 nur um jährlich 3,19 %, während sich der Umsatz um 6,32 % pro Jahr erhöhte. Hierdurch sank der Anteil der Personalkosten am Umsatz von 33,0 % auf 27,6 % [vgl. Lufthansa (1997): Geschäftsbericht 1996, S. 66-69].

Personalaufwendungen im Luftverkehr (1995)											
Airline	**Cockpit**		**Kabine**		**Wartung**		**Verkauf**		**Sonstiges**		**Anteil der**
	US-$	**%**	**US-$**	**%**	**US-$**	**%**	**US-$**	**%**	**US-$**	**%**	**Pers.Kosten**
Mittelwert Top 28	148.701	100 %	44.356	100 %	53.881	100 %	42.508	100 %	41.059	100 %	**29,1 %**
United Airlines	170.610	114,7 %	54.674	123,3 %	169.506	314,6 %	46.339	109,0 %	42.400	103,3 %	**37,6 %**
American Airlines	145.117	97,6 %	37.558	84,7 %	46.377	86,1 %	52.103	122,6 %	60.548	147,5 %	**39,2 %**
Delta Air Lines	163.070	109,7 %	37.808	85,2 %	41.588	77,2 %	39.148	92,1 %	48.508	118,1 %	**36,7 %**
Northwest Airlines	186.962	125,7 %	37.404	84,3 %	65.516	121,6 %	46.910	110,4 %	53.443	130,2 %	**37,9 %**
US Airways	162.490	109,3 %	44.091	99,4 %	50.201	93,2 %	48.977	115,2 %	56.380	137,3 %	**42,5 %**
Continental	110.364	74,2 %	33.188	74,8 %	82.565	153,2 %	-	-	23.881	58,2 %	**28,2 %**
TWA	102.510	68,9 %	34.852	78,6 %	49.773	92,4 %	31.363	73,8 %	42.639	103,8 %	**36,9 %**
Air Canada	86.809	58,4 %	25.481	57,4 %	33.452	62,1 %	24.808	58,4 %	31.952	77,8 %	**29,5 %**
Canadian Airlines	92.819	62,4 %	32.700	73,7 %	32.465	60,3 %	30.199	71,0 %	36.336	88,5 %	**27,1 %**
Mittelwert Nordamerika	135.639	91,2 %	37.529	84,6 %	63.494	117,8 %	39.981	94,1 %	44.010	107,2 %	**35,1 %**
British Airways	109.201	73,4 %	29.550	66,6 %	39.847	74,0 %	35.755	84,1 %	36.330	88,5 %	**21,7 %**
Lufthansa	168.632	113,4 %	59.131	133,3 %	-	-	53.715	126,4 %	78.972	192,3 %	**26,2 %**
Air France	214.739	144,4 %	68.809	155,1 %	111.042	206,1 %	52.001	122,3 %	20.806	50,7 %	**40,1 %**
KLM	174.863	117,6 %	48.294	108,9 %	56.135	104,2 %	50.628	119,1 %	57.919	141,1 %	**27,2 %**
Alitalia	-	-	-	-	-	-	-	-	-	-	**25,5 %**
Iberia	192.383	129,4 %	68.122	153,6 %	44.211	82,1 %	42.828	100,8 %	38.161	92,9 %	**-**
Swissair	-	-	-	-	-	-	-	-	-	-	**37,8 %**
SAS	161.950	108,9 %	60.486	136,4 %	58.508	108,6 %	65.859	154,9 %	48.493	118,1 %	**26,7 %**
Virgin Atlantic	80.108	53,9 %	19.283	43,5 %	38.160	70,8 %	25.459	59,9 %	24.237	59,0 %	**12,9 %**
Mittelwert Europa	157.411	105,9 %	50.525	113,9 %	57.984	107,6 %	46.606	109,6 %	43.560	106,1 %	**27,3 %**
Japan Airlines	245.779	165,3 %	107.791	243,0 %	-	-	-	-	122.762	299,0 %	**25,7 %**
Qantas	-	-	-	-	-	-	-	-	-	-	**-**
Singapore Airlines	145.671	98,0 %	48.881	110,2 %	50.513	93,7 %	-	-	43.825	106,7 %	**17,6 %**
All Nippon Airways	201.231	135,3 %	59.328	133,8 %	-	-	-	-	156.032	380,0 %	**15,7 %**
Cathay Pacific	263.599	177,3 %	37.811	85,2 %	49.075	31,0 %	32.863	77,3 %	49.534	120,6 %	**27,9 %**
Korean Airlines	68.116	45,8 %	30.283	68,3 %	20.610	38,3 %	66.251	155,9 %	33.069	80,5 %	**-**
Thai Airways	116.995	78,7 %	17.769	40,1 %	21.372	39,7 %	38.038	89,5 %	15.880	38,7 %	**18,6 %**
Malaysia Airlines	56.098	37,7 %	26.882	60,6 %	16.706	31,0 %	24.415	57,4 %	18.932	46,1 %	**-**
Garuda	-	-	-	-	-	-	-	-	-	-	**-**
Ansett	-	-	-	-	-	-	-	-	-	-	**-**
Mittelwert Asien/Pazifik	156.784	105,4 %	46.964	105,9 %	31.655	58,8 %	40.392	95,0 %	32.248	78,5 %	**21,1 %**

Tabelle 3.5

Quelle: eigene Berechnung nach Daten aus ICAO (1996): Fleet & Personnel - Commercial air carriers 1995 und ICAO (1996): Civil Aviation Statistics of the World 1995

Obige Untersuchungen für das Jahr 1995 ermöglichen zwar einen gewissen Überblick, sollten in ihrer Bedeutung aber nicht überschätzt werden. Neben den geschilderten Datenproblemen spielen vor allem auch die jeweils verwendeten Wechselkurse für die Umrechnung von nationaler Währung in US-Dollar eine nicht unerhebliche Rolle. Der von der ICAO angewandte Devisenkurs spiegelt keinesfalls immer die jeweiligen Kaufkraftverhältnisse wieder und unterliegt zudem in vielen Fällen erheblichen Schwankungen. Ebenso ist zu berücksichtigen, daß die Kosten und Erlöse der großen Luftfahrtunternehmen zu einem mehr oder weniger großen Teil im Ausland anfallen und dort in US-Dollar oder einer Drittwährung abgerechnet werden. Hierbei spielt die zeitliche Verteilung der Einnahmen- und Ausgabenströme eine nicht zu unterschätzende Rolle. Da die

ICAO all diese Faktoren nur unzureichend bei der Festlegung des Wechselkurses berücksichtigt, ergeben sich zwangsläufig Verzerrungen. Größere Aussagekraft besitzt somit nur der Vergleich zwischen den US-Carriern, da für diese die Wechselkursproblematik nur eingeschränkt gilt und zudem identische Bilanzierungs- und Berichtsvorschriften zu einer gewissen Vergleichbarkeit der Daten führen.

Tabelle 3.6 enthält eine Übersicht über die Verkehrs- und Umsatzentwicklung der untersuchten Luftfahrtunternehmen. Ein Vergleich anhand der verkauften Personenkilometer (RPK) für den Zeitraum zwischen 1991 und 1995 zeigt erwartungsgemäß, daß die asiatisch/pazifischen Fluggesellschaften mit einer durchschnittlichen jährlichen Wachstumsrate von 10,82 % am schnellsten gewachsen sind, gefolgt von den Europäern (9.68 %) und den US-Airlines (4,47 %).[27] Das höchste Wachstum wiesen Qantas (18,28 %),[28] Korean Airlines (15,18 %) und Malaysia Airlines (13,29 %) in Asien/Pazifik, Virgin Atlantic (20,01 %), Alitalia (14,94 %) und KLM (13,12 %) in Europa sowie United Airlines (8,04 %) und Air Canada (6,70 %) in Nordamerika auf. Gegen den Branchentrend verzeichneten Continental (-3,78 %) und TWA (-2,85 %) einen Rückgang des Verkehrsaufkommens.

Die Entwicklung des Umsatzes verlief in allen Regionen verhaltener als das Wachstum der Verkehrsleistung. Die Durchschnittserlöse gingen somit im Untersuchungszeitraum zurück, eine Tatsache, die für die vergangene und wohl auch zukünftige Entwicklung des Luftverkehrs typisch ist. Lediglich American Airlines, Northwest Airlines, US Airways, Continental, British Airways, Swissair, SAS und Cathay Pacific konnten ihre Umsätze stärker als den Verkehr steigern. Das hohe RPK-Wachstum von Virgin Atlantic, Alitalia, KLM und Air France scheint hingegen vorwiegend auf den Verkauf von Billigtickets zurückzuführen zu sein.

---

[27] Wegen der Größe der US-Carrier wird das Ergebnis etwas relativiert, wenn man nicht die Wachstumsrate sondern das absolute Wachstum berücksichtigt. Virgin Atlantic wies zwar eine jährliche Wachstumsrate von 20 % auf, der absolute Zuwachs im gesamten Untersuchungszeitraum betrug jedoch nur 7.258 Mio. RPK. Demgegenüber konnte United Airlines trotz einer Wachstumsrate von „nur" 8 % seine Verkehrsleistung um 47.764 Mio. RPK steigern [eigene Berechnungen anhand von Daten aus ICAO: Civil Aviation Statistics of the World, Jahrgänge 1991-95].

[28] Das starke Wachstum von Qantas ist zu einem nicht unerheblichen Teil auf den Kauf von Australian Airlines im Jahre 1992 zurückzuführen, durch den die Verkehrsleistung im Folgejahr um 47,53 % gesteigert werden konnte.

Verkehrs- und Umsatzentwicklung großer internationaler Fluggesellschaften										
Airline	**Änderung der RPK-Leistung**					**Umsatzentwicklung (in %)**				
	91/92	**92/93**	**93/94**	**94/95**	**DJWR 91-95**	**91/92**	**92/93**	**93/94**	**94/95**	**DJWR 91-95**
ICAO insgesamt	4,39 %	1,14 %	7,75 %	6,10 %	**4,81 %**	5,99 %	3,76 %	9,47 %	10,75 %	**7,46 %**
1 United Airlines	12,99 %	9,19 %	6,96 %	3,26 %	**8,04 %**	9,13 %	12,80 %	-3,25 %	7,26 %	**6,31 %**
2 American Airlines	19,03 %	-0,05 %	1,73 %	3,98 %	**5,91 %**	12,26 %	8,51 %	1,45 %	4,41 %	**6,58 %**
3 Delta Air Lines	19,66 %	2,94 %	4,15 %	-1,38 %	**6,06 %**	15,66 %	6,33 %	-0,24 %	1,71 %	**5,69 %**
4 Northwest Airlines	9,52 %	-0,40 %	-0,31 %	8,04 %	**4,11 %**	5,71 %	6,08 %	5,69 %	-0,22 %	**4,28 %**
5 US Airways	2,86 %	0,35 %	7,72 %	-0,85 %	**2,47 %**	3,09 %	6,21 %	-0,66 %	6,17 %	**3,66 %**
6 Continental	3,96 %	-7,46 %	-5,89 %	-5,32 %	**-3,78 %**	-1,40 %	-2,38 %	-6,92 %	3,91 %	**-1,77 %**
7 TWA	3,29 %	-21,53 %	8,36 %	1,41 %	**-2,85 %**	-2,41 %	-13,33 %	8,27 %	-2,06 %	**-2,68 %**
8 Air Canada	5,68 %	-4,48 %	11,15 %	15,54 %	**6,70 %**	-6,98 %	-5,71 %	3,57 %	16,47 %	**1,42 %**
9 Canadian Airlines	5,41 %	0,68 %	3,92 %	10,90 %	**5,16 %**	-5,76 %	-3,13 %	-7,65 %	7,73 %	**-2,38 %**
Mittelwert Nordamerika	11,98 %	0,17 %	3,49 %	2,63 %	**4,47 %**	3,26 %	1,71 %	0,03 %	5,04 %	**2,35 %**
1 British Airways	15,22 %	9,04 %	6,44 %	8,29 %	**9,70 %**	8,25 %	16,75 %	8,71 %	8,12 %	**10,40 %**
2 Lufthansa	13,39 %	8,22 %	7,36 %	8,96 %	**9,46 %**	7,07 %	2,85 %	6,23 %	5,65 %	**5,44 %**
3 Air France	27,36 %	1,40 %	15,07 %	-1,14 %	**10,09 %**			-13,04 %	9,69 %	**1,18 %**
4 KLM	16,19 %	16,13 %	11,23 %	9,12 %	**13,12 %**	3,90 %	5,47 %	5,95 %	3,79 %	**4,77 %**
5 Alitalia	29,69 %	3,96 %	23,41 %	4,92 %	**14,94 %**	16,06 %	-14,08 %	17,75 %	6,04 %	**5,63 %**
6 Iberia	16,36 %	-2,34 %	-3,15 %	5,65 %	**3,84 %**	10,75 %	-21,20 %	-5,58 %	12,05 %	**-1,97 %**
7 Swissair	6,97 %	6,08 %	7,43 %	-10,93 %	**2,08 %**	4,54 %	3,04 %	0,72 %	8,75 %	**4,22 %**
8 SAS	1,62 %	15,58 %	1,77 %	0,23 %	**4,62 %**	4,45 %	-3,51 %	11,31 %	13,93 %	**6,33 %**
9 Virgin Atlantic	23,90 %	14,71 %	25,91 %	15,91 %	**20,01 %**		-4,22 %	27,20 %	-0,49 %	**6,63 %**
Mittelwert Europa	16,73 %	7,52 %	9,43 %	5,37 %	**9,68 %**	7,86 %	-1,86 %	6,58 %	7,50 %	**5,06 %**
1 Japan Airlines	6,92 %	-0,86 %	15,24 %	10,87 %	**7,88 %**	-7,04 %	-2,12 %	7,31 %	7,46 %	**1,21 %**
2 Qantas	15,34 %	47,53 %	6,96 %	7,54 %	**18,28 %**	45,33 %	13,68 %	9,68 %	6,11 %	**17,75 %**
3 Singapore Airlines	10,74 %	11,38 %	8,93 %	7,68 %	**9,67 %**	2,43 %	8,29 %	6,84 %	5,25 %	**5,68 %**
4 All Nippon Airways	7,11 %	-3,63 %	4,34 %	11,25 %	**4,62 %**	1,15 %	-4,16 %	3,60 %	5,40 %	**1,43 %**
5 Cathay Pacific	-6,28 %	27,44 %	12,85 %	7,42 %	**9,69 %**	11,33 %	3,01 %	13,36 %	11,90 %	**9,82 %**
6 Korean Airlines	0,00 %	16,85 %	10,69 %	18,15 %	**15,18 %**	0,00 %	12,72 %	16,04 %	12,51 %	**13,74 %**
7 Thai Airways	11,95 %	11,98 %	10,35 %	7,18 %	**10,35 %**	5,88 %	7,04 %	9,34 %	15,74 %	**9,44 %**
8 Malaysia Airlines	0,98 %	4,42 %	35,56 %	15,22 %	**13,29 %**	5,79 %	8,81 %	18,47 %	16,28 %	**12,22 %**
9 Garuda	17,01 %	2,89 %	13,15 %	-6,04 %	**6,36 %**	-11,49 %	2,01 %			**-4,98 %**
10 Ansett	7,06 %	13,61 %	15,73 %	11,20 %	**11,85 %**	6,85 %	12,78 %	4,02 %	5,46 %	**7,23 %**
Mittelwert Asien /Pazifik	8,07 %	15,30 %	10,89 %	9,15 %	**10,82 %**	6,69 %	6,21 %	9,85 %	9,57 %	**8,03 %**
Mittelwert Top 28	11,26 %	6,56 %	9,54 %	5,97 %	**6,45 %**	5,78 %	2,32 %	5,49 %	7,37 %	5,23 %

DJWR = durchschnittlichen jährlichen Wachstumsrate

Tabelle 3.6

Quelle: eigene Berechnung nach Daten aus ICAO: Civil Aviation Statistics of the World (Jahrgänge 1991-95) und ICAO: Financial Data - Commercial air carriers (Jahrgänge 1991-95)

Umsatzrenditen großer internationaler Fluggesellschaften							
Airline	**Quelle**	**Umsatzrendite (in %)**					
		1991	**1992**	**1993**	**1994**	**1995**	**Mittel**
Mittelwert Weltlinienverkehr	ICAO	-0,2 %	-0,8 %	1,0 %	3,4 %	5,1 %	**1,7 %**
Mittelwert Top 28		0,3 %	-0,1 %	1,4 %	3,5 %	5,7 %	**2,2 %**
1 United Airlines	ICAO	-4,2 %	-3,9 %	2,1 %	3,7 %	5,6 %	**0,6 %**
2 American Airlines	ICAO	0,1 %	-0,6 %	3,8 %	6,1 %	6,2 %	**3,1 %**
3 Delta Air Lines	ICAO	-2,6 %	-7,1 %	-2,2 %	-1,7 %	8,3 %	**-1,1 %**
4 Northwest Airlines	ICAO	-0,8 %	-3,9 %	3,9 %	9,8 %	10,2 %	**3,9 %**
5 US Airways	ICAO	-3,3 %	-6,0 %	-1,9 %	-7,7 %	3,4 %	**-3,1 %**
6 Continental	ICAO	-5,1 %	-3,7 %	-0,9 %	-1,7 %	4,8 %	**-1,3 %**
7 TWA	ICAO	-9,5 %	-10,4 %	-8,0 %	-7,1 %	1,1 %	**-6,8 %**
8 Air Canada	ICAO	-8,7 %	-8,5 %	-2,9 %	5,3 %	6,4 %	**-1,7 %**
9 Canadian Airlines	ICAO	-6,1 %	-12,7 %	-5,9 %	2,6 %	-1,4 %	**-4,7 %**
Mittelwert Nordamerika		-4,5 %	-6,3 %	-1,3 %	1,0 %	5,0 %	**-1,2 %**
1 British Airways	Airline	8,1 %	6,2 %	7,1 %	8,6 %	9,4 %	**7,9 %**
2 Lufthansa	Airline	-3,5 %	-4,3 %	0,4 %	3,9 %	3,8 %	**0,1 %**
3 Air France	ICAO	-1,5 %		-9,3 %	-3,9 %	3,1 %	**-2,9 %**
4 KLM	Airline	5,3 %	1,2 %	5,4 %	8,4 %	4,8 %	**5,0 %**
5 Alitalia	ICAO	-2,6 %	2,4 %	-1,0 %	3,6 %	3,8 %	**1,2 %**
6 Iberia	ICAO	-5,9 %	-3,5 %	-4,8 %	1,7 %	7,0 %	**-1,1 %**
7 Swissair	Airline	2,7 %	3,4 %	3,4 %	2,0 %	3,4 %	**3,0 %**
8 SAS	ICAO	5,7 %	4,5 %	-0,9 %	2,9 %	7,7 %	**4,0 %**
9 Virgin Atlantic	ICAO		-4,4 %	-3,3 %	-2,5 %	6,5 %	**-0,9 %**
Mittelwert Europa		1,0 %	0,7 %	-0,3 %	2,8 %	5,5 %	**2,0 %**
1 Japan Airlines	Airline	-0,6 %	-3,5 %	-2,4 %	-0,9 %	-0,6 %	**-1,6 %**
2 Qantas	Airline	6,6 %	4,0 %	7,3 %	6,6 %	6,6 %	**6,2 %**
3 Singapore Airlines	Airline	17,2 %	12,8 %	9,6 %	13,7 %	12,1 %	**13,1 %**
4 All Nippon Airways	Airline	4,9 %	2,2 %	0,7 %	2,0 %	3,2 %	**2,6 %**
5 Cathay Pacific	Airline		14,2 %	9,6 %	9,6 %	10,4 %	**10,9 %**
6 Korean Airlines	ICAO		4,7 %	7,9 %	6,6 %	8,0 %	**6,8 %**
7 Thai Airways	ICAO		8,7 %	7,9 %	13,3 %	12,9 %	**10,7 %**
8 Malaysia Airlines	Airline	1,1 %	-4,8 %	0,0 %	2,9 %	4,0 %	**0,6 %**
9 Garuda	ICAO	7,1 %	4,3 %	2,8 %			**4,7 %**
10 Ansett	Airline	2,4 %	7,2 %	10,9 %	6,4 %	2,5 %	**5,9 %**
Mittelwert Asien/Pazifik		5,5 %	5,0 %	5,4 %	6,7 %	6,6 %	**5,8 %**

Tabelle 3.7

Quelle: eigene Berechnung nach Daten aus den Geschäftsberichten verschiedener Fluggesellschaften und ICAO: Financial Data - Commercial air carriers (Jahrgänge 1991 - 1995) [29]

---

[29] Die Berechnung der Umsatzrendite erfolgte anhand des „operating profits". Um das Ergebnis nicht zu stark durch Wechselkursschwankungen zu beeinträchtigen, wurden Umsatz- und Gewinnzahlen in nationaler Währung aus den jeweiligen Geschäftsberichten der Airlines verwendet. In einigen Fällen mußte aus Datenmangel jedoch auf ICAO-Zahlen in US-Dollar

Werden die Umsatzrenditen miteinander verglichen, zeigen sich erhebliche Abweichungen (vgl. Tabelle 3.7). Im Durchschnitt der Jahre 1991 bis 1995 wiesen die nordamerikanischen Carrier eine negative Umsatzrendite von -1,2 % auf, während in Europa 2,0 % und in Asien/Pazifik immerhin 5,7 % realisiert werden konnten.[30] Am erfolgreichsten war Singapore Airlines mit einer durchschnittlichen Umsatzrendite von 13,1 %. Aber auch Cathay Pacific (10,9 %), Thai Airways (10,7 %) und British Airways (7,9 %) weisen gute Werte auf. Bei den nordamerikanischen Carriern konnten lediglich Northwest Airlines (3,9 %), American Airlines (3,1 %) und United Airlines (0,6 %) positive Ergebnisse erzielen. Demgegenüber stellt sich die Lage von TWA (- 6,8 %) und Canadian Airlines (- 4,7 %) äußerst unbefriedigend dar. Gleiches gilt für die stark von staatlichen Subventionen abhängenden europäischen Fluggesellschaften Air France (-2,9 %) und Iberia (-1,1 %). Der negative Wert von Virgin Atlantic (-0,9 %) dürfte dagegen vornehmlich auf Anlaufverluste zurückzuführen sein.

Die Stellung europäischer Fluggesellschaften im internationalen Luftverkehr läßt sich wie folgt zusammenfassen (vgl. Abbildung 3.3):

---

zurückgegriffen werden. Da die Wechselkursproblematik bei den US-Airlines weitgehend entfällt, wurden bei diesen ebenfalls ICAO-Daten verwendet.

[30] Diese sicherlich unzureichenden Renditen beruhen zu einem großen Teil auf der schlechten Konjunktur und den Auswirkungen des Golfkrieges zu Anfang der 90er Jahre. Jüngere Veröffentlichungen für die Jahre 1996 weisen dagegen auf Rekordgewinne vor allem in den USA hin, während die Gewinne vieler asiatischer Fluggesellschaften im Vergleich zu früheren Jahren etwas zurückgegangen sind [vgl. Airline Business, Vol. 13, No. 9, S. 28f, 32-36].

Europas Fluggesellschaften im Weltluftverkehr

- Unter den großen internationalen Fluggesellschaften nehmen europäische Luftfahrtunternehmen in Bezug auf verkaufte Personenkilometer, beförderte Passagiere und Anzahl der Flugzeuge eine Mittelstellung ein. Sie haben in etwa die gleiche Bedeutung wie ihre asiatisch/pazifischen Konkurrenten, bleiben aber weit hinter den US-Mega-Carriern United, American, Delta und Northwest zurück.
- Die Stückkosten und Stückerlöse liegen in Europa weit über den betreffenden Werten in Nordamerika und Asien/Pazifik. Da bei fortschreitender Liberalisierung mit einem weltweiten Rückgang der Erlöse zu rechnen ist, müssen Europas Fluggesellschaften ihre Kosten deutlich reduzieren, um international wettbewerbsfähig zu bleiben.
- Einige europäische Carrier weisen Personalkosten auf, die erheblich über dem Durchschnitt großer internationaler Fluggesellschaften liegen. Bei diesen besteht sicherlich erheblicher Handlungsbedarf, um die Wettbewerbsfähigkeit langfristig zu sichern.
- Die Gewinnsituation ist bei allen großen Luftfahrtunternehmen insgesamt unbefriedigend. In Europa zeigt sich, daß die nach marktwirtschaftlichen Prinzipien geführten Gesellschaften die bei weitem besten Ergebnisse einfliegen, während die unter starkem Staatseinfluß stehenden Carrier Verluste machen.
- Traditionell verfügen Europas Flag Carrier über einen hohen, wenn nicht sogar dominanten Marktanteil auf ihren jeweiligen nationalen Drehkreuzen. Es fällt ihnen daher leichter in- und ausländische Konkurrenten abzuwehren und Preisaufschläge durchzusetzen. Beim Überlebenskampf in einem liberalisierten Weltluftverkehr wird der Flughafendominanz sicherlich eine nicht unerhebliche Rolle zukommen.
- Obwohl die bestehende Designierungspraxis auf vielen internationalen Strecken zu Angebotsduopolen geführt hat, weist die gesamte Luftfahrtindustrie global gesehen einen vergleichsweise geringen Konzentrationsgrad auf.

Abbildung 3.3

Quelle: eigene Darstellung

4. Luftverkehrsspezifische Determinanten des Wettbewerbs

4.1. Abgrenzung des relevanten Marktes und Bestimmung der Wettbewerbsfaktoren

Voraussetzung für die Entwicklung von Unternehmensstrategien ist die Analyse derjenigen Kräfte, die die Intensität des Wettbewerbs bestimmen. Bevor die Wettbewerbsfaktoren ermittelt werden können, ist aber eine genaue Abgrenzung des relevanten Marktes erforderlich. Diese kann nach sachlichen, räumlichen und zeitlichen Gesichtspunkten erfolgen.[1]

Durch die sachliche Marktabgrenzung wird geklärt, welche Produkte zu einem bestimmten Markt gehören. In der Regel erfolgt sie nach dem auf den Konsumenten abgestimmten *Kriterium der reaktiven Äquivalenz*.[2] Verschiedene Güter ordnet man dabei demselben Markt zu, wenn sie von den Käufern hinsichtlich Beschaffenheit, Verwendbarkeit und Nutzeffekt als gleichwertig angesehen werden. Entscheidend für die Einteilung ist somit die subjektiv empfundene Austauschbarkeit der in Betracht kommenden Güter und Leistungen. Diese kann dann angenommen werden, wenn eine hohe Kreuzpreiselastizität vorliegt, d.h. ein hohes Maß an Reaktionsverbundenheit zwischen Preisvariationen eines Gutes und gleichgerichteten Mengenvariationen eines bzw. mehrerer anderer Güter. Für den Transport zwischen zwei Punkten hat ein Reisender in der Regel die Wahl zwischen verschiedenen Verkehrsmitteln (z.B. Pkw, Bus, Bahn, Schiff, Flugzeug). Diese intermodale Konkurrenz ist bei der Festlegung des relevanten Marktes in Betracht zu ziehen.[3] Außerdem ist zu berücksichtigen, daß die Angebote verschiedener Fluggesellschaften aus der Sicht des Konsumenten nicht unbedingt äquivalent sein müssen. Ein Flug mit mehreren Zwischenlandungen

---

[1] Vgl. Baum (1980) und Thiesing (1976).

[2] Dieses Kriterium entspricht weitgehend dem *Bedarfsmarktkonzept* des Europäischen Gerichtshofes und dem Konzept der *reasonable interchangebility* der US-Antitrust-Rechtsprechung. Vgl. zur sachlichen Marktabgrenzung auch Thiesing (1976) S. 361, Loo (1992) S. 45-48, Aberle (1992) S. 93f und Tolksdorf (1994) S. 49-53.

[3] Vor allem in Europa und Japan stellt die Fahrt mit einem Hochgeschwindigkeitszug für viele Reisende eine ernstzunehmende Alternative zur Benutzung des Flugzeugs dar. Auf kürzeren Strecken kann auch der Pkw durchaus als gleichwertiges Transportmittel angesehen werden.

bzw. eine Umsteigeverbindung wird beispielsweise anders bewertet als ein Nonstopdienst. Dasselbe gilt für Flüge mit unterschiedlichen Beförderungsmitteln (z.B. Turbopropmaschine, Düsenjet, Überschallflugzeug) oder divergierenden Qualitätsniveaus (z.B. Linie vs. Charter, Marken- vs. Billiganbieter). Selbst auf ein und demselben Flug werden gewöhnlich unterschiedlichen Märkten zugehörige Produkte angeboten, sofern die Passagiere zwischen mehreren Klassen wählen können (z.B. First Class, Business Class oder Tourist Class). Entscheidend für die sachliche Marktabgrenzung sind die Zeit- und Qualitätspräferenzen der Nachfrager. Da diese je nach Segmentzugehörigkeit und Reiseabsicht deutlich variieren können, kann eine Festlegung nicht generell, sondern nur fallweise und in Abhängigkeit vom jeweiligen Untersuchungsobjekt erfolgen.

Die räumliche Abgrenzung des Marktes hängt von den anfallenden Transaktionskosten ab. Güter, die an verschiedenen Orten angeboten und verkauft bzw. konsumiert werden, sind dann als einem Markt zugehörig zu betrachten, wenn die durch die Raumüberwindung verursachten Transportkosten und Unannehmlichkeiten (z.B. Zeitverlust) vergleichsweise gering sind. Für den Luftverkehr bedeutet dies, daß der räumlich relevante Markt aus einem Flughafenpaar[4], einem Städtepaar[5] oder sogar einem Regionenpaar[6] bestehen kann. Ein Carrier, der auf einem bestimmten Flughafen eine Quasi-Monopolstellung erworben hat, ist demnach nicht notwendigerweise ohne Konkurrenz, wenn von in der Nähe gelegenen Airports ähnliche Verbindungen angeboten werden.[7] Für eine umfassende Branchenanalyse ist der räumlich relevante Markt noch weiter zu fassen. Abgrenzungskriterien bilden hier entweder Territorien mit weitgehend übereinstimmenden gesetzlichen Regelungen und gleichen Marktzugangsvoraussetzungen für konkurrierende Anbieter[8] oder die Streckennetze der einzelnen Fluggesellschaften. Wegen der im Luftverkehr vorliegenden Verbund- und Dichte-

---

[4] z.B. London-Heathrow ⇔ Paris-Charles de Gaule

[5] z.B. London (mit den Flughäfen Heathrow, Gatwick, Luton und Stansted) ⇔ Paris (mit den Flughäfen Charles de Gaule und Orly)

[6] z.B. Westdeutschland/Benelux (mit den Flughäfen Düsseldorf, Köln/Bonn, Frankfurt, Amsterdam und Brüssel) ⇔ Washington/New York (mit den Flughäfen Washington Dulles, Baltimore, Philadelphia sowie New York J.F. Kennedy, LaGuardia, Newark)

[7] Beispielsweise fliegen viele Reisende aus Nordrhein-Westfalen ab Amsterdam, da die dortigen Flugpreise häufig unter jenen in Düsseldorf liegen.

[8] Derzeit können beispielsweise die USA/Kanada und die EU als einheitlicher Luftverkehrsmarkt angesehen werden.

erträge sind vor allem letztere von großer Bedeutung und werden daher auch im Rahmen dieser Arbeit vorwiegend als Abgrenzungskriterium verwendet.

Abgrenzungskriterium für den zeitlich relevanten Markt ist die Verfügbarkeit des nachgefragten Gutes innerhalb eines bestimmten Zeitkorridors,[9] dessen Länge von der Situation und den Präferenzen der Käufer abhängt.[10] Im Luftverkehr können zeitliche Abgrenzungskriterien überaus wichtig sein, wie die große Sorgfalt bei der Frequenzplanung und Streitigkeiten um die Slotvergabepraxis beweisen. Allgemein steigt nämlich die Buchungswahrscheinlichkeit einer Fluggesellschaft, wenn sie auf einer bestimmten Strecke zahlreiche Verbindungen anbieten kann und diese auch noch in besonders nachfrageintensive Tageszeiten fallen. Vor allem auf der Ebene einzelner Städtepaare ist eine exakte zeitliche Marktabgrenzung daher von erheblicher Bedeutung.

Darüber, welche Einflußfaktoren jeweils mit welcher Intensität den Wettbewerb auf einem Markt bestimmen, gibt es unterschiedliche Auffassungen. Bevor die für den Luftverkehr relevanten Faktoren näher erläutert werden können, soll daher eine grundsätzliche Analyse der Wettbewerbszusammenhänge unter Berücksichtigung verschiedener bekannter Konzepte, Theorien und Untersuchungen erfolgen.

Nach der Theorie des funktionsfähigen Wettbewerbs *(Workable Competition)*[11], dessen Ursprünge auf die dreißiger Jahre dieses Jahrhunderts zurückgehen,[12] besteht eine kausale Beziehung zwischen:

---

[9] Geht es um die Analyse von Konzentrationsprozessen, kann die zeitliche Marktabgrenzung auch die Länge des Zeitraums beschreiben, über den eine Marktbetrachtung erfolgen soll. Diese Zeitdimension ist insofern wichtig, als sich die Marktstruktur gerade in dynamischen Märkten durch das Auftreten neuer Konkurrenten oder Produkte schnell verändern kann [vgl. Baum (1980) S. 401].

[10] Für einen Geschäftsmann mit engem Terminkalender kann der räumlich relevante Markt eventuell nur aus einem einzigen Flug bestehen, obwohl auf der Strecke täglich mehrere Flüge angeboten werden.

[11] Vgl. Bain (1975), Scherer (1980), Kantzenbach/Kallfass (1981), Martin (1988) S. 1-13, Aberle (1992) S. 29-34 und Tolksdorf (1994) S. 47-62.

[12] Der theoretische Rahmen des „Concept of Workable Competition“ geht auf ein Referat von J. M. Clark aus dem Jahre 1939 zurück. Seine Überlegungen wurden durch Untersuchungen ergänzt, die E. S. Mason im gleichen Zeitraum im Rahmen der „Industrial Organization“ Forschung durchführte. Wichtige Beiträge zur Weiterentwicklung des Konzepts erfolgten durch Bain, Scherer und Caves. Vgl. Kantzenbach/Kallfass (1981) S. 105 und Aberle (1992) S. 29.

* Marktstruktur (structure),
* Marktverhalten (conduct),
* Marktergebnis (performance).

Ursprünglich nur als reine Kausalkette formuliert, wurde dieses *Marktstruktur-Marktverhalten-Marktergebnis-Paradigma* in späteren Arbeiten durch die Einbeziehung von Basisbedingungen sowie die Berücksichtigung von Rückkopplungseffekten erweitert. Unter *Basisbedingungen*, die auch als Marktstruktur im weiteren Sinne bezeichnet werden, versteht man grundlegende Eigenschaften von Angebot und Nachfrage, die weitgehend exogen sind.[13] Die *Marktstruktur*, die nur längerfristig veränderbar ist, umfaßt Eigenschaften des Marktes, die seine Form, seinen Zustand und seine Zusammensetzung beschreiben (z.B. Anzahl der Käufer und Verkäufer, Produktdifferenzierung, Marktzutrittsbarrieren, Kostenstruktur, vertikale Integration, Diversifikation, Marktphase, Markttransparenz, Anpassungsgeschwindigkeit). Das *Marktverhalten* bezieht sich auf die Ziele, Wettbewerbsgesinnung und Verhaltensmuster der Marktteilnehmer (z.B. Preissetzung, Produktstrategie, Werbung, F&E, „spirit of competition"). Letztendlich betrifft das *Marktergebnis* die Resultate des Marktprozesses (z.B. Produktions- und Allokationseffizienz, Beschäftigungsgrad, technischer Fortschritt).[14] Zwischen Marktstruktur bzw. Marktverhalten und Basisbedingungen sind Rückkopplungseffekte möglich. Dasselbe gilt für die Beziehung zwischen Marktverhalten und Marktstruktur.

Gegen das ursprüngliche Workability-Konzept wurde eingewendet, daß die postulierten Kausalbeziehungen (aus der Marktstruktur folgt das Marktverhalten und aus diesem wiederum das Marktergebnis) nicht zwingend vorliegen müssen. So kann das Marktergebnis das Marktverhalten und - längerfristig - auch die Marktstruktur bestimmen. Ebenso können Basisbedingungen einen direkten Einfluß auf das Marktverhalten und das Marktergebnis haben, ohne die Marktstruktur kurzfristig zu verändern. Ein weiterer Problempunkt ist, daß die behandelten Marktkriterien den einzelnen Marktdimensionen nicht immer eindeutig zugeordnet werden können, was allerdings auf alle Wettbewerbsmodelle zutref-

---

[13] Scherer unterteilt die Basisbedingungen in solche des Angebots (z.B. Rohstoffe, Technologie, gewerkschaftlicher Organisationsgrad, Produkthaltbarkeit, Geschäftsgewohnheiten, Gesetze und Wirtschaftspolitik) und solche der Nachfrage (z.B. Preiselastizität, Substitutionsgüter und Kreuzpreiselastizitäten, Wachstumsrate, zyklischer/saisonaler Charakter, Kaufmethode, Marketing-Typ) [Scherer (1980) S. 4f].

[14] vgl. Scherer (1980) S. 4f, Tolksdorf (1994) S. 54-58.

fen dürfte. Einen interessanten Diskussionsbeitrag liefert die Theorie jedoch durch die klare theoretische Abgrenzung von Basisbedingungen, Marktstruktur und Marktverhalten.

Die Marktstruktur-Marktverhalten-Beziehung kann zur Erklärung einiger Phänomene im Luftverkehr herangezogen werden. Beispielsweise läßt sich das Auftreten anhaltender und teilweise ruinöser Preiskämpfe (Marktverhalten) auf das Vorhandensein äußerst geringer variabler Kosten (Marktstruktur) sowie auf das Vorliegen zyklischer und saisonaler Nachfrageschwankungen (Basisbedingungen) zurückführen.

Das *Lebenszyklus-Konzept* basiert auf der Erkenntnis, daß sich der Wettbewerb als ein Prozeß vollzieht, der von den am Markt agierenden Unternehmen jeweils neu in Gang gesetzt wird. Jeder Markt bzw. jedes Produkt durchläuft somit einzelne Lebensphasen, die durch unterschiedliche Gewinn- und Umsatzentwicklungen geprägt sind.[15] Die *Einführungsphase* wird durch die Innovation eines Pionierunternehmens geprägt. Aufgrund hoher Produktions- und Vertriebskosten, ist sie gewöhnlich durch geringe, aber steigende Umsätze sowie Anlaufverluste gekennzeichnet. In der *Expansionsphase* führt ein starker Anstieg der Nachfrage zu wachsendem Umsatz und Gewinn. Durch den Markteintritt neuer Anbieter wird das ursprüngliche Monopol in ein Oligopol bzw. Polypol verwandelt. Erste Sättigungseffekte und zunehmender Konkurrenzdruck treten in der *Reifephase* auf. Der Umsatz steigt nur noch langsam, der Gewinn stagniert. Bedeutsam wird nun die Produktdifferenzierung (z.B. durch kleinere technische Neuerungen oder qualitative Änderungen, das Angebot unterschiedlicher Produktausprägungen oder die Etablierung einer Marke) beziehungsweise der Aufbau neuer Produkte und Märkte. Die *Stagnationsphase* ist durch konstante oder sogar leicht rückläufige Umsätze und abnehmende Gewinne gekennzeichnet. Das ursprünglich vorhandene Rationalisierungs- und Differenzierungspotential ist weitgehend ausgeschöpft, der Wettbewerb wird durch ein übergroßes Angebot und das Aufkommen neuer Konkurrenzprodukte intensiviert. Durch das Ausscheiden bzw. die Übernahme von Wettbewerbern nimmt der Konzentrationsgrad zu. In der *Degenerationsphase* führen dann stark rückläufige Umsätze und Gewinne zu einer Beendigung der Produktion beziehungsweise einer Einstellung der Markttätigkeit.

---

[15] Es gibt verschiedene Markt-, Branchen- bzw. Produktlebenszyklus-Modelle, die zwischen vier und sieben Lebensphasen unterscheiden. Vgl. hierzu Wöhe (1981) S. 626ff, Porter (1983) S. 209ff, Aberle (1992) S. 21ff. und Berg (1996) S. 195-205.

Für den Luftverkehr ist das Lebenszyklus-Konzept zum einen hinsichtlich der allgemeinen Branchenentwicklung und zum anderen hinsichtlich der Position einzelner (Teil)Produkte von Interesse. Die Branche selbst befindet sich derzeit wohl in der Reifephase.[16] Zwar nimmt die Nachfrage nach Flugbeförderungsleistungen weiterhin in allen Regionen der Welt zu. Die zunehmende Liberalisierung und das damit verbundene Auftreten neuer Konkurrenten sorgen jedoch für einen verstärkten Wettbewerbsdruck. Airlines können diesem nur begegnen, indem sie eine gezielte Differenzierungsstrategie verfolgen. Beispiele hierfür sind die Einführung und ständige Weiterentwicklung audiovisueller Unterhaltungssysteme (sog. Inflight Entertainment Systems, IFE), kundenfreundlichere Verfahren bei der Buchung und beim Check-in, die Entwicklung ausgeklügelter Vielfliegerprogramme und die Etablierung von Marken. Außerdem müssen die Fluggesellschaften rechtzeitig über die Expansion in völlig neue Märkte nachdenken. Diesbezüglich kommt beispielsweise der Aufbau eines globalen Dienstes mit Überschallflugzeugen oder ein Engagement in der zivilen Raumfahrt[17] in Betracht.

Ein Carrier kann langfristig nur dann erfolgreich sein, wenn er zu Innovationen fähig ist und seine Produkte über die einzelnen Lebensphasen hinweg konsequent weiterentwickelt.[18] Sowohl hinsichtlich des Hauptprodukts Luftverkehrs-

---

[16] Obwohl eine genaue Abgrenzung der einzelnen Phasen in der Praxis nur schwer möglich ist, dürfte die Entstehungsphase der Luftfahrtindustrie bis zum 2. Weltkrieg gedauert haben. Die Zeit der staatlichen Regulierung und der im Staatsbesitz befindlichen Fluggesellschaften (50er, 60er, 70er und Beginn der 80er Jahre) kann dann als Wachstumsphase bezeichnet werden. Spätestens seit Mitte der 80er Jahre befindet sich die Luftfahrtindustrie aber im Reifestadium [Vgl. hierzu auch Gialloreto (1988) S. 201, McDonnell Douglas (1995) *World economic and traffic outlook*, S. 54-59 und Pilarski/Thomas (1995)].

[17] Durch technische Innovationen rückt die routinemäßige Beförderung großer Menschenmengen ins All immer näher. Zweifler sollten nur an die schnelle Entwicklung der Zivilluftfahrt seit Beginn dieses Jahrhunderts denken. Was Anfang der 50er Jahre noch das Privileg einiger weniger Reicher war, gehört heutzutage für viele Menschen bereits zum Alltag.

[18] Welchen Einfluß eine Produktinnovation bzw. -differenzierung auf die Wettbewerbsposition von Fluggesellschaften haben kann, läßt sich gut am Beispiel des Produkts „Business Class" erörtern. Bis Ende der 70er Jahre gab es auf Langstreckenflügen nur eine First Class und eine Economy Class. Um den Bedürfnissen von Geschäftsreisenden, die im Gegensatz zu vielen Privatreisenden den vollen Normaltarif zahlten, gerecht zu werden, begann die australische Qantas 1979 mit der Einführung einer separaten Business Class. Diese hatte zu Beginn eine identische Bestuhlung wie die Economy Class, zeichnete sich aber durch einen besseren Bordservice aus. Die Idee war so erfolgreich, daß Buchungen von Geschäftsreisenden bei Konkurrenzgesellschaften zurückgingen. Nach und nach begannen fast alle großen Airlines, das Konzept zu kopieren. Qantas und einige andere innovative Unternehmen sahen sich daher

beförderung als auch hinsichtlich einzelner Teilprodukte müssen Airlines daher immer bemüht sein, ihre Wettbewerbsposition durch eigenes, rechtzeitiges Handeln zu verbessern. Das Lebenszyklus-Modell kann dabei als interessanter Leitfaden dienen.

Ein anderer bekannter Ansatz ist die *Branchenstrukturanalyse von Porter*. In seinem Buch „Wettbewerbsstrategie" führt Porter den Wettbewerb zwischen Unternehmen weitgehend auf Triebkräfte innerhalb der Branche zurück, während dem Branchenumfeld geringere Bedeutung zugemessen wird.[19] Nach ihm sind die folgenden fünf Faktoren für die Intensität des Wettbewerbs und die Rentabilität der Branche entscheidend:[20]

---

zu weiteren Neuerungen gezwungen. In der Business-Kabine wurde die Zahl der Sitzplätze pro Reihe reduziert und der Abstand zum Vordermann erhöht. Darüber hinaus erfolgte auf den Flughäfen die Errichtung sogenannter „Business Class Lounges". Mitte der 90er Jahre gehörten Begrüßungssekt, mehrgängige Menüs (auf Porzellan serviert und mit Käse, Pralinen und Portwein abgerundet), „Night-kits" (mit Zahnbürste, Überziehstrümpfen und Augenbinde), im Sitz eingebaute Bildschirme und 100 cm Sitzabstand zum internationalen Standard. Um sich von ihren Konkurrenten besser abheben zu können, führten einige Gesellschaften weitere Verbesserungen in ihrer Business Class ein. Zumeist wurde dabei der Sitzabstand nochmals auf nunmehr 127 cm vergrößert. Verschiedene Airlines gingen sogar noch weiter. Beispielsweise schaffte Continental Airlines seine First Class ganz ab und offerierte eine Klasse für Geschäftsreisende mit First Class-Bestuhlung aber Business Class-Preisen. Hierdurch konnte das Unternehmen seine Erträge im Nordatlantikverkehr auf Kosten anderer Carrier beträchtlich steigern. Auch Virgin Atlantic gewann mit seinem „Snooze Service" (spezielle Schlafsitze, Decke und Schlafanzug für jeden Reisenden, Verdunklung der Kabine fast während des gesamten Fluges) viele neue Geschäftskunden. Mittlerweile hat sich die Mehrzahl der Airlines dem 127cm-Standard angepaßt. Weitere Differenzierungsmaßnahmen wie beispielsweise die Einführung von Schlafkabinen sind in Sicht [vgl. Doganis (1991) S. 270f, Hassenmeier (1995): *Auf Wolken gebettet*; Newitt (1995): *Service competition,* Hill (1996) und Schmidt (1993) S. 41f].

[19] „Die Formulierung einer Wettbewerbsstrategie besteht wesentlich darin, ein Unternehmen in Bezug zu seinem Umfeld zu setzen. Obwohl das relevante Umfeld sehr weit ist (es umfaßt sowohl soziale als auch ökonomische Kräfte), liegt sein Kern aus der Sicht des Unternehmens in der Branche .. , in der .. es konkurriert. .... Kräfte außerhalb der Branche spielen bedingt eine Rolle; da externe Kräfte meist alle Anbieter betreffen, kommt es auf die unterschiedlichen Fähigkeiten der Unternehmen an, mit ihnen fertig zu werden." [Porter (1983) S. 25].

[20] Porter (1983) S. 26 und 29-56.

* Bedrohung durch neue Konkurrenten (potentielle Konkurrenz),
* Grad der Rivalität unter den bestehenden Wettbewerbern,
* Druck durch Substitutionsprodukte,
* Verhandlungsstärke der Abnehmer,
* Verhandlungsstärke der Lieferanten[21].

Die *Gefahr des Markteintritts* hängt nach Ansicht von Porter von den existierenden Markteintrittsbarrieren (Größenvorteile, Produktdifferenzierung, Kapitalbedarf, Umstellungskosten der Abnehmer, Zugang zu Vertriebskanälen und Rohstoffen, Besitz von Produkttechnologien, Lern- und Erfahrungskurven, Vergabepraxis bei staatlichen Subventionen) und den absehbaren Reaktionen der Etablierten ab. Die *Rivalität zwischen den Unternehmen* kann von vielen Faktoren beeinflußt werden, beispielsweise vom Branchenwachstum, von der Höhe der Fix- und Lagerkosten, von fehlenden Differenzierungsmöglichkeiten oder von strategischen Verhaltensweisen einzelner Unternehmen. Sie findet ihren Ausdruck in Taktiken wie Preiswettbewerb, Werbekampagnen, Servicepolitik, u.ä.. *Substitutionsprodukte* können je nach angebotenem Preis-Leistungs-Verhältnis das Gewinnpotential einer Branche mehr oder weniger stark beeinträchtigen. Die *Verhandlungsstärke der Abnehmer und Lieferanten* hängt von deren Konzentrationsgrad und von der Marktsituation ab.

Die Vorzüge der Strukturanalyse von Porter liegen darin, den Einfluß von Lieferanten, Abnehmern, potentiellen Konkurrenten und Herstellern von Ersatzprodukten hervorgehoben zu haben. Andere Gruppen, die das Marktgeschehen ebenfalls stark beeinflussen können, werden dagegen kaum berücksichtigt (z.B. Beschaffungs- und Absatzmittler, Banken und Versicherungen, Leasing-Gesellschaften, Lieferanten vorgelagerter Produktionsstufe und Abnehmer nachgelagerter Produktionsstufen). Auch der Staat wird nicht als eigenständiger Faktor erfaßt.[22]

---

[21] Die Arbeitskräfte und Gewerkschaften werden zu den Lieferanten gerechnet.

[22] Nach Porter ist es für die Zwecke der Strukturanalyse meist aufschlußreicher, „zu untersuchen, wie der Staat durch die fünf Wettbewerbskräfte auf den Wettbewerb einwirkt, statt den Staat als eigenständigen Faktor zu betrachten" [Porter (1983) S. 56]. Der Staat spielt in vielen Branchen zweifellos als Abnehmer, Lieferant oder sogar Produzent eine bedeutende Rolle. Zusätzlich kann er das Marktgeschehen aber auch durch andere Maßnahmen beeinflussen (z.B. Preis- und Mengenregulierung, Normung, Typung, Zölle, Steuern, Subventionen sowie Kartell- und Fusionskontrolle). Darüber hinaus können die direkten und indirekten Marktakteure den Staat durch Lobbyisten-Tätigkeiten, Produktionsverlagerungen, Streiks, etc. erheb-

Die *empirische Erfolgsfaktorenanalyse* hat sich in den letzten Jahrzehnten auf die Erforschung von Unternehmen konzentriert. Ziel einer Reihe von Wissenschaftlern und Forschergruppen war es, die ausschlaggebenden Determinanten des Unternehmenserfolgs anhand von speziellen Firmenstudien und Managerbefragungen zu separieren und der Leitungsebene verfügbar zu machen.[23] Trotz teilweise unterschiedlicher Zielsetzungen und methodischer Vorgehensweisen beinhalten die meisten Untersuchungen nach Diegruber mehr Gemeinsamkeiten als Gegensätze. Der Unternehmenserfolg wird weitgehend auf interne Faktoren zurückgeführt, wie Qualität des Top-Managements, Personalentwicklung, Primat des Handels, Nähe zum Kunden, eigene Produktentwicklung, hohe Qualität, exzellenter Service, Innovationskraft, effektive Führung, effiziente Kontrolle oder Konzentration auf unternehmerische Schwerpunkte. Diegruber ordnet die einzelnen Erfolgsfaktoren folgenden vier Segmenten zu:[24]

* Humankapital,
* Strategische Ausrichtung (Markt- und Wettbewerbsstrategien),
* Strukturelle Gestaltung,
* Operative Umsetzung.

Unter *Humankapital* subsumiert er das Management der menschlichen Ressourcen, also die Rekrutierung, Schulung, Selektion und Bezahlung von Mitarbeitern, das Führungsverhalten und bestehende Motivationsanreize. Der *strategischen Ausrichtung* werden die Bereiche Differenzierung (Produkt- und Leistungspalette, Technologien, Qualität, Service, Werbung, Image, usw.) und Kostenminimierung (Gemeinkosten, Größeneffekte, Innovationssysteme, Innovationen, usw.) zugeordnet. Die *strukturelle Gestaltung* umfaßt die Schaffung einer zweckmäßigen Organisationsstruktur, welche Koordination, Flexibilität und Dynamik sicherstellen soll. Bei der *operativen Umsetzung* geht es um die Sicherstellung einer effizienten Input-Output-Relation. Unternehmensübergreifend berücksichtigt Diegruber zusätzlich die allgemeine wettbewerbliche Stellung des

lich beeinflussen. Das Vorliegen zahlreicher Rückkopplungseffekte macht es daher naheliegend, nicht einzelne Staatsaktivitäten isoliert zu betrachten, sondern den Staat vielmehr in seiner Gesamtheit als eigenständigen Faktor auszuweisen.

[23] Eine Zusammenfassung der Ergebnisse von zwölf Untersuchungen findet sich in Diegruber (1991) S. 18-31.

[24] Diegruber (1991) S. 30f.

Unternehmens *(Wettbewerbsposition)* und den generellen Entwicklungstrend der Branche *(Industrietrend).*[25]

Die Bedeutung der empirischen Erfolgsfaktorenanalyse liegt darin, auf die Relevanz unternehmensinterner Faktoren aufmerksam gemacht zu haben. Daß diese ein erhebliches Gewicht haben können, zeigt die unterschiedliche Entwicklung verschiedener Unternehmen ausgehend von weitgehend identischen Anfangsbedingungen (beispielsweise gleiche Branche, gleiche Größe, gleiche Produktionsstruktur). Vor allem bei den inneramerikanischen Fluggesellschaften läßt sich hervorragend aufzeigen, daß Kundenorientierung, Wachstums- und Akquisitionsstrategie, Führungsstil sowie Visionskraft des Top Managements das Schicksal maßgeblich mitbestimmen und unternehmensexterne Faktoren in den Hintergrund stellen können.[26]

Die vorhergehenden Ausführungen haben gezeigt, daß der Wettbewerb von zahlreichen Faktoren bestimmt wird. Nach Auffassung des Verfassers können diese drei Hauptbereichen zugeordnet werden:

* Umwelt,
* Markt,
* Unternehmen.

Die einzelnen Bereiche sind dabei nicht voneinander unabhängig. Vielmehr besteht eine - mehr oder weniger stark ausgeprägte und sich unterschiedlich schnell auswirkende - Interdependenz zwischen Umwelt, Markt und Unternehmen. Darüber hinaus sind selbst die Einzelfaktoren eines Bereichs sowohl untereinander als auch mit den Faktoren anderer Bereiche durch Rückkopplungseffekte verknüpft. Eine Übersicht gibt Abbildung 4.1.

---

[25] Diegruber (1991) S. 42-46 und S. 84-88.

[26] Vgl. hierzu die zahlreichen Beispiele von Petzinger (1995).

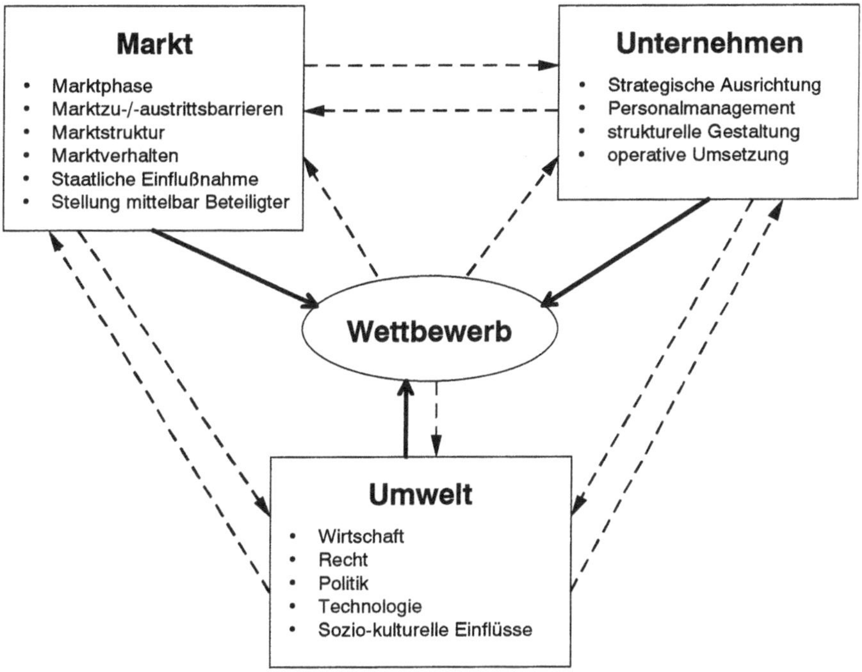

Abbildung 4.1

Quelle: eigene Darstellung

Unter *Umwelt* lassen sich all jene Wettbewerbsfaktoren zusammenfassen, die für das einzelne Unternehmen bzw. die gesamte Branche kurz- und mittelfristig exogen sind.[27] Hierzu gehört das gesamte wirtschaftliche, rechtliche, technologische, soziale, politische und kulturelle Umfeld, beispielsweise das Angebot an Produktionsfaktoren[28], die Konjunkturphase, allgemeine Steuern und Abgaben,

---

[27] Langfristig sind jedoch auch die Umweltbedingungen durch den Markt bzw. die Unternehmen beeinflußbar. So können beispielsweise Produkt- oder Verfahrensinnovationen eines Unternehmens den gesamtwirtschaftlichen Stand der Technologie auf eine höhere Ebene heben. Ebenso ist durch das konzertierte Vorgehen mehrerer Betriebe eine Senkung des nationalen Lohnniveaus (im Rahmen von Tarifvereinbarungen) oder eine Änderung des allgemeinen Steuersystems (durch intensive Lobbyisten-Tätigkeit) möglich.

[28] Verfügbarkeit, Qualität und Preis bestimmter marktspezifischer Produktionsfaktoren können allerdings von dem am Markt beteiligten Unternehmen beeinflußt werden. Beispielsweise

die bestehende Handels- und Unternehmensgesetzgebung sowie der Stand der Technologie.

Der *Markt* beinhaltet alle Faktoren, durch die das Zusammentreffen von Angebot und Nachfrage geregelt wird. Er kann in folgende sechs Teilbereiche untergliedert werden: 1) Marktphase, 2) Marktzu- und Marktaustrittsbarrieren, 3) Marktstruktur, 4) Marktverhalten, 5) Staatliche Einflußnahme und 6) Stellung mittelbar am Marktprozeß Beteiligter. Die *Marktphase* gibt Aufschluß über den erreichten Entwicklungsstand des Marktes und die zu erwartende Umsatzentwicklung. Die *Marktbarrieren* sind Indiz für das Auftreten potentieller Konkurrenten. Sie können technischer Natur (z.B. Größenvorteile, Lerneffekte), finanzieller Natur (z.B. hoher Kapitalbedarf, irreversible Kosten), administrativer Natur (z.B. Regulierung des Marktzugangs) oder verhaltensbedingt sein (z.B. markteintrittsverhindernde Strategien der Etablierten). Als *Marktstruktur* wird im Rahmen dieser Arbeit das Verhältnis der einzelnen Marktteilnehmer zueinander und zum ganzen Markt verstanden.[29] Zu ihren Bestimmungsfaktoren zählen Anzahl, Größe und Bedeutung der Marktteilnehmer, Fertigungsbreite, Fertigungstiefe, Produktdifferenzierungsgrad, Kosten, Preise und Gewinne der Anbieter, Kaufkraft, Präferenzen und Organisationsgrad der Nachfrager sowie die vorherrschende Markttransparenz. Unter *Marktverhalten* werden die Zielsetzungen, Verhaltensmuster und Marketing-Instrumente der Marktteilnehmer zusammengefaßt. Hierzu gehören Preis-, Produkt-, Werbe- und Distributionsstrategien sowie der vorherrschende Kooperations- bzw. Konkurrenzwille. Der *Staatliche Einfluß* manifestiert sich in Maßnahmen der Preis- und Mengenregulierung, der Beeinflussung von Management-Entscheidungen, dem Erlaß marktspezifischer Vorschriften, der Erhebung marktspezifischer Steuern, der Vergabe marktspezifischer Subventionen sowie der Fusions- und Kartellkontrolle.[30] Die *Stellung*

---

wirken Luftfahrtunternehmen intensiv bei der Neu- und Weiterentwicklung von Flugzeugen mit oder bilden ihre eigenen Piloten aus. Bezogen auf alle erforderlichen Produktionsfaktoren hat das einzelne Unternehmen aber nur einen äußerst geringen oder keinen Einfluß.

[29] Struktur kann nach Thalheim als „die Art und Weise, wie die Teile eines Ganzen untereinander und mit diesem Ganzen verbunden sind" [Loo (1992) S. 39] bzw. als „Muster, nach dem die Grundbestandteile eines zusammengesetzten Ganzen geordnet und zusammengefügt sind" [Bain (1975) S. 179] verstanden werden. Gemeint ist somit keinesfalls die Größe oder Entwicklungsform des Ganzen, sondern nur dessen innere Beschaffenheit.

[30] Die Festlegung der Wirtschaftsordnung sowie allgemeiner Steuern durch den Staat fällt in den Bereich Umwelt. Sofern der Staat als Eigentümer eines Unternehmens auftritt, wird er zusätzlich in der Marktstruktur- und Marktverhaltensanalyse erfaßt. Wirken sich seine Maß-

mittelbar am Marktprozeß Beteiligter[31] umfaßt sowohl die Struktur als auch das Verhalten von Arbeitnehmern und Gewerkschaften, Beschaffungs- und Absatzmittlern, Produzenten von Substitutions- und Komplementärgütern, Lieferanten der Lieferanten (indirekte Lieferanten), Kunden der Kunden (indirekte Kunden) sowie Banken und Versicherungen.

Letztlich werden unter *Unternehmen* all jene Faktoren subsumiert, die die einzelnen Wettbewerber selbst bestimmen oder zumindest beeinflussen können, z.B. strategische Ausrichtung, strukturelle Gestaltung, operative Umsetzung, Innovationsfähigkeit und Personalmanagement.

Eine ausführlich Behandlung aller Wettbewerbsfaktoren würde den Rahmen dieser Arbeit bei weitem übersteigen. Es erfolgt daher nur eine Analyse jener Faktoren, die in der gängigen Literatur als für den Luftverkehr besonders relevant oder sogar als luftverkehrsspezifisch bezeichnet werden (vgl. Abbildung 4.2). So wichtige Determinanten wie Innovationspotential, Kundenorientierung, Markenbildung, Mitarbeitermotivation oder interne Organisation bleiben dagegen weitgehend unberücksichtigt, da diesbezüglich eine analoge Anwendung der Erkenntnisse aus anderen (Dienstleistungs-) Branchen möglich ist.[32] Beispielsweise unterscheiden sich die Anforderungen in Bezug auf Kundenorientierung nicht wesentlich von jenen im Hotel- und Gaststättengewerbe oder bei großen Mietwagenagenturen.

---

nahmen auf den Marktzu- bzw. Marktaustritt aus, erfolgt seine Berücksichtigung auch in diesem Teilbereich.

[31] Methodisch wäre es zwar auch möglich, die Stellung der mittelbar am Marktprozeß Beteiligten im Rahmen der Marktstruktur oder des Marktverhaltens zu berücksichtigen, im Rahmen dieser Arbeit sollen sie jedoch als eigenständiger Teilbereich berücksichtigt werden, um ihren oftmals unterschätzten Einfluß auf das Marktgeschehen hervorzuheben.

[32] Für eine detaillierte Analyse verschiedener interner- und externer Erfolgsfaktoren vergleiche Diegruber (1991).

Wettbewerbsfaktoren der Bereiche Umwelt und Markt		
Typ	**allgemein**	**luftverkehrsrelevant**
Umwelt	• Gesamtwirtschaftliches Umfeld (Sozialprodukt, Konjunktur) • soziales Umfeld • Steuern und Abgaben • Handels- und Unternehmens-gesetzgebung • Verfügbarkeit, Qualität und Preis von Produktionsfaktoren • Infrastruktur • Beziehungen zu anderen Regionen und Ländern • Stand der Technologie	• Höhe des Sozialprodukts • Konjunkturphase • Handelsvolumen luftverkehrsaffiner Güter • Tourismus und Geschäftsreiseverkehr • Personalkosten (Löhne, Sozialleistungen, Arbeitsbedingungen) • Kerosinpreis • Luftverkehrsinfrastruktur • Flughafendienste und Flughafengebühren • Flugsicherungsgebühren
Marktphase	• Einführung, Expansion, Reife, Stagnation oder Degeneration	• Produktinnovation • Produktdifferenzierung (Branding, etc.)
Marktzu- und Markt-austrittsbarrieren	• staatliche Regulierung • eingeschränkter Zugang zu Ressourcen und Vertriebskanälen • Vorteile der Etablierten (economies of scale, scope und density, Know-how, Lern- und Erfahrungseffekte) • markteintrittsverhindernde Strategien der Etablierten • Kapitalbedarf • irreversible Kosten	• Designierung, Nationalitätenklauseln, Kabotagevorbehalt • Ressourcenzugang (Flugzeuge, Slots, Gates, Mitarbeiter) • Economies of density • Predation • Flughafen- und Routendominanz
Staatliche Einflußnahme	• Preis- und Mengenregulierung • marktspezifische Steuern, Subventionen und Vorschriften • Kartell- und Fusionskontrolle • Einfluß auf das Managementverhalten	• Kapazitäts-, Frequenz- und Preiskontrolle • Subventionen • Kartell- und Fusionskontrolle • Einfluß auf das Management von Flag Carriern
Marktstruktur	• Anzahl, Größe und Bedeutung von Anbietern und Nachfragern • Fertigungsbreite und -tiefe, Kosten, Preise und Gewinne der Anbieter • Kaufkraft und Präferenzen der Nachfrager • Produktdifferenzierungsgrad • Markttransparenz	• Anbieterkonzentration - Industriekonzentration - Flughafenkonzentration - Routenkonzentration • Nachfragesegmente • Angebots- und Nachfrage-elastizität
Marktverhalten	• Zielsetzungen • Kooperations- bzw. Konfrontationsbereitschaft • Innovations- und Differenzierungspotential • Marketing-Instrumente	• IATA-Tarifregulierung und Interlining • Firmentarife • Vielfliegerprogramme (FFP) • Reisebüroprovisionen • Computerreservierungssysteme (CRS) • Yield-Management • Flottenpolitik • Routing und Scheduling • Flotten- und Creweinsatzpolitik • Codesharing • Kooperationen und Allianzen • Outsorcing • Network Management
Stellung mittelbar am Marktprozeß Beteiligter	• Substitutions- und Komplementärgüter • vor-, zwischen- und nach-gelagerte Produktionsstufen • Beschaffungs- und Absatzmittler • Banken und Versicherungen • Arbeitskräfte und Gewerkschaften	• Konkurrenz von Pkw und Bahn • Flugzeugproduzenten • Leasinggesellschaften • Reisebüros • Consolidators • Banken

Abbildung 4.2 , Quelle: eigene Darstellung

Da die einzelnen Wettbewerbsfaktoren durchaus unterschiedliche Bedeutung haben, müssen die ausschlaggebenden von den weniger wichtigen Faktoren getrennt werden. Hierzu wird eine ABC-Analyse durchgeführt, bei der unter A-Faktoren all jene Determinanten subsumiert werden, die den Wettbewerb nachhaltig beeinflussen, die also als tatsächlich relevante Erfolgsfaktoren zu bezeichnen sind. Um den einzelnen Determinanten ihre jeweilige Bedeutung zuordnen zu können, sollen im folgenden die weitgehend luftverkehrsspezifischen Wettbewerbsfaktoren der Bereiche Umwelt und Markt behandelt werden.[33]

4.2. Luftverkehrsrelevante Umwelteinflüsse

4.2.1. Personalkosten[34]

Für Fluggesellschaften stellen Personalkosten mit 15 - 35 % der Gesamtkosten[35] die bei weitem größte Ausgabenposition dar. Ihre Höhe hängt weitgehend von staatlichen Vorgaben und dem Entwicklungsstand der Volkswirtschaft ab. Bei-

---

[33] Was den Bereich „Umwelt" anbelangt, erfolgt keine Untersuchung des Einflusses solch wichtiger Faktoren wie Konjunktur und Technologie, da diese nicht als luftverkehrsspezifisch gelten können und eine kurze Bewertung bereits in den Kapiteln 2.1 und 2.2 nachzulesen ist. Hinsichtlich des Bereichs „Markt" liegt der Untersuchungsschwerpunkt auf den Teilbereichen Marktzu- und Marktaustrittsbarrieren, Einflußnahme des Staates und Marktverhalten. Die Behandlung der Marktstruktur erfolgte dagegen bereits in den Kapiteln 2 und 3. Am Anfang dieses Kapitels wurde ferner schon auf die Bedeutung der Marktphase hingewiesen. Da der Luftverkehr diesbezüglich keine Besonderheiten aufweist, kann auf die branchenübergreifende Fachliteratur verwiesen werden. Ähnliches gilt für die Stellung der mittelbar am Marktprozeß Beteiligten. Hier bilden nur die Reisebüros eine Ausnahme, auf die daher kurz eingegangen wird.

[34] Personalkosten sind zwar keinesfalls luftverkehrsspezifisch, sie werden im Rahmen dieser Arbeit aber trotzdem kurz behandelt. Da sie bei manchen Fluggesellschaften bis zu einem Drittel der Gesamtkosten ausmachen, kommt ihnen im Rahmen des globalen Liberalisierungsprozesses besondere Bedeutung zu. Vor allem stellt sich die Frage, ob Luftfahrtunternehmen aus den klassischen Hochlohnländern Europas Strategien entwickeln können, um im verstärkten Wettbewerb auch mit überdurchschnittlichen Personalkosten zu überleben. Die Ausführungen zum Outsourcing, zum Routing und Scheduling sowie zum Eingehen von Strategischen Allianzen und Beteiligungen versuchen zumindest ansatzweise eine Antwort zu geben.

[35] Nach Doganis betragen die Personalkosten in Asien (mit Ausnahme Japans) 10-20 %, in Europa 25-35 % und in Nordamerika 30-35% der Gesamtkosten [Doganis (1991) S. 133]. Nach BTCE beträgt der Anteil 19 % in Asien, 34 % in Nordamerika und 36 % in Europa [BTCE (1994) S. 13f].

spielsweise werden Sozialleistungen und Arbeitsbedingungen in vielen Fällen durch gesetzliche Regelungen vorgegeben. Auch Löhne und Gehälter müssen sich an dem gängigen Durchschnittsentgelt für vergleichbare Arbeiten orientieren. Zahlt ein Unternehmen erheblich weniger, findet es keine oder nur unzureichend qualifizierte Mitarbeiter. Dennoch können innerhalb eines Landes teilweise beträchtliche Vergütungsdifferenzen existieren.[36] Diese sind auf unterschiedliche Mitarbeiter- und Vergütungsstrukturen sowie auf spezifische Unternehmensbesonderheiten (z.B. Tradition, Serviceniveau, finanzielle Situation, Einfluß von Staat und Gewerkschaften) zurückzuführen. Vor allem junge Unternehmen haben oftmals weit unter dem Industriedurchschnitt liegende Personalkosten.[37] Aber auch etablierte Fluggesellschaften besitzen Möglichkeiten, das Vergütungsniveau zu beeinflussen. Beispielsweise können sie ihre Belegschaft am Gewinn oder an den Aktien beteiligen und als Gegenleistung Lohnkonzessionen fordern[38], sie können neue Mitarbeiter mit deutlich geringeren Vergütun-

---

[36] Welches Ausmaß diese Kostendifferenz annehmen kann, veranschaulicht ein Vergleich der durchschnittlichen jährlichen Personalaufwendungen (in US-Dollar) der US-Fluggesellschaften Delta Air Lines (Mega Carrier mit 66.546 Mitarbeitern) und America West (1983 gegründeter Carrier mit 10.698 Mitarbeitern) aus dem Jahre 1994 [ICAO (1995): *Fleet & Personnel*, S. D-27ff]:

Mitarbeiterkategorie	Delta Airlines	America West	Verhältnis
Cockpitbesatzung	127.846 US-$/Jahr	58.326 US-$/Jahr	2,2 : 1
Kabinenbesatzung	31.651 US-$/Jahr	19.442 US-$/Jahr	1,6 : 1
Wartungspersonal	33.563 US-$/Jahr	29.679 US-$/Jahr	1,1 : 1
Sonstiges Personal	42.956 US-$/Jahr	19.386 US-$/Jahr	2,2 : 1

Der große Unterschied bei der Cockpitbesatzung war u.a. auf unterschiedliche Einsatzbedingungen zurückzuführen. So setzte America West nur Jets der Typen A-320, B-737 und B-757 mit zwischen 100 und 190 Sitzplätzen ein, während bei Delta 23 % der Maschinen auf Großraumflugzeuge der Typen B-767, MD-11 und L-100 mit zwischen 204 und 302 Sitzen entfielen. Piloten größerer Verkehrsflugzeuge benötigen aber eine längere Berufserfahrung und erhalten - auch aufgrund ihrer größeren Verantwortung - ein höheres Gehalt. Dies gilt um so mehr, wenn sie - wie im Fall Delta - nicht nur kontinentale sondern auch interkontinentale Strecken fliegen.

[37] Als Gründe hierfür können die vergleichsweise große Zahl junger Mitarbeiter (diese können aufgrund ihrer geringen Erfahrung noch keine hohen Lohnforderungen stellen), die kurzen Betriebszugehörigkeiten (hierdurch konnten noch keine „Senioritätsansprüche" erworben werden) und der geringe bzw. oftmals überhaupt nicht vorhandene Einfluß der Gewerkschaften aufgeführt werden. Außerdem haben junge Unternehmen gewöhnlich härtere Arbeitsbedingungen, insb. längere Einsatz- und kürzere Ruhezeiten.

[38] 1994 übernahmen die Mitarbeiter von United Airlines 55 % der Aktien des Unternehmens und waren im Gegenzug zu Konzessionen bereit, die über einen Zeitraum von 12 Jahren zu

gen einstellen und auf diese Weise eine „two-tier wage structure" etablieren[39], oder sie können Tochtergesellschaften bzw. wirtschaftlich selbständige Unternehmenseinheiten mit niedrigeren Personalaufwendungen gründen.[40] Besonders wirksam ist auch eine Flexibilisierung und Straffung der Arbeitsbedingungen.[41] Speziell in den USA wurde darüber hinaus mehrfach eine Neustrukturierung unter dem Schutz des Konkursrechts (Chapter 11) genutzt, um die Gewerkschaften zum Abschluß günstigerer Verträge zu zwingen.[42] Die Vielfalt von Möglichkeiten sollte jedoch nicht darüber hinwegtäuschen, daß der Versuch, die Personalkosten zu senken, gewöhnlich auf entschiedenen Widerstand seitens der Belegschaft, der Gewerkschaften und der Politik trifft. Dies gilt insbesondere für europäische Fluggesellschaften, die sich häufig noch im Staatsbesitz befinden und zudem durch die äußerst arbeitnehmerfreundliche Sozialgesetzgebung erheblich in ihrem Bewegungsspielraum eingeschränkt sind.

Personalkosteneinsparungen in Höhe von 8,2 Mrd. US-Dollar führen sollten [Hacker, Douglas (1996): *The benefits of employees as major shareholders*, Rede auf der IATA-Konferenz über "Financial Management" am 22.04.96 in New York, S. 2]. Southwest Airlines vereinbarte mit seinen Piloten im selben Jahr ein fünfjähriges Einfrieren der Gehälter im Austausch gegen Aktienoptionen [ICAO (1995): *The World of Civil Aviation*, S. 42].

[39] American Airlines war die erste Fluggesellschaft, die 1983 mit ihren drei Gewerkschaften eine Vereinbarung schloß, aufgrund derer neue sogenannte „b-scale" Mitarbeiter zu um 30 - 50 % gekürzten Bezügen eingestellt werden konnten [Blumestock/Thomchick (1989) S. 398].

[40] Delta Express, die als „airline within an airline" operiert, hatte bei Aufnahme der Geschäftstätigkeit im Oktober 1996 beispielsweise um 32 % geringere Personalkosten für die Cockpitbesatzung als die Muttergesellschaft Delta Airlines. Dieser Kostenvorteil ergab sich vor allem durch den Einsatz vergleichsweise junger Piloten (im Durchschnitt 8-10 Jahre Berufserfahrung) mit niedrigeren Gehältern und durch eine deutliche Erhöhung der Produktivität [Nelms (1996): *Delta Express - Orlando Magic*, S. 59].

[41] Beim fliegenden Personal kann beispielsweise eine Erhöhung der monatlichen Flugstunden oder eine Verlängerung der maximalen Einsatzzeit erfolgen. Darüber hinaus ist eine Ausweitung des Arbeitsbereichs (z.B. Einsatz auf zusätzlichen Strecken oder Flugzeugtypen) und eine Verringerung der Cockpitbesatzung von 3 auf 2 Personen möglich.

[42] vgl. Blumestock/Thomchick (1989) S. 398-399.

Können innerhalb eines Landes schon erhebliche Vergütungsdifferenzen auftreten, so ist der Unterschied im internationalen Vergleich noch gravierender.[43] Carrier aus Niedriglohnländern haben unbestreitbar einen eindeutigen Wettbewerbsvorteil, den Fluggesellschaften aus Staaten mit traditionell hohen Arbeitskosten nur schwer durch eine Steigerung der Produktivität ausgleichen können. Dies gilt auch unter Berücksichtigung verschiedener neuartiger Globalisierungsstrategien im Personalbereich (beispielsweise dem Einsatz ausländischer Crews zu den in ihrem Heimatland gültigen niedrigeren Gehältern[44] oder der Verlagerung eigener Mitarbeiter ins Ausland[45]), da diese nur auf einen Teil der Belegschaft anwendbar sind. Zusammenfassend kann daher festgestellt werden, daß die Höhe des Vergütungsniveaus ein entscheidender Wettbewerbsfaktor im nationalen, vor allem aber im internationalen Konkurrenzkampf ist.

---

[43] Welches Ausmaß die Vergütungsdifferenz annehmen kann, zeigt ein Vergleich zwischen *Japan Airlines JAL* (21.559 Mitarbeiter, 26,084 Mio. Passagiere, 62.936 Mrd. RPK) und *Pakistan International Airlines PIA* (20.449 Mitarbeiter, 4,306 Mio. Passagiere, 7.914 Mrd. RPK) aus dem Jahre 1994 [ICAO (1995): *Civil Aviation Statistics of the World*, S. 91, 104 und ICAO (1995): *Fleet & Personnel*, S. D-11ff]:

Kategorie	JAL	PIA	Verhältnis
Cockpitbesatzung	233.337 US-$/Jahr	23.630 US-$/Jahr	9,9 : 1
Kabinenbesatzung	100.889 US-$/Jahr	6.034 US-$/Jahr	16,7 : 1
Sonstiges Personal	114.210 US-$/Jahr	6.010 US-$/Jahr	19,0 : 1
Passagiere/Mitarbeiter	1.210	211	5,7 : 1
RPK/Mitarbeiter	2.919.244	387.012	7,5 : 1

Auch wenn man die unterschiedliche Produktivität sowie wechselkursbedingte Verzerrungen berücksichtigt, verdeutlicht dieses Beispiel, wie die Wettbewerbsfähigkeit einer Fluggesellschaft durch hohe Personalaufwendungen in erheblichem Maß negativ beeinflußt werden kann.

[44] Die Lufthansa begann mit dieser Praxis im April 1996, als sie 58 indische und 120 thailändische Stewardessen einstellte und in Delhi bzw. Bangkok stationierte. Es wurde dabei der Philosophie gefolgt, daß „während des Umlaufs an Bord alle gleich sind und am Boden die Regeln gelten, die sich an der Situation im Heimatland orientieren“. Dies bedeutete identische Arbeitszeitregelungen und Spesen wie die deutschen Kolleginnen, aber eine Vergütungshöhe entsprechend dem indischen bzw. thailändischen Lohnniveau, welches nur ein Drittel bzw. ein Viertel des deutschen Lohnniveaus ausmachte [Lufthanseat (1996), Nr. 648, S. 1-3 und Cameron (1997): *People movers*, S. 52].

[45] Die von der Swissair übernommene Sabena erzielte beispielsweise mit ihrer Pilotenvereinigung eine Übereinkunft, welche die Auslagerung aller Piloten in die Schweiz für das Jahr 1998 vorsah. Die Anstellung zu dortigen Konditionen sollte Kosteneinsparungen von 30-40 Mio. US-$ ermöglichen [Cameron (1997): *People movers*, S. 52].

4.2.2. Kerosinpreis

Der Anteil der Treibstoffkosten an den Gesamtkosten der Fluggesellschaften schwankte in den letzten Jahrzehnten zwischen 11 % und 29 %.[46] Wie stark Airlines von Kerosinpreisänderungen beeinträchtigt werden, hängt von der Flotte (Alter, Zusammensetzung) und der Streckennetzstruktur ab. Grundsätzlich gilt, daß der Treibstoffverbrauch pro angebotenem Passagierkilometer bei alten Maschinen höher ausfällt als bei neuen[47], bei großen Flugzeugen geringer als bei kleinen[48] und bei Kurzstreckenflügen höher als bei Langstreckenflügen[49]. Daraus folgt, daß hohe Treibstoffpreise vor allem jene Unternehmen benachteiligen, die mit kleinen und vergleichsweise alten Maschinen Kurzstrecken bedienen. Aber auch Carrier mit identischem Fluggerät und gleicher durchschnittlicher Streckenlänge befinden sich nicht immer in der gleichen Ausgangssituation, da die Preise an den verschiedenen Flughäfen teilweise große Differenzen aufweisen.[50] Die Höhe des durchschnittlichen Kerosinpreises an dem oder den Drehkreuzen einer Fluggesellschaft ist somit ein nicht unerheblicher externer Wettbewerbsfaktor.

---

[46] Nach Angaben der ICAO betrug der Anteil der Treibstoffkosten an den Gesamtkosten 1972 nur 11 %, stieg dann bis 1981 auf 29 % und ist seitdem wieder auf 12 % gesunken [BTCE (1994) S. 280].

[47] Die Ursache hierfür liegt in der Verbesserung der Triebwerkstechnik und im Einsatz neuartiger Materialien mit geringerem spezifischen Gewicht. Bei der Lufthansa verbrauchte 1995 ein neuer Airbus A 321 (Erstauslieferung 1994) ca. 5,5 Liter pro 100 geflogene Passagierkilometer. Demgegenüber lag der Wert für eine Boeing B 737-200 advanced (Erstauslieferung 1981) bei ca. 10,0 Litern. Auch wenn diese Werte um unterschiedliche Einsatzbedingungen (z.B. durchschnittliche Streckenlänge, Sitzladefaktor, Bestuhlung) zu berichtigen sind, ergeben sich für das ältere Boeing-Modell zweifelsohne erheblich höhere Kosten [Lufthansa (1996): *Umweltbericht*, S. 17f].

[48] Der Grund hierfür liegt vor allem in der Aerodynamik [vgl. Doganis (1991) S. 145].

[49] Der Treibstoffverbrauch ist am geringstem beim Flug in großer Höhe und mit Reisegeschwindigkeit. Dagegen wird beim Start und bei der Landung sowie bei Wartezeiten am Boden überproportional viel Kerosin verbraucht. Ab einer Entfernung von 2.500 km wird der Einspareffekt durch eine Verlängerung der Flugstrecke aber marginal [vgl. Doganis (1991) S. 155].

[50] Ende Oktober 1996 variierte der Kerosinpreis in Europa beispielsweise um 35 %. Bezogen auf eine US-Gallone war er mit 78 US-Cents in Amsterdam am billigsten, während in München 105 Cents gezahlt werden mußten [Airline Business (1996), Vol. 12, No. 12, S. 56]. Aufgrund der hohen Transportkosten und der langfristigen Lieferbindungen scheint Arbitrage nur bedingt möglich zu sein.

4.2.3. Luftverkehrsinfrastruktur

Das schnelle Wachstum des Luftverkehrs und die Errichtung von Hub-and-spoke-Streckennetzen, durch die als Drehkreuz genutzte Airports übermäßig beansprucht werden, hat zu einer beträchtlichen Verstopfung am Boden und in der Luft geführt. Vor allem die großen internationalen Flughäfen haben mit der rasanten Entwicklung kaum Schritt halten können.[51] Die meisten von ihnen befinden sich mittlerweile nahe ihrer Kapazitätsgrenze oder haben diese bereits überschritten.[52] Defizite existieren vor allem hinsichtlich der Verfügbarkeit von Terminaleinrichtungen (Gate-Problematik) und wirtschaftlich verwertbarer Start- bzw. Landezeiten (Slot-Problematik). Ob einzelne Luftfahrtunternehmen hierdurch eher positiv oder negativ betroffen sind, kann indes nicht pauschal beantwortet werden. Eine Fluggesellschaft, die auf einem kapazitätsbegrenzten Airport ein Drehkreuz eingerichtet hat, wird durch die bestehenden Beschränkungen zwar an der Optimierung der Umsteigezeiten und an einer Ausweitung des Angebots gehindert. Andererseits bewirkt der Engpaß jedoch auch, daß potentielle Wettbewerber kaum eine Chance zum Markteintritt erhalten und somit eine fast unangreifbare Monopolstellung geschaffen wird. Welche Wirkung dominiert,

---

[51] Im Zeitraum von 1985 bis 1994 ist das jährliche Verkehrsaufkommen - bezogen auf die beförderten Passagiere - im Durchschnitt um 17, 1 % in Seoul, um 11,0 % in Hongkong, um 10,7 % in Las Vegas, um 9,4 % in Minneapolis, um 9,3 % in Orlando, um 9,2 % in Phoenix, um 8,0 % in Paris-Charles de Gaulle, um 6,5 % in Frankfurt und um 5,7 % in London-Heathrow gestiegen [ICAO (1995): *The world of civil aviation*, S. 51].

[52] In Europa operieren bereits mehr als ein Dutzend Flughäfen an ihrer Kapazitätsgrenze, v.a. Frankfurt, Madrid, London-Gatwick, London-Heathrow und Barcelona [Sterzenbach (1996) S. 131]. Die Association of European Airlines (AEA) schätzt, daß im Jahre 2005 Engpässe hinsichtlich der verfügbaren Startbahnen an 25 Flughäfen und hinsichtlich der verfügbaren Terminaleinrichtungen an 26 Flughäfen auftreten dürften [AEA (1996): *Yearbook 1996*, S. 25]. Erleichterungen werden nur bedingt durch den Bau neuer Airports in Athen und Oslo sowie Ausbauprojekte in Berlin, Paris, Stockholm, Amsterdam, Madrid, Manchester und Barcelona erwartet [BTCE (1994) S. 103]. In den USA weisen die Airports John F. Kennedy und LaGuardia in New York, der National Airport in Washington, der O´Hare Airport in Chicago sowie weitere 29 Flughäfen erhebliche Kapazitätsengpässe auf. Abhilfe ist kaum in Sicht, da nach der Fertigstellung des Airports in Denver keine Neubauten sondern nur noch Erweiterungsmaßnahmen geplant sind. In Asien entsprechen die Flughäfen Bangkok, Bombay, Hongkong, Tokyo-Narita, Osaka, Seoul und Sydney bereits jetzt nicht mehr der gestiegenen Nachfrage. Obwohl die Neubauten in Hongkong (Chek Lap Kok), Seoul (Inchon) und Kuala Lumpur kurz vor der Fertigstellung stehen und an den neuen Flughäfen in Bangkok, Shanghai, Guangzhou sowie weiteren 15 größeren Städten in der VR China bereits intensiv gearbeitet wird, dürfte die Kapazitätsproblematik aufgrund des prognostizierten überproportionalen Wachstums eher noch zunehmen [vgl. BTCE (1994) S. 104f, ICAO (1995): *The world of civil* aviation, S. 49f und Meredith (1995)].

läßt sich nur im Einzelfall beantworten. Insgesamt muß jedoch von erheblichen Wettbewerbsverzerrungen ausgegangen werden. Ein Ausbau der Infrastruktur ist daher sicherlich dringend erforderlich.

Neben Kapazitätsengpässen können auch Flugbeschränkungen, die auf einigen Airports für bestimmte Flüge, Flugzeiten oder Flugzeuge bestehen, Einfluß auf den Wettbewerb haben. Am weitesten verbreitet sind Nachtflugverbote und Restriktionen für den Einsatz besonders geräuschintensiver Maschinen.[53] Erstere wirken sich vornehmlich auf den Frachtverkehr aus[54], sind im Rahmen dieser Arbeit also weniger interessant. Letztere können Airlines mit älterem Fluggerät beeinträchtigen. Da jedoch vergleichsweise kostengünstige technische Modifikationen eine Einhaltung strengerer Bestimmungen ermöglichen, stellen Lärmschutzbestimmungen zumindest für die internationalen Fluggesellschaften westlicher Länder kein größeres Problem dar.[55] Insgesamt läßt sich daher sagen, daß Flugbeschränkungen den Wettbewerb im Passagierverkehr nur in Einzelfällen nachhaltig beeinträchtigen können.

4.2.4. Flughafendienste und Flughafengebühren

Die Dienstleistungen und Einrichtungen, die auf einem Flughafen zur Verfügung gestellt werden, unterteilen sich in solche, für die ein natürliches Monopol der Flughafengesellschaft besteht (z.B. Bereitstellung der Start- und Landebahnen, Flugzeugsteuerung auf dem Vorfeld) und solche, die prinzipiell von verschiedenen Unternehmen angeboten werden können (z.B. Check-in der Passagiere,

---

[53] Aber auch andere Beschränkungen sind möglich. Beispielsweise dürfen auf dem Flughafen Washington National aufgrund der „Federal Perimeter Rules“ nur eine bestimmte Anzahl von Flügen pro Stunde starten und die Bedienung von Nonstopstrecken über 1.250 Meilen ist verboten [Walker (1997): Hubs - bespoke fortunes, S. 33 und GAO/RCED-97-4, S. 13].

[54] Fracht wird bevorzugt über Nacht transportiert, um am nächsten Morgen beim Empfänger ausgeliefert werden zu können. Zahlreiche Fluggesellschaften und Integrators haben daher Nachtflugknoten eingerichtet. Beispielsweise nutzt Lufthansa Cargo den Flughafen Köln/Bonn als Frachtexpresshub. Flugzeuge aus ganz Europa treffen dort zwischen 23.00 Uhr und 00.45 Uhr ein, werden umgeladen und verlassen den Flughafen wieder zwischen 03.00 Uhr und 04.00 Uhr [vgl. Breuer, Jochen (1995): *Lufthansa Cargo* (unveröffentlichte Vortragsfolien) und Wetjen (1995)].

[55] Es besteht beispielsweise die Möglichkeit, die Flugzeugtriebwerke mit sog. „hush-kits“ zu versehen, um strengere Lärmschutzbestimmungen (z.B. die ab 2002 von der ICAO vorgeschriebenen Chapter 3 Anforderungen) zu erfüllen [vgl. BTCE (1994) S. 368ff].

Auftanken der Flugzeuge).[56] Vor allem in Europa und Asien gibt es viele Airports, auf denen die meisten Einrichtungen und Dienstleistungen exklusiv von der (teilweise staatlichen) Flughafengesellschaft angeboten werden. Hierdurch besteht die Gefahr, daß Monopolpreise verlangt, einzelne Carrier bevorzugt bzw. benachteiligt und/oder unzulängliche Leistungen erbracht werden.[57]

Mehr Wettbewerb bei Bodendiensten ist gerade in Europa erforderlich, wo erhebliche Preisdifferenzen für weitgehend identische Leistungen bestehen.[58] Hierdurch sind jene Airlines benachteiligt, die ein Drehkreuz auf einem teuren Flughafen besitzen und ihre Bodenleistungen nicht frei beschaffen können. Bedingt durch die zunehmende Liberalisierung des internationalen Luftverkehrs wird es für Fluggesellschaften aber immer wichtiger, über Hauptdrehkreuze mit vergleichsweise niedrigen Kosten zu verfügen. Die freie Wahl zwischen mehreren Anbietern oder die Selbstübernahme bestimmter Dienstleistungen sind hierfür unabdingbare Voraussetzungen. Um einen fairen Wettbewerb und das Über-

---

[56] Eine eindeutige Trennung ist pauschal nicht möglich, sondern hängt von den spezifischen Gegebenheiten des Flughafens ab. Die Gepäckabfertigung ist beispielsweise dann ein natürliches Monopol, wenn nur ein Terminal existiert und die Koffer über ein zusammenhängendes System von Förderbändern transportiert werden. Existieren hingegen mehrere Terminals mit eigenen Födereinrichtungen, sind prinzipiell auch verschiedene Anbieter denkbar. Aber selbst wenn grundsätzlich verschiedene Leistungserbringer auftreten könnten, ist dies nicht immer wünschenswert. So kann beispielsweise die Zulassung mehrerer Anbieter von Vorfeldleistungen zu einer gegenseitigen Behinderung der Arbeitsabläufe führen und dadurch die Umkehrzeiten der Flugzeuge verlängern. Hierdurch würde der Flughafen seine Befähigung einbüßen, als Drehkreuz zu dienen.

[57] Die belgische Sabena wird beispielsweise in Madrid durch ihre Hauptkonkurrentin, die spanische Iberia, abgefertigt. Letztere hat selbstverständlich keinen großen Anreiz, einen hervorragenden Service zu bieten. Vielmehr ist davon auszugehen, daß Iberia die durch ihre Tätigkeit erlangten vertraulichen Passagierinformationen der Sabena für eigene Zwecke nutzt [vgl. Stockmann (1996) S. 54].

[58] Wegen der Komplexität der Gebührenberechnung, unterschiedlicher Sätze für verschiedene Flugzeugtypen, der allmählichen Einführung nachfrageorientierter Gebührenstaffeln und des unterschiedlichen Umfangs der angebotenen Dienste ist ein pauschaler Vergleich der einzelnen Flughäfen kaum möglich. Untersuchungen unter Vorgabe konkreter Flug- und Nutzungsprofile haben jedoch ergeben, daß die Gebühren auf Monopolflughäfen um 30 % über dem Durchschnitt liegen und auf einigen Flughäfen den Durchschnittssatz sogar um das Doppelte überschreiten. Besonders in Südeuropa, wo die nationalen Flag Carrier weitgehende Abfertigungsmonopole besitzen, sind die Leistungen teuer und zudem von schlechter Qualität. Die Frankfurter Flughafengesellschaft bietet zwar eine umfangreiche Palette von Dienstleistungen auf hohem Niveau an, hierfür sind jedoch auch besonders hohe Gebühren zu entrichten [Vgl. Copenhagen Airports (1991): *Airport charges* survey; Comité des Sages (1994) S. 15; AEA (1996): *Yearbook* 1996, S. 23 und Stockmann (1996) S. 54].

leben der eigenen Carrier sicherzustellen, sollten Europas Regierungen eine weitgehende Öffnung des Marktzugangs bei Flughafenleistungen sicherstellen. Die EU-Kommission ist sich der geschilderten Problematik bewußt und arbeitet bereits an einer Verordnung, „die eine nichtdiskriminierende, transparente und kostengünstige Bereitstellung von Flughafendienstleistungen sowie eine angemessene Einbeziehung der Benutzer in Entscheidungsverfahren“ gewährleisten soll.[59]

4.2.5. Flugsicherungsgebühren

In den letzten Jahren haben sich die Flugsicherungsgebühren stärker als alle anderen Kosten erhöht.[60] Vor allem in Europa ist die dadurch verursachte Belastung für die Carrier sehr hoch.[61] Hieraus ergibt sich allerdings nicht notwendigerweise ein Wettbewerbsnachteil gegenüber Drittstaatengesellschaften. Konkurrenten, die exakt dieselbe Strecke bedienen, müssen nämlich auch dieselben Flugsicherungsgebühren zahlen. Wettbewerbswirkungen ergeben sich nur dann, wenn ausländische Unternehmen die hohen europäischen Gebühren nicht voll in die Ticketpreise einrechnen, also eine Art Quersubventionierung betreiben, oder wenn für ein bestimmtes Städtepaar mehrere Routenführungen mit stark divergierenden Flugsicherungsgebühren möglich sind. Da die hohen Kosten in Euro-

---

[59] Kommission der Europäischen Gemeinschaft (1994) S. 22.

[60] Zwischen 1987 und 1992 stiegen die Flugsicherungsgebühren (en route charges) der IATA-Fluggesellschaften um insgesamt 77,8 %, während sich die Gesamtkosten nur um 15,1 % erhöhten [Comité des Sages for Air Transport (1994) S. 15]. In den Jahren 1985 bis 1993 betrug der jährliche Anstieg in Europa 7,1 %, alle sonstigen Kosten (außer Kerosin) erhöhten sich dagegen nur um 1,3 % pro Jahr [AEA (1996): *Annual report 1996*, S. 23].

[61] Im Jahre 1992 beliefen sich die „en route charges per ATK“ auf:

5,0 Cents für europäische Regionalfluggesellschaften,
2,5 Cents für große EU-Carrier,
1,0 Cent für große asiatische Fluggesellschaften,
0,2 Cents für US-Majors,
0,0 Cents für US-Inlandsfluggesellschaften.

Ein Vergleich der amerikanischen und europäischen Fluggesellschaften anhand dieser Übersicht ist allerdings nicht ohne weiteres möglich. Die 0,0 Cents für US-Inlandsfluggesellschaften sind nämlich darauf zurückzuführen, daß in den Vereinigten Staaten die Flugsicherungsgebühren direkt von den Passagieren über eine Ticketsteuer getragen werden. Die 0,2 Cents für die US-Majors stellen somit nur die im Ausland gezahlten Gebühren dar. Würden die in der Ticketsteuer enthaltenen Beträge in die Übersicht eingearbeitet, entstünden für alle amerikanischen Airlines weit höhere Kosten [Comité des Sages (1994) S.15, 50].

pa auf eine ineffiziente und fragmentierte Flugsicherung zurückzuführen sind,[62] diesbezüglich aber bereits Reformen eingeleitet wurden, dürfte das Problem in Zukunft an Brisanz verlieren.

4.3. Markteintrittsbarrieren

Markteintrittsbarrieren können absolut oder relativ sein. Bei absoluten Markteintrittsbarrieren wird der Marktzugang interessierten Unternehmen von vornherein unmöglich gemacht. Das ist beispielsweise dann der Fall, wenn eine zwingend vorgeschriebene staatliche Genehmigung nicht erteilt wird oder wenn die etablierten Unternehmen einen exklusiven Zugriff auf marktrelevante Ressourcen haben. Bei relativen Markteintrittsbarrieren ist der Marktzugang dagegen prinzipiell möglich. Neuanbieter verfügen aber über ungleich schlechtere Wettbewerbsbedingungen als große, etablierte Unternehmen, beispielsweise durch das Vorliegen von Größenvorteilen oder stark ausgeprägten Lerneffekten. Der Grad der Benachteiligung bestimmt in diesem Fall das Ausmaß der Marktzutrittsschranke. Ist die Benachteiligung erheblich, haben relative Marktzugangsbarrieren dieselbe Wirkung wie absolute. Ist die Benachteiligung dagegen gering, kann es durchaus zu einem Markteintritt kommen.

Da das Ausmaß bestehender Marktzugangsbarrieren erheblichen Einfluß auf die Marktstruktur und das Marktverhalten hat (und vice versa), ist ihre Bewertung für eine Analyse des Wettbewerbs von erheblicher Bedeutung. Im folgenden werden daher einige Bereiche untersucht, die in der Vergangenheit häufig als wirksame Markteintrittsbarrieren genannt worden sind.[63] Dabei zeigt sich, daß absolute Zutrittsschranken nur in Form staatlicher Beschränkungen (Designierung, Nationalitätenklauseln und Kabotagevorbehalten) existieren. Als stark ausgeprägte relative Zutrittsbarrieren können „Predation" durch etablierte Carrier und der Mangel an wirtschaftlich verwertbaren Slots und Gates bezeich-

---

[62] In Europa existieren 49 Flugsicherungszentren, 31 nationale Systeme, 18 Lieferanten von Hardware, 22 Betriebssysteme und 30 Programmiersprachen [AEA (1996): *Yearbook 1996*, S. 24].

[63] Da Vielfliegerprogramme, Reisebüroprovisionen, Computerreservierungssysteme und Codeshare-Vereinbarungen seltener als Markteintritttsbarrieren genannt werden, erfolgt ihre Behandlung erst in Kapitel 4.5. Es sei jedoch darauf hingewiesen, daß unter Umständen auch diese Marketing-Instrumente Neubewerber wirksam abschrecken können.

net werden. Demgegenüber spielen der Zugang zu anderen luftverkehrsrelevanten Ressourcen (z.B. Piloten, Flugzeuge) und größenbedingte Kostenvorteile gewöhnlich keine große Rolle.

4.3.1. Designierung, Nationalitätenklauseln und Kabotagevorbehalt

Designierung: Wie in Kapitel 2.4.3 bereits erläutert, müssen Luftfahrtunternehmen für die Durchführung der meisten internationalen Linienflüge von ihren jeweiligen Regierungen benannt (designiert) werden. Durch die Benennung erhalten sie die Berechtigung (nicht aber die Verpflichtung), bestimmte Städte-, Regionen- oder Länderpaare zu bedienen. Ihnen wird somit kostenlos ein immaterieller Vermögensgegenstand von beträchtlichem Wert zugewiesen.[64] Da die Designierung von den zuständigen Luftfahrtbehörden in der Vergangenheit meist restriktiv gehandhabt wurde, stellte sie ein erhebliches Marktzugangshemmnis dar, durch welches vor allem junge Fluggesellschaften stark benachteiligt wurden.[65] Mittlerweile besteht jedoch weltweit die Tendenz, das Designierungsverfahren wettbewerbsfreundlicher zu handhaben und auch andere Unternehmen als den Flag Carrier zu nominieren.

Nationalitätenklauseln: Viele bilaterale Luftverkehrsabkommen sehen als Bedingung für die Designierung vor, daß sich „ein wesentlicher Teil des Eigentums und die tatsächliche Kontrolle" des Unternehmens im Eigentum des designierenden Staates oder dessen Staatsangehöriger befindet. Solche Nationalitätenklauseln sind antiquiert und entsprechen nicht mehr den Anforderungen einer global operierenden Industrie. Sie verhindern den Zugang zu ausländischem Kapital, machen die Gründung multinationaler Unternehmen unmöglich und wirken als Markteintrittshindernis für Carrier, die im Hoheitsgebiet eines frem-

[64] Der kostenlos erworbene Vermögensgegenstand „Designierung" kann u.U. durch den Verkauf an einen anderen Carrier in Geld umgewandelt werden, sofern die zuständige nationale Luftfahrtbehörde zustimmt. Beispielsweise erhielt PanAm von United Airlines 716 Mio. US-$ für die Pazifikstrecken sowie 400 Mio. US-$ für die Routen nach London und von Delta Airlines 526 Mio. US-$ für die restlichen Europastrecken (Preise jeweils inkl. streckenbezogener Bodeneinrichtungen, Slots und sonstiger Vermögenswerte). Northwest zahlte 15 Mio. US-$ an America West allein für die Streckenrechte Honolulu - Nagoya [o.V. (1993): *The search for meaningful recommendations*; vgl. auch BTCE (1994) S. 209].

[65] In der Vergangenheit hat das Bundesverkehrsministerium neue Streckenrechte ins Ausland fast ausschließlich an die Lufthansa vergeben. In Asien wurde die internationale Expansion zahlreicher neuer Gesellschaften (z.B. Asiana in Korea, Eva Airways in Taiwan) lange Zeit durch die nationalen Regierungen behindert [vgl. hierzu Oum/Taylor (1995) S. 16-25].

den Staates ein Tochterunternehmen gründen möchten. Im Rahmen der zunehmenden Privatisierung ehemaliger Staatslinien wird es zudem immer schwieriger, die Einhaltung von Nationalitätenklauseln zu überwachen.[66] Trotzdem gibt es bisher kaum Länder, die sich für eine Streichung der Nationalitätenklauseln aus ihren bilateralen Luftverkehrsabkommen einsetzen.

Kabotagevorbehalt: Wegen mangelnder Verkehrsrechte sind ausländische Airlines weitgehend vom Inlandsflugverkehr ausgeschlossen. Erlaubt ist höchstens Anschlußkabotage, d.h. die Durchführung eines Inlandsfluges im direkten Anschluß an einen internationalen Dienst. Gewöhnlich wird aber auch diese ausgeschlossen und es besteht somit nur die Möglichkeit für einen sog. „blind sector"-Flug, bei dem lediglich Passagiere des Ausgangsflughafens, nicht jedoch solche der Zwischenlandeflughäfen weiterbefördert werden dürfen.[67] Durch den Kabotagevorbehalt wird der Wettbewerb zwar sicherlich beeinträchtigt, das Ausmaß dieser Beeinträchtigung ist in der Vergangenheit aber oftmals überschätzt worden. Die Vermarktung eines Fluges, der im Rahmen der Anschlußkabotage durchgeführt wird, ist aufgrund der gewöhnlich geringen Frequenzen und des unzureichenden Bekanntheitsgrades des ausländischen Carriers mit erheblichen Kosten verbunden und somit für die meisten Gesellschaften nicht lukrativ.[68]

---

[66] Um eine deutsche Aktienmehrheit auch nach der Privatisierung der Lufthansa sicherzustellen, erließ die Bundesregierung das sog. „Luftverkehrsnachweissicherungsgesetz". Dieses sieht vor, daß deutsche Fluggesellschaften ihre börsennotierten Anteile nur noch als vinkulierte Namensaktien ausgeben dürfen, wodurch eine bessere Kontrolle der Aktionärszusammensetzung möglich ist. Wenn Ausländer mehr als 40 % der Aktien halten, hat die betroffene Gesellschaft das Recht, eigene Aktien am Markt zurückzukaufen. Ab 45 % Auslandsanteil ist sie zudem berechtigt, neue Aktien ohne Bezugsrecht für Altaktionäre auszugeben. Als letztes Mittel können ausländische Aktionäre zum Verkauf ihrer Papiere gezwungen werden [o.V. (1997): *Weg zur Lufthansa-Restprivatisierung frei - Gesetz sichert nationale Kontrolle*].

[67] Nach dem deutsch-amerikanischen Luftverkehrsabkommen kann die Lufthansa zwar von Frankfurt über Boston nach Philadelphia fliegen, in Boston dürfen aber keine neuen Passagiere als Ersatz für die ausgestiegenen Fluggäste zusteigen. Sofern keine Möglichkeit des Wechsels von einem größeren zu einem kleineren Fluggerät besteht (change of gauge), führt dies aufgrund des niedrigen Sitzladefaktors zu einer - aus ökonomischer und ökologischer Sicht - bedauerlichen Ressourcenverschwendung.

[68] Dies gilt besonders dann, wenn die Flüge nicht in die Hauptverkehrszeiten fallen, wie es oft beim Verkehr im Anschluß an einen Interkontinentaldienst der Fall ist. Eine Analyse für den US-Inlandsverkehr aus dem Jahre 1993 kommt daher zu dem Schluß, daß sich der Marktanteil ausländischer Fluggesellschaften bei einer völligen Freigabe der Kabotage nur auf Strekken mit sehr geringem Verkehrsaufkommen stark erhöhen würde. Eine Ausnahme bildete lediglich die Strecke Los Angeles - Honolulu, die aufgrund ihrer Besonderheiten aber fast schon dem Interkontinentalverkehr zuzuordnen ist [vgl. Trent (1993) S. 9].

Feeder-Kabotage, also die Durchführung von Zubringerdiensten zu einem ausländischen Airport, verursacht ebenfalls beträchtliche Kosten und ist zudem auf vielen Flughäfen wenig praktikabel.[69] Hier bietet sich statt dessen eher der Aufkauf eines kleineren Carriers oder die enge Kooperation mit einem etablierten Zubringer an.

Die sukzessive Liberalisierung des Weltluftverkehrs und die weitverbreitete Tendenz zum Abschluß grenzüberschreitender Kooperationen sowie globaler Allianzen dürften dazu beitragen, die Bedeutung von Designierungsverfahren, Nationalitätenklauseln und Kabotagevorbehalten nach und nach zu reduzieren. Trotzdem werden diese auch im nächsten Jahrzehnt noch einen erheblichen Einfluß auf den Wettbewerb ausüben.

4.3.2. Ressourcenzugang: Flugzeuge

Luftfahrtunternehmen haben grundsätzlich die Wahl zwischen dem Erwerb neuer oder gebrauchter Maschinen sowie zwischen dem Kauf oder dem Leasing von Flugzeugen. Als Vertragspartner treten gewöhnlich Flugzeugproduzenten, andere Airlines oder Leasing-Unternehmen auf. Der Grad des freien Ressourcenzugangs hängt wesentlich davon ab, für welche Kombination sich eine Fluggesellschaft entscheidet.

Der Markt für neue Düsenflugzeuge wird weitgehend von den Produzenten Boeing und Airbus beherrscht.[70] Bei Verhandlungen mit diesen Firmen haben gro-

---

[69] Damit eine europäische Airline Feeder-Operationen von/zu einem US-Flughafen rentabel durchführen kann, muß sie nicht nur mehrere Anschlußflüge in den USA sondern auch mehrere Interkontinentalflüge von europäischen Destinationen aus anbieten. Vor der Kooperation mit Lufthansa verband United beispielsweise ihre vier täglichen Londonflüge von verschiedenen US-Flughäfen mit 4 innereuropäischen Anschlußflügen. London diente somit als Drehkreuz, auf dem Passagiere aus ganz Europa für den Weitertransport zu einem von 4 US-Flughäfen gebündelt wurden und umgekehrt.

[70] Nach der Übernahme von McDonnell Douglas im Jahre 1997 ist die US-amerikanische Boeing Co. unumstrittener Marktführer. Das Unternehmen bietet mit den Modellen B-737, B-757, B-767, B-777, B-747 sowie MD-80, MD-90, MD-11 eine abgeschlossene Produktpalette an, die Kurz-, Mittel- und Langstreckenflugzeuge sowie „widebody" und „narrowbody" Jets umfaßt. Demgegenüber fehlt dem europäischen Konsortium Airbus Industrie, welches derzeit die Typen A-300, A-310, A-320, A-330 und A-340 produziert, ein wirkliches Großraumflugzeug. In diesem Bereich ist Boeing mit der B 747-400 Monopolist. Im Jahre 1996 konnte Boeing bei Jets mit mehr als 100 Sitzplätzen 559 Festbestellungen verbuchen (gegenüber 326 bei Airbus). Das Auftragsvolumen betrug 43,8 Mrd. US-$ (gegenüber 23,6 Mrd. US-$ bei

ße Carrier erhebliche Vorteile. Durch ihre beträchtlichen Auftragsvolumina können sie Rabatte erzielen, die von Insidern auf 30 % bis 40 % des Listenpreises bzw. auf 12 % bis 30 % des Preises, den mittlere und kleine Gesellschaften zahlen müssen, beziffert werden.[71] Große Gesellschaften kommen auch in den Genuß größerer Flexibilität hinsichtlich des Abnahmezeitpunkts und des auszuliefernden Flugzeugtyps,[72] was sich vor allem bei starken konjunkturellen Schwankungen sowie bei größeren Nachfrageänderungen äußerst positiv auswirkt. Sofern sie als „Launching Customer" auftreten, können Sie zudem das Design und die Leistungsmerkmale neuer Flugzeuge mitbestimmen.[73]

Airbus) [o.V. (1997): *Auftragsschub für den Airbus*]. Den Markt für Triebwerke teilen sich weitgehend die Firmen Pratt & Whitney, CFM International, General Electric und Rolls Royce [vgl. BTCE (1994) S. 373-385 und ITA (1995) S. 39].

71 Im Jahre 1990 erzielte American für eine B-757 einen Stückpreis, der um 39 % unter dem Boeing-Listenpreis und um 31 % unter dem AVMARK Marker Price (Preis für mittlere und kleine Fluggesellschaften) lag. Die entsprechenden Werte für United lagen bei 33 % bzw. 25 %. Durch Sale-and-lease-back-Geschäfte können die dadurch gemachten Gewinne noch erhöht werden. Beispielsweise verkaufte Delta mehrere seiner für je 33,2 Mio. US-$ neu erworbenen B-757 zum Preis von 47,2 Mio. US-$ an ein Leasing-Unternehmen und realisierte dadurch einen Gewinn pro Flugzeug von 14,0 Mio. US-$. Die Maschinen wurden dann wieder an Delta geleast [Avmark (1992) S. 2-20f].

72 Boeing und American Airlines (AA) schlossen 1996 einen Exklusivertrag, in dem der Kauf von 103 Flugzeugen bis zum Jahr 2001 und Optionen für 527 weitere Flugzeuge bis zum Jahr 2018 festgelegt wurden. Bei den im voraus festgelegten Preise wurden American erhebliche Rabatte eingeräumt. Die Fluggesellschaft erhielt zudem das Recht, den genauen Flugzeugtyp (B 737-600, B 737-700, B 737-800, B 757-200, B 767-300ER oder B 777] erst im nachhinein festzulegen und eine Auslieferung innerhalb von 15-18 Monaten zu verlangen. In Zeiten hoher Auftragsbestände bei Boeing stellt dies eine nicht zu unterschätzende Bevorteilung gegenüber Konkurrenten dar. Da mit der Vereinbarung gleichzeitig Planungssicherheit und hohe Flexibilität verbunden waren, bezeichnete sie AA-Chairman and Chief Executive Officer, Robert L. Crandall, als „a completely new way of doing business" [Walker/Cameron (1997)]. Anfang 1997 schloß Boeing ähnliche Vereinbarungen mit Delta und Continental [Walker (1997): *Delta deal fires debate*]. Mittlerweile hat Boeing zwar auf alle drei Verträge verzichtet, um die Zustimmung der EU-Kommission zur Fusion mit McDonnell Douglas zu erhalten. Es ist jedoch damit zu rechnen, daß sich sowohl Boeing als auch die betroffenen Fluggesellschaften grundsätzlich an die einmal geschlossene Vereinbarung halten werden [o.V. (1997): *Boeing-Fusion im Grundsatz genehmigt*].

73 Die Lufthansa war beispielsweise mit 15 Festbestellungen „Launching Customer" für den Airbus A-340. Der Bau der Boeing B-777 wurde durch 34 Festbestellungen von United sichergestellt. Beide Gesellschaften hatten nicht unerheblichen Einfluß auf die zugrundegelegten Vorgaben hinsichtlich Größe, Reichweite, Einsatzmöglichkeiten sowie Cockpit- und Kabinenausstattung.

Neue Flugzeuge können aber nicht nur gekauft sondern auch geleast werden. In den letzten Jahren hat sich die Bedeutung des Leasing stark erhöht. Waren 1980 weltweit nur 6 % aller Flugzeuge geleast, so stieg dieser Prozentsatz bis 1996 auf 20 %.[74] Mit einer weiteren Ausdehnung ist zu rechnen. Die Ausgestaltung der Leasing-Verträge ist äußerst vielfältig. Generell zu unterscheiden sind *Finance-Lease* und *Operate-Lease*,[75] wobei die zweite Variante noch in *Wet-Lease* und *Dry-Lease* unterteilt werden kann.[76] Finance-Lease ist vorwiegend als eine Alternative zum schuldenfinanzierten Flugzeugkauf zu sehen, die aus steuerlichen, liquiditäts- oder bilanzpolitischen Gründen gewählt wird. Leasing-Geber sind in der Regel Banken, Fondsgesellschaften und branchenfremde Investoren, die sich aufgrund steuerlicher Vorteile hohe Renditen durch das Geschäft erhoffen. Oftmals werden sie erst eingeschaltet, wenn sich Flugzeugproduzent und Airline bereits über den Erwerb eines oder mehrerer Flugzeuge geeinigt haben. Demgegenüber wird das Operate-Lease vorwiegend von Leasing-Gesellschaften[77] betrieben, die Flugzeuge bereits lange im voraus auf eigenes

---

[74] Air Transport World (1996), Vol. 33, No. 12, S. 26. Im Jahre 1992 hatten die 25 größten Carrier der Welt 2.169 Flugzeuge mit einem Gesamtwert von 52 Mrd. US-$ geleast. Weit verbreitet ist das Leasing vor allem in den USA, wo oftmals mehr als 40 % der Flotte geleast sind. In Europa beträgt der Anteil dagegen nur um die 25 % und in Asien fällt er sogar noch niedriger aus [BTCE (1994) S. 389ff].

[75] Beim *Finance-Lease* trägt der Leasing-Nehmer (also die Fluggesellschaft) alle Kosten und Risiken, die mit dem Flugzeug verbunden sind. Es wird gewöhnlich eine lange Vertragsdauer festgelegt, an deren Ende die Airline das Flugzeug kaufen kann. Beim *Operate-Lease*, für das Vertragsdauern von nur wenigen Jahren mit anschließender Rückgabe des Flugzeugs typisch sind, trägt der Leasing-Geber gewöhnlich alle Risiken (z.B. Wertverlust der Maschine durch technische Neuerungen oder ein konjunkturbedingtes Überangebot. Gefahr, das Flugzeug nach Ablauf der Leasing-Periode nicht an eine andere Airline weiterleasen zu können) [vgl. BTCE (1994) S. 387ff und Krahn (1994) S. 84].

[76] Bei beiden Formen handelt es sich um kurzfristige Leasing-Verträge, die der kurzfristigen Anpassung an unvorhergesehene Nachfrageschwankungen dienen und gewöhnlich zwischen Luftfahrtunternehmen geschlossen werden. Während das *Wet-Lease* neben dem Flugzeug auch die Bereitstellung der Crew und ggf. der Wartung umfaßt, bezieht sich das *Dry-Lease* lediglich auf das Flugzeug [vgl. ICAO (1996): *Manual on ....* , S. 5.2-2].

[77] Große Leasing-Gesellschaften sind die irische GPA (Guiness Peat Aviation), die amerikanische ILFC (International Lease Finance Corporation) und die ebenfalls amerikanische Gecas (General Electric Capital Aviation Services). Welche Bedeutung diese Gesellschaften haben, veranschaulichen die folgenden Beispiele. Anfang 1992 besaß GPA 392 Flugzeuge, die an 100 Fluggesellschaften in 47 geleast waren [BTCE (1994) S. 392]. ILFC trat als Lauching Customer für die A 319, die A 320 und die A 330-200 auf [o.V. (1996): *Airbus Industrie / Leasinggesellschaft ordert 38 Jets*]. Gecas bestellte 1996 allein 152 Flugzeuge: 102 B 737, 40 A 320 sowie je 5 A 340 und B 777 [Flint (1996): *New orders at last*, S. 29]. Neben den großen Gesellschaften existieren noch zahlreiche mittlere und kleine Leasing-Unternehmen. Um

Risiko ordern und dann erst kurzfristig Verträge mit den Fluggesellschaften schließen. Da die Leasing-Gesellschaften durch ihre großen Auftragsvolumina hohe Rabatte bei den Flugzeugproduzenten erzielen können, sind die Leasing-Raten für kleine Airlines manchmal günstiger als die Zins- und Tilgungszahlungen beim Kauf eigener Flugzeuge. Weitere Vorteile für die Airlines liegen darin, daß sie ihre Flotte schneller an veränderte Marktgegebenheiten anpassen, das wirtschaftliche Risiko auf den Leasing-Geber übertragen und in Zeiten hoher Auftragsbestände bei den Flugzeugproduzenten schneller an neue Maschinen herankommen können. Eine Gefahr stellen hingegen die konstanten, monatlich zu entrichtenden Leasing-Raten dar, die vor allem für Neuanbieter mit geringen Liquiditätsreserven in Zeiten wirtschaftlicher Rezession schnell das Aus bedeuten können.

Noch vielfältiger als der Markt für neue Flugzeuge ist der Markt für gebrauchte Maschinen. Auch hier besteht prinzipiell die Wahl zwischen Kauf und Leasing. Als Anbieter treten sowohl Airlines als auch Leasing-Gesellschaften, Flugzeugproduzenten[78] und Spekulanten auf. Die Verfügbarkeit billiger Maschinen hängt weitgehend von der konjunkturellen Situation ab. In Zeiten des wirtschaftlichen Abschwungs versuchen viele Airlines ihre überschüssigen Kapazitäten durch den Verkauf von Flugzeugen abzubauen. Das Angebot ist entsprechend groß und es kommt zu erheblichen Preisstürzen. Im Aufschwung verhält es sich genau umgekehrt.[79] Gewöhnlich werden weltweit genügend Flugzeuge angeboten, um die Erstausstattung einer neuen Gesellschaft zu ermöglichen.

Zusammenfassend läßt sich feststellen, das Neuanbieter in der Regel problemlos in den Besitz von Flugzeugen gelangen können, eine ernstzunehmende Markteintrittsbarriere demnach nicht existiert. Üblicher Weg ist entweder das Leasen neuer Flugzeuge oder der Kauf gebrauchter Maschinen. Besonders günstig ist die Situation für jene Unternehmen, die als „low-cost, low-service carrier“ zu

---

den Absatz eigener Maschinen zu erhöhen, ist mittlerweile jeder Flugzeugproduzent an mindestens einer Leasing-Gesellschaft beteiligt. Airbus Industrie hat beispielsweise die Airbus Finance Company (AFC) mit Sitz in Dublin gegründet [o.V. (1994): *Neue Wege für den Jet-Absatz*].

[78] Teilweise können die Flugzeughersteller ihre Maschinen nur dadurch an Airlines verkaufen, daß sie gebrauchte Maschinen in Zahlung nahmen. Es kann daher durchaus vorkommen, daß Airbus gebrauchte Boeing-Maschinen am Markt anbietet und umgekehrt.

[79] Im Dezember des Rezessionsjahres 1991 wurden beispielsweise 586 alte und 141 neue Flugzeuge angeboten. Dagegen befanden sich im August 1996 nur 191 gebrauchte und 45 neue Maschinen auf dem Markt [Flint (1996): *New orders at last*, S. 29].

Beginn einer gesamtwirtschaftlichen Abschwungphase in den Markt eintreten.[80] Zu diesem Zeitpunkt besteht gewöhnlich ein Überangebot an Flugzeugen, so daß weder Flugzeugproduzenten noch etablierte Airlines den Markteintritt verhindern können. Durch die äußerst niedrigen Anschaffungskosten wird zudem die Wettbewerbsfähigkeit erhöht.

4.3.3. Ressourcenzugang: Flughafeneinrichtungen

Um von einem bestimmten Flughafen aus Flüge anbieten zu können, benötigt eine Airline Bodeneinrichtungen in ausreichender Menge, z.B. Check-in Schalter, Gepäckausgabevorrichtungen, Warteräume für Passagiere, Gates (= Flugsteige) und Parkmöglichkeiten für Flugzeuge. Derzeit ist der Zugang zu diesen Einrichtungen unterschiedlich geregelt. So befinden sich Terminals zwar gewöhnlich im Eigentum von Flughafengesellschaften, gelegentlich werden sie aber auch von Airlines gebaut und betrieben.[81]

Im Besitz von Flughafengesellschaften befindliche Einrichtungen können je nach Bedarf entweder den einzelnen Airlines fallweise zugeteilt oder an diese längerfristig geleast werden. Die Dauer der Leasing-Verträge variiert in der Regel zwischen fünf und zwanzig Jahren, es gibt aber auch Verträge mit einer Laufzeit von vierzig Jahren. Durch langfristige Nutzungsrechte ergeben sich erhebliche Markteintrittsbarrieren, vor allem für bisher nicht auf dem Flughafen vertretene Gesellschaften.[82] Diese werden noch verstärkt, wenn sogenannte

---

[80] Vgl. hierzu Gialloreto (1988) S. 82ff.

[81] Beispielsweise sind auf dem New Yorker J.F. Kennedy Flughafen die meisten Terminals im Eigentum von Fluggesellschaften [Hardaway (1986) S. 19].

[82] Nach Angaben des *U.S. General Accounting Office (GAO)* befinden sich 85 % der Gates auf den 66 größten Flughäfen in den USA im langfristigen, exklusiven Besitz etablierter Airlines. In Cincinnati sind beispielsweise alle der insgesamt 67 Gates über Leasing-Verträge an Fluggesellschaften vergeben (Delta Airlines allein kann bis zum Jahr 2023 exklusiv über 41 Gates verfügen). In Pittsburgh bestehen Leasing-Verträge über 66 der 75 Gates (bis zum Jahr 2018 sind für US Airways 50 Gates reserviert). Ein Gate-Mangel besteht zudem in Charlotte, Detroit, Minneapolis und New York-Newark [GAO/RCED-97-4, S. 10]. Eine Untersuchung des *Airport Operators Council International (AOCI)* aus dem Jahre 1989 hat ergeben, daß auf den dreißig größten US-Flughäfen zwar 2.495 Gates existierten, hiervon aber nur 51 sofort, 52 innerhalb von 90 Tagen und 56 innerhalb von 180 Tagen frei wurden. Fast 94 % aller Gates waren somit für das nächste halbe Jahr fest vergeben [Krahn (1994) S. 80]. Hin und wieder kommt es zwar vor, daß Fluggesellschaften nicht benötigte Gates an andere Airlines subleasen, hierfür werden gewöhnlich jedoch an Wucher grenzende Aufschläge berechnet.

„majority in interest"-Klauseln existieren, durch die großen Carriern ein Mitsprache- oder sogar Vetorecht in Bezug auf Flughafenerweiterungsmaßnahmen zugestanden wird.[83] In der Vergangenheit nutzten einige Gesellschaften diese, um den Neu- oder Ausbau von Terminals zu verhindern und somit das Aufkommen unerwünschter Konkurrenten zu verhindern.

Grundsätzlich sind langfristige Nutzungsrechte an Bodeneinrichtungen notwendig, um den Luftfahrtunternehmen genügend Zeit für die Amortisation von Investitionen zu geben, die für die Verbesserung des Kundenservice benötigt werden.[84] Erlangt eine Airline aber durch exklusive Leasing-Verträge mit der Betreibergesellschaft des Flughafens eine dominante oder sogar monopolartige Stellung, führt dies fast zwangsläufig zu starken Preiserhöhungen.[85] Aus Wettbewerbsgründen ist daher sicherzustellen, daß genügend Einrichtungen für neue Wettbewerber bereitstehen. Majority in interest-Klauseln sollten in jedem Fall stark eingeschränkt oder besser noch abgeschafft werden. Da der Mangel an Flughafeneinrichtungen und das Vorhandensein exklusiver Nutzungsrechte fortbestehen dürften, muß allerdings auch für die Zukunft mit erheblichen Wettbewerbsbeeinträchtigungen gerechnet werden.

Beispielsweise verpachtete Northwest in Detroit Gates an Southwest zu einem Betrag, der dem 18-fachen der eigenen Leasing-Gebühr entsprach [Dempsey (1990) S. 21].

[83] Die Fluggesellschaften können Rechte aus solchen Klauseln geltend machen, wenn ihr Anteil am Verkehrsaufkommen des Flughafens einen bestimmten Schwellenwert, der von Vertrag zu Vertrag variieren kann, überschreitet [Hardaway (1986) S. 20]. Im Jahre 1989 bestanden auf 55 US-Flüghäfen derartige Vertragsklauseln, wobei auf 14 dieses Recht nur auf einen einzigen Carrier entfiel [Höfer (1995) S. 329].

[84] Seit 1996 kann die Lufthansa exklusiv weite Teile des Terminals 1 im Frankfurter Flughafen nutzen. Seitdem hat sich der Service für die Passagiere erheblich verbessert (z.B. durch Lufthansa-Wegweiser, neue Verkaufsstellen, Ticketterminals und Kundeninformationsschalter, Check-in außerhalb des Flughafens, exklusive Bereiche für die First und Business Class, Arrival-Lounges, beschleunigte Gepäckausgabe). Die Verbesserungen ließ sich die Lufthansa 600 Mio. DM kosten. Ohne langjährige Nutzungsgarantien wäre eine solche Investition sicherlich unterblieben [vgl. Kiani-Kreß (1995)].

[85] Eine Untersuchung des U.S. General Accounting Office (GAO) für das Jahr 1995 ergab, daß die Flugpreise auf den sechs sog. „gate restricted airports" Charlotte, Cincinatti, Pittsburgh, Minneapolis, Detroit und Newark um zwischen 24 % und 88 % höher lagen, als auf vergleichbaren Flughäfen in der USA ohne Gate-Beschränkung [GAO/RCED-97-4, S. 33].

4.3.4. Ressourcenzugang: Start-/Landezeiten (Slots)

Unter Slot (Zeitnische) versteht man das Recht, zu einer bestimmten Zeit auf einem bestimmten Flughafen starten bzw. landen zu dürfen.[86] Ein solches Recht ist zum einen für den Markteintritt unabdingbar, zum anderen haben Anzahl und zeitliche Verteilung der gewährten Slots einen erheblichen Einfluß auf die Intensität des Wettbewerbs. Um gegenüber anderen Unternehmen konkurrenzfähig zu sein, benötigt eine Airline auf einer stark frequentierten Kurzstrecke täglich ungefähr 6 Slots. Von diesen sollten mindestens 3 auf Tageszeiten entfallen, die für Reisende besonders interessant sind (früher Morgen, Mittag und später Nachmittag/früher Abend).[87] Sind diese Bedingungen nicht erfüllt, fällt die Buchungswahrscheinlichkeit der Gesellschaft im Vergleich zu ihren Konkurrenten, selbst wenn ein besserer Service und niedrigere Flugpreise geboten werden. Langfristig ist ein Marktaustritt somit wahrscheinlich.

Stehen auf einem Flughafen nicht genügend Slots zur Verfügung, müssen diese nach einem bestimmten Verfahren den Bewerber zugewiesen werden. Für die Slotallokation hat die IATA eine Prioritätenliste entwickelt.[88] Vorrang genießen demnach Carrier, die die gewünschte Zeitnische bereits in der vorhergehenden Periode genutzt haben. Die daraus resultierenden „Großvaterrechte" haben bewirkt, daß sich die überwiegende Mehrzahl der weltweit verfügbaren Slots im langjährigen Besitz etablierter Fluggesellschaften befindet und dem Allokationsprozeß somit faktisch entzogen ist. Weitere wichtige Verteilungskriterien sind Kontinuität der Nutzung (Ganzjahresflüge vor Saisonflügen, Linie vor Charter), Streckenlänge (Langstrecken vor Kurzstrecken) und eingesetztes Fluggerät (Großraumflugzeuge vor kleinen Maschinen). Darüber hinaus werden Gesellschaften bevorzugt, die den Slot zur Verbesserung von Umsteigeverbindungen, zur Erhöhung der Frequenzen oder zum Aufbau eines Streckennetzes benötigen. Für Neubewerber soll die Hälfte der - nach der Gewährung von Großvaterrech-

---

[86] Vgl. Höfer (1995) S. 285, Tettenborn (1993) S. 194 und Verordnung (EWG) Nr. 95/93, S. 2.

[87] Die 6 Slots entsprechen 3 Rundflügen. Wird eine geringere Frequenz angeboten, ist die Gesellschaft vor allem für ertragsstarke Geschäftsreisende nicht mehr attraktiv. Dasselbe gilt, wenn Flüge nur zu ungünstigen Zeiten angeboten werden [vgl. Walker (1997): *Hubs - bespoke fortunes*, S. 35].

[88] Vgl. Lüking (1993) S. 127f. Im Rahmen der IATA finden zudem zweimal jährlich *Schedule Coordination Conferences* statt, bei denen die Fluggesellschaften ihre Flugpläne absprechen und Slots untereinander tauschen können [vgl. Tettenborn (1993) S. 194-197].

ten freigebliebenen - Zeitnischen reserviert werden. Ein Slotkoordinator hat die neutrale und faire Vergabe sicherzustellen.

In den USA ist die FAA zwar prinzipiell für die Slotallokation zuständig,[89] die konkrete Zuteilung erfolgt jedoch zumeist durch die betroffenen Flughäfen. Nur für die vier „high density airports“ Chicago O'Hare, Washington National sowie New York John F. Kennedy und New York LaGuardia, deren Slotzahl begrenzt ist, gelten besondere Bestimmungen. Seit 1986 besteht auf diesen die Möglichkeit, Slots zu kaufen, zu verkaufen oder zu vermieten (*buy-sell-rule*).[90] Nach Angaben der FAA liegt der Preis - in Abhängigkeit von der Tageszeit und dem betroffenen Flughafen - zwischen 500.000 US-$ und über 2.000.000 US-$ pro Slot.[91] Ein richtiger Handel hat sich in der Vergangenheit jedoch nicht entwikkelt, da die etablierten Fluggesellschaften nur zur Verpachtung, nicht aber zum Verkauf ihrer Slots bereit waren.[92] Oftmals wurden unwirtschaftliche Dienste aufrechterhalten, um die Nutzungsrechte nicht zu verlieren[93], mögliche Wettbewerber fernzuhalten und genügend Reserven für zukünftige Expansionen zu behalten. Der Zugang zu einer größeren Anzahl von Zeitnischen auf einem Flugha-

---

[89] Vgl. Hardaway (1986) S. 38ff und Tettenborn (1993) S. 198ff.

[90] Ausgenommen hiervon sind Slots für internationale Verbindungen und Flüge im Rahmen des Essential Air Services Programme. Bedingt durch die Möglichkeit des Handels befinden sich Zeitnischen heutzutage nicht mehr ausschließlich im Besitz von Fluggesellschaften, sondern wurden auch von Banken, Versicherungen und Investmentgesellschaften erworben (in New York LaGuardia gilt dies beispielsweise für 20 % der Slots), um dann an Fluggesellschaften verpachtet zu werden. Die „buy-sell-rule“ hat jedoch keinesfalls zu besseren Ausgangsbedingungen für Neubewerber geführt. Vielmehr konnten die Etablierten ihre Stellung in den letzten Jahren weiter ausbauen. So erhöhte sich in der Zeit von 1986 bis 1996 der Slotanteil von American und United in Chicago O'Hare von 66 % auf 87 % und in New York LaGuardia stieg der Anteil von American, Delta und USAir sogar von 27 % auf 64 % [Krahn (1994) S. 73ff und GAO/RCED-97-4, S. 3ff].

[91] Walker (1997): *Hubs - bespoke fortunes*, S. 35 und GAO/RCED-97-4, S. 5.

[92] Während 1986 noch durchschnittlich 128 Slots pro Quartal verkauft wurden, waren es 1988 nur noch 20. Demgegenüber nahm die Zahl der verpachteten Slots von 109 in 1987 auf 151 in 1988 zu [Höfer (1995) S. 302]. US Airways und Piedmont wiesen 1986 darauf hin, daß sie nicht bereit seien, auch nur einen ihrer Slots zu verkaufen, und zwar zu „keinem Preis an irgend jemanden“ [Tettenborn (1993) S. 203].

[93] Nach der *„use-it-or-lose-it“*-Regel müssen Slots, die innerhalb von zwei Monaten nicht mindestens zu 65 % genutzt werden, an die FAA zurückgegeben werden. Die Slots werden dann für eine Lotterie verwendet, bei der Neubewerber eine bevorzugte Behandlung erfahren [Krahn (1994) S. 74].

fen ist somit vielfach nur über den Kauf einer anderen Fluggesellschaft möglich.[94]

In Europa wird die Zuweisung von Slots durch eine Verordnung aus dem Jahre 1993 geregelt.[95] Danach muß auf Flughäfen mit Kapazitätsproblemen ein *Flughafenkoordinator* ernannt werden, der Zeitnischen zuweist und ihre Nutzung überwacht.[96] Großvaterrechte bestehen, sofern die betroffenen Slots mindestens zu 80 % genutzt werden. Ist dies nicht der Fall, kann die Zeitnische zurückgefordert werden. Eingezogene, ungenutzte und neu geschaffene Slots werden in einen Pool eingebracht. Die Weitergabe erfolgt dann unter Berücksichtigung aller antragstellenden Fluggesellschaften, wobei 50 % der Zeitnischen Neubewerbern vorbehalten sind. Slots, die sich im Besitz einer Fluggesellschaft befinden, können mit einer anderen Gesellschaft getauscht, nicht aber an diese verkauft werden.[97] Außerdem ist eine Änderung der Verwendung (z.B. Bedienung einer anderen Strecke, Einsatz eines anderen Fluggerätes) möglich.

Gegen die bestehende Slotallokationspraxis ist erhebliche Kritik erhoben worden. Vor allem wird beanstandet, daß Zeitnischen zwar einen erheblichen wirtschaftlichen Wert darstellen, von den etablierten Carriern infolge von Großvaterrechten aber kostenlos in Anspruch genommen werden können. Dagegen haben neue Bewerber entweder keinen Zugang zu ökonomisch verwertbaren Zeitnischen oder müssen diese für hohe Summen von ihren Konkurrenten kaufen bzw. leasen. Ein weiteres Problem ist, daß die Slotkoordinatoren häufig große Fluggesellschaften bevorzugen, vor allem wenn es sich um die den Flughafen dominie-

---

[94] Einige Übernahmen in den USA waren tatsächlich primär darauf gerichtet, Slots der übernommenen Fluggesellschaft zu erwerben [vgl. Teuscher (1994) S. 317].

[95] Verordnung (EWG) Nr. 95/93.

[96] Der Flughafenkoordinator, bei dem es sich um eine natürliche oder juristische Person handeln kann, muß in unparteiischer, nicht diskriminierender und transparenter Weise tätig werden. Unterstützt wird er von einem Koordinierungsauschuß bestehend aus Vertretern der Fluggesellschaften, der Flughafenbehörde und der Flugsicherung.

[97] Trotzdem sind die Carrier in der Regel nur gegen Geld bereit, sich von einmal zugeteilten Slots zu trennen. Als das britische Handels- und Industrieministerium im Jahre 1996 für die Genehmigung der zwischen British Airways und American Airlines geplanten Allianz die Aufgabe von 168 wöchentlichen Slots in London-Heathrow forderte, war British Airways beispielsweise nur bereit, die Slots zu Preisen zwischen einer und zehn Millionen Pfund zu verkaufen [Air Transport World (1997), Vol. 34, No. 1, S. 7].

rende Airline oder den nationalen Flag Carrier handelt.[98] Die bestehende Praxis benachteiligt somit kleinere Unternehmen und Neubewerber. Außerdem hat sie durch die weitverbreitete strategische Bevorratung von Slots zu einer volkswirtschaftlich gesehen suboptimalen Verwendung knapper Ressourcen geführt.[99] Um diesem Mißstand abzuhelfen, wurde eine Reihe von Vorschlägen unterbreitet und teilweise schon in der Praxis getestet.[100] Keine der unterbreiteten Alternativen vermag jedoch vollkommen zu überzeugen.[101] Hauptprobleme bilden strategische Verhaltensweisen der Wettbewerber, die Interdependenz einzelner Slots mit dem gesamten Streckennetzsystem einer Fluggesellschaft[102] sowie die

---

[98] Teilweise sind auch die großen Gesellschaften selbst für die Slotvergabe zuständig. So hat beispielsweise die italienische Luftfahrtbehörde Cicilavia seit 1971 die Zuteilung von Slots an Alitalia übertragen. Diese nutzte ihre Kompetenzen dazu, Konkurrenten systematisch zu benachteiligen. Den inländischen Gesellschaften Air One und Noman wurden in den Jahren 1995/96 für Mailand-Linate beantragte Start- und Landerechte mit dem Hinweis auf Überfüllung des Flughafens verweigert. Sich selbst genehmigte Alitalia allerdings eine Ausweitung der Flüge um 8 %. Das Unternehmen wurde deshalb von der italienischen Kartellkommission zur Zahlung einer Geldstrafe verurteilt [vgl. o.V. (1996): *Alitalia - Kartellwächter verklagen Airline* und Jones (1997): *Alitalia pays a small price*].

[99] Die „Hortung" von Slots durch die Bedienung unwirtschaftlicher Strecken stellt für die betroffenen Fluggesellschaften durchaus ein rationales Verhalten dar, sofern die dadurch entstandenen Verluste durch Mehreinnahmen aufgrund geringeren Wettbewerbs im gesamten Streckennetz kompensiert werden. Außerdem ist die strategische Bevorratung Voraussetzung für die Aufnahme neuer Strecken oder die Erhöhung der Frequenzen in der Zukunft.

[100] Vgl. hierzu Hardaway (1986) S. 56-62, 66-75, Lüking (1993) S. 121-124, Teuscher (1994) S. 310-320 und Höfer (1995) S. 295-319.

[101] Das Abhalten einer Lotterie erzeugt beispielsweise willkürliche Resultate und ist daher abzulehnen. Eine Versteigerung an die meistbietende Airline ermöglicht es den oder der etablierten Fluggesellschaft(en), neue Bewerber durch überhöhte Gebote vom Markt fernzuhalten bzw. ihre Kosten durch das Mitbieten künstlich in die Höhe zu treiben (Predation in Form des Raising Rival´s Costs). Eine Versteigerung an dasjenige Unternehmen, das die geringsten Flugtarife in Aussicht stellt, wirft zu viele Bewertungs- und Verfahrensprobleme auf. Wie soll beispielsweise der Ticketpreis für einen Flug von Frankfurt nach München mit jenem für die Beförderung von Frankfurt nach Osaka verglichen werden? Welcher Flugpreis soll herangezogen werden (gewöhnlich gelten für einen bestimmten Flug eine Vielzahl von offiziellen und inoffiziellen Preisen, die sich zudem fast täglich ändern)? Wie kann die Durchführung überwacht werden?

[102] Bedingt durch die zunehmende Bedeutung von Hub-and-spoke-Systemen hat eine Zeitnische für eine Fluggesellschaft nur dann einen Wert, wenn sie in direkter zeitlicher Nähe zu einer Vielzahl anderer, von der Gesellschaft genutzter Zeitnischen steht. Für Airlines ist somit nicht der Besitz einzelner Slots, sondern nur ganzer Slotkomplexe von Interesse.

Paarigkeit von Zeitnischen[103]. Nach Ansicht des Verfassers gibt es jedoch zwei Bereiche, in denen Verbesserungen gegenüber dem Status quo möglich sind. Zum einen lassen sich Engpässe bei den angebotenen Slots reduzieren. Dies ist möglich durch den Ausbau der vorhandenen Infrastruktur, durch die Einführung neuer Start- und Landeverfahren[104] (hierdurch wird die Anzahl der verfügbaren Slots erhöht) und durch die Erhebung knappheitsorientierter Start- und Landegebühren (hierdurch wird die Nachfrage nach Slots in Spitzenzeiten reduziert und auf verkehrsschwache Zeiten umgeleitet). Zum anderen kann die bestehende Zuteilungspraxis von Slots verbessert werden, wenngleich eine wohlfahrtsoptimale „first best"-Lösung sicherlich unerreichbar ist. Bestehende Großvaterrechte sollten abgeschafft und die Nutzung von Zeitnischen zeitlich befristet werden. Zurückgefallene oder neu geschaffene Slots könnten versteigert werden, ein bestimmter Prozentsatz wäre aber exklusiv für Neuanbieter zu reservieren.

Zusammenfassend kann festgestellt werden, daß die bestehende Praxis der Slotallokation die Intensität des Wettbewerbs deutlich verringert und den etablierten Carriern Knappheitsrenten ermöglicht.[105] Da in den nächsten Jahren umfassende Reformen eher unwahrscheinlich sind und die Engpässe auf den Flughäfen weiter zunehmen dürften, werden die slotbedingten Wettbewerbsbeeinträchtigungen nicht nur fortbestehen, sondern noch an Brisanz gewinnen.

4.3.5. Ressourcenzugang: Mitarbeiter

Die Mitarbeiter einer Fluggesellschaft lassen sich in fünf Kategorien einteilen: Cockpitbesatzung, Kabinenbesatzung, Wartungspersonal, Flughafenpersonal

---

[103] Zu jedem Abflugsslot muß auch ein adäquater Landeslot auf einem anderen Flughafen gehören. Die Slotzuteilung auf einem bestimmten Airport darf somit nicht isoliert gesehen werden, sondern nur als Teil eines weltumfassenden Allokationsprozesses.

[104] Fachleute schätzen, daß sich die Kapazität der Start-/Landebahnen bis zum Jahr 2010 um ca. 20-30 % steigern läßt [Weingarten F. (1995): Entlastung des Luftverkehrs in Deutschland unter den Bedingungen eines wachsenden Luftverkehrsmarktes, Vortrag am 18.05.95 auf dem Flughafen Düsseldorf, S. 4].

[105] Eine Untersuchung des U.S. General Accounting Office (GAO) für das Jahr 1995 kam zu dem Schluß, daß die Flugpreise auf drei von vier amerikanischen Flughäfen mit Slotrestriktionen bedeutend höher ausfielen als auf vergleichbaren anderen Airports. Die Aufschläge betrugen in Washington National 46 %, in Chicago O'Hare 35 % und in New York LaGuardia 24 %. Die Tatsache, daß in New York J.F. Kennedy um 4 % geringere Preise festgestellt wurden, kann mit Besonderheiten dieses Flughafens erklärt werden [GAO/RCED-97-4, S.33].

und Verwaltungspersonal.[106] Bei den beiden letzten Kategorien handelt es sich um Mitarbeiter, die vergleichsweise schnell angelernt oder aufgrund gleicher oder ähnlicher Arbeitsschwerpunkte aus anderen Branchen übernommen werden können. Ihre Beschaffung stellt somit kein Problem dar. Ebenso verhält es sich mit Flugbegleitern, deren Einsatz bereits nach verhältnismäßig kurzer Ausbildung möglich ist.

Gut ausgebildete Flugzeugmechaniker sind hingegen weitaus schwerer zu bekommen, da für sie eine mehrjährige Ausbildung zwingend vorgeschrieben ist. Um den Flugbetrieb aufnehmen zu können, ist das Vorhandensein einer eigenen Wartungsabteilung allerdings nicht zwingend erforderlich. Die meisten Neubewerber sowie viele kleine und mittlere Airlines nehmen vielmehr die Dienste externer Anbieter in Anspruch.[107] Da diese die gewünschten Leistungen häufig besser und preisgünstiger erbringen, stellt die Nichtverfügbarkeit eigenen Wartungs- und Reparaturpersonals keineswegs eine nennenswerte Markteintrittsbarriere dar.

Ähnlich verhält es sich mit Piloten. Obwohl das starke Wachstum des Luftverkehrs schon zu Engpässen beim Cockpitpersonal geführt hat,[108] zeigen die Erfahrungen aus den USA und mittlerweile auch aus Europa, daß das bestehende Angebot an Piloten gewöhnlich für die Gründung einer neuen Gesellschaft aus-

---

[106] Die ICAO verwendet ein etwas anderes Klassifikationsschema mit 6 Gruppen: 1) pilots and copilots, 2) other cockpit personnel, 3) cabin attendants, 4.a) licenced maintenance and overhaul personnel, 4.b) other maintenance and overhaul personnel, 5) ticketing, sales and promotional personnel, 6) other personnel [vgl. ICAO (1994): *Fleet* - Personnel, S. 16].

[107] Bei vielen Anbietern von Wartungs- und Reparaturdiensten besteht eine enge Verbindung zu einer bzw. mehreren Fluggesellschaften (z.B. *Lufthansa Technik*, *BA Engineering*, *AFM* Air France Maintenance, *Team Aer Lingus*, *SIA Engineering* → Singapore Airlines, *HAECO* → Cathay Pacific oder *TAECO* → Cathay Pacific/Singapore Airlines/Japan Air Lines) oder zu einem Flugzeug-bzw. Triebwerksproduzenten (z.B. *HAESL* → Rolls Royce, *ACE* → Lockheed Martin). Der intensive Wettbewerb sorgt aber dafür, daß jede neue Airline die gewünschten Dienste zu einem akzeptablen Preis erhalten kann [vgl. Smith (1996)].

[108] Dies gilt vor allem für Länder, in denen die Zivilluftfahrt bisher stark unterentwickelt war. Beispielsweise hat das starke Wachstum des innerchinesischen Luftverkehrs verbunden mit der Umstellung von russischen Flugzeugen auf Maschinen der westlichen Hersteller Boeing und Airbus zu einem erheblichen Mangel an qualifiziertem Cockpitpersonal in der VR China geführt. Diesem wurde dadurch begegnet, daß junge Bewerber in äußerst kurzer Zeit zu Piloten ausgebildet und eingesetzt wurden. Die Sicherheit hat hierdurch allerdings zweifellos gelitten [vgl. Endres (1994)].

reicht.[109] Vor allem in Zeiten schlechter Konjunktur besteht kein Mangel an qualifizierten Bewerbern.

4.3.6. Größenbedingte Kostenvorteile

Können große Unternehmen erheblich billiger produzieren als kleinere Betriebe bzw. liegt sogar ein natürliches Monopol vor[110], stellt dies für neue Anbieter eine unüberwindbare Markteintrittsbarriere dar. Für den Wettbewerb ist es daher von erheblicher Bedeutung, ob Größenvorteile in Form von *Economies of Scale* (Skalenerträge)[111] oder *Economies of Scope* (Verbunderträge)[112] vorliegen.

Im Luftverkehr sind theoretisch sowohl Skalenvorteile (Kosteneinsparungen durch eine Erhöhung der Produktionsmenge)[113] als auch Verbundvorteile

---

[109] Als beispielsweise Anfang 1997 für die Aufnahme des Flugbetriebs der neu gegründeten britische Chartergesellschaft *Flying Colours* 50 Piloten gesucht wurden, meldeten sich auf Anhieb mehr als 1.000 Bewerber. Für die 200 offenen Flugbegleiterstellen gab es sogar 4.000 Bewerbungen [Ryan (1997)].

[110] Von einem natürlichen Monopol spricht man, wenn alle im nachfragerelevanten Bereich liegenden Outputmengenvektoren von einem einzigen Unternehmen billiger hergestellt werden können, als von einer beliebigen Kombination mehrerer Firmen. Voraussetzung für das Vorliegen eines natürlichen Monopols ist, daß die Kostenfunktion im relevanten Bereich streng subadditiv ist [vgl. Panzar (1989) S. 23f].

[111] Vereinfacht ausgedrückt liegen zunehmende/abnehmende Skalenerträge (economies of scale) vor, wenn eine proportionale Erhöhung der Inputmengen zu einer überproportionalen/unterproportionalen Erhöhung der Outputmengen führt. Für die Analyse von Mehrproduktunternehmen ist eine wissenschaftlich genauere Definition erforderlich, für die gewöhnlich die Kostenfunktion (und nicht die Produktionsfunktion) herangezogen wird. Demnach spricht man von zunehmenden/abnehmenden Skalenerträgen, wenn im relevanten Outputbereich sinkende/steigende Ray Average Costs vorliegen. Zunehmende Skalenerträge sind weder eine notwendige noch eine hinreichende Bedingung für ein natürliches Monopol [vgl. Panzar (1989) S. 7f, 25f und Baumol/Panzar/Willig (1988) S. 47-52].

[112] Verbunderträge (economies of scope) liegen vor, wenn es kostengünstiger ist, mehrere Produktlinien in einem Unternehmen zusammenzufassen, als sie separat herzustellen. Dies ist immer dann der Fall, wenn einzelne Inputs für mehrere Produktlinien benötigt werden und die Kosten für die gemeinsame Bereitstellung dieser Inputs geringer sind als die Summe der Kosten für die separate Bereitstellung. Interessanterweise bedeutet das gleichzeitige Vorliegen von zunehmenden Skalenerträgen und Verbundvorteilen nicht notwendigerweise die Existenz eines natürlichen Monopols [vgl. Panzar/Willig (1981) und Panzar (1989) S. 26f].

[113] Im Personenluftverkehr wird die Produktionsmenge zumeist in angebotenen bzw. verkauften Passagierkilometern oder in beförderten Passagieren gemessen.

(Kosteneinsparungen durch die gleichzeitige Produktion mehrerer Produkte)[114] möglich. Gewöhnlich lassen sich derartige Vorteile auf verschiedene Faktoren zurückführen, beispielsweise auf eine bessere Auslastung der Produktionsfaktoren, den Einsatz von mehr oder größeren Aggregaten, Lern- und Erfahrungseffekte, mengenmäßige Beschaffungs- und Finanzierungsvorteile oder organisationsbedingte Effizienzgewinne. Die aufgeführten Faktoren hängen jedoch nicht zwangsläufig von der Größe ab. Vielmehr gibt es genügend kleine Unternehmen, die durch den intensiven Einsatz der Ressourcen ein äußerst niedriges Kostenniveau realisieren. Geringe Stückkosten können daher auch auf *Economies of Density* (Dichteerträge) zurückzuführen sein, also auf eine bessere Nutzung der vorhandenen Produktionsfaktoren, die grundsätzlich auch in kleinen Betrieben möglich ist. Nur von großen Unternehmen lassen sich hingegen *Economies of Size* (reine Größenerträge) verwirklichen, die auf der Größe bzw. Anzahl der eingesetzten Aggregate beruhen. Da in die Berechnung von Skalen- und Verbunderträgen neben anderen Faktoren sowohl größen<u>un</u>abhängige Economies of Density als auch größen<u>ab</u>hängige Economies of Size eingehen, ist für die Untersuchung von Markteintrittshemmnissen deren jeweiliges Ausmaß von Bedeutung. Überwiegen die Economies of Size, ist ein Marktzutritt nahezu unmöglich. Liegen demgegenüber erhebliche Economies of Density vor, müssen Neueinsteiger und existierende kleinere Unternehmen nicht zwangsläufig benachteiligt sein.[115]

Im Luftverkehr ergeben sich Economies of Density durch die Erzielung hoher Sitzladefaktoren oder die intensive Nutzung der Flugzeuge[116] und Bodeneinrich-

---

[114] Luftfahrtunternehmen sind nicht Einprodukt-, sondern Mehrproduktunternehmen. Ein Flug von Frankfurt nach Rom ist ein anderes Produkt als ein Flug von Frankfurt nach Tokyo. Bei der First Class handelt es sich um ein anderes Produkt als bei der Business oder Tourist Class. Da die Inputs für die einzelnen Produkte weitgehend identisch sind, liegt Verbundproduktion vor.

[115] Es ist aber möglich, daß Economies of Density erst ab einer bestimmten Betriebsgröße oder einer bestimmten Produktionsmenge realisiert werden. In diesem Fall können - in Abhängigkeit von den jeweiligen Schwellenwerten - durchaus signifikante Markteintrittsbarrieren bzw. Wettbewerbsnachteile vorliegen.

[116] Ein intensiverer Einsatz der Flugzeuge, also eine Erhöhung der „Blockstunden", kann durch kurze Umkehrzeiten auf den Flughäfen, mehr Flüge pro Tag oder längere Flugstrecken erzielt werden.

tungen[117]. Economies of Size sind durch den Einsatz größeren Fluggeräts[118] oder die Nutzung mehrerer Maschinen desselben Typs[119] realisierbar. Auf den ersten Blick ist jedoch nicht ersichtlich, welcher Einfluß überwiegt. Die Frage, ob im Luftverkehr größenbedingte Kostenvorteile vorliegen, hat daher in der Vergangenheit zahlreiche Wissenschaftler beschäftigt.[120]

Ein erster Versuch zur analytischen Trennung der kostendeterminierenden Faktoren wurde 1984 von *Caves/Christensen/Tretheway* mit der Unterscheidung zwischen *Economies of Network Size* (Netzgrößenerträge)[121] und *Economies of Density* (Dichteerträge) unternommen. Netzgrößenvorteile liegen demnach vor, wenn die Stückkosten bei einer gleichzeitigen proportionalen Erhöhung der Anzahl der bedienten Flughäfen und aller Inputs (aber Konstanz der durchschnittlichen Streckenlänge, des durchschnittlichen Sitzladefaktors und der Inputpreise) abnehmen.[122] Dichtevorteile existieren, wenn die Stückkosten bei einer proportionalen Erhöhung aller Inputs (aber Konstanz der Anzahl der bedienten Flughäfen, der durchschnittlichen Streckenlänge, des durchschnittlichen Sitzladefaktors

---

[117] Die bessere Nutzung von Bodeneinrichtungen ergibt sich durch eine Erhöhung der Kapazitäten und Frequenzen sowie durch eine gleichmäßigere Inanspruchnahme während des ganzen Tages.

[118] Mit zunehmender Flugzeuggröße nehmen die Kerosin-, Wartungs- und Personalkosten sowie die Ausgaben für Start- und Landegebühren unterproportional zu. Große Flugzeuge haben daher geringere Stückkosten als kleine Maschinen [vgl. Tretheway/Oum (1992) S. 5].

[119] Vergrößert ein Luftfahrtunternehmen seine Flotte, können sich hieraus verschiedene Einsparmöglichkeiten ergeben, beispielsweise bei der Wartung oder der Schulung von Mitarbeitern. Zu berücksichtigen ist jedoch, daß das Einsparpotential ab einer bestimmten Flottengröße stark abnimmt. Außerdem sind Einsparungen gewöhnlich nur dann zu erzielen, wenn Flugzeuge desselben Typs angeschafft werden. Amerikanischen Billigfluggesellschaften wie Southwest oder Delta Express setzen daher nur einen einzigen Flugzeugtyp ein (in beiden Fällen die Boeing B-737).

[120] Vgl. hierzu die Literaturübersichten in Caves/Christensen/Tretheway (1984) S. 471, Stoetzer (1991) S. 89-107 und Höfer (1995) S. 221-224.

[121] Caves/Christensen/Tretheway (1984) verwenden in ihrer Arbeit den Begriff „Economies of Scale". Da das von ihnen verwendete Konzept aber sowohl Elemente der Economies of Scale als auch der Economies of Scope beinhaltet, soll zur Vermeidung begrifflicher Unklarheiten im Rahmen dieser Arbeit der von Gillen/Oum/Tretheway (1990) eingeführte Begriff „Economies of Network Size" verwendet werden.

[122] Vgl. Caves/Christensen/Tretheway (1984) S. 474 und Gillen/Oum/Tretheway (1990) S. 21.

und der Inputpreise) abnehmen.[123] In ihrer ökonometrischen Untersuchung der Gesamtkosten von US-amerikanischen Trunks und Locals für die Jahre 1970 bis 1981 kamen Caves/ Christensen/Tretheway zu dem Ergebnis, daß beide Kategorien von Fluggesellschaften fast identische Netzgrößen- und Dichteerträge aufwiesen. Während die Hypothese konstanter Netzgrößenerträge aber nicht zurückgewiesen werden konnte, ergaben sich eindeutig zunehmende Dichteerträge.[124] Von dem zu erklärenden Kostenunterschied zwischen Trunks und Locals von 57,7 % konnten 45 % auf eine unterschiedliche Servicedichte zurückgeführt werden.[125]

Unter Zugrundelegung desselben Modells bestätigten *Caves/Christensen/ Tretheway/Windle (1987)* und *Windle (1991)* bei ihren Untersuchungen über verschiedene US- und Nicht-US-Carrier sowohl konstante Netzgrößenerträge als auch zunehmende Dichteerträge.[126] Auch *Gillen/Oum/Tretheway (1990)* stellten bei ihrer Analyse der Kosten von sechs kanadischen Fluggesellschaften im Zeitraum zwischen 1964 und 1981 statistisch signifikante Dichteerträge fest. Die Netzgrößenerträge waren insgesamt konstant, die größte untersuchte Fluggesellschaft (Air Canada) wies allerdings leicht abnehmende, die kleinste (Nordair) dagegen leicht zunehmende Netzgrößenerträge auf.[127] *McShan/Windle (1989)*,

---

[123] Vgl. Caves/Christensen/Tretheway (1984) S. 474 und Gillen/Oum/Tretheway (1990) S. 21.

[124] Unter Zugrundelegung einer Gesamtkostenfunktion wurden Netzgrößenerträge von im Durchschnitt 1,068 (bei Trunks 1,068 und bei Locals 1,069) sowie Dicheerträge von 1,243 (bei Trunks 1,235 und bei Locals 1,254) festgestellt. Werte größer eins bedeuten zunehmende und Werte kleiner eins abnehmende Netzgrößen- bzw. Dichteerträge [Caves/Christensen /Tretheway (1984) S. 478].

[125] Die restlichen 12,7 % lassen sich auf Unterschiede hinsichtlich der durchschnittlichen Streckenlänge (17,6 %), des durchschnittlichen Sitzladefaktors (1,7 %), der Anzahl der bedienten Flughäfen (- 0,7 %) und der Inputpreise (- 5,9 %) zurückführen [Caves/Christensen/ Tretheway (1984) S. 483].

[126] Caves/Christensen/Tretheway/Windle (1987) verwendeten Daten von 21 US-Fluggesellschaften und 27 Nicht-US-Fluggesellschaften der Jahre 1970 bis 1983. Windle (1991) berücksichtigte in seiner Arbeit den Verkehr von 14 US-Fluggesellschaften und 27 Nicht-US-Fluggesellschaften im Jahre 1983.

[127] Im Durchschnitt beliefen sich die Netzgrößenerträge auf 0,971 (Air Canada 0,881 und Nordair 1,147) und die Dichteerträge auf 1,211 (Air Canada 1,147 und Nordair 1,263) [Gillen/Oum/Tretheway (1990) S. 25].

die das Caves/Christensen/Tretheway-Modell um eine Hubbing-Variable[128] erweiterten und die Datenreihe um drei Jahre bis 1984 ergänzten, konnten ebenfalls zunehmende Dichteerträge feststellen. Ob konstante Netzgrößenerträge vorliegen, blieb bei ihnen aber ungeklärt.[129]

Brueckner/Spiller (1994) errechneten für den US-Luftverkehr des Jahres 1985 erhebliche Dichteerträge. Nach ihnen führt eine 10 %ige Zunahme der Passagiere auf einer bestimmten Spoke-Strecke zu einer Abnahme der Grenzkosten um 3,75 %. In einem Streckennetz mit hoher Verkehrsdichte sind die Grenzkosten für die Beförderung eines zusätzlichen Passagiers um 15 % niedriger als in einem Netz mit mittlerer und um 25 % niedriger als in einem Netz mit geringer Verkehrsdichte.[130]

Unter Verwendung einer Cobb-Douglas-Produktionsfunktion und umfangreicher Daten von Continental Airlines aus dem Geschäftsjahr 1987/88 ermittelte *Reynolds-Feighan (1992)* bezogen auf das gesamte Streckennetz leicht abnehmende Skalenerträge, d.h. die gleichzeitige proportionale Erhöhung aller Inputs um einen bestimmten Prozentsatz führte zu einer geringerprozentigen Erhöhung des Output. Lediglich auf Strecken, die eines der drei Hauptdrehkreuze von Continental als Ausgangs- oder Endpunkt aufwiesen, konnten leicht zunehmende Skalenerträge festgestellt werden.[131]

---

[128] Ein entscheidender Nachteil des Ansatzes von Caves/Christensen/Tretheway (1984) ist, daß er nicht die Anzahl der Routen und den Grad der Hub-and-spoke-Operationen einer Fluggesellschaft berücksichtigt, da durch diese die Verkehrsdichte erheblich beeinflußt werden kann. Beispielsweise wird die Aufnahme einer neuen geringfrequentierten Route zwischen zwei bestehenden Destinationen die Verkehrsdichte des gesamten Netzes verringern. Ebenso führt die Umwandlung eines bereits bedienten Zielflughafens in ein zusätzliches Drehkreuz zu einer Senkung der Verkehrsdichte. Beides wird durch das Modell von Caves/Christensen/Tretheway nicht erfaßt. Die von McShan/Windle (1989) eingeführte Hubbing-Variable, die dem Verkehrsanteil (gemessen in Abflügen) der drei wichtigsten Flughäfen einer Fluggesellschaft am Gesamtverkehrsaufkommen dieser Gesellschaft entspricht, kann diesem Mißstand nur bedingt abhelfen.

[129] Die Dichteerträge beliefen sich unter Einbeziehung einer Hubbing-Variable auf 1,35. Bei Zugrundelegung einer Gesamtkostenfunktion wurde die Hypothese konstanter Netzgrößenerträge verworfen, bei Zugrundelegung einer „variable cost function" hingegen nicht [McShan/Windle (1989) S. 221f].

[130] Brueckner/Spiller (1994) S. 405, 408.

[131] Reynolds-Feighan untersuchte 296 Strecken zwischen 113 Flughäfen. Für jede Strecke wurde eine Cobb-Douglas Produktionsfunktion berechnet. Als unabhängige Variablen fungierten die streckenbezogenen Einsatzzeiten des Bodenpersonals, der Sitzladefaktor, das Pas-

Stoetzer (1991) führte mit Daten von 52 europäischen und amerikanischen Fluggesellschaften aus dem Jahre 1984 eine ökonometrische Untersuchung anhand einer Durchschnittskostenfunktion durch. Es zeigte sich, daß die Flugzeuggröße einen stark negativen Einfluß und die angebotenen Tonnenkilometer einen schwach positiven Einfluß auf die Durchschnittskosten hatten. Die Anzahl der angeflogenen Orte und der Starts sowie die insgesamt zurückgelegten Flugkilometer wirkten sich dagegen nicht auf die Durchschnittskosten aus. Größenvorteile lagen somit im Luftverkehr nicht vor.[132]

Die Ergebnisse der oben aufgeführten Untersuchungen sowie verschiedener anderer Arbeiten, die hier nicht näher erläutert wurden, weisen teilweise erhebliche Unterschiede auf[133] und sind daher mit Skepsis zu betrachten. Gründe hierfür sind a) die Unzulänglichkeit der verwendeten Daten,[134] b) die unzureichende Berücksichtigung von Inputkosten,[135] c) die teilweise Vermischung von größenab-

---

sagierpotential und eine Equipment-Variable, in die der Kerosinverbrauch, der Kapitaleinsatz und die Arbeitszeiten der Cockpit- und Kabinencrew eingingen. Abhängige Variable war die Anzahl der Passagiere pro Flug. Für das gesamte Streckennetz von Continental ergaben sich danach mit einem Wert von 0,928 leicht abnehmende Skalenerträge (Returns to Scale). Strekken von/zu den drei Drehkreuzen Denver, Houston und Newark wiesen allerdings mit Werten zwischen 1,056 und 1,101 leicht zunehmende Skalenerträge auf. Die Berechnung von Verbunderträgen (Returns to Scope) war mit diesem Ansatz allerdings nicht möglich [Reynolds-Feighan (1992) S. 83-116].

[132] Als exogene Variablen verwendete Stoetzer institutionelle Einflußfaktoren (Region, in der eine Fluggesellschaft registriert ist; Eigentumsverhältnisse), Technologievariablen (Streckenlänge, Flugzeuggröße, angeflogene Orte, angebotene Tonnenkilometer), Umweltvariablen (Ladefaktor, Flugkilometer, Starts) und Outputcharakteristika (Umfang des Fracht-, Charter- und internationalen Verkehrs). Die endogene Variable „Durchschnittskosten" wurde im relevanten Bereich durch folgende exogene Variablen beeinflußt (die Nennungen erfolgen in der Reihenfolge der Wichtigkeit): Flugzeuggröße (-), Streckenlänge (-), Region (+ für Europa), Ladefaktor (-), Frachtanteil (+), angebotene Tonnenkilometer (+), Charteranteil (-). Alle anderen Variablen hatten keinen signifikanten Einfluß auf die Durchschnittskosten [Stoetzer (1991) S. 112-140].

[133] Basierend auf Daten der präderegulativen Periode ermitteln *Bauer (1985)* und *Good (1985)* beispielsweise insgesamt zunehmende Skalenerträge, Douglas/Miller (1974) und White (1979) konstante Skalenerträge und Reid/Mohrfeld (1973) abnehmende Skalenerträge [vgl. Stoetzer (1991) S. 90, 95f., 98 und Höfer (1995) S. 223f].

[134] In der Regel wurden nur aggregierte Daten verwendet, die von den Fluggesellschaften nicht immer nach den gleichen Kriterien zusammengestellt worden waren und kaum Rückschlüsse auf carrierspezifische Besonderheiten zuließen.

[135] Verschiedene Studien berücksichtigten mangels ausreichender Daten überhaupt keine Inputkosten oder nur solche für bestimmte Inputkategorien. Bei anderen wurden nur landesspezifische, nicht aber carrierspezifische Inputkosten herangezogen. Folglich ist davon auszuge-

hängigen und intensitätsabhängigen Einflüssen[136] und d) ökonometrische Probleme[137]. Trotz dieser Schwierigkeiten besteht mittlerweile in Theorie und Praxis weitgehend darüber Konsens, daß folgende Aussagen auf den Luftverkehr zutreffen:

- Eine Erhöhung der Ausbringungsmenge (gemessen in angebotenen Passagierkilometern) oder eine Erweiterung der Produktpalette (beispielsweise durch Hinzufügung einer neuen Destination) führt nicht zwangsläufig zu niedrigeren Stückkosten. Insofern sind automatische Größen- oder Verbundvorteile im Luftverkehr zu verneinen.
- Durch den Einsatz größerer Maschinen, die Erhöhung der Frequenzen und/oder die Steigerung des Sitzladefaktors ist eine deutliche Reduzierung der Stückkosten möglich. Ausschlaggebend hierfür ist jedoch nicht die Größe einer Fluggesellschaft, sondern die Verkehrsdichte innerhalb des Streckennetzes.

Zusammenfassend läßt sich feststellen, daß im Luftverkehr kein direkter Zusammenhang zwischen der Höhe der Stückkosten und der Größe eines Unternehmens besteht. Auch das Vorliegen einer mindestbetriebsgrößenbedingten Markteintrittsbarriere muß verneint werden.

---

hen, daß sich beschaffungsbedingte Größenvorteile (z.B. Mengenrabatte) nur unzureichend in den Forschungsergebnissen widerspiegeln.

[136] Die Größe einer Fluggesellschaft kann anhand einer Vielzahl von Kriterien gemessen werden, z.B. durch die angebotenen bzw. verkauften Passagierkilometer, die beförderten Passagiere, die Anzahl der Flugzeuge, die Anzahl der Destinationen oder die Anzahl der Flüge. Diese Kriterien beinhalten jedoch nicht nur Größenaspekte, sondern werden auch stark durch operative Merkmale, die Nutzungsintensität der verwendeten Inputs und deren relative Größe beeinflußt. Ein Vergleich der angebotenen Passagierkilometer setzt daher insbesondere auch eine Berücksichtigung der durchschnittlichen Streckenlängen voraus. Wird die Anzahl der Destinationen verglichen, sollte dies nicht ohne Analyse der dazugehörigen Frequenzen geschehen. Werden nicht alle relevanten Faktoren bei den Berechnungen gebührend berücksichtigt, kann dies zu einer erheblichen Verfälschung der Resultate führen.

[137] Die Tatsache, daß mehrere Untersuchungen trotz des Vorliegens weitgehend homogener Produktionstechnologien, annähernd identischer Datensätze und ähnlicher Modellansätze zu nicht nur quantitativ, sondern auch qualitativ unterschiedlichen Schlußfolgerungen gelangen, deutet auf Fehlspezifikationen und Probleme mit Autokorrelation, Homoskedastie und Multikollinearität hin [vgl. Stoetzer (1991) S. 110f].

4.3.7. Predation

Früher wurde *Predation* bzw. *Predatory Behaviour* einzig als antikompetitives Verhalten angesehen, das als Antwort auf einen Markteintritt angewendet wurde. In neuerer Zeit ist jedoch erkannt worden, daß seine überzeugende Androhung auch als wirksame Markteintrittsbarriere dienen kann. Eine klare Festlegung dessen, was als „räuberisches Verhalten“ zu gelten hat, ist indes nicht leicht. *Dodgson/Katsoulacos/Pryke* bezeichnen Predation als den vorübergehenden Verzicht auf maximalen Gewinn, um Wettbewerber zu beseitigen oder einen drohenden Markteintritt zu verhindern bzw. zu verzögern, so daß langfristig größere Gewinne erzielt werden können.[138] Diese Definition ist nach Einschätzung des Verfassers zu eng gehalten. Im folgenden werden daher unter Predation alle unlauteren Verhaltensweisen verstanden, die dazu bestimmt sind, bestehende Wettbewerber aus dem Markt zu drängen bzw. potentielle Wettbewerber vom Markteintritt abzuhalten. Die Inkaufnahme vorübergehender Gewinneinbußen oder sogar Verluste ist somit keine Voraussetzung für Predatory Behaviour. Entscheidend ist vielmehr die Zielsetzung, Wettbewerber mit unfairen Mitteln auszuschalten, um langfristig höhere (Monopol)Gewinne realisieren zu können.

Die im Rahmen der Predation eingesetzten Mittel sind äußerst vielschichtig.[139] Grundsätzlich lassen sich folgende Formen unterscheiden, die entweder einzeln oder in Kombination miteinander eingesetzt werden können:[140]

* <u>Price Predation:</u> Preisänderungen von beträchtlichem Umfang (z.B. uniforme Preissenkungen oder gezielte Tarifreduzierungen für bestimmte Nachfragegruppen),

---

[138] Dodgson/Katsoulacos/Pryke (1990) S. 2.

[139] Vgl. hierzu Salop/Scheffman (1983), OECD (1988) S. 13f, Dodgson/Katsoulacos/Pryke (1990) S. 4-5, Minderlein (1990), Höfer (1995) S. 350-366.

[140] Als im April 1989 die neu gegründeten Fluggesellschaft German Wings Liniendienste vornehmlich auf innerdeutschen Strecken aufnahm, antwortete die Lufthansa darauf mit einer Verbesserung des Serviceangebots, dem Einsatz größeren Fluggeräts und der Verweigerung des Interlining (im Februar 1990 wurde Lufthansa jedoch gerichtlich zum Interlining verpflichtet). Diese Maßnahmen trugen maßgeblich zum Konkurs von German Wings im Mai 1990 bei [vgl. Höfer (1995) S. 360, 370ff]. Alitalia reagierte auf den Markteintritt von Air One und Noman, indem sie diesen zusätzliche Slots in Mailand-Linate verweigerte und auf verschiedenen inländischen Nebenstrecken zeitgleiche Flüge einrichtete, die dann nach Einstellung durch die Neuanbieter ebenfalls nicht mehr angeboten wurden [o.V. (1996): *Alitalia - Kartellwächter verklagen Airline*].

* Output Predation: erhebliche Änderungen der Outputeigenschaften (z.B. Erhöhung der Frequenzen oder der Kapazitäten, Erweiterung des Streckennetzes, Verschiebung der Abflugzeiten, Verbesserung des Serviceniveaus),
* Ressource Predation: Beeinträchtigung des freien Ressourcenzugangs (z.B. strategische Besetzung von Slots und Gates, Nichtaufnahme in Computerreservierungssysteme, Exklusivverträge mit wichtigen Lieferanten oder Feeder Carrier),
* Sales Predation: Verringerung der Verkaufsaussichten konkurrierender Unternehmen (z.B. Verweigerung des Interlining, Änderung von Reisebüroprovisionen, Einführung spezieller Anreize in Vielfliegerprogrammen),
* Raising Rivals´ Costs: Verteuerung der Kosten von Wettbewerbern (z.B. Erhöhung der Gebühren für Computerreservierungssysteme oder Bodendienste).

Die Untersuchung von Dodgson/Katsoulacos/Pryke hat die von vielen Praktikern geäußerte Überzeugung, daß Predation eine rationale und mögliche Strategie im Luftverkehr ist, wissenschaftlich untermauert.[141] Das große Problem für die Wettbewerbsbehörden besteht jedoch darin, unlauteres und wettbewerbsfeindliches Predatory Behaviour von einer legitimen und wettbewerbskonformen Reaktion auf veränderte Marktverhältnisse zu unterscheiden.[142] Eine starke

[141] Dodgson/Katsoulacos/Pryke begründen die Rationalität und Durchführbarkeit des Predatory Behaviour für den Luftverkehr damit, daß a) mittlere Eintrittsbarrieren existieren (nicht zu niedrig, um Predation wirkungslos zu machen und nicht zu hoch, um Predation überflüssig zu machen), b) auf jeder Strecke nur wenige Anbieter konkurrieren (der Eintritt eines neuen Wettbewerbers hat somit erheblichen Einfluß auf das Marktgeschehen), c) die bestehenden Unternehmen viele Routen bedienen (da ein Markteintritt gewöhnlich nicht auf allen Routen gleichzeitig erfolgt, können die etablierten Carrier ihr Predatory Behaviour auf eine bestimmte Route bzw. einen bestimmten Wettbewerber konzentrieren) und d) Asymmetrien hinsichtlich der Konkurswahrscheinlichkeit vorliegen (eingesessene Carrier haben bei einem Preiskampf den längerem Atem) [vgl. Dodgson/Katsoulacos/Pryke (1990) S. 17-25].

[142] Ein weiteres Problem besteht darin, daß Predation nicht notwendigerweise auf der Strecke stattfindet, auf der der Eintritt erfolgt oder angedroht ist. Tatsächlich kann sie auch auf anderen Märkten eingesetzt werden, in denen die betroffenen Unternehmen konkurrieren. Werden die Strecken A, B, C und D beispielsweise von den Fluggesellschaften I und II bedient, Strecke X jedoch nur von Gesellschaft I, so kann letztere bei der Androhung des Markteintritts durch II auf den übrigen Strecken die Preise senken oder die Kapazitäten ausdehnen, um durch diese Maßnahmen Kampfbereitschaft zu signalisieren und das Vorgehen des Wettbe-

Preissenkung als Antwort auf den Eintritt eines neuen Anbieters muß beispielsweise nicht notwendigerweise antikompetitives Verhalten darstellen.[143] Vielmehr kann sie auf eine zuvor existierende Monopolrente hinweisen. Bei der Untersuchung von Vorwürfen ist zu berücksichtigen, daß das üblicherweise für die Identifizierung von Predatory Pricing verwendete Kriterium „Preissetzung unterhalb der Grenzkosten" im Luftverkehr wegen der geringen Höhe der variablen Kosten nicht anwendbar ist.[144] Ferner gilt, daß veröffentlichte Niedrigstpreise nicht zwangsläufig etwas über die tatsächlichen Durchschnittserlöse aussagen[145] und daß Verbundwirkungen existieren, da viele Passagiere eine bestimmte Strecke nur im Rahmen einer Anschlußverbindung nutzen.[146] Für etablierte Fluggesellschaften stellen zu Verlusten führende Preissenkungen zudem dann eine rationale Option dar, wenn sie eine gewisse Zeit brauchen, um die eigenen Kosten auf das niedrigere Niveau des neuen Wettbewerbers zu senken und hohe Austrittskosten oder hohe „sunk re-entry costs" vorliegen.[147]

Gewöhnlich ist Predatory Behaviour zu vermuten, wenn die eingesessene Airline beim Auftreten eines neuen Wettbewerbers eine oder mehrere der folgenden

---

werbers im eigenen Sinne zu beeinflussen. Ein solches Vorgehen wird auch als „Discipline Pricing" bezeichnet.

143 Eine umfassende Untersuchung des Konkurses von Compass Airlines durch die *Australian Federal Trade Practices Commission (TPC)* ergab beispielsweise, daß die Gründe für das Ausscheiden dieses Neuanbieters nicht auf wettbewerbsfeindliches Verhalten der Etablierten, sondern auf Fehlentscheidungen des Compass-Managements zurückzuführen waren. Dieses war beispielsweise von der Prämisse ausgegangen, daß die bereits operierenden Fluggesellschaften nicht durch Preissenkungen auf den Markteintritt reagieren würden [vgl. Dodgson/Jorge (1997), S. 73].

144 Im Rahmen eines aktiven Yield Managements kann es für eine Fluggesellschaft durchaus rational sein, Passagiere für einige Hundert DM von Europa nach Amerika zu befördern, da bereits dieser geringe Betrag einen Beitrag zur Deckung der Fixkosten leistet. Voraussetzung ist jedoch, daß hierdurch keine ertragsstärkeren Kunden ausgeschlossen werden und die Konsumentenrente voll abgeschöpft wird.

145 Es kann sein, daß ein veröffentlichter niedriger Preis, der jenem des neuen Anbieters entspricht, nur auf wenige Sitzplätze in der Maschine beschränkt ist. In diesem Fall müssen die meisten Passagiere weit mehr für den Flug zahlen und es handelt sich daher nur um ein Lockvogelangebot mit beschränkter Bedeutung.

146 Fliegt ein Passagier mit der Lufthansa von Rom über Frankfurt nach Washington, ist es äußerst schwierig den entrichteten Gesamtpreis auf die beiden Teilsegmente aufzuteilen. Für die Lufthansa kann es durchaus sinnvoll sein, den innereuropäischen Anschlußflug fast kostenlos durchzuführen, um hierdurch einen zusätzlichen Passagier für den aufkommensstarken Interkontinentaldienst zu gewinnen.

147 Vgl. Dodgson/Katsoulacos/Pryke (1990) S. 31f.

Maßnahmen ergreift:[148] 1) Erhöhung der Kapazität auf der betroffenen Route, 2) Anpassung der Flugzeiten an jene des Neubewerbers, 3) Ausgeprägte selektive Preissenkungen bzw. beträchtliche Erhöhung der Verfügbarkeit von Billigtarifen, 4) Bedienung einer vom - tatsächlichen oder potentiellen - Markteintritt betroffenen Strecke mit Verlust. Um Predation aber definitiv nachweisen zu können, bedarf es der eingehenden Analyse jedes Falles.

Daß Fluggesellschaften Predation tatsächlich einsetzen, ist heute kaum noch umstritten.[149] Obwohl es sicherlich einige offensichtliche Beispiele gibt,[150] dürfte sich die überwiegende Mehrzahl der Fälle in einer Grauzone bewegen und äußerst schwer zu beweisen sein. In der Vergangenheit hat es daher auch nur wenige Predation-Verfahren vor Gerichten oder Wettbewerbsbehörden gegeben.[151] Trotzdem muß davon ausgegangen werden, daß Predation ein überaus wirksames Mittel darstellt, um potentielle Wettbewerber abzuschrecken und tat-

---

[148] Dodgson/Katsoulacos/Pryke (1990) S. 93f.

[149] In ihrer Untersuchung über Predatory Behaviour im Luftverkehr listen Dodgson/Katsoulacos/Pryke verschiedene eindeutige Fälle aus den USA auf. Dabei handelte es sich zumeist um eine Kombination von Price Matching und Kapazitätserhöhung. In jüngerer Zeit konnten aber auch Formen des „Discipline Pricing“ entdeckt werden, bei dem Predation auf anderen als der direkt vom Markteintritt betroffenen Strecke eingesetzt wurde [Dodgson/Katsoulacos/Pryke (1990) S. 47-50]. Das Vorliegen von Predation hat maßgeblich zur 1997 erfolgten Gründung der *Air Carrier Association of America (ACAA)* beigetragen, in der sich verschiedene US-Regionalcarrier zusammengeschlossen haben. Eine der Hauptaufgaben der Vereinigung ist es, Exekutive und Legislative auf die wettbewerbsfeindlichen Auswirkungen des Verhaltens der großen Carrier aufmerksam zu machen und neue konkurrenzfördernde Regelungen durchzusetzen [vgl. Walker (1997): *When the Wolf's at your door*].

[150] Einen eindeutigen Fall von Predation stellte die Reaktion von Delta auf den Markteintritt von ValuJet auf der Strecke von Atlanta nach Mobile dar. Als ValuJet den Service aufnahm, senkte Delta den Preis von mehr als 400 US-$ auf 58 US-$. Hierdurch litt die Wettbewerbsfähigkeit des neuen Anbieters so erheblich, daß dieser seine Dienste nach kurzer Zeit einstellen mußte, worauf Delta den Preis innerhalb von 24 Stunden wieder auf 404 US-$ erhöhte. Als ValuJet hierauf erneut in den Markt eintrat, wurde der Preis abermals auf 58 US-$ gesenkt [Walker (1997): *United target on legal front*].

[151] 1996 gab es bei der Europäischen Kommission nur vier Predation-Beschwerden, von denen zwei informell waren. Neben der schweren Beweisbarkeit scheinen für die geringe Zahl der Verfahren sicherlich auch die damit verbundenen hohen Anwaltskosten sowie die gewöhnlich sehr lange Dauer (die Behandlung einer Beschwerde durch die Europäische Kommission kann beispielsweise 2 Jahre in Anspruch nehmen) verantwortlich zu sein. Vor allem bei jungen Gesellschaften ist daher zu fürchten, daß diese bereits aus dem Markt ausgeschieden sind, wenn über den Fall entschieden wird [vgl. Jones (1997): *No predators in Europe?* und Dodgson/Jorge (1997), S. 73].

sächliche zu verdrängen. Besonders auf solchen Strecken, auf denen ein Neubewerber schon einmal erfolgreich verdrängt worden ist, dürfte die Wahrscheinlichkeit eines erneuten Markteintritts vor allem junger, kapitalschwacher Fluggesellschaften erheblich sinken.

4.3.8. Flughafen- und Routendominanz

In Kapitel 2.5.4 wurde bereits darauf hingewiesen, daß Luftfahrtunternehmen mit einem hohen Marktanteil auf einer bestimmten Route bzw. einem bestimmten Flughafen überdurchschnittlich hohe Flugpreise durchsetzen können. In Kapitel 2.5.3 wurde darüber hinaus festgestellt, daß sich Carrier mit einem hohen Marktanteil am Ausgangsflughafen einen überproportionalen Anteil am Verkehrsaufkommen auf einzelnen Routen sichern können. Es gilt zudem als gesichert, daß ein sogenannter *S-Kurven-Effekt* existiert, daß also eine Erhöhung der Frequenzen auf einer bestimmten Strecke den Marktanteil zuerst unterproportional, ab Erreichen eines bestimmten Frequenzanteilswertes aber überproportional erhöht.[152] Sowohl *Flughafendominanz* (hoher Marktanteil auf einem bestimmten Airport) als auch *Routendominanz* (hohe Verkehrsdichte bzw. hohe Anzahl der Frequenzen auf einer bestimmten Strecke) gewähren demnach erhebliche Vorteile gegenüber anderen Carriern. Dies gilt besonders dann, wenn es sich beim Ausgangs- oder Zielflughafen um das Drehkreuz einer Gesellschaft handelt.

Haben es schon etablierte Fluggesellschaften schwer, eine neue Route zum Hub einer anderen Airline einzurichten, so gilt dies um so mehr für junge Unternehmen, die nur auf kleinem Niveau in den Markt eintreten können.[153] *Kling/Grimm/Corsi*, die Herausfordererstrategien für hub-dominierte Flughäfen untersucht haben, kommen zu dem Ergebnis, daß Neubewerber auf einer bestimmten Strecke dann erfolgreich sein können, wenn folgende Voraussetzungen erfüllt sind: 1) Der Flughafen dient als Hub für eine große Fluggesellschaft, also nicht für eine mittlere oder kleine,[154] 2) Der Verkehrsanteil des Herausforderers auf dem Flughafen ist vergleichsweise hoch, 3) Die in Frage kommende Strecke

---

[152] Vgl. Kanafani/Ghobrial (1985) S. S. 17ff und Tretheway/Oum (1992) S. 27.

[153] Untersuchungen von Borenstein haben gezeigt, daß dies auch dann gilt, wenn die Neuanbieter erheblich niedrigere Preise verlangen [Borenstein (1991) S. 1258ff].

[154] Kleine und mittlere Unternehmen stellen demnach für Neuanbieter ein größeres Risiko dar, da sie den neuen Konkurrenten ernster nehmen als eine große Airline.

wird nicht von der dominanten Airline bedient, 4) Auf der betrachteten Strecke existiert kein starker Wettbewerb und 5) Der Herausforderer startet direkt mit einer hohen Zahl von Frequenzen.[155] Hieraus folgt, daß sich für Neueinsteiger nur eine beschränkte Zahl von Routen und Flughäfen eignet.

Als Ergebnis läßt sich feststellen, daß Airport- oder Routendominanz vor allem für junge Unternehmen ein ernstzunehmendes Markteintrittshindernis darstellt. Für etablierte Carrier fällt die Bedeutung zwar geringer aus, ist aber immer noch in erheblichem Umfang vorhanden.

4.4. Staatliche Einflußnahme

Der Staat besitzt zahlreiche Möglichkeiten, um direkt oder indirekt in den Wettbewerb im Luftverkehr einzugreifen. Designierung, Nationalitätenklauseln und Kabotagevorbehalt wurden bereits in Kapitel 4.3.1 behandelt. Darüber hinaus spielen heutzutage die Regulierung von Kapazitäten, Frequenzen und Preisen, Subventionen sowie der direkte Einfluß auf Entscheidungen des Managements eine nicht zu unterschätzende Rolle. In Zukunft dürfte vor allem dem Vorhandensein bzw. Nichtvorhandensein einer wirksamen Kartell- und Fusionskontrolle eine entscheidende Bedeutung zukommen.

4.4.1. Kapazitäts-, Frequenz- und Preisregulierung

Der Verkehr auf vielen nationalen und internationalen Strecken unterliegt einer - mehr oder weniger restriktiv gehandhabten - Kapazitäts-, Frequenz- und Preisregulierung durch die betroffenen Staaten. Daß sich hieraus erhebliche Wettbewerbsverzerrungen ergeben, ist evident und muß nicht ausführlich behandelt werden. Anzumerken bleibt jedoch, daß die staatliche Regulierung einer bestimmten Route nicht nur Auswirkungen auf diese Route und die den Dienst durchführende Airline hat, sondern fast immer auch den Wettbewerb auf anderen Strecken und mit Drittstaatencarriern beeinträchtigt.[156]

---

[155] Kling/Grimm/Corsi (1991) testeten anhand eines ökonometrischen Modells und mit Hilfe von Daten aus dem Jahre 1987 insgesamt 10 Hypothesen. Als statistisch signifikant erwiesen sich dabei die fünf aufgeführten Bedingungen.

[156] Unterliegt der Verkehr zwischen Großbritannien und der VR China beispielsweise stärkeren Kapazitäts- und Frequenzrestriktionen als der Verkehr zwischen Deutschland und der VR

4.4.2. Subventionen

Die Gewährung staatlicher Unterstützung an Unternehmen der Luftfahrtindustrie ist ein weltweit verbreitetes Phänomen, das bis zu den Anfängen der Fliegerei zurückgeht[157] und auf die vielfältigste Art und Weise erfolgen kann.[158] Weit verbreitet sind Streckensubventionen, bei denen Fluggesellschaften Ausgleichszahlungen für die Bedienung von Verbindungen erhalten,[159] die nach rein wirtschaftlichen Gesichtspunkten nicht oder nicht in dem gewünschten Umfang angeboten würden. Sofern sich die Höhe der Zuschüsse an den zusätzlich entstandenen Kosten orientiert und die Auswahl des Unternehmens, das die Flüge durchführen soll, nach fairen und nachvollziehbaren Kriterien erfolgt, ist dies aus wettbewerbspolitischer Sicht unbedenklich. Anders verhält es sich bei Unterstützungsmaßnahmen in Form von Verlustausgleichszahlungen, Umstrukturierungshilfen oder Kapitalerhöhungen (bei staatlichen Fluggesellschaften). Diese haben nur dann keine wettbewerbsverzerrende Wirkung, wenn sich der Staat wie ein privater Investor verhält, der nur dann eine Zahlung leistet, wenn er sich hiervon angemessene Erträge in der Zukunft verspricht. Da staatliche Subventionen aber gewöhnlich nicht renditeorientiert sind, sondern aus beschäftigungs-, struktur- oder parteipolitischen Gründen, manchmal sogar nur aus reinem Prestigedenken („Unser Land braucht eine nationale Fluggesellschaft...“) gewährt werden, geht von ihnen eine Beeinträchtigung des Wettbewerbs aus.

China, ermöglicht dies der Lufthansa die Gewinnung zusätzlicher britischer Kunden, da günstige Umsteigeverbindungen über Frankfurt angeboten werden können. Die Lufthansa profitiert hierdurch in zweifacher Hinsicht. Zum einen kann sie einen höheren Sitzladefaktor auf Chinaflügen realisieren, zum anderen sind die Flüge nach Großbritannien besser ausgelastet. Die unterschiedlichen Bestimmungen der bilateralen Luftverkehrsabkommen mit der VR China haben somit nicht nur Einfluß auf den Fernostverkehr, sondern wirken sich auch auf den Verkehr innerhalb Europas aus.

[157] Bereits kurz nach dem 1. Weltkrieg subventionierte die französische Regierung inländische Unternehmen, die die Strecke von Paris nach London bedienten [vgl. Gialloreto (1988) S. 3f].

[158] Neben der Gewährung direkter staatlicher Zuschüsse ist auch eine indirekte Unterstützung des Staates möglich, beispielsweise durch Steuerbefreiungen, die Gewährung zinsgünstiger Darlehen, nicht marktgerechte Preise bei Geschäften mit staatlich kontrollierten Unternehmen, die kostenlose Nutzung der staatlichen Infrastruktur oder Quersubventionen bei Staatsholdings, in die der betroffene Flag Carrier eingegliedert ist [vgl. Höfer S. 682f].

[159] Beispielsweise ist in den USA die streckenbezogene Subventionierung im Rahmen des *Essential Air Service Program* aufgrund Section 419 des Federal Aviation Act [vgl. Tettenborn (1993) S. 171ff] und in Europa im Rahmen von *Strecken mit einer gemeinwirtschaftlichen Verpflichtung* aufgrund einer Ratsverordnung aus dem Jahre 1992 möglich [vgl. Verordnung (EWG) Nr. 2408/92, Artikel 4].

In den letzten Jahren standen vor allem die von der EU-Kommission genehmigten[160] Subventionen verschiedener europäischer Staaten an ihre wirtschaftlich angeschlagenen Fluggesellschaften im Brennpunkt der Kritik.[161] Obwohl sich die Kommission strenge Vorgaben für die Bewilligung staatlicher Beihilfen auferlegt hat[162], waren vor allem die Fälle Air France und Iberia heftig umstritten.[163] Beanstandet wurde vor allem, daß besagte Unternehmen zwischen 1991 und 1997 mehrfach Kapitalspritzen und Umstrukturierungshilfen erhalten haben, es sich also nicht um „einmalige“ und „letztmalige“ Unterstützungsmaßnahmen handelte. Außerdem kam es zu heftiger Kritik, da von der Kommission gestellte

---

[160] Nach den Artikeln 92-94 des EWG-Vertrages sind staatliche Beihilfen, die den Wettbewerb verzerren und den Handel zwischen den Mitgliedstaaten beeinträchtigen, mit dem Gemeinsamen Markt unvereinbar und unterliegen daher einer Überprüfung bzw. Genehmigung durch die EU-Kommission [Balfour (1993) S. 199].

[161] In den Jahren 1991 bis 1996 wurden von der EU-Kommission Staatsbeihilfen in Form von Umstrukturierungszuschüssen oder Kapitalerhöhungen an Air France (4 Mrd. US-$), Olympic Airways (2,3 Mrd. US-$), Sabena (1,8 Mrd. US-$), Iberia (1,75 Mrd. US-$), TAP Air Portugal (1,1 Mrd. US-$) und Aer Lingus (270 Mio. US-$) genehmigt [vgl. Balfour (1995): *The EC Commission's policy on state aids for airline restructuring*, S. 61; Höfer (1995) S. 686-691; Schlicht (1995) und Doganis (1996) S. 29].

[162] Nach dem Kommissionsmemorandum Nr. 2 aus dem Jahr 1984 sollen staatliche Beihilfen für den Ausgleich von Betriebsverlusten nur unter folgenden Bedingungen gewährt werden: 1) Die Unterstützung muß Teil eines umfassenden Umstrukturierungsprogramms sein, 2) Das Programm muß Kapazitätsreduzierungen enthalten, falls diese erforderlich sind, um die finanzielle Überlebensfähigkeit sicherzustellen, 3) Die Unterstützung darf die Schwierigkeiten nicht auf den Rest der Gemeinschaft verlagern und 4) die Hilfe muß transparent und kontrollierbar sein [vgl. Kommission der Europäischen Gemeinschaft (1984): *Zivilluftfahrt. Fortschritt auf dem Weg zu einer gemeinschaftlichen Luftverkehrspolitik*, Anhang IV und Balfour (1995): *The EC Commission's policy on state aids for airline restructuring*, S. 60]. 1994 bestätigte die Kommission diese Haltung indem sie darlegte, daß „staatliche Beihilfen für die Umstrukturierung von Luftfahrtunternehmen nur dann zulässig sind, wenn sie weder zu Wettbewerbsverzerrungen führen, noch ein solches Risiko bergen“ [Kommission der Europäischen Gemeinschaft (1994): *Die Zivilluftfahrt in Europa auf dem Weg in die Zukunft*, S. 14f]. Bei der Beurteilung von Subventionen an im Staatsbesitz befindliche Fluggesellschaften zieht die Kommission als operativen Maßstab das „Prinzip des marktwirtschaftlich handelnden Kapitalgebers“ (*market economy investor principle, MEIP*) heran. Dieses legt fest, daß der Staat nur dann Kapitalerhöhungen vornehmen oder Darlehen vergeben darf, wenn sich ein privater Investor ebenso verhalten würde [vgl. Höfer (1995) S. 685, Cameron (1997): *Disquiet on the state aid front*].

[163] Hinsichtlich Air France genehmigte die EU-Kommission 1991 eine Kapitalerhöhung durch die französische Regierung, obwohl sich der für Wettbewerbsfragen zuständige Kommissar, Sir Leon Brittan, dagegen aussprach. Die Zustimmung der Kommission für eine Kapitalerhöhung bei Iberia durch eine Staatsholding im Jahre 1992 wurde von der britischen Regierung als „most regrettable decision“ bezeichnet [Balfour (1993) S. 201f].

Auflagen[164] nicht erfüllt und die erhaltenen Gelder für einen Verdrängungswettbewerb in Europa[165] beziehungsweise eine Expansionsstrategie auf anderen Märkten[166] genutzt wurden.

Unabhängig davon, ob die Vorwürfe in den geschilderten Fällen zutreffen, muß festgestellt werden, daß staatliche Subventionen grundsätzlich die Gefahr einer Verzerrung des Wettbewerbs in sich tragen, da sie zumeist aus marktfernen Erwägungen heraus erfolgen. Eine äußerst restriktive Genehmigungspraxis seitens der EU wie auch anderer Staaten wäre daher angebracht. Die Regierungen in Europa, Asien und Afrika sollten zudem ihre Fluggesellschaften privatisieren, da hierdurch „verdeckte" Subventionen (beispielsweise in Form von wirtschaftlich nicht vertretbaren Kapitalerhöhungen) weitgehend ausgeschlossen würden.

---

[164] Die Auflagen umfaßten u.a. folgende Punkte: akzeptiertes Umstrukturierungsprogramm, keine weitere Hilfe während der laufenden Umstrukturierungsperiode, Kapazitätsreduzierungen oder -beschränkungen (außer bei Iberia), keine Übernahme anderer Fluggesellschaften. Eine Aufstellung der an die einzelnen Airlines gemachten Auflagen findet sich in Balfour (1995): *The EC Commission's policy on state aids for airline restructuring*, S. 61.

[165] Die 1994 erfolgte Genehmigung von Subventionen über insgesamt 20 Mrd. Francs an Air France war an 16 Auflagen gebunden. Als 1996 die letzte Tranche in Höhe von 5 Mrd. Francs freigegeben werden sollte, stellte es die Kommission als positive Tatsache dar, daß 13 der 16 Auflagen „voll erfüllt" worden seien, und stimmte demzufolge - insbesondere wohl auch aufgrund des verstärkten Drucks der französischen Regierung und des persönlichen Einsatzes von Premierminister Alain Juppé - für die Auszahlung. In der Tat hatte Air France jedoch mit einer aktiven Preis- und Expansionsstrategie in Europa begonnen, deren Vereinbarkeit mit den Auflagen zumindest bezweifelt werden muß. Obwohl ihr untersagt worden war, auf europäischen Strecken „für vergleichbare Leistungen niedrigere Tarife als ihre Konkurrenten anzubieten", betätigte sich Air France auf vielen Städtepaaren als Preisführer und begründete dies u.a. damit, daß zwischen „punktueller" und „struktureller" Preisführerschaft zu unterscheiden sei. Das Unternehmen unterlief auch die Auflage, die Zahl der „betriebenen Flugzeuge auf nicht mehr als 146 zu erhöhen", indem es weitere 23 Maschinen leaste. Von 26 Beschwerden, die insgesamt von Konkurrenzunternehmen eingereicht wurden, mußte die Kommission 5 als berechtigt anerkennen [Vgl. o.V. (1996): *Kinnock vertraut auf die Zusage von Regierungschef Juppé* und o.V. (1996): *Freche Franzosen*].

[166] Iberia hatte staatliche Beihilfen aus dem Jahre 1992 beispielsweise dazu verwendet, ihre Anfang der 90er Jahre erworbenen Beteiligungen an lateinamerikanischen Fluggesellschaften (85 % an Aerolineas Argentinas, 45 % an der venezoelanischen VIASA und 37,75 % an der chilenischen Ladeco) zu finanzieren. Die erneute Kapitalaufstockung im Jahre 1995 wurde daher von der Kommission auch nur unter der Bedingung genehmigt, daß Iberia sich von einem Großteil der Anteile trenne (die Beteiligung an Aerolineas Argentinas wurde in der Folge auf 10 % und jene an Ladeco auf 25 % reduziert) [o.V. (1995): *Lateinamerika-Luftfahrt: Erste Privatisierung brachte Erfolg* und o.V. (1996): *Spaniens Staatscarrier fliegt erstmals wieder mit Gewinn*].

4.4.3. Kartell- und Fusionskontrolle

In fast allen Staaten der Welt gelten für Luftfahrtunternehmen Sonderregelungen hinsichtlich der Anwendung von Wettbewerbsbestimmungen.[167] Für die Weiterentwicklung des internationalen Luftverkehrs sind vor allem die Bestimmungen in der Europäischen Union und den USA von Bedeutung, da diese auf die Mehrzahl der großen Carrier Anwendung finden und daher indirekt auch Auswirkungen auf Drittstaatengesellschaften haben.

Für den Luftverkehr innerhalb der Europäischen Union gelten die allgemeinen Wettbewerbsregeln des EG-Vertrags, insbesondere der Artikel 85 (Verbot wettbewerbsbehindernder Vereinbarungen oder Beschlüsse) und der Artikel 86 (Mißbrauch einer den Markt beherrschenden Stellung).[168] Einzelheiten hierzu sind in einer Verordnungen aus dem Jahre 1987 geregelt.[169] Danach kann die Kommission bei Verstößen gegen Artikel 85 Abs. 1 oder Artikel 86 des EG-Vertrags von dem oder den betroffenen Unternehmen eine Unterlassung verlangen und ggf. Geldbußen festsetzen. Außerdem hat sie die Möglichkeit, *Gruppenfreistellungen* zu erlassen. Tatsächlich hat die Kommission von ihrem Recht Gebrauch gemacht, die Bestimmungen des Artikels 85 Abs. 1 auf „bestimmte Gruppen von Vereinbarungen und aufeinander abgestimmte Verhaltensweisen im Luftverkehr“ für nicht anwendbar zu erklären.[170] Die bis zum 30. Juni 1998 befristeten Gruppenfreistellungen betreffen:[171]

---

[167] vgl. hierzu OECD (1988) S. 38-53.

[168] Die Gültigkeit war zwar über viele Jahre hinweg umstritten, wurde jedoch vom Europäischen Gerichtshof durch das Seeleute-Urteil (1974) und die Entscheidungen in den Fällen Nouvelles Frontières/Asjes (1986) und Ahmed Saeed (1989) bestätigt [vgl. hierzu Loewenstein (1991) S. 54-63, Wassenbergh (1993) S. 22 und Eisermann (1995) S. 118-126, 149-152]. Seitdem findet das Gemeinschaftsrecht dann Anwendung, wenn eine wettbewerbsbeschränkende Maßnahme geeignet ist, den Handel zwischen den Mitgliedern zu beeinträchtigen. Bei Wettbewerbsverstößen, die keine Auswirkungen auf den innergemeinschaftlichen Handel haben, sind dagegen nach wie vor die nationalen Wettbewerbsgesetze bindend.

[169] Verordnung (EWG) Nr. 3975/87, geändert durch Verordnung (EWG) Nr. 2410/92.

[170] Verordnung (EWG) Nr. 3976/87, geändert durch Verordnung (EWG) Nr. 2344/90 und Verordnung (EWG) Nr. 2411/92. Vgl. auch Eisermann (1995) S. 240-248.

[171] Verordnung (EWG) Nr. 2411/92, S. 19, Artikel 1, Abs. 2 (2).

* Gemeinsame Planung und Koordinierung der Flugpläne,[172]
* Konsultationen über Tarife im Linienflugverkehr (zur Ermöglichung des Interlining),[173]
* Vereinbarungen über den gemeinsamen Betrieb von Liniendiensten mit geringem Verkehrsaufkommen,[174]
* Zuweisung von Zeitnischen (Slots) auf Flugplätzen und Planung der Flugzeiten,[175]
* gemeinsamer Betrieb von computergestützten Buchungssystemen (CRS).[176]

Obwohl die erteilten Gruppenfreistellungen mit erheblichen Einschränkungen verbunden sind, bieten sie zumindest potentiell die Möglichkeit zu wettbewerbswidrigen Absprachen. Bisher scheinen sie aber kaum nachhaltige Auswirkungen auf den Wettbewerb ausgeübt zu haben. Bedenklich sind eher umfassende Kooperationen zwischen Fluggesellschaften in Form von Marketing-Vereinbarungen oder Strategischen Allianzen, für die die Kommission den betroffenen Unternehmen eine Einzelfreistellung nach Art. 85 Abs. 3 EG-Vertrag erteilen muß. Die Erteilung oder Vorenthaltung solcher Einzelfreistellungen wird in Zukunft sicherlich entscheidenden Einfluß auf die Entwicklung der Marktstruktur haben.

---

[172] Die gemeinsame Planung und Koordinierung soll dazu dienen, 1) ein befriedigendes Angebot für verkehrsschwächere Tageszeiten, Jahreszeiten oder Strecken sicherzustellen und 2) Flugpläne für Teilstreckenanschlüsse und die entsprechenden Mindestkapazitäten festzulegen [Verordnung (EWG) Nr. 1617/93, S. 19f, Artikel 2] .

[173] Die Tarifkonsultationen sollen die Nutzung eines einzigen Flugtickets auf mehreren Teilsegmenten, die jeweils von verschiedenen Fluggesellschaften bedient werden, ermöglichen. Für die einzelnen Teilsegmente ist dabei jeweils der Flugpreis des durchführenden Luftfahrtunternehmens maßgebend. Die Konsultationen müssen freiwillig und für die Teilnehmer unverbindlich sein. Entgelte für Agenturen dürfen nicht erörtert werden [Verordnung (EWG) Nr. 1617/93, S. 20f, Artikel 4].

[174] Der gemeinsame Betrieb besteht darin, daß ein Luftfahrtunternehmen an den Kosten und Einnahmen beteiligt wird, die einem anderen Luftfahrtunternehmen durch die Durchführung des Fluges entstehen. Die Freistellung gilt nur für neue Strecken oder solche mit geringem Verkehrsaufkommen. Das durchführende Unternehmen darf auf keinem der betroffenen Flughäfen mehr als 90.000 Sitze pro Jahr anbieten und sein Umsatz muß unter 400 Mio. ECU liegen [Verordnung (EWG) Nr. 1617/93, S. 20, Artikel 3].

[175] Verordnung (EWG) Nr. 1617/93, S. 21f, Artikel 5. Vgl. auch Verordnung (EWG) Nr. 95/93.

[176] Verordnung (EWG) Nr. 3652/93.

Die bisherigen Aussagen gelten uneingeschränkt nur für den Verkehr innerhalb des europäischen Binnenmarktes. Sind Strecken oder Fluggesellschaften außerhalb der EU betroffen, ist die Situation dagegen unklar. Während sich die nationalen Wettbewerbsbehörden unter Bezugnahme auf Artikel 88 EG-Vertrag für zuständig erklären, möchte die Kommission alle Kompetenzen nach Artikel 89 EG-Vertrag an sich ziehen. Die Situation ist derzeit zwar noch unentschieden, langfristig dürfte sich jedoch die Kommission mit ihren Forderungen durchsetzen.[177]

Die Kontrolle von Unternehmenszusammenschlüssen mit gemeinschaftsweiten Auswirkungen ist durch eine allgemeine Ratsverordnung aus dem Jahre 1989 geregelt, die auch für den Luftverkehr gilt.[178] Die Kommission kann danach Unternehmens(teil)erwerbe und Fusionen verbieten oder mit Auflagen versehen. Dies gilt auch für Zusammenschlüsse mit außereuropäischen Fluggesellschaften, sofern die beteiligten Unternehmen innerhalb Europas bestimmte Umsatzschwellen überschreiten. Eine Beurteilung der Kommissionstätigkeit ist zum jetzigen Zeitpunkt nur bedingt möglich, da spektakuläre Akquisitionen in Europa - im Gegensatz zu den USA - bisher ausgeblieben sind. Langfristig von größerer Bedeutung waren lediglich die Fusionsfälle British Airways/British Caledonian (1988) und Air France/UTA/Air Inter (1990),[179] die jeweils mit Auflagen genehmigt wurden.[180] Beide Entscheidungen scheinen angesichts der zunehmenden Globalisierung des Wettbewerbs gerechtfertigt, obwohl die untersuchten Fälle bei einer engen Auslegung des räumlich relevanten Marktes sicherlich wettbewerbsbeschränkend wirkten.

In den USA unterliegen alle inländischen Vereinbarungen zwischen Fluggesellschaften dem allgemeinen Kartellrecht des Sherman Act. Das Justizministerium kann sie untersagen, gegebenenfalls aber auch Freistellungen aussprechen. Für Abkommen, die den internationalen Luftverkehr betreffen, gelten jedoch Son-

---

[177] Vgl. Soames (1997).

[178] Vgl. Eisermann (1993) S. 410-429 und Van Houtte (1993) S. 68ff.

[179] Die Kommission genehmigte zudem die Fälle KLM/Transavia (1991), British Airways/TAT (1992), Air France/Sabena (1992) und die Übernahme der PanAm-Transatlantikstrecken durch Delta (1991) [vgl. Van Houtte (1993) S. 69].

[180] British Airways mußte beispielsweise bei der 1988 vollzogenen Fusion mit British Caledonian alle Inlandsstrecken und einige Europastrecken von British Caledonian sowie 5.000 Slots auf dem Flughafen London-Gatwick aufgeben [Eisermann (1993) S. 424ff].

derbestimmungen.[181] So gibt Section 412 des Federal Aviation Act dem Transportministerium die Möglichkeit, Vereinbarungen zwischen Fluggesellschaften von den Bestimmungen der US-Kartellgesetzgebung freizustellen.[182] Eine solche *Antitrust Immunity* kann in Form einer Gruppenfreistellung oder einer Einzelfreistellung erfolgen. Während Gruppenfreistellungen heutzutage nur noch hinsichtlich der IATA-Tarifkoordinierung existieren,[183] haben Einzelfreistellungen vor allem für die Genehmigung von Kooperationen in Form von Codeshare-Abkommen oder Strategischen Allianzen zwischen einzelnen amerikanischen und ausländischen Fluggesellschaften an Bedeutung gewonnen.[184] Entscheidend für die Weiterentwicklung des internationalen Luftverkehrs war die 1993 erteilte Antitrust Immunity für die Allianz zwischen Northwest Airlines und der niederländischen KLM.[185] Diese gestattete es beiden Gesellschaften, Flugpläne, Flugpreise und Verkaufsprovisionen miteinander abzusprechen, eine gemeinsame Werbung und Markenpolitik zu betreiben und folglich fast wie ein einziges Unternehmen aufzutreten.[186] Da anderen Kooperationen nicht die gleichen Rechte gewährt wurden,[187] besaßen Northwest und KLM lange Zeit einen beachtlichen Wettbewerbsvorteil gegenüber ihren Konkurrenten.

---

[181] vgl. Tettenborn (1993) S. 259-263.

[182] Voraussetzung ist, daß die Vereinbarungen benötigt werden, um ein wichtiges Beförderungsbedürfnis zu erfüllen bzw. um erheblichen öffentlichen Nutzen zu erzeugen und dies nicht durch verfügbare, weniger wettbewerbsbeeinflussende Alternativen erfüllt werden kann [GAO/RCED-95-99, S. 24].

[183] vgl. Tettenborn (1993) S. 269-275.

[184] Allein bis Ende 1994 genehmigte das Verkehrsministerium (DOT) 61 Kooperationen zwischen amerikanischen und ausländischen Fluggesellschaften [eine Auflistung findet sich in GAO/RCED-95-99, S. 14, 64-67]. Hiervon waren 50 punktspezifische Codeshare-Vereinbarungen, 8 Regionale Allianzen (z.B. American Airlines/British Midland, United Airlines/Ansett Australia) und 3 Strategische Allianzen betroffen. Eine umfassende Antitrust Immunity wurde bisher für folgende Strategische Allianzen erteilt: Northwest - KLM (1993), American Airlines - Canadian Airlines International (1996), United Airlines - Lufthansa (1996), Delta Air Lines - Swissair - Sabena (1996) und United Airlines - Air Canada (1997).

[185] Im Jahre 1992 hatten Northwest und KLM ein umfassendes Kooperationsabkommen unterzeichnet, für dessen Realisierung sie die Zustimmung des amerikanischen Verkehrsministeriums benötigten. Diese wäre nicht erteilt worden, hätten die USA mit den Niederlanden nicht am 4. September 1992 ein „Open Sky"-Abkommen geschlossen [vgl. hierzu Ott (1992), Arlington (1993) S. 152-154, BTCE (1994) S. 264, Hedlund (1994) S. 270-275 und Wassenbergh (1993) S. 86-89].

[186] Vgl. Kapitel 5.4.6.

[187] Beispielsweise erhielten British Airways und US Airways für ihre 1992 begonnene Zusammenarbeit nur eine stark eingeschränkte Freistellung, da die Briten - trotz erheblichen

Ebenso wie Vereinbarungen von Unternehmen unterliegen auch Zusammenschlüsse von Unternehmen dem allgemeinen Kartellrecht nach Section 7 des Clayton Act und Section 1 und 2 des Sherman Act. Die Fusionskontrolle untersteht somit prinzipiell dem Justizministerium.[188] Vor allem bei geplanten Zusammenschlüssen mit ausländischen Unternehmen besitzt das Verkehrsministerium allerdings erhebliche Mitspracherechte im Rahmen der Erteilung einer Betriebslizenz nach Section 401 des Federal Aviation Act und wegen der Bestimmungen hinsichtlich der Kontrolle US-amerikanischer Fluggesellschaften durch ausländische Personen nach Section 101 des Federal Aviation Act.[189] Gegenwärtig dürfen ausländische Fluggesellschaften höchstens 25 % des Stimmrechts eines US-Carriers halten. In der Praxis können aber auch geringere Beteiligungen vom Verkehrsministerium untersagt werden, sofern eine tatsächliche Kontrolle durch das ausländische Unternehmen zu vermuten ist.[190] Bisher wurden erst zwei nennenswerte Investitionen ausländischer Unternehmen genehmigt, zum einen die Beteiligung der niederländischen KLM an Northwest Airlines im Jahre 1989,[191] zum anderen die Beteiligung von British Airways an US Airways im Jahre 1993.[192] Aufgrund der Stimmrechtsbegrenzung waren die ausländi-

---

amerikanischen Drucks - nicht zum Abschluß eines „Open Sky“-Abkommens nach US-Vorgaben bereit waren und vor allem den Zugang zum Flughafen London-Heathrow auf zwei amerikanische Carrier begrenzt hatten. Auch Lufthansa und United, die bereits 1994 für ihre 1993 begonnene Allianz eine beschränkte Freistellung erhalten hatten, mußten bis zum Jahre 1996 auf eine umfassende Antitrust Immunity warten.

[188] Eine kurze Bewertung der bisher für den Inlandsverkehr erfolgten Fusionskontrolle findet sich in Kapitel 2.5.3.

[189] Vgl. Tettenborn (1993) S. 381-385.

[190] Für den US-Carrier muß sichergestellt sein, daß a) 75 % der stimmberechtigten Anteile von US-Bürgern gehalten werden, b) der Präsident und mindestens zwei Drittel der Direktoren US-Bürger sind und c) eine tatsächliche Kontrolle durch US-Bürger besteht [vgl. Arlington (1993) S. 134, 174 und Olivier (1994) S. 24].

[191] KLM wollte ursprünglich 56,74 % der Aktien von Wings Holdings Inc. übernehmen, einer speziell zur Übernahme von Northwest gegründeten Gesellschaft. Obwohl damit nur ein Stimmrechtsanteil von 5 % verbunden gewesen wäre, wurde der Gesamtanteil nach Einspruch des DOT auf 25 % verringert. Im Jahre 1991 durfte der Aktienanteil allerdings auf 49 % (mit 10 % Stimmrechtsanteil) erhöht werden. Außerdem wurde KLM erlaubt, drei Mitglieder (vorher ein Mitglied) des Board of Directors zu stellen [Arlington (1993) S. 152ff, 156ff].

[192] Im Juli 1992 wurde zwischen beiden Fluggesellschaften eine Vereinbarung erzielt, wonach British Airways 21 % der Stimmrechtsaktien von US Airways erwerben und 4 der 16 Direktoren stellen sollte. Hierzu verweigerte das DOT allerdings seine Zustimmung, wobei aber weniger rechtliche als vielmehr politische Gründe eine Rolle spielten. Ausschlaggebend war das insbesondere von den „Big Three“ (American, Delta und United) vorgebrachte Argument, die gewünschte Zustimmung zur British Airways / US Airways-Vereinbarung sollte als Hebel

schen Gesellschaften aber nicht in der Lage, die Geschäftspolitik ihres Partners maßgeblich zu beeinflussen.[193] Dies dürfte erst durch die Zulassung von Mehrheitsbeteiligungen möglich werden, einer Maßnahme, mit der zur Zeit nicht zu rechnen ist.[194]

Zusammenfassend läßt sich feststellen, daß die Ausgestaltung der Wettbewerbsregeln und die Anwendung derselben maßgeblichen Einfluß auf die Intensität des Konkurrenzkampfes haben. Wie vor allem die Erfahrungen der US-Deregulierung, aber auch erste Schritte hin zu umfassenden globalen Allianzen zeigen, können die zuständigen Wettbewerbsbehörden durch die Genehmigung bzw. Nichtgenehmigung einzelner Kooperationsvorhaben oder Fusionen Konzentrationsprozesse stark beeinflussen und die Wettbewerbsfähigkeit einzelner Carrier nachhaltig verändern. Problematisch ist hierbei, daß keine unabhängige, weltweit zuständige Wettbewerbsbehörde existiert, obwohl strategische Maßnahmen der großen Fluggesellschaften fast immer kontinentübergreifende Auswirkungen haben. Unerwünschte Konzentrationsprozesse dürften daher kaum zu vermeiden sein, da bei den meisten Entscheidungen auf nationaler Ebene vorwiegend die Belange des eigenen „Flag Carriers" berücksichtigt werden und globale, dem Wettbewerbsgedanken verpflichtete Überlegungen eher in den Hintergrund rücken. Das weitere Vorgehen der zuständigen Institutionen, insbesondere des amerikanischen Verkehrsministeriums und der Europäische Kommission, wird die Entwicklung der Marktstruktur zweifellos entscheidend prägen.

---

genutzt werden, um einen besseren Marktzugang für amerikanische Carrier in Großbritannien durchzusetzen. Das Schicksal der Allianz wurde daher untrennbar mit einer Lockerung des bilateralen Luftverkehrsabkommens verbunden [ebenda S. 158ff, 178-185]. Erst nachdem British Airways sein Investitionsangebot auf 19,9 % der Stimmrechtsaktien und die Stellung dreier Direktoren reduziert hatte, erteilte das DOT im März 1993 die Zustimmung [BTCE (1994) S. 258f, British Airways (1995): *British Airways Fact Book 1995*, S. 94].

[193] Im Fall Northwest-KLM kam es 1995 sogar wegen Meinungsverschiedenheiten zu einem Rechtsstreit. Vgl. Kapitel 5.4.6.

[194] Die von Präsident Clinton eingesetzte „National Commission to ensure a strong competitive airline industry" hat im August 1993 lediglich vorgeschlagen, Auslandsbeteiligungen bis zu 49 % der stimmberechtigten Anteile zuzulassen. Voraussetzung für die Genehmigung solcher Auslandsinvestitionen müsse aber sein, daß mit dem Staat, aus dem das sich beteiligende Unternehmen stamme, ein liberales Luftverkehrsabkommen existiere und amerikanische Carrier in diesem Staat gleichwertige Rechte besäßen [Clinton Commission (1993) S. 22f].

4.4.4. Einfluß auf das Management

Da der Luftverkehr häufig als prestigeträchtiger und für das Wohlergehen eines Staates existentieller Wirtschaftszweig angesehen worden ist, verwundert es nicht, daß viele Regierungen immer wieder versucht haben, auf die eine oder andere Weise Einfluß auf ihre Fluggesellschaft(en) auszuüben. Die Bemühungen waren in der Regel auch erfolgreich, zumal viele Airline-Manager mit ihrer Gesellschaft eine nationale Mission verbanden.[195]

Politischer Einfluß manifestiert sich vor allem in einer hohen Mitarbeiterzahl, einem starken Einfluß der (parteinahen) Gewerkschaften, der Besetzung von Managementpositionen mit politischen Günstlingen[196] und der Bedienung unrentabler Strecken. Häufig versuchen die Regierungen auch Einfluß auf die eingesetzten Flugzeugtypen[197], die Zusammensetzung der Kapitalgeber[198] und die Vornahme etwaiger Beteiligungen zu nehmen. Des weiteren sind Sonderleistungen für den Staatsapparat weit verbreitet, z.B. in Form von kostenlosen oder stark verbilligten Flügen für Regierungsbedienstete. In Einzelfällen kann durch

---

[195] Noch vor kurzem äußerte sich Christian Blanc, Vorsitzender von Air France, wie folgt: „It is obvious we are fighting for the Air France Group ... But in actual fact, we are also fighting for France" [o.V. (1997): *Business or state symbol?*].

[196] Austrian Airlines hat beispielsweise zwei Vorstandsdirektoren, von denen einer von der Österreichischen Volkspartei (ÖVP) und der andere von der Sozialistischen Partei Österreichs (SPÖ) nominiert wird. Zeitweise gab es bis zu 18 Vizedirektoren (zwei pro Flugzeug), die ihre Position weitgehend ihrer Parteizugehörigkeit zu verdanken hatten [vgl. Feldman (1997): *Austrian Airlines - Strength in* numbers, S. 162f].

[197] Die Regierungen in Frankreich und Deutschland dürften in den 80er und 90er Jahren erheblichen Druck auf ihre jeweiligen Fluggesellschaften - Air France bzw. Lufthansa - ausgeübt haben, nur Flugzeuge des Typs Airbus zu kaufen, da an diesem die französische Aerospatiale und die deutsche DASA mit je 38 % beteiligt waren. Als sich die politischen Beziehungen zwischen der Volksrepublik China und den Vereinigten Staaten in den neunziger Jahren vorübergehend verschlechterten, stornierte die chinesische Regierung einen Auftrag bei Boeing und orderte statt dessen Maschinen bei Airbus. Die chinesischen Fluggesellschaften, die die Maschinen übernehmen mußten, hatten auf diese politische Entscheidung keinen Einfluß [vgl. o.V. (1997): *Boeing shrugs off a two-year China freeze*].

[198] Beispielsweise mußte die britische Swire Group im April 1996 aufgrund starken chinesischen Drucks ihre Mehrheit an Cathay Pacific auf 44 % reduzieren. Zweiter Großaktionär wurde damals mit 25 % die chinesische Staatsgesellschaft CITIC Pacific. Durch den Verkauf von Anteilen an Dragonair, einem von Hongkong aus operierenden Regionalcarrier, ging auch der Einfluß auf diese Gesellschaft an die ebenfalls im Besitz der VR China befindliche China National Aviation Corp. (CNAC) verloren [vgl. Knibb/Ballantyne (1996) und o.V. (1996) *Swire´s deal with China clears the air*].

staatliche Maßnahmen auch der Flugbetrieb erheblich eingeschränkt werden.[199] Es verwundert daher nicht, daß staatliche Airlines im Vergleich zu privaten Carriern höhere Kosten aufweisen.[200]

Das sich Regierungen bei ihren Einmischungsversuchen in den seltensten Fällen von rein wirtschaftlichen Erwägungen leiten lassen, veranschaulicht in hervorragender Weise das Beispiel Olympic Airways. Dieser staatliche Flag Carrier war und ist für eine geringe Produktivität und Servicequalität, einen großen Einfluß der Gewerkschaften und das Fehlen einer klaren Entwicklungsstrategie bekannt.[201] Sowohl Konservative als auch Sozialisten nahmen massiv Einfluß auf eine Vielzahl von Managemententscheidungen und besetzten zahlreiche Stellen mit Parteigängern. Hierdurch wurde einer Aufblähung des Mitarbeiterapparates und der Verfestigung bürokratische Strukturen Vorschub geleistet.[202] Zwischen 1975 und 1995 wechselte der Vorstandsvorsitzende von Olympic sechsundzwanzigmal. Rigas Doganis wurde im März 1996 nach nur einjähriger Tätigkeit abgelöst, obwohl er erst kurz zuvor das erste positive Geschäftsergebnis seit 17 Jahren präsentiert hatte. Verantwortlich für seine Entlassung waren insbesondere die politisch einflußreichen Gewerkschaften, die sich gegen das von ihm vorgeschlagene, dringend erforderliche Sanierungsprogramm wehrten.[203] Doganis erlitt somit dasselbe Schicksal wie zahlreiche andere angesehene Manager, die versucht hatten, europäische Flag Carrier zu sanieren, beispielsweise Pierre

---

[199] Auf Druck streng orthodoxer Kräfte in der israelischen Regierung ist für die israelische EL AL beispielsweise ein Sabbat-Flugverbot erlassen worden. Der hierdurch entstandene Verlust wird für das Jahr 1996 auf 50 Mio. US-$ geschätzt [Chamish (1997)].

[200] Stoetzer stellt für das Jahr 1984 fest, daß die Durchschnittskosten von europäischen Airlines mit einem Staatsanteil von über 50 % ceteris paribus höher sind jene von überwiegend im Privatbesitz befindlichen Unternehmen [Stoetzer (1991) S. 138f].

[201] Eine Untersuchung des Beratungsunternehmens McKinsey & Co. aus dem Jahre 1997 kommt zu dem Schluß, daß sich Olympic Airways „in einer sehr kritischen Situation" befindet. Das Unternehmen krankt an „fundamentalen Problemen in allen Bereichen sowie einer ineffizienten, überholten Organisationsstruktur" [o.V. (10.09.97): *Olympic Airways steuert auf den Absturz zu*].

[202] Doganis schreibt hierzu: „Overstaffing, frequent management changes and constant political interference breed a culture in which managers are afraid to take decisions and bureaucracy stifles initiative. Memos, requesting authorisation, are passed slowly up the pyramid gathering signatures on the way. At Olympic it was not uncommon for the chief executive to receive memos bearing five or more signatures" [Doganis (1996) S. 29].

[203] vgl. o.V. (1996): *Olympic Airways - Airline verschleißt 26 Bosse in 20 Jahren.*

Godfroid (Sabena), Roberto Schisano (Alitalia) und Christian Blanc (Air France).[204]

Obwohl auch private Eigentümer nicht immer wirtschaftlich rational handeln, scheint der Einfluß der Politik auf das Management von Fluggesellschaften besonders verheerend zu sein. Gewöhnlich führt er zu schlechtem Service und hohen Verlusten, die letztlich vom Steuerzahler getragen werden müssen. Vor diesem Hintergrund ist die Privatisierung von Staatscarriern und die Beschränkung politischer Einflußnahme auf das für andere Wirtschaftszweige übliche Maß dringend geboten. Ansonsten werden die betroffenen Carrier in einem liberalisierten Weltluftverkehr nur mit erheblichen Subventionen überleben können.

4.5. Marktverhalten

Mit zunehmender Liberalisierung des Weltluftverkehrs gewinnt der zielgerichtete Einsatz von Marketing-Instrumenten wie Preis-, Produkt- und Konditionenpolitik, Distributionssystem, Werbung sowie Public und Customer Relations stark an Bedeutung. Da sich der Luftverkehr diesbezüglich nicht grundlegend von anderen (Dienstleistungs-)Branchen unterscheidet, kann im Rahmen dieser Arbeit auf eine detaillierte Betrachtung verzichtet werden.[205] Im folgenden sollen daher nur jene Bereiche des Marktverhaltens eingehend untersucht werden, die als weitgehend luftverkehrsspezifisch gelten können. Hierzu zählen: IATA-Tarifregulierung und Interlining, Firmentarife, Vielfliegerprogramme, Reisebüroprovisionen, Computerreservierungssysteme, Yield Management, Flottenpolitik, Routing, Scheduling, Flotten- und Creweinsatzplanung, Codesharing, Kooperationen und Allianzen, Outsourcing und Network Management.

4.5.1. IATA-Tarifregulierung und Interlining

Wie bereits in Kapitel 2.4.4 erörtert, werden von der *International Air Transport Association (IATA)* im Rahmen von Verkehrskonferenzen allgemein gültige Be-

---

[204] vgl. o.V. (1995): *Fly me to the job centre*, Sauer (1995) und o.V. (1997): *Air-France-Präsident Christian Blanc zurückgetreten.*

[205] Der interessierte Leser sei in diesem Zusammenhang auf die einschlägige Marketing-Literatur verwiesen. Aufmerksamkeit verdienen darüber hinaus das luftverkehrsspezifische Lehrbuch von Shaw (1990) und die Dissertation von Diegruber (1991) S. 254-327.

förderungsbedingungen und Flugpreise festgelegt. Interlining-Vereinbarungen zwischen den Fluggesellschaften stellen dann sicher, daß Tickets einer bestimmten Airline, die den festgelegten Bestimmungen entsprechen, von anderen Airlines akzeptiert werden. Für den Passagier ist dabei von Vorteil, daß er bei Änderungen seines Zeitplans auf andere Luftfahrtunternehmen umsteigen kann, ohne einen neuen Flugschein erwerben zu müssen. Die mit den „IATA Full Fare Tariffs" verbundene große Flexibilität hat jedoch ihren Preis, da Tickets, die mit bestimmten Restriktionen verbunden sind und nur für die ausstellende Airline gelten, gewöhnlich um ein Vielfaches günstiger erworben werden können.[206]

In den 50er und 60er Jahren trat die IATA als Anbieterkartell auf und legte die Flugpreise gewöhnlich so fest, daß selbst die Airline mit der geringsten Effizienz ohne Verlust operieren konnte. Anfang der 70er Jahre entwickelte sich dann ein grauer Markt, auf dem Billigtickets entweder direkt von den Airlines oder indirekt über sogenannte Consolidators angeboten wurden. Dies hat dazu geführt, daß der Anteil der Flugscheine, die zu IATA-Konditionen verkauft werden, in den letzten Jahrzehnten kontinuierlich gesunken ist. Für die meisten Reisenden stellen IATA-Tarife nur noch Referenzpreise dar, anhand derer der eingeräumte Rabatt gemessen werden kann. Anwendung finden sie in der Regel nur noch auf Tickets, die erst kurz vor Abflug gekauft werden und volle Umbuchungsflexibilität gewähren. Außerdem spielen sie bei Anschlußflügen eine Rolle, die im Rahmen des Interlining von einer anderen als der das Ticket ausstellenden Airline erbracht werden. Da viele Fluggesellschaften mittlerweile aber dazu übergehen, von den IATA-Vorgaben abweichende Preise und Konditionen mit eng befreundeten Airlines abzusprechen, dürfte die Bedeutung der IATA-Tarife auch in diesem Bereich abnehmen.

Für die Zukunft ist damit zu rechnen, daß größere Freiheiten bei der Preissetzung sowie der Ausbau globaler Kooperationen und Allianzen die Anwendung von IATA-Tarifen immer stärker einschränken werden. Ein signifikanter Einfluß auf den Wettbewerb ist daher kaum noch zu erwarten.

---

[206] Ein *IATA Full Fare Economy Tarif*, der das beliebige Umbuchen und Wechseln der Fluggesellschaft ermöglicht, aber nur zum Flug in der Tourist Class berechtigt, liegt auf der Strecke Frankfurt - New York bei über 4.000,- DM. Für diesen Preis bieten einzelne Fluggesellschaften schon Business Class Tickets mit nur geringfügigen Restriktionen an. Nicht interlinefähige und mit starken Einschränkungen versehene Tickets für die Tourist Class, werden sogar schon für um die 500,- DM gehandelt.

4.5.2. Firmentarife

Durch das Angebot von Sonderkonditionen versuchen Fluggesellschaften, größere Unternehmen zur möglichst ausschließlichen Nutzung der eigenen Maschinen zu bewegen. Weitverbreitet sind die in Luftfahrtkreisen auch als „Kickbacks" bekannten Großkundenboni, bei denen gewöhnlich am Jahresende eine umsatzabhängige Rückvergütung erfolgt. In den USA gewähren einige Luftfahrtunternehmen aber auch Nettotarife, die direkt beim Verkauf Anwendung finden und nach der Höhe des erwarteten Umsatzes berechnet werden.

Voraussetzung für das Erlangen einer Vergünstigung ist in jedem Fall das Erreichen eines Mindestumsatzes.[207] Außerdem muß eine Sondervereinbarung zwischen Unternehmen und Fluggesellschaft geschlossen werden, in die gewöhnlich eine „preferred carrier"-Klausel aufgenommen wird.[208] Die Vereinbarung kann sich auf das gesamte Streckennetz oder nur auf einzelne Regionen oder sogar Strecken beziehen. Die Höhe der Vergünstigung richtet sich sowohl nach der geflogenen Route als auch nach der Höhe des Gesamtumsatzes.[209] Allgemein gilt, daß der Fördersatz mit steigendem Jahresumsatz zunimmt und vor allem auf solchen Routen hoch ausfällt, die aufgrund bilateraler Restriktionen nur eine geringe Wettbewerbsintensität aufweisen.

Da die eingeräumten Sonderkonditionen von der Erzielung eines Mindestumsatzes abhängen und zudem mit steigendem Umsatz immer attraktiver werden, liegt

---

[207] Die Lufthansa gewährt ihre Firmentarife beispielsweise erst beim Erreichen eines „LH Flown-Revenue" (= Jahresumsatz in allen Beförderungsklassen) von 50.000,- DM [Lufthansa (1997): Rabattstaffel der Lufthansa Firmenförderung].

[208] Ein an der „Lufthansa Firmenförderung" teilnehmendes Unternehmen muß sich beispielsweise verpflichten, „Lufthansa gegenüber allen einbezogenen Unternehmensteilen und dienstreisenden Mitarbeitern zur bevorzugten Nutzung zu empfehlen. Dazu soll Lufthansa als „Preferred Carrier" im Unternehmen geführt werden. Die Firma trägt Sorge für die Steuerung des Reiseverhaltens durch ihre ausgewählten Agenten." [Lufthansa (1996): Anlage 7 zur Lufthansa Firmenförderung].

[209] Die Lufthansa gewährt für alle internationalen Flüge eine umsatzabhängige *Grundförderung*, die zwischen 1 % (Jahresumsatz von 50.000,- DM) und 12 % (Jahresumsatz von 20 Mio. DM) liegt. Darüber hinaus wird eine streckenabhängige *Zusatzförderung* für Business und First Class Tickets gewährt, die zwischen 5 % (für Flüge in die USA und Kanada) und 13 % (für Flüge nach Hongkong, Singapur, Japan und Vietnam) liegt. Auf innerdeutschen Flügen gibt es nur eine Grundförderung, die zwischen 1 % (50.000,- DM Jahresumsatz) und 2 % (5 Mio. DM Jahresumsatz) liegt [Lufthansa (1997): Rabattstaffel der Lufthansa Firmenförderung]. Bei anderen Airlines sind für deutsche Großkunden auf Langstrecken bis zu 41 % Rabatt möglich [Kolf (1996) S. 78f].

es für die Unternehmen nahe, ihre Ticketkäufe auf eine einzige Fluggesellschaft zu konzentrieren. Gewählt wird dabei vorrangig jene Airline, die die meisten Flüge zu den am häufigsten angeflogenen Destinationen anbietet. Gewöhnlich ist das der nationale Flag Carrier bzw. der dominante Carrier einer Region. Dessen Stellung gegenüber kleineren Unternehmen und Neubewerbern wird durch das Instrument der Firmenförderung somit noch gestärkt. Möchten letztere auch am wirtschaftlich äußerst interessanten Segment der Geschäftsreisenden partizipieren, müssen sie günstigere Flugpreise und/oder attraktivere Firmenprogramme anbieten.[210]

Mit der verstärkten weltweiten Reisetätigkeit auch kleinerer und mittlerer Unternehmen dürfte die Bedeutung von Firmentarifen in Zukunft noch zunehmen. Eindeutige Wettbewerbsvorteile werden jene Carrier besitzen, die ihren Geschäftskunden nicht nur für internationale Hin- und Rückflüge mit der eigenen Gesellschaft, sondern auch für Teilsegmente mit anderen Luftfahrtunternehmen großzügige Rabatte oder Boni anbieten können. Die hierzu erforderlichen Tarifabsprachen zwischen Airlines aus unterschiedlichen Regionen wurden in der Vergangenheit von den zuständigen Wettbewerbsbehörden zumeist untersagt. Mittlerweile konnten viele Strategische Allianzen aber bereits eine Einzelfreistellung bzw. Antitrust Immunity erlangen. Die partizipierenden Fluggesellschaften besitzen somit die Möglichkeit, ihre Firmentarife zu koordinieren und hierdurch wichtige Wettbewerbsvorteile zu erzielen.

4.5.3. Vielfliegerprogramme (FFP)

Mittlerweile betreiben die meisten großen Fluggesellschaften sog. *Frequent Flier Programmes (FFP)*, zu deutsch Vielfliegerprogramme, um neue Kunden zu gewinnen und alte langfristig an das Unternehmen zu binden. Dem Passagier werden dabei für zurückgelegte Flugkilometer Bonusmeilen gutgeschrieben, die bei Erreichen einer bestimmten Meilenzahl gegen Freiflüge oder andere Leistungen eingetauscht werden können.

Das erste Vielfliegerprogramm wurde 1981 von American Airlines mit dem Ziel eingeführt, mehr Passagiere über das Drehkreuz Dallas zu führen.[211] Das Pro-

---

[210] Im innerdeutschen Verkehr gewährt der Regionalcarrier Eurowings einen Mindestfördersatz von 6 % und liegt somit weit über den 1 - 2 % der Lufthansa [Kolf (1996) S. 78f].

[211] Vgl. Avmark (1992) S. 7-5f.

gramm erwies sich als so erfolgreich, daß es bald von allen anderen großen US-Carriern kopiert wurde.[212] Anfang der 90er Jahre ging die Zahl der in FFPs eingeschriebenen US-Bürger bereits in die Millionen.[213] In anderen Regionen der Welt dauerte die Einführung zwar länger, mittlerweile haben sich Vielfliegerprogramme aber fast überall fest etabliert und sind zu einem bedeutenden Marketing-Instrument der Airlines herangereift.

Die unter schillernden Namen[214] wie AAdvantage (American), WorldPerks (Northwest), Executive Club (British Airways), Flying Dutchman (KLM), Smile (Varig), Qualiflyer (Swissair), Miles & More (Lufthansa), Navigator (TAP) oder Diamond Club (British Midland) vermarkteten Programme weisen folgende allgemeine Grundzüge auf:[215]

* Berechtigte: Meilen werden nur dem den Flug durchführenden Passagier gutgeschrieben. Prämien können indes auch für Familienangehörige oder Begleitpersonen beantragt werden.
* Meilensammeln: Die Anzahl der Bonusmeilen hängt von der zurückgelegten Flugstrecke und der Beförderungsklasse ab (für Flüge in der Business oder First Class gibt es gewöhnlich Zuschläge).[216] Oftmals werden auch Minimummeilen, Freimeilen oder erhöhte Meilen im Rahmen von

---

[212] Es wird geschätzt, daß sich die Verkehrsleistung von American Airlines durch die Einführung des Vielfliegerprogramms um 20 % bis 35 % erhöht hat [Tretheway/Oum (1992) S. 54].

[213] 1991 betrug die FFP-Teilnehmerzahl bei American 14,2 Mio., bei United 13,3 Mio., bei Delta 10,1 Mio., bei Continental 9,1 Mio., bei Northwest 8,6 Mio. und bei USAir 7,8 Mio. Personen [Williams (1993) S. 38]. Derzeit hat American mit ca. 30 Mio. Teilnehmern die meisten Mitglieder. Auf dem zweiten Rang folgt United mit über 23,5 Mio. Mitgliedern [Petersen (1997), S. 39f]. Bei den Zahlen ist allerdings zu berücksichtigen, daß viele Geschäftsreisende in mehrere Vielfliegerprogramme eingeschrieben sind.

[214] Vgl. Business Traveller (1996), Nr. 1, S. 19f und Pilo (1997).

[215] Die Grundzüge werden im folgenden anhand der Programme „Lufthansa Miles & More“ und „British Airways Executive Club“ erläutert, die in Europa bisher am erfolgreichsten waren. Als Quelle dienten der Lufthansa „Miles & More Wegweiser“ und das British Airways „Executive Club Mitgliederhandbuch“. Einen Überblick über die wichtigsten Programme in Europa gibt Pilo (1997). Vgl. auch o.V. (1992): *Heimvorteil genutzt - Beifall für Miles & More* und Petersen (1997).

[216] Die Lufthansa gewährt für den 5.400 Meilen Flug von Frankfurt nach Johannesburg folgende Bonusmeilen: 5.400 in der Tourist Class (einfache Meilen), 10.800 in der Business Class (doppelte Meilen) und 16.200 in der First Class (dreifache Meilen). Demgegenüber gibt es bei der British Airways nur einen Aufschlag von 25 % bzw. 50 % für Flüge in der Business- bzw. First Class.

Sonderaktionen (z.B. für neu aufgenommene Strecken) gewährt. Sofern die Meilen nicht eingelöst werden, verfallen sie automatisch nach zwei bis fünf Jahren.[217]

* Status: In Abhängigkeit von den jährlich gesammelten Meilen erhalten die Mitglieder einen bestimmten Status.[218] Mit steigendem Status erhöhen sich die Vorteile der Mitgliedschaft, beispielsweise durch zusätzliche Meilenboni, Wartelistenpriorität, eine bevorzugte Behandlung am Boden und in der Luft oder spezielle Sonderangebote.[219]
* Prämien: Gesammelte Bonusmeilen können in Freiflüge oder Upgrades (Höherstufung in die nächsthöhere Beförderungsklasse) eingetauscht werden.[220] Darüber hinaus werden oftmals auch Erlebnisprämien[221] angeboten.

---

[217] Die Lufthansa schreibt in der Economy Class mindestens 500 Meilen und in der Business Class mindestens 1.000 Meilen gut, auch wenn die tatsächliche Beförderungsstrecke darunter liegt. British Airways vergibt zusätzlich zu den geflogenen Meilen einen Bonus von 500 Meilen pro Flug. Die Bonusmeilen verfallen bei der Lufthansa nach 3 Jahren und bei British Airways nach 5 Jahren.

[218] Die Lufthansa unterscheidet zwischen einfachen Miles & More Mitgliedern, Frequent Travellers (ab 50.000 Statusmeilen bzw. 20 Business Class Flügen pro Jahr) und Senatoren (ab 150.000 Statusmeilen bzw. 60 Business Class Flügen pro Jahr). British Airways unterscheidet in Anlehnung an die Farbe der Mitgliedskarte zwischen Blue, Silver (ab 400 Statuspunkten pro Jahr) und Gold (ab 1.200 Statuspunkten pro Jahr) Card Members.

[219] Bei British Airways erhalten Silver und Gold Card Members einen Aufschlag von 25 % auf die geflogenen Meilen. Hingegen ist bei der Lufthansa keine solche Vergünstigung für die Frequent Travellers und Senatoren vorgesehen. Beide Gesellschaften gewähren ihren Vielfliegern Wartelistenpriorität, bevorzugten Check-in und kostenlose Lounge-Benutzung unabhängig von der gebuchten Beförderungsklasse. Für Senatoren und Gold Card Members existiert eine - mit bestimmten Einschränkungen versehene - Sitzplatzgarantie selbst auf ausgebuchten Flügen.

[220] Für einen Freiflug von Frankfurt nach New York benötigt man bei der Lufthansa je nach Beförderungsklasse 90.000 (Tourist Class), 140.000 (Business Class) oder 180.000 (First Class) Bonusmeilen. Ein Upgrade ist bereits für 50.000 Meilen erhältlich. Bei British Airways sind demgegenüber 40.000, 80.000 oder 120.000 Meilen erforderlich (in der nachfrageschwachen Zeit vom 15.01. bis 31.05. sowie vom 15.10. bis 14.12. reduziert sich die erforderliche Meilenzahl allerdings um 20 %). Die Möglichkeit des Upgrading existiert nicht. Da sich die Bedingungen für das Meilensammeln bei beiden Gesellschaften unterscheiden, sagen die reinen Zahlen allein aber nichts darüber aus, welches Programm für den Passagier vorteilhafter ist. Letzteres hängt stark von der Statuszugehörigkeit, der gewöhnlich gewählten Beförderungsklasse und den bevorzugten Reisezielen ab. Eine pauschale Aussage ist daher nicht möglich.

[221] Bei British Airways kann man an einem Tiger Mountain Himalaya-Erlebnis (400.000 Meilen) oder an einer Expedition zu den Eisbären in Kanada (450.000 Meilen) teilnehmen.

* Partnerunternehmen: Das Sammeln und Ausgeben von Meilen ist gewöhnlich auch bei Partnerunternehmen möglich. Ursprünglich waren dies assoziierte Fluggesellschaften, Hotelketten und Mietwagenagenturen. Mittlerweile ist der Kreis aber auch auf Reiseveranstalter, Telefongesellschaften, Kreditkartenorganisationen, Kaufhausketten und Versandhandelsunternehmen ausgeweitet worden.[222]
* Payout-Ratio: Der Nutzen der Prämien steigt progressiv im Verhältnis zu den gesammelten Meilen, d.h. je mehr Meilen man gesammelt hat, desto leichter wird es, durch einen weiteren Flug die Attraktivität der Prämie noch erheblich zu steigern.[223]

Hauptzielgruppe der Vielfliegerprogramme sind - wie der Name bereits andeutet - häufig reisende Personen. Hierbei handelt es sich um eine vergleichsweise kleine Gruppe, die allerdings weit überproportional zu den Erträgen der Flugge-

---

Auch Fallschirmspringen über dem Grand Canyon (350.000 Meilen) oder Schwimmen mit Delphinen auf den Bahamas (750.000 Meilen) ist möglich. Bei Lufthansa besteht die Wahl zwischen einem BMW-Fahrertraining (225.000 Meilen), einer Heißluftballon-Fahrt mit Champagner-Empfang (100.000 Meilen) und einem Flug im Lufthansa Simulator (125.000 Meilen).

[222] Partner der Lufthansa sind u.a. die Airlines United, SAS, Thai, SAA, Air Canada, Varig und Lauda-air, die Mietwagenunternehmen Avis, Sixt und Budget sowie die Hotelketten Hilton, Vista, Kempinski, Mariott, Ramada, Renaissance und Holiday Inn. British Airways hat u.a. die Fluggesellschaften Qantas, American Airlines, TAT und Deutsche BA, die Mietwagenunternehmen Hertz und Alamo sowie die Hotelketten Mariott, Savoy, Ritz-Carlton, Mandarin Oriental, Hilton, Radisson, Inter-Continental und The Taj Group als Partner. Für das Mieten eines Wagens gibt es 500 Meilen und pro Aufenthalt in einem Partnerhotel werden ebenfalls 500 Meilen gutgeschrieben. Executive Club Mitglieder in Großbritannien können auch bei AT&T, British Airways Travelphone, Shell Tankstellen, der Lebensmittelfilialkette Sainsbury´s und dem Konsumentenprogramm „Air Miles" Meilen sammeln [vgl. Petersen (1997) S. 39].

[223] Für ein Return-Ticket in der Economy Class auf der Strecke Frankfurt - Düsseldorf (236 Flugmeilen) sind bei der Lufthansa 25.000 Bonusmeilen erforderlich. Demgegenüber benötigt man für die Strecke Frankfurt - Madrid (1.768 Flugmeilen) nur 35.000 Bonusmeilen und für die Strecke Frankfurt - San Francisco (11.370 Flugmeilen) nur 90.000 Meilen. Die *„Payout-Ratio"*, also das Verhältnis zwischen Bonusmeilen und Flugmeilen, beträgt im ersten Fall 106:1, im zweiten Fall 20:1 und im dritten Fall 8:1. Bei British Airways „kostet" ein Rückflugticket für eine Gesamtstrecke bis 1.000 Meilen (z.B. London - Frankfurt) 20.000 Bonusmeilen, ein Rückflugticket für eine Strecke bis 12.400 Meilen (z.B. London - Los Angeles) ist hingegen bereits für 50.000 Bonusmeilen zu haben. Die Payout-Ratio beträgt in diesen Fällen 25:1 bzw. 5:1.

sellschaften beiträgt.[224] Eine Untersuchung von Toh/Hu aus dem Jahre 1988 ergab, daß das typische Mitglied eines US-Vielfliegerprogramms ein Geschäftsmann im mittleren Alter ist, der über ein hohes Einkommen verfügt und durchschnittlich 17 Hin- und Rückflüge pro Jahr absolviert. Er ist zwar in mehrere Programme eingeschrieben, konzentriert sich aber auf eines. Obwohl die wichtigsten Kriterien für die Wahl einer Airline für ihn eine günstige Flugverbindung, Pünktlichkeit und ein niedriger Flugpreis sind, hat die FFP-Zugehörigkeit nichtsdestoweniger einen nicht zu unterschätzenden Einfluß auf seine Entscheidung.[225]

Hinsichtlich der Attraktivität eines Vielfliegerprogramms ergab eine bei weltweit über 5.000 Geschäftsleuten durchgeführte Umfrage aus dem Jahre 1997, daß vor allem Wartelistenpriorität, günstiges Meilensammeln und -ausgeben, Upgrade-Möglichkeiten, Statusanerkennung und Lounge-Zutritt für wichtig erachtet werden. Darüber hinaus spielen noch Partnerprivilegien und Sonderofferten eine nicht unerhebliche Rolle.[226]

Für die Fluggesellschaften bieten Vielfliegerprogramme verschiedene Vorteile. Um schneller in den Genuß attraktiver Prämien zu gelangen, tendieren Passagiere dazu, einen Flug bei einer Airline zu buchen, in deren Vielfliegerprogramm sie eingeschrieben sind. Dies gilt häufig selbst dann, wenn Konkurrenzunternehmen bessere Anschlüsse oder günstigere Preise bieten. Mit zunehmendem Meilenkonto bedeutet der Wechsel zu einer anderen Fluggesellschaft den Totalverlust des erreichten Status, für den Passagier bestehen somit erhebliche „switching costs". Vielfliegerprogramme tragen auch zur Markenbildung bzw. Differenzierung des Produkts bei, da sich Airlines durch das Angebot besonders lukrativer Prämien vorteilhaft von ihren Konkurrenten abheben können. Ferner

---

[224] Werden „Vielflieger" als Personen mit mehr als 12 Flügen pro Jahr definiert, so umfaßte diese Gruppe 1990 zwar nur 3 % der US-Passagiere. Auf sie entfielen jedoch 27 % aller Flugreisen und 40 % der Airline-Erträge [Williams (1993) S. 38].

[225] Vgl. Toh/Hu (1988) S. 21.

[226] Die OAG Business Travel Lifestyle Survey 1997 basiert auf einer Umfrage bei 5.250 Geschäftsleuten aus den USA (17 %), Großbritannien (14 %), Australien (12 %), Italien (12 %), Deutschland (10 %), Frankreich (10 %), Japan (9 %), Hongkong (8 %) und Singapur (8 %). Bei den neun Faktoren, die auf einer Rating-Skala von 1 (unwichtig) bis 5 (sehr wichtig) bewertet werden mußten, ergab sich folgende Einordnung: Wartelistenpriorität (4,5), günstiges Meilensammeln und -ausgeben (4,4), Upgrade-Möglichkeiten (4,1), Statusanerkennung (3,9), Lounge-Zutritt (3,9), Partnerprivilegien (3,1), Sonderangebote (2,9), Freizeitdestinationen (2,4) und Magazine/Newsletters (2,3) [Airline Business (1997): Vol. 13, No. 7, S. 67].

ermöglichen sie das Sammeln umfangreicher Informationen über die Reisegewohnheiten und andere marketingrelevante Details von Vielfliegern, die zum „Fine-Tuning" des Angebots und für zielgruppenspezifische Promotionen genutzt werden können. Von Bedeutung ist ebenfalls, daß Vielfliegerprogramme in manchen Fällen sogar eine gänzlich neue Nachfrage generieren, wenn Passagiere um Meilen zu sammeln von anderen Verkehrsmitteln auf den Luftverkehr umsteigen oder sogar erst zu einer Reise veranlaßt werden.

Als Nachteil für die Fluggesellschaften erweisen sich die mit den Programmen verbundenen Erlösausfälle und Kosten. Mindereinnahmen ergeben sich beispielsweise, wenn Passagiere bei berufsbedingten Reisen auf Freitickets zurückgreifen oder wenn zahlungswillige Kunden durch Bonusreisende verdrängt werden[227]. Kostensteigernd wirken der mit den Programmen verbundene erhebliche Verwaltungsaufwand sowie zusätzliche Ausgaben durch die Gratisbeförderung von Prämienpassagieren[228]. Auch ist zu berücksichtigen, daß die große Zahl der bisher noch nicht eingelösten Meilen zu versteckten Verbindlichkeiten in Millionenhöhe geführt hat.[229] Einige Fluggesellschaften sind deshalb auch dazu übergegangen, für gutgeschriebene Bonusmeilen interne Verrechnungspreise anzusetzen.[230]

Passagiere müssen die Existenz von Vielfliegerprogrammen mit erhöhten Ticketpreisen bezahlen, da Fluggesellschaften die in Form eines Bonus gewährten

---

[227] Die Anzahl der Prämiensitzplätze ist auf den meisten Flügen zwar beschränkt, trotzdem kann selbst mit einem ausgeklügelten Yield-Management-System nicht ausgeschlossen werden, daß ein Prämienpassagier einen Sitz lange im voraus fest bucht und deshalb zu einem späteren Zeitpunkt ein potentieller Vollzahler abgewiesen werden muß.

[228] Obwohl die variablen Kosten für die Beförderung eines Passagiers bekanntlich nicht besonders hoch sind, ergeben sich sicherlich erhebliche Mehrkosten, wenn man die große Zahl von Prämienflügen berücksichtigt. So vergaben US-Airlines im Jahre 1990 beispielsweise 4,5 Mio. Prämienflüge. Diese waren bei US Airways für 5,8 %, bei United für 5,6 %, bei TWA für 4,2 % und bei American für 3,8 % der insgesamt geflogenen Passagierkilometer verantwortlich [Avmark (1992) S. 7-15].

[229] Die ausstehenden Verbindlichkeiten wurden 1990 von der US Securities and Exchange Commission auf 160 Mio US-$ bei United, 157 Mio. US-$ bei American und 50 Mio. US-$ bei Continental geschätzt [Avmark (1992) S. 7-15].

[230] Interne Verrechnungspreise finden bereits bei der Abrechnung mit Partnerunternehmen Anwendung. Wenn beispielsweise ein Mitglied des eigenen FFP einen Flug bei einer Partnergesellschaft durchführt und hierfür Bonusmeilen im eigenen Programm gutgeschrieben bekommt, muß die Partnergesellschaft hierfür eine im Voraus festgelegte Kompensationszahlung leisten [vgl. Gallacher (1997): *Power to the plans*, S. 37].

Prämien bereits bei der Kalkulation berücksichtigen.[231] FFPs gewähren jedoch für all jene Vorteile, die ihr Ticket zwar nicht selber bezahlen aber in den Genuß der Prämie kommen. Handelt es sich hierbei um Angestellte, die für ihr Unternehmen unterwegs sind, kommt es zur klassischen *Principal-Agent-Problematik.* Da die Vorteile dem Mitarbeiter (Agenten) zufließen, die Kosten aber vom Arbeitgeber (Principal) getragen werden müssen, sind der Erwerb teurerer Flugtickets, zeitaufwendige Umwegflüge oder unnötige Dienstreisen zu Lasten des Prinzipals nicht auszuschließen. Nach einer Umfrage von Stephenson/Fox sind 70 % aller für den Reisebereich eines Unternehmens zuständigen Manager der Ansicht, daß Vielfliegerprogramme zu erhöhten Kosten von um die 8 % des jährlichen Reisebudgets führen.[232] Von den Unternehmen wird daher auch schon seit langem versucht, Bonusmeilen für sich zu deklarieren bzw. ihre Mitarbeiter zur dienstlichen Verwendung erlangter Freiflüge zu bewegen. Bisher scheint der Erfolg allerdings nur gering zu sein.

Auswirkungen von Vielfliegerprogrammen			
	Airlines	**Unternehmen**	**Passagiere**
Vorteile	• Brand Building • Customer Loyalty • Markt- und Kundeninformationen	• Incentive für vielreisende Mitarbeiter	• attraktive Prämien • Zusatzverdienst für Firmenmitarbeiter
Nachteile	• Ertragsausfälle • langfristige Verbindlichkeiten • Verwaltungskosten	• erhöhte Flugpreise • Zusatzkosten durch Principal-Agent-Problematik	• erhöhte Flugpreise

Abbildung 4.3

Quelle: eigene Darstellung

Der Erfolg eines Vielfliegerprogramms hängt stark von der Payout-Ratio, also dem Verhältnis zwischen benötigten Bonusmeilen und gewährten Freimeilen, ab. Eine Fluggesellschaft, die die Payout-Ratio erhöht, wird hierdurch zwar

[231] Die Einführung von Vielfliegerprogrammen hat die Flugpreise zweifellos erhöht. Schätzungen hierüber reichen von 2 % - 15 % des Ticketpreises [Vgl. Tretheway/Oum (1992) S. 58 und Gallacher (1997): *Power to the plans*, S. 36].

[232] Vgl. Stephenson/Fox (1993) S. 254.

mehr Flugtickets verkaufen können, es steigen jedoch auch die mit der Prämienausgabe verbundenen Kosten. Welcher Effekt netto überwiegt, ist ohne Berücksichtigung der spezifischen Gegebenheiten der Airline und des betroffenen Programms nicht zu beantworten. Ein zweiter wichtiger Erfolgsfaktor sind die gewährten Privilegien. Eine Untersuchung von United ergab beispielsweise, daß wirkliche Vielflieger beruflich so oft unterwegs sind, daß sie in ihrer Freizeit weitgehend auf Reisen verzichten. Sie sind daher weniger an Freimeilen als vielmehr an einem hohen Status, der sie von anderen Reisenden abhebt, und an möglichst vielen Privilegien interessiert (z.B. Sitzplatzgarantie selbst bei Überbuchung des Fluges, bevorzugte Behandlung beim Check-in, häufiges Upgrading in die First Class).[233] Letztlich ist ein möglichst großes Streckennetz von Bedeutung, da zahlreiche (Geschäfts- und Ferien-)Destinationen im In- und Ausland das Sammeln von Meilen erleichtern und die Attraktivität der Prämien erhöhen. Um die Wettbewerbsfähigkeit des eigenen Programms zu steigern, ermöglichen daher viele Airlines das Sammeln und Ausgeben von Meilen bei Partnergesellschaften.[234] Diese Vorgehensweise hat zudem den Vorteil, daß loyale Kunden von einer Gesellschaft zur anderen „weitergereicht“ werden können.

Die größte Wirkung entfalten FFPs bei Passagieren, die gerade genug Flüge pro Jahr absolvieren, um bei Konzentration auf ein einziges Programm vor dem Verfall der Meilen in den Genuß interessanter Prämien zu gelangen. Bei wirklichen Vielfliegern, die gewöhnlich in mehrere Programme eingeschrieben sind, ist der Effekt der Kundenbindung dagegen weniger ausgeprägt. Der Einfluß auf selten reisende Personen ist derzeit zwar noch äußerst gering, dürfte sich in Zukunft aber beträchtlich erhöhen. Bonusmeilen können mittlerweile nämlich nicht mehr nur durch die Inanspruchnahme von Reiseleistungen sondern auch beim Einkauf in bestimmten Supermärkten und Einzelhandelsgeschäften, beim Teleshopping, beim Besuch ausgewählter Bars und Konzertveranstaltungen oder beim bloßen Einsatz einer Kreditkarte gesammelt werden.[235] Möglich wird dies dadurch, daß Fluggesellschaften Meilenguthaben an interessierte Unternehmen verkaufen, die

---

[233] United bezeichnet diese Gruppe von Vielfliegern als „road warriors“. Obwohl sie nur 6 % der Passagiere ausmacht, ist sie für 37 % der Einnahmen verantwortlich [Flint (1997): *Road warriors and price-driven occasionalists*].

[234] Singapore Airlines, Malaysia Airlines und Cathay Pacific betreiben mit *Passages* sogar ein gemeinsames FFP für First- und Business Class Passagiere.

[235] Air Kanada bietet beispielsweise eine Meile für jeden kanadischen Dollar, der mit einer bestimmten Kreditkarte ausgegeben wird [Gallacher (1997): *Power to the plans*, S. 36].

diese dann wiederum an ihre Kunden weitergeben.[236] Dieses in den USA entwickelte, mittlerweile aber auch in Großbritannien, Holland und Spanien eingeführte Konzept führt zu interessanten Zusatzeinnahmen, weitet die Kundenbindungswirkung auf einen größeren Personenkreis aus und ermöglicht das Sammeln spezifischer Informationen über Millionen von Konsumenten.

Mittlerweile verfügt jede bedeutende Fluggesellschaft über ein eigenes Vielfliegerprogramm[237], so daß die enormen Innovationsgewinne von American Airlines durch die Imitation der Konkurrenten weitgehend erodiert sind. Trotzdem ist die Bedeutung dieses Marketing-Instruments nicht zu unterschätzen, da es - effektiv eingesetzt - die Abwanderung von Stammkunden verhindern und zur Erhöhung des Marktanteils beitragen kann.[238] Seine Abschaffung würde die Wettbewerbsverhältnisse auf einigen Märkten sicherlich entscheidend verändern.[239] Um von den Vorzügen zu profitieren, versuchen nunmehr auch kleinere

---

[236] American Airlines verkauft seine Bonusmeilen beispielsweise zum Preis von 2 US-Cents pro Meile und British Airways zum Preis von 3 US-Cents pro Meile. Da nicht alle Meilen eingelöst bzw. Freitickets nur für ansonsten nicht ausgelastete Flüge ausgegeben werden, erzielen beide Unternehmen auf diese Weise beträchtliche Zusatzeinnahmen [Gallacher (1997): *Power to the plans*, S. 36].

[237] Selbst Southwest Airlines, die als „low-cost, no-frills"-Airline ohne Vielfliegerprogramm innerhalb von 15 Jahren vom kleinen Intra-State Carrier zur fünftgrößten US-Fluggesellschaft (nach beförderten Passagieren) aufgestiegen ist, hat mittlerweile das FFP *Rapid Rewards* eingeführt [vgl. hierzu Southwest (1996): *Flight Schedule*, No. 2, S. 96].

[238] Eine Umfrage von United Airlines bei seinen Passagieren ergab beispielsweise, daß diese auf Strecken zwischen den USA und Singapore bevorzugt Singapore Airlines als die Fluggesellschaft mit dem anerkannt besseren Service wählen würden, hiervon aber durch die Mitgliedschaft im Vielfliegerprogramm von United abgehalten werden. Der hohe Marktanteil von United ist somit fast ausschließlich auf die Kundenbindungskraft des eigenen FFPs zurückzuführen [Walker (1997): *Friendly skies? Let´s get honest*].

[239] Ökonometrische Berechnungen für den US-Luftverkehr des Jahres 1990 zeigen, daß die einseitige FFP-Einstellung den Marktanteil bestimmter Fluggesellschaften teilweise beträchtlich reduzieren würde (United: - 59,2 %; American: - 53,2 %; Delta: - 48,8 %; Continental: - 42,8 %; Northwest: - 30,3 %; US Airways: - 25,4 %; Southwest: - 17,7 %). Auch die Abschaffung aller Vielfliegerprogramme würde zu enormen Wettbewerbsverschiebungen führen. Negativ betroffen wären vor allem American (- 17,8 %) und TWA (- 15,1 %), während andere Gesellschaften wie Alaska (+ 32,4 %), Midway (+ 23,1 %), Southwest (+ 10,5 %) und Northwest (+ 10,3 %) stark profitieren würden. Bei einigen Carriern blieben die Auswirkungen indes gering (United: + 1,0 %; Delta: - 0,8 %; US Airways: - 1,1 %; Continental: -2,7 %; America West: - 2,4 %) [Morrison/Winston (1995) S. 58, 60]. Es ist davon auszugehen, daß die Auswirkungen von FFPs in Europa aufgrund geographischer Besonderheiten und der eingeschränkten Wahlmöglichkeiten zwischen verschiedenen Anbietern derzeit noch sehr viel geringer ausfallen [vgl. hierzu Avmark (1992) S. 7-10 und Teuscher (1994) S. 286].

Carrier, sich in die Programme der großen Airlines einzukaufen.[240] Lediglich verschiedenen „low cost, no frills"-Airlines ist es aufgrund ihrer besonderen Nachfragestruktur in der Vergangenheit gelungen, bestimmte Märkte erfolgreich zu penetrieren, ohne Bonusmeilen anbieten zu müssen.[241]

Für die Zukunft ist mit folgenden Entwicklungen zu rechnen: Erstens wird sich der Wettbewerb von der Ebene der Fluggesellschaften auf die Ebene der Allianzen verlagern. Bereits jetzt zeichnet sich die Tendenz ab, für bei Partnergesellschaften durchgeführte Flüge nicht nur Bonus- sondern auch Statusmeilen gutzuschreiben.[242] Mit einer stärkeren Anpassung der Prämienstruktur ist bereits in Kürze zu rechnen und letztendlich wird es zur weitgehenden Integration der Programme der einzelnen Allianzgesellschaften kommen. Zweitens dürfte das Ziel, durch den Verkauf von Bonusmeilen an branchenfremde Unternehmen Zusatzeinnahmen zu erzielen, stark an Bedeutung gewinnen. Drittens ist ein gewisser Bedeutungsverlust im wirtschaftlich interessanten Segment der Geschäftsreisenden möglich, sofern sich eine Besteuerung von Prämien[243] oder die Direktgutschrift bei den zahlenden Firmen[244] durchsetzen sollte. Beides dürfte jedoch

---

[240] Vgl. Shenton (1993) S. 6.

[241] Bei sog. „Billigfluggesellschaften" ist der Anteil der für Vielfliegerprogramme besonders empfänglichen Geschäftsreisenden gewöhnlich geringer und jener der Wenigreisenden höher als bei anderen Airlines. Hinzu kommt, daß die Preise der Etablierten selbst unter Einbeziehung von FFP-Freiflügen immer noch weit höher ausfallen, als bei den Billiganbietern. Das Angebot eines eigenen Vielfliegerprogramms würde letzteren daher nur höhere Kosten verursachen, ohne einen nennenswerten Verkehrszuwachs zu bringen.

[242] Lufthansa Miles & More schreibt beispielsweise Bonus- und Statusmeilen für Flüge mit allen Gesellschaften der Star Alliance gut. „Frequent Traveller" und „Senatoren" genießen darüber hinaus bei Allianzpartnern dieselben Privilegien wie bei der Lufthansa, z.B. Lounge-Zugang und beschleunigten Check-in. Nach Ansicht von Jürgen Weber, Vorstandsvorsitzender der Lufthansa, ist die Integration der Vielfliegerprogramme sogar der „Klebstoff, der die Allianz zusammenhält". Patrick O´Keefe, Managing Director Marketing Planning von American Airlines, ist hinsichtlich der Ausweitung der Kooperation mit British Airways der Meinung, daß: „The FFP would be a major tool; a loyalty programme is fundamental to a sense of cooperation" [Gallacher (1997): *Power to the plans*, S. 34f].

[243] Eine FFP-Besteuerung wurde u.a. bereits in Schweden und Australien eingeführt. In Deutschland wird seit Ende 1996 ein persönlicher Freibetrag von 2.400,- DM für die Inanspruchnahme von Prämien aus Bonusprogrammen eingeräumt. Für Miles & More- Kunden übernimmt allerdings die Lufthansa bei Überschreiten dieses Freibetrags pauschal die Prämienversteuerung.

[244] Eine solche Direktgutschrift würde sich genauso auswirken wie Firmentarife. Durch den Wegfall der Principal-Agent-Problematik und die Möglichkeit, mit mehr als einer Person

auf den entschiedenen Widerstand der meisten Fluggesellschaften stoßen und ist daher für die nahe Zukunft eher unwahrscheinlich.

Zusammenfassend kann festgestellt werden, daß das Angebot eines eigenen Vielfliegerprogramms und die Teilnahme an den Programmen anderer Airlines für alle großen Fluggesellschaften ein Muß darstellt. Sofern nicht alle Luftfahrtunternehmen gleichzeitig ihre Programme einstellen (was derzeit höchst unwahrscheinlich ist), oder gesetzliche Regelungen deren Attraktivität stark reduzieren, ist auch für die Zukunft mit einer erheblichen Wettbewerbsrelevanz zu rechnen.

4.5.4. Reisebüroprovisionen

Wie in Kapitel 2.1 bereits dargelegt, erfolgen 80 % aller Buchungen über Reisebüros. Diese übernehmen nicht nur die technische Abwicklung (z.B. Durchführung der Reservierung, Ausstellung des Tickets, Inkasso) sondern üben darüber hinaus auch einen nicht zu unterschätzenden Einfluß auf die Carrierwahl ihrer Kunden aus.[245] Für ihre Leistungen erhalten sie Provisionen, die im Durchschnitt ca. 13-14 % der Einnahmen internationaler Fluggesellschaften ausmachen.[246] In der Regel setzt sich die Vergütung aus einer festen Grundprovision *(base commission)* von um die 9 %[247] und einer mengen- bzw. umsatzabhängigen Zusatzprovision *(override commission)* von 2 - 6 % zusammen.[248]

Meilen zu sammeln und auszugeben, entfielen wichtige Voraussetzungen für den derzeitigen Erfolg von Vielfliegerprogrammen.

245 Reisebüromitarbeiter können den Kunden zum einen indirekt durch die Zurverfügungstellung bzw. Nichtzurverfügungstellung von Preis-, Flugplan- und Verfügbarkeitsinformationen beeinflussen. Zum anderen aber auch direkt durch die Abgabe gezielter Empfehlungen. Das US-amerikanische DOT hält es für möglich, daß Reisebüros für die Hälfte aller Privatreisenden und ein Viertel aller Geschäftsreisenden die Fluggesellschaft wählen [Tretheway/Oum (1992) S. 49].

246 Vgl. Guzder (1995) S. 6, ATW (8/1996) S. 90; Henderson (1997): *Commission costs level* und Baumgarten, Jean-Claude (1996): *Restructuring Distribution*, Rede vor IATA´s 7th Financial Management Conference am 22.04.96 in New York, S. 5.

247 Die Höhe der Grundprovision kann von Gesellschaft zu Gesellschaft und von Land zu Land variieren. Prinzipiell kann sie zwischen Airline und Reisebüro individuell ausgehandelt werden. In der Praxis geben die großen Fluggesellschaften jedoch die Provisionshöhe einseitig vor.

248 Die Höhe der Zusatzprovision hängt normalerweise vom erzielten Umsatz oder von der Anzahl der verkauften Tickets ab und wird zwischen der Fluggesellschaft und dem Reisebüro

Reisebüros haben somit nicht nur großen Einfluß auf die Buchungswahrscheinlichkeit sondern auch auf die Kosten eines Luftfahrtunternehmens. Für letztere ergibt sich hieraus eine ambivalente Situation. Zum einen benötigen sie die Reisebüros zum Verkauf ihrer Tickets und sind daher eher zur Zahlung höherer Provisionen geneigt. Zum anderen wirken Provisionen in starkem Maße ertragsmindernd und bei fallenden Ticketpreisen erhöht sich daher der Anreiz, sie zu reduzieren. Nachdem die Provisionen vor allem in den 80er Jahren stetig gestiegen sind, setzte Mitte der 90er Jahre ein entgegengesetzter Trend ein. Nunmehr wurde versucht, die Höhe der Provisionssätze zu verringern und bestimmte Betragsobergrenzen festzulegen.[249] Außerdem begannen die Fluggesellschaften damit, den direkten Vertrieb durch neue multimediale Buchungsmöglichkeiten (v.a. im Internet) sowie durch das Angebot des „ticketless travel“ auszubauen.[250]

Trotz der Reduzierung der Vergütungssätze und der Ausweitung des Direktvertriebs haben Provisionen nach wie vor Einfluß auf den Wettbewerb. Vor allem die als *Travel Agent Commission Overrides (TACO)* bekannten Zusatzprovisionen werden häufig als antikompetitiv bezeichnet. Sie verleiten die Reisebüros

---

individuell ausgehandelt. Obgleich Informationen über die Gewährung von Zusatzprovisionen von den Airlines nicht veröffentlicht werden (zumeist sind die Beträge in der Position „ticketing, sales & promotion“ enthalten), kann man davon ausgehen, daß mehr als die Hälfte aller Reisebüros „override commissions“ erhalten [vgl. Borenstein (1992) S. 52.].

249 Den Anfang machte Delta Air Lines im Februar 1995 mit der Ankündigung, eine „commission cap“ von 50 US-$ für jedes inländische round-trip Ticket festzusetzen und den Provisionssatz für internationale Tickets von 10 % auf 8 % zu reduzieren [Flint (1995): *Agency commissions*]. Natürlich erhob sich hiergegen scharfer Widerstand der American Society of Travel Agents (ASTA) und die Maßnahme wurde später teilweise zurückgenommen. Trotzdem blieb der Vorstoß von Delta nicht ohne Auswirkungen auf die gesamte Branche und schon bald kündigten Carrier aus allen Regionen der Welt ähnliche Sparmaßnahmen an. Im Juli 1997 reduzierte beispielsweise die Lufthansa ihre Provisionen für den innerdeutschen Verkehr von 9 % auf 5 %. Der Satz für internationale Flüge wurde zwar bei 9 % belassen, es erfolgte jedoch eine Kappung der Zusatzprovisionen von 5 % auf maximal 2,5 %. Ähnliche Änderungen wurden bei der Partnergesellschaft SAS vorgenommen [o.V. (1996): *Die Neuordnung der Lufthansa-Provisionen stößt auf Kritik*; Jones (1997): *Euro agents fight change* und Jones (1997): *Euro agents´ work cut out*].

250 Beim „ticketless travel“ bzw. „electronic ticketing“ genügt es, bei der Fluggesellschaft eine telefonische Buchung vorzunehmen und diese durch Nennung der Kreditkarten- bzw. Vielfliegerkartennummer zu bestätigen. Am Airport wird dann nur noch am Check-in Counter oder durch einen speziellen Check-in Automaten eine Bordkarte ausgestellt. Fachleute gehen davon aus, daß durch den Verzicht auf die konventionellen Tickets für die gesamte Luftfahrtindustrie jährliche Einsparungen von 1 Mrd. US-$ möglich sind [vgl. Elsworthy (1995) S. 495 und Levere (1997): *No ticket to ride catching on fast*].

zur Beeinflussung ihrer Kunden und erleichtern Fluggesellschaften den Ausbau einer dominanten Stellung in Schwerpunktregionen. Gewöhnlich kommen die Reisebüros nämlich nur dann in den Genuß von Zusatzprovisionen, wenn sie einen großen Prozentsatz ihres Buchungsaufkommens auf eine bestimmte Airline konzentrieren. Hierdurch werden Luftfahrtunternehmen bevorteilt, die aufgrund der Vielzahl der angebotenen Verbindungen eine hohe Verfügbarkeitswahrscheinlichkeit aufweisen. Neubewerber oder Anbieter mit weniger Flügen werden hingegen selbst dann nicht berücksichtigt, wenn sie gleich hohe Sätze offerieren, da zu viele Buchungen bei ihnen den Verlust der Zusatzprovision bei der dominierenden Gesellschaft bedeuten würden. Tatsächlich hat eine US-Studie ergeben, daß 24 % aller Reisebüros „gewöhnlich“ und 27 % „manchmal“ einen bestimmten Carrier für ihre Kunden nur deshalb buchen, um in den Genuß von Override Commissions zu gelangen.[251] Nach einer Untersuchung des U.S. General Accounting Office (GAO) mußten zahlreiche Neubewerber die Bedienung einzelner Strecken aufgeben, da die großen Reisebüros ihre Kunden nur auf Flüge des eingesessenen Carriers buchten.[252] Die Reduzierung der „base commissions“ hat die Bedeutung der Zusatzprovisionen sicherlich noch erhöht.[253]

Reisebüroprovisionen üben zweifellos einen erheblichen Einfluß auf den Wettbewerb aus. Erfahrungen aus den USA zeigen jedoch, daß sich Fluggesellschaften auch ohne Zahlung hoher Provisionen durch innovative Distributionswege am Markt behaupten können.[254] Hinzu kommt, daß neuartige Formen des Di-

---

[251] Tretheway/Oum (1992) S. 49.

[252] Die Untersuchung zählt mehrere Beispiele auf, bei denen TACOs der dominanten Fluggesellschaft (mit)entscheidend für den Marktaustritt eines Neubewerbers waren, beispielsweise den Rückzug von Midwest Express von der Strecke Milwaukee - Detroit im Jahre 1991 und die Aufgabe des North Dakota Marktes durch Frontier Airlines im Jahre 1996. Air South beendete alle Dienste von/nach Miami, nachdem eine Untersuchung ergeben hatte, daß Reisebüros ihre Kunden bei 56 % aller Anfragen nicht über die Angebote der Gesellschaft informierten und selbst bei einer gezielten Nachfrage nach dem niedrigsten Preis eine Erwähnung von Air South in 30 % der Fälle unterblieb [GAO/RCED-97-4, S. 16ff].

[253] Die Untersuchung der GAO erwähnt ein Reisebüro, dessen Gewinn ausschließlich auf Override Commissions zurückzuführen war. Bei diesem ist eine erhebliche Kundenbeeinflussung zugunsten der dominanten Airline zu vermuten [GAO/RCED-97-4, S. 18].

[254] Beispielsweise erfolgen 50 % aller Reservierungen bei der überaus erfolgreichen US-Fluggesellschaft Southwest Airlines direkt unter Ausschluß eines Reisebüros. Um das enorme Buchungsaufkommen bewältigen zu können, wurde eine große Reservierungszentrale eingerichtet, in der Mitarbeiter für 7-8 US-$ pro Stunde arbeiten. Ein Mitarbeiter erzielt im Durchschnitt einen Stundenumsatz von 560 US-$. Hierfür wären bei traditioneller Buchungsweise über ein Reisebüro ca. 50 US-$ Provisionen zu zahlen. Selbst unter Berücksichtigung der er-

rektvertriebs, insbesondere das Homebooking über Internet, die jetzige Bedeutung der Reisebüros und somit der Commission Overrides langfristig reduzieren werden.[255] Trotzdem sollte die zukünftige Rolle nicht unterschätzt werden. Zumindest für die nächsten Jahre ist damit zu rechnen, daß Hub-Airlines ihre dominante Position durch eine gezielte Provisionspolitik weiter ausbauen werden. Neue Bedeutung dürften Provisionen auch durch die Entstehung Globaler Allianzen erlangen, da Fluggesellschaften die Vergütungssätze für viele Reisebüros in Zukunft auch danach festlegen werden, welche Umsätze diese mit Partnergesellschaften erzielen. Für Drittcarrier wird es dann noch schwieriger, Tickets über diese Reisebüros zu verkaufen.

4.5.5. Computerreservierungssysteme (CRS)

Unter Computerreservierungssystemen (Computer Reservation System, CRS) versteht man EDV-gestützte Systeme, die Informationen über das Angebot von Fluggesellschaften (Flugpläne, Tarife, Sitzplatzangebot, Verfügbarkeit) und verwandten Anbietern (z.B. Hotels, Mietwagenagenturen) enthalten und mit denen Buchungen vorgenommen sowie alle erforderlichen Reisedokumente ausgestellt werden können.[256] CRS stellen ein für Airlines und Reisebüros äußerst wichtiges Informations- und Kommunikationsmedium dar, ohne das der Vertrieb von Luftverkehrsleistungen heute kaum noch denkbar ist.

Der Ursprung moderner CRS liegt in den internen Buchungssytemen der Luftfahrtunternehmen. Im Jahre 1976 begann American Airlines als erste Fluggesellschaft damit, Reisebüros mit PC-Terminals auszustatten, die über einen direkten Zugang zum eigenen Rechenzentrum verfügten. Hierdurch wurde die zeitraubende Reservierungspraxis mittels Telefon oder Telex revolutioniert. Andere Carrier folgten und bis 1979 waren bereits knapp ein Viertel aller US-Reisebüros

---

höhten Betriebskosten für die benötigten Anlagen dürften die Distributionskosten von Southwest erheblich unter diesem Wert liegen. Der bis zum Absturz einer Maschine im Frühjahr 1996 äußerst erfolgreichen Fluglinie ValuJet gelang es sogar, die Buchungen über Reisebüros auf 25 % zu reduzieren. Durch ein erfolgreiches Outsourcing des gesamten Reservierungsbereichs konnten die Vertriebskosten von üblichen 21 % auf 9 % der Einnahmen gesenkt werden [Guzder (1995) S. 9f].

[255] Mit einem Verschwinden der Reisebüros ist jedoch nicht zu rechnen, da diese zahlreiche zeit- und kostenaufwendige Zusatzleistungen erbringen. Auf diese werden vor allem Geschäftsleute nicht verzichten, selbst wenn sie hierfür in Zukunft Gebühren entrichten müssen [vgl. Durham (1995) S. 491; Guzder (1995) S. 41-45 und Levere (1997): *Agents of change*].

[256] Vgl. Verordnung (EWG) Nr. 83/91, S. 10.

an ein Buchungssystem angeschlossen. Der durch die US-Deregulierung ermöglichte Wettbewerb, welcher zu einer explosionsartigen Ausweitung der angebotenen Flugpreise führte, unterstützte die Entwicklung und zügige Verbreitung leistungsfähiger Reservierungssysteme. Bis 1987 hatte sich die Anschlußquote bereits auf 95 % erhöht.[257] In Europa und Asien verlief die Entwicklung dagegen bedeutend langsamer. Hier dominierten lange Zeit die jeweiligen Vertriebssysteme der nationalen Flag Carrier, die ihren amerikanischen Konkurrenten aber hinsichtlich Leistungsfähigkeit und Einsatzmöglichkeiten weit unterlegen waren. Erst als die US-Systeme ab 1986 in eine internationale Expansionsphase eintraten, wurde mit der Entwicklung eigener leistungsfähiger CRS begonnen.[258] Mittlerweile sind fast alle Reisebüros in Industrieländern an ein Reservierungssystem angeschlossen (vgl. Abbildung 4.4). Die derzeit wichtigsten CRS sind Galileo International, Sabre, Amadeus und Worldspan, die alle weltweit verbreitet sind, sowie Abacus, Axess und Infini, die ihren Tätigkeitsschwerpunkt in Asien haben (vgl. Abbildung 4.5).[259]

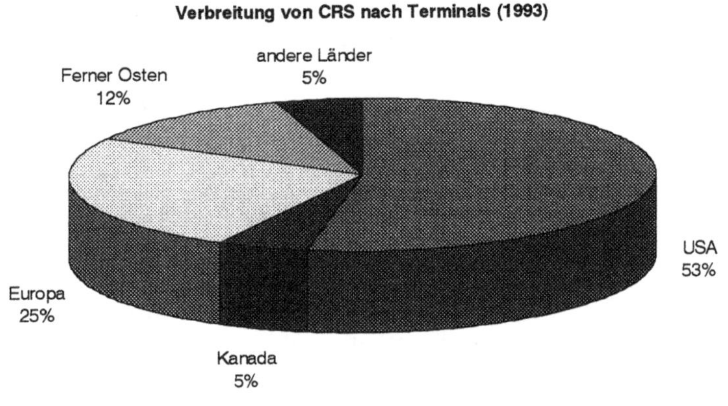

Abbildung 4.4

Quelle: Humphreys (1994) S. 23

[257] vgl. Schmidt (1995) S. 44f, 65.

[258] Schmidt (1995) S. 79f.

[259] Ein detaillierter Überblick über Entstehung, Eigentumsverhältnisse, besondere Merkmale und Verbreitung von CRS findet sich in Wheatcroft/Lipman (1990) S. 91-95, Pompl (1991) S. 189-193, Humphreys (1994) S. 7-21 und Schmidt (1995) S. 81-117.

Marktanteile von CRS nach Terminals (1993)

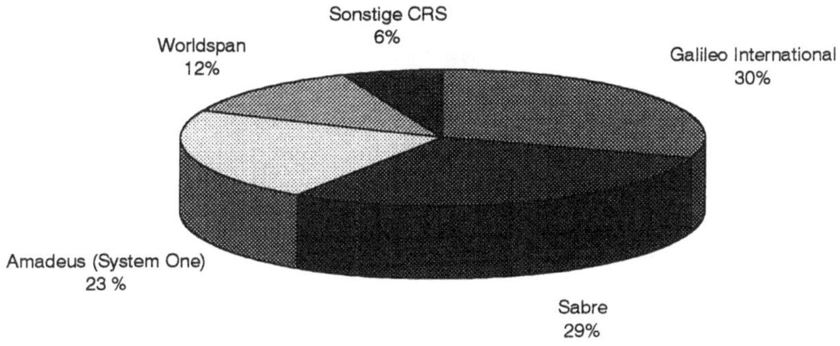

Abbildung 4.5

Quelle: Humphreys (1994) S. 23

Eigentümerin von *Sabre* (Semi-Automated Business Research Environment) ist die AMR Corporation, die auch Holdinggesellschaft von American Airlines ist. Alle anderen bedeutenden CRS befinden sich im Besitz mehrerer Fluggesellschaften. An *Galileo International* sind Luftfahrtunternehmen aus Europa (British Airways, Swissair, KLM, Alitalia sowie mit kleineren Beteiligungen Olympic Airways, Sabena, Aer Lingus, Austrian Airlines und TAP) und Nordamerika (United, US Airways und Air Canada) je zur Hälfte beteiligt. *Amadeus* gehört den europäischen Gesellschaften Lufthansa, Air France und Iberia sowie dem US-Carrier Continental und der System-One-Betreibergesellschaft EDS.[260] An *Worldspan*, welches seinen Schwerpunkt in Nordamerika hat, halten Delta, Northwest, TWA und das CRS Abacus Anteile. Am auf Asien beschränkten CRS *Abacus* sind die Luftfahrtunternehmen Cathay Pacific, Singapore Airlines, MAS, ANA, China Airlines, Philippine Airlines und Royal Brunei Airlines beteiligt. In Japan teilen sich *Axess* (Japan Airlines) und *Infini* (All Nippon Airways) weitgehend den Markt.

---

[260] System One war das von Continental Airlines und der Fa. Electronic Data Systems (EDS) entwickelte CRS, dessen Software als Grundlage für die Entwicklung von Amadeus diente. 1995 wurde System One von Amadeus übernommen, wofür Continental 12,5 % der Anteile von Amadeus erhielt. An der „Amadeus National Marketing Company USA" sind Continental Airlines, EDS und Amadeus mit je 33,3 % beteiligt [Schmidt (1995) S. 104f].

Die einzelnen CRS haben sich mittlerweile zu umfassenden Reise-Management-Systemen entwickelt, an die neben Airlines auch Eisenbahngesellschaften, Bus- und Fährunternehmen, Hotels, Mietwagenagenturen, Reiseveranstalter, Fremdenverkehrsämter und Kreditkartenorganisationen angeschlossen sind.[261] Die übernommenen Aufgaben sind vielfältig und beinhalten in der Regel folgende Leistungen: Flugplan- und Verfügbarkeitsanzeige, Preisberechnung, Echtzeitbuchung, Kreditkartenüberprüfung, Ticketing, Rechnungserstellung, Speicherung von Kundendaten, Verwaltung von Firmenreisebudgets, Informationen über Einreiseformalitäten, Flughäfen, Städte, Hotels und Vielfliegerprogramme, Umrechnung von ausländischen Devisen in Landeswährung, Versand und Empfang von E-mails sowie Reisebürobuchhaltung. Um die Informationen verarbeiten und speichern zu können, wurden mit erheblichem finanziellen Aufwand große Rechenzentren gebaut, die täglich Tausende von Anfragen und Buchungen bearbeiten.[262]

CRS erleichtern sowohl die Arbeit der Airlines als auch der Reisebüros. Sie bewirken eine Rationalisierung des Vertriebs, das schnellere und gezieltere Eingehen auf Kundenwünsche und die Speicherung umfangreicher, passagierbezogener Daten, die für eine bessere Steuerung der Nachfrage benötigt werden. Für ihre Nutzung müssen die Reisebüros eine monatliche Miete zahlen. Sie erhalten jedoch zumeist für jede erfolgte Buchung einen Bonus, der das zu zahlende Entgelt stark reduziert.[263] Fluggesellschaften und andere Leistungsanbieter entrichten für jede getätigte Buchung eine Gebühr, die im Durchschnitt 4,5 % des Um-

---

[261] Über Start, Vertreiber von Amadeus in Deutschland, können Informationen von 400 Fluggesellschaften, 140 Reiseveranstaltern, 29.000 Hotels, 41 Autovermietungen (mit 6.500 Stationen) sowie zahlreichen anderen Leistungsanbietern abgerufen und Buchungen vorgenommen werden [Start Amadeus (08/1996): *Die Leistungspalette*, Frankfurt].

[262] Von Worldspan können pro Sekunde bis zu 592 Millionen Befehle durchgeführt und 1.283 Botschaften übertragen werden. Täglich sind 6,3 Millionen passagierbezogene Dateien (Passenger Name Record, PNR) gespeichert [Elsworthy (1995) S. 494].

[263] Im Jahre 1996 verlangte Start, über das Amadeus in Deutschland vertrieben wird, eine monatliche Anschlußgebühr in Höhe von 847,- DM für das erste Vollterminal und 332,- DM für jedes weitere Terminal (sofern auch Hardware benötigt wurde, erfolgte hierfür eine gesonderte Berechnung). Für jede Flug-, Hotel- oder Mietwagenreservierung über Amadeus wurde ein Bonus von 1,- DM gewährt, der mit der monatlichen Gebühr verrechnet wurde [Start Amadeus (08/1996): *Die Leistungspalette*, Frankfurt].

satzes beträgt.[264] Der Großteil der CRS-Einnahmen stammt daher auch von den Leistungsanbietern .[265]

In der Vergangenheit sind CRS für erhebliche Wettbewerbsverzerrungen verantwortlich gemacht worden. Die Hauptkritikpunkte bezogen sich auf:[266]

* Display Bias: Pro Bildschirmseite können bis zu 10 verschiedene Nonstop- bzw. bis zu 5 verschiedene Umsteigedienste angezeigt werden. Sofern die Zahl der möglichen Verbindungen nicht durch eine exakte Vorgabe der Abflug- und/oder Ankunftszeit eingeschränkt ist, benötigt man auf manchen Städtepaaren bis zu 50 Bildschirmseiten, um alle Angebote darstellen zu können. Nach Angaben von American Airlines erfolgen aber 92 % aller Buchungen von der ersten Computerseite und 54 % betreffen sogar die in der ersten Zeile aufgeführte Verbindung.[267] Die Verkaufswahrscheinlichkeit erhöht sich somit beträchtlich, wenn ein Flug im Display ganz weit oben aufgeführt wird. Die Betreibergesellschaften von CRS nutzen diese Tatsache, um durch verschiedene Manipulationen ihre eigenen Flüge an bevorzugter Stelle anzuzeigen und jene der Konkurrenten auf die hinteren Bildschirmseiten zu verdrängen. Ursprünglich wurden die eigenen Flüge grundsätzlich zuerst aufgelistet. Nachdem dies untersagt worden war, erfolgte eine Beeinflussung der Auflistungsreihenfolge durch sog. „sham schedules", die die eigenen Flugzeiten unrealistisch verkürzten und günstige Konkurrenzflüge mit Zeitstrafen belegten.[268] Außerdem wurden Umsteigeverbindungen nur insofern angezeigt, als sie über die Hubs der Betreibergesellschaft(en) liefen. Neuerdings werden auch wieder Zusatzsoftwares angeboten, die den Display zugunsten einer bestimmten Airline abändern.[269]

---

[264] Guzder (1995) S. 6.

[265] Das CRS Sabre erzielte 1995/96 mehr als die Hälfte seiner Einnahmen (59,1 %) durch Buchungsgebühren und nur 4,3 % durch Nutzungsentgelte der Reisebüros. 34,2 % entfielen auf spezielle IT-Lösungen für bestimmte Nutzer und 2,4 % auf sonstige Leistungen [Flint (1996): *Sabre unleashed*, S. 96].

[266] Vgl. hierzu Katz (1988) S. 89-95, Pompl (1991) S. 187f, Avmark (1992) S. 7-24 - 7.29, GAO (1992): Computer Reservation Systems, Humphreys (1994) S. 48-71, Höfer (1995) S. 330-350 und Schmidt (1995) S. 118-124.

[267] Tretheway/Oum (1992) S. 50.

[268] Vgl. hierzu Petzinger (1995) S. 126f.

[269] Vgl. Hoffmann (1995).

* Database Bias: Hierunter versteht man die unkorrekte und/oder verzögerte Aufnahme von Angebotsdaten der Konkurrenz. Deren Flüge werden dann häufig mit falschen Preisen angezeigt[270] und es kann vorkommen, daß ein Flug nicht mehr gebucht werden kann, obgleich noch Plätze frei sind.
* Architectural Bias: Dieser liegt vor, wenn auf Informationen von Konkurrenzairlines nur beschränkt oder mit höherem Zeitaufwand zugegriffen werden kann.
* Online Preference: Bevorzugte Behandlung von „Online"- gegenüber „Interline"-Anschlüssen. Hierdurch wird beispielsweise eine Umsteigeverbindung, die aus zwei Flügen einer einzigen Gesellschaft besteht (online), vor einer Umsteigeverbindung, die aus je einem Flug zweier verschiedener Airlines zusammengesetzt ist (interline), angezeigt. Dies gilt selbst dann, wenn die Gesamtflugzeit der Online-Verbindung länger ist.
* Screen Padding / Crowding Out: Werden Codeshare-Flüge für jede der kooperierenden Gesellschaften separat ausgewiesen, kann es vorkommen, daß die gesamte erste Bildschirmseite zwar verschiedene Airlines mit unterschiedlichen Flugnummern auflistet, es sich im Grunde aber nur um dieselbe Flugverbindung handelt.[271]
* Host Systems: Ist die zentrale CRS-Datenbank mit dem internen Reservierungssystem einer Fluggesellschaft identisch, spricht man von einem „host system". Eine solche Verknüpfung erleichtert database und architectural bias und ermöglicht der Betreiberfluggesellschaft zudem den Zugang zu wichtigen Buchungs- und Kundeninformationen der Konkurrenz.
* Halo Effekt: Aufgrund langjähriger Geschäftsbeziehungen und persönlicher Kontakte entsteht eine freundschaftliche Beziehung zwischen CRS-

---

[270] Als Continental Airlines Anfang der 80er Jahre Sondertarife auf 49 Inlandsstrecken einführte, ordnete ein interner Vermerk bei American Airlines an, diese nicht in Sabre aufzulisten. Darüber hinaus wurde ein Softwareprogramm in Auftrag gegeben, das jeden Sondertarif einer anderen Airline lange genug zurückhalten sollte, um den Mitarbeitern von American Airlines genügend Zeit für eine Reaktion zu geben [vgl. Petzinger (1995) S. 205f].

[271] Auf der Strecke Wien - Genf - Washington bieten Austrian, Delta und Swissair beispielsweise einen Codeshare-Dienst an, der mit einer Maschine der Austrian Airlines durchgeführt wird. Dieser Flug erscheint im CRS unter den Airline-Codes OS (Austrian), SR (Swissair) und DL (Delta), also insgesamt dreimal.

Betreiber und Reisebüro, die dazu führt, daß die Flüge der Betreiberfluggesellschaft(en) bevorzugt gebucht werden.[272]

* Horizontale Ausschlußstrategien: Die Teilnahme einer Konkurrenzairline an einem CRS kann sowohl durch einen direkten Ausschluß als auch durch prohibitiv hohe Buchungsgebühren verhindert werden. Hierdurch verringert sich die Buchungswahrscheinlichkeit dieser Airline in solchen Regionen, in denen die CRS-Betreibergesellschaft eine dominante Stellung besitzt.
* Vertikale Bindungsstrategien: Durch eine lange Vertragsdauer, hohe Konventionalstrafen beim Wechsel des CRS, umsatzabhängige Mietstaffeln und Ausschließlichkeitsklauseln können Systembetreiber Reisebüros langfristig an sich binden. In Verbindung mit dem „Halo Effekt" kann dies dazu führen, daß die Betreiberairline(s) häufiger gebucht werden.
* Silent Conversations: Fluggesellschaften können mit Hilfe eines CRS Flugpreise und Kapazitäten absprechen. In der Praxis sieht das beispielsweise so aus, daß eine Airline einen Preis in das System eingibt, der erst zu einem späteren Zeitpunkt gebucht werden kann. Der oder die Konkurrenzairlines geben dann ihrerseits Preise ein, wobei deren Höhe und Verfügbarkeit Aufschluß darüber geben, ob sie mit der Preisänderung einverstanden sind oder nicht. Der ganze Prozeß dauert so lange, bis sich alle Beteiligten auf eine gegenseitig akzeptable Preisgestaltung geeinigt haben. Erst hierauf erhalten die Reisebüros die Möglichkeit, Buchungen vorzunehmen.[273]

Der durch die oben geschilderten Komponenten hervorgerufene „System bias" hat in der Vergangenheit zu beträchtlichen Mehreinnahmen bei den systembetreibenden Fluggesellschaften geführt.[274] American Airlines gab zu, daß der Umsatz bei Reisebüros, die das airlineeigene CRS Sabre nutzten, um 8-12 % höher ausfiel als bei Reisebüros, in denen ein anderes CRS installiert waren.[275] Das amerikanische DOT bezifferte die Mehreinnahmen für das Jahr 1986 im

---

[272] Vgl. hierzu Schmidt (1995) S. 244f.

[273] Vgl. o.V. (1993): US anti-trust action. The silent conversations issue: farce or tragedy?

[274] Ein Vorstandsmitglied von British Airways sagte über CRS: „They don´t just support our business, they are our business. Without them, we´d be out of business" [Schmidt (1993) S. 112].

[275] Höfer (1995) S. 336.

Falle von American Airlines auf 263,9 Mio. US-$.[276] Für das Jahr 1990 errechneten Morrison/Winston mit 199,3 Mio. US-$ einen zwar geringeren, aber trotzdem noch vergleichsweise hohen Betrag.[277] Hinzu kam, daß vor allem die CRS von American Airlines und United äußerst profitabel arbeiteten und somit den Gewinn der Holdinggesellschaften erhöhten.[278]

Die wettbewerbsverzerrende Wirkung von Computerreservierungssystemen wurde bereits früh erkannt und von einzelnen Staaten bzw. Institutionen (z.B. USA, Kanada, Australien, EU, ECAC und ICAO) durch Verhaltensregeln einzuschränken versucht.[279] Die weitreichendste Wirkung erzielten sicherlich der US- und der EU-„Code of Conduct“.[280] Beide haben weitgehend identische Anwendungsbereiche[281] und unterscheiden sich nur in ihrer Regulierungstiefe[282]. Durch sie und den verschärften Wettbewerb zwischen den CRS-Anbietern konnten die

---

[276] Der Zusatzerlös betrug bei United 273,8 Mio. US-$, bei TWA 72,2 Mio. US-$ und bei Delta 69,8 Mio. US-$ [Schmidt (1995) S. 146].

[277] Bei anderen Gesellschaften führte der „system bias“ nur zu geringfügigen Erlösvorteilen (+ 10,8 Mio. US-$ bei United, + 5,8 Mio. US-$ bei Delta und + 2,6 Mio. US-$ bei TWA) oder sogar zu Ertragseinbußen (-3,4 Mio. US-$ bei Southwest, - 17,9 Mio. US-$ bei Continental, - 20,3 Mio. US-$ bei Northwest und -46,8 Mio. US-$ bei USAir). Der Gesamteffekt betrug + 88,5 Mio. US-$ [Morrison/Winston (1995) S. 65].

[278] 1995 belief sich das Betriebsergebnis von Sabre auf 382 Mio. US-$ und betrug somit mehr als zwei Drittel des Betriebsergebnisses von American Airlines mit 564 Mio. US-$ [AMR Corporation (1996): *Annual Report* 1995, S. 61].

[279] Den Anfang machte die USA im Jahre 1984 mit den „Rules on Carrier-owned Computer Reservation Systems“ [vgl. Schmidt (1995) S. 133ff]. Im Jahre 1989 folgte die EU mit ihrem „Verhaltenskodex im Zusammenhang mit computergesteuerten Buchungssystemen“ [Verordnung (EWG) Nr. 2299/89]. Der an den Regelungen in den USA und der EU angelehnte ICAO-Code wurde 1991 verabschiedet. Bis April 1994 hatten 27 Staaten erklärt, ihn anzuerkennen [Humphreys (1994) S. 74].

[280] Vgl. „Code of federal regulations - Aeronautics and Space“, Vol. 14, Parts 255 + 256 [US Code of Conduct] und Verordnung (EWG) Nr. 3089/93 [EU Code of Conduct].

[281] Beide Codes enthalten Bestimmnungen über die Zusammenstellung und Auflistung von Flugdaten, die Bereitstellung und Verarbeitung von Informationen sowie die Beziehungen mit angeschlossenen Carriern und Reisebüros. Für eine detaillierte Behandlung der einzelnen Bereiche vergleiche Schmidt (1995) S. 160-164, 167-181 sowie Humphreys (1994) S. 30-44.

[282] Der US-Code schreibt beispielsweise lediglich vor, daß die Auflistungsreihenfolge von Flügen nicht von der Identität der Carrier beeinflußt werden darf und das Umsteigeverbindungen klar zu kennzeichnen sind. Demgegenüber sieht der EU-Code folgende Reihenfolge verbindlich vor: 1) Nonstopflüge (in der Reihenfolge der Abflugzeiten), 2) Direktflüge (in der Reihenfolge der Flugzeiten) und 3) Umsteigeverbindungen (in der Reihenfolge der Flugzeiten).

gröbsten Wettbewerbsbeeinträchtigungen in den Bereichen display, database and architectural bias sowie horizontale Ausschlußstrategien und vertikale Bindungsstrategien beseitigt werden. Feinere Spielarten wettbewerbswidriger Praktiken bestehen allerdings - gerade gegenüber jungen Unternehmen - fort.[283]

Der Einfluß von Computerreservierungssystemen auf den Wettbewerb dürfte in Zukunft weiter abnehmen. Zum einen haben verschiedene Fusionen in jüngerer Zeit dazu geführt, daß sich - bis auf das von American Airlines kontrollierte System Sabre - alle CRS im Besitz mehrerer Fluggesellschaften befinden. Da diese häufig in direktem Wettbewerb miteinander stehen, wird „System Bias" zugunsten einer bestimmten Airline immer unwahrscheinlicher. Zum anderen ist durch die zunehmende Inanspruchnahme alternativer Vertriebswege (z.B. Direktverkauf per Telefon, Internet oder E-mail) und das Angebot neuer, nicht an Airlines gebundener multimedialer Informations- und Buchungsdienste mit einem gewissen Bedeutungsverlust der derzeit verbreiteten CRS zu rechnen.[284] Ein erfolgreicher Markteintritt und das Bestehen am Markt sind daher grundsätzlich auch ohne die Nutzung von CRS möglich.[285] Um potentielle Kunden in allen Regionen der Welt erreichen zu können, ist es für die meisten international operierenden Fluggesellschaften aber unerläßlich, in den großen Computerreservierungssy-

---

[283] Der Gründer der europäischen Billigfluggesellschaft Debonair, Franco Mancassola, beklagte noch 1997: „CRSs seem to have a lapse of memory. You change schedules and they forget to update or your flights are not displayed. There´s always a little excuse. You spend a disproportionate amount of time policing them. And when you dispute the charges, they threaten to cut you off if you don´t pay" [Feldman (1997): *Sticker shock*, S. 67].

[284] Schon heute agieren Reisebüroketten, Consolidators und Softwarefirmen mit eigenen reisebezogenen Homepages im Internet. Ihr Angebot ist jedoch zumeist eingeschränkt und beinhaltet nicht jene Datenfülle und Nutzungsmöglichkeiten, die moderne CRS aufweisen. Größere Bedeutung haben vor allem die unabhängigen On-line Agenturen *Expedia* (Microsoft) und Preview Travel (America Online, USWest). Aber auch die bestehenden CRS sind mit vereinfachten, bedienungsfreundlicheren Versionen im Internet vertreten. So existiert mit *Easy Sabre* eine vereinfachte Version von Sabre, die 1995 bereits von 2 Millionen Privatkunden genutzt wurde. Geschäftskunden haben mit Hilfe von *Sabre Business Travel Solutions (BTS)* direkten Zugang zu Sabre und können dort auch Buchungen vornehmen. Die traditionellen CRS werden daher auch in Zukunft eine nicht unerhebliche Rolle bei der Reiseplanung spielen [vgl. Durham (1995) S. 490f; Elsworthy (1995) S. 496f; Flint/Henderson (1997), S. 38 und Levere (1997): *Commission cuts hit the small guys*].

[285] Beispiele für den erfolgreichen Markteintritt ohne Beteiligung an einem der großen CRS sind die amerikanische Gesellschaft ValuJet (gegründet 1993) und der britische Carrier EasyJet (gegründet 1995). Die in den letzten 15 Jahren stark gewachsene Southwest Airlines war lange Zeit nur direkt buchbar und beteiligt sich derzeit lediglich an einer stark reduzierten Sabre-Version [Feldman (1997): *Sticker shock*, S. 67].

stemen vertreten zu sein. Deren Aufnahme- und Darstellungsmodalitäten werden sicherlich auch in Zukunft Auswirkungen auf den Wettbewerb haben. Bei einer konsequenten Weiterentwicklung der bestehenden Verhaltenscodes dürften die negativen Einflüsse aber in Grenzen gehalten werden können.[286]

4.5.6. Yield Management

In Kapitel 2.1 wurde bereits festgestellt, daß es sich bei der Luftverkehrsbeförderung um ein nicht lagerbares, vergängliches Gut handelt. Wegen der äußerst geringen Grenzkosten für die Beförderung eines zusätzlichen Passagiers, stellt jeder leergebliebene Sitzplatz unweigerlich einen Einnahmeverlust dar. Ziel einer Fluggesellschaft muß es daher sein, einen möglichst hohen Sitzladefaktor zu realisieren. Die Erreichung dieses Zieles wird indes durch mehrere Tatsachen erschwert. Zum einen gibt es Passagiere, die trotz fester Buchung nicht zum Flug erscheinen (*„No show"-Problematik*).[287] Ferner ist zu berücksichtigen, daß der Flotteneinsatz gewöhnlich mehrere Monate im voraus geplant wird und sich kurzfristig kaum revidieren läßt, so daß nur eine geringe Anpassungsfähigkeit an Nachfrageänderungen besteht (*prädeterminierte Angebotsmenge*). Letztlich gilt, daß selbst bei präziser Kenntnis der Nachfrage nicht immer die optimale Angebotsmenge auf den Markt gebracht werden kann, da in der Regel nur wenige Flugzeugtypen mit äußerst unterschiedlichen Sitzplatzkapazitäten zur Verfügung stehen (*Batch-Production*).[288]

Ein hoher Sitzladefaktor allein ist jedoch noch kein Garant für die Erzielung von Gewinnen. Die verkauften Sitzplätze müssen vielmehr auch zu Preisen abgesetzt werden, die kostendeckend sind und die Konsumentenrente minimieren. Zu be-

---

[286] Humphreys bemerkt hierzu: „...regulation effectively removed most of the concern about the use of CRSs for anti-competitive purposes, particularly with respect to display bias. ... This does not mean that the problem of CRS bias has been solved permanently. New difficulties are bound to arise, which is why governments in the U.S. and Europe have found it necessary to revise their Codes, but the problems are nowhere near as great as they once were" [Humphreys (1994) S.81].

[287] Obwohl viele Tickets nur auf bestimmten, vorher gebuchten Flügen gelten und die Airlines Storno- und Umbuchungsgebühren eingeführt haben, liegt die „No-Show"-Rate im Durchschnitt bei 15-20 Prozent. In einigen Fällen kann sie sogar 50 Prozent erreichen [Doganis (1991) S. 306f].

[288] Aufgrund mangelnder Alternativen müssen Airlines oftmals Flugzeuge einsetzen, von denen sie von vornherein wissen, daß sie entweder zu groß oder zu klein sind.

rücksichtigen ist hierbei, das ein geringfügig zu hoher Preis die Nachfrage unter den gewünschten Wert reduzieren kann und somit der Erreichung eines hohen Sitzladefaktors entgegensteht.

Um ihre Gewinne verbessern zu können, haben die Fluggesellschaften sogenannte „Yield Management"- bzw. „Revenue Management"-Systeme (zu deutsch: Umsatz- bzw. Ertragssteuerungssysteme) entwickelt,[289] d.h. computergestützte Verfahren zur dynamischen Preis-Mengen-Steuerung.[290] Ihre Aufgabe besteht darin, für jeden geplanten Flug das zukünftige Nachfrageverhalten der einzelnen Kundensegmente möglichst exakt vorherzusagen und die Preise, Konditionen und Sitzplatzkontingente entsprechend festzulegen. Gewöhnlich erfolgt hierzu die Einrichtung von Buchungsklassen, die unterschiedliche Restriktionen (z.B. Mindestaufenthalt, Vorausbuchungsfrist, Storno- und Umbuchungsgebühren) aufweisen und denen jeweils ein bestimmter Flugpreis und eine begrenzte Anzahl von Sitzplätzen zugewiesen werden.[291] Der gesamte Prozeß beginnt meistens schon 6 - 8 Monate im voraus und endet erst mit dem Abflug. Die Preis- und Verfügbarkeitsbestimmungen werden dabei fast täglich der Buchungsentwicklung angepaßt. Sobald sich abzeichnet, daß auf dem Flug voraussichtlich Plätze frei bleiben werden, erfolgt eine Preissenkung bzw. Kontingenterweiterung für eine oder mehrere Buchungsklassen. Bei überplanmäßig starker Nachfrage werden hingegen die Flugpreise erhöht oder die Anzahl der verfügbaren Sitzplätze in den billigen Buchungsklassen verringert. Teilweise erfolgt sogar eine Schließung ganzer Buchungsklassen.

Die gewinnoptimierende Festlegung der Flugpreise und der dazugehörigen Kapazitäten erweist sich in der Praxis als ein überaus komplexes Verfahren. Die

---

[289] Den Anfang machte American Airlines Anfang der 80er Jahre. Schon bald darauf folgte Delta mit einem eigenen System, welches im ersten Jahr angeblich Zusatzerträge von 300 Mio. US-$ erwirtschaftete. In Europa begannen als erste British Airways, KLM und Aer Lingus mit der Einführung des Yield Management. Auch sie realisierten erhebliche Zusatzerträge [Cross (1995) S. 447].

[290] Vgl. hierzu Kraft/Oum/Tretheway (1986), Tretheway/Oum (1992) S. 32-46 und Sterzenbach (1996) S. 302-317.

[291] Für jede *Beförderungs*klasse [First, Business, Tourist bzw. Economy] werden i.d.R. mehrere *Buchungs*klassen eingerichtet, die mit einem Buchstaben aus dem Alphabet abgekürzt werden. Die meisten Airlines verfügen mittlerweile über 5 bis 28 solcher Buchungsklassen. Darüber hinaus bestehen für jede „offizielle" Buchungsklasse oftmals noch mehrere „interne" Buchungsklassen. British Airways verfügte Mitte der 90er Jahre beispielsweise über 136 solcher internen Buchungsklassen [vgl. Vinod (1995) S.460 und Spaeth (1997) S. 19].

Kunst besteht darin, „to sell the right seat, to the right customer, at the right price, at the right time“[292]. Hierbei ist darauf zu achten, daß zu einem frühen Zeitpunkt nicht zu viele Sitzplätze zu Niedrigpreisen verkauft werden, da ansonsten keine Kapazitäten mehr für solche Kunden zur Verfügung stehen, die erst wenige Tage vor Abflug buchen und aufgrund ihrer geringeren Preiselastizität zur Zahlung hoher Beträge bereit sind (z.B. Geschäftsreisende). Darüber hinaus muß sichergestellt werden, daß kein Passagier in einer höherpreisigen Buchungsklasse mangels Verfügbarkeit zurückgewiesen wird, wenn in einer billigeren Buchungsklasse noch Plätze frei sind. Außerdem ist durch die geschickte Festlegung der Buchungskonditionen für jede Buchungsklasse zu gewährleisten, daß Passagiere keine Reservierung in einer billigeren Buchungsklasse vornehmen, obwohl sie tatsächlich zur Zahlung eines höheren Preises bereit wären.

Ein nicht zu unterschätzendes Problem ergibt sich auch im Zusammenhang mit dem „Traffic Flow“-Management. Durch die zunehmende Verbreitung von Hub-and-spoke-Streckennetzen beinhalten die meisten Verbindungen zwei oder sogar mehr Flugsegmente. Auf einer bestimmten Strecke werden daher Passagiere mit unterschiedlichen Ausgangs- und/oder Zielorten zusammengefaßt. Da nicht der Gewinn eines einzelnen Fluges sondern der Unternehmensgewinn bezogen auf das gesamte Streckennetz maximiert werden soll, ergeben sich hierdurch erhebliche Schwierigkeiten bei der Preis- und Verfügbarkeitsfestlegung. Wie ist beispielsweise der Gesamtflugpreis den einzelnen Teilsegmenten zuzuordnen? Wie kann sichergestellt werden, daß auf Kurzstrecken keine Passagiere abgewiesen werden, die im Anschluß einen Interkontinentalflug planen? Soll ein an sich unrentabler Flug eingestellt werden, obwohl er als Zu- bzw. Abbringer für weiterführende Flüge dient und somit Voraussetzung für Gewinne auf anderen Strekken ist? Um hier möglichst optimale Ergebnisse erzielen zu können, setzen die Airlines „origin-destination-bid-prizing“-Verfahren oder „virtual nesting controls“ ein.[293]

Selbst eine im Grunde optimale Preis- und Sitzplatzallokation kann dadurch beeinträchtigt werden, daß manche Passagiere nicht zum gebuchten Flug erscheinen („No Shows“) und andere Reisende mit gültigem Ticket aber ohne Reservierung auftreten („Go Shows“). Hierdurch besteht die Gefahr, daß das Flugzeug entweder mit leeren Sitzen starten muß, obwohl es eigentlich ausgebucht war

---

[292] Vinod (1995) S. 459.

[293] Vgl. Cross (1995) S. 452 und Vinod (1995) S. 462ff.

(„spoiled seats“), oder daß Ticketinhaber am Abflugtag zurückgewiesen werden müssen („denied boardings“). Da gewöhnlich mit einer größeren Anzahl von No Shows als Go Shows zu rechnen ist, nehmen die Airlines mehr Reservierungen entgegen, als der tatsächlichen Kapazität des Flugzeugs entspricht, eine Tatsache die man als „Overbooking“ bezeichnet.[294] Aufgabe des Yield Managements ist es, eine optimale Überbuchungsrate festzulegen, die die Kosten von „spoiled seats“ (Umsatzausfall, Kundenverlust durch unnötigerweise zurückgewiesene Buchungswünsche) und „denied boardings“ (Kompensationszahlungen an nicht beförderte Passagiere, Imageverlust) minimiert.

Voraussetzung für ein leistungsfähiges Yield Management sind möglichst detaillierte Informationen über die voraussichtliche Nachfrage. Die Computer werden daher regelmäßig mit umfangreichen Daten über das Flugaufkommen und die Flugpreise der vergangenen Jahre gefüttert. Hinzu kommen detaillierte Angaben über die Wirtschaftsentwicklung, über Urlaubszeiten und Urlaubsströme, über die Termine von Feiertagen, Messen und sonstigen Großveranstaltungen sowie über verschiedene andere Faktoren, die das Nachfrageverhalten in irgendeiner Weise beeinflussen können. Die Verarbeitung der Informationen erfolgt dann mit Hilfe ausgeklügelter mathematischer und statistischer Verfahren. Trotz des damit verbundenen großen Aufwands stellt die Einführung bzw. Weiterentwicklung von Yield-Management-Systemen für die Airlines eine überaus sinnvolle Investition dar. Erfahrene Mitarbeiter großer Fluggesellschaften können mit ihrer Hilfe stündlich Mehrerträge von bis zu 10.000 US-$ realisieren.[295] Selbst wenn alle Carrier bereits über ein gutes Ertragsmanagement verfügen, lassen sich noch Ertragsverbesserungen erzielen.[296] Investitionen in entsprechende Hard- und Software erweisen sich somit keinesfalls als reines Nullsummenspiel.

Nachdem in der Vergangenheit der Schwerpunkt auf die Sammlung umfassender Informationen gelegt wurde, dürfte in Zukunft die systematische Verarbeitung der verfügbaren Daten in den Vordergrund rücken. Ziel muß es sein, das Verkehrsaufkommen präziser vorherzusagen, durch Preis- und Mengenvariationen neue Nachfrage zu schaffen bzw. bestehende Nachfrage auf unausgebuchte Flü-

---

[294] Vgl. hierzu Tretheway/Oum (1992) S. 35-43, Dunleavy (1995) und Sterzenbach (1996) S. 307-310.

[295] Vgl. Cross (1995) S. 448.

[296] Vgl. Belobaba/Wilson (1997).

ge umzulenken, die Verkehrsströme innerhalb des Netzes zu optimieren und durch Abschöpfung der Konsumentenrente den Maximalgewinn zu realisieren. Airlines, die nicht über adäquate Ertragssteuerungssysteme verfügen, haben zweifellos einen ernstzunehmenden Wettbewerbsnachteil.[297] Da heutzutage das technisch für machbar gehaltene Niveau bei weitem noch nicht erreicht ist,[298] bestehen weiterhin erhebliche Potentiale zur Verbesserung der Wettbewerbsfähigkeit. Gerade in einer Branche, in der marginale Änderungen bei den Preisen und Sitzladefaktoren über Gewinn oder Verlust entscheiden können, wird der Erfolg einer Fluggesellschaft in Zukunft immer mehr vom Einsatz eines leistungsfähigen Yield-Management-Systems abhängen.[299]

4.5.7. Flottenpolitik

Die anzuschaffende Flotte muß nach Größe und Beschaffenheit geeignet sein, die zu erwartende Verkehrsnachfrage auf den einzelnen Strecken mit minimalen Kosten zu bedienen. Dies setzt voraus, daß auf jedem Flug eine Maschine eingesetzt wird, die die jeweiligen technischen Anforderungen möglichst genau erfüllt[300] und deren Sitzplatzangebot in etwa der Anzahl der durchschnittlich zu

---

[297] Der Konkurs der US-Billigfluggesellschaft People Express im Jahre 1986 wird unter anderem auch auf das Nichtvorhandensein eines leistungsfähigen Yield-Management-Systems zurückgeführt. Die Gesellschaft wendete nur zwei Tarife an: „peak" und „off-peak". Als American Airlines im Januar 1985 den „Ultimate Super Saver"-Tarif einführte, der für jeden Flug auf eine streng kontingentierte Anzahl von Sitzplätzen beschränkt war, fiel der Sitzladefaktor bei People Express von 70-90 % auf 20-40 % [Cross (1995) S. 451].

[298] Die Nachfragevorhersagen verschätzen sich beispielsweise in der Regel um 30 %, auf einigen Flügen sogar um bis zu 40 % [Rittweger/Larew (1996) S. 64].

[299] Derzeit verfügen American Airlines und British Airways über die wohl am weitesten entwickelten Informationssysteme. Die Deutsche Lufthansa könnte mit ihrer Tochtergesellschaft Lufthansa Systems bald aufschließen. Vor allem kleinere Gesellschaften werden in Zukunft wohl verstärkt gezwungen sein, Informationstechnologie von diesen Unternehmen einzukaufen [vgl. Feldman, Joan M. (1997): *Finding the center*, S. 51].

[300] Die technischen Anforderungen für eine bestimmte Strecke hängen von der Entfernung sowie den Besonderheiten des Ausgangs- und Zielflughafens (z.B. Größe der Abstellflächen, vorhandene Be- und Entladevorrichtungen, Länge der Start- bzw. Landebahnen, maximal zulässiges Start- bzw. Landegewicht) ab. Hinsichtlich der erforderlichen Reichweite ist zu beachten, daß ein Langstreckenjet zwar prinzipiell auch auf Kurzstrecken eingesetzt werden kann, dies jedoch mit erhöhten Kosten verbunden ist. Beispielsweise verbraucht der vierstrahlige A-340 auf Kurzstrecken mehr Kerosin als der zweistrahlige A-330, der auf demselben Flugzeugrumpf basiert. Außerdem ergeben sich bei zahlreichen Starts und Landungen pro Tag erhöhte Wartungskosten, da Langstreckenjets hierfür nicht ausgelegt sind.

erwartenden Passagiere entspricht. Um die Nachfrage jeweils optimal befriedigen zu können, wäre demnach eine möglichst große Zahl unterschiedlicher Flugzeugtypen wünschenswert. Dem steht jedoch entgegen, daß mit dem Einsatz weniger bzw. eines einzigen Flugzeugtyps erhebliche *economies of size* infolge niedrigerer Anschaffungs-, Wartungs- und Personalkosten[301] realisiert werden können. Der sehr erfolgreiche US-Carrier Southwest Airlines setzt daher nur Maschinen vom Typ Boeing B-737 ein.[302] Andere Airlines versuchen, ihre Flugzeugkäufe auf wenige Modelle möglichst eines Herstellers zu konzentrieren.[303] Es existiert somit ein grundlegender Zielkonflikt zwischen Nachfrageorientierung (diese legt die Anschaffung möglichst vieler unterschiedlicher Flugzeugtypen nahe) und Kostenorientierung (diese spricht für eine möglichst homogene Flotte).

Bei der Auswahl des Fluggeräts kommt erschwerend hinzu, daß die Duopolisten Boeing und Airbus nur eine begrenzte Anzahl von Flugzeugtypen anbieten, die erhebliche Kapazitätssprünge von oftmals über 30 Sitzplätzen aufweisen (ein Überblick über die derzeit von Airbus angebotenen Modelle findet sich in Tabel-

---

[301] Niedrigere Anschaffungskosten ergeben sich aufgrund von höheren Mengenrabatten. Geringere Wartungskosten resultieren vor allem aus einer Reduzierung des Ersatzteilbestands und kürzeren Reparaturzeiten infolge von Lerneffekten. Die Personalkosten sinken durch den geringeren Schulungsaufwand und eine flexiblere Einsatzplanung. Letzteres ist vor allem für die Creweinteilung von Bedeutung. Da die Cockpitbesatzung in der Regel nur für einen einzigen Flugzeugtyp zugelassen ist, kann sie bei einer großen Anzahl von Typen nicht beliebig auf die einzelnen Flüge verteilt werden und es ist somit durchaus möglich, daß es gleichzeitig zu Personalengpässen und Leerzeiten kommt [vgl. hierzu Doganis (1991) S. 161].

[302] 1995 verfügte Southwest Airlines über insgesamt 224 Maschinen dieses Typs, die sich auf die Versionen B 737-200 (50), B 737-300 (149) und B 737-500 (25) aufteilten. Im selben Jahr vereinbarte das Unternehmen mit Boeing, als sog. „launch customer" für die neu zu entwickelnde B 737-700 aufzutreten [Southwest Airlines (1996): *Annual Report 1995*, S. 6].

[303] Die unterschiedlichen Modelle eines Herstellers weisen in vielen Bereichen identische Komponenten auf und können häufig mit denselben Werkzeugen oder Vorrichtungen bedient werden. Die Beschränkung auf einen Anbieter ermöglicht somit Einsparungen bei den Wartungs- und Reparaturkosten. Verfügen die einzelnen Modelle eines Produzenten auch über ein weitgehend identisches Cockpit, können zusätzlich noch die Personalkosten reduziert werden. Der größte Vorteil ist sicherlich bei sog. Flugzeugfamilien zu erzielen, die sich nur in der Größe (z.B. A 319, A 320 und A 321) und/oder hinsichtlich der Anzahl der Triebwerke (z.B. A 330 und A 340) unterscheiden [vgl. Berg/Tielke-Hosemann (1989) S. 133]. Zu berücksichtigen ist auch, daß Airbus mit seiner *Fly-by-wire*-Technologie und der Einführung eines *Sidesticks* anstelle des konventionellen Steuerknüppels ein anderes Technologiekonzept verfolgt als Boeing. Beim Wechsel von Boeing- auf Airbus-Modelle sind somit zeitaufwendige Umschulungsmaßnahmen erforderlich [vgl. o.V. (1986): *Computer im Cockpit*].

le 4.1). Da die eingesetzten Flugzeuge gewöhnlich entweder zu groß oder zu klein sind,[304] resultieren hieraus entweder „spoiled seats“ (= Leerkosten) oder „denied boardings“ (= Umsatzausfälle bzw. langfristige Kundenverluste).

Airbusflotte					
Airbusmodell	**Sitzplätze bei Standardkonfiguartion**				**Reichweite**
	Tourist Class	**Business Class**	**First Class**	**gesamt**	**(in Meilen)**
A 319	116		8	124	3.500
A 320	138		12	150	2.900
A 321	169		16	185	2.700
A 310	200		20	220	5.200
A 330-200	205	36	12	253	6.400
A 300-600	240		26	266	4.150
A 340-300	241	42	12	295	7.300
A 330-300	305		30	335	4.800

Tabelle 4.1

Quelle: eigene Darstellung nach Airbus Industrie (1996): Success breeds success

Ein weiteres Entscheidungsproblem stellt die Alternative zwischen dem Erwerb gebrauchter oder neuer Maschinen dar. Erstere haben zwar gewöhnlich einen niedrigeren Preis, führen langfristig jedoch zu erhöhten Wartungs- und Reparaturausgaben.[305] Außerdem üben Sie auf den Kunden eine geringere Attraktivität aus. Welche Wahl vorteilhaft ist, kann nur im Einzelfall unter Berücksichtigung der besonderen Merkmale der Fluggesellschaft und der beflogenen Strecke entschiedenen werden.[306] Aus finanzieller Sicht ist zudem die Entscheidung zwi-

---

[304] Theoretisch ist es zwar möglich, so viele Plätze wie gewünscht in ein Flugzeug einzubauen. Hierzu müßten jedoch die Sitzabstände oder die Anzahl der Sitze in einer Reihe variiert werden. Da die Airlines aber auf allen Flügen ein standardisiertes, gleichbleibendes Produkt anbieten möchten, besteht diesbezüglich in der Praxis kein großer Spielraum.

[305] Als eine große internationale Fluggesellschaft im Jahre 1993 ihre Pazifikflotte von alten Boeing 747-200 auf neue Boeing 747-400 umstellte, konnten die Wartungskosten beispielsweise von 14 Mio. US-$ auf 4 Mio. US-$ reduziert werden [Gallagher (1995) S. 230ff].

[306] Im Jahre 1993 konnte eine große internationale Fluggesellschaft ihr Ergebnis auf Pazifikstrecken durch den Ersatz alter Boeing 747-200 durch neue Boeing 747-400 von einem Verlust in Höhe von 8 Mio. US-$ in einen Gewinn von 3 Mio. US-$ umwandeln. Im selben Jahr ergaben dagegen Berechnungen einer US-Fluggesellschaft, daß die Umrüstung von über

schen Kauf oder Leasing von Bedeutung (vgl. hierzu Kapitel 4.3.2). Es ist davon auszugehen, daß Beschaffungsentscheidungen häufig vor dem Hintergrund günstiger Sonderkonditionen auf dem Gebrauchtflugzeug- oder Leasing-Markt getroffen werden, was in vielen Fällen bereits zu falsch ausgelegten Flotten geführt hat.

Die im Rahmen der Flottenpolitik getroffenen Maßnahmen beeinflussen Liquidität, Betriebskosten, Servicequalität und Angebotsmenge einer Fluggesellschaft und üben einen nicht zu unterschätzenden Einfluß auf deren Wettbewerbsfähigkeit aus. Obwohl die Flottenpolitik grundsätzlich als eigenständige Aufgabe eines jeden Unternehmens betrachtet werden muß, ergeben sich durch Kooperationen mit anderen Airlines erhebliche Einsparpotentiale. Beispielsweise können bei gemeinsamer Beschaffung Mengenrabatte erzielt werden und eine zentrale Wartung und Reparatur der Maschinen führt zu geringeren Kosten als ein getrenntes Vorgehen. Von besonderer Bedeutung sind auch Codeshare-Vereinbarungen (vgl. Kapitel 4.5.11). Durch sie wird es möglich, entweder bestimmte Strecken durch andere Fluggesellschaften bedienen zu lassen, wenn kein geeignetes Fluggerät zur Verfügung steht, oder bisher mit zu großem Fluggerät durchgeführte unrentable Strecken gewinnbringend zu bedienen, da durch die Zusammenarbeit mit anderen Airlines zusätzliche Passagiere gewonnen werden können und sich der Sitzladefaktor somit auf ein über dem „break-even-point“ liegendes Niveau erhöht.

4.5.8. Routing

Unter Routing subsumiert man zum einen die Festlegung der Streckennetzstruktur und zum anderen die Auswahl der anzufliegenden Destinationen bzw. der zu bedienenden Routen.

Hinsichtlich der Gestaltung des Streckennetzes bestehen grundsätzlich zwei Alternativen: a) *Linear Routing* in Form von Punk-zu-Punkt-Direktverbindungen (lineares Streckennetz) und b) *Hub Routing* bzw. *Hubbing*, also das Angebot von Umsteigeverbindungen über ein oder mehrere Drehkreuze (Hub-and-spoke-Streckennetz) (vgl. Abbildung 4.6).

---

zwanzig Jahre alten DC-9 der Anschaffung neuer Maschinen des Typs F-100 vorzuziehen sei, da erstere über einen Kostenvorteil von 450 US-$ pro Blockstunde verfügten. Da auf den beflogenen Strecken nur marginale Gewinne erzielt werden konnten, hätte der Erwerb neuer Flugzeuge unweigerlich zu Verlusten geführt [Gallagher (1995) S. 230ff].

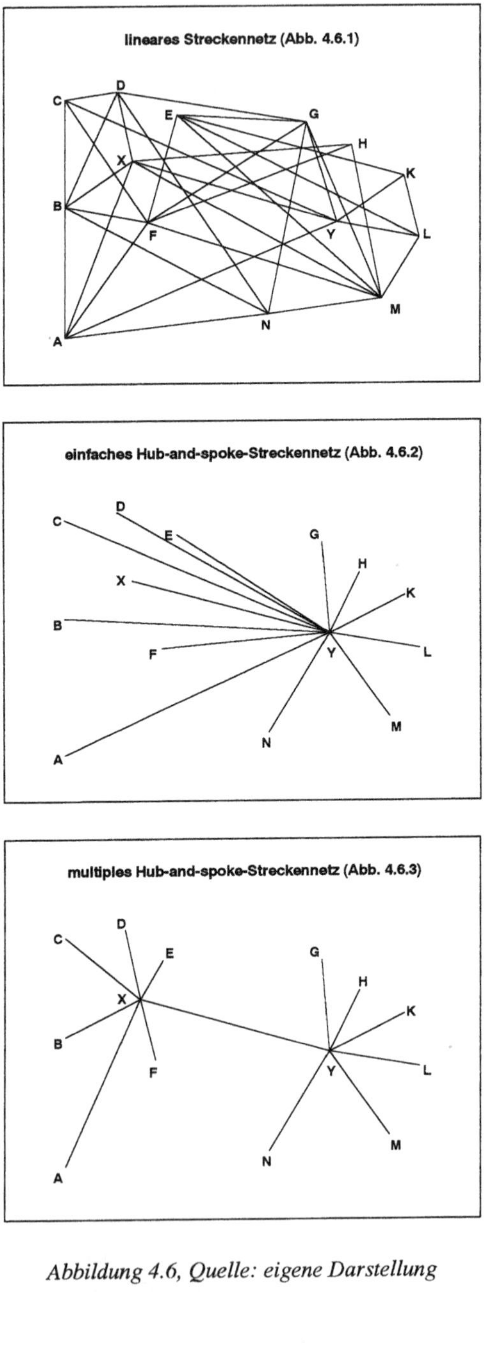

Abbildung 4.6, Quelle: eigene Darstellung

Beim linearen Streckennetz erfolgen alle Flüge grundsätzlich nur direkt zwischen dem Ausgangs- und dem Zielflughafen. Hierdurch entfällt ein Umsteigen[307] und die tatsächliche Flugzeit wird minimiert. Da das Verkehrsaufkommen auf vielen Städtepaaren unzureichend ist, können oftmals aber nur wenige tägliche Verbindungen angeboten werden und es entstehen längere Wartezeiten bis zum nächsten Flug. Auf einigen Strecken erfolgt sogar überhaupt kein Direktflug. In diesem Fall sind entweder andere Verkehrsmittel in Anspruch zu nehmen oder es müssen lange Umsteigezeiten auf anderen Flughäfen in Kauf genommen werden, da die Flüge im Netz nicht aufeinander abgestimmt sind.

Beim Hub-and-spoke-Streckennetz[308] werden hingegen alle Verbindungen über ein oder mehrere zentrale Drehkreuze (Hubs) geführt.[309] Eine exakte zeitliche Abstimmung der einzelnen Flüge stellt sicher, daß die Übergangszeiten minimal ausfallen und somit günstige (Umsteige-)Verbindungen zu einer großen Anzahl von Destinationen existieren. Beachtenswert ist, daß die Hinzufügung einer einzigen Spoke-Verbindung die Anzahl der möglichen Städtepaare um ein Vielfaches erhöht[310] und somit das Einnahmepotential beträchtlich erweitert.[311] Im Vergleich zum linearen Streckennetz können daher erheblich mehr Quell-Ziel-

---

[307] Es kann höchstens sein, daß das Flugzeug entlang der Strecke einen Zwischenstop einlegt, beispielsweise in F auf dem Weg von A nach G [vgl. Abbildung 4.6.1].

[308] „Hub-and-spoke" bedeutet soviel wie „Nabe und Speiche". Wie die Speichen eines Rades auf die Nabe zulaufen, so sind beim Hub-and-spoke-Streckennetz auch die Verbindungen („spokes") auf das zentrale Drehkreuz („hub") ausgerichtet.

[309] Nonstopflüge existieren somit nur auf Verbindungen von/zu einem Drehkreuz, für alle anderen Verbindungen ist ein ein- oder mehrmaliges Umsteigen erforderlich.

[310] Bei einem einzigen Drehkreuz ergibt sich die Anzahl der möglichen Städtepaare S bei n Spokes (Nonstopverbindungen vom/zum Drehkreuz) durch die Formel:

$$S = \text{Nonstopverbindungen} + \text{Umsteigeverbindungen} = n + n \cdot (n-1) / 2 = n \cdot (n+1) / 2$$

Werden von einem Drehkreuz aus beispielsweise 10 Städte nonstop bedient, so existieren insgesamt 55 mögliche Städtepaare. Wird nun die Anzahl der Spokes von 10 auf 11 erhöht, so steigt die Zahl der Städtepaare auf 66. Durch Hinzufügung einer einzigen neuen Destination wird das Streckennetz somit um 11 neue Verbindungen erweitert.

[311] Interne Berechnungen von American Airlines für das Jahr 1981 zeigten, daß jede neue Stadt, die dem Drehkreuz in Dallas/ Forth Worth als Speichenverbindung angegliedert wurde, täglich 73 neue Passagiere mit einem durchschnittlichen Ticketpreis von 180 US-$ einbrachte, insgesamt also 13.140 US-$. Da die Zusatzkosten für die Beförderung dieser Passagiere lediglich 560 US-$ betrugen, entstand ein täglicher Zusatzgewinn von 12.580 US-$ [Petzinger (1995) S. 138].

Verkehre bedient und somit neue Kunden gewonnen werden, die bisher auf die Dienste von Konkurrenzgesellschaften angewiesen waren.[312]

Beim Einsatz eines Hub-and-spoke-Systems ergeben sich Verbunderträge (*economies of scope*), da Passagiere mit verschiedenen Abflugs- und Zielorten auf Teilsegmenten ihrer Reise zusammengefaßt werden können.[313] Durch die Steigerung der Maschinenauslastung oder den Einsatz größeren Fluggeräts wird eine Senkung der Stückkosten möglich. Alternativ kann durch eine Zunahme der Frequenzen die Buchungswahrscheinlichkeit erhöht werden.

Für den Passagier ist vorteilhaft, daß eine große Auswahl an häufig angeflogenen Destinationen existiert.[314] Nachteilig wirken sich hingegen die Unannehmlichkeiten des Umsteigens aus. Ob Hubbing auch die Gesamtreisezeit[315] verlängert, kann nicht pauschal beantwortet werden. Zwar erhöht sich die tatsächliche Flugzeit,[316] die größere Frequenzdichte auf vielen Städtepaaren führt jedoch zu einer erheblichen Reduzierung der Wartezeit auf den nächsten Flug. Für Kurzstrecken ist Hub-and-Spoke- Verkehr aber zweifellos weniger geeignet, da bei

---

[312] Beim linearen Streckennetz werden Städtepaare mit geringem Verkehrsaufkommen in der Regel nicht direkt bedient (z.B. BL, CG, DK und KN in Abbildung 4.6.1). Ein Passagier muß daher lange Aufenthaltszeiten auf einem Zwischenflughafen in Kauf nehmen oder eine andere Airline wählen. Demgegenüber bestehen bei einem gut ausgebauten Hub-and-spoke-Streckennetz für fast alle Quell-Ziel-Verkehre günstige Anschlußverbindungen mit kurzen Umsteigezeiten.

[313] So lassen sich beispielsweise alle Passagiere, die von K aus abfliegen, auf der Strecke KY in einem Flugzeug zusammenfassen. In Y werden sie dann auf unterschiedliche Anschlußflüge verteilt [vgl. Abbildung 4.6..2 bzw. 4.6.3].

[314] Dies wirkt sich besonders für Passagiere aus kleineren Städten vorteilhaft aus. Gewöhnlich sind letztere nämlich mindestens drei- bis viermal pro Tag an ein Drehkreuz angeschlossen, von wo aus zahlreiche Anschlußflüge angeboten werden. Folglich können fast alle Destinationen mehrmals am Tag erreicht werden. Beim linearen Streckennetz bestünde hingegen - wenn überhaupt - höchstens einmal am Tag oder sogar nur jeden zweiten oder dritten Tag eine Direktverbindung.

[315] Die Gesamtreisezeit setzt sich zusammen aus: 1) Wartezeit auf den nächsten Flug, 2) Transfer zum Ausgangsflughafen, 3) Verweildauer am Ausgangsflughafen, 4) Flugzeit, d.h. Zeitraum zwischen dem Abflug am Ausgangsflughafen und der Ankunft am Zielflughafen, 5) Verweildauer am Zielflughafen, 6) Transfer zur Enddestination.

[316] Die Flugzeit verlängert sich durch die zusätzliche Landung und den zusätzlichen Start am Drehkreuzflughafen, den dortigen Aufenthalt zum Wechseln des Flugzeugs und die mit dem Hubbing verbundene Umwegstrecke.

diesen durch das Umsteigen zu viel Zeit verloren geht und andere Verkehrsträger somit beträchtlich an Wettbewerbsfähigkeit gewinnen.[317]

Die einfachste Form eines Hub-and-spoke-Systems verfügt lediglich über ein einziges Drehkreuz. Es können jedoch auch mehrere Drehkreuze miteinander verbunden sein. In diesem Fall spricht man von einem „multiple hub system". Mehrkreuzsysteme haben den Vorteil, daß sie das Einzugsgebiet erweitern und die Zahl der möglich (Umsteige-)Verbindungen beträchtlich erhöhen.[318] Außerdem wird durch sie das ökonomische und operative Risiko von einem auf mehrere Schwerpunkte verlagert.[319] Je nach Größe und Bedeutung der einzelnen Hubs werden Drehkreuze 1. Ordnung („primary hubs") und solche 2. Ordnung („secondary hubs") unterschieden.[320] Sekundärhubs werden hauptsächlich deshalb errichtet, um neue Kundenpotentiale in bisher unzureichend abgedeckten Regionen zu erschließen, und/oder um die oftmals verstopften Hauptdrehkreuze zu entlasten.

Werden von einem Drehkreuz aus nur Verbindungen bedient, die in einer Richtung und zurück verlaufen (z.B. Nord-Süd / Süd-Nord bzw. Ost-West / West-

---

[317] Hub-and-spoke-Systeme sind daher vor allem für Streckennetze mit größeren Entfernungen zwischen den einzelnen Destinationen geeignet. Ideales Einsatzgebiet ist der Interkontinentalverkehr. Aber auch im Regionalverkehr kann Hubbing sinnvoll sein, vor allem in Asien und Nordamerika, wo die durchschnittliche Städtepaarentfernung 3.100 km bzw. 1.800 km beträgt [vgl. Bongartz (1996) S. 72]. Innerhalb Europas ist die Errichtung eines erfolgreichen Hub-and-spoke-Systems aufgrund der geringeren Entfernungen (durchschnittlich 1.200 km) und der starken intermodalen Konkurrenz dagegen erheblicher schwieriger. Aber auch hier besteht noch erhebliches Potential, wie die Hub-Strategie der Lufthansa und anderer Airlines beweist.

[318] Oftmals erfordern die Verbindungen jedoch ein mehrmaliges Umsteigen. Die Strecke BL in Abbildung 4.6.3 beinhaltet beispielsweise einen Flugzeugwechsel in X und Y.

[319] Beim Einkreuzsystem bricht beispielsweise der gesamte Verkehr zusammen, wenn die Bedienung des Hubs (beispielsweise aufgrund von schlechten Witterungsbedingungen oder Streiks) vorübergehend nicht mehr möglich ist. Beim Mehrkreuzsystem können dagegen alle Dienste, die über andere Hubs laufen, aufrechterhalten werden. Eine Gesellschaft, die nur über ein Drehkreuz verfügt, wird zudem stärker von regionalen Konjunkturschwankungen, politischen Umwälzungen oder den gezielten Angriffen von Konkurrenten getroffen, als eine Airline mit mehreren Hubs.

[320] Da eine allgemeingültige Definition von Primär- und Sekundärdrehkreuzen nicht existiert, ist eine Klassifizierung eher willkürlich und wird unter Berücksichtigung von Größe und Funktion der einzelnen Hubs einer Fluggesellschaft vorgenommen.

Ost), liegt ein „directional hub" vor.[321] Erfolgen hingegen Flüge in alle vier Himmelsrichtungen, spricht man von einem „non-directional hub".[322] Nichtdirektionale Drehkreuze haben insofern einen Nachteil, als bei ihnen der durch das Hub-and-spoke-System erforderlich gemachte Umweg bei vielen Städtepaaren sehr groß ausfällt. Dies ist immer dann der Fall, wenn es sich um lange Spoke-Strecken handelt, die einen kleinen Winkel zueinander aufweisen.[323] Viele mögliche Städtepaare über ein nichtdirektionales Drehkreuz eigenen sich daher kaum für zeitbewußte Reisende und können somit nur mit erheblichen Preisabschlägen vermarktet werden.

Linear Routing und Hubbing sind zwei idealtypische Erscheinungsformen der Streckennetzgestaltung, die in der Realität so kaum vorkommen. Gewöhnlich haben selbst lineare Streckennetze Schwerpunktflughäfen, auf denen hubähnliche Verbindungen angeboten werden. Andererseits offerieren auch Gesellschaften mit Hub-and-spoke-Netzen Direktverbindungen zwischen besonders wichtigen Städten, sofern das örtliche Verkehrsaufkommen einen solchen Betrieb rechtfertigt und konkurrierende Carrier ebenfalls Nonstopflüge anbieten. Trotzdem gibt es einige Unternehmen, die der theoretischen Idealform recht nahe kommen. Beispielsweise betreibt Southwest Airlines ein weitgehend lineares Streckennetz, Cathay Pacific verfügt über ein einfaches Hub-and-spoke-System und Northwest Airlines betreibt ein Hub-and-spoke-System mit mehreren Drehkreuzen.[324] Da heutzutage fast alle großen Gesellschaften ein Drehkreuzsystem

---

[321] Beispiele für „directional hubs" in Ost-West- bzw. West-Ost-Richtung sind die Drehkreuze Denver (United), Dallas (American, Delta) und Houston (Continental). In Nord-Süd-Richtung und umgekehrt operieren dagegen Nashville (American) und Charlotte (US Airways).

[322] Teilweise wird für „non-directional hubs" auch der Begriff „multi-directional hubs" verwendet. Beispiele für solche Drehkreuze sind Atlanta (Delta) und Frankfurt (Lufthansa).

[323] Die Verbindung Stockholm - Frankfurt - Nizza beinhaltet beispielsweise kaum einen Umweg und eignet sich daher hervorragend für Hub-and-spoke-Verkehr. Hingegen ist die Verbindung Stockholm - Frankfurt - St. Petersburg für die meisten Reisenden uninteressant, da die Flugzeit ein Vielfaches des Direktfluges beträgt. Interessanter ist wiederum die Verbindung Leipzig - Frankfurt - St. Petersburg, da das Teilsegment Leipzig - Frankfurt (300 km) im Vergleich zur Strecke Frankfurt - St. Petersburg (1.750 km) nur kurz ist. Ob eine Verbindung von den Kunden angenommen wird, hängt natürlich letztlich vom Wettbewerb etwaiger Nonstop- oder Direktflüge, dem Flugangebot konkurrierender Carrier über alternative Drehkreuze und den jeweiligen Preisen ab.

[324] Southwest Airlines bietet mittlerweile zwar auch Umsteigeverbindungen an, der Schwerpunkt liegt jedoch auf Direktflügen. Bei Cathay Pacific beginnen oder enden alle Flüge in

betreiben, wird der Schwerpunkt der Betrachtung im folgenden auf diese Streckennetzvariante gelegt.

Von zentraler Bedeutung für den Erfolg eines Hubs ist die Abstimmung der Flüge. Ziel ist es, alle eingehenden Flüge möglichst zeitgleich landen und bereits nach einer kurzen Übergangszeit (die gerade genügend Zeit zum Umsteigen läßt) alle ausgehenden Flüge wieder in einem Schub starten zu lassen.[325] Eine solche Abfolge genau aufeinander abgestimmter Flugbewegungen wird in der Luftfahrtsprache als „bank“, „wave“ oder „complex of flights“ bezeichnet. Ihre Dauer hängt von der Größe des Drehkreuzes und der Anzahl der durchzuführenden Operationen ab. Auf größeren Hubs landen die Flugzeuge gewöhnlich innerhalb eines Zeitraums von 30 Minuten, bleiben 30 - 60 Minuten am Boden und fliegen dann wieder innerhalb von 30 Minuten ab. Auf kleineren Hubs kann die Dauer eines Flight Complexes dagegen auf eine Stunde reduziert werden. Die Anzahl der täglichen „banks“ liegt gewöhnlich bei 7 und 10, es sind jedoch auch mehr oder weniger möglich.[326] Für die Passagiere hat die exakte Flugabstimmung den Vorteil, daß Übergangszeiten minimiert und somit unangenehme Wartezeiten verringert werden. Kritisch wird es jedoch, wenn ein Flug verspätet auf dem Drehkreuz eintrifft. In diesem Fall ist die Wahrscheinlichkeit hoch, daß der Anschlußflug verpaßt wird, da dieser gewöhnlich nicht wartet, um Kettenreaktionen im gesamten Streckennetz zu vermeiden.

Ein weiteres wichtiges Kriterium für den Erfolg eines Drehkreuzes sind seine geographischen, ökonomischen, demographischen, klimatologischen und kapazitätsmäßigen Merkmale. Die besten Voraussetzungen für einen Hub erfüllt ein Airport, der über die folgenden Eigenschaften verfügt:[327]

Hongkong. Bei Northwest Airlines fliegen mehr als 95 % aller Flüge eines der drei inländischen Drehkreuze (Detroit, Minneapolis, Memphis) an.

[325] vgl. hierzu auch Tretheway/Oum (1992) S. 69ff.

[326] In Dallas/Ft. Worth betreibt American Airlines beispielsweise 15 „flight complexes“ pro Tag. America West hat in Las Vegas dagegen nur 3 tägliche „banks“ [Air Transport World (1996): *Hub Statistics*, Vol. 33, No. 12, S. 1].

[327] Vgl. hierzu vor allem Huston/Butler (1991) sowie Toh/Higgins (1985) S. 25ff, McShan/Windle (1989) S. 222f, Doganis (1991) S. 268 und Teuscher (1994) S. 264-284.

* zentrale Lage: Je zentraler ein Drehkreuz liegt, desto geringer sind die Entfernungen zwischen den einzelnen Städtepaare,[328] was zu Einsparungen bei den Treibstoffkosten und kürzeren Flugzeiten führt. Bei einer gegebenen Anzahl von Destinationen ist demnach jener Flughafen als Hub zu wählen, der die Gesamtentfernung des Streckennetzes (= Summe der Entfernungskilometer aller Spoke-Verbindungen) minimiert. Ideal wäre es, wenn der Hub im Mittelpunkt des Streckennetzes liegen würde und alle Speichensegmente gleich lang wären.
* Geschäfts- oder Touristenzentrum: Ein Flughafen, der ein bedeutendes Geschäfts- oder Touristenzentrum bedient, zieht zahlreiche Besucher an und ist somit nicht so sehr vom Umsteigeverkehr abhängig.
* großes Einzugsgebiet: Je größer die Bevölkerung im Einzugsgebiet des Drehkreuzes ist, desto mehr Ursprungsverkehr ist zu erwarten und desto geringer ist die Abhängigkeit vom Transitverkehr.
* große Entfernung zu konkurrierenden Hubs: Liegen Drehkreuze verschiedener Airlines nahe beieinander, konkurrieren diese um den Ursprungsverkehr der Region und ermöglichen daher nicht die Erzielung der sonst üblichen höheren Hub-Preise. Dies gilt besonders dann, wenn ein Flughafen als Drehkreuz für mehrere Gesellschaften fungiert.
* Adäquate Flughafeninfrastruktur: Ein Drehkreuzflughafen sollte über die neuesten technischen Start- und Landesysteme verfügen. Die Terminals müssen so beschaffen sein, daß den Passagieren ein schnelles und bequemes Umsteigen ermöglicht wird. Entscheidend ist auch, daß genügend Slots und Gates zur Verfügung stehen (um die „banks“ in der gewünschten Form durchführen zu können) und Wachstumsreserven vorhanden sind. Außerdem sollten die anfallenden Flughafengebühren vergleichsweise gering sein.
* Günstige Wetterbedingungen: Kann auf einem Drehkreuzflughafen nicht oder nur verspätet gelandet werden, bricht der gesamte Flugplan zusammen. Das häufige Vorkommen von Nebel, Schneeverwehungen, Hagelschauern oder sogar Tornados kann daher einen Airport als potentiellen Hub disqualifizieren.

---

[328] Die Verbindung AC über das abseits gelegene Y (vgl. Abbildung 4.6.2) ist beispielsweise mit einem großen Umweg verbunden. Hier ist zweifellos eine Verbindung über das zentraler gelegene X vorzuziehen (vgl. Abbildung 4.6.3).

Diese Auflistung zeigt, daß sich keinesfalls jeder Flughafen als Drehkreuz eignet.[329] Geringes Erfolgspotential weisen vor allem sogenannte „Wayports" oder „Cornfield Hubs" auf, die in bevölkerungsarmen Regionen errichtet werden. Verstopfungseffekte sind hier zwar nicht zu erwarten, das Fehlen eines nennenswerten Ursprungs- oder Zielverkehrsaufkommen macht einen rentablen Betrieb jedoch vor allem in Zeiten nachlassender Konjunktur wenig wahrscheinlich.[330] Andererseits sind Flughäfen in Ballungszentren wegen der Nähe zu Mitbewerbern und den vorherrschenden Beschränkungen des operativen Betriebs nicht zwangsläufig vorteilhaft. Ob sich ein Flughafen als Hub eignet, muß somit im Einzelfall unter Berücksichtigung der Merkmale und strategischen Zielsetzungen der Fluggesellschaft bestimmt werden.

In Kapitel 2.5.4 wurde bereits darauf hingewiesen, daß Fluggesellschaften auf Flügen von/zu ihren Drehkreuzen überdurchschnittlich hohe Preise durchsetzen können (Hub-Premium).[331] Aus Kapitel 4.3.8 wissen wir, daß der einen Hub dominierende Carrier aufgrund seiner hohen Frequenzdichte einen überproportionalen Marktanteil auf einzelnen Strecken realisieren kann (S-Kurven-Effekt). Die höheren Preise und der größere Marktanteil lassen sich dabei nicht allein auf das attraktivere Angebot (größere Zahl von Nonstopdiensten und mehr Frequenzen als die Konkurrenz)[332] zurückführen. Drehkreuze ermöglichen vielmehr auch den effektiveren Einsatz der verschiedenen Marketing-Instrumente. Routenbezogene Promotionsmaßnahmen können gekoppelt und durch eine intensive Imagewerbung ergänzt werden, ohne daß das Werbebudget gesprengt wird, da die Gesamtausgaben auf eine große Zahl von Flügen umgelegt werden. Der Ab-

---

[329] Eine Untersuchung von Huston/Butler unter Verwendung einer Probitfunktion ergab beispielsweise, daß in Europa die Städte Amsterdam, Kopenhagen und Athen keine große Hub-Wahrscheinlichkeit aufweisen, obwohl die beiden erstgenannten von KLM bzw. SAS zu Hubs ausgebaut worden sind [Huston/Butler (1993) S. 411ff].

[330] American Airlines hat daher auch seinen Hub in Raleigh/Durham geschlossen [vgl. Huston/Butler (1991) S. 979f].

[331] Das Hub-Premium gilt jedoch nur für (Nonstop-)Flüge vom/zum Drehkreuz; Umsteigeverbindungen sind hiervon nicht betroffen. Diese stehen nämlich gewöhnlich im direkten Wettbewerb mit den Umsteigeverbindungen anderer Airlines über deren Hubs. Ein Passagier, der von der West- zur Ostküste der USA reisen möchte, kann beispielsweise über Dallas (American), Denver (United), Atlanta (Delta), Detroit (Northwest), Charlotte (US Airways), Houston (Continental) oder St. Louis (TWA) fliegen.

[332] Beispielsweise bietet Delta Air Lines seit August 1997 vom Drehkreuz Atlanta aus täglich 607 Flüge mit mehr als 100.000 Sitzplätzen zu insgesamt 116 Destinationen an [Air Transport World (1997), Vol. 34, No. 5, S. 8].

schluß von Firmenvereinbarungen und das Werben von Mitgliedern für das Vielfliegerprogramm fallen durch die starke Präsenz leichter. Verkaufsabhängige Zusatzprovisionen für die Reisebüros sorgen dafür, daß letztere ihre Kunden verstärkt auf die eigene Gesellschaft buchen. Sofern großer Einfluß auf ein bestimmtes Computerreservierungssystem besteht, führt dessen zunehmende Verbreitung in der Hub-Region[333] über den sog. Halo Effekt (vgl. Kapitel 4.5.5) ebenfalls zu mehr Buchungen. Vorteilhaft wirkt sich auch aus, daß die dominante Stellung am Drehkreuz eine stärkere Identifizierung der regionalen Bevölkerung mit der Fluggesellschaft fördert. Zu guter letzt ist zu berücksichtigen, daß Wettbewerber durch die eigene starke Position zu einem kooperativen Verhalten gezwungen und der Markteintritt von Neubewerbern gegebenenfalls verhindert werden kann. Letzteres gilt vor allem dann, wenn die Errichtung künstlicher Marktzutrittsbarrieren möglich ist, beispielsweise durch die strategische Bevorratung von Slots, die Verhinderung des Flughafenausbaus mit Hilfe von „Majority in interest"-Klauseln oder die Beherrschung der Zu- und Abbringerflüge durch eigene Dienste oder Marketing-Vereinbarungen mit Commuter Carriern. Gelingt es einer Fluggesellschaft, ihre Stellung auf einem Drehkreuz derart zu festigen, spricht man von einem „Fortress Hub" (vgl. Abbildung 4.7).

---

[333] Untersuchungen in den USA haben gezeigt, das Reisebüros in der Umgebung eines Hubs vergleichsweise häufig das CRS der den Hub betreibenden Airline abonnieren und die CRS anderer Gesellschaften daher unterrepräsentiert sind [vgl. Kahn (1993): The competitive consequences of hub dominance: A case study, S. 386f und Borenstein (1991) S. 1257].

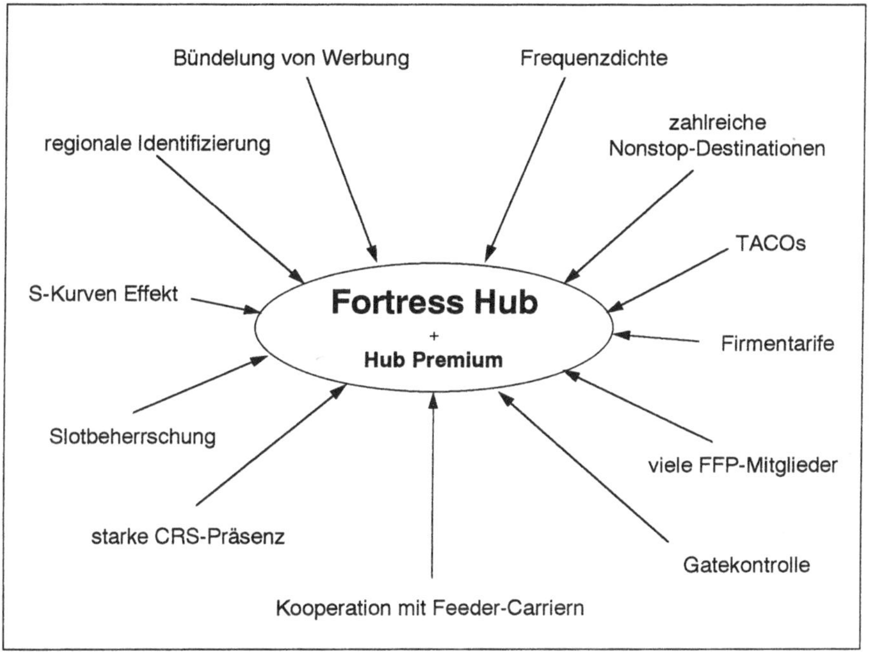

Abbildung 4.7

Quelle: eigene Darstellung

Die Frage, ob Hubbing mit niedrigeren Kosten verbunden ist als eine lineare Streckenführung, wurde in der Vergangenheit kontrovers diskutiert. Aufgrund einer Regressionsrechnung mit Daten von US-Fluggesellschaften der Jahre 1977-1984 kommen McShan/Windle zu dem Schluß, daß eine einprozentige Erhöhung der Hub-and-spoke-Routenführung zu Kosteneinsparungen von 0,11 % führt.[334] Dagegen können Hansen/Kanafani in ihrer Analyse der Jahre 1976-1984 keinen Zusammenhang zwischen der Intensität des Hubbing und der Höhe der Kosten feststellen.[335] In der Tat scheinen anfängliche Kosteneinsparungen zu Beginn der US-Deregulierung eher auf eine vormals ineffiziente Netzgestaltung zurückzuführen zu sein, als auf die inhärente Vorteilhaftigkeit des Hubbing.

---

[334] Die US-Fluggesellschaften sparten demnach 2 Mrd. US-$ pro Jahr [McShan/Windle (1989) S. 221].

[335] Hansen/Kanafani (1989) S. 581; vgl. auch Kanafani/Ghobrial (1985) S. 17.

Durch den Einsatz größerer Flugzeuge können zwar die Stückkosten gesenkt werden, die häufigeren Starts und Landungen bringen jedoch zusätzliche Flughafengebühren und erhöhten Treibstoffverbrauch mit sich. Auch die Nutzung der Flugzeuge muß sich nicht unbedingt verbessern.[336] Die Entwicklung neuer Flugzeugmodelle hat zudem dazu geführt, daß mittlerweile auch ehemals unrentable Strecken mit geringem Verkehrsaufkommen profitabel im Direktverkehr bedient werden können.[337] Obwohl an einigen Flughäfen eine bessere Nutzung der Bodeneinrichtungen möglich ist, sind vor allem auf den Drehkreuzen zur Bewältigung der Spitzenzeiten zusätzliche Einrichtungen und Mitarbeiter vorzuhalten. Schließlich ist zu berücksichtigen, daß die chronische Überlastung der großen Hubs erhebliche Verspätungskosten zur Folge hat.

Wie in Kapitel 4.3.6 bereits festgestellt wurde, nimmt die Höhe der Stückkosten mit zunehmender Verkehrsdichte ab. Hohe Frequenzen und Sitzladefaktoren können prizipiell jedoch auch von Airlines mit einem linearen Streckennetz realisiert werden. Ob ein Carrier niedrige Kosten aufweist, wird somit vornehmlich von seinen spezifischen Gegebenheiten (z.B. Lage der Drehkreuze, Hauptverkehrsströme, Kostenstruktur, Flottenzusammensetzung, Arbeitszeitregelungen für Piloten und Kabinenbesatzung) sowie der Geschicklichkeit der Scheduling-Abteilung, die für die Aufstellung des Flugplanes und den Einsatz der Flugzeuge verantwortlich ist, bestimmt.

Die vorhergehenden Ausführungen haben gezeigt, daß die aus Hubbing resultierenden Verbundvorteile sich weniger in geringeren Kosten als vielmehr in Distributionssynergien manifestieren, die die Stellung einer Fluggesellschaft auf ihren Drehkreuzen fast unangreifbar machen. Bis auf Southwest Airlines sind daher alle großen US-Fluggesellschaften nach der Deregulierung vom linearen

---

[336] American Airlines, United und Delta, die alle über ein Hub-and-spoke-Streckennetz verfügen, erzielen mit ihren Kurzstreckenjets der Typen B-727 und B-737 eine durchschnittliche tägliche Auslastung von 5,8 - 8,5 Stunden. Hingegen fliegen die B-737 Jets von Southwest Airlines, die ein weitgehend lineares Streckennetz betreibt, bis zu 9,3 Stunden pro Tag [ICAO (1994): *Fleet - Personnel,* S. C-20 - C23 und C29].

[337] Im Kurzstreckenverkehr bis 1.500 km können Regionaljets mit 50 bis 85 Sitzplätzen (z.B. EMB 145, CRJ-200, CRJ-700 oder RJ85) kostendeckend eingesetzt werden. Auch viele Langstrecken werden heutzutage nicht mehr von großen drei- bzw. vierstrahligen Maschinen der Typen B-747, A-340 oder MD-11 bedient, sondern von zweistrahligen Flugzeugen mit 190 bis 270 Sitzplätzen wie beispielsweise den Airbus-Modellen A-310 und A-330 oder den Boeing-Modellen B-757 und B-767 [vgl. Odell, Mark (1997): *Current and future major jet aircraft programmes*].

zum Hub-and-spoke-System übergegangen. Die mittlerweile erheblich verfeinerten Streckennetze weisen in der Regel mehrere Primär- und Sekundärdrehkreuze[338] mit eindirektionalen Verkehrsströmen und exakt aufeinander abgestimmten „banks" auf.[339] In anderen Teilen der Welt verfügen die Airlines hingegen lediglich über einen einzigen Primärhub und keinen oder nur wenige Sekundärhubs. Eine eindeutige Ausrichtung der Verkehrsströme existiert nicht und die einzelnen Flüge sind schlechter aufeinander abgestimmt als in den USA.[340] Außerhalb der USA sind also sicherlich noch erhebliche Verbesserungen mög-

---

[338] Nachdem viele US-Fluggesellschaften Ende der 80er Jahre mit der Errichtung von Sekundärdrehkreuzen (*secondary hubs*) begonnen hatten, wurden viele derselben in der Rezessionsphase zu Beginn der 90er Jahre wieder wegen mangelnder Wirtschaftlichkeit geschlossen. Beispielsweise beendete American Airlines seine Hubaktivitäten in Nashville, Raleigh Durham and San Jose. Continental zog sich aus Denver und Greensboro zurück, Northwest aus Boston und United aus Orlando [Airline Business, Vol. 13 (1997), No. 5, S. 42]. Eine Untersuchung von Ghobrial/Kanafani über den Südosten der USA ergab jedoch, daß bei anhaltendem Wachstum des Luftverkehrs und der dadurch bedingten zunehmenden Verstopfung der großen Drehkreuze neue Strecken vorwiegend von Sekundärdrehkreuzen aus entstehen werden [Ghobrial/Kanafani (1995) S. 327].

[339] Vgl. hierzu Avmark (1992) S. 6-25 bis 6-32.

[340] Die Abstimmung der einzelnen Flüge wird mit Hilfe des „Anschlußwertigkeitsindexes" gemessen. Ein Wert von 1.0 besagt, daß die Anschlußverbindungen nicht besser als Zufallsanschlüsse sind. Dagegen bedeutet ein Wert von 2, daß zweimal soviel Anschlüsse erreicht werden können wie bei einer zufälligen Festlegung der Flugzeiten. Für das Jahr 1989 ergaben sich für Europa folgende Werte: Madrid / Iberia (1,0), London-Heathrow / British Airways (1,1), Rom / Alitalia (1,2), Kopenhagen / SAS (1,4), Brüssel / Sabena (1,6), Frankfurt / Lufthansa (1,6), Zürich / Swissair (1,9), Amsterdam / KLM (1,9), Wien / Austrian Airlines (2,2) [Doganis (1991) S. 268]. Der steigende Konkurrenzdruck und die zunehmende Implementierung von Hub-Strategien bei den europäischen Carriern dürften diese Werte in der Zwischenzeit aber erheblich verbessert haben. Indiz hierfür ist die Tatsache, daß der Anteil der Umsteigepassagiere zwischen 1990 und 1995 in Kopenhagen von 32 % auf 35 %, in Zürich von 27 % auf 30 %, in London-Heathrow von 27 % auf 32 %, in Paris-CDG von 20 % auf 25 %, in Brüssel von 12 % auf 20 % und in Amsterdam sogar von 27 % auf 39 % gestiegen ist [Rivera/Pompeo/Martin (1997) S. 57].

lich,[341] vor allem in Europa, wo seit kurzem auch die Errichtung von Drehkreuzen in anderen EWR-Ländern möglich ist.[342]

Während die Festlegung der Streckennetzstruktur eine strategische Entscheidung ist, handelt es sich bei der Auswahl der Destinationen und Routen eher um mittel- und kurzfristige Maßnahmen. Diese können zwar vergleichsweise schnell revidiert werden,[343] üben aber trotzdem einen erheblichen Einfluß auf den Unternehmenserfolg aus. Bei der Auswahl sind das potentielle Verkehrsaufkommen, die Einbindung in das bestehende Streckennetz, das Vorhandensein der erforderlichen Infrastruktur, hinreichende eigene Ressourcen in Form von Flugzeugen und Personal sowie die Intensität des Wettbewerbs zu berücksichtigen. Außerdem ist zu entscheiden, ob die Strecke mit eigenen Flugzeugen oder eventuell im Rahmen des Codesharing oder Outsourcing bedient werden soll. Bedenkt man, daß die Hinzufügung einer neuen Destination oder Route gewöhnlich mit hohen Investitionen in Werbung und Flughafeneinrichtungen sowie eventuell mit der Einstellung zahlreicher neuer Mitarbeiter verbunden ist, verwundert es nicht, daß Fehlentscheidungen zu beträchtlichen Verlusten führen können. Da allgemeine Handlungsanleitungen aufgrund der Komplexität des Themas kaum möglich sind, hängt der Erfolg einer Fluggesellschaft maßgeblich von der Fähigkeit des Managements ab, neue Erfolgspotentiale zu erkennen und sich veränderten Gegebenheiten schnellstmöglich anzupassen.

Hinsichtlich des Routing können zusammenfassend folgende Aussagen getroffen werden:

---

[341] Welche Verkehrssteigerung durch eine Optimierung des Streckennetzes möglich ist, zeigt das Beispiel der Swissair. Diese konnte im Januar und Februar 1997 die Anzahl der beförderten Passagiere durch Konzentration der Interkontinentalflüge auf den Flughafen Zürich und Hinzufügung einer vierten „flight wave“ um insgesamt 19 % erhöhen. Die Anzahl der Transferpassagiere stieg dabei sogar um 20 %. Im gleichen Zeitraum sank das Passagieraufkommen ausländischer Fluggesellschaften um 1 %, obgleich sich die Anzahl der von diesen angebotenen Sitzplätze um 6 % erhöhte [Rivera/Pompeo/Martin (1997) S. 57].

[342] Aufgrund der Beschränkungen bilateraler Abkommen, darf von solchen Drehkreuzen aber in der Regel nicht in Drittländer geflogen werden.

[343] Die Bedienung einer Strecke kann grundsätzlich über Nacht eingestellt werden. Dasselbe gilt für die Bedienung eines bestimmten Flughafens. Bei der Entscheidung sind jedoch Fixkosten zu berücksichtigen, die sich nur über einen längeren Zeitraum abbauen lassen (z.B. Löhne und Gehälter, Leasing-Gebühren für Flughafeneinrichtungen und Flugzeuge).

- Hub-and-spoke-Systeme ermöglichen es, über Umsteigeverbindungen eine große Zahl von Städtepaaren zu bedienen. Durch die Zusammenfassung von Passagieren auf Teilstrecken ihrer Reise wird die Auslastung der Maschinen so gesteigert, daß eine Erhöhung der Frequenzen oder der Einsatz größerer und somit kostengünstiger Flugzeuge möglich ist.
- Voraussetzungen für den Erfolg eines Hub-and-spoke-Netzes sind die exakte zeitliche Abstimmung aller Flüge sowie die Errichtung von Drehkreuzen auf Flughäfen, die über eine zentrale Lage, nennenswerten Ursprungs- und/oder Zielverkehr sowie eine adäquate Infrastruktur verfügen.
- Auf einem Drehkreuzflughafen ist der gezieltere Einsatz verschiedener Marketing-Instrumente (Werbung, FFP, TACOs, CRS) möglich. Da zudem häufige Nonstopflüge zu einer Vielzahl von Destinationen angebotenen werden, können ein überproportionaler Marktanteil (S-Kurven-Effekt) und höhere Preise (Hub-Premium) erzielt werden. Kommt hierzu noch die Kontrolle über Slots und Gates, wird die Stellung nahezu unangreifbar (Fortress Hub).
- Mehrere Drehkreuze haben gegenüber einem Hub den Vorteil, daß sie einen größeren Einzugsbereich abdecken, mehr günstige Umsteigeverbindungen ermöglichen und das ökonomische sowie operative Risiko breiter streuen.
- Obwohl Hubbing verschiedene Vorteile gegenüber einem linearen Streckennetz aufweist (z.B. Vergrößerung des Verkehrsaufkommens durch Zu- und Abbringerdienste, gezielterer Einsatz von Marketing-Instrumenten), kann auch letzteres durchaus erfolgreich betrieben werden, sofern eine hohe Verkehrsdichte realisiert wird.
- Die Auswahl neuer Destinationen und Routen zählt zu den wichtigsten Managementaufgaben einer Fluggesellschaft. Sie hat großen Einfluß auf den Unternehmenserfolg und ist häufig mitentscheidend für den Verbleib im Markt.

4.5.9. Scheduling

Unter Scheduling versteht man die Festlegung der Frequenzen und Flugzeiten. Drei Faktoren haben hierbei maßgeblichen Einfluß auf den Unternehmenserfolg: a) die Frequenzdichte, b) die Attraktivität der Abflug- bzw. Ankunftszeiten und c) die zeitliche Abstimmung der Flüge.

Hohe Frequenzen ermöglichen infolge von Dichteerträgen geringere Stückkosten und somit niedrigere Preise. Außerdem verbessern sie die Auswahl- und Umbuchungsmöglichkeiten der Kunden. Beides steigert die Attraktivität der Fluggesellschaft und führt letztendlich dazu, daß ein größerer Marktanteil auf der betroffenen Strecke realisiert werden kann (S-Kurven-Effekt). Das Angebot zahlreicher Flüge kann daher Conditio sine qua non für die profitable Bedienung einer Strecke sein. Je nach Verkehrsaufkommen und Konkurrenzangebot existiert sogar eine Mindestfrequenz, deren Unterschreitung fast zwangsläufig zu Verlusten führt.[344]

Flüge werden von den meisten Reisenden nur dann gebucht, wenn sie günstige Abflugs- und/oder Ankunftszeiten aufweisen. Geschäftsleute bevorzugen bei kurzen und mittleren Strecken Verbindungen zu Tagesrandzeiten (z.H. Hinflug am frühen Morgen und Rückflug am späten Nachmittag bzw. frühen Abend), da diese einen vollen Arbeitstag am Zielort ermöglichen. Abflüge am späten Vormittag oder frühen Nachmittag lassen sich daher weit schwerer vermarkten. Bei Langstrecken sollten nächtliche Start- oder Landezeiten[345] sowie Ganztagesflüge[346] vermieden werden. Vom Geschick der Scheduling-Abteilung sowie vom Vorliegen externen und internen Beschränkungen (v.a. Verfügbarkeit von Slots, Gates, Flugzeugen und Besatzungen) hängt es ab, in welchem Maß die angebotenen Flugzeiten der Nachfrage gerecht werden.

---

[344] Die Deutsche BA verzichtete Anfang 1997 auf die Bedienung der Strecke Frankfurt - Berlin, da ihr hierfür nur 4 tägliche Slots in Frankfurt zur Verfügung gestellt wurden. Nach Angaben des Unternehmens war dies zu wenig, um erfolgreich gegen die Lufthansa konkurrieren zu können [o.V. (1997): *Kartellamt untersagt Lufthansa Preise auf der Monopolstrecke*].

[345] Anfang der 90er Jahre ließ die spanische Iberia zahlreiche Flüge nach Mittel- und Südamerika zwischen 02.00 und 05.00 Uhr morgens in Madrid starten. Da diese Abflugtermine für die meisten Reisenden uninteressant waren, konnte Iberia kaum Umsteigeverkehr von anderen europäischen Flughäfen nach Madrid ziehen. Mittlerweile hat das Unternehmen daher seine Lateinamerikaflüge auf kundenfreundlichere Zeiten mit Abflügen zwischen 23.00 und 01.00 Uhr umgestellt.

[346] Ein Passagier, der mit der Lufthansa von Hongkong (Ablug: 13.15 Uhr) nach Frankfurt (Ankunft: 18.50 Uhr) fliegt, verbringt praktisch den ganzen Tag auf Flughäfen bzw. im Flugzeug. Entscheidet er sich hingegen für Cathay Pacific, kann er den Tag noch in Hongkong verbringen und fliegt erst am späten Abend (23.15 Uhr) ab, um nach einem Nachtflug am nächsten Morgen (06.05 Uhr) in Frankfurt zu landen. Da die erste Alternative gewöhnlich eine unnötige Übernachtung im teuren Hongkong erforderlich macht, ziehen viele Europäer die letzte Alternative vor.

Für den Erfolg eines Hub-and-spoke-Systems ist die exakte zeitliche Abstimmung der einzelnen Flüge essentiell. Nur wenn diese gewährleistet wird, ist das Angebot einer großen Zahl günstiger Umsteigeverbindungen möglich.[347] Im Rahmen des Scheduling ist es daher entscheidend, einzelne Verbindungen nicht nur isoliert, sondern vor allem auch als Bestandteile eines komplexen Verkehrsflußsystems zu behandeln.

Große internationale Fluggesellschaften bieten heutzutage täglich Zehntausende von Flügen an, die in einer mehr oder weniger starken Abhängigkeit voneinander stehen. Hinzu kommen häufig einige Tausend Flüge von Partnergesellschaften, die bei der Flugplanerstellung ebenfalls Berücksichtigung finden müssen. Da bereits geringfügige Änderungen erhebliche Folgewirkungen mit sich bringen,[348] ist eine manuelle Planung der Flüge und Flugzeiten nicht mehr möglich. Statt dessen sind der Erwerb einer adäquaten Software und deren Anpassung an die firmenspezifischen Gegebenheiten unerläßlich. Alternativ ist auch das Outsourcing des gesamten Scheduling denkbar, wenngleich dieses zu einer gewissen Abhängigkeit führen kann, vor allem wenn es sich beim durchführenden Unternehmen um eine andere Airline handelt.[349] Eine Fluggesellschaft, die diesbezüglich dringend erforderliche Maßnahmen unterläßt oder die falschen Produkte installiert, erleidet einen kaum wieder gutzumachenden Wettbewerbsnachteil.

4.5.10. Flotten- und Creweinsatzplanung

Die Flotteneinsatzplanung hat zum Ziel, eine möglichst intensive Flottenauslastung - gewöhnlich gemessen in Blockstunden (block hours)[350] pro Tag oder Jahr - zu erreichen, um hierdurch die Stückkosten zu senken. Kann eine hohe Flottenauslastung nicht realisiert werden, so bedeutet dies, daß eine Amortisati-

---

[347] Aber auch bei einem im wesentlichen linear aufgebauten Streckennetz können wichtige Zusatzerträge erzielt werden, wenn sich einzelne Flüge sinnvoll miteinander kombinieren lassen.

[348] Bei einem großen europäischen Carrier führte die Verlegung eines einzigen Fluges um 30 Minuten zu Flugplanänderungen bei ca. 1.000 anderen Flügen [Rivera/Pompeo/Martin (1997) S. 57].

[349] Vgl. hierzu Kapitel 4.5.13.

[350] Blockstunden bezeichnen die gesamte Zeit, die ein Flugzeug auf dem Weg vom Gate zur Startbahn, in der Luft sowie auf dem Weg von der Landebahn zum Gate verbringt [BTCE (1994) S. 395].

on der hohen Anschaffungskosten von Flugzeugen bzw. die Zahlung von Leasing-Raten gefährdet ist. Die teilweise sehr unterschiedlichen Auslastungsgrade der einzelnen Fluggesellschaften zeigen, daß gerade im Bereich der Flotteneinsatzplanung noch erhebliche Optimierungspotentiale bestehen.

Die Creweinsatzplanung muß unter Berücksichtigung der tarifvertraglich festgelegten Arbeitsbedingungen und der jeweiligen Zulassungsvoraussetzungen für eine leerzeitenminimierende Beschäftigung der Cockpit- und Kabinenbesatzungen sorgen. Außerdem muß sie sicherstellen, daß Übernachtungen an fremden Orten und sogenannte „non-duty flights“[351] auf das absolut notwendige Maß reduziert werden. Bedenkt man, daß bei großen Fluggesellschaften häufig mehr als 10.000 Mitarbeiter als Piloten, Kopiloten oder Flugbegleiter arbeiten[352] und diese nicht für alle Flugzeugtypen und Strecken zugelassen sind,[353] so läßt sich die Komplexität der Creweinsatzplanung leicht nachvollziehen.

Ähnlich wie beim Scheduling sind auch für eine erfolgreiche Flotten- und Creweinsatzplanung erhebliche Hard- und Softwareinvestitionen notwendig, die allerdings durch die damit ermöglichten Kosteneinsparungen mehr als kompensiert werden können.

4.5.11. Codesharing

Unter Codesharing versteht man eine Vereinbarung zwischen zwei oder mehr Fluggesellschaften, aufgrund derer bestimmte Flüge zwar von jedem teilnehmenden Unternehmen mit eigenem Airline-Code und eigener Flugnummer[354]

---

[351] Unter „non-duty flights“ versteht man Flüge, auf denen die Crews als normale Passagiere mitreisen, um entweder an ihren Einsatzort zu gelangen oder von dort nach Hause zurückzukehren. Solche Flüge stellen zum einen unproduktive Arbeitszeit dar, zum anderen besteht auf ihnen das Risiko, daß zahlungskräftige Nachfrager durch das eigene Personal als Passagiere verdrängt werden.

[352] Die Deutsche Lufthansa beschäftigte 1994 beispielsweise 2.974 Piloten und Kopiloten sowie 7.619 Flugbegleiter [ICAO (1995): *Fleet - personnel*, S. D-8].

[353] Piloten und Kopiloten haben in der Regel nur die Zulassung für ein einziges Flugzeugmuster (z.B. B 747-400, A 340-300). Außerdem kann es sein, daß sie nicht auf allen Strecken eingesetzt werden dürfen. Für Flüge nach Hongkong oder Santiago de Chile müssen beispielsweise Sonderprüfungen abgelegt werden.

[354] Von der IATA sind für fast alle Fluggesellschaften zweistellige „Airline Designators“ bzw. „Airline Codes“ vergeben worden, die zur leichteren Identifizierung derselben in CRS-Displays, Flugplänen, Tickets und Transportdokumenten dienen. Die Lufthansa hat bei-

angeboten werden, die Durchführung aber nur mit dem Fluggerät eines der Partner („operating carrier“) erfolgt. Beispielsweise führt United Airlines einen Nonstopdienst von Chicago nach Frankfurt unter der Flugnummer „UA 940“ durch. Die Lufthansa bietet denselben Flug unter der Flugnummer „LH 6501“ an.

Obwohl die Ursprünge des Codesharing bis in die 60er Jahre zurückgehen, blieb diese Kooperationsform bis 1992 weitgehend auf den inneramerikanischen Markt beschränkt, wo die großen US-Carrier an ihren Drehkreuzen kostengünstigere „Commuter Airlines“ für aufkommensschwächere Zu- und Abbringerdienste nutzten.[355] Erst im Rahmen einer zunehmenden Liberalisierung des Luftverkehrs griff diese Praxis dann auch auf Europa und andere Teile der Welt über und es kam zu ersten grenzüberschreitenden Codeshare-Vereinbarungen. Heutzutage wird Codesharing mit zunehmender Tendenz fast in der gesamten Welt eingesetzt.

Folgende Formen können unterschieden werden:[356]

1. CODESHARE-TYPISIERUNG NACH DER ART DER FLUGVERBINDUNG

   a) Direktflug (Point-to-Point Codesharing): Das Codesharing erfolgt auf einem Direktflug zwischen zwei Flughäfen. Normalerweise handelt es sich dabei um eine internationale Strecke und als Partner treten je eine Fluggesellschaft aus den beteiligten Ländern auf.[357]
   b) Zu-/Abbringerflug (Feeder Codesharing): Das Codesharing erfolgt vor oder im Anschluß an den eigentlichen Hauptflug und erfordert somit einen Wechsel des Fluggeräts. Üblich ist Feeder Codesharing zum einen bei Diensten, die ein Commuter Carrier für eine große Airline an

---

spielsweise die Abkürzung „LH“, British Airways „BA“ und American Airlines „AA“. Der Code wird immer der Flugnummer der Gesellschaft vorangestellt. „LH 400“ kennzeichnet beispielsweise einen Lufthansaflug von Frankfurt nach New York [vgl. IATA (1995): *Airline Coding Directory*].

355 1993 wurden die meisten Passagiere der US-Regionals im Rahmen von Codeshare-Diensten befördert [Wilken (1996) S. 25].

356 Vgl. hierzu Beyhoff/Ehmer/Wilken (1995) S. 9-16 und Wilken (1996) S. 26f.

357 Beispiel ist die Strecke Düsseldorf - Chicago, die von United Airlines mit der Flugnummer UA 953 bedient, aber auch von der Lufthansa unter der Flugnummer LH 6600 vermarktet wird [OAG (1997): Flight Disk - Premium worldwide Edition, No. 1]

deren Hub durchführt.[358] Zum anderen aber auch bei regionalen Diensten, die von kleineren oder mittelgroßen Partnern in Verbindung mit einem internationalen Flug im Ausland erbracht werden.[359]

c) Umsteigeflug (Connection Codesharing): Das Codesharing erfolgt auf einem oder mehreren Hauptsegment(en) sowie gegebenenfalls einem Zubringer- und/oder einem Abbringerflug und erfordert das ein- oder mehrmalige Wechseln des Flugzeugs. Als Beteiligte treten in der Regel größere internationale Fluggesellschaften auf.[360]

2. CODESHARE-TYPISIERUNG NACH DEM GRAD DER ZUSAMMENARBEIT

a) Free-Sale: Jede beteiligte Airline vermarktet den Codeshare-Flug selbständig und ist bei der Preisgestaltung vollkommen unabhängig. Sofern der Flug von einer Partnergesellschaft durchgeführt wird, erhält diese hierfür einen vorher festgelegten Verrechnungspreis.[361]

b) Blockspacing: Das nicht durchführende Unternehmen erhält auf dem Flug der Partnergesellschaften ein festes Sitzplatzkontingent zugewiesen und kann dieses unter Verwendung einer eigenen Flugnummer auf eigenes Risiko verkaufen.[362]

---

[358] Delta Air Lines bietet zum Beispiel die Verbindung San Francisco - Atlanta - Chattanooga unter den Flugnummern DL 272 / DL 7847 an. Der Flug DL 7847 wird tatsächlich aber von Atlantic Southeast Airlines (ASA) mit einer kleinen Maschine des Typs British Aerospace 146 durchgeführt [OAG (1997): Flight Disk - Premium worldwide Edition, No. 1].

[359] United Airlines offeriert beispielsweise die Strecke Chicago - London - Edinburgh unter den Flugnummern UA 928 / UA 4832. Der Anschlußflug von London nach Edinburgh wird allerdings von dem englischen Luftfahrtunternehmen British Midland durchgeführt und erscheint auch unter dessen Flugnummer BD 52. Die Zusammenarbeit ist übrigens nur einseitig, da British Midland den United-Flug von Chicago nach London nicht unter eigener Flugnummer anbietet [OAG (1997): Flight Disk - Premium worldwide Edition, No. 1].

[360] Beispiel ist die Verbindung Düsseldorf - Frankfurt - Bangkok - Phuket, die von der Lufthansa unter den Flugnummern LH 1063 / LH 6744 / LH 6710 sowie von Thai Airways unter den Flugnummern TG 7937 / TG 921 / TG 209 vermarktet wird. Während das erste Segment von der Lufthansa bedient wird, erfolgt die Beförderung auf dem zweiten und dritten Segment durch Thai Airways [OAG (1997): Flight Disk - Premium worldwide Edition, No. 1]

[361] Eine solche Vereinbarung liegt den Codeshare-Diensten von Lufthansa und United Airlines zugrunde [Beyhoff / Ehmer / Wilken (1995) S. 11].

[362] Blockspace-Vereinbarungen wurden z.B. von Delta Air Lines mit Finnair für die Strecke Helsinki - New York und mit Korean Air für verschiedene Strecken von Nordamerika nach Seoul vereinbart [Airline Business (1996), Vol. 12, No. 6, S. 37].

c) Revenue-Sharing: Die Partnergesellschaften legen die Preise gemeinsam fest und teilen die Einnahmen dann nach einem vorher festgelegten Verteilungsschlüssel.[363]
d) Profit-Sharing: Die Preissetzung erfolgt in Abstimmung zwischen den Partnergesellschaften. Der erzielte Gewinn wird dann nach einem vorher festgelegten Schlüssel verteilt.[364]
e) Wet-Lease: Ein (zumeist kleineres) Luftfahrtunternehmen stellt sein Fluggerät einschließlich Cockpit- und Kabinenbesatzung einer anderen (zumeist größeren) Gesellschaft zur Verfügung und erhält hierfür eine vorher festgelegte Leasing-Gebühr. Der Flug wird dann nur unter der Flugnummer der anderen Gesellschaft angeboten, die auch das wirtschaftliche Risiko trägt.[365] Weitverbreitet sind Wet-Lease-Vereinbarungen zwischen den großen US-Fluggesellschaften und Commuter Carriern, die deren Hubs bedienen.[366]
f) Franchising: Der Franchise-Nehmer (gewöhnlich ein kleines Luftfahrtunternehmen) erhält vom Franchise-Geber (gewöhnlich eine renommierte internationale Fluggesellschaft) das Recht, seine Flüge unter dessen Flugnummer anzubieten, seine Flugzeuge in dessen Farben zu bemalen und seine Crew mit dessen Uniformen auszustatten. Obwohl das wirtschaftliche Risiko beim Franchise-Nehmer verbleibt, erfolgt die Vermarktung der Flüge ausschließlich durch den Franchise-

---

[363] Solche Vereinbarungen ähneln zwar stark den ehemals im internationalen Verkehr gebräuchlichen *Revenue Pools*. Sie können in ihrem Umfang jedoch weit über diese hinausgehen, wie das Beispiel der umfassende Allianz zwischen KLM und Northwest mit zahlreichen Codeshare-Diensten im Nordatlantikverkehr zeigt [vgl. o.V. (1992): *KLM/Northwest - Antitrust immunity the key to link-up*].

[364] Sofern keine intensivere Zusammenarbeit zwischen den Partnergesellschaften vereinbart wird, entspricht eine solche Abmachung grundsätzlich den bereits bekannten *Revenue-Cost Pools*. Bisher sind solche weitreichenden Vereinbarungen jedoch noch äußerst selten, obgleich manche Revenue Pools ihnen durch eine entsprechende Festlegung des Verteilungsschlüssels für die Einnahmen recht nahe kommen.

[365] Strenggenommen handelt es sich bei solchen Diensten nicht um Codesharing, da nicht alle beteiligten Airlines den Flug unter einer eigenen Flugnummer vermarkten. Trotzdem werden sie im US-Sprachgebrauch als solche bezeichnet [vgl. Beyhoff/Ehmer/Wilken (1995) S. 12f].

[366] Delta Air Lines hat entsprechende Wet-Lease-Vereinbarungen zum Beispiel mit Atlantic Southeast Airlines (ASA) für den Hub Atlanta, mit Comair für das Drehkreuz Cincinnati und mit Skywest Airlines für Salt Lake City geschlossen und vermarktet alle Dienste unter dem Namen „Delta Connection“. Die enge Zusammenarbeit wird dadurch gefördert, daß Delta an ASA mit 27 %, an Comair mit 19,4 % und an Skywest Airlines mit 18 % beteiligt ist [Airline Business (1997), Vol. 13, No. 5, S. 30f.].

Geber.[367] Dieser ist auch weitgehend für die Flugplangestaltung zuständig und behält sich zahlreiche Kontrollrechte vor, um die Einhaltung des von ihm vorgegebenen Serviceniveaus sicherzustellen. Außerdem erhält er vom Franchise-Nehmer eine Franchise-Gebühr. Das Konzept ist relativ neu und wurde erstmals 1993 von British Airways in einer Vereinbarung mit CityFlyer Express eingesetzt.[368]

Codeshare-Vereinbarungen						
	Free-Sale	**Block-spacing**	**Revenue-Sharing**	**Profit-sharing**	**Wet-Lease**	**Franchising**
Airline-Codes						
- Codes beider Airlines	x	x	x	x		
- nur der Code des non-operating carriers					x	x
Sitzkontingent						
- kein Sitzkontingent	x		x	x		
- festes Sitzkontingent		x				
- ganze Maschine					x	x
Verkaufsrisiko						
- beim operating carrier	x					x
- beim non-operating carrier					x	
- bei beiden Carriern		x	x	x		
Preiswettbewerb zwischen den Partner	x	x				
Erlösaufteilung			x	x		
Kostenaufteilung				x		

Abbildung 4.8

Quelle: eigene Darstellung

Codesharing bietet den beteiligten Fluggesellschaften eine Reihe von Vorteilen.[369] Das Streckennetz läßt sich schnell und mit geringem Aufwand um Destinationen erweitern, deren eigenständige Bedienung unwirtschaftlich wäre. Neue Märkte können kostengünstig und mit begrenztem Risiko erschlossen werden.

---

[367] Auch bei Diensten im Rahmen von Franchise-Vereinbarungen handelt es sich strenggenommen nicht um Codesharing. Es gelten jedoch analog die Ausführungen in Fußnote 365.

[368] Vgl. Beyhoff/Ehmer/Wilken (1995) S. 13 sowie Reed (1995): *British Airways franchising.*

[369] Vgl. hierzu McNeill (1993) und Beyhoff/Ehmer/Wilken (1995) S. 23-32.

Auf bereits bestehenden Strecken ist die Erhöhung der Frequenzen oder der Sitzladefaktoren möglich. Marginale Verbindungen werden vor einer Einstellung geschützt. Sofern Marktzutrittsbarrieren wie Gate- und Slotbeschränkungen[370] oder mangelnde eigene Verkehrsrechte[371] vorliegen, lassen sich diese durch Codesharing-Vereinbarungen eventuell umgehen. Bei Marketing-Vereinbarungen zwischen großen Fluggesellschaften und kleineren Regionals oder Commuter Carriern können erstere von den Kostenvorteilen des kleinen Partners profitieren, während letztere durch das Renommee und die Marktpräsenz des großen Partners zusätzliche Passagiere gewinnen. Von Bedeutung ist auch, daß die Darstellungsweise von Codeshare-Flügen in CRS deren Buchungswahrscheinlichkeit erhöht. Da die betroffenen Dienste von zwei oder mehr Fluggesellschaften angeboten werden, erfolgt nämlich auch eine zwei- oder mehrmalige Auflistung in CRS.[372] Flüge konkurrierender Gesellschaften werden dadurch häufig auf hintere Bildschirmseiten verdrängt („*crowding out*“ durch „*Screen padding*“). Vor allem bei Verbindungsflügen, die ein mehrmaliges Umsteigen erfordern, kann es vorkommen, daß die erste und ein Großteil der zweiten Bildschirmseite auf eine einzige Flugkombination entfallen.[373] In den USA genießen

---

[370] Der Erfolg von British Midland als Codeshare-Partner renommierter internationaler Fluggesellschaften (z.B. Air Canada, Air New Zealand, American Airlines, Cathay Pacific, MAS und United) auf Strecken von/nach London-Heathrow ist beispielsweise hauptsächlich auf den Slotmangel an diesem Flughafen zurückzuführen. Der Vorsitzende der Gesellschaft nennt den Besitz von 13 % der Heathrow-Slots daher auch „our bread and butter of life“. 1996 war die Nachfrage nach einer Zusammenarbeit so stark, daß British Midland Codeshare-Anfragen mangels ausreichender Kapazität zurückweisen mußte [Feldman (1997): *Code-sharing promiscuity pays*, S. 37].

[371] Viele Codeshare-Vereinbarungen ermöglichen es Fluggesellschaften, ihren Kunden Städteverbindungen anzubieten, die sie aufgrund bestehender bilateraler Abkommen entweder nicht oder nicht in dem gewünschten Umfang bedienen dürfen. 1992 offerierte Northwest beispielsweise von KLM durchgeführte Codeshare-Flüge von Amsterdam nach Düsseldorf, Hamburg, Berlin, Stuttgart und München, obgleich die durch das deutsch-amerikanische Luftverkehrsabkommen vorgesehenen Frequenzen bereits durch eigene Dienste voll ausgeschöpft waren [vgl. Heeremann (1993) S. 7f].

[372] Verschiedene innereuropäische Flüge der Lufthansa werden als Codeshare-Flüge auch von United, Air Canada, SAS, SAA, Thai und Varig angeboten. Theoretisch könnte ein und derselbe Flug somit siebenmal im CRS-Display erscheinen (mit den Codes LH, UA, AC, SK, SA, TG und RG). In Europa ist die Darstellungshäufigkeit jedoch auf die Flugnummern von zwei Gesellschaften beschränkt [Verordnung (EWG) Nr. 3089/93 des Rates vom 29. Oktober 1993, in: ABL. Nr. L 278 vom 11.11.1993, Anhang, Ziffer 10].

[373] Für die Strecke Düsseldorf - Albuquerque listet das CRS Start beispielsweise folgende vier Umsteigeverbindungen über Amsterdam und Minneapolis/St. Paul auf (KL = KLM, NW = Northwest, EW = Eurowings):

Codeshare-Verbindungen noch einen weiteren Vorteil. Dort zeigen die CRS-Systeme Codeshare- und Online-Verbindungen selbst dann vor Interline-Verbindungen an, wenn die Gesamtflugzeit bei letzteren kürzer ausfällt („*online preference*").[374] Für die Fluggesellschaften liegen die Nachteile des Codesharing im erhöhten Koordinationsaufwand sowie in Imageproblemen infolge unterschiedlicher Produktstandards der beteiligten Partner.[375]

Ob Codesharing zu einer Verstärkung oder Reduzierung des Wettbewerbs beiträgt, muß jeweils für den Einzelfall entschieden werden. Auf ausschließlich von den Partnergesellschaften beflogenen Routen fördert Codesharing sicherlich konzertierte Aktionen der Beteiligten und somit das Entstehen eines de facto Angebotsmonopols. Werden durch Codesharing jedoch neue Routen erschlossen, kann dies zu einer deutlichen Verschärfung des Wettbewerbs mit Gesellschaften führen, die der Vereinbarung nicht angeschlossen sind.[376]

---

1) KL 2054, KL 665, KL 8625,
2) NW 3754, NW 8665, NW 625,
3) EW 054, NW 8665, NW 625,
4) EW 054, KL 665, KL 8625.

Im Grunde handelt es sich um dieselbe Verbindung. Das erste Flugsegment (Düsseldorf-Amsterdam) wird von Eurowings durchgeführt, wobei KLM und Northwest Codeshare-Partner sind. KLM fliegt das zweite Flugsegment (Amsterdam-Minneapolis/St. Paul) mit Northwest als Codeshare-Partner. Der letzte Sektor (Minneapolis/St. Paul-Albuquerque) wird dann von Northwest bedient, aber von KLM ebenfalls unter eigener Flugnummer angeboten [Start-Ausdruck für den 14.11.96].

[374] Der U.S. Code of Conduct macht lediglich allgemeine Vorgaben hinsichtlich der Auflistung von Flügen: „Systems may order the display of information on the basis of any service criteria that do not reflect carrier identity and that are consistently applied to all carriers ... and to all markets" [Code of federal regulations - Aeronautics and Space, Vol. 14, § 255.4 (b) 1]. In Europa müssen dagegen alle „Anschlußverbindungen" gleich behandelt werden, egal ob es sich um Online-, Codeshare- oder Interline-Verbindungen handelt. Entscheidendes Reihenfolgekriterium ist hier die Gesamtreisezeit [Verordnung (EWG) Nr. 3089/93 des Rates vom 29. Oktober 1993, in: ABL. Nr. L 278 vom 11.11.1993, Anhang, Ziffer 1].

[375] Robert Kahn, Vizepräsident des Design Consultant Diefenbach Elkins, urteilt daher über Codesharing: „At worst it can be a branding nightmare and at best a positive customer experience". Als Beispiel einer vorteilhaften Zusammenarbeit nennt er die - mittlerweile aufgelöste - Zusammenarbeit zwischen Virgin Atlantic und Delta: „Virgin benefits by association with a larger airline while Delta appears fine and hip and not that conservative" [Cameron, Doug (1997): *People Movers*, S. 51].

[376] Die Zusammenarbeit zwischen Lufthansa und SAS trägt sicherlich nicht zur Verstärkung des Wettbewerbs auf Strecken zwischen Deutschland und Skandinavien bei. Demgegenüber haben die Abkommen zwischen KLM und Northwest, Lufthansa und United sowie Swissair

Auch für die Passagiere bietet Codesharing Vor- und Nachteile. Vorteilhaft ist, daß sich die Anzahl der schnell erreichbaren Ziele erhöht und das Umsteigen auf Flughäfen bequemer wird.[377] Außerdem sinken die Preise auf Umsteigeverbindungen zu Destinationen, die von der oder den nationalen Fluggesellschaften bisher nicht bedient worden sind. Grund hierfür ist, daß in den Ticketpreis nur die internen Codeshare-Verrechnungspreise zuzüglich Gewinnaufschlag eingehen und nicht die vergleichsweise teuren Pro-rates, die Drittcarriern gezahlt werden müßten. Andererseits beklagen sich jedoch Passagiere häufig darüber, daß sie über die Codeshare-Vereinbarung nicht ausreichend informiert wurden,[378] daß Service und/oder Sicherheitsstandards unter dem sonst üblichen Niveau liegen und daß Sprachprobleme bei der Verständigung mit dem Personal ausländischer Codeshare-Partner bestehen. Auf einigen Strecken kann es auch zu Tariferhöhungen kommen, wenn die Partnergesellschaften ein Monopol besitzen und Preisabsprachen vornehmen.

Die verkehrsrechtliche Behandlung des Codesharing war lange Zeit umstritten.[379] In den Vereinigten Staaten unterliegen inländische Marketing- und Codeshare-Abkommen seit 1989 dem allgemeinen Kartellrecht und können gegebenenfalls vom Justizministerium untersagt werden. Vereinbarungen zwischen US-Airlines und ausländischen Fluggesellschaften müssen dagegen seit 1987 beim US-Verkehrsministerium beantragt werden. Eine Genehmigung kann erfolgen, sofern die entsprechenden Verkehrsrechte vorliegen und ein öffentliches Interesse gegeben ist („Public-Interest-Test"). Praktisch sieht es allerdings so aus, daß Codeshare-Flüge nur in äußerst beschränktem Umfang gestattet werden, es sei denn, es existiert ein Open-Sky-Abkommen mit dem Herkunftsland

---

und Delta sicherlich den Konkurrenzdruck auf einigen Nordatlantikstrecken, für die bisher Quasi-Monopole bestanden, verschärft.

377 Bei Feeder- und Connection-Codeshare-Flügen werden den Passagieren bereits am Ausgangsort die Bordkarten für den oder die Anschlußflüge ausgehändigt und das Gepäck wird direkt zum Zielort durchbefördert. Auf Umsteigeflughäfen liegen Ankunfts- und Abflugsgate gewöhnlich nahe beieinander, so daß lange Wege innerhalb des Terminals oder sogar ein Wechsel des Terminals vermieden werden können. Die Fluggesellschaften sprechen wegen all dieser Vorteile auch von einem „seamless service".

378 Codeshare-Flüge müssen zwar mittlerweile in CRS-Displays deutlich als solche gekennzeichnet werden, auf dem Ticket erscheint jedoch nur die Flugnummer der Airline, die das Ticket verkauft.

379 Vgl. für das folgende Tettenborn (1993) S. 303-311; Balfour (1995): *Airline mergers and marketing alliances - legal constraints*, S. 117; Beyhoff / Ehmer / Wilken (1995) S. 27-79, 85 und GAO/RCED-95-99, S. 14.

des ausländischen Carriers. In Europa fallen Codeshare-Abkommen noch nicht in den Regulierungsbereich der EU, sondern unterliegen der Aufsicht der nationalen Verkehrsbehörden. Eine Umfrage bei 14 ECAC-Staaten im Jahre 1995 ergab, daß Codeshare-Dienste normalerweise formlos gewährt werden, sofern der „Operating Carrier" über eigene Verkehrsrechte verfügt.

Zusammenfassend läßt sich feststellen, daß Codesharing die schnelle und kostengünstige Erschließung neuer Märkte und die Optimierung bestehender Verbindungen ermöglicht. Die Auflistungsweise in CRS („*screen padding*" und „*online-preference*") steigert zudem die Buchungswahrscheinlichkeit. Durch die sorgfältige Auswahl von Codeshare-Strecken ist somit die Erzielung erheblicher Wettbewerbsvorteile gegenüber Konkurrenten möglich. Probleme können jedoch durch einen verstärkten Koordinationsaufwand und eine eventuell mangelnde Resonanz bei den Kunden entstehen.

4.5.12. Kooperationen

Kooperationen zwischen Fluggesellschaften gehen bis weit in die Regulierungsphase zurück. Beispiele sind herkömmliche Pool-, Handling- und Repräsentationsabkommen oder die gemeinsame Beschaffung von Flugzeugen und Ersatzteilen.[380] Mit der US-Deregulierung wurden neue Formen der Zusammenarbeit entwickelt, insbesondere Marketing-Abkommen zwischen Feeder Carriern und den großen US-Airlines. Im internationalen Verkehr kooperieren Fluggesellschaften seit Beginn der 90er Jahre bei Codeshare-Flügen und Vielfliegerprogrammen. In diese Zeit gehen auch erste erfolgversprechende Ansätze zur Gründung Strategischer Allianzen zurück, die die Leistungserstellung rationalisieren und eine globale Präsenz sicherstellen sollen. Neuerdings ist auch das Outsourcing von Hauptstrecken in den Brennpunkt des Interesses gerückt. Durch die sukzessive Aufweichung der bestehenden Restriktionen im internationalen Luftverkehr dürfte die Bedeutung neuartiger Formen der Zusammenarbeit in Zukunft noch zunehmen. Eine detailliertere Betrachtung der verschiedenen Kooperationsmöglichkeiten erfolgt in Kapitel 5.4.

---

[380] Vgl. Jäckel (1991) S. 62-77.

4.5.13. Outsourcing

Die Fertigungstiefe eines Unternehmens hat erhebliche Auswirkungen auf dessen Kostenstruktur. Schon früher versuchten daher Fluggesellschaften, bestimmte Teilbereiche der Leistungserstellung an kostengünstigere Tochtergesellschaften, andere Airlines oder Fremdanbieter zu übertragen. Typische Beispiele hierfür waren die Bodenabfertigung, das Catering sowie Wartung und Reparatur. Der liberalisierungsbedingte Konkurrenzdruck hat in jüngerer Zeit zu dem verstärkten Bestreben geführt, zusätzliche Einsparpotentiale durch Outsourcing zu erschließen. Zum einen werden immer mehr Aktivitäten in Länder mit niedrigerem Lohnniveau verlagert.[381] Zum anderen rücken vor allem die Bereiche Streckenbedienung, Buchhaltung, Reservierung, Scheduling, Yield Management und der gesamte Bereich neuer Informationstechnologien in den Brennpunkt des Interesses.[382] Einige Industrieberater gehen davon aus, daß die großen Fluggesellschaften sich in Zukunft nur noch auf Managementaufgaben konzentrieren (v.a. Produkt- und Markenentwicklung, Festlegung der Routen, Flugpläne und Distributionskanäle sowie Überwachung der Leistungserstellung) und alle Flug- und Bodenleistungen an externe Anbieter übertragen werden.[383]

---

[381] Das Outsourcing in Billiglohnländer wird vor allem von Fluggesellschaften in klassischen Hochlohnregionen wie Europa und Japan verfolgt. Aber auch Airlines aus den aufstrebenden Staaten Asiens engagieren sich zunehmend. Beispielsweise betreibt Singapore Airlines im indischen Madras ein Joint Venture zur Entwicklung eigener Computersoftware, hat Teilbereiche des Rechnungswesens nach Peking verlagert und führt Wartungsarbeiten im chinesischen Xiamen durch [International Herald Tribune, 28.04.97, S. III; Rede von Dr. Cheong Choong Kong, Managing Director von Singapore Airlines, auf dem SIA World Media Forum am 02.02.96].

[382] US Airways hat beispielsweise den Großteil seiner IT-Infrastruktur (Einrichtungen, Hard- und Software, Personal, Training) der Sabre Group übertragen. Diese ist nunmehr für die gesamte interne Reservierung, den Airport Check-in, die Flotten- und Creweinsatzplanung, das Yield Management und das Electronic Ticketing verantwortlich. Von US Airways entlassene Mitarbeiter wurden teilweise von der Sabre Group übernommen [o.V. (1997): *US Airways announced ...*, in: Air Transport World, Vol. 34, No. 10, S. 7]. Vgl. auch Bootle, Ian (1995): *Outsourcing - How carriers can benefit from contracting out key operations*, Rede auf der Konferenz „Managing airline growth in Asia“ am 5.5.95 in Singapur und Henderson (1997): *IT outsourcing takes hold.*

[383] Die Beratungsgesellschaft McKinsey sieht große Fluggesellschaften vor allem in der Rolle eines „network manager“, der Leistungen von „capacity providers“ und „service providers“ einkauft [Barton/Bradshaw/Brunschwiler/Bull-Larsen (1995) S. 14ff]. Das Consulting-Unternehmen Arthur D. Little prognostiziert für die Zukunft die Entstehung von „virtual airlines“, die kaum über eigenes Inventar verfügen und alle Flug-, Boden- und Unterstützungstätigkeiten outsourcen [Guillebaud/Bond (1997)].

Die Vorteile des Outsourcing liegen offensichtlich in den verringerten Kosten und der schnelleren Anpassungsfähigkeit an veränderte Marktbedingungen. Außerdem kann die Vergabe nach Außen zu einer Verbesserung der Leistungserstellung führen, sofern der Anbieter über ein spezielles Know-how verfügt.[384] Nachteilig wirkt sich allerdings der erhöhte Überwachungsaufwand aus, der erforderlich ist, um das gewünschte Qualitätsniveau sicherzustellen.[385] Desweiteren kann die Abhängigkeit von anderen Airlines steigen, sofern diese Dienstleistungen in größerem Umfang erbringen.[386]

Da für Outsourcing noch erhebliche Potentiale existieren, wird dieses in Zukunft bei anhaltendem Wettbewerbsdruck sicherlich weiter an Bedeutung zunehmen. Dies gilt vor allem für die Übertragung ausgewählter Strecken an Dritte sowie für die Entwicklung neuer Anwendungen der Informationstechnologie, die viele Fluggesellschaften nicht aus eigener Kraft finanzieren können.

---

384 Aus diesem Grund hat Air New Zealand 1997 der Firma IBM die gesamte Datenverarbeitung in den Bereichen Reservierung, Piloteneinsatzplanung und ca. 60 anderen EDV-Applikationen übertragen [Airline Business (1997), Vol. 13, No. 8, S. 29].

385 Der im Oktober 1993 gegründete US-Carrier *ValuJet* hatte zwar die gesamten Wartungs- und Reparaturtätigkeiten an Fremdfirmen vergeben, versäumte es jedoch, diese angemessen zu kontrollieren. Eine FFA-Untersuchung nach dem Absturz einer ValuJet Maschine im Mai 1996 ergab, daß die beauftragten Firmen oftmals unqualifizierte Mitarbeiter einsetzten und die Sicherheit von Flugzeugen und deren Passagieren in mehr als einem Fall erheblich gefährdeten [vgl. Jennings (1996): *Valujet´s long shadow*]. Als America West im Jahre 1995 einen Großteil seiner Wartungsarbeiten an Fremdfirmen vergab, konnte die Anzahl der Mitarbeiter im Wartungsbereich zwar erheblich von 1.100 auf 300 reduziert werden, Abstimmungsprobleme führten jedoch zum Ausfall von 4 % aller Flüge. In der Folge mußten daher wieder 150 neue Mitarbeiter zur Durchführung kleinerer und mittlerer Wartungsarbeiten eingestellt werden [vgl. Henderson (1997): *America West*].

386 Im Jahre 1994 schloß Canadian Airlines einen Vertrag mit der AMR Corporation, der Muttergesellschaft von American Airlines, aufgrund dessen American Airlines alle automatisierten Planungs- und Verarbeitungsprozesse (z.B. Reservierung über Sabre, Yield Management, Scheduling, Buchhaltung) übernahm und einen Beratungsauftrag für die Einführung neuer Informationstechnologien erhielt. Nach eigenen Angaben wird Canadian Airlines hierdurch über die nächsten zwei Jahrzehnte jährlich 15-20 Mio. Dollar einsparen. Ein Großteil dieser Einsparungen wird durch die Entlassung von 1.200 der insgesamt 16.000 Mitarbeiter sowie durch die Schließung des eigenen Datenzentrums möglich [Bootle, Ian (1995): *Outsourcing - How carriers can benefit from contracting out key operations*, Rede auf der Konferenz „Managing airline growth in Asia" am 5.5.95 in Singapur]. Bedenkt man, daß die AMR Corporation bereits mit 33 % an Canadian Airlines beteiligt ist, kommt diese Vereinbarung einer schleichenden Übernahme gleich.

4.5.14. Network Management

In den bisherigen Kapiteln wurden die Bereiche Routing, Scheduling, Yield Management, etc. isoliert betrachtet, wie es immer noch der vorherrschenden Praxis bei den meisten Fluggesellschaften entspricht. Dies sollte jedoch nicht darüber hinwegtäuschen, daß es sich im Grunde um eine einzige Optimierungsaufgabe handelt. Ziel muß es sein, den Gewinn des gesamten Streckennetzes zu maximieren, also nicht nur den Gewinn einzelner Routen oder sogar Flüge. Hierzu bedarf es eines effizienten Network Managements, also der EDV-gestützten Integration aller produktions- und vertriebsrelevanten Planungs-, Steuerungs- und Kontrollschritte, um die Aktivitäten in den einzelnen Teilbereichen optimal aufeinander abzustimmen (vgl. Abbildung 4.9).

Im Rahmen des Network Managements muß die gesamte Leistungserstellung neu überdacht werden. In der Tat kann es durchaus sinnvoll sein, Strecken zu bedienen, die isoliert gesehen unprofitabel sind, oder bestimmte Tickets zu Preisen zu verkaufen, die weit unter den Vollkosten liegen. In manchen Fällen liegt es darüber hinaus nahe, Verbindungen nicht mit eigenen Maschinen zu bedienen, sondern im Rahmen des Codesharing oder des Streckenoutsourcing. Eine geringfügige Verschiebung der Flugzeiten oder Änderungen bei den Frequenzen führen eventuell zu einer wesentlichen Verbesserung des Flotten- und Creweinsatzes. Durch fein austarierte Promotions bei den Firmentarifen, Vielfliegerprogrammen und Reisebüroprovisionen lassen sich die Passagierströme im Streckennetz verlagern und neue Kunden gewinnen. Und die Zusammenarbeit mit Regionalfluggesellschaften sowie das Eingehen Strategischer Allianzen eröffnen ggf. völlig neue Perspektive für das Routing, Scheduling und Yield Management. Ein wesentlicher Entwicklungsschwerpunkt des Network Managements liegt aber auch in der Verbesserung des zeitlichen Bezugs. Eine ein- oder zweimalige Planung pro Jahr wird bei dem ständig wechselnden Nachfrage- und Konkurrenzverhalten bald nicht mehr ausreichen. Statt dessen dürfte eine kontinuierliche Planung notwendig werden, durch die Flugänderungen in monatlichen oder noch kürzeren Abständen erfolgen können.

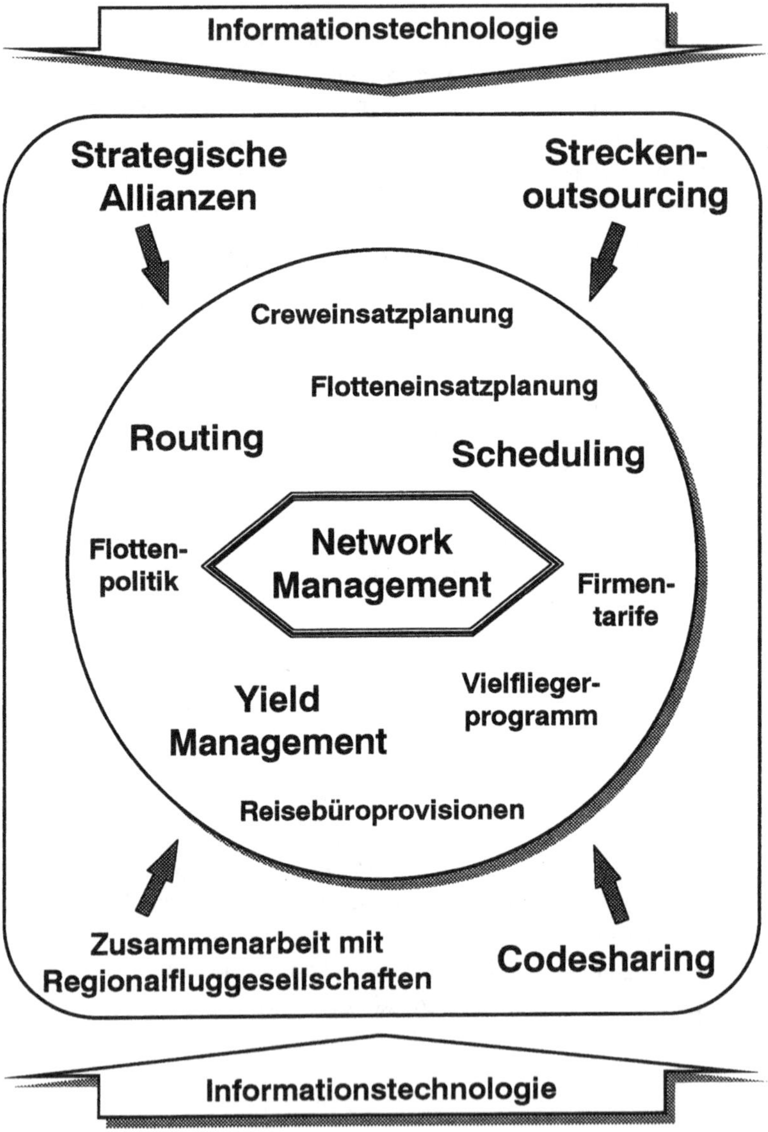

Abbildung 4.9

Quelle: eigene Darstellung

Die Realisierung eines effizienten Network Managements befindet sich derzeit noch in den Anfängen.[387] Viele Airlines treffen nach wie vor routenbezogene Entscheidungen, ohne die Auswirkungen auf das gesamte Streckennetz zu berücksichtigen. Die Aktivitäten richten sich dabei vornehmlich auf den Heimatmarkt, das enorme Potential von Umsteigepassagieren wird weitgehend vernachlässigt.[388] Andere Fluggesellschaften haben zwar schon die großen Chancen einer streckennetzbezogenen Vorgehensweise erkannt, ihnen fehlen aber noch wichtige Daten oder die erforderliche Hard- und Software. Berücksichtigt man die enorme Fülle der zu speichernden und zu verarbeitenden Daten, ist dies auch nicht weiter verwunderlich. Um erfolgreich sein zu können, genügt es daher nicht allein, die Bedeutung des Network Management erkannt zu haben. Vielmehr müssen auch erhebliche finanzielle und personelle Anstrengungen unternommen werden, um das Konzept in die Praxis umzusetzen.

Zusammenfassend ist festzustellen, daß in Zukunft durch ein konsequent vorangetriebenes Network Management wichtige Zusatzerträge erwirtschaftet und entscheidende Wettbewerbsvorteile erzielt werden können. Fluggesellschaften, die mit den erforderlichen Maßnahmen zu lange warten, besitzen eine deutlich verringerte Überlebenswahrscheinlichkeit in einem liberalisierten Weltluftverkehr.[389]

---

[387] Vgl. Rivera/Pompeo/Martin (1997) S. 58-61.

[388] Die Deutsche Lufthansa war beispielsweise jahrzehntelang auf den deutschen Markt fixiert. Das Angebot richtete sich fast ausschließlich an Passagiere, die von Deutschland aus Lufthansa-Destinationen in anderen Regionen der Welt anfliegen wollten oder an Kunden, die von dort nach Deutschland zu reisen beabsichtigten. Mittlerweile ist jedoch erkannt worden, daß die zentrale Lage des Drehkreuzes Frankfurt durchaus eine verstärkte Fokussierung auf den Transitverkehr ermöglicht. Dies gilt zum einen für innereuropäische Verbindungen (z.B. Südwesteuropa - Osteuropa oder Skandinavien - Südeuropa), zum anderen aber auch für den Interkontinentalverkehr (z.B. Amerika - Osteuropa, Asien - Kontinentaleuropa).

[389] Es können zwei bis drei Jahre für Systeminstallation, Strukturierung der Daten, Kalibrierung und Aneignung von Know-how vergehen, bis ein neues Simulationsmodell seine volle Wirkungskraft entfaltet. Eine Fluggesellschaft, die jetzt in ein System investiert, kann daher in den nächsten 12 bis 18 Monaten nicht mit nennenswerten Zusatzerträgen rechnen [vgl. Rivera/Pompeo/Martin (1997) S. 61].

4.6. Stellung mittelbar am Marktprozeß Beteiligter

Obwohl auch Flugzeughersteller und Leasing-Gesellschaften durch ihre Preis- und Konditionenpolitik Einfluß auf den Luftverkehrsmarkt nehmen können, geht die größte Wettbewerbswirkung sicherlich von den Reisebüros aus. Da diese einen nicht unerheblichen Einfluß auf die Buchungsentscheidungen ihrer Kunden ausüben, sind jene Fluggesellschaften im Vorteil, die das Verhalten der Reisebüromitarbeiter in ihrem Sinne steuern können. In Kapitel 4.5.4 wurde bereits auf die Auswirkungen von Zusatzprovisionen (TACO) und in Kapitel 4.5.5 auf die Bedeutung des „Halo Effekt“, der durch die Nutzung eines airlineeigenen oder airlineverbundenen CRS entsteht, hingewiesen. Hiervon profitieren vor allem große Fluggesellschaften, während kleinere Gesellschaften und Neueinsteiger zur Zeit zweifellos benachteiligt sind.

In der Zukunft dürfte sich die Situation jedoch aus drei Gründen etwas entschärfen. Erstens wird eine veränderte Eigentümerstruktur bei den Computerreservierungssystemen[390] langfristig zu einem deutlichen Einflußverlust einzelner Fluggesellschaften und somit zu einem Ende des CRS-induzierten „Halo Effekts“ führen. Zweitens ist damit zu rechnen, daß Reisebüros die Provisionen von Fluggesellschaften zunehmend an ihre Firmenkunden weiterreichen und statt dessen von diesen eine leistungsbezogene Vergütung erhalten werden.[391] TACOs wirken sich in diesem Fall nur noch wie normale Kundenrabatte aus. Drittens zeichnet sich ein Trend hin zu mehr Direktbuchungen über alternative Vertriebskanäle ab (z.B. Internet oder eigene Online-Dienste der Fluggesellschaften wie „Lufthansa InfoFlyway“). Diese Entwicklung wird die bisher dominante Stellung der Reisebüros bei den Flugbuchungen sicherlich einschränken.

Trotzdem werden Reisebüros auch in Zukunft Einfluß auf ihren (reduzierten) Kundenstamm ausüben. Der Aufbau eines engen Beziehungsgeflechts wird eine Fluggesellschaft somit weiterhin in die Lage versetzen, einen überproportionalen

---

[390] Bereits jetzt befinden sich außer Sabre alle CRS im Besitz mehrerer Fluggesellschaften, die teilweise in heftigem Wettbewerb miteinander stehen. Es ist damit zu rechnen, daß sich verstärkt auch Softwareunternehmen und andere Investoren an solchen Systemen beteiligen werden.

[391] Reisebüros fungieren für ihre Firmenkunden mehr und mehr als „Travel Manager“ indem sie Dienstreisen planen, deren Verlauf überwachen und am Ende die Reisekostenabrechnung vornehmen. Für ihre Tätigkeit erhalten sie dann eine aufwandsbezogene Vergütung. Die früher vorherrschende vollständige Abhängigkeit von den Provisionen der Fluggesellschaften wird durch diese neue Einnahmequelle erheblich reduziert.

Anteil der Buchungen auf sich ziehen. Vor allem in Hub-Regionen dürfte dies der Fall sein, da hier aufgrund der starken Marktpräsenz eine intensive Bearbeitung der Reisebüros möglich ist.

4.7. Theorie der angreifbaren Märkte (Theory of Contestable Markets)

Die Befürworter einer umfassenden Deregulierung des US-Luftverkehrs stützten ihre Argumentation weitgehend auf die Theorie der *„contestable markets“*[392], die seit Mitte der 70er Jahre von einer amerikanischen Forschergruppe um W.J. Baumol wurde.[393] Nach dieser konnte selbst beim Vorliegen von Oligopolen und Monopolen ein effizientes Marktergebnis erzielt werden, sofern potentielle Wettbewerber einen disziplinierenden Einfluß ausübten. Bei überhöhten Preisen oder einem nicht zufriedenstellenden Angebot, würden nämlich neue Anbieter in den Markt eintreten und dort schnell Marktanteile gewinnen. Um dies zu verhindern, müßte(n) der oder die Etablierte(n) effizient produzieren und kostenorientierte Preise verlangen.

Als Voraussetzungen für die Existenz eines „angreifbaren Marktes“ wurden die folgenden Bedingungen genannt:[394]

* Freier Marktein- und Marktaustritt,
* Keine „versunkenen Kosten“ (sunk costs), also Kosten, die bei einem eventuellen Marktaustritt unwiederbringlich verloren sind,
* Symmetrische Wettbewerbsbedingungen, d.h. gleiche Zugangsmöglichkeiten zur kostengünstigsten Produktionstechnologie sowie identische Marktnachfrage für Etablierte und Neuanbieter,
* Bertrand-Nash-Annahme, d.h. die Etablierten reagieren auf einen erfolgten Markteintritt nicht mit Preisänderungen.

---

[392] In der deutschen Literatur werden hierfür die Begriffe „angreifbare Märkte“ [z.B. Knieps (1987), Krahn (1994)], „bestreitbare Märkte“ [z.B. Aberle (1992), Teuscher (1994)] und „anfechtbare Märkte“ verwendet. Ein einheitlicher Sprachgebrauch hat sich bisher aber noch nicht durchgesetzt.

[393] Vgl. Baumol/Panzar/Willig (1983) und Baumol/Panzar/Willig (1988).

[394] Vgl. Knieps (1987) S. 6f, Aberle (1992) S. 46f, Krahn (1994) S. 34ff und Teuscher (1994) S. 166f.

Als besonders gutes Beispiel für das Vorliegen eines „contestable market“ wurde der Luftverkehr angesehen, da es sich bei diesem um ein homogenes Produkt handle, die eingesetzte Produktionstechnologie weitgehend identisch sei, Skalenerträge nicht vorlägen und das eingesetzte Kapital jederzeit von einer Strecke auf eine andere verlagert werden könne (*„capital on wings“*). Potentielle Wettbewerber hätten somit immer die Chance einer erfolgreichen *„hit and run“*-Strategie.

Eine genaue Analyse zeigt indes, daß die Bedingungen für die Existenz eines angreifbaren Marktes im Luftverkehr nicht vorliegen und eine Anwendung der Theorie deshalb nicht möglich ist.[395] Die Ausführungen in Kapitel 4.3 (insbesondere über den Mangel an Slots und Gates, Predation sowie die Bedeutung von Flughafen- und Routendominanz) und Kapitel 4.5 (vor allem hinsichtlich Vielfliegerprogrammen, Reisebürozusatzprovisionen und Computerreservierungssystemen) haben gezeigt, daß ein erfolgreicher Markteintritt gerade für junge Unternehmen vielfach unmöglich ist. Selbst Carrier mit einer starken Präsenz in anderen Regionen müssen erhebliche, bei einem späteren Marktaustritt verlorene Werbeinvestitionen vornehmen, wenn sie Routen zum Drehkreuz eines Konkurrenten bedienen möchten. Ein freier Marktzutritt und das Nichtvorhandensein irreversibler Kosten sind daher zu verneinen. Ebensowenig sind symmetrische Wettbewerbsbedingungen gegeben. Die mit einem Hub-and-spoke-Netz verbundenen Vorteile (economies of scope, hohe Frequenzen zu zahlreichen Destinationen) können von einem jungen Unternehmen nicht in vollem Umfang realisiert werden. Die geringere Angebotsvielfalt und die unzureichende Attraktivität des Vielfliegerprogramms sorgen dafür, daß die Anzahl potentieller Kunden gerade im Segment der ertragsstarken Geschäftsreisenden bei kleinen Gesellschaften niedriger ausfällt als bei ihren großen Konkurrenten. Letztlich entbehrt die Bertrand-Nash-Annahme jeglicher Realität, wie die erbitterten Preiskämpfe im inneramerikanischen Verkehr und die immer wieder geäußerten Vorwürfe der Price-Predation zeigen. Etablierte sind durchaus geneigt, vorübergehende Verluste auf einzelnen Strecken durch Quersubventionen zu finanzieren, um Newcomer zu eliminieren und eine dominante Stellung im gesamten Streckennetz zu erhalten. Ein „hit and run“-Vorgehen ist daher zwangsläufig mit Verlusten verbunden und stellt somit keine rationale Strategie dar.

---

[395] Baumol/Panzar/Willig selbst gaben später zu, daß „post-deregulation experience in the airline industry has revealed several elements of the structure of supply that conflict significantly with the conditions necessary for the pure theory of contestability to apply without modification“ [Baumol/Panzar/Willig (1988) S. 501f].

Zahlreiche empirische Studien untermauern die bisherigen theoretischen Überlegungen zur (Nicht-) Anwendbarkeit der Contestable-Markets-Theorie auf den Luftverkehr.[396] Demnach erfolgen Preissenkungen nur beim Vorliegen tatsächlicher Konkurrenz, während sich potentielle Konkurrenz kaum oder gar nicht auf die Preise auswirkt.

4.8. Zusammenfassende Beurteilung der luftverkehrsspezifischen Wettbewerbsfaktoren

Eine ABC-Analyse der in Kapitel 4 erläuterten luftverkehrsspezifischen Wettbewerbsfaktoren findet sich in Abbildung 4.10.[397] Verbal werden die Erkenntnisse in Abbildung 4.11 und graphisch in Abbildung 4.12[398] zusammengefaßt.

---

[396] Eine Übersicht über die bisherigen Untersuchungen zur Anwendung der Theorie der angreifbaren Märkte auf den Luftverkehr findet sich in Sinha (1986). Vgl. auch Graham/Kaplan/Sibley (1983), Bailey/Graham/Kaplan (1985) und Morrison/Winston (1987).

[397] Die in der Abbildung enthaltenen Bewertungen wurden unter Berücksichtigung der einschlägigen Fachliteratur sowie zahlreicher Gesprächen mit Experten aus der Praxis vorgenommen. Trotzdem handelt es sich um die subjektive Einschätzung des Verfassers, die in einigen Punkten durchaus von jener anderer Autoren abweichen kann.

[398] Die graphische Zusammenfassung der luftverkehrsspezifischen Wettbewerbsfaktoren beinhaltet sowohl die A- als auch die B-Faktoren.

ABC-Analyse der Wettbewerbsfaktoren im Luftverkehr

	Marktzutritt	Stellung im Markt	Marktaustritt
Umwelt			
- Personalkosten		++	O
- Kerosinpreis		+	
- Chapter 11		O	
- Luftverkehrsinfrastruktur	++	++	O
- Flughafendienste und -gebühren	++	+	O
- Flugsicherungsgebühren		+	
Marktzutrittsbarrieren			
- Ressourcenzugang: Flugzeuge	O	O	
- Ressourcenzugang: Gates	++	++	
- Ressourcenzugang: Slots	++	++	O
- Ressourcenzugang: Mitarbeiter	O	O	
- größenbedingte Kostenvorteile			
- economies of network size			
- economies of density	+	++	O
- Predation	++	++	++
- Flughafen- und Routendominanz	++	++	++
Staatliche Einflußnahme			
- Designierung	++	++	
- Nationalitätenklausel	++	+	
- Kabotagevorbehalt	+	+	
- Preise	O	++	
- Kapazitäten und Frequenzen	O	++	
- Subventionen	O	+	
- Kartell- und Fusionskontrolle		++	
- Einfluß auf das Management		+	
Marktverhalten			
- IATA-Tarifregulierung und Interlining		O	
- Firmentarife	O	+	O
- Vielfliegerprogramm (FFP)	O	++	O
- Reisebüroprovisionen (TACO)	O	+	O
- Computerreservierungssysteme (CRS)		+	
- Yield Management		++	O
- Flottenpolitik		++	O
- Routing		++	
- Scheduling	O	++	
- Flotten- und Creweinsatzplanung	O	+	
- Codesharing		++	++
- Kooperationen		++	++
- Outsourcing	O	++	
- Network Management	O	++	
Stellung mittelbar am Marktprozeß Beteiligter		+	
Potentielle Wettbewerber		O	

++ : A-Faktoren (sehr großer Einfluß)
\+ : B-Faktoren (großer Einfluß)
O : C-Faktoren (Einfluß möglich)

Abbildung 4.10 , Quelle: eigene Darstellung

Zentrale Wettbewerbsfaktoren im Luftverkehr

- Ebenso wie in der Vergangenheit, wird der Staat auch in Zukunft wesentlichen Einfluß auf den Wettbewerb im Luftverkehr ausüben. Zwar nimmt die Bedeutung verschiedener, zur Zeit noch weit verbreiteter Praktiken wie Designierung oder Kapazitäts-, Frequenz- und Preisregulierung ab. Bereits jetzt läßt sich jedoch die zunehmende Notwendigkeit einer wirksamen Wettbewerbspolitik erkennen, durch die volkswirtschaftlich unerwünschte Kartelle und Fusionen verhindert und wettbewerbsfeindliche Verhaltensweisen untersagt werden können.
- Die wichtigsten Markteintrittsbarrieren sind administrative Beschränkungen, unzureichende Kapazitäten auf den Airports (oftmals verbunden mit einer willkürlichen Allokation solch knapper Ressourcen wie Slots und Gates), das Vorliegen von Flughafen- oder Routendominanz sowie Predation.
- Für die Wahl einer Fluggesellschaft sind neben gutem Service, Pünktlichkeit, Sicherheit und Preis vor allem das Angebot zahlreicher Destinationen, hoher Frequenzen und schneller (Umsteige-)Verbindungen entscheidend. Durch ein attraktives Vielfliegerprogramm (FFP) sowie durch die geschickte Gewährung von Firmentarifen und Reisebürozusatzprovisionen (TACO) läßt sich die Buchungswahrscheinlichkeit erheblich steigern. Wichtig sind auch eine starke Präsenz in Computerreservierungssystemen (CRS) und die konsequente Nutzung neuer Distributionskanäle (z.B. Internet).
- Im Luftverkehr liegen zwar keine kostenmäßigen Größenvorteile vor, dafür existieren jedoch distributionsbezogene Größenvorteile, insbesondere in den Bereichen Werbung, Vielfliegerprogramm und Reisebüroprovisionen.
- Die Höhe der Stückkosten hängt maßgeblich von der Verkehrsdichte innerhalb des Streckennetzes ab. Durch die Steigerung des Sitzladefaktors, den Einsatz größerer Maschinen, und die Erhöhung der Frequenzen (bis hin zum Optimalniveau) läßt sich eine erhebliche Reduzierung der Kosten erzielen. Demgegenüber führt die reine Ausweitung der angebotenen Sitzkilometer oder die Hinzufügung weiterer Destinationen zu Kostenzuwächsen, sofern sich hierdurch die Verkehrsdichte verringert.

- Weitere Kostensenkungspotentiale ergeben sich durch die Optimierung des Flotteneinsatzes und der Flottenzusammensetzung, eine wohldurchdachte Outsourcing-Strategie und die Bedienung aufkommensschwacher Routen im Rahmen des Codesharing. Bei einigen Fluggesellschaften können darüber hinaus auch erhebliche Einsparungen durch eine Herabsetzung des allgemeinen Vergütungsniveaus und die Flexibilisierung der Arbeitszeiten erzielt werden.
- Mit einem Hub-and-spoke-System kann über Umsteigeverbindungen eine größere Zahl von Städtepaaren mit höheren Frequenzen bedient werden, als dies bei einem linearen Streckennetz möglich ist. Da Passagiere mit unterschiedlichen Abflugs- und/oder Zielorten auf Teilsegmenten ihrer Reise zusammen befördert werden können, ergeben sich beträchtliche Verbunderträge.
- Erfolgreiches Hubbing setzt voraus, daß alle Flüge zeitlich exakt aufeinander abgestimmt sind und Drehkreuze genutzt werden, die über eine zentrale Lage, nennenswerten Ursprungs- und/oder Zielverkehr sowie eine leistungsfähige Flughafeninfrastruktur verfügen.
- Der Besitz eines „Fortress Hub“ ermöglicht die Erzielung höherer Flugpreise und die Sicherung einer fast unangreifbaren Stellung. Seine Errichtung setzt allerdings das Angebot zahlreicher Flüge zu einer Vielzahl von Destinationen, den effizienten Einsatz solcher Marketing-Instrumente wie Werbung, Vielfliegerprogramm und Reisebüroprovisionen sowie die Kontrolle über einen Großteil der Slots und Gates voraus.
- Gegenüber einem einfachen Hub-and-spoke-System hat ein aus mehreren Drehkreuzen bestehendes „multiple hub system“ den Vorteil, daß bei ihm der Einzugsbereich größer ausfällt, die Zahl günstiger Umsteigeverbindungen steigt und das ökonomische sowie operative Risiko breiter gestreut werden kann.
- Bei einer hohen Verkehrsdichte, kurzen Umkehrzeiten und der Konzentration auf bestimmte Regionen oder Flughäfen, läßt sich aber auch ein lineares Streckennetz erfolgreich betreiben.
- Die Flotte sollte aus möglichst wenigen Flugzeugtypen bestehen, gleichzeitig aber doch heterogen genug sein, um die Bedienung zahlreicher Strecken mit unterschiedlichen Entfernungen und teilweise stark divergierendem Verkehrsaufkommen zu ermöglichen.
- Kooperationen mit anderen Fluggesellschaften (beispielsweise die Zusammenarbeit mit Regionalfluggesellschaften, das Outsourcing von Hauptstrecken, routenspezifisches Codesharing und das Eingehen Stra-

tegischer Allianzen) können die Erschließung neuer Märkte, die Generierung zusätzlichen Verkehrs auf bestehenden Strecken und erhebliche Kostensenkungen ermöglichen.

- Yield-Management-Systeme sind erforderlich, um das voraussichtliche Verkehrsaufkommen präziser vorherzusagen, durch Preis- und Mengenvariationen neue Nachfrage zu schaffen bzw. bestehende Nachfrage auf unausgebuchte Flüge umzulenken, die Verkehrsströme innerhalb des Netzes zu optimieren und vorhandene Konsumentenrenten stärker abzuschöpfen.
- Ein effizientes Network Management, das die Bereiche Yield Management, Scheduling, Routing, Crew- und Flotteneinsatzplanung, Vielfliegerprogramm, Firmentarife, Reisebüroprovisionen sowie Codesharing, Streckenoutsourcing und andere Kooperationsbereiche miteinander verzahnt, wird in Zukunft eine zentrale Rolle spielen, wenn es um die Erzielung von Wettbewerbsvorteilen geht.

Abbildung 4.11 ,

Quelle: eigene Darstellung

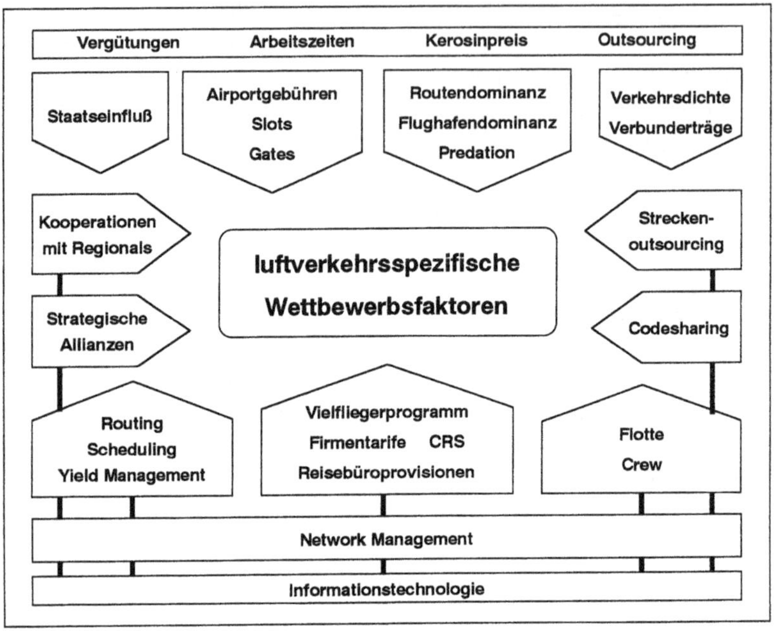

Abbildung 4.12

Quelle: eigene Darstellung

5. Liberalisierungsbedingte Strategien im Luftverkehr

5.1. Wettbewerbsfaktoren und Unternehmensstrategie

Im folgenden wird unter Strategie die Festlegung der längerfristigen Ziele und der zu ihrer Erreichung erforderlichen Maßnahmen verstanden.[1] In einem Unternehmen obliegt die Erarbeitung von Strategien der strategischen Unternehmensplanung, die im einzelnen folgende Aufgaben zu erfüllen hat: a) Vorgabe der Unternehmensziele, b) Analyse der Wettbewerbsfaktoren, c) Identifikation der Stärken und Schwächen des Unternehmens im Vergleich zu den tatsächlichen und potentiellen Wettbewerbern, d) Bestimmung unternehmensspezifischer Erfolgspotentiale[2] und e) Festlegung eines Maßnahmenkatalogs, durch den Erfolgspotentiale in unternehmerischen Erfolg umgewandelt werden können.[3] Hierbei sind Rückkoppelungseffekte zwischen den einzelnen Schritten zu beachten. Beispielsweise müssen die Unternehmensziele den Stärken und Schwächen des Unternehmens sowie den ausschlaggebenden Wettbewerbsfaktoren angepaßt werden (vgl. Abbildung 5.1).

Für Fluggesellschaften ist es von entscheidender Bedeutung, die dem Luftverkehr zugrundeliegenden Wettbewerbsfaktoren sowie die eigenen Stärken und Schwächen zu kennen, um erfolgversprechende Strategien entwickeln zu können. Das hierbei durchaus unterschiedliche Wege beschritten werden können, soll am Beispiel von drei erfolgreichen US-Carriern aufgezeigt werden: American Airlines, Southwest Airlines und Midwest Express.

---

[1] Vgl. zum Strategiebegriff Porter (1983) S. 16-19; Romer (1988) S. 15-20 und Will (1995).

[2] Unter Erfolgspotentialen versteht man Aktivitätsfelder, die den langfristigen Unternehmenserfolg sichern können (z.B. Präsenz in einem zukunftsträchtigen Absatzmarkt, schwerpunktmäßige Nutzung bestimmter Wettbewerbsfaktoren, Herausbildung unternehmensindividueller Fähigkeiten). Vgl. Romer (1988) S. 19 und Kolks (1990) S. 25f.

[3] Ein Maßnahmenkatalog umfaßt i.d.R. mehr oder weniger konkrete Vorgaben in Bezug auf Produktprogramm, Zielmärkte, Vertrieb, Werbung, Umsatz, Fertigung, Personal, Einkauf, Forschung & Entwicklung sowie Finanzierung [vgl. Porter (1983) S. 17f].

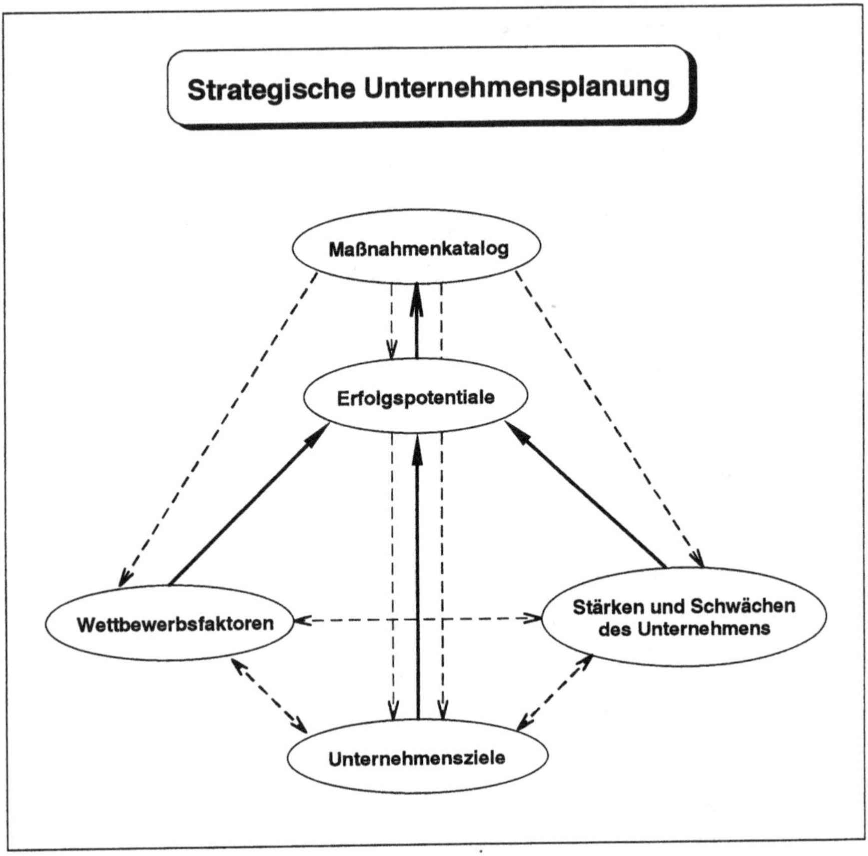

Abbildung 5.1
Quelle: eigene Darstellung

American Airlines gehörte bereits vor 1978 zu den elf Trunk Carriern. Seinen Aufstieg zur vielleicht bedeutendsten Fluggesellschaft der Welt verdankt das Unternehmen aber einer Reihe von Innovationen, die den Wettbewerb im Luftverkehr entscheidend veränderten (vgl. Abbildung 5.2): a) Erfolgreiche Einführung und Vermarktung des Computerreservierungssystems *Sabre*, durch das Reisebüros erstmals direkten Zugriff zum Rechenzentrum einer Fluggesellschaft erhielten,[4] b) Entwicklung eines leistungsfähigen Yield-Management-Systems,[5] c) Aufbau eines gut aufeinander abgestimmten Hub-and-spoke-Systems mit mehreren Primär- und Sekundärdrehkreuzen,[6] d) Etablierung des ersten Vielfliegerprogramms[7] und e) Einführung einer zweigleisigen Lohnstruktur[8].

Ursprünglich auf rein inländische Dienste beschränkt, erwarb American Airlines seit Anfang der 80er Jahre von angeschlagenen bzw. zahlungsunfähigen US-Carriern eine Reihe wichtiger Verkehrsrechte ins Ausland: 1982 die London-Routen von Braniff, 1990 das gesamte Südamerika-Streckennetz von Eastern sowie eine Route nach Tokyo von Continental und 1991 weitere London-Strecken von TWA.[9] In der Folge wurde das internationale Streckennetz stark ausgebaut. Heute zählt American Airlines zu den leistungsfähigsten Fluggesellschaften der Welt und besitzt vor allem im inneramerikanischen Verkehr sowie auf dem Nordatlantik und in Lateinamerika erhebliche Marktmacht. Hauptgründe für den Erfolg der Gesellschaft sind die dominante Stellung auf den aufkommensstarken Hauptdrehkreuzen Dallas, Chicago und Miami, die hohe Attraktivität des Vielfliegerprogramms „*AAdvantage*", die weite Verbreitung des eigenen Computerreservierungssystems *Sabre* und der Besitz des vielleicht modernsten Yield-Management-Systems der Airline-Industrie.

---

[4] Vgl. Schmitt (1995) S. 44f, 82f und Petzinger (1995) S. 126-129.

[5] Vgl. Cross (1995) S. 447.

[6] Vgl. Petzinger (1995) 137f.

[7] Vgl. Williams (1993) S. 38f und Petzinger (1995) S. 138-141.

[8] Vgl. Petzinger (1995) S. 130-133.

[9] Vgl. BTCE (1994) S. 209, Petzinger (1995) S. 333ff, 351, 382.

Innovationen von American Airlines

CRS:	1976 stellte American Airlines als erste Fluggesellschaft PC-Terminals in Reisebüros auf, die über einen direkten Zugang zum eigenen Rechenzentrum verfügten. Dies war die Geburtsstunde des derzeit vielleicht leistungsfähigsten Computerreservierungssystems *Sabre*.
Yield Management:	1977 wurden mit den sogenannten „Super Saver Fares" die ersten kapazitätsbeschränkten Sondertarife angeboten (die Tickets mußten 21 Tage im voraus gebucht werden und waren auf eine bestimmte Anzahl von Sitzplätzen begrenzt). Voraussetzung hierfür war die Verarbeitung von CRS-Daten mit Hilfe neu entwickelter Software. Heutzutage zählt American Airlines zu den Industrieführern im Bereich Yield Management.
Hub-and-spoke:	1981 begann der systematische Ausbau des Flughafens Dallas/Ft. Worth zu einem Drehkreuz mit exakt aufeinander abgestimmten „banks of flights". In den Folgejahren wurde das Streckennetz konsequent zu einem Hub-and-spoke-System mit mehreren Primär- und Sekundärdrehkreuzen ausgebaut.
Vielfliegerprogramm:	1982 erfolgte mit „AAdvantage" die Einführung des ersten Vielfliegerprogramms, das heute über die weltweit meisten Mitglieder verfügt.
„two-tier" Lohnstruktur:	1982/83 wurden erstmals sogenannte „b-scale employees" eingestellt, die teilweise nur die Hälfte dessen verdienten, was seit längerem beschäftigte Mitarbeiter erhielten.

Abbildung 5.2

Quelle: eigene Darstellung

Southwest Airlines[10], ein vor der Deregulierung eher unbedeutender „Intra-state Carrier“, stieg seit Anfang der 80er Jahre kontinuierlich zu einem der neun US-Majors auf. Die Strategie des Unternehmens bestand darin, als *„low cost, no frills“*-Anbieter hochfrequentierte Nonstopdienste zwischen Sekundärflughäfen anzubieten. Dabei wurde in den ersten Jahren ganz auf eine Teilnahme an Computerreservierungssystemen verzichtet und kein eigenes Vielfliegerprogramm angeboten. Wie erfolgreich diese Vorgehensweise war, belegt die Tatsache, daß Southwest als einzige Fluggesellschaft in den USA seit 1973 nur Gewinne erwirtschaftet hat. Entscheidend hierfür waren: a) die über Jahre hinweg gehaltene Kostenführerschaft, welche äußerst niedrige Flugpreise ermöglichte, b) die konsequent verfolgte Nischenstrategie, durch welche eine direkte Konfrontation mit den Etablierten vermieden wurde, c) die dominante Stellung auf den bedienten Strecken, d) das hohe Innovationsvermögen (Southwest führte beispielsweise das „ticketless travel“ und den „peanuts only service“ ein) sowie e) der charismatische Führungsstil des Firmengründers Herb Kelleher. Mit zunehmender Größe mußte das Unternehmen jedoch den grundlegenden Bestimmungsfaktoren des Luftverkehrs Rechnung tragen und begann daher mit der Einführung eines eigenen Vielfliegerprogramms und der Teilnahme an einer - allerdings stark reduzierten - Sabre-Version. Das ehemals rein lineare Streckennetz wurde durch die Bildung von Schwerpunktflughäfen, die nunmehr hub-ähnliche Umsteigeverbindungen ermöglichten, untergraben.[11]

---

[10] Vgl. Petzinger (1995) S. 284-287; Siegmund *(1996)*; Walker (1997): *Southwest - Proceed with care*; Henderson (1997): *Winning ugly* und Southwest Airlines (1996): *Annual Report 1995.*

[11] Der Flughafen Nashville in Tennessee wurde beispielsweise zu einem Verbindungsknoten zwischen der West- und der Ostküste sowie zwischen dem Nordosten der USA und Florida ausgebaut. Etwa ein Drittel aller Southwest-Passagiere, die den Flughafen derzeit anfliegen, benutzen ihn als Umsteigepunkt [Walker (1997): *Southwest - Proceed with care*, S. 73]. Das Unternehmen besteht jedoch darauf, am linearen Streckennetzsystem festhalten zu wollen. Dave Ridley, Vice President Marketing & Sales, bemerkt hierzu: „Our business is consistently 80 % nonstop vs. 20 % connecting and that has not changed. In fact, we frustrate people who say if we´d just move a flight by 10 min., they could make a connection to San Diego or wherever. But we´re not trying to get that business.“ [Henderson (1997): *Winning ugly*, S. 66].

Strategie von Southwest Airlines

* Flughafenwahl: Umgehung der Drehkreuze etablierter Carrier und verstopfter Flughäfen. Statt dessen Bedienung kleinerer Airports wie Dallas Love Field, Detroit Metro oder Houston Hobby.
* Streckenpolitik: Punkt-zu-Punkt-Dienste über kurze Entfernungen (im Durchschnitt 400 bis 500 Meilen bzw. 1¼ Stunden Flugzeit), also kein Betrieb eines Hub-and-spoke-Systems. Ursprünglich erfolgte eine Konzentration auf den Südwesten der USA. Erst nachdem dort eine starke Präsenz aufgebaut worden war, wurde allmählich nach Kalifornien und an die Ostküste expandiert.
* Frequenzen: Kein sukzessiver Markteintritt, sondern hohe Frequenzen bereits bei Aufnahme einer neuen Strecke. In der Regel werden mindestens 4 bis 6 tägliche Flüge angeboten, um auch für den Geschäftsreisenden interessant zu sein.
* Marktdominanz: Auf den 100 aufkommensstärksten Strecken liegt der Marktanteil bei 60-70 %, Marktführerschaft besteht auf 85 dieser Märkte.
* Flugzeugauslastung: Kurze Umkehrzeiten am Boden (i.d.R. 10 - 20 Minuten). Hierdurch wird eine ungewöhnlich hohe Flugzeugauslastung von 12 Blockstunden pro Tag realisiert.
* Flotte: Einsatz einer homogenen Flotte, die ausschließlich aus kleineren Maschinen des Typs Boeing B-737 mit zwischen 122 und 137 Sitzplätzen besteht.
* Zuverlässigkeit: Southwest zählt zu den sichersten Fluggesellschaften der Welt (bisher noch kein Flugzeugabsturz). Die Flüge sind fast immer pünktlich und es geht im Vergleich mit anderen US-Carriern sehr wenig Gepäck verloren.
* Service: Nach der „keep-it-simple"-Philosophie gibt es nur eine Beförderungsklasse, es werden keine Mahlzeiten an Bord serviert (nur Getränke und „peanuts"), eine vorherige Sitzplatzuweisung erfolgt nicht und Gepäck kann nicht durchgecheckt werden. Trotzdem ergaben Umfragen des US-Verkehrsministeriums, daß die Passagiere aufgrund des überaus freundlichen Kabinenpersonals in der Regel sehr zufrieden sind.
* Distribution: Ein hoher Anteil an Direktbuchungen reduziert die Abhängigkeit von Reisebüros und führt zu vergleichsweise geringen Provisionszahlungen. Durch die nur geringfügige Teilnahme an Computerreservierungssystemen werden ebenfalls Kosten eingespart. Das Vielfliegerprogramm ist einfach strukturiert und ermöglicht kein Meilensammeln bei anderen Gesellschaften.
* Flugpreise: Einfache Tarifstruktur (gewöhnlich gibt es nur „peak" und „off peak" Tarife) mit sehr niedrigen Preisen (der Durchschnittspreis liegt bei ca. 60 US-$).
* Kosten: Konsequent verfolgte Kostenführerschaft unter den großen US-Fluggesellschaften.

Abbildung 5.3

Quelle: eigene Darstellung

Midwest Express[12] ist ein US-National, der 1996 mit 1.600 Beschäftigten und 26 Flugzeugen 1,4 Millionen Passagiere beförderte. Das 1975 gegründete Unternehmen hat eine starke Stellung auf seinem Heimatflughafen Milwaukee, wo es 30 % aller Flüge durchführt und auf 80 % aller Nonstopstrecken Exklusivanbieter ist. Außerdem besteht ein Mini-Hub in Omaha. Da das Streckennetz vorwiegend auf die Bedürfnisse heimischer Geschäftsleute abgestimmt ist, werden nur vergleichsweise wenige Umsteigepassagiere befördert. Bei den 24 angeflogenen Destinationen handelt es sich fast ausschließlich um wichtige Geschäftszentren in den USA, die zumindest einmal morgens und einmal abends bedient werden, um eintägige Arbeitsaufenthalte ohne Übernachtung zu ermöglichen. Da 55 % - 60 % der Midwest-Passagiere aus beruflichen Gründen reisen, ist das Serviceniveau in der einzigen angebotenen Beförderungsklasse ausgesprochen hoch. Die Flugzeuge vom Typ DC-9 bzw. MD-80 verfügen nur über 4 statt der sonst üblichen 5 Sitzplätze pro Reihe, der Abstand zwischen den einzelnen Reihen ist verhältnismäßig groß (86 cm statt 74 cm im US-Durchschnitt) und die Mahlzeiten entsprechen jenen in der First Class anderer Airlines. Die hierdurch verursachten hohen Stückkosten von 12 Cents/ASM (Durchschnitt der US-Majors = 9,6 Cents/ASM) werden durch Erträge von 19,3 US-Cents/RPM (Durchschnitt der US-Majors = 13 Cents/RPM) mehr als kompensiert.

Die Tatsache, daß Midwest in den meisten Jahren seines Bestehens Gewinne einfliegen und überdurchschnittliche Wachstumsraten von 15-20 % erzielen konnte, ist ebenso wie im Fall Southwest auf eine konsequent verfolgte Nischenstrategie zurückzuführen. Angeboten werden vorwiegend Nonstopstrecken, die für die US-Majors zu unbedeutend sind und bei Aufgabe durch Midwest wahrscheinlich von keiner Gesellschaft bedient würden. Eine direkte Konfrontation wird hierdurch vermieden. Hauptklientel sind Geschäftsleute aus Milwaukee, die guten Service und günstige Verbindungen zu ihren Hauptdestinationen erwarten und hierfür auch höhere Preise zu zahlen bereit sind. „No frills“-Billiganbieter stellen daher keine ernstzunehmende Konkurrenz dar. Daß die verfolgte Strategie Grenzen hat, mußte Midwest jedoch auf dem Sekundärdrehkreuz Omaha erkennen, wo dem Hauptkonkurrenten United kaum Marktanteile abgerungen werden konnten. Als Gründe hierfür kommen vor allem die geringe Anzahl der angebotenen Destinationen sowie die günstigen Umsteigeverbindungen und das attraktive Vielfliegerprogramm von United in Betracht.

---

[12] Vgl. Flint, Perry (1997): *Midwest Express - Milwaukee's best* und o.V. (1997): *Passenger Service Award - Midwest Express.*

Strategie von Midwest Express

* <u>Flughafenwahl:</u> Konzentration auf die Heimatbasis Milwaukee, auf der eine dominante Stellung besteht. Sekundärdrehkreuz in Omaha.
* <u>Streckenpolitik:</u> Nonstop-Verbindungen zu den wichtigsten Geschäftszentren der Vereinigten Staaten. Die Streckenlänge liegt gewöhnlich zwischen 800 und 1.000 Meilen.
* <u>Frequenzen:</u> Mindestens eine Morgen- und eine Abendverbindung, um eintägige Arbeitsaufenthalte ohne Übernachtung zu ermöglichen.
* <u>Flotte:</u> Einsatz einer weitgehend homogenen Flotte, die aus 24 DC-9 und 2 MD-80 mit zwischen 60 und 112 Sitzplätzen besteht.
* <u>Service:</u> Eine Beförderungsklasse mit sehr hohem Servicestandard (4 statt der üblichen 5 Sitzplätze pro Reihe, 86 cm Abstand zwischen den einzelnen Reihen statt 74 cm im US-Durchschnitt, Mahlzeiten wie in der First Class anderer Fluggesellschaften).
* <u>Flugpreise:</u> Aufgrund des hohen Anteils von Geschäftsreisenden können überdurchschnittlich hohe Ticketpreise erzielt werden.
* <u>Kosten:</u> Hohe Kosten, die allerdings weitgehend auf den guten Service zurückzuführen sind.

Abbildung 5.4

Quelle: eigene Darstellung

American Airlines ist exemplarisch für den Erfolg solcher US-amerikanischen Mega Carrier wie Delta, United und Northwest. Midwest Express verkörpert einen überaus erfolgreichen, aber vergleichsweise unbedeutenden Nischencarrier mit hohem Serviceniveau. Und Southwest Airlines verkörpert wie keine andere Fluggesellschaft die „low cost, no frills“-Philosophie. Alle drei Fluggesellschaften waren erfolgreich, weil sie rechtzeitig ihre Erfolgspotentiale erkannten und geeignete Strategien nicht nur entwickelten, sondern auch umsetzten. Alle drei Airlines haben eine überaus starke Stellung auf bestimmten Drehkreuzen (American, Midwest) oder in bestimmten Regionen (Southwest) und besitzen auf den meisten der von ihnen beflogenen Routen einen hohen Marktanteil. Während aber American seinen Erfolg als Mega Carrier weitgehend auf den gezielten Einsatz solcher Marketing-Instrumente wie Vielfliegerprogramm, Computerreservierungssystem, Reisebürozusatzprovisionen und Yield Management zurückführen kann, waren bei Midwest und Southwest vor allem der konsequente Ausbau einer Nischenstellung und die Vermeidung der direkten Konfrontation mit den Etablierten ausschlaggebend.

Besonders das Beispiel Southwest zeigt aber deutlich die Grenzen des Nischendaseins auf. Mit zunehmendem Wachstum fiel es immer schwerer, geeignete Sekundärflughäfen für neue Verbindungen zu finden und das Eindringen in bisher von anderen Fluggesellschaften kontrollierte Märkte wie Kalifornien und die Ostküste führte zu einer direkten Konfrontation mit den großen Airlines. Um hier bestehen zu können, mußte Southwest seine Strategie an die veränderten Wettbewerbsverhältnisse anpassen, beispielsweise durch die Einführung eines eigenen Vielfliegerprogramms, die Teilnahme an einem Computerreservierungssystem und das vermehrte Angebot von Umsteigeverbindungen. 1997 wurde sogar Feeder-Codesharing mit Icelandair begonnen, um die Auswirkungen von Kooperationen mit anderen Fluggesellschaften auf die für Southwest typischen kurzen Umkehrzeiten zu testen.[13] Es erscheint fraglich, ob weiteres Wachstum mit der anfänglich verfolgten Nischenstrategie möglich ist. Angesichts der kontinuierlich wachsenden Unternehmensgröße dürfte es immer schwieriger werden, die bisher gehaltene Kostenführerschaft gegenüber neuen Billiganbietern zu verteidigen. Die zunehmende Streckenlänge[14] stellt die äußerst kurzen Umkehrzeiten, die bisher einheitliche Konfiguration der Maschinen und die „peanuts only"-Strategie in Frage. So hat das Unternehmen auf Strecken von mehr als 3½ Stunden Flugzeit bereits damit begonnen, den Passagieren kleinere Snacks anzubieten.[15] Die Zukunft wird zeigen, ob Southwest auch als US-Major einen völlig eigenen Weg finden kann oder ob es sich mehr und mehr dem Status Quo der Großen anpassen wird.

Die bisherigen Ausführungen haben gezeigt, daß die Wahl einer erfolgreichen Strategie von den spezifischen Umständen einer Fluggesellschaft abhängt. Aufgrund der für den Luftverkehr typischen Ressourcenknappheit auf den wichtigen Flughäfen sowie der weitverbreiteten Praxis des „predatory behaviour" gegenüber jungen, aufstrebenden Unternehmen, können kleinere Airlines nur dann erfolgreich sein, wenn sie eine konsequente Nischenstrategie verfolgen. Für sie

---

[13] Vgl. Air Transport World (1997), Vol. 34, No. 7, S. 167.

[14] Die durchschnittliche Streckenlänge erhöhte sich zwischen 1991 und 1996 von 498 Meilen auf 546 Meilen. Für die Zukunft wird ein weiteres Anwachsen prognostiziert [Walker (1997): *Southwest - Proceed with care*, S. 73].

[15] Vgl. o.V. (1997): *Warning! Danger! Herb serves food.*

sind Forderungen nach hohen Frequenzen, Angebot eines attraktiven Vielfliegerprogramms oder Teilnahme an einem Computerreservierungssystem daher nicht notwendigerweise bindend. Mit zunehmender Unternehmensgröße zeigt sich jedoch, daß die in Kapitel 4.8 als A-Faktoren herausgearbeiteten endogenen Wettbewerbsfaktoren immer stärker beachtet werden müssen.

5.2 Optimierungspotentiale in einem liberalisierten Weltluftverkehr

Die sukzessiv fortschreitende Liberalisierung des Weltluftverkehrs eröffnet den Fluggesellschaften neue Handlungsspielräume, die zu einer erheblichen Verbesserung der Wettbewerbsposition genutzt werden können:

* Ausweitung des Streckennetzes auf Routen, die bisher aufgrund bestehender bilateraler Restriktionen nicht bedient werden konnten,
* Erhöhung der Kapazitäten und Frequenzen sowie freie Preisgestaltung auf Strecken, die vorher einer strengen Regulierung unterlagen,
* Codesharing mit anderen Gesellschaften (entweder zur Bedienung aufkommensschwacher Routen oder zur Erhöhung der Frequenzen auf bestehenden Verbindungen),
* Kooperationen mit großen und kleinen Luftfahrtunternehmen im Ausland (angefangen bei der Vereinbarung einzelner, zeitlich begrenzter Projekte bis hin zur intensiven Zusammenarbeit in allen Unternehmensbereichen),
* Gründung von Tochtergesellschaften zur Erschließung oder Durchdringung ausländischer Märkte,
* Akquisitionen und Fusionen zur Ausweitung des Einflußbereichs und zur Stärkung der Stellung im globalen Markt,
* Errichtung neuer Drehkreuze im Ausland, die als Primär- oder Sekundärhubs für zusätzlichen Feed-Traffic sorgen können.

Im folgenden soll eingehend untersucht werden, welchen Einfluß der Liberalisierungsprozeß auf die Strategien großer Fluggesellschaften hat. Grundsätzlich bieten sich für eine internationale Expansion der Alleingang oder die Erschließung externer Synergien in Form von Kooperationen, Akquisitionen und Fusionen an.[16] Da im Luftverkehr Codeshare-Vereinbarungen und Strategische Allianzen immer mehr an Bedeutung gewinnen, wird der Schwerpunkt der Betrachtung auf den verschiedenen Ausprägungen von Kooperationen liegen. Durch Vergleich mit dem Alleingang sowie mit Akquisitionen und Fusionen werden dann die Möglichkeiten und Grenzen der einzelnen Strategien aufgezeigt.

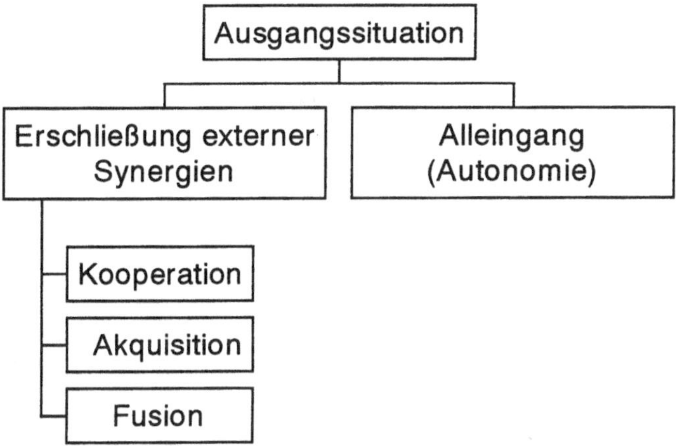

Abbildung 5.5

Quelle: eigene Darstellung in Anlehnung an Hammes (1994) S. 47

[16] Hammes unterscheidet noch „Beteiligungen ohne Kooperationsabsicht", die als reine Finanzinvestitionen eingegangen werden oder mit dem Ziel, Einfluß auf die Geschäftspolitik der Beteiligungsgesellschaft auszuüben [vgl. Hammes (1994) S. 35]. Da die erste Form unter Luftverkehrsgesellschaften kaum anzutreffen ist und sich die zweite Form in vielen Fällen nicht von Kooperationen mit Minderheitsbeteiligungen unterscheiden läßt, werden „Beteiligungen ohne Kooperationsabsicht" im folgenden unter Kooperationen behandelt.

5.3. Alleingang

Eine erfolgreiche Autonomiestrategie kann internes Wachstum, die Neugründung von Unternehmen oder eine Kombination von beidem beinhalten. Erfolgsvoraussetzung ist in jedem Fall, daß effizient, kundenorientiert und mit einer wettbewerbsfähigen Kostenstruktur produziert wird. Welche unternehmensinternen Maßnahmen im Luftverkehr ergriffen werden müssen, um dies sicherzustellen, soll im folgenden kurz untersucht werden.

Erhebliches Optimierungspotential besteht sicherlich in den Bereichen Produktion, Organisation und Personal. Produktivitätssteigernd und kostensenkend wirkt beispielsweise die Beseitigung überflüssiger Hierarchieebenen und die Beschleunigung interner Verwaltungsabläufe sowie in vielen Fällen auch die Schaffung unabhängiger Profit Center oder die Ausgliederung von Unternehmensteilen. Als besonders erfolgreich hat sich die Gründung eigener Billigfluglinien zur Bedienung bestimmter Inlands- und Regionalrouten[17] sowie die Verlagerung von Produktionsteilen in Niedriglohnländer erwiesen. Wesentliche Verbesserungen können auch durch die Verringerung der Zahl unterschiedlicher Flugzeugtypen, die Intensivierung des Flotten- und Creweinsatzes und die verstärkte Automatisierung der Arbeitsabläufe (beispielsweise in den Bereichen Verkauf und Check-in) erzielt werden. Im Personalbereich bieten sich eine Sen-

---

[17] Vor allem in den USA haben die meisten großen Fluggesellschaften eigene Tochtergesellschaften oder unabhängige Profit Center gegründet, um speziell ausgewählte Märkte bzw. Kundensegmente zu bedienen. Die seit Oktober 1996 als selbständige „operating unit" von Delta Air Lines geführte Fluggesellschaft *Delta Express* hat sich beispielsweise auf Strecken nach Florida konzentriert. Kostenvorteile gegenüber der Hauptgesellschaft ergeben sich durch die Verwendung einer homogenen Flotte (ausschließlich Boeing B-737), die Erhöhung des Maschineneinsatzes von 9,0 auf 12,2 Blockstunden/Tag (bedingt durch die Umgehung verstopfter Flughäfen, ein wohldurchdachtes Punkt-zu-Punkt-Streckennetz und kurze Umkehrzeiten von nur 30 Minuten), die Senkung der Pilotenkosten um 40 % (infolge flexiblerer Arbeitszeiten und einer 32 %igen Senkung der Gehälter), reduzierten Bordservice und die Beseitigung der „First Class". Mit lediglich drei verschiedenen Preisgruppen („21-day advance-notice", „7-day advance-notice" und „walk-up") ist die Tarifstruktur sehr übersichtlich [vgl. Nelms (1996): *Delta-Express - Orlando magic* und Woolsey (1997): *Delta Express - It's a Delta jet*]. Erfolgreich operieren auch die Gesellschaften *Continental Express, USAir Express* und *Shuttle by United.* In Europa ist das Konzept mittlerweile ebenfalls verbreitet. Bedeutende Tochtergesellschaften großer Fluggesellschaften sind *Lufthansa City-Line* (3,1 Mio. Passagiere, 100 % Lufthansa), *KLM Cityhopper* (1,5 Mio. Passagiere, 100 % KLM), *Binter Canaris* (1,782 Mio. Passagiere, 99,99 % Iberia), *Avianova* (1,759 Mio. Passagiere, 100 % Alitalia), *SAS Commuter* (1,415 Mio. Passagiere, 100 % SAS) und Aer Lingus Commuter (1,308 Mio. Passagiere, 100 % Aer Lingus) [Odell,/Whitaker (1997)].

kung der Mitarbeiterzahl, die Einführung eines zweigleisigen Lohnsystems oder die Einstellung von Crews im Ausland an. Eine hierdurch eventuell verursachte negative Auswirkung auf die Mitarbeitermoral läßt sich durch deren Beteiligung am Unternehmensgewinn kompensieren.

Während die US-amerikanischen Luftfahrtunternehmen diesbezüglich schon erhebliche Anstrengungen unternommen haben, besteht vor allem bei den Flag Carriern in Europa, die aufgrund starker staatlicher Einflußnahme häufig immer noch bürokratische Strukturen und überhöhte Kosten aufweisen, erheblicher Nachholbedarf. Am weitesten fortgeschritten ist der Rationalisierungsprozeß sicherlich bei der 1987 privatisierten und seitdem profitabel fliegenden British Airways.[18] Aber auch die Lufthansa hat sich im Rahmen ihres Privatisierungsprozesses zahlreichen Umstrukturierungsmaßnahmen unterworfen.[19] So wurden verschiedene Unternehmensbereiche als eigenständige Gesellschaften ausgegliedert und firmieren nunmehr als *Lufthansa Cargo AG* (Fracht), *Lufthansa Technik AG* (Flugzeugwartung), *LSG Lufthansa Service GmbH* (Catering), *Lufthansa Systems GmbH* (Informatikdienstleistungen) oder *Lufthansa Airport- und Ground-Services GmbH* (Bodenabfertigung). Charterflüge werden von der *Condor Flugdienst GmbH* und innereuropäische Dienste mit kleineren Maschinen von der *Lufthansa City-Line GmbH* durchgeführt. Der gesamte sonstige Personenlinienverkehr gehört zwar noch aus steuerlichen und verkehrspolitischen Gründen zur *Deutschen Lufthansa AG*, wird aber seit Anfang 1997 als eigenständiges Profit Center geführt.[20]

Air France hat mit seinem „Projet Pour L´Entreprise“ aus dem Jahre 1994 umfangreiche Maßnahmen zur Kostensenkung und Dezentralisierung der Entscheidungsbefugnisse eingeleitet. Es wurden Profit Center für bestimmte Routen

---

[18] Vgl. o.V. (1996): *British Airways - Beamte raus.*

[19] Die seit 1966 an der Börse notierte Deutsche Lufthansa AG befand sich lange Zeit im Mehrheitsbesitz des Bundes. Erst 1994 wurde der Bundesanteil durch eine Kapitalerhöhung von 51,50 % auf 35,68 % gesenkt und 1996 erfolgte der Verkauf dieses Restanteils an die staatliche Kreditanstalt für Wiederaufbau (KfW), die die Aktien 1997 an der Börse plazierte [o.V. (1996): *Lufthansa-Privatisierung soll Waigels Kassen füllen* und o.V. (1997): *Weg zur Lufthansa-Restprivatisierung frei*].

[20] Durch die Schaffung des Profit Centers „Passage“ fiel eine ganze Hierarchieebene weg und es konnten zahlreiche Doppelbesetzungen beseitigt werden. Allein hierdurch sank die Mitarbeiterzahl um 100 Personen. Vgl. o.V. (1994): *Lufthansa baut Konzern um*; o.V. (1997): *Neue Konzernstruktur - Lufthansa-Passage wird bedingt eigenständig* und Lufthansa (1997): *Geschäftsbericht 1996*.

(Amerika, Afrika/Naher Osten, Antillen/Guyana/Indischer Ozean, Asien/Pazifik, Europa und Fracht) und Logistikbereiche (Operationen Paris, Industrien, Wartung, Information & Telekommunikation, Marketing & Verkauf) geschaffen. Außerdem konnten eine Reduzierung der Mitarbeiterzahl, die Rückkehr zur 39-Stunden-Woche sowie strengere Arbeitszeitregelungen durchgesetzt werden.[21] Weitergehende Reformen scheiterten jedoch lange Zeit am entschiedenen Widerstand von Politikern und Gewerkschaftern. Dasselbe gilt für andere staatliche Fluggesellschaften in Europa wie Iberia, Olympic Airways und Alitalia,[22] die ohne Subventionen nicht überlebt hätten.

Ein erfolgreiches Luftfahrtunternehmen darf nicht nur auf Innovationen der Konkurrenz reagieren, sondern muß selbst versuchen, Kundenwünsche zu antizipieren und entsprechende Produktverbesserungen durchzuführen. Vor allem im Interkontinentalverkehr sind die Anforderungen infolge des gestiegenen Anspruchsdenkens der Reisenden, der zunehmenden Länge von Nonstopflügen[23] und der Aufgabenerweiterung des Flugzeugs vom reinen Transportmittel hin zur Arbeits- und Vergnügungsstätte stark gestiegen. Bereits jetzt erwarten die Kunden einen breiten Sitz mit möglichst viel Beinfreiheit, gutes Essen, zuvorkommendes Kabinenpersonal und ein abwechslungsreiches Unterhaltungsprogramm. In Zukunft dürfte große Nachfrage nach Glücksspielen, interaktiven Informationskanälen sowie „on-board shopping" bestehen und auf besonders langen Flügen könnte die Notwendigkeit erwachsen, Schlafkojen, Bars oder sogar Fitneß Center einrichten zu müssen.[24] Für Geschäftsleute müssen darüber hinaus Check-in per Telefon oder Fax, sogenannte „Fast Tracks" bei der Aus- und Einreisekontrolle, gut ausgestattete Lounges auf den Flughäfen sowie Telefon-, Laptop- und Faxanschlüsse am Sitz angeboten werden.[25] Der Unternehmenserfolg hängt jedoch nicht nur von diesen Servicekomponenten ab. Entscheidend ist vielmehr auch, daß den Anforderungen der Reisenden nach Sicherheit und Pünktlichkeit in höchstem Maße entsprochen wird.

---

[21] Air France: *Exercise 1994-95* und *Exercise 1995-96*.

[22] Vgl. hierzu Sauer (1995).

[23] Schon jetzt werden Nonstopflüge durchgeführt, die bis zu 15 Stunden dauern (z.B. Los Angeles - Sydney). Die Entwicklung neuer Flugzeuggenerationen wird in Zukunft Flugzeiten von mehr als 20 Stunden ermöglichen.

[24] Vgl. Großbongardt (1997).

[25] Vgl. hierzu Müller/Weber (1997): *Willkommen in der Zukunft*.

Marketing und Verkauf lassen sich ebenfalls durch interne Maßnahmen wesentlich verbessern. Beispielsweise können eine konsequent verfolgte Markenstrategie und die Erhöhung der Attraktivität des Vielfliegerprogramms wesentlich zur Steigerung der Kundentreue beitragen. Durch die Ausweitung des Direktverkaufs über Telefon und Internet sowie eine Senkung der Reisebürogrundprovisionen lassen sich Vertriebskosten einsparen. Der gezieltere Einsatz von Reisebürozusatzprovisionen kann zu beträchtlichen Mehreinnahmen führen.

Verbesserungen in all diesen Bereichen waren grundsätzlich auch in der Zeit strenger staatlicher Regulierung möglich. Der Markteintritt neuer Anbieter mit niedrigem Kostenniveau und die Intensivierung des Wettbewerbs zwischen den Etablierten führen nunmehr allerdings dazu, daß bestehende Defizite sehr viel stärker angegangen werden müssen, als dies in der Vergangenheit der Fall war. Alleiniges Resultat des Liberalisierungsprozesses sind indes die zahlreichen neuen Möglichkeiten der Streckennetz-, Flugplan- und Preisgestaltung. Je mehr die Bedeutung von Verkehrsrechten, Designierungsverfahren, Nationalitätenklauseln, Kapazitäts- und Frequenzkontrollen sowie Preisgenehmigungsverfahren abnimmt, desto mehr Entfaltungsmöglichkeiten gewinnen die Fluggesellschaften bei der mittel- und langfristigen Festlegung des Angebots sowie bei kurzfristigen Reaktionen auf veränderte Marktgegebenheiten. Neue Routen können hinzugefügt und unrentable Strecken aufgegeben werden. Auf bestehenden Verbindungen lassen sich die Frequenzen und Flugzeuggrößen entsprechend der Nachfrage variieren. Die Möglichkeit, Preise nach eigenem Ermessen festzusetzen und beliebig zu ändern, macht hohe Investitionen in Yield-Management-Systeme erst rentabel und ist Voraussetzung für das Abschöpfen der Konsumentenrente und eine Optimierung der Maschinenauslastung. Beschränkend wirken neben infrastrukturellen Engpässen jedoch die Notwendigkeit der Flottenhomogenisierung und die Tatsache, daß kleine Maschinen (bis ca. 100 Sitzplätze) von großen Fluggesellschaften in der Regel kaum rentabel eingesetzt werden können. Nicht alle gewünschten Verbindungen lassen sich daher auch bedienen.

Sofern ein Hub-and-spoke-System betrieben wird, müssen der konsequente Ausbau der Drehkreuze und die bessere Abstimmung der Flugzeiten im Vordergrund stehen. Diesbezüglich sind in Europa bei weitem noch nicht alle Optimierungspotentiale ausgeschöpft. Iberia geht beispielsweise davon aus, bis zum Jahre 1999 die Zahl der Verbindungen mit Umsteigezeiten von weniger als 90 Minuten auf den beiden Hauptdrehkreuzen Madrid und Barcelona verdreifachen zu können.[26] Bei Swissair beinhalten viele Verbindungen immer noch Übergangszeiten von zwei Stunden und mehr, obwohl das Unternehmen seine Interkontinentalflüge seit 1997 nur noch von Zürich aus durchführt und die Zahl der täglichen „flight banks“ von drei auf vier erhöht hat.[27] Auch die Air France, welche seit 1995 alle Flüge von/nach Paris-Charles de Gaulle auf fünf „Flugkomplexe“ konzentriert und hierdurch die Zahl der täglichen Umsteigeverbindungen innerhalb von zwei Jahren von 1.900 auf 5.200 fast verdreifacht hat, weist immer noch Umsteigeverkehr mit Wartezeiten von bis zu 130 Minuten auf.[28] Besser sieht es bei der Lufthansa aus, deren vier „Wellen“ in Frankfurt in der Regel nur noch Transitzeiten von 60 bis 90 Minuten aufweisen.[29] Am stärksten scheint die niederländische KLM das bestehende Optimierungspotential ausgeschöpft zu haben. Das Unternehmen, welches sich in Ermangelung eines nennenswerten Heimatmarktes schon früh auf die Bedienung von Umsteigeverbindungen spezialisieren mußte und mittlerweile einen Transitpassagieranteil von 75 % aufweist, bündelt seit 1992 alle Flüge seines Hubs Amsterdam-Schiphol in drei „flight waves“ pro Tag. Hierdurch erhöhte sich die Produktivität um 66 % und die tägliche Flottenauslastung um 12 %, während die Stückkosten um 25 % fielen. Die Kapazität konnte innerhalb von fünf Jahren um mehr als 60 % ausgeweitet werden. Um das gestiegene Verkehrsaufkommen besser bewältigen zu können, wird mittlerweile an der Einführung eines 6-Wellen-Systems gearbeitet, das im Jahre 2000 voll einsatzfähig sein soll.[30]

---

[26] Jones, Lois (1997): *A red flag to a bull?*, S. 53.

[27] Feldman, Joan (1997): *Swissair - time to deliver*, S. 34 und Rivera/Pompeo/Martin (1997) S. 57.

[28] Bereits jetzt befördert Air France täglich über 10.000 Transitpassagiere. Durch die Verbesserungen der Hub-Operationen in Paris-CDG wird ein Anstieg des Anteils dieser Passagiere von 43 % auf mehr als 50 % erwartet [Air France: *Exercise 1995-96*, S. 8f; Rivera/Pompeo/ Martin (1997) S. 57 und Müller/Weber (1997): *Gnadenloser Wettbewerb*, S. 16]. Unter den Angebotsverbesserungen und den von Air France angebotenen Kampfpreisen hatte besonders die Lufthansa zu leiden, deren Passagieranteil im deutsch-französischen Luftverkehr zwischen Anfang 1995 und Mitte 1996 von über 50 % auf 42,5 % zurückging [o.V. (1996): *Freche Franzosen*].

[29] Jede „Welle“ umfaßt 30 bis 35 eingehende Flüge und eine gleich große Zahl ausgehender Flüge. Insgesamt werden somit etwa 1.000 Verbindungen angeboten [AEA (1997): *Yearbook 1997*, S. 26].

[30] Nelms, Douglas W. (1996): *The new wave - Dutch style* und KLM (1996): *Annual Report 1995/96*, S. 17.

Auf vielen Hauptdrehkreuzen der etablierten EU-Carrier ist eine wesentliche Ausweitung oder Verbesserung des Hub-Verkehrs wegen der vorherrschenden Kapazitätsengpässe nur noch in sehr begrenztem Umfang möglich. Aus diesem Grund werden bereits Sekundärdrehkreuze errichtet, über die vorwiegend innereuropäischer Quell-Ziel-Verkehr geleitet wird. Beispielsweise betreibt British Airways neben London-Heathrow auch London-Gatwick als Hub. Air France verfügt in Paris neben dem Flughafen Charles de Gaulle noch über das Drehkreuz Orly, von wo aus Kurz- und Mittelstreckenflüge sowie Dienste in die Maghreb-Staaten und in die französischen Überseedepartements abgewickelt werden. Die Lufthansa ist seit geraumer Zeit bemüht, ihre Aktivitäten in München als Ergänzung zu Frankfurt auszubauen.

Aufgrund der geographischen Nähe und der Beschränkung auf den traditionellen Heimatmarkt, kann in keinem dieser Fälle jedoch von der Errichtung eines erfolgversprechenden „multiple hub systems“ gesprochen werden. Hierzu müßten Flughäfen in anderen Teilen Europas oder der Welt konsequent zu Drehkreuzen ausgebaut und in das Streckennetz integriert werden. Dem wirken jedoch nach wie vor regulatorische Beschränkungen und infrastrukturelle Engpässe entgegen. Theoretisch kann zwar jedes Luftfahrtunternehmen der Gemeinschaft auf einem Flughafen in Europa ein Drehkreuz errichten. Praktisch ist hierfür jedoch eine große Zahl freier Slots und Gates erforderlich, die derzeit auf keinem bedeutenden Airport mehr vorhanden ist. Hinzu kommt, daß Flüge in Länder, die nicht zum EWR gehören, aufgrund bestehender Nationalitätenklauseln immer noch der oder den nationalen Fluggesellschaft(en) vorbehalten sind. Zahlreiche lukrative Strecken sind somit von der Bedienung durch Drittstaatencarrier ausgeschlossen.

Bisher hat noch keine Fluggesellschaft ernsthaft versucht, ein zweites Hauptdrehkreuz in einem anderen europäischen Land zu errichten. Auch Bemühungen zur Gründung von Sekundärdrehkreuzen blieben bisher auf Einzelfälle begrenzt. Um am ertragreichen deutschen Markt partizipieren und bisher ungenutzte Passagierpotentiale für die eigenen Interkontinentaldienste erschließen zu können, hat beispielsweise British Airways 1992 die *Deutsche BA* gegründet, die innerhalb kurzer Zeit neben Strecken in Deutschland auch Verbindungen zu 15 europäischen Destinationen anbot.[31] Es wurde jedoch der Fehler begangen, die An-

[31] Im März 1992 übernahm ein Konsortium bestehend aus British Airways (49 %), Commerzbank (19 %), Bayrischer Vereinsbank (16 %) und Berliner Bank (16 %) die unbedeutende Regionalfluggesellschaft *Delta Air Regionalflug GmbH* in Friedrichshafen. Die deutsche

ziehungskraft der Marke British Airways in Deutschland zu überschätzen.[32] Da die Überexpansion zu beträchtlichen Verlusten führte, erfolgte Anfang 1997 eine grundlegende Umstrukturierung, bei der fast alle Auslandsstrecken wegfielen. Seitdem stehen nur noch innerdeutsche Routen zu den Drehkreuzen München und Berlin sowie Feeder-Dienste nach London-Gatwick auf dem Flugplan. Wie schwer das Eindringen in einen fremden Markt ist, zeigt die Tatsache, daß die Deutsche BA trotz umfangreicher finanzieller, personeller und operativer Unterstützung durch die britische Muttergesellschaft in der Vergangenheit nur Verluste eingeflogen hat.[33]

Die Errichtung von wirtschaftlich tragfähigen Drehkreuzen außerhalb Europas ist derzeit wegen fehlender Verkehrsrechte und/oder unzureichender wirtschaftlicher Voraussetzungen kaum möglich. In den wenigsten Fällen stehen genügend Verkehrsrechte der 5. und 8. Freiheit zur Verfügung, die Voraussetzung für die Aufnahme neuer Passagiere aus der Hub-Region sind. Aber selbst wenn diese vorhanden wären, bestünden nur geringe Erfolgsaussichten, da europäische Fluggesellschaften derzeit nicht genügend Interkontinentalverkehr generieren. Der rentable Betrieb eines Drehkreuzes setzt aber voraus, daß eine große Zahl von Flugzeugen mit unterschiedlichen Herkunftsorten innerhalb eines engen Zeitkorridors landet und nach dem teilweisen Austausch der Passagiere unverzüglich zu den jeweiligen Endzielen weiterfliegt. Da europäische Fluggesellschaften Interkontinentaldienste gewöhnlich nur von ihrem Hauptdrehkreuz aus

---

Mehrheitsbeteiligung von 51 % war erforderlich, um sicherzustellen, daß auch Flüge in Nicht-EWR-Länder angeboten werden konnten. An dem dominierenden Einfluß von British Airways bestand indes von Anfang an kein Zweifel. So wurde die Gesellschaft bereits im Mai 1992 in *Deutsche BA* umbenannt und das Management mit ehemaligen Mitarbeitern der Londoner BA-Zentrale besetzt. Die Verlegung des Firmensitzes nach München, der Einsatz von Düsenjets anstelle von Turbopropmaschinen sowie die vollkommene Umstellung des Flugplanes zeigen zudem, daß es sich nur de jure um eine Übernahme, de facto aber um eine Neugründung handelte [vgl. Kowalewsky (1996) und Deutsche BA (05.06.97): *Basis-Fakten Deutsche BA*].

[32] Carl Michel, Geschäftsführer der DBA, erklärte hierzu: „The mistake in part was to assume that BA would work immediately in Germany and to start too many routes when we didn´t have the capacity or the brand recognition" [Jones (1997): *BA - The good European*].

[33] Im Geschäftsjahr 1996/97 wurde bei einem Umsatz von 520 Mio. DM ein Verlust von 59 Mio. DM erzielt. 1996 konnte der Konkurs nur dadurch abgewendet werden, daß British Airways einen zinslosen Kredit über 340 Mio. DM verlängerte [o.V. (1997): *Europe report - BA*].

anbieten,[34] würden auf einem außereuropäischen Hub nur isolierte Flüge eintreffen. Für diese böte sich höchstens ein sogenannter „change of gauge"-Vorgang an, bei dem die Passagiere für den Weiterflug auf zwei oder drei kleinere Maschinen verteilt würden. Eine solche Vorgehensweise hat Iberia gewählt, die als einziges europäisches Luftfahrtunternehmen mit Miami einen Mini-Hub in den USA betreibt und von dort Dienste zu sechs Destinationen in Mittelamerika anbietet.[35] Es ist jedoch zu vermuten, daß die Anschlußflüge im Rahmen einer Codeshare-Vereinbarung mit einem US-Carrier sehr viel kostengünstiger bedient werden könnten.[36]

Weltweit gibt es derzeit nur wenige erfolgreich betriebene Auslandsdrehkreuze. Am rentabelsten scheint die Präsenz von United Airlines und Northwest Airlines in Tokyo zu sein. Ausschlaggebend für die Japanaktivitäten beider Gesellschaften waren die äußerst günstigen Bedingungen des 1952 zwischen den USA und seinem unterlegenen Kriegsgegner Japan geschlossenen Luftverkehrsabkommens, welches zwei amerikanischen Carriern unbeschränkte Rechte der 5. Freiheit zwischen Tokyo und Destinationen außerhalb Japans gewährte.[37] Bedingt durch die anfängliche Schwäche und Benachteiligung der japanischen JAL konnten United und Northwest ihre Position über vier Jahrzehnte hinweg kontinuierlich ausbauen. 1995 bot Northwest von Tokyo-Narita aus 112 wöchentliche

---

[34] Ausnahmen bestehen nur bei Diensten zu einigen Weltmetropolen, die sich aber aufgrund ihrer Überlastung nicht zum Aufbau von Drehkreuzoperationen eignen. Beispielsweise bietet British Airways Nonstopflüge nach New York von fünf Heimatflughäfen aus an (London-Heathrow, London-Gatwick, Manchester, Glasgow und Birmingham) und die Lufthansa von drei Heimatflughäfen (Frankfurt, Düsseldorf, München) [British Airways (1996): *Fact Book 1996*, S. 87f und Lufthansa (1997): *Flugplan III/1997*].

[35] Iberia bedient die Strecke Madrid - Miami zweimal täglich mit Großraumflugzeugen des Typs B-747 (416 Sitzplätze) bzw. A-340 (277 Sitzplätze). Von Miami aus werden dann Anschlußflüge mit kleineren, fest in Miami stationierten Maschinen des Typs DC-9 (92 Sitzplätze) nach Cancun, Guatemala City, Panama, Managua (Nicaragua), San Jose (Costa Rica) und San Pedro Sula (Honduras) angeboten. [Iberia (1997): *Flugplan III/1997*].

[36] Die US-Fluggesellschaft United Airlines, die früher kleinere Maschinen vom Typ B-727 für innereuropäische Anschlußflüge von London-Heathrow aus einsetzte, hat mittlerweile aus Kostengründen ihre Hub-Operationen in London zugunsten von Codeshare-Flügen mit Lufthansa und British Midland eingestellt.

[37] Die begünstigten Carrier waren ursprünglich PanAm und Northwest. 1986 erwarb United jedoch die gesamte Pazifik-Divison einschließlich der Japan-Rechte von PanAm. Einzelheiten über das Luftverkehrsabkommen zwischen Japan und den USA finden sich in o.V. (1995): *US-Japan ASA - Inequities on both sides* und ATA (1996): *Air Service Rights in U.S. international Air Transport Agreements.*

Flüge zu 16 Destinationen an (8 in den USA und 8 in Asien) und United 108 Flüge zu 12 Destinationen (6 in den USA und 6 in Asien). Beide Unternehmen zusammen hielten einen Kapazitätsanteil von 61 % auf US-Strecken und 12 % auf innerasiatischen Routen ab Japan. Es wird geschätzt, daß alle US-Carrier zusammen 4,8 Mrd. US-Dollar Gewinn auf ihren Japanstrecken eingeflogen haben.[38] Ausschlaggebend für den Erfolg dürften neben der regulierungsbedingten Bevorteilung amerikanischer Carrier vor allem die hohen Flugpreise in Tokyo-Narita und die im Vergleich zu den japanischen Konkurrenten geringeren Stückkosten sein.

Ebenfalls profitabel scheinen die Hub-Operationen der australischen Qantas in Singapur zu sein.[39] Demgegenüber zeigen die Erfahrungen von Delta Air Lines in Frankfurt, daß selbst Mega Carrier mit fein abgestimmtem Mehrkreuzsystem und ausreichenden Verkehrsrechten erhebliche Schwierigkeiten beim Betrieb eines Drehkreuzes im Ausland haben können. Anfang der 90er Jahre bestanden die Frankfurt-Operationen von Delta aus täglich zwei Flugkomplexen: einem in West-Ost-Richtung und dem anderen in Ost-West-Richtung. Hierdurch wurden 9 Städte in den USA mit 11 Destinationen in Ost- und Südeuropa sowie Indien verbunden.[40] Bedingt durch die geringen täglichen Einsatzzeiten der in Europa stationierten Flugzeuge[41] und den zunehmenden Konkurrenzdruck der Allianz zwischen United und Lufthansa, mußte Delta seine Frankfurter Drehkreuzoperationen aber 1997 einstellen.[42] Statt dessen wurde das Inlandsdrehkreuz New

---

[38] o.V. (1995): *US-Japan ASA - Inequities on both sides*, S. 2.

[39] Die australische Fluggesellschaft bietet günstige Anschlußverbindungen von London, Frankfurt, Rom, Mumbai, Bangkok, Hongkong und Kuala Lumpur über Singapur nach Jakarta, Denpasar, Perth, Adelaide, Melbourne, Sydney, Brisbane, Darwin und Cairns an [Qantas Flugplan II/1997].

[40] Im Juni 1993 trafen beispielsweise Nonstopflüge mit Großraumflugzeugen aus Atlanta, Cincinnati, Dallas, Los Angeles, Miami, New York, Orlando, San Francisco und Washington zwischen 07.45 Uhr und 11.10 Uhr in Frankfurt ein. Der Weiterflug nach Athen, Bombay, Delhi, Bukarest, Budapest, Istanbul, Moskau, Prag, St. Petersburg, Warschau und Wien erfolgte dann zwischen 12.05 Uhr und 12.35 Uhr mit zumeist kleineren Maschinen des Typs Boeing B-727 [Wiezorek (1994) Anhang: Deltas Hub in Frankfurt].

[41] Die fest in Europa stationierten Flugzeuge vom Typ B-727 führten täglich nur einen Hin- und Rückflug zu ihren jeweiligen Destinationen in Ost- bzw. Südeuropa durch.

[42] Die 1997 erfolgte Einstellung der Frankfurter Hub-Operationen durch Delta führte zur Entlassung von 800 europäischen Mitarbeitern und zur Verbesserung des Ergebnisses um 62 Mio. US-Dollar [Vgl. Walker (1997): *Delta dumps Frankfurt hub* und Woolsey (1997): *On top of the world*].

York so ausgebaut, daß von dort im Sommer 1997 bereits 112 wöchentliche Nonstopflüge zu 26 Zielen in Europa angeboten werden konnten.[43]

Zusammenfassend läßt sich die Alleingangsstrategie wie folgt bewerten:

- Durch interne Maßnahmen oder die Gründung von Tochtergesellschaften lassen sich wesentliche Verbesserungen in den Bereichen Produktion, Organisation, Personal sowie Marketing und Verkauf erzielen. Dies gilt vor allem für die europäischen Fluggesellschaften, die bisher mangels Wettbewerb trotz hoher Kosten, geringer Produktivität und starker staatlicher Einflußnahme überleben konnten.
- Im Rahmen des Alleingangs ist auch eine Optimierung des Streckennetzes und der Flugkoordination möglich. Vorrangiges Ziel von Hub-Carriern muß es sein, durch eine verbesserte zeitliche Abstimmung einzelner Flüge die Umsteigezeiten zu verringern und die Zahl möglicher Anschlußverbindungen zu erhöhen.
- Der Aufbau eines konkurrenzfähigen Mehrkreuzsystems wird durch den starken Widerstand der jeweils dominanten Carrier und den Mangel an wirtschaftlich verwertbaren Slots und Gates entscheidend behindert. Sofern Hubs im Ausland errichtet werden sollen, kommt hinzu, daß hierfür fast immer die erforderlichen Verkehrsrechte fehlen. Da dieser Mißstand auch durch die Gründung 100%iger Töchtergesellschaften nicht behoben werden kann, stößt die Alleingangsstrategie hier an ihre Grenzen.

5.4. Kooperationen

5.4.1. Grundlagen und Unterscheidungsmerkmale

Sowohl in der wissenschaftlichen Literatur als auch in Zeitungs- und Zeitschriftenartikeln werden seit mehreren Jahren verstärkt Begriffe wie „Globale Allianz", „Strategische Allianz", „Strategische Partnerschaft", „Kooperation" oder „Joint Venture" verwendet, um die Zusammenarbeit zwischen Unternehmen zu beschreiben. Eine allgemein akzeptierte Definition und Abgrenzung dieser Be-

---

[43] Vgl. Woolsey (1997): *On top of the world.*

griffe hat sich bisher allerdings noch nicht durchgesetzt.[44] Die Formulierung von Arbeitsdefinitionen ist daher für das weitere Vorgehen unerläßlich.

Unter *Kooperation* soll im Rahmen dieser Arbeit die „Zusammenarbeit zwischen ... rechtlich und wirtschaftlich selbständigen Unternehmen zur Steigerung der gemeinsamen Wettbewerbsfähigkeit" verstanden werden.[45] Die kooperierenden Firmen können in einem horizontalen, vertikalen, substitutionalen, komplementären oder neutralen Verhältnis zueinander stehen. Das Spektrum reicht von stillschweigenden Übereinkünften bzw. Verhaltensweisen bis hin zur Gründung von Gemeinschaftsunternehmen. Die Vornahme von ein- oder gegenseitigen Kapitalbeteiligungen ist zwar grundsätzlich nicht ausgeschlossen, darf die Selbständigkeit der Partner aber in keinem Fall beeinträchtigen.[46]

Als *Strategische Allianz* bzw. *Strategische Partnerschaft* wird die intensive, formalisierte Beziehung zwischen zwei oder mehr selbständigen Unternehmen verstanden, die mit dem Ziel aufgenommen wird, langfristig die Wettbewerbsfähigkeit der Beteiligten in einzelnen oder allen Geschäftsfeldern entscheidend zu verbessern.[47] Es handelt sich um eine äußerst enge Kooperation, die über klassische Formen der Zusammenarbeit in zwei Punkten hinausgeht. Zum einen bleiben Strategische Allianzen nicht auf einzelne Unternehmensbereiche beschränkt, sondern umfassen vielmehr ein komplexes Geflecht von gemeinsamen Projekten, die mehrere oder alle Stationen der Leistungserstellung berühren. Ansonsten spricht man von F&E-Allianzen, Beschaffungs-Allianzen, Marketing-Allianzen, usw.. Zum anderen werden sie zumeist von großen, weltweit tätigen Unternehmen mit dem Ziel eingegangen, die Stellung im globalen Wettbewerb

---

[44] Vgl. hierzu Hammes (1994) S. 16-28.

[45] O.V. (1984): *Kooperation,* in: Gabler Wirtschaftslexikon, Wiesbaden, Bd. 3, S. 2502. Vgl. auch Jäckel (1991) S. 32, Olesch (1995) und Reiß (1995).

[46] Weit verbreitet sind gegenseitige symbolische Kapitalbeteiligungen in Höhe von 2 % bis 5 % sowie einseitige Kapitalbeteiligungen bis zu 25 %, in Einzelfällen auch bis zu 50 %. Wird durch die Beteiligung aber ein beherrschender Einfluß erzielt, spricht man von einer Akquisition.

[47] Vgl. hierzu Welge (1995) S. 2398. Im Gegensatz zu Backhaus/Piltz (1990) S. 2., Gahl (1991) S. 9-12 und Hammes (1994) S. 17 beinhaltet diese Definition keine Beschränkung auf horizontale Kooperationen. Dieser Unterschied ist im Rahmen der vorliegenden Arbeit aber unerheblich, da ausschließlich Strategische Allianzen zwischen Unternehmen behandelt werden, die derselben Branche (teilweise sogar derselben Strategischen Gruppe) angehören.

zu stärken.[48] Als Synonym verwendet man daher auch häufig den Begriff „Globale Allianz".

Ein *Joint Venture* (zu deutsche „gemeinsames Wagnis", abgekürzt: JV) liegt vor, „wenn sich mindestens zwei wirtschaftlich und rechtlich unabhängige Unternehmen an einem gemeinsamen Vorhaben beteiligen. Hierbei hat jeder der Beteiligten sowohl eine führungsmäßige, als auch eine finanzielle Verantwortung zu übernehmen".[49] Das Joint Venture stellt somit ebenfalls eine Sonderform der Kooperation dar. Es kann, muß aber nicht notwendigerweise Teil einer Strategischen Allianz sein. Zu unterscheiden sind das *Contractual Joint Venture* (vertragliches JV), welches lediglich auf einer vertraglichen Vereinbarung zwischen den Partnern beruht, und das *Equity Joint Venture* (Gemeinschaftsunternehmen), das durch Gründung einer rechtlich unabhängigen Gesellschaft, an der alle Partner beteiligt sind, zustande kommt.[50]

Motive für das Eingehen von Kooperationen sind:[51]

(1) Synergieeffekte: Von Synergie spricht man, wenn das Zusammenwirken von Einzelfaktoren zu einem anderen Ergebnis führt als die Addition der Einzelwirkungen. In der Praxis läßt sich oftmals beobachten, daß die Zusammenfassung betrieblicher Teilfunktionen zu Kosteneinsparungen, Erlösverbesserungen und/oder Qualitätsvorteilen führt. Gründe für solche Synergieeffekte sind beispielsweise die Ausnutzung von Economies of Scale, Scope oder Density, die Vermeidung von Doppelaktivitäten, die Erhöhung der Marktmacht oder die Ergänzung der spezifischen Kenntnisse und Fähigkeiten der Partner. Das Zusammenwirken kann allerdings auch zu negativen Effekten (sogenannten Dissynergien) führen, wenn die Anpassungs- und Abstimmungskosten überwiegen.[52]

(2) Ressourcen- und Technologiezugang: Kooperationen können zur Sicherung knapper bzw. nicht vorhandener Human-, Sach- oder Finanzres-

---

[48] Vgl. Berg (1996) S. 212.

[49] Schmidt (1993) S. 18.

[50] ebenda S. 19.

[51] Vgl. hierzu Gahl (1989) S. 14-26, Backhaus/Plinke (1990), Gahl (1991) S. 15-29, Jäckel (1991) S. 87-145, Hammes (1994) S. 103-139, Heinke (1995) S. 15f und Welge (1995) S. 2402.

[52] Vgl. Jäckel (1991) S. 87-93 und Schmidt (1993) S. 23-26.

sourcen sowie zur Nutzung von Patenten, Lizenzen und sonstigem Know-how der Partner beitragen. Viele Neuentwicklungen wären heutzutage aufgrund der hohen Investitionskosten ohne die Zusammenarbeit mit anderen Unternehmen kaum denkbar.

(3) Marktzugang: Administrative, ökonomische oder technische Markteintrittsbarrieren lassen sich gegebenenfalls durch Kooperationen abschwächen oder sogar ausschalten. Die Erschließung neuer Märkte wird mit begrenztem Aufwand und Risiko möglich.

(4) Zeitvorteile: Je stärker die Wettbewerbskräfte wirken, desto mehr gewinnt der Faktor Zeit an Bedeutung. Um die Produktzyklen zu verkürzen, unverzüglich auf Nachfrageänderungen zu reagieren oder schnell in neue Märkte zu expandieren, ist häufig eine enge Zusammenarbeit mit anderen Unternehmen unerläßlich.

(5) Wettbewerbsreduktion: Durch Kooperationen können „unnötige" Wettbewerbsaktivitäten vermieden und Konkurrenten aus dem Markt gedrängt werden. Das gilt vor allem dann, wenn die beteiligten Unternehmen zusammen einen hohen Marktanteil besitzen. Im Bereich moderner Systemtechnologien kann ein konzertiertes Vorgehen bedeutender Anbieter beispielsweise dazu führen, daß de facto Standards gesetzt und somit Wettbewerber zur kostspieligen Anpassung an den auferlegten Standard oder das Ausscheiden aus dem Markt gezwungen werden. Motiv für das Zusammengehen ist in vielen Fällen auch die „if you can´t beat them, join them"-Mentalität.[53]

(6) Risikoreduzierung: Bei hohen Investitionen bietet es sich an, das finanzielle Risiko auf mehrere Unternehmen zu verteilen. Die Zusammenfassung von Spezialisten mit unterschiedlichen Kenntnissen und Fähigkeiten, erhöht zudem die Erfolgsaussichten.

(7) Existenzsicherung: In manchen Fällen sind Kooperationen die einzige Möglichkeit zur Sicherung des Überlebens.

(8) Spekulative Motive: Durch eine enge Zusammenarbeit läßt sich beispielsweise die Eignung des Partners für eine geplante Akquisition oder Übernahme testen.

Entscheidend für den Erfolg einer Zusammenarbeit sind angemessene organisatorische Strukturen bei den kooperationswilligen Gesellschaften, die richtige Auswahl der Partner und die rechtzeitige Festlegung einer zweckdienlichen

---

[53] Vgl. Backhaus/Piltz (1990) S. 6f.

Konzeption.[54] Vereinbaren Firmen mit inkompatiblen Unternehmenskulturen, kooperationsunwilligen Mitarbeitern oder konträren Zielsetzungen eine Zusammenarbeit, ist das Scheitern im Grunde vorprogrammiert. Auch Unterschiede hinsichtlich der Unternehmensgröße oder des Grads der Abhängigkeit von der Kooperation, tragen häufig zu einem Fehlschlag bei. Selbst wenn die Beteiligten sich optimal ergänzen und vom Vorteil einer gemeinsamen Vorgehensweise überzeugt sind, kann die falsche Ausgestaltung der Partnerschaft zum Mißerfolg führen. Um die bestmögliche Erreichung der vorgegebenen Ziele zu fördern, schnelle Reaktionen auf Umweltveränderungen zuzulassen und die Verfolgung von Eigeninteressen einzelner Beteiligter zum Nachteil der Partner auszuschließen oder zumindest zu erschweren, muß daher eine adäquate Konzeption vereinbart werden. Insbesondere sind eindeutige und wenn möglich vertragliche Bestimmungen hinsichtlich der Eigentumsverhältnisse, der Aufgabenverteilung, des Informationsflusses, der anwendbaren Koordinationsverfahren, der Entscheidungs-, Weisungs- und Kontrollbefugnisse sowie der Ergebnisverteilung zu treffen. Beispielsweise besteht die Möglichkeit, die eingesetzten Produktionsfaktoren in der Verfügungsgewalt der einzelnen Partner zu belassen, sie einem bestimmten Partner zu übertragen oder sie in ein weitgehend unabhängiges Gemeinschaftsunternehmen einzubringen. Eventuell ist auch der gegenseitige Austausch von Beteiligungen denkbar. In Abhängigkeit von den jeweiligen Stärken und Schwächen der Partner muß über die Trennung oder gemeinsame Durchführung der einzelnen Aufgaben entschieden werden. Informationsflüsse lassen sich auf Teilbereiche und unsensible Daten beschränken, es ist aber auch die vollständige Integration der Datenbeschaffung und -verarbeitung denkbar. Koordinations- und Abstimmungsprozesse können formalisiert werden oder informell ablaufen. Sie sind zwischen den einzelnen Fachebenen der beteiligten Unternehmen, über paritätisch bzw. anteilsproportional besetzte Arbeitsgruppen oder über unabhängige Projektteams möglich. Hinsichtlich der Entscheidungs-, Weisungs- und Kontrollbefugnisse sind das *Autonomie-Modell* (alle Kompetenzen werden auf eine neu gegründete Joint-Venture-Gesellschaft übertragen), das *Managing-Partner-Modell* (die operative Führung wird von der dominierenden Partnergesellschaft ausgeübt), das *Shared-Management-Modell* (die Führungspositionen werden mit Mitarbeitern aller an der Kooperation beteiligten Unternehmen besetzt) und das *Vollkonsens-Modell* (die Durchführung von Maßnah-

---

[54] Vgl. für das folgende Gahl (1989) S. 27-65, Gahl (1991) S. 32-70 und Schmidt (1993) S. 49-82.

men setzt die Zustimmung aller Partner voraus) denkbar.[55] Schließlich kann eine getrennte Erfolgsrealisation oder eine Teilung des erzielten Gewinns erfolgen. Für die Ausgestaltung der geschilderten Bereiche existieren natürlich zahlreiche Abstufungen und Variationsmöglichkeiten. Welche Konzeption am geeignetsten ist, hängt vom konkreten Fall ab. Pauschale Empfehlungen sind daher nicht möglich (vgl. Abbildung 5.6).

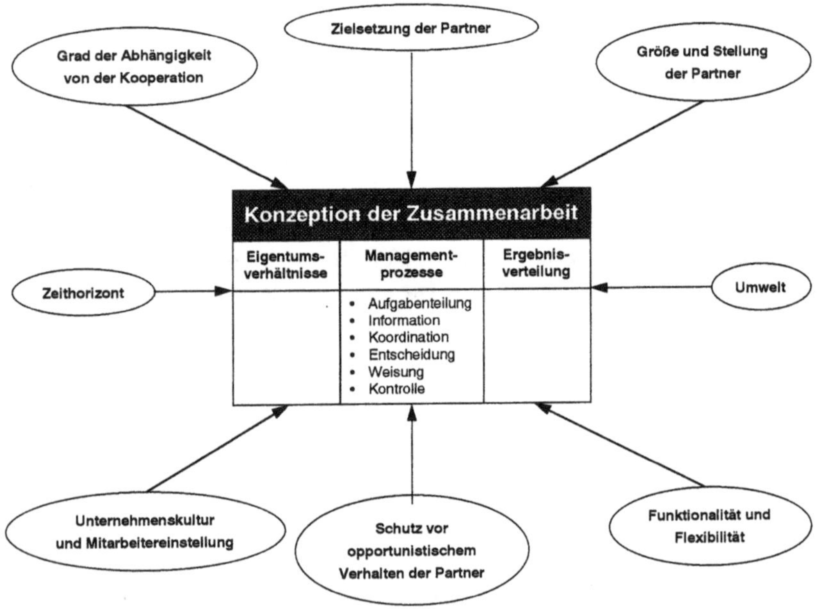

Abbildung 5.6

Quelle: eigene Darstellung in Anlehnung an Gahl (1991) S. 37, Abb. 6

Von großer Bedeutung ist, daß die Kooperation fortwährend überwacht und auf ihre Effizienz hin überprüft wird. Hierbei ist zu berücksichtigen, daß nicht nur die direkten, sondern auch die schwerer meßbaren indirekten Kosten (z.B. zu-

---

[55] Vgl. Schmidt (1993) S. 70f.

sätzlicher Arbeitsaufwand der Mitarbeiter) und Erlöse (z.B. kooperationsbedingte Umsatzsteigerungen in benachbarten Geschäftsfeldern) in die Bewertung einfließen müssen.[56]

5.4.2. Horizontale Zusammenarbeit zwischen Fluggesellschaften

Im Luftverkehr waren Kooperationen grundsätzlich auch in der Zeit strikter ökonomischer Regulierung möglich. Viele Airlines begannen daher bereits frühzeitig, enge Beziehungen zu Unternehmen aus anderen Branchen aufzubauen, beispielsweise zu Mietwagenagenturen, Hotelketten, Touristikkonzernen, Reisebüros, Anbietern von Informationsdienstleistungen und Catering-Unternehmen. Aber auch die horizontale Zusammenarbeit zwischen Luftfahrtunternehmen hat eine lange Tradition. Neben Pool-Vereinbarungen, Handling- und Repräsentationsabkommen sowie Interlining-Arrangements ist vor allem die vielfach intensive Zusammenarbeit in den Bereichen Beschaffung, Wartung, Catering und Computerreservierungssysteme zu nennen.[57] Im folgenden soll untersucht werden, welchen Einfluß neuartige, erst durch den Liberalisierungsprozeß ermöglichte horizontale Kooperationsformen auf den Wettbewerb haben.

Es ist unbestritten, daß Fluggesellschaften mit Hilfe wohlüberlegter Kooperationsabkommen beträchtliche Kosten- und Erlösverbesserungen erzielen können. Durch die Bündelung von Beschaffungsaufträgen lassen sich günstigere Kauf- oder Leasing-Konditionen und ggf. kürzere Lieferzeiten aushandeln. Eine enge Zusammenarbeit im Wartungsbereich ermöglicht die Reduzierung der Ersatzteilhaltung. Hohe Investitionen in CRS wären ohne ein konzertiertes Vorgehen mehrerer Unternehmen heute kaum noch realisierbar. Durch die gemeinsame Nutzung von Verkaufsbüros und Flughafeneinrichtungen lassen sich beträchtliche Synergieeffekte erzielen. Eine Kooperation bei den Vielfliegerprogrammen

---

[56] Bei der Entscheidungsfindung wird häufig nur das Ergebnis des Joint Ventures selbst berücksichtigt. Es fallen jedoch zusätzlich erhebliche Transaktionskosten bei den Partnergesellschaften an, z.B. Such- und Anbahnungskosten, Verhandlungskosten, Entscheidungs- und Vereinbarungskosten, Kontroll- und Anpassungskosten sowie ggf. Beendigungskosten [vgl. Heinke (1995) S. 29]. Aus der Praxis sind durchaus Fälle bekannt, in denen das Management durch die Gründung eines Joint Ventures so stark beansprucht wurde, daß für andere Projekte kaum noch Zeit blieb. In diesem Fall sind zusätzlich Opportunitätskosten anzusetzen.

[57] Vgl. Kapitel 2.4 sowie Jäckel (1991) S. 62-77, Schmidt (1993) S. 104-114 und Schmidt (1995) S. 84-116.

und der Streckennetz- bzw. Flugplangestaltung steigert die Angebotsvielfalt und erhöht somit die Buchungswahrscheinlichkeit.

Wegen der potentiellen Vorteile verwundert es nicht, daß die Zahl der Kooperationen seit Anfang der 90er Jahre stark angestiegen ist.[58] Mittlerweile verfügt fast jedes internationale Luftfahrtunternehmen über eine Vielzahl von Vereinbarungen mit anderen großen Carriern sowie mittleren und kleineren Airlines.[59] Trotzdem ist die Entwicklung bei weitem noch nicht abgeschlossen. Viele Kooperationen wurden in der Vergangenheit vorschnell eingegangen und erweisen sich nunmehr als wenig vorteilhaft. Darüber hinaus haben sich in der Zwischenzeit häufig die regulatorischen und wettbewerblichen Rahmenbedingungen sowie die von den einzelnen Unternehmen verfolgten Strategien geändert. Zur Zeit ist daher ein Umstrukturierungs- und Konsolidierungsprozeß zu beobachten, bei dem unrentable Abkommen beendet, bestehende ausgebaut und neue geschlossen werden.[60] Viele der erst kürzlich geschlossenen Verträge gehen in ihrer Intensität weit über herkömmliche Vereinbarungen hinaus oder beinhalten Berei-

---

[58] Nach einer Umfrage der Zeitung Airline Business stieg die Zahl der Kooperationsvereinbarungen zwischen großen internationalen Fluggesellschaften allein in der Zeit von 1994 bis 1996 um fast 40 % von 280 auf 390, um dann bis 1997 wieder leicht auf 363 zurückzugehen. Die Zahl der an Kooperationen beteiligten Airlines erhöhte sich im Untersuchungszeitraum 1994-97 kontinuierlich von 136 auf 177. Dagegen sank die Zahl der Abkommen mit Kapitalbeteiligungen von 58 (≈ 21 % von 280) auf 54 (≈ 15 % von 363) [Gallacher (1997): *Alliances - Partners for now*, S. 26].

[59] Die Lufthansa hatte zu Beginn des Jahres 1997 beispielsweise 26 Kooperationen mit anderen internationalen Fluggesellschaften. Diese beinhalteten Codesharing (Adria Airways, Austrian Airlines, Finnair, Lauda Air, LOT, Luxair, SAA), eine Zusammenarbeit bei Wartung und Technik (Air China, Garuda, Swissair), gemeinsame Frachtflüge (Cathay Pacific, Cargolux, JAL, Korean Air, Singapore Airlines, DHL Worldwide Express), den Betrieb des Computerreservierungssystems *Amadeus* (Air France, Iberia), die Beteiligung an der *Star Alliance* (Air Canada, SAS, Thai Airways, United, Varig) und verschiedene Sonderabmachungen („Olympische Allianz" mit der australischen Ansett für die Spiele 2000 in Sydney, gemeinsames Eigentum an der Chartergesellschaft Sun Express mit Turkish Airlines, kommerzielle Zusammenarbeit mit MEA). Hinzu kamen Vereinbarungen mit kleineren Airlines sowie Kooperationen, die sich lediglich auf eine Zusammenarbeit bei den Vielfliegerprogrammen beschränkten [Gallacher (1997): *Alliances - Partners for now*, S. 56ff].

[60] 1996/97 wurden 72 neue Kooperationen geschlossen und 99 aufgegeben. Beispielsweise beendete Air France die Zusammenarbeit mit acht Fluggesellschaften (u.a. mit Air Canada und Sabena), überprüfte die Vereinbarungen mit 5 Carriern (Malev, Royal Air Maroc, Tunisair, Singapore Airlines, Vietnam Airlines) und schloß umfangreiche neue Abkommen mit Alitalia, Delta und Continental. Ebenfalls sehr aktiv waren American Airlines (8 neue Kooperationen) sowie Finnair und Swissair (je 7 neue Kooperationen) [Gallacher (1997): *Alliances - Partners for now*, S. 26].

che, die bisher von einer Zusammenarbeit ausgeschlossen waren. Im folgenden werden daher vier Kooperationsformen eingehender untersucht, die die weitere Entwicklung der Marktstruktur im Luftverkehr entscheidend beeinflussen dürften: 1) Zusammenarbeit mit Regionalfluggesellschaften, 2) Outsourcing von Hauptstrecken, 3) routenspezifisches Codesharing und 4) Strategische Allianzen.

Neue Kooperationsformen im Luftverkehr		
Kooperationsform	**Partner**	**Hauptmotive**
Zusammenarbeit mit Regionafluggesellschaften	ein großes Luftfahrtunternehmen und ein Regionalcarrier	- Synergieeffekte - Ressourcenzugang - Wettbewerbsreduktion - Existenzsicherung
Outsourcing von Hauptstrecken	ein großes und ein mittleres oder kleines Luftfahrtunternehmen	- Synergieeffekte - Wettbewerbsreduktion
Routenspezifisches Codesharing	zwei mittlere oder große Luftfahrtunternehmen	- Synergieeffekte - Marktzugang - Wettbewerbsreduktion - Risikoverringerung
Strategische Allianzen	zwei oder mehr große Luftfahrtunternehmen sowie deren kleinere Partner	- Synergieeffekte - Ressourcenzugang - Marktzugang - Wettbewerbsreduktion - Existenzsicherung - Spekulation

Abbildung 5.7

Quelle: eigene Darstellung

5.4.3. Zusammenarbeit mit Regionalfluggesellschaften

Wie bereits in Kapitel 3.1 erörtert, sind Regionalfluggesellschaften kleinere Anbieter, die sich auf einen bestimmten Flughafen oder eine bestimmte Region spezialisiert haben und dort Flüge mit Turbopropmaschinen oder kleinen Jets (gewöhnlich mit weniger als 100 Sitzplätzen) anbieten. Da internationale Airlines höhere Fixkosten und Personalaufwendungen aufweisen als Regionalfluggesellschaften, ist für sie der Betrieb solch kleiner Flugzeuge nicht rentabel.

Viele Strecken von/zu den Drehkreuzen oder anderen wichtigen Flughäfen können aufgrund des geringen Verkehrsaufkommens aber nur mit Maschinen von geringer Größe bedient werden. Würden die großen Luftfahrtunternehmen diese Strecken aufgeben, müßten sie auf einen nicht unerheblichen Teil ihres Feed-Traffic verzichten. Als Alternative bleiben somit nur die Gründung eigener Tochtergesellschaften oder die enge Zusammenarbeit mit unabhängigen „Regionals".

Wie Abbildung 5.8 zeigt, haben Europas Flag Carrier entweder einen oder beide dieser Wege beschritten. Auf enge Kooperationen mit unabhängigen Regionalfluggesellschaften verzichten lediglich Aer Lingus, Alitalia, Olympic Airways und Sabena. Alle anderen verfügen über ein mehr oder weniger umfangreiches Beziehungsgeflecht zu kleineren Luftfahrtunternehmen im In- und Ausland. Interessant ist, daß einige Regionals mit mehr als einem Flag Carrier zusammenarbeiten. Die deutsche Eurowings kooperiert beispielsweise mit Air France und KLM, und die österreichische Tyrolean Airways, die sich zu 42,85 % im Eigentum von Austrian Airlines befindet, arbeitet sogar mit Iberia, KLM und Austrian Airlines zusammen. Ebenfalls interessant ist, daß sich mit den südafrikanischen Unternehmen Sun Air (Partner von KLM) und Comair (Partner von British Airways) nur zwei der assoziierten Regionalfluggesellschaften außerhalb Europas befinden.[61] Gerade im außereuropäischen Ausland ist somit noch erhebliches Potential für zukünftige Kooperationen vorhanden. Daß dieses bisher kaum genutzt wurde, ist allerdings weniger auf die Untätigkeit der europäischen Fluggesellschaften als vielmehr auf die Restriktionen bestehender Luftverkehrsabkommen oder nationaler Gesetzgebungen zurückzuführen.[62]

---

[61] Einschränkend muß jedoch darauf hingewiesen werden, daß einige Flag Carrier im Rahmen ihrer Zusammenarbeit mit anderen internationalen Luftfahrtunternehmen Codeshare-Dienste mit deren Tochtergesellschaften oder abhängigen Partnern anbieten. Für KLM werden beispielsweise einige inneramerikanische Anschlußflüge mit KL-Flugnummer von Northwest Airlink durchgeführt. Unter diesem Namen sind verschiedene unabhängige Regionalcarrier wie Business Express Airlines, Express Airlines I, Mesaba Aviation und Trans States Airlines zusammengefaßt, die über eine Rahmenvereinbarung mit Northwest Airlines, dem Hauptpartner von KLM, verfügen [vgl. Northwest Airlines (1997): *Annual Report 1996*]. Diese Dienste sind jedoch nur als Nebenprodukt der Hauptkooperation anzusehen und würden ohne diese nicht stattfinden.

[62] KLM wollte 1987 als erster europäischer Carrier ein Codeshare-Abkommen mit einer kleinen US-Regionalfluggesellschaft schließen, die die KLM-Destination Atlanta bediente. Dies wurde vom amerikanischen Kongreß unterbunden [Höfer (1995) S. 496].

Regionalfluggesellschaften als Partner europäischer Flag Carrier

(Sommer 1997)

Flag Carrier	Markenname der Kooperation	durchführende Regionalfluggesellschaft	
		Tochtergesellschaft (Beteiligung ≥ 50 %)	**unabhängiger Carrier** (Beteiligung < 50 %)
Aer Lingus	Aer Lingus Commuter	Aer Lingus Commuter	
Air France	a) Air France Express b) kein Name		a) Air Littoral, Brit Air, Jersey European Airways b) Corse Mediterranée[1], Eurowings
Alitalia		Avianova	
Austrian			Tyrolean Airways[2]
British Airways	British Airways Franchise	Brymon Airways	British Regional Airlines, City Flyer Express, Comair, GB Airways, Loganair, Maersk Air, Sun Air of Scandinavia
Iberia		Binter Canarias, Binter Mediterraneo	Air Nostrum, Regional Airlines, Tyrolean Airways[2]
KLM	a) KLM Cityhopper b) kein Name	a) KLM Cityhopper b) Air UK	b) Air Engiadina, Air Excel, Braathens SAFE[3], Eurowings, Sun Air, Tyrolean Airways[2]
Lufthansa	a) Lufthansa CityLine b) Team Lufthansa c) Lufthansa Partner	a) Lufthansa CityLine	b) Augsburg Airways, Cimber Air, Contact Air c) Air Dolomiti, Business Air, Rheintalflug
Olympic Airways		Olympic Aviation	
Sabena		Delta Air Transport	
SAS	a) SAS Commuter b) kein Name	a) SAS Commuter	b) Cimber Air, Gronlandsfly, Wideroe
Swissair		Crossair	Air Dolomiti[2], Transwede
TAP Air Portugal			Potugalia, Sata Air Acores

[1] : Corse Mediterranée befindet sich zu 12,5 % im Eigentum von Air France
[2] : Tyrolean Airways befindet sich zu 42,85 % im Eigentum von Austrian Airlines
[3] : Braathens SAFE befindet sich zu 30 % im Eigentum von KLM

Abbildung 5.8

Quelle: eigene Darstellung nach Daten aus Airline Business (1997), Vol. 13, No. 5, S. 30-33, 38 und verschiedenen Geschäftsberichten und Flugplänen

Die Ausgestaltung der Zusammenarbeit ist äußerst facettenreich. Am unverbindlichsten ist der Abschluß eines Interline-Abkommens, die gegenseitige Abstimmung der Flugpläne und die Veröffentlichung der Flüge der Regionalfluggesellschaft unter deren Airline-Code im Flugplan des großen Unternehmens. Ergänzend erfolgt gewöhnlich noch eine enge Zusammenarbeit bei der Bodenabfertigung, um den Passagieren kurze Übergangszeiten und das Durchchecken des Gepäcks an den Zielort zu ermöglichen. Durch den Abschluß einer Codeshare-Vereinbarung in Form des Free-Sale oder Blockspacing (vgl. Kapitel 4.5.11) kann die Kooperation weiter vertieft werden.

Die meisten internationalen Airlines haben mittlerweile jedoch eine sehr viel engere Zusammenarbeit vereinbart. Die Regionalfluggesellschaften fliegen dabei ausschließlich unter der Flugnummer des großen Partners (also nicht mehr unter der eigenen) und richten sich bei der Kabinenausstattung und beim Service an Bord nach dessen Vorgaben. Um die Kooperation auch nach außen hin sichtbar zu machen, findet darüber hinaus eine Angleichung der Flugzeugbemalung statt.[63] Grundlage der Zusammenarbeit ist gewöhnlich eine Wet-Lease-Codeshare-Vereinbarung, d.h. das gesamte Flugzeug einschließlich Crew wird dem großen Partner zur Verfügung gestellt. Dieser legt den Einsatzplan fest und trägt auch das Vermarktungsrisiko.

Einen neuen Weg beschritt British Airways 1993 mit der Einführung des Franchise-Konzepts.[64] Die Franchise-Nehmer zahlen British Airways eine feste Gebühr für verschiedene obligatorische Dienstleistungen (z.B. Unterstützung bei der Flug- und Flotteneinsatzplanung, Zugang zum internen Computerreservierungssystem) sowie das Recht, den Markennamen und den Airline-Code von British Airways nutzen, Flugzeuge in BA-Farben bemalen und das eigene Kabi-

---

[63] Die vom „Team Lufthansa" eingesetzten Turbopropmaschinen unterscheiden sich von jenen der Lufthansa nur dadurch, daß auf dem Leitwerk statt des Kranichs ein gelber Sternenkreis abgebildet ist und auf dem Rumpf statt Lufthansa nunmehr „Team Lufthansa" steht. Die Kabinenausstattung, der Bordservice sowie die Qualitäts- und Sicherheitsstandards entsprechen jenen von Lufthansa CityLine [o.V. (1996): *Startschuß für „Team Lufthansa"*].

[64] Das erste Franchise-Abkommen unterzeichnete British Airways 1993 mit CityFlyer Express (Gatwick). Es folgten Vereinbarungen mit Brymon Airways (Bristol, Plymouth), Maersk Air (Birmingham), Logan Air (Schottland), Manx Airlines (Manchester), GB-Airways (London), Sun Air (Dänemark) und Comair (Südafrika) [vgl. British Airways (1996): *Das Franchise-Konzept wird über Europa hinaus ausgedehnt*, Pressemitteilung Nr. 30 vom 14.06.1996 und British Airways (1995): *A guide to our alliance and franchise partners*].

nenpersonal mit BA-Uniformen einkleiden zu können. Außerdem müssen sie einen Teil des Erlöszuwachses, der sich durch die Zusammenarbeit mit dem großen Partner ergibt, abgeben. Im Gegensatz zu den Wet-Lease-Vereinbarungen verbleibt das wirtschaftliche Risiko aber vollkommen bei den kleinen Unternehmen. Diese haben zwar prinzipiell Freiheit in der Festlegung der Flugpreise, Frequenzen und Flugzeiten, es ist jedoch davon auszugehen, daß in jedem Falle eine enge Abstimmung stattfindet und keine Entscheidung gegen den ausdrücklichen Wunsch von British Airways erfolgt.[65] Um sicherzustellen, daß die eigenen hohen Anforderungen hinsichtlich Wartung, Pünktlichkeit, Kabinenservice und Sauberkeit der Flugzeuge erfüllt werden, besitzt British Airways auch das Recht zu häufigen und rigorosen Kontrollen.[66] Das Franchise-Konzept hat sich in den wenigen Jahren seiner Anwendung im Luftverkehr bereits als so erfolgreich erwiesen[67], daß es mittlerweile bereits von mehreren anderen Gesellschaften kopiert wird.[68]

Während sich herkömmliche Interline-Abkommen vor allem für die Passagiere positiv auswirkten, bieten darüber hinausgehende Kooperationen auch für die beteiligten Fluggesellschaften wesentliche Vorteile. Die großen Unternehmen können ihr Streckennetz mit Hilfe von Codeshare-Vereinbarungen auf weniger aufkommensstarke Routen ausdehnen und durch die Abstimmung der Flugzeiten

---

[65] Letzteres gilt vor allem bei der Festlegung von Pro-rates für Anschlußflüge. Einzelheiten hierzu werden zwar nicht veröffentlicht, es ist allerdings zu vermuten, daß British Airways Preisvorgaben macht, die von den Franchise-Nehmern erfüllt werden müssen, um den Fortbestand des Vertrags nicht zu gefährden.

[66] Vgl. hierzu Reed, Arthur (1995): *British Airways franchising - Buying into the game*, S. 96f und Jones (1996): *Franchising - Keeping up appearances.*

[67] Im Geschäftsjahr 1995/96 erzielte British Airways durch das Franchise-System Mehreinnahmen in Höhe von 50 Mio. Pfund [Jones, Lois (1996): *Franchising - Keeping up appearances*, S. 38]. Aber auch die Franchise-Nehmer scheinen durch die Vereinbarung profitiert zu haben. So erhöhte sich beispielsweise das Verkehrsaufkommen von Brymon Airways zwischen Bristol und Aberdeen innerhalb eines Jahres um 230 %. Comair konnte in zwölf Monaten eine Umsatzsteigerung von 30 % erzielen [Reed (1995): *British Airways franchising - Buying into the game*, S. 96].

[68] Beispielsweise hat Air France ein umfassendes Franchise-Abkommen mit Brit Air geschlossen und die Lufthansa ist eine solche Vereinbarung mit Augsburg Airways, Contact Air und Cimber Air eingegangen. Augsburg Airways konnte im ersten Halbjahr 1997 auf den Franchise-Strecken einen Passagierzuwachs von 130 % erzielen, während das Wachstum auf den eigenständig bedienten Routen nur zwischen 23 % und 39 % lag [Jones (1996): *Franchising - Keeping up appearances*, S. 39f; Jones (1997): *French kiss of life?*, S. 43 und o.V. (1997): *Flucht unter die Flügel der Großen*].

mehr Verbindungsflüge zu ihren Drehkreuzen anbieten. Die Regionalfluggesellschaften wiederum profitieren vom Bekanntheitsgrad, der Marktmacht und dem Distributionssystem der Großen. Ihre Flüge erscheinen in CRS-Displays unter dem Code des bekannten Partners, der auch für die weltweite Vermarktung sorgt und Passagieren Freimeilen im eigenen Vielfliegerprogramm gutschreibt. In manchen Fällen wird sogar die Bedienung von Strecken möglich, auf denen ohne Kooperation kein Dienst angeboten worden wäre.[69]

Hauptmotive für das Eingehen solcher Kooperationen dürften Synergieeffekte (Kostensenkung, Erlössteigerung), Ressourcenzugang (kleine Flugzeuge für die großen Partner; CRS, FFP, Distributionssystem, etc. für die kleinen Partner) und Wettbewerbsreduktion (Ausbau einer Hub-Dominanz) sein. Bei den Regionalfluggesellschaften spielt auch das Motiv der Existenzsicherung eine wesentliche Rolle. Der internationale Verkehr des Partners sorgt fast zwangsläufig für zusätzliche Passagiere und die enge Beziehung mit dem zumeist dominanten Carrier der Region oder des in Frage kommenden Drehkreuzes hält potentielle Wettbewerber vom Markteintritt ab.[70] Von Bedeutung ist darüber hinaus, daß die Anlaufkosten für die alleinige Aufnahme einer neuen Strecke für viele kleine Gesellschaften heutzutage kaum noch zu finanzieren sind. Eine enge Zusammenarbeit führt allerdings auch zu einer nicht unerheblichen Abhängigkeit,[71] die nur durch gleichzeitige Vereinbarungen mit anderen großen Fluggesellschaften oder ein ergänzendes, weitgehend unabhängiges Streckennetz abgeschwächt werden kann.

Für die Zukunft ist mit einer Ausweitung und Konsolidierung enger Kooperationen mit Regionalfluggesellschaften zu rechnen. Dies gilt besonders für Verein-

---

[69] Brad Burgess, Managing Director des British Airways Franchise-Nehmers CityFlyer Express, bemerkt hierzu: „Routes are being operated that would not operate without these agreements, because you are getting a combination of the very-low cost base of the franchisees and the marketing power of BA, making routes viable that would not be viable otherwise" [Reed (1995): *British Airways franchising - Buying into the game*, S. 97].

[70] Der Sprecher des Lufthansa Franchise-Partners Augsburg Airways, Fischer, stellt beispielsweise unumwunden fest: „Für uns bedeutet die Mitgliedschaft im Team Lufthansa die langfristige Existenzsicherung" [o.V. (1997): *Flucht unter die Flügel der Großen*].

[71] Als die Lufthansa 1993/94 die Tochtergesellschaft Lufthansa CityLine gründete und dieser viele, bisher von Cimber Air betriebene Strecken übertrug, mußte letztere Entlassungen in größerem Umfang vornehmen und für mehrere Flugzeuge der Flotte neue Einsatzfelder suchen [Beyhoff/Ehmer/Wilken (1995) S. 20].

barungen mit kleinen Unternehmen in anderen Regionen der Welt, die bisher noch durch zahlreiche Beschränkungen behindert werden.

5.4.4. Outsourcing internationaler Hauptstrecken

Grundsätzlich kann die Zusammenarbeit mit Regionalfluggesellschaften auch als eine Form von Streckenoutsourcing betrachtet werden. Hierbei ist allerdings zu berücksichtigen, daß die großen Luftfahrtunternehmen die in Betracht kommenden Verbindungen kaum selbst anbieten würden. Anders verhält es sich bei einer neuen Form des Streckenoutsourcing, bei der die Bedienung aufkommensstarker Kurzstrecken sowie schwach ausgelasteter Mittel- und Langstrecken an kleinere Gesellschaften mit geringerem Kostenniveau übertragen wird.

Wet-Lease-Vereinbarungen für die Bedienung internationaler Routen sind keineswegs neu, sondern wurden auch schon in der Vergangenheit getroffen. Sie bezogen sich jedoch meist nur auf Einzelfälle und waren darüber hinaus auf eine bestimmte Zahl von Flügen begrenzt. Vorrangiges Ziel war es, temporäre Engpässe bei Maschinen und Piloten zu überbrücken.[72] Der Kostenaspekt stand dagegen im Hintergrund. Mittlerweile gehen einige Fluggesellschaften jedoch zum systematischen Outsourcing all jener Strecken über, die sie selbst nicht rentabel bedienen können. Für British Airways fliegt beispielsweise die unabhängige British Mediterranean Airways die Städte Alexandria, Bishkek, Tbilissi und Taschkent an. Die Flugzeuge sind in BA-Farben bemalt und der Kabinenservice entspricht annähernd dem BA-Standard. Es besteht zudem eine Franchise-Vereinbarung für die Strecke London - Beirut, die auf die Städte Amman und Damaskus ausgeweitet werden soll.[73]

Besonderes Aufsehen erregte die im Oktober 1996 begonnene Zusammenarbeit zwischen Sabena und Virgin Express. Aufgrund dieser hat Sabena die Strecke von Brüssel nach London-Heathrow sowie drei weitere aufkommensstarke Strecken in Europa aufgegeben, die nunmehr im Rahmen des Codesharing von

---

[72] Wet-Lease-Vereinbarungen wurden beispielsweise für die Beförderung von Touristen während der Sommermonate oder in der Weihnachtszeit sowie für Sonderflüge zu großen Sport- oder sonstigen Veranstaltungen geschlossen. Die Abwicklung war häufig mit einem komplizierten Verfahren verbunden, da nicht nur Verkehrsrechte des auftraggebenden Carriers vorliegen, sondern auch die Staatszugehörigkeit des Luftfahrzeugs und der Crew berücksichtigt werden mußten.

[73] Vgl. Jones (1996): *Franchising - Keeping up appearances*, S. 38.

Virgin-Express bedient werden.[74] Ausschlaggebend für den Entschluß von Sabena war die Einsicht, daß man gegen die aufkommenden Billiganbieter nicht konkurrieren könne und deshalb eine enge Zusammenarbeit vorzuziehen sei. Da die von Virgin Express eingesetzten Flugzeuge außen und innen genauso wie alle anderen Maschinen der Gesellschaft aussehen, erhält der Passagier allerdings den Eindruck, daß es sich ausschließlich um einen Dienst von Virgin Express handelt. Langfristig erscheint es daher höchst fraglich, ob das Konzept für Sabena aufgehen wird. Mittlerweile denkt allerdings auch die Lufthansa darüber nach, einige Strecken nach Großbritannien von British Midland bedienen zu lassen.[75]

Das Outsourcing von Kurz-, Mittel- und Langstrecken an kleine und mittelgroße Carrier wird in Zukunft sicherlich an Bedeutung gewinnen. Entscheidend für den Erfolg solcher Vereinbarungen ist, daß das Serviceniveau des großen Partners auch von der durchführenden Gesellschaft erreicht wird und der Passagier nicht wahrnimmt, daß er tatsächlich von einer anderen als der gebuchten Fluggesellschaft befördert wird. Ansonsten ist mit einer erheblichen Unzufriedenheit der Kunden und deren Verlust an Konkurrenzunternehmen zu rechnen. Outsourcing-Vereinbarungen sollten daher in Form eines Franchise-Vertrags oder zumindest eines umfassenden Wet-Lease-Abkommens geschlossen werden. Ob große Luftfahrtunternehmen ihre Flüge bald nur noch von anderen Gesellschaften durchführen lassen werden, um sich auf die Bildung der Marke, die Aufstellung des Flugplans und die Distribution des Produkts zu konzentrieren, ist derzeit in Luftfahrtkreisen heftig umstritten. Es deutet allerdings einiges darauf hin, daß sich zumindest die internationalen Airlines mehr und mehr aus dem Kurzstreckenbereich zurückziehen werden.

---

[74] Konkret handelt es sich um die Strecken Brüssel - London-Heathrow (9 Frequenzen pro Tag), Brüssel - Barcelona (5 Frequenzen pro Tag), Brüssel - Rom (5 Frequenzen pro Tag) und Brüssel - London-Gatwick (2 Frequenzen pro Tag). Zum Einsatz kommen Boeing B-737 von Virgin Express mit Zweiklassenbestuhlung. Interessanterweise verkauft nur Sabena Plätze in der vergleichsweise einfach ausgestatteten Business Class, während beide Carrier um Plätze in der Economy Class konkurrieren [Jones (1997): *Having fun in Brussels*].

[75] Vgl. o.V. (1997): *Offener Himmel über Europa.*

5.4.5. Routenspezifisches Codesharing

Die Ära des routenspezifischen Codesharing unter Beteiligung mittlerer und großer internationaler Luftfahrtunternehmen begann 1987 mit einer Vereinbarung zwischen United Airlines und British Airways.[1] Bis Mitte der 90er Jahre waren die meisten Fluggesellschaften zwar noch zurückhaltend, in den letzten Jahren ist die Zahl der betroffenen Verbindungen aber schnell gestiegen und dürfte mittlerweile in die Zehntausende gehen. Eine Übersicht über die wichtigsten Partner großer europäischer Fluggesellschaften findet sich in Abbildung 5.9. Wie in Kapitel 4.5.11 bereits kurz erörtert, sind folgende Formen des Codesharing zu unterscheiden:

1. Point-to-Point Codesharing: Das Codesharing beschränkt sich lediglich auf einen kontinentalen bzw. interkontinentalen Direktflug. Beispiel hierfür ist die Kooperation von Air France mit Alitalia auf der Strecke Paris - Bologna und mit JAL auf der Strecke Paris - Osaka.[2]
2. Feeder Codesharing: Das Codesharing findet vor oder im Anschluß an den (internationalen) Hauptflug statt. Im Unterschied zu Vereinbarungen mit Regionalfluggesellschaften tritt als durchführender Carrier aber ein mittleres bzw. großes Unternehmen auf. Beispielsweise hat sich British Midland zum Spezialisten für Anschlußdienste von/nach London Heathrow entwikkelt und entsprechende Vereinbarungen u.a. mit Air Canada, Air Lanka, Air New Zealand, American Airlines, Cathay Pacific, Gulf Air, Malaysia Airlines, Royal Brunei Airlines und United geschlossen.[3]
3. Connection Codesharing: Das Codesharing erfolgt sowohl auf den Hauptstrecken als auch auf Zu- und Abbringerflügen. Die Zusammenarbeit zwischen Air France und Continental Airlines beinhaltet beispielsweise Codesharing auf den Interkontinentalstrecken von New York-Newark bzw.

---

[1] Vgl. Petzinger (1995) S. 354.

[2] Gallacher (1997): *Alliances - Partners for now*, S. 31 und OAG (1997): *FlightDisk - Premium Worldwide Edition.*

[3] Die Codeshare-Abmachungen beinhalten Flüge zu Destinationen in Großbritannien und Irland, die von British Midland auch unter eigener Flugnummer angeboten werden. Auf die Interkontinentaldienste der großen Fluggesellschaften bezieht sich das Codesharing indes nicht. British Midland bietet daher keine außereuropäischen Ziele an [Gallacher (1997): *Alliances - Partners for now*, S. 44ff].

Houston nach Paris sowie auf zahlreichen inneramerikanischen und innerfranzösischen Anschlußflügen.[4]

Die Formen der Zusammenarbeit sind äußerst vielfältig. Grundlage ist eine Codeshare-Vereinbarung in Form des Free-Sale, Blockspacing, Revenue- oder Profit-Sharing. Die Kooperation bleibt zumeist aber nicht auf die reine Verwendung des Codes der Partnergesellschaft beschränkt, sondern umfaßt auch andere Bereiche. Weit verbreitet sind eine gegenseitige Übernahme der Bodenabfertigung sowie die Öffnung der Airport Lounges für berechtigte Passagiere des Kooperationspartners. Darüber hinaus kommt es auch vor, daß eigenes Kabinenpersonal auf von Partnergesellschaften durchgeführten Flügen vertreten ist.[5]

Die Vor- und Nachteile des Codesharing wurden bereits in Kapitel 4.5.11 erläutert. Welches Hauptmotiv für das Eingehen solcher Vereinbarungen vorliegt, läßt sich nur im Einzelfall entscheiden. Generell können jedoch folgende Beweggründe aufgeführt werden, die entweder einzeln oder in Kombination miteinander ausschlaggebend sind: Synergieeffekte (Kostenersparnisse, Sicherung von Feed-Traffic), Marktzugang (Umgehung bestehender Zutrittsbarrieren wie Mangel an Slots und Gates oder nichtvorhandene Verkehrsrechte), Wettbewerbsreduktion (Verringerung der Anbieterzahl, Ausbau einer Hub-Dominanz) sowie Risikoverringerung (kostengünstige Erschließung neuer Märkte).

---

[4] Gallacher (1997): *Alliances - Partners for now*, S. 31. Continental hat eine solche Vereinbarung nicht nur mit Air France sondern auch mit Alitalia und Virgin Atlantic geschlossen [vgl. Whitaker (1997) S. 34f].

[5] Ein Abkommen zwischen Virgin Atlantic und Malaysia Airlines (MAS) für von MAS bediente Verbindungen zwischen London und Kuala Lumpur, Melbourne, Adelaide sowie Sydney sieht beispielsweise vor, daß der malayische Carrier auf allen Flughäfen die Bodenabfertigung übernimmt und Business- bzw. First Class-Passagiere die Airport Lounges beider Gesellschaften nutzen können. Obwohl der Service vollkommen dem von MAS entspricht, fliegen immer zwei Mitarbeiter von Virgin Atlantic mit, um eigenen Kunden die Präsenz der Gesellschaft zu demonstrieren [Virgin Atlantic (08/1996): *What´s the deal? ... with Malaysia Airlines*].

Internationale Codeshare-Vereinbarungen europäischer Fluggesellschaften (Juni 1998)		
Airline	**Codeshare-Partner in Europa**	**Codeshare-Partner in anderen Kontinenten**
Aer Lingus	Finnair, KLM, Sabena	Delta
Air France	Adria Airways, Balkan Bulgarian, British Midland, Croatia, CSA, LOT, Maersk, Malev, Tunisair	Aces Columbia, Aeroflot, Aeromexico, Air Madagascar, Air India, Continental, Delta, Japan Airlines, Royal Air Maroc, Tunisair
Alitalia	British Midland, Croatia, CSA, Cyprus, Finnair, KLM, LOT, Maersk, Malev, Meridiana, Tarom	Canadian, Continental, Gulf Air, Korean
Austrian Airlines	AOM, British Midland, CSA, Finnair, Iberia, Lauda Air, LOT, Sabena, Swissair, TAP Air Portugal, Tarom, Turkish Airlines	Air Mauritius, All Nippon, Asiana, Delta, Iran Air, Singapore Airlines, Ukraine International
British Airways	Finnair, GB Airways, Iberia, LOT	America West, American, Canadian, Korean, Qantas
British Midland	Air France, Alitalia, Austrian, Iberia, Icelandair, Lufthansa, SAS, TAP, Virgin Atlantic	Air Canada, Air Lanka, Air New Zealand, American, Cathay Pacific, Gulf Air, Malaysia, Royal Brunei, United
Finnair	Aer Lingus, Alitalia, Braathens, British Airways, Deutsche BA, Estonian, Iberia, Lithuanian, LOT, Maersk, Sabena, Swissair	Air Canada, Air China, Delta, EL Al
Iberia	Austrian, Balkan Bulgarian, British Airways, British Midland, CSA, Finnair, LOT, Malev, Tarom	Aerolineas Argentinas, American, Korean, Kuwait Airways, Royal Air Maroc
KLM	Aer Lingus, Alitalia, Braathens, CSA, Cyprus, Maersk	Air Aruba, ALM, Ansett, El Al, Garuda, Japan Airlines, Japan Air System, Kenya Airways, Malaysia, Northwest
Lauda Air	Austrian, Lufthansa	Malaysia
Lufthansa	Adria Airways, British Midland, CSA, Lauda Air, LOT, Luxair, SAS,	Air Canada, All Nippon, South African, SAS, Singapore Airlines, Thai, United, Varig
Olympic Airways	Balkan Bulgarian	Saudi Arabian, VASP
Sabena	Aer Lingus, AOM, Austrian, City Bird, Finnair, Maersk, Swissair, TAP Air Portugal, Turkish Airlines	Delta
SAS	British Midland, Icelandair, LOT, Lufthansa, Spanair	Air Canada, Air India, SAA, Thai, United, Varig
Swissair	AOM, Austrian, Azzura, CSA, Finnair, LOT, Malev, Sabena, TAP Air Portugal, Tarom, Turkish Airlines	Aeromexico, Aeroflot, Air China, Air India, Delta, Garuda, Ladeco, Oman Air, Ukraine International, Vietnam Airlines
TAP Air Portugal	AOM, Austrian, British Midland, Sabena, Swissair, Turkish Airlines	Air Afrique, Air Macau, Delta, LAM, TAAG Angola
Virgin Atlantic	British Midland	Ansett, Continental, Malaysia

Abbildung 5.9

Quelle: eigene Darstellung nach Daten aus Gallacher (1998): Alliances - Hold your horses

Ob die Vereinbarungen immer den gewünschten Erfolg erzielen, kann bezweifelt werden. Dies gilt insbesondere für reines Point-to-Point Codesharing ohne weitere gemeinsame Aktivitäten. Vielfach ist eine solche Form der Zusammenarbeit kaum gewinnbringend und zerbricht daher bereits nach kurzer Zeit.[6] Aber selbst rentable Kooperationen dieser Art werden häufig wieder aufgegeben, sobald ein bestimmtes Verkehrsaufkommen überschritten und somit eine eigenständige Bedienung möglich ist, veränderte Partnerpräferenzen eine Beendigung ratsam erscheinen lassen oder neue Verkehrsrechte zur Verfügung stehen.[7] Feeder Codesharing ist dagegen zumeist erfolgreicher, vor allem wenn die benötigten Verkehrsrechte oder der Slotzugang bei der größeren Gesellschaft fehlen und günstige Flugpreise eine Weiterbeförderung mit dem gewünschten Partner nahelegen.[8] Connection Codesharing bietet ebenfalls erhebliche Erfolgsmöglichkeiten, besonders wenn es Teil einer umfassenden Strategischen Allianz ist.

5.4.6. Strategische Allianzen

Ende der 80er Jahre begannen die großen europäischen und amerikanischen Carrier damit, kontinentübergreifende Strategische Allianzen mit anderen Fluggesellschaften einzugehen.[9] Den Anfang machten British Airways und United

---

[6] 1990 vereinbarte American Airlines Blockspacing auf Cathay Pacific Flügen zwischen Los Angeles und Hongkong, da eine eigene Bedienung der Strecke als zu kostspielig angesehen wurde. Bereits 1992 wurde die Vereinbarung aber wieder aufgehoben, da trotz zufriedenstellender Passagierzahlen nie ein Gewinn erwirtschaftet worden war. Cathay Pacific hatte die eigenen Sitzplätze so billig angeboten, daß American seine Tickets nur zu Schleuderpreisen verkaufen konnte [GAO/RCED-95-99, S. 41].

[7] Eine Studie der Boston Consulting Group aus dem Jahre 1995 kommt zu dem Schluß, daß zwei Drittel der reinen Codeshare-Vereinbarungen über Interkontinentalstrecken nach vergleichsweise kurzer Zeit wieder auseinanderfallen [o.V. (1996): *Alliances - Marriages made in heaven*, S. 12].

[8] Beispiel für ein erfolgreiches Codesharing dieser Art ist die Zusammenarbeit zwischen United und British Midland. United konnte durch die von British Midland angebotenen günstigen Anschlußflüge zu 5 Städten in Nordeuropa die Zahl seiner London-Passagiere erheblich erhöhen. Hatte British Midland unter der vorher bereits bestehenden Interline-Vereinbarung zwischen den Carriern lediglich 151 United Passagiere pro Monat befördert, so erhöhte sich diese Zahl zwischen 1992 und 1995 auf 2.072 [GAO/RCED-95-99, S. 40f].

[9] Lange Zeit waren die meisten asiatischen Fluggesellschaften in Bezug auf Strategische Allianzen äußerst skeptisch. Mittlerweile haben aber auch sie begonnen, weitreichende Vereinbarungen zu treffen oder zumindest über diese zu verhandeln [vgl. Knibb (1994)].

im Jahre 1987. Es folgten SAS und Continental (1988)[10], KLM und Northwest (1989) sowie Swissair, Delta und Singapore Airlines (1989).[11] Die gesetzlichen Bestimmungen in den USA und verschiedenen anderen Ländern sowie die Inhalte der bilateralen Luftverkehrsabkommen behinderten allerdings zunächst eine intensive Zusammenarbeit. Dies änderte sich erst im Jahre 1993, als das US-Verkehrsministerium der engen Kooperation zwischen Northwest und KLM eine sog. „Antitrust Immunity" erteilte (vgl. Kapitel 4.4.3). Seitdem haben die allianzbezogenen Aktivitäten weltweit erheblich zugenommen.

Das Eingehen einer Strategischen Allianz beruht normalerweise auf mehreren Motiven. Zumeist ist die Erzielung von Synergien (beispielsweise Kosteneinsparungen durch Economies of Density), die Erleichterung des Markt- und Ressourcenzugangs, die Reduzierung des Wettbewerbs und die langfristige Existenzsicherung beabsichtigt. Gegebenenfalls kann durch eine Allianz aber auch getestet werden, ob sich der Partner für eine spätere Akquisition oder Fusion eignet.

Als Bereiche der Zusammenarbeit kommen die folgenden Aktivitäten in Betracht (vgl. Abbildung 5.10):

* Abstimmung der Flugpläne (Flugzeiten, Frequenzen, Routen),
* Vereinbarung von (Point-to-Point oder Connection) Codesharing,
* Crew- und Aircraft-Sharing,
* gemeinsame Beschaffung und Wartung,
* gegenseitige Inanspruchnahme oder sogar Zusammenlegung der Verkaufsbüros,
* gemeinschaftliche Nutzung von Flughafeneinrichtungen (v.a. Check-in Counter und Lounges),
* gegenseitige Anerkennung der Vielfliegerprogramme,[12]

---

[10] Zwischen 1988 und 1990 vereinbarte SAS eine enge Zusammenarbeit mit Continental Airlines und erwarb 18,4 % des Stimmrechts der US-Gesellschaft. Mit dem Konkurs von Continental und der anschließenden Übernahme durch ein Konsortium um Air Canada verlor das skandinavische Unternehmen 1992 jedoch alle Aktionärsrechte und Ansprüche [vgl. Höfer (1995) S. 499].

[11] Vgl. Höfer (1995) S. 496 u. 499; British Airways (1996): *British Airways Fact Book 1996*, S. 17; Singapore Airlines (02/1996): *Global Excellence*, Backgrounder 25 und KLM (1997): *Fact Sheet - KLM und Northwest Airlines.*

[12] Weit verbreitet ist das Sammeln und Ausgeben von Bonusmeilen bei Partnergesellschaften. Teilweise können auf Partnerflügen aber auch Statusmeilen erworben werden. Der Passagier genießt dann dieselben Privilegien wie bei seiner Heimatfluggesellschaft.

* Abstimmung bei der Preisgestaltung sowie bei der Festlegung von Reisebüroprovisionen und Firmentarifen,
* Angleichung und Weiterentwicklung der eingesetzten Informationstechnologie (z.B. Reservierungs-, Scheduling- und Yield-Management-Systeme),
* Zusammenlegung von Mitarbeiterschulungen,
* Koordination der Werbemaßnahmen,
* Standardisierung oder sogar Vereinheitlichung des Produkts (bis hin zur Schaffung eines gemeinsamen Logos),
* Outsourcing an Partnerunternehmen (z.B. Bodenabfertigung, Wartung, Catering, Bedienung ausgewählter Strecken, Reservierung, Informationstechnologie).[13]

Abbildung 5.10

Quelle: eigene Darstellung

---

[13] Derartiges Outsourcing ist dann sinnvoll, wenn das Partnerunternehmen erhebliche Kosten- und/oder Know-how-Vorteile besitzt. Gegenüber einer Aufgabenübertragung an Dritte wirkt sich positiv aus, daß die Arbeit durch die enge Zusammenarbeit besser überwacht werden kann und daß die Qualität der Leistungserstellung gewöhnlich steigt, da das Partnerunternehmen am eigenen Erfolg partizipiert und umgekehrt.

Gegenwärtig existiert eine Vielzahl von bi- und multilateralen Vereinbarungen zwischen Luftfahrtunternehmen, die als „Strategic", „Global" oder „Marketing Alliances" bezeichnet werden, häufig jedoch nur eine erweiterte Codeshare-Zusammenarbeit sowie eine begrenzte Kooperation bei den Vielflieger-programmen vorsehen. Wahrhaft Strategische Allianzen mit globaler Reichweite und umfassendem Beziehungsgeflecht, gegebenenfalls auch ergänzt um ein- oder mehrseitige Kapitalbeteiligungen, bestehen dagegen nur wenige. Welche Vorgehensweisen die großen europäischen Fluggesellschaften bisher gewählt haben, soll im folgenden kurz erörtert werden.

British Airways war bereits frühzeitig von der Notwendigkeit überzeugt, mit Luftfahrtunternehmen in anderen Ländern und Kontinenten kooperieren zu müssen, um ein weltumspannendes Streckennetz anbieten zu können. Bereits 1987 wurde mit *United Airlines* eine „Marketing Partnership" für den Nordatlantikverkehr vereinbart, die allerdings 1990 zerbrach, als United erstmals Verkehrsrechte nach Großbritannien erwarb und daraufhin die Zusammenarbeit beendete.[14] Ein zweiter Versuch zur Gewinnung eines amerikanischen Partners folgte 1993 mit dem Erwerb von 19,9 % der Stimmrechtsaktien von *USAir* (seit 1997 US Airways).[15] Beide Unternehmen vereinbarten eine weitreichende Zusammenarbeit, die eine Abstimmung der Flugpläne, das Codesharing auf inneramerikanischen Anschlußflügen,[16] die gegenseitige Nutzung von Flughafeneinrich-

---

[14] United kaufte von PanAm fünf Routen nach London-Heathrow einschließlich der damit verbundenen Anschlußrouten zu verschiedenen Zielen in Kontinentaleuropa [vgl. Petzinger (1995) S. 375-389 und Olivier (1994) S. 19].

[15] USAir benötigte die Investition von British Airways, um im harten inneramerikanischen Konkurrenzkampf überleben zu können. Bereits im Juli 1992 hatten sich beide Airlines darauf geeinigt, daß British Airways 750 Mio. US-$ in USAir investieren und hierfür 44 % der Aktien bzw. 21 % des Stimmrechts erhalten sowie 4 von 16 Aufsichtsräten stellen sollte. Da für wichtige Entschlüsse eine Stimmenmehrheit von 80 % vorgesehen war, hätte BA somit ein Vetorecht besessen. Als die US-Regierung hierzu ihre Zustimmung verweigerte, wurde im Januar 1993 eine revidierte Übereinkunft getroffen, die Investitionen in Höhe von 300 Mio. US-$ (= 19,9 % des Stimmrechts) und die Stellung von 3 Aufsichtsräten, aber kein Vetorecht vorsah. British Airways sollte zudem die Möglichkeit besitzen, in den folgenden fünf Jahren weitere 450 Mio. US-$ in USAir zu investieren [BTCE (1994) S. 258 und British Airways (1995): *British Airways Fact Book 1995*, S. 13f]. Die Höhe der ursprünglich beabsichtigten Investition deutet darauf hin, daß British Airways weniger eine Kooperation als vielmehr eine Akquisition von USAir plante.

[16] Die Kooperation zwischen USAir und British Airways wurde vom amerikanischen Verkehrsministerium erst genehmigt, nachdem USAir auf seine gesamten Verkehrsrechte nach Großbritannien verzichtet hatte (anstelle von USAir designierte das DOT daraufhin American

tungen, das Sammeln und Ausgeben von Meilen auf Flügen der Partnergesellschaft sowie einen Wet-Lease-Vertrag für USAir Maschinen[17] vorsah. Zur Abstimmung der Aktivitäten wurden ein zentrales Koordinationsteam sowie 30 Arbeitsgruppen und 8 Lenkungsausschüsse gebildet.[18] Die Zahl der Codeshare-Passagiere stieg innerhalb von drei Jahren von Null auf 560 Personen pro Tag, wobei sogenannte „Premium Passengers", also Reisende in der First und Business Class, überproportional vertreten waren.[19] Das Betriebsergebnis für das Geschäftsjahr 1994/95 verbesserte sich nach Angaben der Fluggesellschaften um 20 Mio. US-$ bei USAir und 100 Mio. US-$ bei British Airways.[20] Trotzdem kann die Investition nicht als reiner Erfolg gewertet werden. Zeitweise sah sich USAir aufgrund hoher Verluste gezwungen, Dividendenzahlungen für im Eigentum von British Airways befindliche Vorzugsaktien auszusetzen. Das britische Unternehmen mußte deshalb auch einen Großteil seiner Beteiligung abschreiben.[21] Die Hinauszögerung wichtiger Restrukturierungsmaßnahmen bei USAir und die Verweigerung einer Antitrust Immunity durch das US-Verkehrsministerium führten dazu, daß eine weitreichendere Integration beider Carrier unterblieb.

Airlines). Aus diesem Grund war kein Codesharing über den Nordatlantik, sondern nur Feeder-Codesharing auf inneramerikanischen Anschlußstrecken möglich [GAO/RCED-95-99, S. 32].

[17] Aus Mangel an eigenem Fluggerät setzte British Airways auf drei neuen Diensten in die USA Maschinen (inkl. Crew) ein, die von USAir geleast waren [British Airways (1995): *British Airways Fact Book 1995*, S. 14].

[18] Gallacher (1994): *Alliances - Bagging the benefits*, S. 48.

[19] British Airways (1996): *British Airways Fact Book 1996*, S. 81. Zwischen 1993 und 1994 sank der inneramerikanische Interline-Verkehr von British Airways mit United um 15 %, mit Delta um 12 %, mit Northwest um 9 %, mit TWA um 6 % und mit Continental um 5 %. Lediglich der Interline-Verkehr mit American blieb ungefähr konstant. Für fast alle amerikanischen Carrier ergaben sich somit Einnahmeverluste auf Inlandsdiensten (bei Delta beispielsweise in Höhe von 25 Mio. US-$). Darüber hinaus mußten sie einen Verkehrsrückgang auf den Nordatlantikstrecken hinnehmen. Eine US-Fluggesellschaft gab an, daß die Zusammenarbeit von British Airways mit USAir bei ihr zu einem Passagierrückgang auf Strecken zwischen den USA und Großbritannien von 3 % geführt habe. Auf Routen, auf denen sie direkt mit BA/US konkurrierte, betrug der Rückgang sogar 11 % [GAO/RCED-95-99, S. 36].

[20] Bei British Airways stammten 45 Mio. US-$ aus dem zusätzlichen Codeshare-Verkehr sowie 55 Mio. US-$ aus dem - auf einigen Strecken weiterhin bestehenden - Interline-Verkehr, der Zusammenarbeit bei den Vielfliegerprogrammen und Kosteneinsparungen. Bei USAir resultierten 8 Mio. US-$ aus den Codeshare-Diensten sowie 12 Mio. US-$ aus dem Interline-Verkehr und der Wet-Lease-Vereinbarung [GAO/RCED-95-99, S. 34f].

[21] Palmer (1994) S. 30.

Als *American Airlines* seine lange Zeit verfolgte Alleingangsstrategie aufgab, ergriff British Airways die Chance, mit einem stärkeren US-Partner zusammenzuarbeiten. Im Juni 1996 wurde eine Strategische Allianz vereinbart, die umfassendes Codesharing, eine gegenseitige Anerkennung der Vielfliegerprogramme, nahtlose Verbindungen auf 36.000 Städtepaaren sowie Profit-Sharing auf Nordatlantikdiensten vorsah.[22] Wegen des heftigen Widerstands anderer Airlines und der Streitigkeiten über die Weiterentwicklung des britisch-amerikanischen Luftverkehrsabkommens ist bisher aber noch keine Genehmigung von den zuständigen Wettbewerbsbehörden erteilt worden.[23]

Die Allianz mit American Airlines wurde sicherlich dadurch begünstigt, daß die australische *Qantas*, an der British Airways seit 1993 mit 25 % beteiligt ist,[24] ebenfalls mit American kooperierte. Im Gegensatz zur USAir-Beteiligung, verlief die Zusammenarbeit mit Qantas bisher jedoch äußerst zufriedenstellend. Beide Gesellschaften haben ihre Flüge auf der sog. „Kangaroo Route" von Europa nach Australien vollkommen aufeinander abgestimmt und konnten hierdurch eine Boeing B-747 von British Airways und eine Boeing B-767 von Qantas einsparen. Sie nutzen gemeinsame Flughafeneinrichtungen und Verkaufsbüros, betreiben zusammen ein Drehkreuz in Singapur, stimmen die Flugpreise miteinander ab und teilen die Einnahmen nach einem vorher festgelegten Schlüssel untereinander auf. Vielfliegern der Partnergesellschaft werden nicht nur Bonusmeilen sondern auch Statuspunkte gutgeschrieben. Eine enge Kooperation in den Bereichen Computerreservierungs- und Yield-Management-

---

[22] O.V. (1996): *British Airways - Globale Allianz mit American.* Obwohl die Allianzvereinbarung zwischen American Airlines und British Airways eine weitere Zusammenarbeit mit USAir vorsah, reagierte das Unternehmen mit einer Klage, in der die Rückgabe des von den Briten gehaltenen Aktienpakets in Höhe von 24,5 % der Anteile gefordert wurde [Jennings (1996): *USAir smells a conspiracy* und Zwätz (1996)]. Außerdem kündigte USAir im Oktober die Codeshare-Zusammenarbeit mit Wirkung zum 31.3.97 [o.V. (1996): *USAir zieht sich weiter zurück*]. British Airways zog daraufhin im Dezember 1996 einen Schlußstrich unter die Allianz. Die drei BA-Direktoren traten aus dem Führungsgremium von USAir aus und das noch gehaltene Aktienpaket wurde zum Verkauf angeboten [o.V. (1996): *USAir-Anteil kommt auf den Markt*].

[23] Vgl. Odell (1997): *BA-AA: a hell of a furore* und o.V. (1997): *BA-AA rivals round on DOT.*

[24] Die Kapitalbeteiligung wurde im Rahmen der Privatisierung des ehemaligen australischen Flag Carriers erworben. BA erhielt dadurch 3 von 12 Sitzen im Qantas-Aufsichtsrat [vgl. BTCE (1994) S. 262 und British Airways (1996): *British Airways Fact Book 1996*, S. 77].

Systeme, Beschaffung, Wartung und Catering ist bereits eingeleitet.[25] Außerdem hat British Airways beantragt, tagsüber in London stationierte Boeing B-747 von Qantas für eigene Dienste leasen zu können.[26]

Das Allianz-Netzwerk von British Airways wurde im Juni 1996 durch eine Vereinbarung mit *Canadian Airlines*[27] und im Juli 1997 durch eine Abmachung mit der spanischen *Iberia*[28] erweitert. In beiden Fällen ist Codesharing und die gegenseitige Anerkennung der Vielfliegerprogramme vorgesehen. Die Übereinkunft mit Iberia sieht darüber hinaus auch die Übernahme eines kleinen Aktienpakets in Höhe von 5 % vor.[29] Als weitere Kooperationskandidaten kommen *Japan Airlines (JAL), Aerolineas Argentinas* und die mittelamerikanische *Taca-Group* in Betracht, die bereits eng mit bestehenden Partnergesellschaften von British Airways zusammenarbeiten.[30]

Durch die verschiedenen Allianz-Abkommen hat British Airways nunmehr ein globales Netzwerk geschaffen. Die Kooperationen mit American und Canadian gewährleisten eine äußerst starke Stellung auf dem Nordatlantik. Der bislang erst schwach entwickelte Lateinamerikaverkehr kann durch die Zusammenarbeit mit Iberia, American, Aerolineas Argentinas und der Taca-Group erheblich aus-

---

[25] Vgl. o.V. (1995): *Trade commission hops into line on „Kangaroo" route* und Qantas (02/1996): *Fact File - Qantas and British Airways*, Pressemitteilung.

[26] Die B-747 kommen derzeit am frühen Morgen in London an und fliegen erst am späten Abend wieder nach Australien zurück. Könnten die Flugzeuge tagsüber für mehrere Stunden eingesetzt werden, würde dies die tägliche Auslastung beträchtlich erhöhen [Air Transport World (1997), Vol. 34, No. 10, S. 10].

[27] Vgl. Gallacher (1998): *Alliances - Hold your horses*, S. 61. Canadian befindet sich seit April 1994 zu 33 % im Besitz von American Airlines [vgl. ebenda S. 49].

[28] O.V. (1997): *Konkurrenz für „Star"-Allianz.*

[29] Neben British Airways wird sich auch American Airlines mit 5 % an Iberia beteiligen [o.V. (1998): *BA und AA steigen ein*].

[30] Japan Airlines hat im Februar 1998 ein „major codesharing program" mit American vereinbart [Knibb (1988) und o.V. (1998): *American Teams with JAL ... while ANA gets United*]. Aerolinaes Argentinas befindet sich zu je 10 % im Eigentum der BA-Partner American und Iberia [Gallacher (1998): *Alliances - Hold your horses*, S. 48, 50]. Die Taca-Group, welche die Fluggesellschaften Taca (El Salvador), Aviateca (Guatemala), Lacsa (Costa Rica), Nica (Nicaragua) und Copa (Panama) umfaßt, hat sich im Juni 1996 grundsätzlich auf eine weitreichende Codeshare- und Marketing-Allianz mit American geeinigt, die allerdings noch eine „Antitrust Immunity" vom U.S. Verkehrsministerium benötigt [vgl. Cameron (1997): *Two to tango*].

gebaut werden. Die Dienste zwischen Europa bzw. Nordamerika und Australien lassen sich in Kooperation mit Qantas optimieren. Lediglich in Asien muß noch ein Partner gefunden werden, da die gemeinsamen Drehkreuzoperationen mit Qantas in Singapur und eine potentialle Zusammenarbeit mit JAL zur flächendeckenden Bedienung dieses schnell wachsenden Marktes nicht ausreichen.

Die niederländische *KLM* hatte ebenfalls frühzeitig begonnen, einen Partner in den Vereinigten Staaten zu suchen. Seit 1989 kaufte sich das Unternehmen durch eine 500 Mio. US-Dollar-Investition mit 19 % des stimmberechtigten Kapitals bzw. 49 % der Vorzugsaktien bei *Northwest Airlines* ein.[31] Obwohl bereits im Frühjahr 1991 erste Codeshare-Flüge zwischen Amsterdam und Minneapolis stattfanden, begann eine wirklich enge Kooperation erst nach dem Abschluß des niederländisch-amerikanischen Open-Sky-Abkommens im Herbst 1992 und die Gewährung der U.S. Antitrust Immunity im Januar 1993. Letztere ermöglichte es den Unternehmen, „to create a seamless air transportation service" and „to operate as if they were a single airline".[32] Folgende Bereiche der Zusammenarbeit wurden vereinbart: Abstimmung der Flugpläne,[33] Aufteilung der Strecken,[34] Codesharing, Preisabsprachen, Erlösaufteilung nach einem genau vereinbarten Schlüssel, einheitliche Festlegung von Reisebürokommissionen und Firmentarifen, Gewährung von Bonus- und Statusmeilen für Flüge mit der Partnergesellschaft, gemeinsame Flughafen- und Verkaufseinrichtungen, Standardi-

---

[31] Vgl. Arlington (1993) S. 152ff und 156ff; BTCE (1994) S. 264 und KLM (1997): *Fact Sheet - KLM und Northwest Airlines*, Presse Information.

[32] O.V. (1992): *KLM/Northwest - Antitrust immunity the key to link-up* und Hamilton (1993). Michael E. Levine, Executive Vice-President von Northwest bemerkte hierzu: "We sit down and conspire, we set prices, we share routes - it´s wonderful" [Toy/Chandler/Neff/Dawson (1995) S. 38].

[33] Die Zusammenarbeit mit Northwest führte bei KLM zur vollkommenen Umstrukturierung des Flugplans hin zu einem „Wave System", also einem Hub-and-spoke-Streckennetz mit Amsterdam als Hauptdrehkreuz. Hierdurch konnten allein im ersten Jahr 138 zusätzliche Flüge pro Woche angeboten werden, ohne daß sich die Flottengröße erhöhte [KLM (1993): *Schnelle Fortschritte beim Code-Sharing mit Northwest Airlines - Höhere Sitzkapazität durch „Wave System"*, Presse Information Nr. 28/93].

[34] Bei den Codeshare-Flügen über den Atlantik erfolgte anfangs eine Streckenaufteilung: Northwest-Flugzeuge bedienten die Routen Minneapolis - Amsterdam bzw. Boston - Amsterdam und KLM-Maschinen die Verbindung Detroit - Amsterdam. Mittlerweile werden die Strecken jedoch von beiden Carriern beflogen [GAO/RCED-95-99, S. 29 und KLM (1997): *World timetable, March - October*].

sierung der Produkte,[35] Abstimmung der Werbeaktivitäten, Schaffung eines gemeinschaftlichen Logos, Vereinheitlichung der Reservierungs- und Yield-Management-Systeme sowie enge Kooperation in den Bereichen Beschaffung und Wartung.

Das umfassende Codesharing ermöglichte es beiden Fluggesellschaften, ihr Streckennetz stark auszuweiten.[36] Mittlerweile bieten KLM und Northwest Codeshare-Verbindungen zu 150 Zielen in Nordamerika und 40 Zielen in Europa an. Über den Nordatlantik werden jede Woche 150 „Return Flights" durchgeführt,[37] von denen 42 das KLM-Drehkreuz Amsterdam mit den Northwest-Hubs Minneapolis, Detroit und Boston verbinden.[38] Durch die Allianz stieg der Marktanteil beider Gesellschaften im Nordatlantikverkehr zwischen 1991 und 1994 von 7 % auf 11,5 % und die zusätzlichen Einnahmen werden allein für das Jahr 1994 bei Northwest auf 125 bis 175 Mio. US-$ und bei KLM auf 100 Mio. US-$ geschätzt.[39] Diese Zahlen berücksichtigen jedoch nicht die bei KLM angefallenen Zusatz- und Opportunitätskosten der Investition. Aufgrund der prekären finanziellen Lage von Northwest mußte KLM mehrfach auf Dividenden verzich-

---

[35] Die „World Business Class" für den Interkontinentalverkehr wurde von beiden Gesellschaften gemeinsam entwickelt und zum Sommerflugplan 1994 eingeführt. Das Kabineninnere und die Uniformen der Kabinenbegleiter unterscheiden sich zwar noch, entsprechen aber demselben Stil. Der Sitzabstand, die Neigung der Rückenlehne, das Videoprogramm, das Speiseangebot und verschiedene andere Servicemerkmale wurden standardisiert. Zahlreiche Einsatzgüter wie Servietten oder Tabletts sind identisch und werden gemeinsam eingekauft [KLM (1994): *Zum Sommerflugplan mit neuer „World Business Class"*, Presse Information Nr. 04/94 und GAO/RCED-95-99, S. 30].

[36] Beispielsweise bietet Northwest nunmehr auch Anschlußverbindungen nach Oslo an. Nach Aussage der Fluggesellschaft hätte die eigene Bedienung Millioneninvestitionen in Flugzeuge und Bodeneinrichtungen erforderlich gemacht. Mit Hilfe des Codesharing konnten dagegen 30 zusätzliche Passagiere pro Tag ohne große Ausgaben gewonnen werden, die mit KLM von Oslo nach Amsterdam fliegen und dort auf einen Northwest-Flug in die USA umsteigen [GAO/RCED-95-99, S. 28].

[37] KLM (1997): *Fact Sheet - KLM und Northwest Airlines*, Presse Information.

[38] Kuile (1997) S. 67. Bedingt durch die KL/NW-Allianz stieg die Zahl der Transatlantikpassagiere auf den Drehkreuzen beider Gesellschaften im Fünfjahreszeitraum 1992-1996 beträchtlich an: In Amsterdam um 68,4 %, in Minneapolis um 114, 9 % und in Detroit sogar um 172,1 %. Das durchschnittliche Passagierwachstum im Nordatlantikverkehr lag dagegen nur bei 24,8 % [Pearson (1997) S. 47f].

[39] GAO/RCED-95-99, S. 30f. Die Verläßlichkeit der Zahlen ist allerdings umstritten. Für das Jahr 1995 beziffert Jennings den Gewinn auf 50 Mio. US-$ bei Northwest und 150 Mio. US-$ bei KLM [Jennings (1996): *Alliances - Poisoned pals?* S. 22].

ten und zinsgünstige Überbrückungskredite zur Verfügung stellen. Darüber hinaus wurde der Buchwert der Beteiligung im Geschäftsjahr 1992/93 auf Null abgeschrieben.[40]

Trotz der zweifellos erzielten Erfolge war die Zusammenarbeit aber keineswegs spannungsfrei. Die Unternehmenskulturen beider Carrier paßten zwar gut zusammen, es kam aber immer wieder zu Animositäten auf Managementebene, insbesondere zwischen den Vorständen beider Gesellschaften.[41] Zentraler Streitpunkt war die Kapitalbeteiligung von KLM, aufgrund derer die Northwest-Führung eine schleichende Übernahme fürchtete. 1995 erließ der Aufsichtsrat von Northwest eine Verfügung, die KLM vom Erwerb weiterer Stimmrechtsaktien ausschloß. KLM verklagte hierauf die Northwest-Vorstände Alfred Checchi und Gary Wilson, mit denen zusammen 1991 der Leveraged Buyout des US-Carriers initiiert worden war.[42] Erst durch den Rücktritt des KLM-Vorsitzenden Pieter Bouw Anfang 1997 und die Ankündigung, den Northwest-Anteil verkaufen, aber die enge Kooperation beibehalten zu wollen, konnten die Wogen wieder geglättet werden. Mittlerweile haben beide Airlines eine neue Allianzvereinbarung mit zehnjähriger Laufzeit geschlossen.[43]

Mit KLM und Northwest haben sich zwei große internationale Luftfahrtunternehmen zusammengeschlossen, deren Streckennetze sich optimal ergänzen. Nachdem Northwest mit *Continental Airlines* im Januar 1998 eine „strategic global alliance" vereinbart hat,[44] könnte die Zusammenarbeit auch auf Continen-

---

[40] KLM (1993): *Annual Report 1992/93*, S. 30.

[41] Orginalton eines Northwest-Managers: „We could certainly live without KLM". Orginalton eines KLM-Managers: "Their attitude is that KLM is a deep pocket from which they can withdraw money and become filfthy rich". Jennings kommentiert hierzu: „While the alliance is falling apart at the top, it works well on the operational level" [Jennings (1996): *Alliances - Poisoned pals?* S. 22].

[42] Vgl. Jennings (1996): *Alliances - Poisoned pals?*

[43] Nach der Vereinbarung wird jede Airline ein Mitglied im Aufsichtsrat der Partnergesellschaft stellen. KLM verpflichtet sich außerdem, seine Northwest-Anteile innerhalb der nächsten drei Jahre an den Carrier aus Minneapolis zu verkaufen [vgl. Odell/Whitaker(1997): *KLM ponders US disposal*, S. 10 und ATW, Vol. 34, No. 11, S. 10].

[44] Die Übereinkunft, die noch von den zuständigen US-Kartellbehörden genehmigt werden muß, sieht neben zahlreichen Codeshare-Flügen auch vor, daß Northwest 4,1 Millionen Stammaktien von Continental erwirbt, was einem Kapitalanteil von 14 % und einem Stimmrechtsanteil von 51 % entspricht. Viele Beobachter sprechen daher auch von einer „de facto"-

tal ausgedehnt werden. Gemeinsam bieten die drei Carrier zahlreiche Verbindungen über den Nordatlantik sowie in den asiatisch-pazifischen Raum an. Northwest verfügt sogar über ein Drehkreuz in Tokyo und Continental betreibt über die Tochtergesellschaft Continental Micronesia Drehkreuzoperation in Guam und Saipan. Nichtsdestoweniger ließe sich die Stellung in Asien durch die Gewinnung eines starken regionalen Partners noch erheblich ausbauen.[45] Dasselbe gilt für Südamerika, wo sich bisher erst Continental ernsthaft engagiert. In Afrika besteht durch die Zusammenarbeit mit *Kenya Airways*, an der KLM seit 1995 mit 26 % beteiligt ist,[46] noch beträchtliches Wachstumspotential. Auch in Europa scheint durch ein Ende 1997 geschlossenes Abkommen zwischen KLM und *Alitalia* eine Fluggesellschaft gefunden worden zu sein, deren Drehkreuze Rom und Mailand den bestehenden Hub Amsterdam sinnvoll ergänzen.[47]

Die *Swissair* hatte wie British Airways und KLM bereits frühzeitig versucht, innereuropäische und globale Partnerschaften einzugehen. 1989 erfolgte zusammen mit *Delta Air Lines* und *Singapore Airlines (SIA)* die Gründung der

---

Fusion [vgl. Walker (1998): *US alliance opens floodgates* und o.V. (1998): *A new round of consolidation?*].

[45] Bisher verfügen sowohl KLM als auch Northwest lediglich über ein Allianz-Abkommen mit der weitgehend auf Inlandsdienste beschränkten *Japan Air System (JAS)*. Ende 1997 unterzeichneten KLM und *Malaysia Airlines* allerdings ein „Memorandum of Understanding", welches eine enge Zusammenarbeit vorsieht. Northwest plant zudem eine Allianz mit *Air China*, die auch auf KLM ausgeweitet werden könnte. Als weitere Partner kommen die taiwanesischen Carrier *Air China* und *EVA Air* in Frage, mit denen Continental bereits kooperiert, sowie *Garuda Indonesia*, zu der KLM traditionell gute Beziehungen unterhält [Gallacher (1998): *Alliances - hold your horses*, S. 63, 69f, 73f]. All diese Unternehmen verfügen zwar über interessantes Wachstumspotential, können gegenwärtig jedoch keinesfalls als starke Partner bezeichnet werden.

[46] Die Kooperation soll nahtlose Anschlüsse von Nairobi zu verschiedenen afrikanischen Zielen ermöglichen. Im Gegensatz zur Northwest-Investition fielen von Anfang an Dividenden an, da bei Kenya Airways im Rahmen des Privatisierungsprozesses drastische Umstrukturierungsmaßnahmen vorgenommen worden waren [KLM (1995): *KLM kauft Anteile an Kenya Airways*, Presse Information Nr. 19/95 und Air Transport World (1997), Vol. 34, No. 7, S. 85].

[47] Im Dezember 1997 vereinbarten KLM und Alitalia eine enge kommerzielle und technische Zusammenarbeit, in die auch Northwest eingebunden werden soll. Die Partner rechnen mit Umsatzverbesserungen von 1,5 - 2,0 % sowie erheblichen Kosteneinsparungen. Durch die geplante Allianz verbessert KLM nicht nur seine bisher schwache Position in Südeuropa, sondern erhält zudem neue Wachstumsmöglichkeiten im Interkontinentalverkehr [o.V. (1997): *Alitalia / KLM - Start frei für die Partnerschaft*].

Global Excellence Alliance. Vereinbart wurden geringfügige gegenseitige Beteiligungen[48], Flugplanabstimmung, Blockspaced-Codeshare-Flüge, gegenseitige Anerkennung der Vielfliegerprogramme, gemeinsame Nutzung von Flughafeneinrichtungen und Ticketverkaufsstellen, besondere Flugpreisangebote, Austausch von Kabinenpersonal sowie eine enge Kooperation beim Einkauf, bei der Lagerhaltung und der Wartung. Während Delta zu einem schnellen Ausbau der Zusammenarbeit bereit war, hielt sich SIA zurück[49] und verursachte durch verschiedene Maßnahmen erheblichen Unmut bei den Partnergesellschaften. Beispielsweise begann das asiatische Unternehmen mit der Weiterführung seiner Frankfurt- bzw. Brüssel-Dienste nach New York und des Wien-Dienstes nach Toronto und wurde somit zum direkten Wettbewerber auf dem Nordatlantik. Außerdem entschied es sich, neue Maschinen des Typs A-340 anstelle der von Swissair georderten MD-11 zu kaufen, wodurch eine Kooperationsvereinbarung über die Wartung dieser Maschinen durch Swissair obsolet wurde.[50] Es verwunderte daher nicht, daß SIA im November 1997 die Beziehung durch eine weitreichende Kooperationsvereinbarung mit der Lufthansa beendete. Delta und Swissair lösten die Global Excellence Alliance daraufhin auf.[51]

In Europa war die Swissair mit ihrem ersten Kooperationsversuch ebenfalls wenig erfolgreich. 1990 wurde die *European Quality Alliance (EQA)*[52] gegründet, an der sich *Austrian Airlines*, *SAS* und bis 1992 auch *Finnair* beteiligten. Die Unternehmen führten Codeshare-Flüge durch, teilten auf 30 Flughäfen Bodeneinrichtungen und Personal und arbeiteten auch in anderen Bereichen eng zusammen. Der Beginn der Kooperation war zwar durchaus erfolgversprechend,[53] die Zusammenarbeit scheiterte aber, als SAS 1995 eine Strategische Allianz mit

---

[48] SIA beteiligte sich mit 4,6 % an Delta und mit 2,77 % an Swissair, Delta mit 2,74 % an SIA und mit 4,5 % an Swissair und Swissair mit 0,62 % an SIA und 4,6 % an Delta [Singapore Airlines (02/1997): *Global Excellence*, Backgrounder 25 und Airline Business (1997), Vol. 13, No. 6, S. 67].

[49] Vgl. Feldman (1997): *Swissair - time to deliver*, S. 38.

[50] Vgl. Höfer (1995) S. 516.

[51] Vgl. Swissair (1997): *Routenspezifische Partnerschaften statt Eingesellschaft-Allianz*, Pressemitteilung vom 24.11.97.

[52] Eine ausführliche Behandlung der EQA findet sich in Schmidt (1993) S. 115-125. Vgl. auch Youssef (1992) S. 40-45.

[53] Allein in den ersten vier Monaten der Zusammenarbeit stieg der Verkehr zwischen den Hubs von Swissair und SAS um 54 % und der Transferverkehr sogar um 86 % [Youssef (1992) S. 44].

Lufthansa einging. Die EQA hatte bei SAS zwar zu einer Erhöhung des Regionalverkehrs geführt, ein erheblicher Teil des Langstreckenverkehrs war jedoch an Swissair verlorengegangen.[54] Durch die Zusammenarbeit mit Lufthansa versprach sich der skandinavische Carrier außerdem langfristig höhere Gewinne.

Nach dem Zerfall der beiden ersten Allianzsysteme konzentrierten sich die Aktivitäten der Swissair auf den Ausbau der Kooperationen mit *Austrian Airlines* (an der bereits im Mai 1989 eine 10-%ige Beteiligung erworben worden war) und *Sabena* (die im Juli 1995 durch den Kauf von 49,5 % der Aktien de facto übernommen wurde).[55] Um mehr Nordatlantikdienste anbieten zu können, wurde die Zusammenarbeit mit *Delta Air Lines* verbessert. 1996 erfolgte dann die Gründung der *Atlantic Excellence Alliance (AEA)*, an der sich neben Swissair und Delta auch Austrian Airlines und Sabena beteiligten. Die Vorbereitungen dauerten 10 Monate und waren nach Aussage von Philippe Bruggisser, Mitglied der Konzernleitung der Swissair, ein „Alptraum".[56] Nach Erteilung einer U.S. Antitrust Immunity im Februar 1997 ist nunmehr auf bestimmten Strecken ein Revenue-Sharing möglich, bei dem die Tarife und Buchungsklassen einheitlich festgelegt werden und jede Gesellschaft beliebig viele Sitzplätze auf den Flügen der Partner reservieren kann. Erste Ergebnisse der Zusammenarbeit scheinen eine durchaus positive Entwicklung zu verheißen. Für eine eingehende Bewertung ist es derzeit jedoch noch zu früh.[57]

Zur Stärkung der eher schwachen Stellung in Europa wurde im September 1997 eine intensive Zusammenarbeit mit *TAP Air Portugal* vereinbart.[58] Im März 1998 folgte die Gründung der sechs Mitglieder umfassenden *Qualiflyer Group*, an der sich neben Swissair und den bestehenden Partnern Austrian Airlines,

---

[54] Vgl. Feldman (1995) S. 26.

[55] Gallacher (1998): *Alliances - Hold your horses*, S. 48. Vgl. auch Kapitel 5.5.

[56] Feldman (1997): *Swissair - time to deliver*, S. 32.

[57] Vgl. Feldman (1997): *Swissair - time to deliver*, S. 34.

[58] Die Kooperation sieht neben Codesharing, Koordination der Flugpläne und Verschmelzung der Vielfliegerprogramme auch eine enge Zusammenarbeit in den Bereichen Wartung, Informationstechnologie, Catering und Marketing vor. Bei dem für 1999 erwarteten Verkauf von 49 % der Anteile von TAP durch die portugiesische Regierung dürfte Swissair ebenso wie der US-Partner Delta größere Aktienpakete übernehmen [Cameron (1997): *Turn off the TAP*].

Sabena und TAP Air Portugal noch *Turkish Airlines* und die französische *AOM* beteiligten.[59]

Durch die intensive Zusammenarbeit mit Delta, Austrian und Sabena verfügt Swissair über eine ausbaufähige Position im Nordatlantikverkehr. Die Kooperation mit TAP ermöglicht es, „das beste Afrika-Netzwerk ab Europa anzubieten“ und die Dienste nach Südamerika zu verbessern.[60] Demgegenüber besteht erheblicher Handlungsbedarf in Asien, wo alle Partnergesellschaften bisher erst schwach vertreten sind. Hier muß so schnell wie möglich ein starker Partner gefunden werden, da ansonsten kaum wettzumachende Wettbewerbsnachteile gegenüber anderen Allianzen unvermeidbar sind. Routenspezifische Kooperationen dürften für die Erschließung dieses starken Wachstumsmarktes kaum ausreichen. Auch in Europa gilt es keinesfalls als sicher, daß sich der aus „Fluggesellschaften der 2. Kategorie“ zusammengesetzte Qualiflier-Verband gegen die Konkurrenz von British Airways, Lufthansa, Air France und KLM behaupten wird.

Die *Deutsche Lufthansa* sah den Aktivitäten der anderen großen europäischen Luftfahrtunternehmen lange Zeit etwas hilflos zu. Zwar wurden Verhandlungen mit American und Continental geführt, ein Vertragsabschluß kam aber nicht zustande. Erst 1993 konnte mit *United Airlines* eine umfassende Strategische Allianz vereinbart werden.[61] Begünstigt durch die Neufassung des deutsch-amerikanischen Luftverkehrsabkommens aus dem Jahre 1955 und die Gewährung einer U.S. Antitrust Immunity im Mai 1996, entwickelte sich eine sehr enge Zusammenarbeit, die 1994 mit Codeshare-Flügen begann und in der Folge konsequent ausgebaut wurde. Bereits in den ersten zwölf Monaten stieg die Zahl der Nordatlantikpassagiere um 1.000 Personen pro Tag. Der Sitzladefaktor von Lufthansa erhöhte sich um 10 % und United konnte mit 83 % einen neuen Rekord erzielen.[62] Um die Frequenzdichte zu erhöhen, wurden - im Gegensatz zu

---

[59] O.V. (1998): Swissair gründet europäische Luftverkehrsallianz.

[60] O.V. (1997): *TAP-Swissair: Kooperation vereinbart.* Vgl. auch Cameron (1997): *Turn off the TAP.*

[61] Im Gegensatz zu den Allianzen zwischen Northwest und KLM, British Airways und USAir sowie Swissair und Delta sah die Kooperationsvereinbarung zwischen Lufthansa und United keinen Austausch von Beteiligungen vor.

[62] GAO/RCED-95-99, S. 37 und verschiedene Ausgaben des Lufthanseat aus dem Jahre 1995.

den Allianzen von British Airways und KLM - mehrere Interkontientalstrecken von Anfang an sowohl von der Lufthansa als auch von United bedient.[63]

Der Vertrag mit United bildete allerdings nur den Anfang einer in der Folge zielstrebig vorangetriebenen Allianzstrategie. Ebenfalls 1993 kam es zum Abschluß einer Vereinbarung mit der brasilianischen *Varig* und 1995 konnten Abkommen mit *SAS* und *Thai* unterzeichnet werden. Um mit *Air Canada*, dem nordamerikanischen Partner von United zusammenzuarbeiten, erfolgte 1996 die Kündigung einer bereits seit längerem bestehende Kooperation mit Canadian Airlines.[64] Ein vorläufiger Höhepunkt wurde 1997 durch die Gründung der *Star Alliance* erreicht, in der sich die sechs renommierten Fluggesellschaften *Lufthansa, United, Air Canada, SAS, Thai* und *Varig* durch ein multilaterales Vertragswerk eng zusammenschlossen.[65] Der Verbund soll nicht nur schnelles und bequemes Fliegen ermöglichen sondern auch sicherstellen, daß Vielflieger auf allen Teilsegmenten der Reise dieselbe Behandlung und denselben Status erhalten wie bei ihrem Home Carrier.[66] Durch Kosteneinsparungen und Erlösverbes-

---

[63] Derzeit werden auf der Strecke Frankfurt - Chicago beispielsweise täglich drei Codeshare-Flüge angeboten: 08.40 Uhr (UA-Flugzeug), 10.15 Uhr (LH-Flugzeug) und 13.50 Uhr (UA-Flugzeug) [Lufthansa Flugplan, 3. Quartal 1997].

[64] Canadian Airlines war 1994 zu 33 % von American Airlines übernommen worden und schied daher als Partner von United aus. Vgl. Klein (1996); Gallacher (1997): *Alliances - Partners for now*, S. 56f und Star Alliance (1997): *Star Alliance - historischer Rückblick*, News Release.

[65] Zusammen erzielten die Mitglieder der Star Alliance 1996 einen Umsatz von 47,5 Mrd. US-$, verkauften 407 Mrd. Sitzkilometer, beförderten 184 Mio. Fluggäste, beschäftigten 227.629 Mitarbeiter, flogen mit 6.692 täglichen Flügen 642 Destinationen in 106 Ländern an und besaßen eine Flotte von 1.446 Maschinen [vgl. o.V. (1997): *Größtes Airline-Bündnis wächst weiter* und Welch/Whitaker (1997)].

[66] „We talked to travelers and found out that they have wants and needs that no individual airline can deliver on. Travelers want: A broad choice of worldwide destinations and convenient schedules. Smooth connections and seamless travel around the world. The recognition and special services that they are accustomed to everywhere they travel .... We are aligning our frequent flier programs, our lounge privileges and other programs to ensure each partner´s valuable travelers get the special attention they want around the world .... Alone as individual carriers, we cannot compete effectively in the increasingly competitive global airline industry. We would gradually lose the loyalty of our most valuable travelers to alliances who could serve their needs better“ [Imagebroschüre der Star Alliance (1997)].

serungen erwartete die Lufthansa bereits für das erste Jahr der Zusammenarbeit eine Gewinnsteigerung um 350 Mio. DM.[67]

Im Rahmen der Star Alliance ist eine weitreichende Kooperation der beteiligten Fluggesellschaften geplant, ohne deren Identität allerdings zu gefährden. Es wird somit zwar eine Produktstandardisierung, nicht aber eine Produkvereinheitlichung geben. Ein eigenes Star Alliance-Management ist nicht geplant, dafür jedoch eine weitreichende Abstimmung der Aktivitäten in zahlreichen Arbeitsgruppen, die von einem „Alliance Development Committee" koordiniert werden. Die Führung und Weiterentwicklung der Allianz erfolgt durch das „Alliance Development Board", in dem die Vorstände bzw. Geschäftsführer der beteiligten Unternehmen vertreten sind.[68]

Schon bald dürfte die Star Alliance um zusätzliche Partner erweitert werden. Bereits im Mai 1998 wurde *Air New Zealand* und *Ansett Australia* ein Beobachterstatus eingeräumt, die Vollmitgliedschaft ist für März 1999 geplant.[69] Ebenfalls als Beitrittskandidat gilt *Singapore Airlines (SIA).* Das für seinen hohen Service- und Sicherheitsstandard bekannte Unternehmen aus dem südostasiatischen Stadtstaat arbeitet seit Juni 1997 eng mit Air New Zealand und Ansett Australia zusammen[70] und verfügt seit November 1997 über eine weitreichende Kooperationsvereinbarung mit der Lufthansa.[71]

---

[67] Jürgen Weber, Vorstandsvorsitzender der Lufthansa, meint daher: „Ohne unsere Allianzen könnten wir kaum überleben" [o.V. (1997): Größtes Airline-Bündnis wächst weiter].

[68] Star Alliance (1997): *Star Alliance - Fragen und Antworten.*

[69] Air New Zealand / Ansett Australia (1998): *Air New Zealand und Ansett Australia: Absicht zur Teilnahme an der Star Alliance*, Pressemitteilung vom 15.05.98.

[70] Die Allianz zwischen Singapore Airlines, Air New Zealand und Ansett Australia beinhaltet Codesharing, Routen- und Kapazitätsabstimmung, Bündelung von Beschaffungsmaßnahmen, gemeinsame Produktentwicklung sowie eine enge Zusammenarbeit in den Bereichen Werbung, Vielfliegerprogrammen und Informationstechnologie. Außerdem könnte sich SIA in Zukunft an den Partnergesellschaften beteiligen [vgl. Ansett (1997): *Singapore Airlines, Ansett International, Ansett Australia, and Air New Zealand announce commercial alliance*, Media Release vom 20.06.97, Ballantyne (1997): *SIA eyes up ANZ stake* und Thomas (1997) S. 26 und Gallacher (1998): *Alliances - Hold your horses*, S. 72].

[71] Die Vereinbarung sieht eine enge Zusammenarbeit in Form von Codeshare-Flügen, bei den Vielfliegerprogrammen, der Produktentwicklung, der Bodenabfertigung, im Kundendienst, in der Informationstechnik sowie im Frachtverkehr vor. Außerdem wird Lufthansa den Airport von Singapur als zentrales Drehkreuz für Südostasien, Australien und Ozeanien nutzen und Singapore Airlines beabsichtigt den Flughafen Frankfurt zum Hub für Europa auszubauen

Die Star-Verbindungen nach Nordasien und Japan könnten durch eine Mitgliedschaft der japanischen *All Nippon Airways (ANA)* verbessert werden, die seit Anfang 1998 über Kooperationsvereinbarungen mit United und Lufthansa verfügt.[72] Jürgen Weber, Vorstandsvorsitzender der Lufthansa, geht zudem davon aus, daß ein chinesisches Luftfahrtunternehmen mittelfristig der Star Alliance beitreten wird.[73] Ob die Kartellbehörden in Europa und den USA die Entstehung einer derartigen „Mega-Allianz" zulassen werden, bleibt allerdings abzuwarten.

Die Partner der Star Alliance decken den Globus derzeit weit besser ab, als alle anderen Zusammenschlüsse von Fluggesellschaften. Lediglich in Afrika, für daß bisher nur eine 1996 geschlossene Kooperation zwischen Lufthansa und der südafrikanischen *SAA* existiert,[74] ist die weitere Entwicklung derzeit noch unklar. Der große Vorteil des Bündnisses gegenüber anderen Allianzen liegt darin, daß Star auf einer multilateralen Vereinbarung aufbaut, während alle anderen Gruppierungen - bis auf die regional begrenzte Atlantic Excellence Alliance und die Qualiflier Group - nur über ein Netz von bilateralen Abmachungen verfügen und daher höchst unterschiedliche Integrationsgrade aufweisen. Obwohl sich die Zusammensetzung in den nächsten Jahren noch erheblich verändern kann,[75] wurde mit Star sicherlich die bisher überzeugendste Strategische Allianz geschaffen, die zum Vorbild für andere Abmachungen werden könnte.

[Lufthansa Nachricht (1997): *Lufthansa und Singapore Airlines unterzeichnen Kooperationsvertrag,* Frankfurt, 24.11.97].

[72] Die Vereinbarungen zwischen ANA und United bzw. Lufthansa beinhalten jeweils Codesharing und eine enge Zusammenarbeit bei den Vielfliegerprogrammen [Knibb (1998), o.V. (1998): *American teams with JAL ... while ANA gets United* und Gallacher (1998): *Alliances - Hold your horses,* S. 58].

[73] Nach Weber soll der Verbund aber nicht über 9 bis 10 Partner hinaus erweitert werden, denn: „Wir wollen nicht die Vereinten Nationen der Lüfte werden" [o.V. (1997): *Singapur wird Drehkreuz für Südostasien*].

[74] SAA arbeitet ansonsten aber mit keinem Partner der Star Alliance zusammen. Vielmehr existieren Codeshare-Vereinbarungen mit American Airlines auf den Routen New York bzw. Miami nach Johannesburg und KLM für Anschlußverbindungen von Johannesburg nach Durban und Kapstadt [Gallacher (1997): *Alliances - Partners for now,* S. 62].

[75] Während United und Lufthansa, in geringerem Maße auch Air Canada und SAS, gesunde und leistungsfähige Carrier sind, kämpfen Thai und Varig derzeit noch mit erheblichen internen Problemen [vgl. Ballantyne (1997): *Thai Airways - All tied up* und Lima (1997)]. Ein Austausch gegen andere stärkere Fluggesellschaften kann daher keinesfalls ausgeschlossen werden.

Alitalia hatte sich in der Vergangenheit bei der Suche nach Allianzpartnern im Ausland lange Zeit eher zurückgehalten. Bis auf einige streckenspezifische Codeshare-Vereinbarungen wurden keine Kooperationen eingegangen. Mitte der 90er Jahre fand aber ein einschneidender Umdenkungsprozeß statt. So wurde 1994 eine Allianz mit *Continental Airlines* geschlossen, die Codeshare-Flüge und gemeinsame Werbemaßnahmen vorsah.[76] Ende 1997 folgte dann ein weitreichendes Abkommen mit *KLM*, das auch auf *Northwest* ausgeweitet werden soll.[77] Da Northwest und Continental Anfang 1998 eine Strategische Allianz eingegangen sind, ist mit einer verstärkten Integration des italienischen Staatscarriers in die Gruppe um KLM und Northwest zu rechnen.

Air France hatte seine Kooperationsbemühungen lange Zeit auf punktspezifische Codeshare-Vereinbarungen beschränkt. Erst im April 1997 konnten mit *Delta Air Lines* und *Continental Airlines* weitreichendere Abkommen für den Nordatlantik geschlossen werden.[78] Da Delta jedoch bereits eng mit Swissair, Austrian Airlines, Sabena und TAP Air Portugal zusammenarbeitet und Continental die Beziehungen zu Alitalia und KLM weiter ausbauen dürfte, ist die weitere Entwicklung noch unklar. Auch in bezug auf Asien und Südamerika zeichnet sich bisher noch keine klare Strategie ab. Trotzdem sind die Aussichten für Air France nicht zwangsläufig schlecht, da das Unternehmen aufgrund seiner starken Position in Europa und seines gut ausgebauten Hubs Paris-CDG für Carrier aus anderen Kontinenten einen überaus attraktiven Allianzpartner darstellt.

Wie Abbildung 5.11 verdeutlicht, existieren derzeit vier größere Gruppierungen von Fluggesellschaften. Nach den verkauften Personenkilometern und ohne Berücksichtigung kleinerer Partner ist die Star Alliance mit 439,1 Mrd. RPK der größte Zusammenschluß, gefolgt von der AA/BA-Group (393,9 Mrd. RPK), der NW/KL-Group (264,7 Mrd. RPK) und der DL/SR-Group (219,1 Mrd. RPK).[79]

---

[76] Vgl. Gallacher (1997): *Alliances - Partners for now*, S. 36.

[77] Vgl. o.V. (1997): *Alitalia / KLM - Start frei für die Partnerschaft.*

[78] Die Zusammenarbeit mit Continental bzw. Delta umfaßt „Pro-rate"-Abkommen, Flugplanabstimmung, Codesharing und Zusammenarbeit bei den Vielfliegerprogrammen [vgl. Gallacher (1998): *Alliances - Hold your horses*, S. 52].

[79] Die Zahlen beziehen sich auf das Jahr 1996 und beinhalten nur jene Gesellschaften, die eindeutig der jeweiligen Allianz zugeordnet werden können (vgl. Abbildung 5.11). Als Quelle für die eigenen Berechnungen diente Welch/Whitaker (1997).

Berücksichtigt man die voraussichtliche Erweiterung der Star Alliance um Singapore Airlines und ANA, ergibt sich mit 541,7 Mrd. RPK ein eindeutiges Übergewicht dieses Bündnisses, zumal die Zusammenarbeit zwischen American Airlines und British Airways immer noch nicht von den Kartellbehörden genehmigt worden ist.

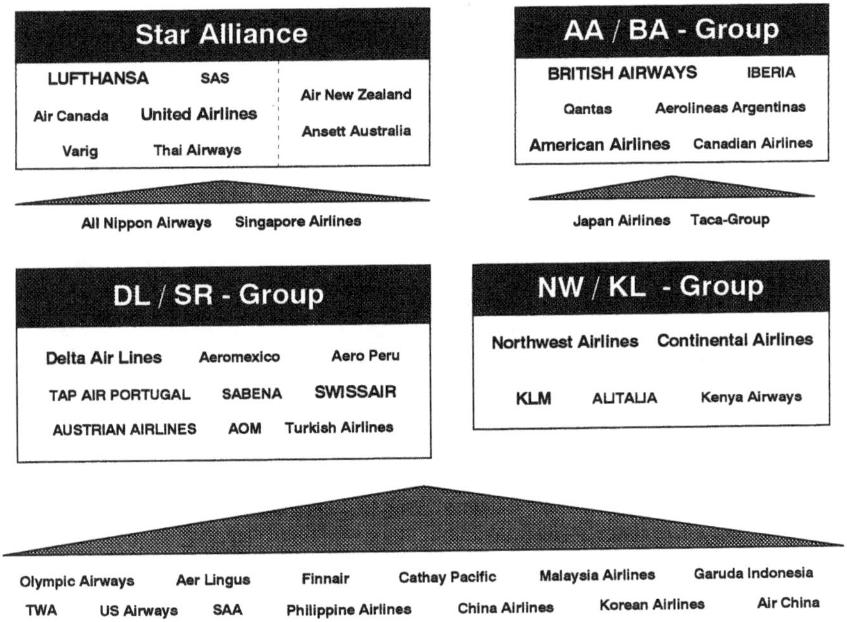

Abbildung 5.11

Quelle: eigene Darstellung

In den nächsten Jahren muß allerdings mit erheblichen Umstrukturierungsprozessen gerechnet werden. Zum einen gehören so bedeutende Unternehmen wie Air France, US Airways, TWA, Cathay Pacific, Korean Air, Malaysia Airlines und SAA bisher noch nicht eindeutig zu einem der großen Blöcke.[80] Zum ande-

[80] Auch ist zu beachten, daß derzeit kein chinesischer Carrier einem Bündnis angehört. Wegen der zunehmenden Bedeutung der VR China im Welthandel und beim Tourismus, stellt ein starker Partner im Reich der Mitte aber für jede global operierende Allianz ein absolutes

ren könnte es zum Auseinanderbrechen oder zur Verschmelzung bestehender Gruppierungen kommen, insbesondere wenn die Anfang 1998 vereinbarten Kooperationsabkommen zwischen Delta und United sowie American Airlines und US Airways von den US-Kartellbehörden in der vorgesehenen Form genehmigt werden.[81]

Die bisherigen Ausführungen haben gezeigt, daß die Wahl der richtigen Partner Voraussetzung für den Erfolg einer Allianz ist. Sind die Unternehmenskulturen und Servicephilosophien inkompatibel, ist ein Scheitern zumeist vorprogrammiert. Dasselbe gilt, wenn keine guten persönlichen Beziehungen zwischen den Entscheidungsträgern der beteiligten Unternehmen aufgebaut werden können. Auch die Zusammenarbeit zwischen wirtschaftlich angeschlagenen Airlines ist in der Regel wenig erfolgreich, da bestehende Strukturkrisen hierdurch nicht behoben, sondern eventuell noch verschärft werden. Sinnvoll ist hingegen eine enge Kooperation zwischen Partnern, die in unterschiedlichen Bereichen über ausgeprägtes Know-how verfügen.

Von großer Bedeutung ist das Streckennetz der potentiellen Partner. Eine Zusammenarbeit liegt vor allem dann nahe, wenn sich die bedienten Routen kaum überschneiden, aber viele Destinationen gemeinsam angeflogen werden. In diesem Fall können Synergien durch die gemeinsame Nutzung von Flughafenein-

---

Muß dar. Bereits jetzt werden Air China, China Eastern und China Southern daher von vielen westlichen Fluggesellschaften vehement umworben.

[81] Es ist allerdings durchaus möglich, daß die US-Kartellbehörden strenge Auflagen machen oder die Kooperationsvereinbarungen sogar ganz untersagen werden [vgl. Flint (1998): *Will four go into two* und Walker (1998): *US alliance opens floodgates*]. Zwar beinhalten die Abkommen keine Fusionspläne, sondern sehen nur begrenztes Codesharing sowie eine Zusammenarbeit bei den Vielfliegerprogrammen vor [vgl. Walker (1998): *Delta ties knot at last* und Walker (1998): *American to bed US rival*]. Trotzdem dürfte ihre Verwirklichung den Wettbewerb im inneramerikanischen Luftverkehr stark verändern. Bezogen auf die 1997 von den U.S. Majors insgesamt verkauften Passagierkilometern erreichen beide Gruppierungen zusammen einen Marktanteil von 65 %. Der Marktanteil von United/Delta beläuft sich dabei auf 39 % und jener von American/US Airways auf 26 %. Berücksichtigt man zusätzlich die Allianz Northwest/Continental mit 21 %, würde die Realisierung der gegenwärtigen Kooperationspläne zur Dominanz von drei Blöcken mit einem Marktanteil von insgesamt 86 % führen [eigene Berechnungen nach Daten aus Air Transport World (1998), Vol. 5, S. 104, 106]. Auch international wäre mit einschneidenden Änderungen zu rechnen. Mangels geeigneter Partner wären alle bisher noch ungebundenen Carrier aus Europa, Asien und Südamerika gezwungen, einem der drei Blöcke beizutreten. Folglich würden langfristig auch weltweit nur drei global operierende Gruppierungen um die Carrier United/Delta, American/US Airways und Northwest/ Continental überleben.

richtungen realisiert und nach Abstimmung der Flugpläne zahlreiche neue Anschlußverbindungen angeboten werden. Sind die beteiligten Unternehmen auf einer Vielzahl von Strecken hingegen direkte Konkurrenten, läßt sich die Kooperation hauptsächlich zur Erhöhung der Frequenzen bzw. zur Reduktion der Wettbewerbsintensität nutzten. Die Strecken müssen dann entweder zwischen den Beteiligten aufgeteilt werden oder es ist eine Erlös- bzw. Gewinnaufteilung zu vereinbaren. Bei Free-Sale- oder Blockspace-Vereinbarungen besteht dagegen die Gefahr, daß sich jeder Partner auf Kosten des anderen Vorteile zu verschaffen sucht.

Wichtig ist zudem die Frage, über welche anderen Verbindungen ein potentieller Kooperationspartner bereits verfügt. Arbeitet er intensiv mit einem starken Wettbewerber zusammen, ist zumindest Vorsicht geboten. Demgegenüber kann die enge Zusammenarbeit mit dem Verbündeten eines Partnerunternehmens zusätzliche Synergiepotentiale erschließen. Ein Blick auf die bestehenden Kooperations- und Allianznetzwerke zeigt, daß einige Fluggesellschaften derzeit noch mit verschiedenen Gruppierungen zusammenarbeiten.[82] Während dies bei punktspezifischen Codeshare-Vereinbarungen durchaus möglich ist, dürfte es auf der Ebene Strategischer Allianzen bald der Vergangenheit angehören. Für diese ist nämlich zumindest eine Teilintegration unerläßlich, die sich in einer Standardisierung des Produkts, einer Vernetzung der EDV-Systeme und einem umfassenden Informationsaustausch manifestieren sollte. Die Zugehörigkeit zu zwei oder mehr Blöcken verbietet sich daher von selbst.

Auch die Größe der beteiligten Unternehmen ist ein nicht zu unterschätzender Erfolgsfaktor. Bestehen diesbezüglich starke Diskrepanzen, fühlt sich das schwächere Unternehmen leicht in die Rolle eines einflußlosen Juniorpartners zurückgedrängt.[83] In diesem Fall liegt keine Kooperation, sondern vielmehr Dominanz des Stärkeren vor. Handelt es sich dagegen um zwei bedeutende Un-

---

[82] Beispielsweise arbeitet die südafrikanische SAA in Europa mit Lufthansa zusammen, in den USA aber mit American und nicht mit dem LH-Partner United. Delta kooperiert nicht nur intensiv mit Swissair, sondern auch mit Air France. Air New Zealand hat Air Canada und dessen direkten Konkurrent Canadian Airlines als Verbündete in Kanada.

[83] Gordon Bethune, Chairman und CEO von Continental Airlines, wirbt beispielsweise mit dem Versprechen einer Zusammenarbeit als gleichberechtigte Partner: „When you join an alliance with American, unless you´re BA, you really aren´t a partner, you´re just an employee ... Continental has a theme that says that we´re all going to win together or lose together. We offer the Iberias, which would certainly be subordinate in a BA-AA alliance, the chance to be equals“ [Whitaker (1997) S. 36].

ternehmen, kann die Bündelung der Marktmacht zu einer erheblichen Reduktion des Wettbewerbs im beiderseitigen Interesse führen.

Um den Zusammenhalt einer Allianz sicherzustellen, bedarf es adäquater organisatorischer und rechtlicher Rahmenbedingungen. Die Erfahrung hat gezeigt, daß (Minderheits-)Kapitalbeteiligungen keineswegs den Erhalt der Zusammenarbeit gewährleisten (Beispiel: British Airways / USAir). Unter Umständen erschweren sie ihn sogar, wenn sich die Investition als wenig rentabel bzw. sogar verlustbringend erweist oder wenn einer der Partner - zu Recht oder zu Unrecht - eine „feindliche Übernahme" fürchtet (Beispiel: KLM / Northwest Airlines). Sofern keine Fusion geplant ist, kann daher auf den Austausch von Aktien verzichtet werden. Stabilisierend wirkt eher eine Vertiefung der Zusammenarbeit, da durch diese die Erfolgsaussichten verbessert werden. Die Verzahnung der Produktion führt zur besseren Nutzung von Synergiepotentialen, der Austausch sensitiver Daten erhöht die Buchungswahrscheinlichkeit und die Standardisierung des Produkts sowie die gegenseitige Vermittlung von Know-how steigert die Qualität der angebotenen Leistung. Außerdem wird die Existenz der Allianz sowohl Mitarbeitern als auch Passagieren stärker ins Bewußtsein gerückt. Durch eine intensive Kooperation vergrößern sich aber auch die Kosten der Allianzauflösung. Eine Beendigung der Zusammenarbeit könnte nur unter erheblichem Arbeitsaufwand vollzogen werden. Wichtige Daten gingen dabei unwiederbringlich an die Konkurrenz verloren und sofern keine neuen Partner gefunden würden, wäre mit einem ernstzunehmenden Marktanteilsverlust zu rechnen.

Für den Bestand einer Allianz ist letztlich entscheidend, daß die erzielten Erfolge sichtbar sind und alle Beteiligten in gleichem Maße von der Zusammenarbeit profitieren. Ob dies immer der Fall ist, muß indes bezweifelt werden. Da allianzbedingte Gewinn- oder Ertragszuwächse fast immer mit runden Zahlen wie 50, 100 oder 200 Millionen US-$ beziffert werden, liegt der Schluß nahe, daß die Fluggesellschaften ihren Nutzen entweder nicht preisgeben möchten oder einfach nicht über die notwendigen organisatorischen Strukturen und analytischen Methoden verfügen, um diesen exakt zu beziffern.

Trotz aller Risiken, die mit der Bildung weitreichender Kooperationen verbundenen sind, bieten Strategische Allianzen zweifelsohne erhebliche Erfolgspotentiale. Durch eine enge Zusammenarbeit in den Bereichen Beschaffung, Wartung, Nutzung von Verkaufs- und Flughafeneinrichtungen oder Informationstechnologie lassen sich erhebliche Kostensenkungen erzielen. Die Integration der

Streckennetze durch eine bessere Abstimmung der Flüge und eine Erhöhung der Frequenzen auf Verbindungen zwischen den Drehkreuzen der einzelnen Partner, ermöglicht das Angebot einer Vielzahl bisher nicht bedienter Städtepaare. Die gebündelte Kraft solcher Marketing-Instrumente wie Vielfliegerprogramme, Firmentarife, Reisebüroprovisionen und Werbung erhöht die Kundenbindung und führt zur „Weitergabe“ von Passagieren an verbundene Unternehmen.

Nordatlantikverbindungen der Allianzen (Herbst 1997)

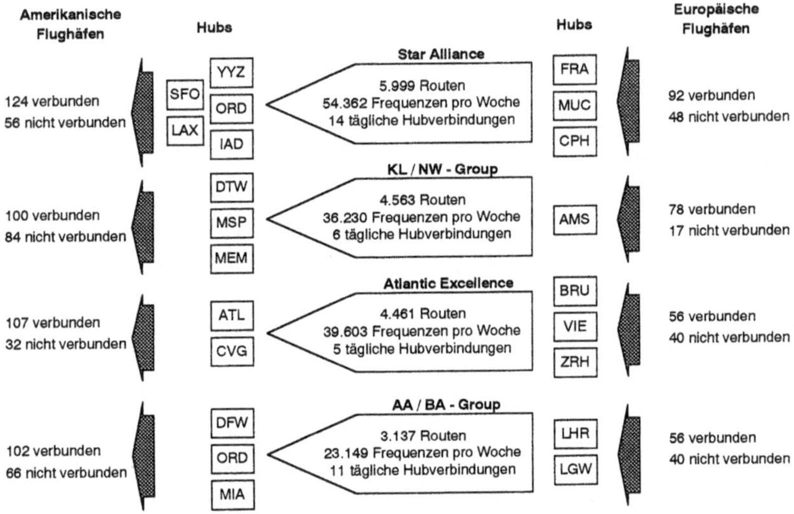

Verbundene Flughäfen verfügen über Nordatlantikverbindungen, die Hub-Umsteigezeiten von weniger als zwei Stunden beinhalten. Nicht verbundene Flughäfen werden zwar von den Allianzpartnern bedient, bieten aber keine günstigen Umsteigedienste an. Sie verfügen daher noch über erhebliches Ausbaupotential.

Abbildung: 5.12

Quelle: Kuile (1997) S. 67

Untersuchungen für den Nordatlantik, über dem Allianzen bisher ihren stärksten Einfluß entfalten konnten, beweisen eindeutig die großen Auswirkungen dieser neuen Form der Zusammenarbeit.[84] Pearson folgert beispielsweise, daß „alliances do shift market shares significantly and are often critical to the growth of airports and individual markets, particularly when they allow strong hubs to be connected“.[85] Die Verkehrsströme werden zunehmend über die Drehkreuze der beteiligten Fluggesellschaften geführt, da nur so ein umfangreiches Angebot mit vielen Destinationen und hohen Frequenzen sichergestellt werden kann (vgl. Abbildung 5.12). Passagiere, die nicht von einem Hub aus abfliegen, müssen daher zwar einmal in Europa und einmal in Amerika umsteigen („double hubbing“), dieser Nachteil wird jedoch durch kurze Übergangszeiten und die hohe Zahl günstiger Anschlußverbindungen mehr als kompensiert. Auf der Strecke Göteborg - Kansas City werden beispielsweise von KLM/Northwest 28, von der Star Alliance 23, von American Airlines/British Airways 14 und von der Atlantic Excellence Alliance ebenfalls 14 wöchentliche Verbindungen angeboten.[86] Im Durchschnitt hat der Passagier somit jeden Tag die Wahl zwischen 11 Flügen. Vor der Bildung von Allianzen lag diese Zahl beträchtlich niedriger. Luftfahrtunternehmen, die nicht über starke Partner verfügen, können kein ebenbürtiges Angebot unterbreiten. In Zukunft wird sich der Wettbewerb somit mehr und mehr von der Ebene der Fluggesellschaften auf die Ebene der Allianzen verlagern. Ein großes internationales Luftfahrtunternehmen, welches dann nicht über kooperierende Carrier in anderen Teilen der Welt verfügt, wird hierdurch kaum aufzuholende Wettbewerbsnachteile erleiden und schließlich vom Markt verschwinden, sofern es nicht zu einer gezielten Nischenstrategie übergeht.

Bei der vorherrschenden Allianzeuphorie sollten allerdings zwei Punkte beachtet werden. Zum einen dürften die mit Hilfe von Allianzen erzielten Wettbewerbsvorteile nur von kurzer Dauer sein. Sobald sich mehrere Allianzsysteme fest etabliert haben, werden die hohen Innovationsgewinne solcher Unternehmen wie KLM oder British Airways ein Ende finden. Ergebnisverbesserungen sind dann nur noch in geringerem Umfang durch eine Optimierung der Zusammenarbeit möglich. Zum anderen sollte nicht übersehen werden, daß Allianzen in vielen Fällen vor allem deshalb eingegangen werden, um staatliche Marktzugangs- und

---

[84] Vgl. Pearson (1997) und Kuile (1997).

[85] Pearson (1997) S. 51.

[86] Berücksichtigt sind nur solche Verbindungen, die auf keinem Flughafen Übergangszeiten von mehr als zwei Stunden beinhalten. Grundsätzlich ist ein zweimaliges Umsteigen erforderlich. Passagiere der Star Alliance, die von Göteborg abfliegen, müssen das Flugzeug beispielsweise auf europäischer Seite in Kopenhagen, Frankfurt oder München und auf amerikanischer Seite in Toronto oder Chicago wechseln [Kuile (1997) S. 71].

Investitionsbeschränkungen zu umgehen. Karmjit Singh, Assistant Director Corporate Affairs von Singapore Airlines, bemerkt daher auch zu Recht: „The proliferation of airline alliances is a symptom of the inadequacies of the bilateral system in coping with modern air traffic flows and a clear signal of the need for regulatory reform.“[87] Da mit einem sukzessiven Wegfall überkommener, in anderen Wirtschaftszweigen längst beseitigter Hemmnisse zu rechnen ist, dürften Strategische Allianzen langfristig gegenüber Akquisitionen und Fusionen an Attraktivität verlieren, ohne allerdings gänzlich zu verschwinden. Vor allem die großen Fluggesellschaften werden verstärkt die beiden letzten Mittel einsetzen, um ihre Position zu festigen.[88]

5.4.7. Bewertung der unterschiedlichen Kooperationsstrategien

Die Ergebnisse der bisheriger Überlegungen zu Kooperationen können wie folgt zusammengefaßt werden:

- Kooperationen erlauben eine kostengünstige Ausweitung des Streckennetzes und das Angebot zahlreicher neuer Verbindungen. Durch die Abstimmung der Flugzeiten, die Zusammenlegung von Bodeneinrichtungen und das nur einmal erforderliche Einchecken wird der Umsteigevorgang für die Passagiere verkürzt und bequemer gestaltet. Das attraktivere Angebot führt zu einer Erhöhung des Verkehrsaufkommens und ermöglicht somit eine bessere Auslastung der Maschinen bzw. eine Erhöhung der Frequenzen. Durch die gestiegene Verkehrsdichte und die gemeinsame Nutzung von Inputfaktoren lassen sich beträchtliche Kostensenkungen realisieren.
- Kooperationen bieten aber auch die Möglichkeit, ein bereits dominiertes Drehkreuz zu einem „Fortress Hub“ auszubauen oder den Wettbewerb auf bestimmten Strecken durch Kartellbildung einzuschränken bzw. sogar vollständig zu beenden. Hierdurch wird die Erzielung höherer Preise ermöglicht und die Markteintrittswahrscheinlichkeit potentieller Konkurrenten reduziert. Beides wirkt sich zumindest kurzfristig vorteilhaft auf das Geschäftsergebnis aus.
- Entscheidend für den Erfolg einer Kooperation ist die Wahl des richtigen Partners und die Festlegung einer zieladäquaten Ausgestaltung der Zusam-

---

[87] Singh (1995): Rede auf der 7th Triennial World Conference on Transportation Research am 19.07.95 in Sydney.

[88] Vgl. hierzu auch die Ausführungen in Kapitel 6.1.

menarbeit. Werden diesbezüglich Fehler begangen, ist ein Mißerfolg fast immer vorprogrammiert.

- Kooperationen weisen einen inhärenten Hang zur Instabilität auf. Sobald sich die Rahmenbedingungen ändern und andere Partner oder ein Alleingang größere Gewinne versprechen, endet häufig das gemeinsame Vorgehen. Auch ein- oder wechselseitige Minderheitsbeteiligungen bilden in diesem Fall keine Ausstiegsbarriere. Mit zunehmender Intensität der Beziehung erhöhen sich allerdings die Kosten einer Beendigung der Zusammenarbeit. Routenspezifische Codeshare-Vereinbarungen sind noch relativ leicht zu lösen. Demgegenüber kann die Aufhebung einer Strategischen Allianz zu erheblichen Marktanteilsverlusten führen.
- Die Verbreitung des rein routenspezifischen Codesharing dürfte in Zukunft eher zurückgehen. Hingegen wird die Zusammenarbeit mit Regionalfluggesellschaften und das Outsourcing von Hauptstrecken zunehmen.
- Kurz- und mittelfristig ist mit einer Zunahme der Anzahl Strategischer Allianzen zu rechnen. Langfristig dürfte der sukzessive Wegfall staatlicher Marktzutritts- und Investitionshemmnisse jedoch zum vermehrten Eingehen von Akquisitionen bzw. Fusionen und folglich zu einer geringeren Bedeutung von Allianzen führen.

5.5. Akquisitionen und Fusionen

Grundsätzlich beinhalten Akquisitionen die Übernahme der Mehrheitsanteile eines anderen Unternehmens. Da in vielen bilateralen Luftverkehrsabkommen aber Nationalitätenklauseln verankert sind, würde eine Mehrheitsbeteiligung an einem ausländischen Carrier bei diesem zwangsläufig zum Verlust zahlreicher Verkehrsrechte führen. Aus diesem Grund werden im Rahmen dieser Arbeit auch solche Kapitalbeteiligungen als Übernahmen gewertet, die die 50 %-Marke knapp unterschreiten, aber einen beherrschenden Einfluß - beispielsweise durch die Ernennung des Managements - sicherstellen.

Im Luftverkehr weit verbreitet sind Akquisitionen inländischer Regionalfluggesellschaften durch größere Luftfahrtunternehmen desselben Staates. Sabena hat beispielsweise 90 % von Delta Air Transport erworben, Swissair 67 % von Crossair, Austrian Airlines 42,85 % von Tyrolean Airlines und SAS 37,5 % von

Gronlandsfly.[89] Da die Tochtergesellschaften zumeist mit Gewinn arbeiten, sorgen diese Investitionen nicht nur für zusätzlichen Feed-Traffic, sondern auch für Renditen, die häufig über jenen der Muttergesellschaft liegen.

Die Liberalisierung im Europäischen Wirtschaftsraum hat mittlerweile aber auch zur Übernahme von Regionalfluggesellschaften in anderen Ländern geführt. Beispielsweise hat *KLM* seine Beteiligung an *Air UK* seit Anfang der 90er Jahre kontinuierlich auf nunmehr 100 % aufgestockt. Der britische Carrier, der 1996 mit 36 Maschinen bereits 3,6 Mio. Passagiere beförderte, besitzt ein Drehkreuz in Stansted, dem drittgrößten Londoner Flughafen, und bietet von dort Flüge zu fast 20 Destinationen in Europa an. Zusätzlich bestehen Nonstopverbindungen von 10 Städten in Großbritannien nach Amsterdam, die 1996 für 40 % des Passagieraufkommens verantwortlich waren. Durch die Übernahme von fünf weiteren Strecken, die derzeit noch von KLM selbst bedient werden, soll der britische Zu- und Abbringerverkehr für die Muttergesellschaft in den nächsten Jahren auf 50 % ausgebaut werden. Um den Verbund stärker hervorzuheben, ist eine Angleichung der Produkte geplant. Für KLM erwies sich die Übernahme bisher als Erfolg, da Air UK wichtigen Feed für das Drehkreuz Amsterdam erbringt und das Ergebnis des niederländischen Carriers durch Dividendenzahlungen verbessert.[90]

Bislang weniger erfolgreich war hingegen das Engagement von *British Airways* in Frankreich und Deutschland. Ausgangspunkt der Expansionsstrategie war die Überzeugung, daß sich ein bedeutendes europäisches Luftfahrtunternehmen eine starke Präsenz auf den drei wichtigsten Märkten in der EU sichern müsse, also neben Großbritannien auch in Frankreich und Deutschland. 1992 wurde daher nicht nur die *Deutsche BA* gegründet (vgl. Kapitel 5.3), sondern es kam auch zum Kauf von 49,9 % der 1973 gegründeten französischen Regionalfluggesellschaft *TAT European Airlines*, mit einer Option zum Erwerb der restlichen 50,1 % bis April 1997.[91] Während die innerfranzösischen TAT-Dienste unter eigenem Namen und eigener Flugnummer weitergeführt wurden, erfolgte eine

---

[89] Auch bei den Minderheitsbeteiligungen kann von einem beherrschenden Einfluß des Flag Carriers ausgegangen werden. Vgl. Odell/Whitaker (1997): *A picture of health.*

[90] Vgl. KLM (1993): *Annual Report 1992/93*, S. 31; KLM (1996): *Annual Report 1995/96*, S. 26; Odell/Whitaker (1997): *A picture of health*, S. 30f und Odell/Whitaker (1997): *KLM ponders US disposal*, S. 10.

[91] Die Option wurde im August 1996 ausgeübt, so daß British Airways nunmehr 100 %iger Anteilseigner von TAT ist [British Airways (1996): *British Airways Fact Book 1996*, S. 73].

grundlegende Neustrukturierung der drei bestehenden Auslandsrouten von Paris, Marseille und Lyon nach London. Die Flüge wurden nunmehr unter dem Markennamen British Airways mit BA-Airline-Code, BA-Bemalung und den BA-Produkten „Club Europe“ (= Business Class) bzw. „Euro Traveller“ (= Economy Class) durchgeführt und von der Muttergesellschaft vermarktet.[92] Der Versuch, auch andere internationale Routen zu bedienen, scheiterte jedoch, obwohl TAT-Passagiere auf allen Flügen Meilen im BA-Vielfliegerprogramm „Executive Club“ sammeln konnten und die Einbindung in das Computerreservierungssystem „BABS“ einen weltweiten Verkauf über alle Auslandsniederlassungen von British Airways sowie die Nutzung des hochentwickelten Yield-Management-Systems der britischen Muttergesellschaft ermöglichte.[93] Trotz der unbefriedigenden Ergebnisse der Übernahme von TAT, entschloß sich British Airways 1996 zum Kauf eines weiteren französischen Carriers. Diesmal handelte es sich um *Air Liberté*, eine mittelgroße Fluggesellschaft, die neben innerfranzösischen Strecken auch Routen ins östliche Mittelmeer, nach Afrika sowie in die französischen Überseedepartements anbot.[94] Mittlerweile wurden die Aktivitäten beider Unternehmen verschmolzen und das Streckennetz auf 57 innerfranzösische Verbindungen sowie Flüge nach Marokko und die Westindischen Inseln reduziert. Das so entstandene Unternehmen, das aller Voraussicht nach unter dem Namen Air Liberté auftreten wird, hat 20 % Marktanteil auf französischen Inlandsstrecken, verfügt über 22 % der Slots in Paris-Orly und befördert jährlich 4,6 Millionen Passagiere.[95] Seine Ziele werden vom französischen Geschäftsführer Marc Rochet wie folgt beschrieben: „We will become the number two airline in France after Air France, offering easy access to the BA network and its frequent flyer programme. We want to be a French company with a very good service linked to BA“.[96] Es bleibt abzuwarten, ob diese Zielsetzung insbesondere angesichts der starken Konkurrenz von Air France und Billiganbietern wie Air Littoral und AOM aufgehen wird.

---

[92] Die Kabinenbesatzung trägt jedoch TAT-Uniformen [British Airways (1996): *British Airways Fact Book 1996*, S. 76].

[93] British Airways (1996): *British Airways Fact Book 1996*, S. 76.

[94] Anfang 1997 übernahm British Airways 67 % von Air Liberté. Die restlichen Anteile halten eine Bankengruppe sowie verschiedene private Investoren [Jones (1997): *British Airways - The good European*, S. 74].

[95] Jones (1997): *British Airways - The good European*, S. 77 und ATW (1997), Vol. 34, No. 7, S. 104.

[96] Jones (1997): *British Airways - The good European*, S. 77.

Akquisitionen sind aber nicht nur auf kleine und mittelgroße Luftfahrtunternehmen beschränkt geblieben. Mit der Übernahme von *Sabena* durch *Swissair* verlor erstmals auch ein größerer europäischer Flag Carrier seine Selbständigkeit. Die belgische Regierung hatte über Jahre hinweg versucht, große ausländische Fluggesellschaften als Investoren für Sabena zu gewinnen, einer Airline, die für hohe Personalkosten, zahlreiche Streiks und einen schlechten Service bekannt war. 1990 scheiterte ein erster Versuch, der eine Beteiligung von British Airways und KLM mit jeweils 20 % vorsah, am Einspruch der Europäischen Kommission.[97] Ein zweiter Versuch führte zu einer 37,5 %igen Beteiligung durch Air France. Da die Zusammenarbeit mit dieser Gesellschaft aber keine nennenswerten Synergien erzeugte und Air France weder bereit noch imstande war, eine weitere Kapitalspritze zu leisten, begann Ende 1994 erneut die Suche nach einem geeigneten Geldgeber. Als ernsthafter Interessent trat schon bald die *Swissair* auf, welche einen Partner innerhalb der EU suchte, da die Schweiz dem Gemeinsamen Luftverkehrsmarkt nicht beigetreten war und das Swissair-Management daher eine Abkopplung von der allgemeinen Entwicklung in Europa fürchtete. Im Juli 1995 übernahmen die Eidgenossen tatsächlich 49,5 % des belgischen Flag Carriers für umgerechnet rund 300 Mio. DM und besetzten die Position des Vorstandsvorsitzenden mit einem eigenen Mitarbeiter.[98] Die hohen Verluste von Sabena führten in der Folge aber dazu, daß ein Ende des schweizer Engagements zeitweise nicht mehr ausgeschlossen wurde.[99] Langfristig könnte sich die Investition für Swissair jedoch als Voraussetzung für das Überleben im zunehmenden europäischen Wettbewerb herausstellen. Brüssel stellt eine ideale Ergänzung des Drehkreuzes Zürich dar und die interkontinentalen Streckennetze sind weitgehend komplementär. Um das gemeinsame Angebot zu optimieren, wurde vereinbart, daß sich Sabena auf Verbindungen nach Afrika und Swissair auf Routen nach Asien und Lateinamerika konzentriert. Der Nordatlantikverkehr wird gemeinsam mit dem Atlantic Excellence-Partner Delta ausgebaut.

In Europa stellt die Akquisition von Sabena durch Swissair bisher einen Einzelfall dar. Auch in anderen Kontinenten hat es bisher kaum Übernahmen von Flag

---

[97] Vgl. Höfer (1995) S. 504.

[98] Eine Mehrheitsbeteiligung von Swissair unterblieb, um bestehende internationale Verkehrsrechte nicht in Frage zu stellen. Vgl. o.V. (1995): *Swissair klopft an die Tür des liberalisierten Luftfahrt-Europas*; o.V. (1995): *Auch bei Swissair-Ehe weiter eine EU-Firma* und o.V. (1995): *Air France verkauft ihren Anteil an Sabena.*

[99] Vgl. o.V. (1996): *Der Phönix ist noch immer nicht der Asche entstiegen*; o.V. (1997): *Belgiens Airline schwer unter Druck* und Jones (1997): *Can Sabena bite the bullet?*

Carriern durch ausländische Fluggesellschaften gegeben. Einzige Ausnahme bildet Lateinamerika, wo beispielsweise Aeromexico 49 % von Aero Peru besitzt und der brasilianischen VASP 50,1 % von Ecuatoriana und 49 % der bolivianischen LAB gehören.[100] Auch die traditionell auf Südatlantikflüge spezialisierte *Iberia* begann 1991 damit, Anteile an Unternehmen in Südamerika zu erwerben. 1994 erreichte die Beteiligung an *Aerolineas Argentinas* 83 %, an der venezoelanischen *VIASA* 45 % und an der chilenischen *Ladeco* 37,5 %.[101] Obwohl Iberia das Management der Gesellschaften übernahm und das rasche Wachstum des lateinamerikanischen Luftverkehrsmarktes eine exzellente Erfolgsgrundlage zu bilden schien, erwiesen sich vor allem die Investitionen in Aerolineas Argentinas und VIASA als äußerst verlustbringend. Die übernommenen Fluggesellschaften befanden sich in keinem guten finanziellen und organisatorischen Zustand. Hohe Schuldenstände, aufgeblähte Mitarbeiterzahlen, veraltete Maschinen und heterogene Flotten wirkten sich negativ auf die Geschäftsergebnisse aus.[102] Verstärkt wurden die Probleme noch durch eine anhaltende Rezessionsphase der gesamten Luftfahrtindustrie. Da Iberia selbst in einer tiefen Strukturkrise steckte und mehrfach auf staatliche Zuschüsse zurückgreifen mußte, standen zusätzliche Investitionsmittel für die südamerikanischen Töchter nicht zur Verfügung. Das Iberia-Management war zudem so sehr mit Rationalisierungs- und Umstrukturierungsmaßnahmen im eigenen Unternehmen beschäftigt, daß die Aktivitäten in Lateinamerika vernachlässigt wurden.[103] Hohe Verluste und der Druck der EU-Kommission, die weitere Subventionszahlungen an Iberia von einer Rücknahme des Südamerika-Engagements abhängig machte, führten 1996 zur Verringerung des Anteils an Aerolineas Argentinas auf nur noch 10 %. Die zahlungsunfähige VIASA wurde Anfang 1997 durch eine „freundschaftliche Liquidation" aufgelöst, die Iberia viel Geld kostete.[104] Lediglich die Investition in Ladeco ist bis heute noch nicht rückgängig gemacht worden.

---

[100] In anderen Erdteilen ist lediglich die 50 %ige Beteiligung von Air New Zealand an Ansett Australia erwähnenswert. Eine Aufstellung der Beteiligungen großer Fluggesellschaften findet sich in Airline Business (1997), Vol. 13, No. 6, S. 66f.

[101] Gallacher (1994): *Alliances - Bagging the benefits*, S. 47.

[102] Vor allem VIASA befand sich in einem weit schlechteren Zustand als ursprünglich angenommen [vgl. o.V. (1997): *Streit um die venezoelanische Airline*; o.V. (1997): *Aerolineas Argentinas - Nordamerikaner wollen groß einsteigen* und o.V. (1997): *US-Airlines kämpfen um Aerolineas Argentinas*].

[103] Die venezoelanische Regierung warf Iberia daher eine „katastrophale Geschäftsführung" bei VIASA vor [o.V. (1997): *Venezuelas Airline vor Auflösung*].

[104] Vgl. o.V. (1997): *Venezuelas Airline vor Auflösung.*

Die bisherigen Erfahrungen mit der Akquisition großer Fluggesellschaften sind eher negativ zu bewerten. Hauptgrund hierfür ist, daß es sich bei den zum Kauf angebotenen Unternehmen fast immer um staatliche Airlines handelte, die am Rande des Konkurses operierten und ohne Finanzspritzen sowie fremde Management-Unterstützung nicht überlebt hätten. Sobald im Rahmen des fortschreitenden Liberalisierungsprozesses auch profitabel arbeitende Carrier übernommen werden können, ist mit einer deutlichen Verbesserung der Bilanz zu rechnen. Die Attraktivität von Akquisitionen wird dann sicherlich zunehmen und in vielen Fällen jene von Kooperationen übertreffen.

Fusionen haben im Luftverkehr bisher nur zwischen inländischen Unternehmen stattgefunden. Der Ablauf des Konzentrationsprozesses in den USA wurde bereits in Kapitel 2.5.3 geschildert. Während Northwest, Delta, American und TWA langfristig von ihren Aktivitäten profitiert haben, wird die Eingliederung von National häufig als einer der Hauptgründe für den Untergang von PanAm genannt. In Europa sind auf nationaler Ebene die Verschmelzung von British Airways mit British Caledonian im Jahre 1988 sowie die Zusammenschlüsse von Air France mit UTA im Jahre 1992 und Air France Europe (früher Air Inter) im Jahre 1997 erwähnenswert.[105] Diese wurden zwar keinesfalls reibungslos durchgeführt, stärkten letztendlich jedoch die dominante Stellung der Flag Carrier in deren Heimatmarkt.

Der einzige ernsthafte Versuch zur Durchführung einer internationalen Fusion erfolgte 1993 im Rahmen des *Alcazar-Projekts*, das die Zusammenlegung von KLM, Swissair, SAS und Austrian Airlines vorsah. Das Projekt scheiterte aber, da sich KLM und Swissair nicht auf einen amerikanischen Partner einigen konnten[106] und die Rahmenbedingungen für eine solche Fusion noch nicht gegeben waren. Philippe Bruggisser, Vorstandsmitglied der Swissair, konstatierte einige Jahre später: „Alcazar failed because it was too complicated. People, governments, laws, the public .... The time was not ready and is not, even today, for such an outright merger“.[107] Die Erfahrungen der US-Deregulierung zeigen

---

[105] Vgl. Höfer (1995) S. 480-484 und Jones (1997): *French kiss of life*, S. 43.

[106] KLM bestand auf eine Zusammenarbeit mit Northwest, während Swissair den Global Excellence Partner Delta nicht aufgeben wollte. Vgl. Odell, Mark (1994): *Looking beyond Alcazar failure*, S. 18f; KLM (1993): *Verhandlungen über „Alcazar“ am Wochenende abgebrochen*, Presse Information Nr. 32/93 und o.V. (1993): *Die niederländische KLM sagt die Alcazar-Fusion ab.*

[107] Feldman (1997): *Swissair - time to deliver*, S. 32.

jedoch, daß sich die Verhältnisse schnell ändern und Fusionen zu einer interessanten Strategieoption werden können.

Zusammenfassend läßt sich feststellen:

- Akquisitionen und Fusionen sind bisher weitgehend auf inländische Unternehmen beschränkt geblieben. Grund hierfür sind die in vielen Staaten immer noch geltenden Investitionsbeschränkungen für ausländische Fluggesellschaften sowie die in den meisten bilateralen Luftverkehrsabkommen verankerten Nationalitätenklauseln.
- Akquisitionen sind prinzipiell geeignet, die eigene Wettbewerbsposition zu festigen und auszuweiten. Wie Kooperationen können sie Synergieeffekte schaffen, unliebsame Wettbewerber ausschalten und den Eintritt in neue Märkte erleichtern. Gegenüber Kooperationen haben sie den Vorteil, zeitaufwendige Abstimmungs- und Entscheidungsverfahren überflüssig zu machen. Als nachteilig kann sich die Kapitalbindung auswirken, vor allem, wenn das übernommene Unternehmen nur unterdurchschnittliche Gewinne oder sogar Verluste erwirtschaftet.
- Fusionen sind in einer Übergangsphase mit erheblichen innerbetrieblichen Spannungen verbunden, da Organisationsstrukturen verändert, Vergütungen angepaßt und Mitarbeiter ggf. entlassen werden müssen. Ob sie sich langfristig trotzdem positiv auswirken, hängt von der Kompatibilität der beteiligten Unternehmen und der Art und Weise der Durchführung ab. Da bereits Zusammenschlüsse zwischen Unternehmen eines Landes erhebliche Probleme bereiten, ist bei der Verschmelzung von Fluggesellschaften aus Ländern mit unterschiedlichen Wirtschafts-, Sozial- und Kultursystemen besondere Vorsicht geboten.
- Bisher waren die meisten internationalen Übernahmen wenig erfolgreich. Sofern große Unternehmen betroffen waren, handelte es sich zumeist um am Rande des Konkurses operierende staatliche Fluggesellschaften, die ohne Finanzspritzen und fremde Managementunterstützung nicht überlebt hätten. Waren Regionalfluggesellschaften betroffen, wurden diese nach der Übernahme häufig verstärkt vom dominanten Flag Carrier sowie neu in den Markt eingetretenen Billiganbietern attackiert. Trotzdem ist für die Zukunft damit zu rechnen, daß länderübergreifende Akquisitionen und Fusionen mit dem Fortschreiten des Liberalisierungs- und Globalisierungsprozesses beträchtlich zunehmen und Kooperationen in ihrer Attraktivität sogar überflügeln werden.

5.6. Wettbewerbsvorteile durch die Erschließung interner und externer Synergien

Eine Übersicht über die potentiellen Auswirkungen des Alleingangs sowie von Kooperationen und Akquisitionen findet sich in Abbildung 5.13. Wegen der nach wie vor existierenden technischen, wirtschaftlichen und rechtlichen Markteintrittshemmnisse ist die Alleingangsstrategie für die meisten Fluggesellschaften nur bedingt anwendbar. Mittlerweile haben daher auch ehemalige Befürworter des internen Wachstums wie American Airlines, Air France und Cathay Pacific damit begonnen, ein weltweites Netz von Partnerschaften aufzubauen. Trotzdem bedarf es in fast allen Unternehmensbereichen noch beträchtlicher eigener Anstrengungen, um die Wettbewerbsfähigkeit nachhaltig zu verbessern. Unterbleiben diese, können auch Kooperationen und Akquisitionen das Überleben in einem liberalisierten Weltluftverkehr nicht sicherstellen.

Erfolgversprechend ist eine Kombination aus Alleingangs-, Kooperations- und Akquisitionsstrategie. Fusionen, insbesondere zwischen großen Fluggesellschaften, dürften dagegen in den nächsten Jahren auf wenige Fälle beschränkt bleiben. Welche Teilstrategie Anwendung findet, hängt von den Besonderheiten des jeweiligen Marktes ab. Für europäische Carrier bietet sich innerhalb des EWR eine Alleingangsstrategie in Regionen an, in denen keine Infrastrukturengpässe vorliegen, die nur schwache „Home Carrier“ aufweisen oder wo keine passenden Übernahmekandidaten gefunden werden können. Eine Kooperations- oder Akquisitionsstrategie ist hingegen dort erforderlich, wo bestehende Marktzugangshemmnisse in Form von Slot- und Gateknappheit kein selbständiges Vorgehen erlauben. Außerhalb Europas stellt die Kooperationsstrategie in den meisten Fällen immer noch die einzig mögliche Alternative dar. Mit zunehmender Liberalisierung dürften sich aber auch dort interessante Perspektiven für einen Alleingang oder Akquisitionen ergeben.

Optimierungsbereiche im Luftverkehr

Bereich	Beispiele	Alleingang	Kooperation	Akquisition
Beschaffung, Lagerhaltung	– Aushandeln günstigerer Kauf- und Leasing-Konditionen	o	+	+
	– Reduzierung der Ersatzteilhaltung	o	+	±
Mitarbeiter	– Senkung der Mitarbeiterzahl	o	+	±
	– Erhöhung der Arbeitsproduktivität	o	+	±
	– Gehaltskürzungen	o		±
	– zweigleisiges Lohnsystem	o		
	– Einstellung von Crews im Ausland	o		
	– Tausch Vergütung gegen Aktien	o		
Streckennetz/ Flugplan	– Eliminierung unrentabler Routen	o	+	
	– Ausweitung des Streckennetzes	o	+	+
	– Erhöhung der Frequenzen	o	+	+
	– Ausbau der Drehkreuze	o	+	+
	– Verkürzung der Umsteigezeiten	o	+	+
	– mehr günstige Umsteigeverbindungen	o	+	+
	– Codesharing		+	+
Produktion	– Optimierung der Flottenzusammensetzung	o		±
	– Verbesserung des Flotten- und Creweinsatzes	o	o	o
	– verstärkte Automatisierung in den Bereichen Verkauf und Check-in	o		
	– Verlagerung von Produktionsteilen ins Ausland (z.B. EDV, Buchhaltung, Wartung)	o		
	– Gründung von Tochtergesellschaften mit niedrigeren Kostenniveaus	o		
	– Übertragung von Wartungsaufgaben an verbundene Gesellschaften		+	+
	– gemeinsame Nutzung von Einrichtungen und Personal auf den Flughäfen		+	+
	– Outsourcing an verbundene Airlines		+	+
Marketing und Verkauf	– Verbesserung des Service vor, während und nach dem Flug	o	±	±
	– Markenbildung (Branding)	o	±	±
	– Erhöhung der Attraktivität des Vielfliegerprogramms (FFP)	o	+	+
	– günstigere Darstellung in Computerreservierungssystemen (CRS)		+	+
	– gezielterer Einsatz von Firmentarifen und Reisebürozusatzprovisionen (TACO)	o	+	+
	– Senkung von Reisebüroprovisionen	o		
	– Direktverkauf über Telefon und Internet	o		
	– Zusammenlegung von Verkaufsstellen		+	+
	– Optimierung des Yield Managements	o	+	+
	– Zusatzerträge durch Codesharing und Marketing-Allianzen		+	+
	– Erhöhung von Nebenerlösen (z.B. Inflight Entertainment Systems)	o		

+ : wird durch die gewählte Strategie gefördert
± : kann durch die gewählte Strategie gefördert oder behindert werden
o : ist im Rahmen der gewählten Strategie möglich

Abbildung 5.13 , Quelle: eigene Darstellung

5.7. Erfolgsstrategien großer internationaler Fluggesellschaften

Die Schlußfolgerungen der Kapitel 4.8 und 5.6 lassen sich zu luftverkehrsspezifischen Strategievorgaben zusammenfassen, die für alle großen internationalen Fluggesellschaften bindend sind (vgl. Abbildung 5.14).[108] Ihre Befolgung allein wird jedoch nicht ausreichen, um den Unternehmenserfolg langfristig sicherzustellen. Hierzu bedarf es vielmehr auch erheblicher Anstrengungen in anderen Bereichen, die allerdings nicht als luftverkehrsspezifisch bezeichnet werden können und daher im Rahmen dieser Arbeit weitgehend unberücksichtigt geblieben sind.

Der Liberalisierungsprozeß wird auf den meisten Strecken zu verstärktem Wettbewerb und niedrigeren Preisen führen. Um sich gegen neue und bestehende Konkurrenten behaupten zu können, müssen die etablierten Fluggesellschaften ihre Kosten deutlich verringern und ihre Produktivität beträchtlich steigern. Einige Wege, dies zu erreichen, sind in den Kapiteln 4 und 5.4 ausführlich erörtert worden, beispielsweise das Codesharing, das Outsourcing von Strecken, die Einführung eines leistungsfähigen Network Managements und die Vereinheitlichung der Flotte. Andere Möglichkeiten wurden hingegen nur kurz im Zusammenhang mit der Alleingangsstrategie (vgl. Kapitel 5.3) angesprochen. Hierunter fallen die ständige Verbesserung der innerbetrieblichen Aufbau- und Ablauforganisation, die Einführung oder Vervollkommnung anreizkompatibler Vergütungssysteme, die Optimierung der Fertigungstiefe (beispielsweise durch verstärktes Outsourcing von Nebenleistungen) und die Zurückdrängung des häufig noch vorherrschenden Staatseinflusses. Gerade für die Flag Carrier Zentraleuropas, die aus Ländern mit traditionell hohen Faktorkosten stammen, wird die erfolgreiche Durchführung kostensenkender und produktivitätssteigernder Maßnahmen in Zukunft entscheidende Bedeutung im Konkurrenzkampf mit Airlines aus Asien und Nordamerika besitzen.

---

[108] Für mittlere und kleinere Unternehmen gelten die in Abbildung 5.14 formulierten Strategievorgaben allerdings nur eingeschränkt oder gar nicht.

Luftverkehrsspezifische Strategievorgaben
(für große internationale Fluggesellschaften)

- Aufbau eines weltweiten „**Multiple Hub"-Systems** durch Errichtung weiterer Drehkreuze, entweder mittels Eigengründung oder über die Akquisition anderer Carrier.
- Ausbau der bestehenden Drehkreuze zu **Fortress Hubs**, die von der eigenen Gesellschaft kontrolliert werden und den Passagieren schnelle und bequeme Übergänge ermöglichen.
- Optimale **Abstimmung der Flüge**, um mehr günstige Umsteigeverbindungen anbieten und die Flottenauslastung erhöhen zu können.
- Verbesserung des **Yield Managements** als Mittel zur Steigerung der Erträge und der Sitzladefaktoren.
- Angebot eines attraktiven **Vielfliegerprogramms**, welches das weltweite Sammeln bzw. Ausgeben von Meilen bei der eigenen Gesellschaft und bei Partnerunternehmen ermöglicht.
- Aufbau eines leistungsfähigen **Network Managements**, das alle Planungen in den Bereichen Routing, Scheduling, Yield Management, Crew- und Flotteneinsatz, Vielfliegerprogramm, Firmentarife, Reisebüroprovisionen sowie Streckenoutsorcing, Codesharing und Strategische Allianzen miteinander vernetzt.
- Investitionen in **Informationstechnologie**, um vor allem das Yield Management, Scheduling und Routing zu verbessern und die Voraussetzungen für die Realisierung eines umfassenden Network Managements zu schaffen.
- Konsequentes **Outsourcing** von Strecken, die vom eigenen Unternehmen nicht profitabel angeboten werden können oder auf denen andere Unternehmen einen wesentlichen Kostenvorteil besitzen (v.a. Kurz- und Mittelstrecken).
- Ausbau des eigenen Streckennetzes durch **Codesharing** mit Partnerfluggesellschaften.
- Beteiligung an einer globalen **Strategischen Allianz**, die leistungsfähige Fluggesellschaften aus allen Kontinenten umfaßt und einen hohen Integrationsgrad anstrebt (v.a. durch Produktstandardisierung, gemeinsame Preisplanung, Abstimmung bei der Gewährung von Reisebüroprovisionen und Firmentarifen, Entwicklung einheitlicher Softwareprodukte, etc.).
- Nutzung lukrativer Möglichkeiten zur **Akquisition** von Fluggesellschaften, die das eigene Leistungsspektrum sinnvoll ergänzen und den Zugang zu neuen Wachstumsmärkten eröffnen.

Abbildung: 5. 14

Quelle: eigene Darstellung

Um im freien Wettbewerb bestehen zu können, bedarf es aber auch erheblicher Anstrengungen bei der Vermarktung des Produkts. Die Teilnahme an Computerreservierungssystemen, das Angebot günstiger Flugpreise, gute Beziehungen zu den Reisebüros, ein attraktives Vielfliegerprogramm und ein konsequent verfolgtes Yield Management sind zwar wichtig, können den Erfolg aber keineswegs sicherstellen. Da alle Luftfahrtunternehmen prinzipiell dieselbe Grundleistung anbieten, nämlich die Luftverkehrsbeförderung zwischen zwei Flughäfen, muß das eigene Angebot durch gezielte Werbemaßnahmen deutlich von jenem der Konkurrenz abgehoben werden. Hierzu bietet sich die Einführung einer Marke an (Branding). Wegen der Unterschiedlichkeit der angebotenen Produkte (z.B. First, Business oder Tourist Class) und Flugstrecken (z.B. Kurz-, Mittel- oder Langstreckenflüge; Flüge in/nach Asien, Amerika, Afrika, Australien oder Europa) sollten ergänzend zur Dachmarke verschiedene Untermarken geschaffen werden. Als Markeninhalte kommen charakteristische Servicekomponenten, eine hohe Sicherheit und Zuverlässigkeit, ein auf die Kundenwünsche genau zugeschnittenes Vielfliegerprogramm sowie emotionale Elemente in Betracht.

Bisher besitzen erst wenige Fluggesellschaften weltweit etablierte Marken (z.B. British Airways und Singapore Airlines).[109] Gewöhnlich ist der Bekanntheitsgrad auf eine bestimmte Region oder einen bestimmten Kontinent beschränkt.[110] Um sich als „Global Player“ behaupten zu können, ist jedoch ein hoher Bekanntheitgrad in allen Teilen der Erde unerläßlich. In anderen Dienstleistungsbereichen sind kontinentübergreifende Marken heutzutage keine Seltenheit mehr. Beispielsweise haben die großen Schnellimbißketten mittlerweile in fast allen Metropolen Niederlassungen mit einem weitgehend standardisierten Produkt (z.B. hinsichtlich Geschmack der angebotenen Speisen, Kleidung und Auftreten des Bedienungspersonals sowie Einrichtung der Restaurants) errichtet. Auch die großen Hotelkonzerne und Mietwagenagenturen bieten auf allen Kontinenten einen einheitlichen Service an. Den Trend zur Globalisierung hat selbst das Vorhandensein unterschiedlicher Kulturen mit teilweise gegensätzlichen Traditionen, Wertvorstellungen und Geschmäckern nicht aufhalten können. Sofern erforderlich, wurde das Angebotsspektrum lediglich in Einzelbereichen angepaßt oder erweitert, ohne aber den Kerngehalt der Marke zu verändern.

---

[109] Vgl. hierzu Fußnote 12 in Kapitel 2 auf Seite 21f.

[110] In Australien ist Qantas beispielsweise eine Marke, in Europa - mit Ausnahme Großbritanniens - hingegen nicht. Trotz hervorragendem Service und höchstem Sicherheitsstandard kann die Fluggesellschaft ihre Flüge daher nur mit erheblichen Preisabschlägen verkaufen.

Auf internationalen Flügen bevorzugen derzeit noch viele Reisende ihren „National Flag Carrier“. Da die Airlines aber zunehmend auf ethnische Besonderheiten eingehen, internationale Spezialitäten anbieten und mehrsprachige Flugbegleiter aus allen Teilen der Erde einsetzen, dürften solche nationalen Präferenzen bald der Vergangenheit angehören. Der Ausbau des Hub-and-spoke-Verkehrs und die Zunahme der weltweiten Reisetätigkeit führen dazu, daß selbst auf regionalen und kontinentalen Strecken Reisende aus den unterschiedlichsten Herkunftsländern zusammen befördert werden. Eine Fluggesellschaft, die am Wachstum des internationalen Luftverkehrs partizipieren möchte, muß daher Produkte entwickeln, die eine allgemeine Akzeptanz aufweisen und ausländische Kunden nicht durch einen übertriebenen nationalen Bezug abschrecken. Die Zeit der Flag Carrier, deren Identifizierung mit einem bestimmten Land sich in Namen wie Air France, British Airways oder Swissair niederschlägt, ist somit gezählt. An ihre Stelle dürften einige wenige „Global Brands“ treten.

Zusammenfassend kann festgestellt werden, daß die Erfolgsstrategie einer großen internationalen Fluggesellschaft vier in hohem Maße interdependente Kernbereiche abdecken muß (vgl. Abbildung 5.15):

* Network Management,
* Kooperationen und Beteiligungen,
* Kosten und Produktivität,
* Branding.

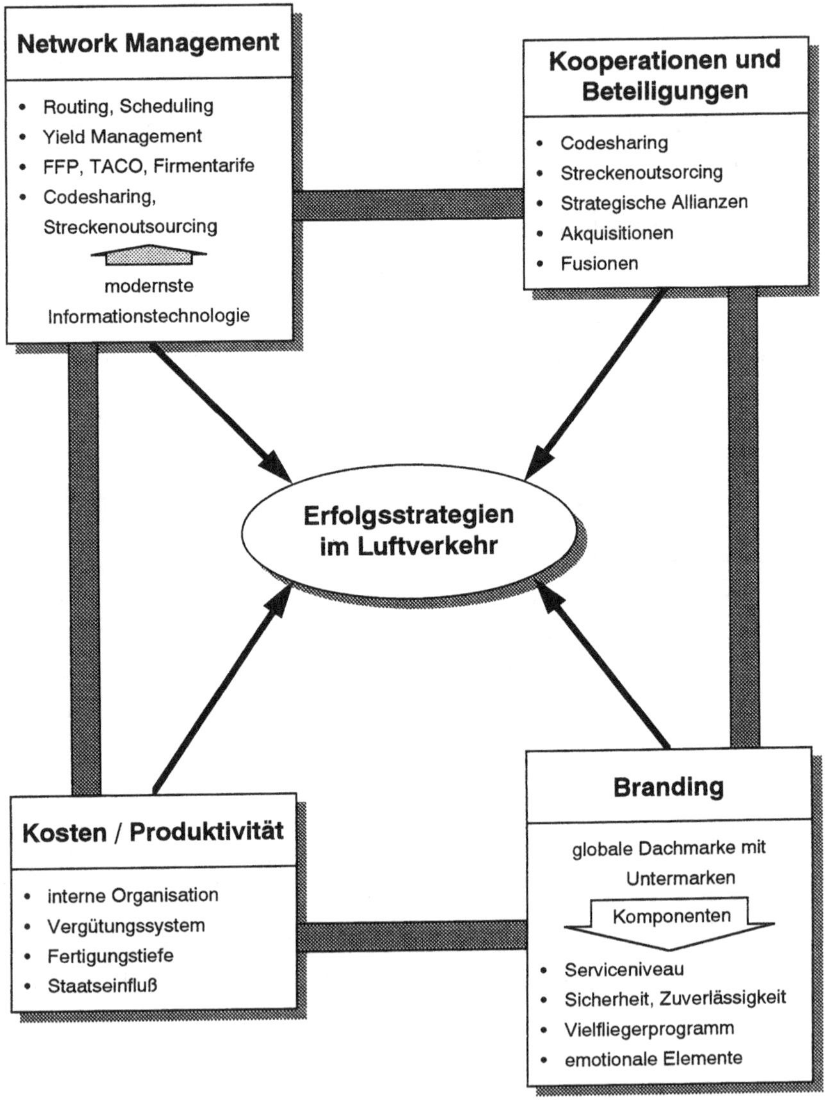

Abbildung 5.15

Quelle: eigene Darstellung

6. Perspektiven der großen Luftfahrtunternehmen in Europa

6.1. Auswirkungen der Liberalisierung auf die Marktstruktur[1]

Zur Zeit können fünf Kategorien von Fluggesellschaften unterschieden werden (vgl. hierzu auch die Kapitel 2.5.3 und 3.1):

1) Established Intercontinentals: Unternehmen mit einer starken Stellung im Heimatmarkt und einem gut ausgebauten internationalen Streckennetz. Hierunter fallen die großen *Flag Carrier* in Europa, Asien und Lateinamerika sowie die meisten *U.S. Majors* (American, Continental, Delta, Northwest, United, US Airways und TWA). Konstitutive Merkmale sind: mittleres bis hohes Kosten- und Serviceniveau, Hub-and-spoke-Streckennetz, Dominanz auf einem oder mehreren Großflughäfen, hoher Anteil von Großraumflugzeugen, Vielfliegerprogramm mit einer weiten Verbreitung im Heimatmarkt, weltweites Netz von Kooperationen.
2) New Intercontinentals: Fluggesellschaften, die zwar weltweit operieren, in ihrer Bedeutung aber hinter den Established Intercontinentals zurückstehen. Hierbei handelt es sich entweder um neu gegründete Unternehmen, oder um ehemals auf den Inlandsmarkt beschränkte Carrier, die im Rahmen des Liberalisierungsprozesses Verkehrsrechte für die Bedienung interkontinentaler Routen erhalten haben (z.B. Virgin Atlantic in Großbritannien, Asiana in Korea, EVA Airlines in Taiwan, TAM in Brasilien). Konstitutive Merkmale sind: mittleres bis niedriges Kostenniveau, mittlerer bis hoher Servicestandard, im Aufbau befindliches Hub-and-spoke-Streckennetz, keine dominante Stellung auf den bedienten Großflughäfen, kleine bis mittelgroße Flotte, Vielfliegerprogramm mit begrenzter Verbreitung, geringe aber zunehmende Zahl weltweiter Kooperationen.
3) Continentals: Airlines, die Kurz- und Mittelstrecken zwischen Primär- und Sekundärflughäfen sowie ggf. auch zwischen Sekundärflughäfen

[1] Das folgende Kapitel gibt ausschließlich die Ansicht des Verfassers wieder. Der interessierte Leser sei zusätzlich auf folgende Veröffentlichungen hingewiesen: Gialloreto (1988) S. 134-179; LCB Consultants (1988); Barton/Bradshaw/Brunschwiler/Bull-Larsen (1995) sowie Guillebaud/Bond (1997).

bedienen, entweder vollkommen selbständig oder im Rahmen von Codeshare-Vereinbarungen (z.B. British Midland in Großbritannien). Konstitutive Merkmale sind: mittleres bis niedriges Kostenniveau, Flotte bestehend aus mittelgroßen Düsenflugzeugen (i.d.R. 100 - 200 Sitzplätze), keine dominante Stellung auf den angeflogenen Airports, kein eigenes Vielfliegerprogramm, zunehmende Zahl weltweiter Kooperationen.

4) <u>Regionals:</u> Anbieter, die sich auf einen bestimmten Flughafen oder eine bestimmte Region spezialisiert haben und von dort Flüge mit kleinen Maschinen (i.d.R. bis zu 100 Sitzplätzen) anbieten, entweder als Nonstopdienste zwischen mittleren und kleinen Flughäfen oder als Zu-/Abbringerdienste für die großen Fluggesellschaften. Konstitutive Merkmale sind: niedriges Kostenniveau, kleine Flotte bestehend aus Turbopropmaschinen und Regionaljets, kein eigenes Vielfliegerprogramm.

5) <u>Specialists:</u> Luftfahrtunternehmen, die sich auf bestimmte Flughäfen, Strecken oder Kundensegmente konzentriert haben, z.B.:

a) POINT-TO-POINT SPECIALISTS: Carrier, die vorzugsweise Kurz- und Mittelstrecken im Rahmen von Punkt-zu-Punkt-Verbindungen zwischen kleineren Flughäfen bedienen (z.B. Southwest Airlines in den USA, Easy Jet in Europa). Konstitutive Merkmale sind: niedriges Kostenniveau, einfacher bis mittlerer Servicestandard, weitgehend lineares Streckennetz, kurze Flugzeiten, hohe Frequenzen, keine Bedienung kapazitätsbeschränkter Flughäfen, Flotte bestehend aus mittelgroßen Düsenflugzeugen (i.d.R. 100 - 200 Sitzplätze), kaum internationale Kooperationen.

b) LEISURE SPECIALISTS: Sogenannte „Ferienflieger“ und Gesellschaften, die im Rahmen von Wet-Lease-Vereinbarungen saisonale Sonderflüge durchführen (z.B. Condor und LTU in Deutschland, Martinair in den Niederlanden, World Airways und Tower Air in den USA). Konstitutive Merkmale sind: niedriges Kostenniveau, Punkt-zu-Punkt-Verbindungen, hoher Anteil von Urlaubsreisenden, kaum internationale Kooperationen.

c) HUB SPECIALISTS: Mittlere und kleine Carrier mit einer starken Stellung auf einem bestimmten Flughafen (z.B. Midwest Express in den USA). Konstitutive Merkmale sind: Airportdominanz, mittleres bis niedriges Kostenniveau, kleine bis mittelgroße Flotte, kein oder nur ein lokal verbreitetes Vielfliegerprogramm, kaum internationale Kooperationen.

Die Entwicklung der Marktstruktur im Luftverkehr wird maßgeblich vom weiteren Verlauf des Liberalisierungsprozesses abhängen. Wie bereits in Kapitel 2.7 geschildert, befürworten viele asiatische Staaten eine eher restriktive Vorgehensweise, während vor allem die USA - in geringerem Umfang auch die Mitglieder der Europäischen Union - für einen größeren Handlungsspielraum der Fluggesellschaften bei der Festlegung von Routen, Kapazitäten, Frequenzen und Preisen eintreten. Die jeweils verfolgte Politik wird dabei weniger von weltanschaulichen Grundüberzeugungen als vielmehr von dem Bestreben bestimmt, den nationalen Carriern so große Wettbewerbsvorteile wie möglich zu verschaffen. Eine Freigabe der Kabotage für ausländische Fluggesellschaften oder ein Wegfall der Nationalitätenklausel sind daher auch selten Gegenstand von Verhandlungen.

Die schnelle Verbreitung von länder- und kontinentübergreifenden Kooperationen zwischen Fluggesellschaften, insbesondere die Gründung Globaler Allianzen, wird in den nächsten Jahren zweifellos zu einer verstärkten Integration von Unternehmen aus verschiedenen Regionen führen und somit die ehemals klare Trennung zwischen in- und ausländischen Unternehmen verwischen. Der Wettbewerb findet dann nicht mehr zwischen einzelnen Flag Carriern sondern zwischen Allianzblöcken statt, wobei zwei Unternehmen aus einem Land durchaus unterschiedlichen Gruppierungen angehören können. Um die Zusammenarbeit der Partnergesellschaften zu intensivieren, werden sich die Airlines bei ihren Regierungen verstärkt für eine selektive Liberalisierung einsetzen, d.h. einseitige Lockerung der bestehenden Beschränkungen durch Ausnahmegenehmigungen für das eigene Unternehmen und die befreundeten Allianzmitglieder. Da konkurrierende Luftfahrtunternehmen eine Gleichstellung beanspruchen werden, ist mittelfristig mit einer weiteren Aufweichung der zur Zeit noch vorhandenen Restriktionen zu rechnen.

Einige Länder bzw. Regionen (voraussichtlich die USA und die EU) dürften durch den vermehrten Abschluß von Open-Sky-Abkommen eine Vorreiterrolle bei der Liberalisierung übernehmen. Um die heimische(n) Fluggesellschaft(en) nicht zu benachteiligen und dem Verlangen der inländischen Wirtschaft nach günstigen Flugtarifen nachzukommen, werden angrenzende Staaten sich ebenfalls gezwungen sehen, solche Verträge zu unterzeichnen. Die zunehmende Zahl freizügiger Regelungen wird internationale Organisationen wie die ICAO oder die WTO veranlassen, in intensive Verhandlungen zur Schaffung eines neuen, liberalen Ordnungsrahmens für den Weltluftverkehr einzutreten. Es ist somit weniger die Frage ob, als vielmehr wie schnell und in welchem Umfang freizügigere Regelungen geschaffen werden.[2]

Die Entwicklung der Marktstruktur wird aber nicht allein von der Geschwindigkeit und dem Ausmaß der Liberalisierung abhängen. Entscheidende Bedeutung wird auch der Wettbewerbspolitik zukommen. Gleichzeitig mit der Freigabe des Marktzugangs und der Beendigung von Kapazitäts-, Frequenz- und Preiskontrollen, müssen weltweit geltende Wettbewerbsregeln und wirksame Instrumente zu deren Durchsetzung geschaffen werden. Nur so können unerwünschte Konzentrationsprozesse, aufeinander abgestimmte Verhaltensweisen und „predatory behaviour" verhindert, ein diskriminierungsfreier Zugang zu Slots und Gates sichergestellt und die weit verbreitete Subventionierung konkursreifer Staatscarrier untersagt werden. Wie die Erfahrungen der US-Deregulierung und die zunehmende Verbreitung global operierender Allianzen zeigen, wird der Verhinderung volkswirtschaftlich unerwünschter Kartelle und Fusionen eine zentrale Rolle zukommen. Das Kompetenzgerangel, welches auf die Ankündigung der geplanten Zusammenarbeit zwischen American Airlines und British Airways folgte, zeigt, daß diesbezüglich noch erheblicher Klärungsbedarf besteht.[3] Der gegenwärtige Stand der Diskussion läßt jedoch kaum auf die schnelle Realisierung eines globalen Wettbewerbsrahmens (einschließlich adäquater Anwendungsvorschriften) hoffen. Vielmehr dürften die meisten nationalen Behörden auch in Zukunft wesentliche Mitspracherechte fordern. Es ist zu erwarten, daß bei Entscheidungen nicht die Funktionsfähigkeit des Marktes, sondern die Interessen heimischer Fluggesellschaften im Vordergrund stehen werden. Eine Zunahme der Konzentration wie in den USA ist daher höchst wahrscheinlich. Dies gilt um so mehr, als der internationale Luftverkehr derzeit noch einen geringen Konzentrationsgrad aufweist.

---

[2] Dr. Cheong Choong Kong, Stellvertretender Vorsitzender von Singapore Airlines, äußerte sich diesbezüglich wie folgt: „I used to say it was a question of when, not whether, international aviation would be deregulated. Now, it is not even when, but how fast." [Interview im Februar 1997].

[3] Auf amerikanischer Seite wurde die geplante Zusammenarbeit vom *US Department of Transportation (DOT)* untersucht, auf europäischer Seite vom *UK Office of Fair Trade* (unter Bezugnahme auf Artikel 88 EG-Vertrag) und von der *EU-Kommission* (unter Bezugnahme auf Artikel 89 EG-Vertrag). Da die Behörden zu voneinander abweichenden Bewertungen kamen und eine Genehmigung von unterschiedlichen Voraussetzungen abhängig machten, zog sich der gesamte Prozeß über einen langen Zeitraum hin und führte zu erheblicher Verwirrung bei allen Beteiligten [vgl. Soames (1997)].

Auch wenn die Geschwindigkeit und das Ausmaß des Liberalisierungsprozesses sowie die Entwicklung der luftverkehrsrelevanten Vorschriften und Überwachungsinstanzen derzeit noch nicht genau absehbar sind, deutet vieles auf eine zweiphasige Entwicklung hin:

* Erste Liberalisierungsphase: In bilateralen Verträgen vereinbaren die Regierungen mehr und mehr freizügige Regelungen, z.B. Vergabe zusätzlicher Rechte der 3., 4. und 5. Freiheit (später auch der 7. und 8. Freiheit), vollkommene Aufgabe der Kapazitäts-, Frequenz- und Preisregulierung sowie letztendlich auch Wegfall der Designierungspraxis. Um die Integration von Allianzen zu fördern, werden zunehmend Abmachungen zwischen Fluggesellschaften gebilligt, die eine Aufteilung des Verkehrs, des Umsatzes und/oder des Gewinns vorsehen.
* Zweite Liberalisierungsphase: Es erfolgt ein Wegfall der verbliebenen Kabotagevorbehalte und Nationalitätenklauseln. Hierdurch werden länderübergreifende Akquisitionen bzw. Fusionen gefördert und die Voraussetzungen zur Gründung global operierender Mega Carrier geschaffen. Um den veränderten Bedingungen Rechnung zu tragen, verabschiedet eine internationale Institution (z.B. ICAO oder WTO) einen neuen Ordnungsrahmen für den Weltluftverkehr.

Die erste Liberalisierungsphase hat bereits Mitte der 90er Jahre begonnen und dürfte bis zum Jahr 2005 bzw. 2010 dauern. Die zweite Phase wird sich daran anschließen und voraussichtlich weitere zehn Jahre in Anspruch nehmen. An ihrem Ende wird der Luftverkehr Rahmenbedingungen aufweisen, wie sie bereits jetzt für die meisten anderen Dienstleistungsbranchen typisch sind, d.h. freier Marktein- und Marktaustritt, keine Mengen- und Preisregulierung sowie weitgehende Investitionsfreiheit in den meisten Ländern der Welt.

Welche Auswirkungen der Liberalisierungsprozeß aller Voraussicht nach auf die einzelnen Carrier-Typen haben wird, zeigt Abbildung 6.1:

Mittel- und langfristige Entwicklung der Carrier-Typen

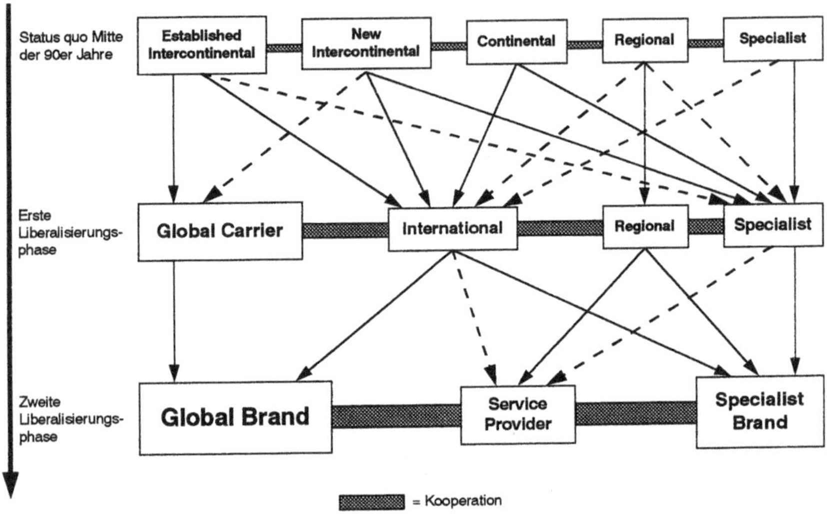

Abbildung 6.1

Quelle: eigene Darstellung

In der ersten Liberalisierungsphase werden die starken Intercontinentals (Established Intercontinentals und New Intercontinentals) ihre Stellung durch den Ausbau des eigenen Streckennetzes und das Eingehen weltweiter Kooperationen festigen. Innerhalb des Europäischen Wirtschaftsraums und verschiedener anderer Regionen, in denen entsprechende gesetzliche Regelungen bestehen, wird es zu Akquisitionen von Specialists, Regionals und Continentals sowie gegebenenfalls sogar zu Fusionen mit anderen Intercontinentals kommen. Die daraus resultierenden *Global Carrier* werden vor allem auf ihrem Heimatkontinent über eine starke Position verfügen, da hier der Schwerpunkt ihres gut ausgebauten Hub-and-spoke-Systems liegt, ihre Marke den höchsten Bekanntheitsgrad hat und die meisten Mitglieder des Vielfliegerprogramms leben. Hochentwickelte Scheduling- und Yield-Management-Systeme werden eine Optimierung der Verkehrsströme über die zu „Fortress Hubs" ausgebauten Primärdrehkreuze und kleinere Sekundärdrehkreuze ermöglichen. Die Zugehörigkeit zu einer globalen

Strategischen Allianz wird dafür sorgen, daß Flüge zu einer Vielzahl von Destinationen angeboten werden können und der Umsteigeverkehr beträchtlich steigt. Das gezielte Outsourcing der Bedienung von Strecken und anderer Teilaufgaben (z.B. Wartung, Flughafendienste, EDV-Applikationen) - bevorzugt an Tochtergesellschaften und Allianzpartner oder branchenfremde Unternehmen - dürfte zu einer deutlichen Reduzierung der Mitarbeiterzahl, des Fixkostenblocks und bestimmter variabler Kosten bei gleichzeitiger Sicherstellung einer hohen Produktqualität führen.

Die schwächeren Intercontinentals und die stärkeren Continentals werden in der ersten Liberalisierungsphase ihre bisherigen Unterscheidungsmerkmale mehr und mehr verlieren und zur Gruppe der *Internationals* zusammenwachsen. Hierunter sind größere Luftfahrtunternehmen zu verstehen, die im Gegensatz zu den Global Carriern nur wenige Drehkreuze besitzen und vorwiegend Kontinentaldienste durchführen. Obwohl die Bedienung von Langstrecken mit eigenen Maschinen zumeist auf wenige Destinationen oder bestimmte Erdteile beschränkt ist, können sie durch die Teilnahme an einer Strategischen Allianz und/oder das Eingehen streckenspezifischer Codeshare-Vereinbarungen weltweite Verbindungen anbieten.

Die Zukunft der *Regionals* dürfte durch Kooperationen mit Global Carriern und Internationals, aber auch durch Übernahmen und Konkurse geprägt sein. Die Entwicklung kleiner Jets mit 30 - 100 Sitzplätzen hat dazu geführt, daß mittlerweile auch aufkommensschwache Routen mit einer Streckenlänge von 600 bis 1.200 Kilometern Reichweite profitabel mit Düsenflugzeugen bedient werden können.[4] Um stärker am wachsenden Verkehr von und zu Sekundär- bzw. Tertiärflughäfen partizipieren und wichtigen Feed-Traffic für die eigenen Dienste sichern zu können, werden größere Luftfahrtunternehmen über kostengünstige Tochtergesellschaften, Outsourcing oder Codesharing zunehmend auch in diesen Bereich vordringen und durch die Macht ihrer Marke, ihres Vielfliegerprogramms und ihres Streckennetzes Passagiere von den traditionellen Regionals abwerben. Langfristig ist damit zu rechnen, daß letztere nur überleben können, wenn sie ihre wirtschaftliche Unabhängigkeit aufgeben und als Dienstleister der Großen fungieren, oder wenn Sie als Spezialisten eine konsequente Nischenstrategie verfolgen.

---

[4] Vgl. Moorman (1997) und Abbey (1997).

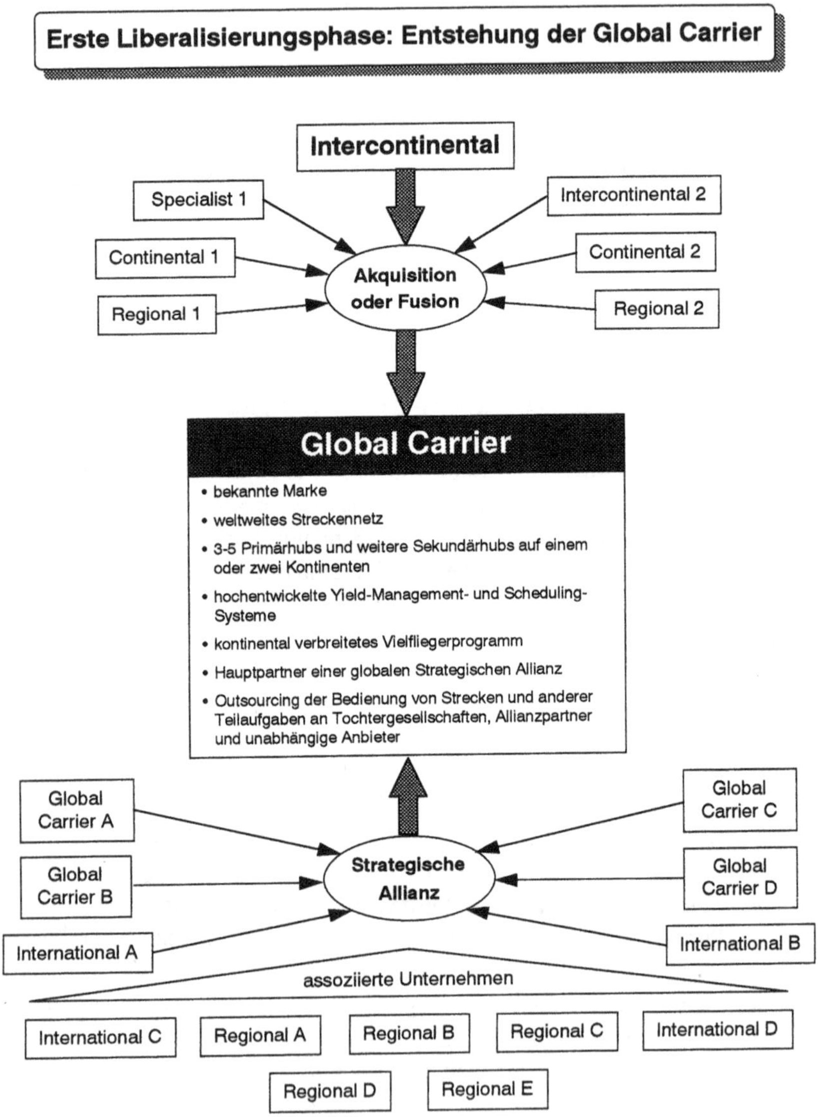

Abbildung 6.2

Quelle: eigene Darstellung

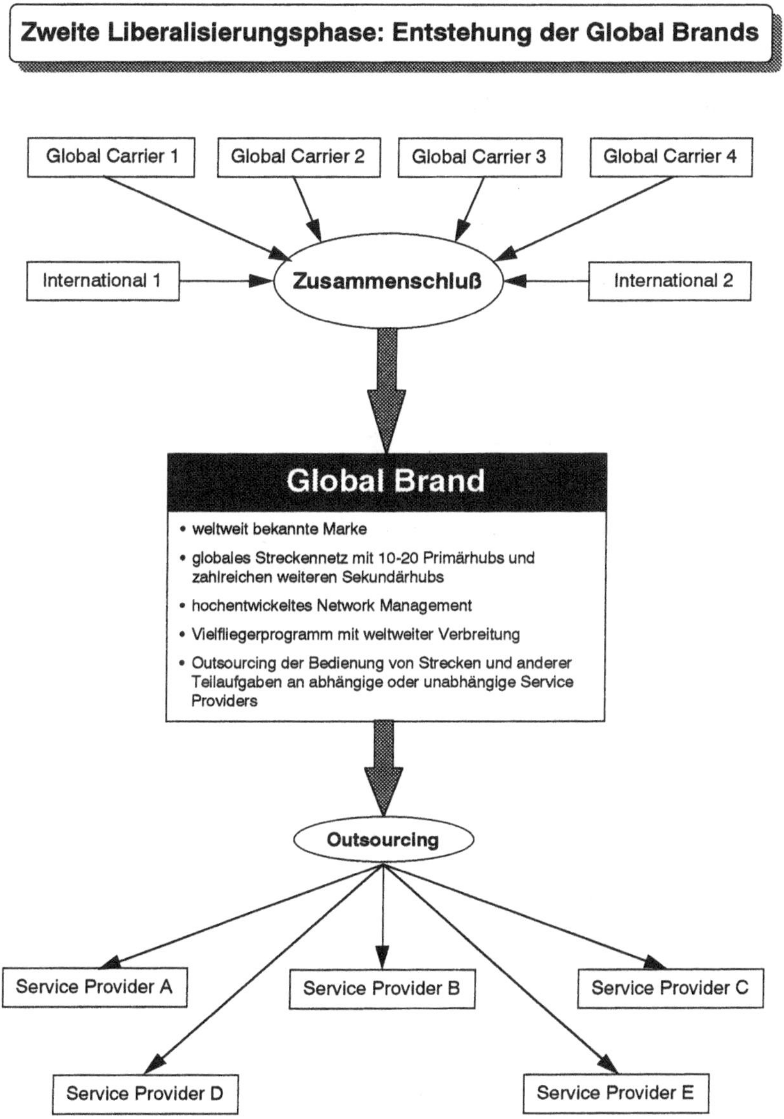

Abbildung 6.3

Quelle: eigene Darstellung

Specialists werden mittelfristig ihre Stellung halten können. Größere Fluktuationen sind allerdings absehbar, da einige Unternehmen durch Konkurs oder Übernahme vom Markt verschwinden, andere hingegen durch die strategische Neuausrichtung ehemaliger Intercontinentals, Continentals und Regionals hinzukommen dürften. Außerdem ist bei diesem Carrier-Typ von zahlreichen Neugründungen auszugehen.

In der zweiten Liberalisierungsphase wird die Integration der Strategischen Allianzen zunehmen und eine Beschleunigung des Konzentrationsprozesses erfolgen. Bei den großen Fluggesellschaften ist langfristig lediglich mit dem Überleben von 3-8 *Global Brands* zu rechnen. Bei diesen dürfte es sich vorwiegend um Mega Carrier handeln, die aus Fusionen und Akquisitionen entstanden sind. Denkbar sind aber auch äußerst enge Zusammenschlüsse mehrerer Global Carrier und ggf. Internationals, bei denen die beteiligten Unternehmen ihre wirtschaftliche Selbständigkeit zu einem großen Teil aufgeben und mit einer gemeinsamen Marke[5] sowie einem in vielen Bereichen standardisierten Produkt auftreten. Neben einem weltweit hohen Bekanntheitsgrad werden die Global Brands ihre Stärke v.a. aus einem den Globus umspannenden Hub-and-spoke-System mit 10-20 Primärdrehkreuzen und zahlreichen weiteren Sekundärdrehkreuzen, einem hochentwickelten Network-Management-System und der Anziehungskraft des Vielfliegerprogramms schöpfen. Das von den Global Carriern forcierte Outsourcing zahlreicher Tätigkeiten dürfte von den Global Brands fortgeführt und auf weitere Bereiche ausgedehnt werden. Insbesondere ist mit der Übertragung aller Kurzstrecken sowie vieler Mittelstrecken und mancher Langstrecken an unabhängige Unternehmen oder Tochtergesellschaften mit geringem Kostenniveau zu rechnen. Aber auch andere Bereiche wie Bodenabfertigung, Wartung oder Reservierung dürften weitgehend an solche „Service Providers" übertragen werden. Trotz ihres enormen Umsatzes werden die Global Brands daher mit vergleichsweise wenigen Mitarbeitern und geringen Fixkosten auskommen. Ihre Tätigkeit wird sich auf wenige zentrale Aufgaben konzentrieren, z.B. Weiterentwicklung der Marke, Koordinierung der Werbemaßnahmen, Vorgabe und Überwachung von Qualitätsstandards, Optimierung des Network Managements (v.a. Festlegung der Routen, Frequenzen, Preise, Firmentarife und

[5] Neben einer Dachmarke wird es aller Voraussicht nach noch mehrere Untermarken geben, beispielsweise für unterschiedliche Regionen (z.B. Amerika, Asien, Europa), Beförderungsklassen (First-, Business- und Tourist Class) oder Flugdistanzen (Kurzstrecken, Mittelstrekken und Langstrecken).

Reisebüroprovisionen), Erhöhung der Attraktivität des Vielfliegerprogramms, Bündelung von Beschaffungsaufträgen und ggf. Bedienung der Hauptstrecken.

Neben den wenigen Global Brands werden durch Konzentration auf bestimmte Strecken, Flughäfen oder Kundensegmente nur noch *Specialist Brands* als eigenständige Anbieter überleben. Es kann sich hierbei um Einzelunternehmen mit einer etablierten Marke handeln. Denkbar ist aber auch eine enge Kooperationen zwischen mehreren, regional operierenden Spezialisten, aufgrund derer die jeweiligen Produkte unter einer gemeinsamen Dachmarke kontinent- oder sogar weltweit vermarktet werden. Es ist damit zu rechnen, daß auch die großen Global Brands über wirtschaftlich selbständige Tochtergesellschaften im Segment der Specialist Brands vertreten sein werden.

Obwohl die Zahl möglicher Nischenstrategien groß ist, dürften vor allem folgende Spezialisten überleben können:

a) POINT-TO-POINT SPECIALISTS: Luftfahrtunternehmen, die mit kleinen bis mittelgroßen Flugzeugen (ca. 30 - 200 Sitzplätze) Kurz- und Mittelstrecken zwischen Sekundär- und Tertiärflughäfen im Rahmen von Punkt-zu-Punkt-Verbindungen bedienen. Konstitutive Merkmale sind: niedriges Kostenniveau, geringer Service, lineares Streckennetz, vergleichsweise kurze Flugzeiten, hohe Frequenzen, keine Bedienung kapazitätsbeschränkter Flughäfen.

b) LEISURE SPECIALISTS: Fluggesellschaften, die vornehmlich Urlauber zu ausgesuchten Touristendestinationen fliegen. Konstitutive Merkmale sind: niedriges Kostenniveau, Punkt-zu-Punkt-Verbindungen, Privatpersonen als Hauptzielgruppe, hoher Anteil an Pauschalreisenden.

c) HUB SPECIALISTS: Mittlere und kleine Carrier mit einer starken Stellung auf einem bestimmten Flughafen. Konstitutive Merkmale sind: mittleres bis niedriges Kostenniveau, kleine bis mittelgroße Flotte, nur lokal verbreitetes Vielfliegerprogramm, Zusammenarbeit mit (Hub-) Spezialisten in anderen Regionen.

d) QUALITY SPECIALISTS: Airlines, die nur auf ausgewählten Strecken operieren und dort ein überlegenes Produkt für eine zahlungskräftige Käuferschicht anbieten. Konstitutive Merkmale sind: Mittleres bis hohes Kostenniveau, hohe Erträge, sehr hohe Produktqualität und Innovationskraft.

Den größten Verbreitungsgrad dürften die Point-to-Point Specialists erreichen, vor allem im Regionalflugbereich und auf Strecken, die für die großen Unternehmen weniger interessant sind. Deutlich geringer wird hingegen die Zahl der Leisure und Hub Specialists ausfallen und Quality Specialists wird es aller Voraussicht nach nur sehr wenige geben. Mit zunehmender Unternehmensgröße ist damit zu rechnen, daß nicht alle Routen mit eigenen Flugzeugen bedient werden, sondern daß ein Rückgriff auf die Dienste von Service Providers erfolgt.

Abbildung 6.4

Quelle: eigene Darstellung

Die meisten Regionals sowie viele ehemalige Specialists und einige kostengünstige Internationals werden in Zukunft als *Service Providers* der Global Brands und Specialist Brands agieren und für diese im Rahmen von Franchise- oder Wet-Lease-Vereinbarungen ausgewählte Strecken bedienen. Für sie wird ein äußerst niedriges Kostenniveau und eine schnelle Anpassungsfähigkeit an veränderte Auftragslagen unabdingbar sein. Der Passagier dürfte von ihrer Existenz kaum etwas bemerken, da die Bemalung der Flugzeuge, die Ausstattung der Kabinen und der Service an Bord weitgehend dem Standard des auftraggebenden Markencarriers entsprechen werden. In vielen Fällen wird es zu einer engen Verbindung mit nur einem Auftraggeber kommen, obwohl grundsätzlich auch Dienstleistungen für unterschiedliche Unternehmen möglich sind.[6]

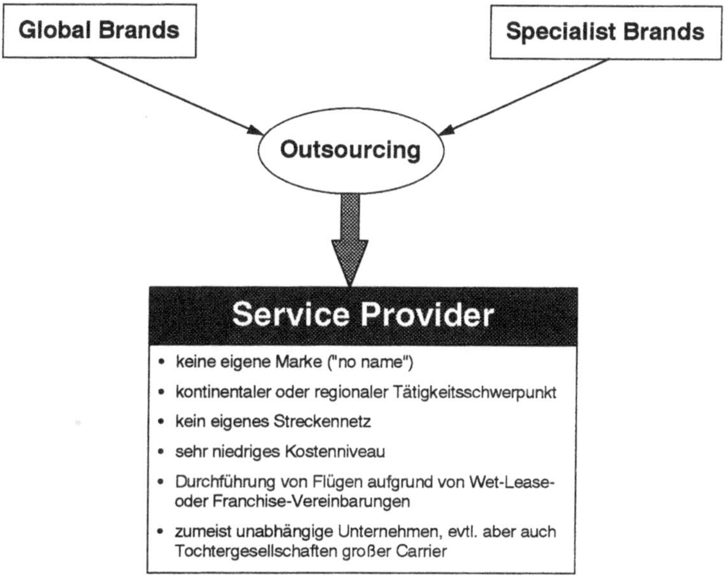

Abbildung 6.5

Quelle: eigene Darstellung

---

[6] Bereits jetzt existieren zwei bekannte Holding-Gesellschaften, die mit mehreren großen Fluggesellschaften zusammenarbeiten. Die amerikanische *Mesa Air Group* besteht beispielsweise aus vier Divisionen. Während eine Division unter dem eigenen Namen „Mesa Airlines" auftritt, fliegen die restlichen Divisionen als „America West Express", „United Express" und „US Airways Express" [Walker (1997): *Mesa Air - Leap of faith*]. Die europäische *Airlines of Britain Group*, die sich zu 40 % im Eigentum von SAS befindet, ansonsten aber unabhängig operiert, umfaßt: 1) *British Midland*: Continental Carrier, der für mehrere große ausländische Fluggesellschaften innerbritische und innereuropäische Routen im Rahmen von Codeshare-Abkommen bedient, 2) *Business Air*: kleiner Regional Carrier, der sich auf Kurzstrecken in England, Schottland und Irland spezialisiert hat und 3) *British Regional Airlines* mit 3.1) *Manx Airlines*: Regional Carrier, der Dienste von/zur Isle of Man anbietet, 3.2) *Manx Airlines Europe*: Franchise-Nehmer von British Airways sowie 3.3) *Loganair*: ebenfalls Franchise-Nehmer von British Airways [Moorman (1996)].

Zusammenfassend kann festgestellt werden, daß der derzeit geringe Konzentrationsgrad und das Vorherrschen suboptimaler Unternehmensgrößen im internationalen Luftverkehr zu einem starken Konzentrationsprozeß führen werden, der die Zahl der großen, international operierenden Fluggesellschaften stark reduzieren dürfte. Schwache Gesellschaften werden dabei entweder vom Markt verschwinden oder zuerst ihre wirtschaftliche und dann - vor allem in der zweiten Liberalisierungsphase - auch ihre rechtliche Selbständigkeit verlieren. Letzten Endes wird es durch den Zusammenschluß starker Unternehmen aus verschiedenen Kontinenten zur Bildung wahrhaft globaler Mega Carrier mit weltweit etablierten Marken kommen. Spezialanbieter dürften nur dann als selbständige Unternehmen überleben können, wenn sie eine gezielte Nischenstrategie verfolgen, zu ständigen Produktinnovationen fähig sind und der direkten Konfrontation mit den Global Brands ausweichen.

6.2. Strategieoptionen europäischer Fluggesellschaften

Vor dem Hintergrund der bisherigen Erkenntnisse stellt sich die Frage, wie europäische Flag Carrier agieren müssen, um auch in Zukunft erfolgreich zu sein. Grundsätzlich können sie sich zu Global Brands, Service Providers oder Specialist Brands (mit den Ausprägungen Point-to-Point Specialist, Leisure Specialist, Hub Specialist bzw. Quality Specialist) entwickeln. Berücksichtigt man jedoch ihre hohen Kosten, die sich auch bei konsequent durchgeführten Rationalisierungsmaßnahmen höchstens auf den Industriedurchschnitt senken lassen, so erscheinen die Alternativen Service Provider, Point-to-Point Specialist und Leisure Specialist wenig realistisch. Die Besetzung dieser Marktsegmente dürfte jüngeren Airlines oder Tochtergesellschaften vorbehalten bleiben, deren Organisations- und Vergütungsstruktur von Anfang an auf die Realisierung niedriger Stückkosten ausgelegt ist. Die Neuausrichtung hin zum Quality Specialist ist grundsätzlich zwar möglich, aber wenig wahrscheinlich, da hierfür eine vollkommene Umstellung des Streckennetzes und der Produktgestaltung sowie in den meisten Fällen auch ein beträchtlicher Schrumpfungsprozeß erforderlich wären. Folglich bleiben als realistische Ziele nur noch die Entwicklung zum (Haupt- oder Neben-)Bestandteil einer Global Brand oder - als Drehkreuzspezialist - einer Specialist Brand (vgl. Abbildung 6.6).

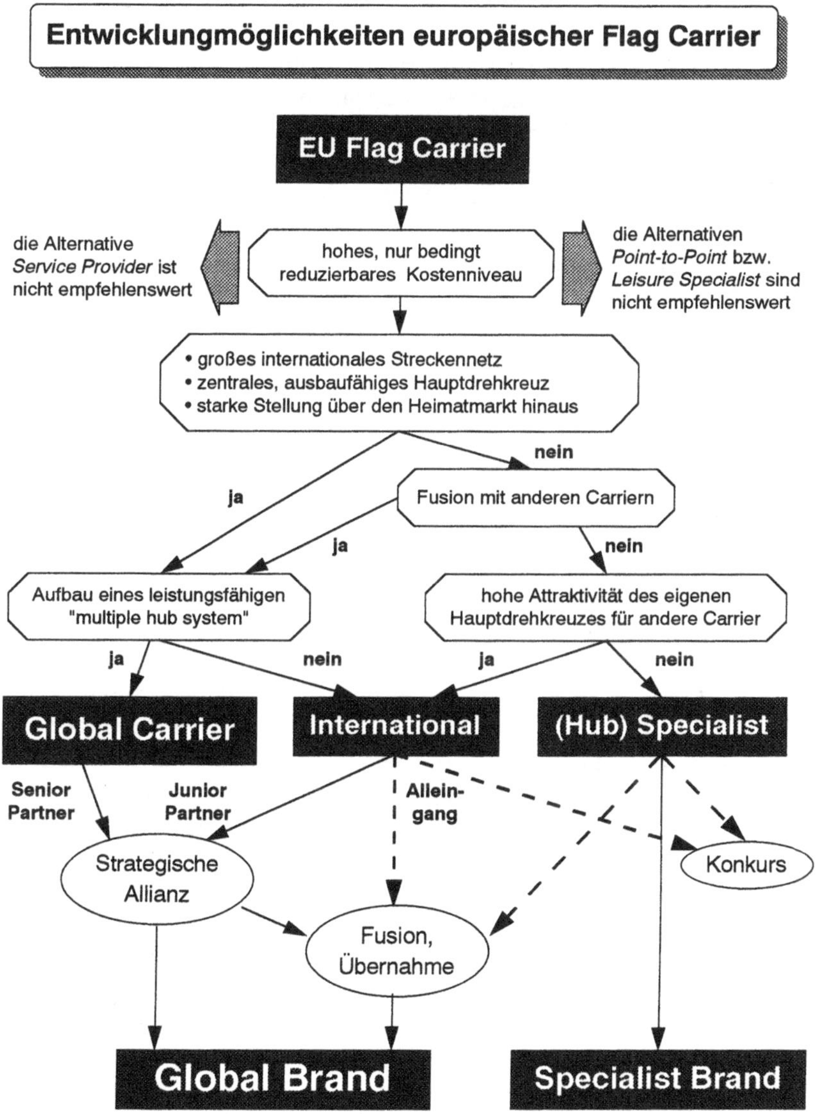

Abbildung 6.6

Quelle: eigene Darstellung

Welche Strategie ein Flag Carrier einschlagen sollte, hängt in hohem Maß von seiner gegenwärtigen Position ab. Unternehmen, die über ein großes internationales Streckennetz, ein ausbaufähiges Hauptdrehkreuz und eine starke Stellung auch außerhalb des Heimatmarktes verfügen, sollten durch den Aufbau eines leistungsfähigen „multiple hub system" die Position eines Global Carriers anstreben. Als bedeutendes Mitglied einer Strategischen Allianz könnten sie dann deren weitere Entwicklung hin zur Global Brand aktiv mitgestalten *(Senior-Partner-Strategie)*. Unternehmen, die die Anforderungen an einen Global Carrier nicht erfüllen, können versuchen, durch Fusion mit anderen gleichstarken Fluggesellschaften zum Status eines Global Carriers aufzusteigen *(Fusionsstrategie)*. Sofern sich keine für einen Zusammenschluß geeigneten Gesellschaften finden lassen, bestehen zwei Alternativen. Ist das Unternehmen aufgrund seines attraktiven Hauptdrehkreuzes bevorzugtes Ziel von Übernahmeversuchen oder Verdrängungswettbewerb, muß es sich mit der Rolle eines International zufrieden geben. Als weniger bedeutendes Mitglied einer Strategischen Allianz, kann es dann die Schaffung einer Global Brand zumindest teilweise mitbestimmen. Da sich die eigene Unabhängigkeit in den meisten Fällen kaum langfristig aufrechterhalten lassen dürfte, ist es Aufgabe des Managements, die Übernahme durch einen Global Carrier in einer Art und Weise herbeizuführen, die für die Aktionäre vorteilhaft und für die Mitarbeiter akzeptabel ist *(Junior-Partner-Strategie)*. Ein Flag Carrier, der ein gut ausgebautes Drehkreuz besitzt, das auf die großen Luftfahrtunternehmen aber nur geringe Attraktivität ausübt, kann alternativ versuchen, sich als Hub Specialist zu positionieren. Gelingt ihm die Schaffung einer im Heimatmarkt renommierten Marke und kann er die direkte Konfrontation mit den weltbekannten Brands weitgehend vermeiden, bestehen für ihn gute Überlebenschancen, wenngleich das zukünftige Wachstum im Vergleich zu anderen großen Luftfahrtunternehmen deutlich geringer ausfallen dürfte *(Nischenstrategie)*.[7] Andere Strategien (beispielsweise der Alleingang eines Internationals oder die Nischenstrategie eines Carriers, dessen Drehkreuz fortlaufend von den großen Unternehmen attackiert wird) dürften zum Konkurs oder zu einer feindlichen Übernahme führen.

---

[7] Für Carrier, die die Junior-Partner- oder Nischenstrategie verfolgen, gelten die in Kapitel 5.7 aufgestellten Strategiekomponenten nur bedingt.

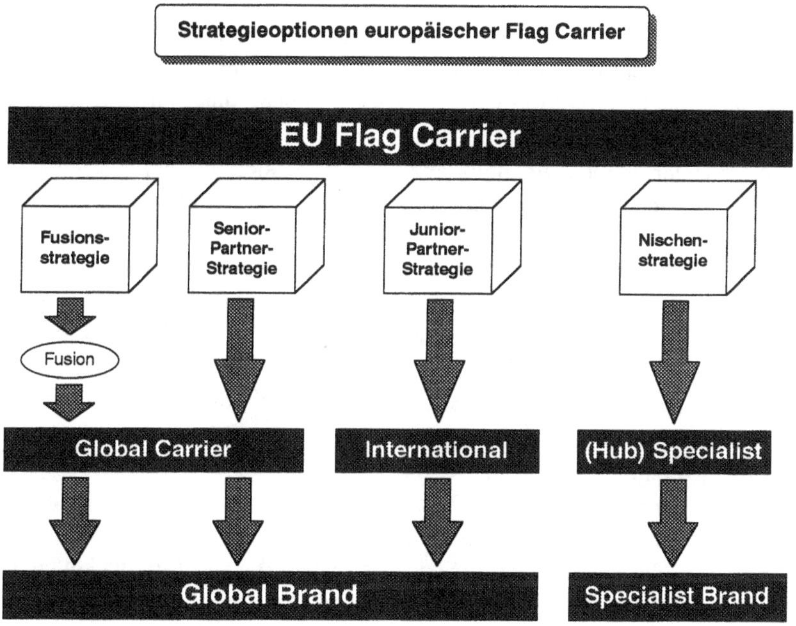

Abbildung 6.7
Quelle: eigene Darstellung

Für die weitere Entwicklung der europäischen Flag Carrier werden die kommenden Jahre entscheidend sein. Langfristig können sich diese nur behaupten, wenn sie bereits jetzt aus den vier möglichen Alternativen die richtige Vorgehensweise bestimmen und dann konsequent umsetzen. Die Senior-Partner-Strategie haben bisher die Gesellschaften British Airways, Lufthansa, KLM und Swissair gewählt. Für die Junior-Partner-Strategie scheinen sich SAS, Austrian Airlines, Sabena, Iberia und TAP Air Portugal entschieden zu haben. In jedem Fall ist die Entscheidung nachvollziehbar und dürfte sich mittel- und langfristig als erfolgreich erweisen. Bei allen anderen Carriern ist eine Zuordnung nur bedingt oder gar nicht möglich. Entweder konnten sie ihre Strategie bisher aufgrund externer Einflüsse nicht wie gewünscht verwirklichen, oder dem Management fehlten konkrete Vorstellungen über das zukünftige Vorgehen. Wegen ihrer Größe und ihrer bedeutenden Drehkreuze sollten Air France und Alitalia eine Senior-Partner-Strategie verfolgen. Für Olympic Airways liegt eine Junior-Partner-

Strategie nahe und als Nischencarrier haben Finnair bzw. Aer Lingus eine Überlebenschance. Bedingt durch die nach wie vor existierenden regulatorischen Beschränkungen und den Mangel an geeigneten Partnern, ist die Fusionsstrategie seit dem Scheitern des Alcazar-Projekts nicht mehr angewendet worden. Mit zunehmender Liberalisierung dürfte sie aber für die kleineren Flag Carrier immer interessanter werden. Es bleibt abzuwarten, ob sich in den nächsten Jahren entsprechende Gelegenheiten ergeben werden.

Was die Nicht-Flag-Carrier in Europa anbelangt, so liegt für interkontinentale Neuanbieter wie Virgin Atlantic eine Junior-Partner-Strategie nahe. Die bereits existierenden Ferienflieger (z.B. Lauda-air, Britannia, LTU, Hapag-Lloyd und Condor) sollten an ihrer Nischenstrategie als Leisure Specialist festhalten. Euro Carrier (z.B. British Midland) können eine Junior-Partner-Strategie verfolgen oder versuchen, eine starke Stellung als Hub-, Quality- oder Point-to-Point Specialist aufzubauen. Den meisten Regionals dürfte nur der Weg zum Service Provider oder zum Point-to-Point Specialist offenstehen. Für neu zu gründende Unternehmen mit niedriger Kostenstruktur liegt ebenfalls eine Existenz als Service Provider oder Point-to-Point Specialist nahe. Welche Möglichkeiten sich aus der Alternative Point-to-Point Specialist ergeben, zeigt das Beispiel Southwest Airlines. Wie in den USA könnte es einer kleinen Fluggesellschaft gelingen, als europäische Version dieses „low cost, no frills"-Anbieters zu einem Nischencarrier mit erheblicher Größe aufzusteigen.

Die kommenden Jahre werden zeigen, welche europäischen Flag Carrier die Entstehung der Global Brands maßgeblich mitbestimmen und welche lediglich - durch eine freundliche oder feindliche Übernahme - in diesen aufgehen werden. Vor allem British Airways, Lufthansa, Air France, KLM und Swissair besitzen gute Voraussetzungen, um sich zu weltweit operierenden „Mega Carriern" zu entwickeln. Durch die Gründung der Star Alliance ist die Lufthansa ihren Konkurrenten einen Schritt voraus. Obwohl keinesfalls feststeht, daß der Star-Verbund das nächste Jahrzehnt überleben wird, wurde mit seiner Gründung zumindest der Grundstein für eine globale Marke geschaffen. Trotz Dementis der beteiligten Unternehmen ist eine zukünftige Verschmelzung der Carrier nicht auszuschließen. Als zweitgrößte europäische Airline mit dem zentral gelegenen Drehkreuz Frankfurt, dürfte die Lufthansa ein wesentliches Mitspracherecht bei der weiteren Ausgestaltung der Allianz besitzen. Auch British Airways, die

Fluggesellschaft mit den meisten international erbrachten Personenkilometern,[8] wird aller Voraussicht nach die Entwicklung einer bedeutenden Airline-Gruppe maßgeblich mitbestimmen können. Durch die 1997 eingeleitete neue Marketing-Kampagne, die das Unternehmen nicht mehr als britische, sondern als globale Fluggesellschaft darstellt,[9] wurde endgültig die Ära des nationalen Flag Carriers überwunden. Obwohl das Allianznetz derzeit noch Lücken aufweist, ist mit einem intensiven Ausbau zu rechnen. Auch KLM und Swissair haben bereits wichtige Schritte hin zur Schaffung globaler Marken unternommen. Dagegen liegt Air France in seiner Entwicklung weit zurück. Das Unternehmen, welches bis vor kurzem weitgehend untätig war, hat mittlerweile aber rege Allianzaktivitäten begonnen. Aufgrund seiner starken Stellung in Zentraleuropa dürfte Air France bei Verhandlungen mit großen Carriern aus anderen Kontinenten eine starke Verhandlungsposition besitzen, zumal die jüngsten Jahresabschlüsse von einer wesentlichen Verbesserung der finanziellen Situation zeugen.[10]

Zweifellos wird der Luftverkehr in Europa auch in Zukunft einen hohen Stellenwert besitzen. Es ist allerdings davon auszugehen, daß die Fluggesellschaften zahlreiche Teilaufgaben (z.B. zentrale Reservierung, Wartung, EDV-Anwendungen, etc.) mehr und mehr in andere Regionen mit einer wettbewerbsfähigeren Kostenstruktur verlagern werden. Darüber hinaus dürften schon bald Global Brands ohne direkten nationalen Bezug den Verkehr auf vielen Verbindungen beherrschen. Der Wettbewerb wird dann nicht mehr zwischen europäischen, amerikanischen und asiatischen Airlines stattfinden, sondern ausschließlich zwischen weltweit etablierten Marken. Wahrhaft europäische Carrier wird man nur noch bei den Spezialists und bei den Service Providers finden, aber auch bei diesen ist mit einer Globalisierung der Leistungserstellung, also dem Einsatz von Produktionsfaktoren aus allen Teilen der Welt, zu rechnen.

Für Europas Fluggesellschaften kommt es darauf an, den eingeleiteten Liberalisierungsprozeß geschickt für die eigenen Ziele zu nutzen. Falls die großen Un-

---

[8] British Airways erbrachte 1995 im internationalen Personenlinienverkehr 88,502 Mrd. RPK, gefolgt von United (69,578 Mrd. RPK) und Lufthansa (56,327 Mrd. RPK) [IATA (1996): *WATS*, S. 41].

[9] British Airways hat beispielsweise damit begonnen, die Leitwerke seiner Flugzeuge und die Rückseite der Bordpässe mit Werken renommierter Künstler aus allen Teilen der Welt zu versehen.

[10] Vgl. Airline Business (1997), Vol. 13, No. 9, S. 32 und Air Transport World (1997), Vol. 34, No. 7, S. 103.

ternehmen den in dieser Arbeit formulierten Strategievorgaben folgen, dürfte Europa trotz hoher Lohn- und Infrastrukturkosten Sitz renommierter Airlines bleiben. Bei Fehlentscheidungen ist allerdings zu befürchten, daß sich luftverkehrsbezogene Aktivitäten weitgehend auf die Erbringung von Flügen durch Service Providers beschränken werden. Die strategische Neuausrichtung bei vielen ehemaligen Flag Carriern und die in den letzten Jahren eingeleiteten Umstrukturierungsmaßnahmen scheinen allerdings auf die Entstehung mehrerer, stark von europäischen Fluggesellschaften beeinflußten Global Brands hinzuweisen.

Literaturverzeichnis

Das folgende Literaturverzeichnis beinhaltet die bei der Erstellung dieser Arbeit verwandte wissenschaftliche und fachspezifische Literatur. Jahresberichte, Pressemitteilungen, Imagebroschüren und Produktdarstellungen von Fluggesellschaften und anderen Unternehmen, Kurzbeiträge in Zeitungen und Zeitschriften, CD-Roms und Online-Datenbanken sowie Interviews und Vorträge sind nicht enthalten, sondern werden ggf. in den Fußnoten aufgeführt.

A. Monographien sowie Beiträge aus wissenschaftlicher Literatur und Sammelwerken

Aberle, Gerd (1992): *Wettbewerbstheorie und Wettbewerbspolitik*, 2. Aufl., Verlag W. Kohlhammer, Stuttgart/Berlin/Köln

Abunassar, Wissam / **Koford**, Kenneth (1994): *A reestimation of the Air Transport Association study of airline fares and study of airline fares and concentration*, in: Logistics and Transportation Review, Vol. 30, No. 4, S. 363-378

Ann, Christoph (1993): *Deregulierung in der Luft, Monopole auf dem Boden*, in: Betriebsberater, Beilage 16 zu Heft 23, 20.8.1993

Arlington, David T. (1993): *Liberalization of restrictions on foreign ownership in U.S. air carriers: The United States must take the first step in aviation globalization*, in: Journal of Air Law and Commerce, Vol 59, No. 1, S. 133-192

Austermann, Hubertus (1985): *Die Unternehmenspolitik der nordwesteuropäischen Fluggesellschaften nach der Deregulierung des US-amerikanischen Luftverkehrsmarktes*, Göttingen

Backhaus, Klaus / **Piltz**, Klaus (1990): *Strategische Allianzen - eine neue Form kooperativen Wettbewerbs*, in: Backhaus, Klaus / Piltz, Klaus [Hrsg.]: Strategische Allianzen, Schmalenbachs Zeitschrift für betriebswirtschaftliche Forschung, Sonderheft 27, S. 1-10

Backhaus, Klaus / **Plinke**, Wulff (1990): *Strategische Allianzen als Antwort auf veränderte Wettbewerbsstrukturen*, in: Backhaus / Piltz: Strategische Allianzen, Schmalenbachs Zeitschrift für betriebswirtschaftliche Forschung, Sonderheft 27, S. 21-33

Baggaley, Philip A. (1995): *Assessing an airline's credit quality*, in: Jenkins, Darryl [Hrsg.]: Handbook of airline economics, Aviation Week Group, New York, S. 239-249

Bailey, Elizabeth E. / **Graham**, David R. / **Kaplan**, Daniel. P. (1985): *Deregulating the airlines*, MIT Press, Cambridge/London

Bain, Joe S. (1956): *Barriers to new competition*, Harvard University Press, Cambridge

Bain, Joe S. (1968): *Industrial Organization*, 2. Aufl., John Wiley & Sons, New York/London/Sydney

Bain, Joe S. (1975): *Industrielle Organisation: Funktionsfähiger Wettbewerb und strukturelle Bedingungen für funktionsfähigen Wettbewerb*, in: Herdzina, Klaus [Hrsg.]: Wettbewerbstheorie, Kiepenheuer & Witsch, Köln

Balfour, John (1993): *The control of state aids in the air transport sector*, in: Air & Space Law, Vol. XVIII, No. 2, S. 199-204

Balfour, John (1995): *Airline mergers and marketing alliances - legal constraints.*, in: Air & Space Law, Vol. XX, No. 3, S. 112-117

Balfour, John (1995): *The EC Commission's policy on state aids for airline restructuring: Is the Bonfire Alight?*, in: Air & Space Law, Vol. XX, No. 2, S. 60-67

Bamberg, Günter / **Baur**, Franz (1987): *Statistik*, 5. Aufl., R. Oldenbourg Verlag, München/Wien

Barry, G. James (1985): *Alliance: The new strategic focus*, in: Long Range Planning, Vol. 18, No. 3, S. 76-81

Baum, Herbert (1980): *Der relevante Markt als Problem der Wettbewerbspolitik*, in: Wirtschaft und Wettbewerb, 30. Jg., S. 402

Baumol, William J. / **Panzar**, John C. / **Willig**, Robert D. (1983): *Contestable Markets: An uprising in the theory of industry structure: reply*, in: The American Economic Review, Vol. 73, No. 3, S. 491-496

Baumol, William J. / **Panzar**, John C. / **Willig**, Robert D. (1988): *Contestable markets and the theory of industry structure*, Revised Edition, Harcourt Brace Jovanovich Publishers, San Diego/New York/u.a.

Bayalis, Mary K. (1987): *A study of airline domestic feed schedule effects*, Working Paper, UCB-ITS-WP-87-3, Institute of Transportation Studies, University of California, Berkeley

Beesley, M. E. (1986): *Commitment, sunk costs, and entry to the airline industry*, in: Journal of Transport Economics and Policy, Vol. 20, S. 173-190

Bennett, Randall W. / **Boyer**, Kenneth D. (1990): *Inverse price/quality tradeoffs in the regulated airline industry*, in: Journal of Transport Economics and Policy, Vol. XXIV, No. 1, S. 35-47

Berg, Hartmut (1978): *Markteintrittsbarrieren, potentielle Konkurrenz und wirksamer Wettbewerb*, in: WISU, 7. Jg., Nr. 6, S. 282-287

Berg, Hartmut (1985): *Internationale Wettbewerbsfähigkeit und nationale Zusammenschlußkontrolle*, Forschungsinstitut für Wirtschaftsverfassung und Wettbewerb e.V., Köln, FIW-Schriftenreihe, Heft 113, Köln/Berlin/Bonn/München

Berg, Hartmut (1987): *Strategisches Management und funktionsfähiger Wettbewerb*, in: Wirtschaft und Wettbewerb, 39. Jg., S. 969-981

Berg, Harmut (1996): *Marktphasen, Zeitwettbewerb und strategische Allianzen*, in: Kruse, Jörn / Mayer, Otto G. [Hrsg.]: "Aktuelle Probleme der Wettbewerbs- und Wirtschaftspolitik", Nomos Verlagsgesellschaft, Baden-Baden, S. 195-221

Berg, Hartmut / **Tielke-Hosemann**, Notburga (1989): *Luftfahrtindustrie*, in: Oberender, Peter (Hrsg.): Marktökonomie, Verlag Franz Vahlen, München, S. 111-166

Berry, Steven T. (1990): *Airport presence as product differentiation*, in: American Economic Review, Vol. 80, No. 2, S. 394-399

Beyen, Ruth Katharina / **Herbert**, Jürgen (1991): *Deregulierung des amerikanischen und EG-europäischen Luftverkehrs*, Deutscher Verkehrs-Verlag, Hamburg

Beyhoff, Stefan (1994): *Vielfliegerprogramme und ihre Wirkung auf Wettbewerb und Marktstruktur*, in: Internationales Verkehrswesen, 46. Jg., Heft 6, S. 334-341

Beyhoff, S. / **Ehmer**, H. / **Wilken**, D. (1995): *Code-Sharing im internationalen Luftverkehr der Bundesrepublik Deutschland*, Forschungsbericht 95-23, Deutsche Forschungsanstalt für Luft- und Raumfahrt e.V., Köln

Biermann, Thomas (1986): *Die Bedeutung der "sechsten Freiheit" für den Wettbewerb im Luftverkehr*, Diss. Köln, Verkehrs-Verlag J. Fischer, Köln

Blumestock, James W. / **Thomchick**, Evelyn A. (1989): *Deregulation and airline labor relations*, in: Logistics and Transportation Review, Vol. 22, No. 4, S. 389-403

Bongartz, Ulrich (1996): *Der asiatische Luftverkehrsmarkt und die bedeutenden internationalen Airlines der Region - eine empirische Betrachtung*, in: Zeitschrift für Verkehrswirtschaft, 67. Jg., Heft 1, S. 69-95

Borenstein, Severin (1989): *Hubs and high fares: Dominance and market power in the U.S. airline industry*, in: Rand Journal of Economics, Vol. 20, No. 3, S. 344-365

Borenstein, Severin (1990): *Airline mergers, airport dominance, and market power*, in: American Economic Review, Vol. 80, No. 2, S. 400-404

Borenstein, Severin (1991): *The dominant-firm advantage in multi-product industries: evidence from the U.S. airlines*, in: Quarterly Journal of Economics, Vol. 106, S. 1237-1266

Borenstein, Severin (1992): *The evolution of U.S. airline competition*, in: Journal of Economic Perspectives, Vol. 6, No. 2, S. 45-73

Bowen, Brent D. / **Headley**, Dean E. (1992): *The airline quality report 1992*, National Institute for Aviation Research, The Wichita State University

Brenner, Melvin A. (1982): *The significance of airline passenger load factors*, in: James, George W. [Hrsg.]: Airline Economics, Lexington Books, Lexington/Toronto, S. 35-55

Brown, John Howard (1991): *An economic model of airline hubbing-and-spoking*, in: Logistics and Transportation Review, Vol. 27, No. 3, S. 225-239

Brown, John Howard (1993): *Airline fleet composition and deregulation*, in: Review of Industrial Organization, Vol. 8, No. 4, S. 435-449

Brueckner, Jan K. / **Spiller**, Pablo T. (1991): *Competition and mergers in airline networks*, in: International Journal of Industrial Organization, Vol. 9, S. 323-342

Brueckner, Jan K. / **Spiller**, Pablo T. (1994): *Economics of traffic density in the deregulated airline industry*, in: Journal of Law and Economics, Vol. 37, S. 379-415

Butler, Gail F. (1992): *The cost-constrained global airline industry environment: What is quality?*, in: Bowen, Brent D. / Headley, Dean E. [Hrsg.]: Proceedings of the International Forum on airline quality, NIAR Report 92-10, Wichita

Butler, Richard V. / **Huston**, John H. (1990): *Airline service to non-hub airports ten years after deregulation*, in: Logistics and Transportation Review, Vol. 26, No. 1, S. 3-15

Buttaud, Alain / **Labarre**, Pierre / **Thébault**, Bertrand (1995): *New widebody airliners for medium density routes*, ITA studies & reports, Paris

Button, Kenneth (1991) [Hrsg.]: *Airline deregulation: International experiences*, David Fullton, London

Button, Kenneth J. / **Swann**, Dennis (1992): *Transatlantic lessons in aviation deregulation: EEC and US experiences*, in: The Antitrust Bulletin, S. 207-255

Caldwell, William M. (1982): *Strategic cargo planning*, in: James, George W. [Hrsg.]: Airline Economics, Lexington Books, Lexington/Toronto 1982, S. 211-230

Callison, James W. (1982): *The Airline Deregulation Act of 1978*, in: James, George W. [Hrsg.]: Airline Economics, Lexington Books, Lexington/Toronto 1982, S. 169-183

Caves, Douglas W. / **Christensen**, Lauritis R. (1988): *The importance of economies of scale, capacity utilization and density in explaining interindustry differences in productivity growth*, in: Logistics and Transportation Review, Vol. 24, No. 1, S. 3-32

Caves, Douglas W. / **Christensen**, Laurits R. / **Diewert**, W. Erwin (1982): *Multilateral comparisons of output, input, and productivity using superlative index numbers*, in: The Economic Journal, Vol. 92, S. 73-86

Caves, Douglas W. / **Christensen**, Laurits R. / **Diewert**, W. Erwin (1982): *The economic theory of index numbers and the measurement of input, output, and productivity*, in: Econometrica, Vol. 50, No. 6, S. 1393-1414

Caves, Douglas W. / **Christensen**, Laurits R. / **Tretheway**, Michael W. (1984): *Economies of density versus economies of scale: Why trunk and local service airline costs differ*, in: Rand Journal of Economics, Vol. 15, No. 4, S. 471-489

Caves, Douglas W. / **Christensen**, Lauritis R. / **Tretheway**, Michael W. / **Windle**, Robert J. (1987): *An assessment of the efficiency effects of U.S. airline deregulation via an international comparison*, in: Bailey, Elizabeth E. [Hrsg.]: Public regulation - New perspectives on institutions and policies, MIT Press, Cambridge/London, S. 285-320

Caves, R. / **Higgins**, C. (1993): *Consequences of the liberalised UK-Europe bilateral Air Services Agreements*, in: International Journal of Transport Economics, Vol. XX, No. 1, S. 3-26

Chang, Zeph Yun / **Yeong**, Wee Yong / **Loh**, Lawrence (1996): *The quest for global quality - a manifestation of Total Quality Management by Singapore Airlines*, Addison-Wesley, Singapore

Chiang, Alpha C. (1984): *Fundamental methods of mathematical economics*, 3. Aufl., McGraw-Hill, Singapur

Cleghorn, Ian (1995): *Information Technology - 'IT'into `DOC' won't go*, in: IATA [Hrsg.]: Air Transport progress 1995, London, S. 47-53

Clow, Kenneth E. / **Ozment**, John (1992): *Complaint behavior, service performance and costs within the airline industry*, in: Bowen, Brent D. / Headley, Dean E.

[Hrsg.]: Proceedings of the International Forum on airline quality, NIAR Report 92-10, Wichita

Cohas, Francois J. / **Belobaba**, Peter P. / **Simpson**, Robert W. (1995): *Competitive fare and frequency effects in airport market share modeling*, in: Journal of Air Transport Management, Vol. 2, No. 1, S.33-45

Condom, Pierre (1993): *Airline industry performance: past, present and future, in: OECD: International air transport: The challenge ahead*, Paris 1993, S. 21-44

Crandell, Robert L. (1982): *Marketing planing*, in: James, George W. [Hrsg.]: Airline Economics, Lexington Books, Lexington/Toronto, S. 231-251

Cross, Robert G. (1995): *An introduction to revenue management*, in: Jenkins, Darryl [Hrsg.]: Handbook of airline economics, Aviation Week Group, New York, S. 443-458

Daudel, Sylvain / **Vialle**, Georges (1992): *Yield-Management*, Campus Verlag, Frankfurt

De Coninck, Franky (1992): *European air law*, Paris

Dempsey, Paul Stephen (1990): *Flying blind: The failure of airline deregulation*, Economic Policy Institute, Washington D.C.

Dempsey, Paul Stephen (1995): *Dysfunctional economics and the airline industry*, in: Jenkins, Darryl [Hrsg.]: Handbook of airline economics, Aviation Week Group, New York, S. 185-200

Dennis, W. Stephen (1995): *Fixed base operations*, in: Jenkins, Darryl [Hrsg.]: Handbook of airline economics, Aviation Week Group, New York, S. 433-440

Diegruber, Jürgen (1991): *Erfolgsfaktoren nationaler europäischer Linienluftverkehrsgesellschaften im Markt der 90er Jahre*, Diss. St. Gallen, Universitätsverlag Konstanz, Konstanz

Dodgson, J.S. / **Katsoulacos**, Y. / **Pryke**, R.W.S. (1990): *Predatory Behaviour in aviation*, A report to the Competition Directorate of the European Commission, Office for Official Publications of the European Communities, Luxemburg

Doganis, Rigas (1991): *Flying off course: The economics of international airlines*, 2. Aufl., Harper Collins Academic, London

Doganis, Rigas (1993): *The bilateral regime for air transport: Current position and future prospects*, in: OECD [Hrsg.]: International air transport: The challenge ahead, Paris 1993, S. 45-73

Dougherty, Christopher (1992): *Introduction to econometrics*, Oxford University Press, New York/Oxford

Dresner, Martin (1994): *Hubbing effects on the Canada-U.S. transborder air market*, in: Logistics and Transportation Review, Vol. 30, No. 3, S. 211-221

Dresner, Martin / **Tretheway**, Michael W. (1992): *Modelling and testing the effect of market structure on price - The case of international air transport*, in: Journal of Transport Economics and Policy, Vol. 26, No. 2, S. 171-184

Dresner, Martin / **Windle**, Robert (1992): *Airport dominance and yields in the U.S. airline industry*, in: Logistics and Transportation Review, Vol. 28, No. 4, S. 319-339

Dunleavy, Hugh N. (1995): *Airline passenger overbooking*, in: Jenkins, Darryl [Hrsg.]: Handbook of airline economics, Aviation Week Group, New York, S. 469-476

Durham, Michael J. (1995): *The future of sabre*, in: Jenkins, Darryl [Hrsg.]: Handbook of airline economics, Aviation Week Group, New York, S. 485-491

Eisermann, Karl Stefan (1995): *Grundlagen des Gemeinsamen Europäischen Luftverkehrsmarktes*, Diss. Universität Bonn

Elsworthy, Lewis E. (1995): *The CRS: A global electronic marketplace*, in: Jenkins, Darryl [Hrsg.]: Handbook of airline economics, Aviation Week Group, New York, S. 493-497

Evans, William N. / **Kessides**, Ioannis (1993): *Structure, conduct, and performance in the deregulated airline industry*, in: Southern Economic Journal, Vol. 59, No. 3, S. 450-467

Findorf, Paul Curtis (1992): *Aquisitions and economic performance in the airline industry since the Airline Deregulation Act of 1978*, Diss. United States International University, San Diego, UMI order number DA92-20000

Finsinger, Jörg (1991): *Wettbewerb und Regulierung*, Verlag V. Florentz, München

Frentz, Martin (1992): *Daedalus 1992 - Strategische Wettbewerbsvorteile der Luftverkehrsindustrie im liberalisierten Europäischen Markt*, in: Zeitschrift für Betriebswirtschaft, 62. Jg., Heft 4, S. 415-434

Fujii, Edwin / **Im**, Eric / **Mak**, James (1992): *The economics of direct flights*, in: Journal of Transport Economics and Policy, Vol. 26, No. 2, S. 185-195

Furuichi, Masahiko / **Koppelmann**, Frank S. (1994): *An analysis of air traveller´s departure airport and destination choice behaviour*, in: Transportation Research, Vol. 28A, No. 3, S. 187-195

Gahl, Andreas (1989): *Strategische Allianzen*, Arbeitspapiere des Betriebswirtschaftlichen Instituts für Anlagen- und Systemtechnologie, Westfälische Wilhelms-Universität Münster

Gahl, Andreas (1990): *Die Konzeption der strategischen Allianz im Spannungsfeld zwischen Flexibilität und Funktionalität*, in: Backhaus, Klaus / Piltz, Klaus [Hrsg.]: Strategische Allianzen, Schmalenbachs Zeitschrift für betriebswirtschaftliche Forschung, Sonderheft 27, S. 35-48

Gahl, Andreas (1991): *Die Konzeption strategischer Allianzen*, Duncker & Humblot, Berlin

Gallagher, Thomas J. (1995): *Aircraft finance and airline financial analysis in the fifth cycle of the jet age*, in: Jenkins, Darryl [Hrsg.]: Handbook of airline economics, Aviation Week Group, New York, S. 223-238

Gesser, Ira Alan (1992): *United States - Canada air services: an evaluation of alternative bilateral relationships*, Diss. Arizona State University, UMI order number DA92-23097

Ghobrial, Atef / **Kanafani**, Adib (1995): *Future of hubbing/dehubbing in the U.S. airport system*, in: Jenkins, Darryl [Hrsg.]: Handbook of airline economics, Aviation Week Group, New York, S. 321-328

Gialloreto, Louis (1988): *Strategic airline management: the global war begins*, Pitman, London

Gialloreto, Louis (1995): *A retrospective on the reinvention of international civil air transport economic regulation 1994-2004*, in: Journal of Air Transport Management, Vol. 2, No. 1, S.17-23

Gillen, David W. / **Oum**, Tae Hoon / **Thretheway**, Michael W. (1990): *Airline cost structure and policy implications*, in: Journal of Transport Economics and Policy, Vol. XXIV, No. 1, S. 9-34

Glass, Charles L. (1982): *Financial planning for fleet aquisition*, in: James, George W. [Hrsg.]: Airline Economics, Lexington Books, Lexington/Toronto, S. 253-260

Graham, David R. / **Kaplan**, Daniel P. / **Sibley**, David S. (1983): *Efficiency and competition in the airline industry*, in: The Bell Journal of Economics, Vol. 14, No. 1, S. 118-138

Grimm, Curtis M. / **Milloy**, Hugh B. (1993): *Australian domestic aviation deregulation: Impacts and implications*, in: Logistics and Transportation Review, Vol. 29, No. 3, S. 259-273

Gritta, Richard D. / **Lippmann**, Ellen / **Chow**, Garland (1994): *The impact of the capitalization of leases on airline financial analysis: An issue revisited*, in: Logistics and Transportation Review, Vol. 30, No. 2, S. 189-202

Guldimann, Werner (1989): *Changing relations between the European Community and International Civil Aviation Organizations*, in: Haanappel/Petsikas/Rosales/

Thaker [Hrsg.]: EEC air transport policy and regulation, and their implications for North America, Kluwer Publishers, Deventer/Boston, S. 177-187

Guldimann, Werner (1994): *Luftverkehrspolitik*, in: Zeitschrift für Luft- und Weltraumrecht, 43. Jg., Heft 1, S. 11-29

Guzder, Cyrus (1995): *If travel agents didn't exist, would anyone invent them?*, Indtravels

Haanappel, Peter P.C. (1984): *Pricing and capacity determination in international air transport*, Kluwer Publishers, Deventer/Boston

Haanappel, Peter P.C. (1992): *Tariff coordination: a bilateral or multilateral framework?*, in: Wassenbergh, Henri A. [Hrsg.]: External aviation relations of the European Community, Kluwer Publishers, Deventer/Boston, S. 31-38

Haanappel, Peter P.C. / **Petsikas**, George / **Rosales**, Rex / **Thaker**, Jitendra (1989) [Hrsg.]: *EEC air transport policy and regulation, and their implications for North America*, Kluwer Publishers, Deventer/ Boston

Hammes, Wolfgang (1994): *Strategische Allianzen als Instrument der strategischen Unternehmensführung*, Diss. Universität Trier 1993, Gabler, Wiesbaden

Hansen, Mark / **Kanafani**, Adib (1987): *International airline hubbing in a competitive environment*, Research Report UCB-ITS-RR-87-2, Institute of Transportation Studies, University of California, Berkeley

Hansen, Mark / **Kanafani**, Adib (1989): *Hubbing and airline costs*, in: Journal of Transportation Engineering, Vol. 115, No. 6, S. 581-590

Hardaway, Robert M. (1986): *The FAA `Buy-Sell' slot rule: Airline deregulation at the crossroads*, in: Journal of Air Law and Commerce, Vol 52, No. 1, S. 1-76

Harding, Forrest E. (1992): *A "more bang for your buck" approach to airline service quality*, in: Bowen, Brent D. / Headley, Dean E. [Hrsg.]: Proceedings of the International Forum on airline quality, NIAR Report 92-10, Wichita

Hawk, Berry E. (1989): *United States regulation of air transport*, in: Slot/Dagtoglou: "Toward a community air transport policy - the legal dimension, Deventer/Boston, S. 255-282

Hedlund, Daniel C. (1994): *Toward open skies: Liberalizing trade in international airline service*, in: Minnesota Journal of Global Trade, Vol. 3, No. 2, S. 259-299

Heeremann, Raphael von (1993): *Das deutsch-amerikanische Luftverkehrsabkommen*, Köln

Heinke, Cornelia (1995): *Strategische Allianzen im Linienluftverkehr*, Dortmunder Diskussionsbeiträge zur Wirtschaftspolitik Nr. 72, Universität Dortmund

Hille, Raoul (1988): *Entwicklung und Bestimmungsfaktoren des Luftverkehrs im Konjunkturverlauf*, Diss. TH Darmstadt

Hilleary, Duncan (1995): *In-flight entertainment - the spice of "IFE"*, in: IATA [Hrsg.]: Air transport progress 1995, London, S. 143-147

Höfer, Bernd J. (1995): *Strukturwandel im europäischen Luftverkehr - Markstrukturelle Konsequenzen im europäischen Luftverkehr*, Diss. Universität Köln, Peter Lang, Frankfurt/Berlin/u.a.

Howard, Lee R. / **Summerfield**, John R. (1982): *Airline financial forecasting*, in: James, George W. [Hrsg.]: Airline Economics, Lexington Books, Lexington/ Toronto, S. 57-96

Humphreys, Barry (1994): *New developments in CRSs*, ITA Institut du Transport Aerien, Paris

Hunziker, H. (1983): *Strategische Planung und Politik im Luftverkehr*, Diss. Zürich, Verlag Paul Haupt, Bern

Hurdle, G.J. / **Johnson**, R.L. / **Joskow**, A.S. / **Werden**, G.J. / **Williams**, M.A. (1989): *Concentration, potential entry and performance in the airline industry*, in: Journal of Industrial Economics, Vol. 38, No. 2, S. 119-139

Huston, John H. / **Butler**, Richard V. (1988): *The effects of fortress hubs on airline fares and service: The early returns*, in: Logistics and Transportation Review, Vol. 24, No. 3, S. 203-214

Huston, John H. / **Butler**, Richard V. (1991): *The location of airline hubs*, in: Southern Economic Journal, Vol. 57, No. 4, S. 975-981

Huston, John H. / **Butler**, Richard V. (1993): *Airline hubs in the single European Market: A benchmark Model*, in: Review of Industrial Organization, Vol. 8, No. 4, S. 407-417

Jäckel, Klaus (1991): *Kooperationsstrategien im Linienluftverkehr vor dem Hintergrund zunehmender Integrationsentwicklung in Europa*, Diss. Köln, Verlag Josef Eul, Bergisch Gladbach, Köln

James, Barrie G. (1985): *Alliance: The new strategic focus*, in: Long Range Planning, Vol. 18, No. 3, S. 76-81

James, George W. (1982) [Hrsg.]: *Airline Economics*, Lexington Books, Lexington/Toronto

Jenkins, Darryl [Hrsg.] (1995): *Handbook of airline economics*, Aviation Week Group, New York

Jordan, William A. (1988): *Problems stemming from airline mergers and acquisitions*, in: Transportation Journal, Vol. 27, No. 4, S. 9-30

Joskow, A. (1988): *Deregulation and competition policy - the US experience with deregulation in the air transport sector*, in: OECD: Deregulation and airline competition, Paris 1988, S. 105-130

Kahl, Klaus-Dietrich (1988): *Über die Verwendung von Finanzierungskennziffern*, in: Zeitschrift für Betriebswirtschaft, 58. Jg., Heft 2, S. 252-266

Kahn, Alfred E. (1990): *Deregulation: Looking backward and looking forward*, in: Yale Journal On Regulation, Vol. 7, S. 325-354

Kahn, Alfred E. (1993): *Change, challenge and competition - A review of the Airline Commission Report*, in: Cato Review of Business & Government, No. 3, S. 55-63

Kahn, Alfred E. (1993): *The competitive consequences of hub dominance: A case study*, in: Review of Industrial Organization, Vol. 8, No. 4, S. 381-405

Kanafani, A. / **Ghobrial**, A. (1985): *Airline hubbing: some implications for airport economics*, in: Transportation Research A, Vol. 19 A, No. 1, S. 15-27

Kantzenbach, Erhard / **Kallfass**, Hermann H. (1981): *Das Konzept des funktionsfähigen Wettbewerbs - workable competition*, in: Cox, Helmut / Jens, Uwe / Markert, Kurt: Handbuch des Wettbewerbs, Verlag Franz Vahlen, München

Kaplan, Daniel P. (1995): *The pursuit of competition: A review of U.S. public policy in the airline industry*, in: Jenkins, Darryl [Hrsg.]: Handbook of airline economics, Aviation Week Group, New York, S. 151-164

Karros, Paul P. (1994): *European Airline Industry Overview*, in: German American Chamber of Commerce [Hrsg.]: US-German Economic Yearbook 1994, New York, S. 98-104

Kasper, Daniel M. (1988): *Deregulation and globalization - Liberalizing International Trade in Air Services*, Cambridge

Katz, Ronald (1988): *The impact of Computer Reservation Systems on air transport competition*, in: OECD [Hrsg.]: Deregulation and airline competition, Paris, S. 81-101

Kim, E. Han / **Signal**, Vijay (1993): *Mergers and market power: Evidence from the airline industry*, in: American Economic Review, Vol. 83, No. 3, S. 549-569

Klein, Hemjö (1996): *Allianzen - Herausforderungen und Strategien aus Sicht der Deutschen Lufthansa AG*, in: Internationales Verkehrswesen, 48. Jg, Nr. 12, S. 12-16

Kleit, Andrew N. (1991): *Competition without apology. Market power and entry in the deregulated airline industry*, in: Regulation - Cato Review of Business & Government, Summer 1991, S. 68-75

Kling, James A. / **Grimm**, Curtis M. / **Corsi**, Thomas M. (1991): *Hub-dominated airports: an empirical assessment of challenger strategies*, in: Logistics and Transportation Review, Vol. 27, No. 3, S. 203-223

Knieps, Günter (1987): *Deregulierung im Luftverkehr: Neuere Entwicklungen in der Wettbewerbstheorie und ihre Auswirkungen im Linienverkehr*, J.C.B. Mohr (Paul Siebeck), Tübingen

Kolks, Uwe (1990): *Strategieimplementierung: ein anwenderorientiertes Konzept*, Diss. Univ. Gießen, Deutscher Universitäts-Verlag, Wiesbaden

Kraft, Dennis J.H. / **Oum**, Tae H. / **Tretheway**, Michael W. (1986): *Airline seat management*, in: Logistics and Transportation Review, Vol. 22, No. 2, S. 115-130

Krahn, Henning (1994): *Markteintrittsbarrieren auf dem deregulierten US-amerikanischen Luftverkehrsmarkt - Schlußfolgerungen für die Luftverkehrspolitik der Europäischen Gemeinschaft*, Diss. Universität Freiburg 1993, Europäische Hochschulschriften, Reihe 5, Bd. 1500, Peter Lang GmbH, Frankfurt

Kretsch, Steven S. (1995): *Airline fare management and policy*, in: Jenkins, Darryl [Hrsg.]: Handbook of airline economics, Aviation Week Group, New York, S. 477-482

Leon, Pablo Mendes de (1989): *Euro-cabotage - A lever for liberalization of international civil aviation*, in: Haanappel / Petsikas / Rosales / Thaker [Hrsg.]: "EEC air transport. Policy and regulation, and their implications for North America, Deventer/Boston, S. 191-197

Levine, Michael E. (1987): *Airline competition in deregulated markets: Theory, firm strategy, and public policy*, in: Yale Journal On Regulation, Vol. 4, S. 393-494

Levine, Michael E. (1993): *Scope and limits of multilateral approaches to international air transport*, in: OECD: International air transport: The challenge ahead, Paris 1993, S. 75-89

Loeb, Sandra G. (1994): *An empirical analysis of the influence of economic regulation on international air carrier efficiency*, Diss. Kent State University, UMI order number 9422986

Loewenstein, Andreas (1991): *Towards a new system of international air transport regulation, Nomos Verlagsgesellschaft*, Baden-Baden

Loo, Kai van de (1992): *Marktstruktur und Wettbewerbsbeschränkung*, Diss. Univ. Bochum, Peter Lang, Frankfurt/Berlin/Bern/u.a.

Lüking, Jost (1993): *Angebotsplanung und Fluggastverhalten im überlasteten Luftverkehrssystem*, Diss. Bonn, Peter Lang, Frankfurt/Berlin/Bern/u.a.

Maillebiau, Eric / **Hansen**, Mark (1995): *Demand and consumer welfare impacts of international airline liberalisation*, in: Journal of Transport Economics and Policy, Vol. XXIX, No. 2, S. 115-136

Marshall, Colin (1992): *G-Global. Britain's role in world air transport*, The Royal Aeronautical Society, Southampton

Martin, Stephen (1988): *Industrial economics*, Macmillan Publishing Company, New York

Mauldin, Melanie (1990): *Hub dominance and pricing in the airline industry*, Diss. University of Caifornia, Berkley, UCB-ITS-DS-90-3 UMI, Ann Arbor

McShan, Scott / **Windle**, Robert (1989): *The implications of hub-and-spoke routing for airline costs and competitiveness*, in: Logistics and Trantsportation Review, Vol. 25, No. 3, S. 209-229

Mechling, Georg W. (1991): *Deregulation and the capacity, productivity and technical efficiency of equipment of former trunk airlines*, in: Journal of Transport Economics and Policy, Vol. XXV, No. 1, S. 51-61

Meier, Ulrich (1992): *Kritische Erwägungen zur europäischen Luftverkehrspolitik*, in: Zeitschrift für Luft- und Weltraumrecht, 41. Jg., Heft 3, S. 202-218

Meier, Ulrich (1993): *Die Gestaltung der Luftverkehrsbeziehungen der Mitgliedstaaten der Europäischen Gemeinschaft mit Drittstaaten - eine gemeinschaftliche Aufgabe?*, in: Zeitschrift für Luft- und Weltraumrecht, 42. Jg., Heft 1, S. 3-20

Michalski, Wolfgang (1993): *New policy approaches to international air transport: main issues and summary of the discussion*, in: OECD [Hrsg.]: International air transport: The challenge ahead, Paris, S. 7-19

Mifsud, Paul V. (1992): *Airline concentrations and cross border arrangements*, in: Wassenbergh, Henri A. [Hrsg.]: External aviation relations of the European Community, Kluwer Publishers, Deventer/Boston, S. 11-20

Minderlein, Martin (1990): *Markteintrittsbarrieren und strategische Verhaltensweisen*, in: Zeitschrift für Betriebswirtschaft, 60. Jg., Heft 2, S. 155-178

Moore, Thomas Gale (1986): *U.S. Airline Deregulation: Its effects on passengers, capital, and labor*, in: Journal of Law & Economics, Vol. XXIX, No. 1, S. 1-28

Morasch, Karl (1994): *Strategische Allianzen. Anreize - Gestaltung - Wirkungen*, Physica-Verlag, Heidelberg

Morrison, Steven / **Winston**, Clifford (1986): *The economic effects of airline deregulation*, The Brookings Institution, Washington

Morrison, Steven A. / **Winston**, Clifford (1987): *Empirical implications and tests of the contestability hypothesis*, in: Journal of Law and Economics, Vol. 30, S. 53-66

Morrison, Steven A. / **Winston**, Clifford (1990): *The dynamics of airline pricing and competition*, in: American Economic Review, Vol. 80, No. 2, S. 389-393

Morrison, Steven A. / **Winston**, Clifford (1995): *The evolution of the airline industry*, The Brookings Institution, Washington D.C.

Nesbit, William R. (1995): *Airline productivity - the key to sustained profitability*, in: Jenkins, Darryl [Hrsg.]: Handbook of airline economics, Aviation Week Group, New York, S. 379-384

Neven, Damien / **Seabright**, Paul (1995): *European industrial policy: the Airbus case*, in: Economic Policy, No. 10, S. 315-349

Nieschlag, Robert / **Dichtl**, Erwin / **Hörschgen**, Hans (1994): *Marketing*, Duncker & Humblot, Berlin

Obermann, Stefan (1992): *Deregulierung und dynamischer Wettbewerb - Das Beispiel des US-Luftverkehrsmarktes*, in: LIST Forum für Wirtschafts- und Finanzpolitik, Band 18, Heft 1, S. 67-84

O´Connor, William E. (1985): *An Introduction to Airline Economics*, Praeger Publishers, New York

Ohmae, Kenichi (1990): *Strategic Alliances in the Borderless World*, in: Backhaus, Klaus / Piltz, Klaus [Hrsg.]: Strategische Allianzen, Schmalenbachs Zeitschrift für betriebswirtschaftliche Forschung, Sonderheft 27, S. 11-20

O´Kelly, Morton E. (1986): *The location of interacting hub facilities*, in: Transportation Science, Vol. 20, No. 2, S. 92-106

Olesch, Günter (1995): *Kooperation*, in: Tiez, Bruno [Hrsg.]: Handwörterbuch des Marketing, 2. Aufl., S. 1274-1283, Schäffer-Poeschel Verlag, Stuttgart

Oster, Clinton V. / Pickrell, Don H. (1986): *Marketing alliances and competitive strategy in the airline industry*, in: Logistics and Transportation Review, Vol. 22, No. 4, S. 371-387

Oum, T.H. / **Gillen**, D.W. / **Noble**, S.E. (1986): *Demands for fare classes and pricing and airline markets*, in: Logistics and Transportation Review, Vol. 22, No. 3, S. 195-222

Oum, Tae Hoon / **Taylor**, A.J. (1995): *Emerging patterns in intercontinental air linkages and implications for international route allocation policy*, in: Transportation Journal, Vol. 34, No. 4, S. 5-27

Oum, Tae Hoon / **Zhang**, Yimin (1991): *Utilisation of quasi-fixed inputs and estimation of cost functions - an application to airline costs*, in: Journal of Transport Economics and Policy, Vol. XXV, No. 2, S. 121-134

Oum, Tae Hoon / **Zhang**, Anming / **Zhang**, Yimin (1993): *Inter-firm rivalry and firm specific price elasticities in deregulated airline markets*, in: Jounal of Transport Economics and Policy, Vol. 27, No. 2, S. 171-191

Panzar, John C. (1989): *Technological determinants of firm and industry structure*, in: Schmalensee, Richard / Willig, Robert D. [Hrsg.]: Handbook of industrial organization, North-Holland, Amsterdam/New York/u.a., S. 4-56

Panzar, John C. / **Willig**, Robert D. (1981): *Economies of scope*, in: The American Economic Review, Papers and Proceedings, Vol. 71, No. 2, S. 268-272

Pascher, Heinrich (1987): *Die U.S.-amerikanische Deregulation Policy im Luftverkehrs- und Bankenbereich*, Diss. Hohenheim, Peter Lang, Frankfurt/Bern/New York/Paris

Pearson, George / **Strahler**, Joan (1995): *Airline scheduling*, in: Jenkins, Darryl [Hrsg.]: Handbook of airline economics, Aviation Week Group, New York, S. 423-432

Perlitz, Manfred (1995): *Internationales Management*, 2. Aufl., Gustav Fischer Verlag, Stuttgart/Jena

Perry, Linda J. (1995): *The response of major airlines to low-cost airlines*, in: Jenkins, Darryl [Hrsg.]: Handbook of airline economics, Aviation Week Group, New York, S. 297-303

Petzinger, Thomas (1995): *Hard landing - The epic contest for power and profits that plunged the airlines into chaos*, Random House, New York

Pfaff, Manfred J. (1992): *Die Beschaffung von Verkehrsflugzeugen - Nationale Vorbehalte und wirtschaftliche Determinanten auf offenen Verkehrsmärkten*, Diss. Universität Erlangen, Decker´s Verlag, Hamburg

Phillips, Laurence T. (1987): *Air carrier activity at major hub airports and changing interline practices in the United States airline industry*, in: Transportation Research A, Vol. 21A, No. 3, S. 215-221

Pickrell, Donald (1991): *The regulation and deregulation of U.S. airlines*, in: Button, Kenneth [Hrsg.]: Airline deregulation: International experiences, David Fullton, London, S. 5-47

Pilarski, Adam M. (1995): *Airline privatization: As a response to globalization*, in: Jenkins, Darryl [Hrsg.]: Handbook of airline economics, Aviation Week Group, New York, S. 201-211

Pilarski, Adam M. / **Thomas**, Paul A. (1995): *Maturation in air transportation*, in: Jenkins, Darryl [Hrsg.]: Handbook of airline economics, Aviation Week Group, New York, S. 175-184

Platt, Jeffrey R. (1992): *The creation of a community cabotage area in the European Community and its implications for the US bilateral aviation system*, in: Air & Space Law, Vol. XVII, No. 4/5, S. 183-198

Pompl, Wilhelm (1991): *Luftverkehr - Eine ökonomische Einführung*, Springer Verlag, Berlin/Heidelberg/u.a.

Porter, Colin (1995): *Branding planes*, in: IATA [Hrsg.]: Air transport progress 1995, London, S. 42-44

Porter, Michael E. (1983): *Wettbewerbsstrategie*, Campus Verlag, Frankfurt

Pryke, R. (1987): *Competition among International Airlines*, Thames Essay No. 46, London

Pustay, Michael W. (1992): *The effect of globalization on service quality in the international airline industry*, in: Bowen, Brent D. / Headley, Dean E. (1992) [Hrsg.]: Proceedings of the International Forum on airline quality, NIAR Report 92-10, Wichita

Reiß, M. (1995): *Kooperation*, in: Corsten, Hans [Hrsg.]: Lexikon der Betriebswirtschaftslehre, 3. Aufl., S. 484-488, R. Oldenbourg Verlag, München

Reiss, P.C. / **Spiller**, P.T. (1989): *Competition and Entry in Small Airline Markets*, in: Journal of Law and Economics, Vol. 32, S. 179-202

Reuss, Tilman T. (1995) [Hrsg.]: *Jahrbuch der Luft- und Raumfahrt*, SVA Südwestdeutsche Verlagsanstalt GmbH & Co. KG, Mannheim

Reynolds-Feighan, Aisling J. (1992): *The effects of deregulation on US air networks*, Springer-Verlag, Berlin/Heidelberg/New York u.a.

Reynolds-Feighan, Aisling J. (1994): *The E.U. and the U.S. air freight market: network organization in a deregulated environment*, in: Transport Reviews, Vol. 14, No. 3, S. 193-217

Reynolds-Feighan, Aisling J. (1995): *European Air Transport Public Service Obligations: A Periodic Review*, in: Fiscal Studies, Vol. 16, No. 1, S. 58-74

Roberts, Philip / **Roach**, Michael (1995): *Low costs - the key to airline success as pricing becomes increasingly market driven*, in: Jenkins, Darryl [Hrsg.]: Handbook of airline economics, Aviation Week Group, New York, S. 285-295

Romer, Karl-Heinz (1988): *Strategische Unternehmensplanung in gesättigten Märkten*, Diss. Univ. Augsburg 1987, Verlag V. Florentz, München

Rule, Charles F. (1989): *Deregulation of US airlines and the continuing role of the antitrust laws*, in: Haanappel/Petsikas/Rosales/Thaker [Hrsg.]: "EEC air transport policy and regulation, and their implications for North America", Kluwer Publishers, Deventer/Boston, S. 99-126

Salop, Steven C. / **Scheffman**, David T. (1983): *Raising rival's costs*, in: The American Economic Review, Papers and Proceedings, Vol. 73, No. 2, S. 267-271

Saunders, Lisa F. / **Shepard**, William G. (1993): *Airlines: Setting constraints on hub dominance*, in: Logistics and Transportation Review, Vol. 29, No. 3, S. 201-220

Scherer, F.M. (1980): *Industrial market structure and economic performance*, Rand McNally & Company, Chicago

Schmidt, Anette (1995): *Computerreservierungssysteme im Luftverkehr - Darstellung, Entwicklung und wettbewerbliche Beurteilung*, Deutscher Verkehrs-Verlag, Hamburg

Schmidt, Stefan (1993): *Strategische Allianzen im Luftverkehr*, Forschungskreis Tourismusmanagement, Universität Trier

Schmitz, Wolfgang / **Müller**, Stefan (1990): *Wettbewerbsvorteile durch Informationstechnik*, in: WiSt, Heft 7, S. 353-356

Schwenk, Walter (1988): *Internationale Zusammenarbeit im Luftverkehr der Europäischen Gemeinschaft und die Staatszugehörigkeit von Luftfahrzeugen*, in: Zeitschrift für Luft- und Weltraumrecht, 37. Jg., Nr. 1, S. 4-16

Schwieterman, Joseph P. (1993): *Air Cargo and the Opening of China - New Opportunities for Hong Kong*, The Chinese University Press, Hong Kong

Schwietermann, J. (1995): *A hedonic price assessment of airline service quality in the U.S.*, in: Transport Reviews, Vol. 15, No. 3, S. 291-302

Scocozza, M.V. (1989): *EEC - US aviation relations and cabotage*, in: Haanappel/Petsikas/Rosales/ Thaker [Hrsg.]: "EEC air transport policy and regulation, and their implications for North America", Kluwer Publishers, Deventer/Boston, S. 99-126

Servatius, Hans-Gerd (1990): *Koordination internationaler strategischer Allianzen*, in: Backhaus, Klaus / Piltz, Klaus [Hrsg.]: Strategische Allianzen, Schmalenbachs Zeitschrift für betriebswirtschaftliche Forschung, Sonderheft 27, S. 49-66

Shaw, Stephen (1990): *Airline Marketing & Management*, 3. Aufl., Pitman Publishing, London

Shenton, Harold (1992): *Is airline quality of service important?*, in: Bowen, Brent D. / Headley, Dean E. [Hrsg.]: Proceedings of the International Forum on airline quality, NIAR Report 92-10, Wichita

Shibata, Kyohei (1994): *Airline Privatisation in Eastern Europe and EX-USSR*, in: Logistics and Transportation Review, Vol. 30, No. 2, S. 167-188

Singal, Vijay (1992): *Efficiency versus market power in mergers: evidence from the airline industry*, Diss. University of Michigan, UMI order number DA93-03820

Simon, Julian L. (1994): *The airline oversales auction plan*, in: Journal of Transport Economics and Policy, Vol. XXVIII, No. 3, S. 319-323

Sinha, Dipendra (1986): *The theorie of contestable markets and U.S. airline deregulation: A Survey*, in: Logistics and Transportation Review, Vol. 22, No. 4, S. 405-419

Sochor, Eugene (1991): *The politics of international aviation*, Macmillian Press Ltd, Houndmills/London

Stanbury, W.T. / **Tretheway**, Michael W. (1986): *Airline deregulation: A bibliography*, in: Logistics and Transportation Review, Vol. 22, No. 4, S. 449-489

Starkie, David / **Ellis**, Simon (1995): *The production economics of a very large civil aircraft*, Journal of Air Transport Management, Vol. 2, No. 1, S.11-16

Stephenson, Frederick H. / **Fox**, Richard (1993): *Criticisms of Frequent-Flier Plans by large and small corporations*, in: Logistics and Transportation Review, Vol. 29, No. 3, S. 241-258

Sterzenbach, Rüdiger (1996): *Luftverkehr - Betriebswirtschaftliches Lehr- und Handbuch*, Oldenbourg Verlag GmbH, München

Stoetzer, Matthias-Wolfgang (1991): *Regulierung oder Liberalisierung des Luftverkehrs in Europa*, Nomos Verlagsgesellschaft, Baden-Baden

Straszheim, M. R. (1978): *Airline demand functions in the North Atlantic and their pricing implications*, in: Journal of Transport Economics and Policy, Vol. 12, No. 2, S. 179-195

Sundberg, Jacob W.F. (1989): *Inter-governmental relations in air transport between EEC and non-EEC countries - general aspects*, in: Haanappel/Petsikas/Rosales/Thaker [Hrsg.]: EEC air transport policy and regulation, and their implications for North America, Kluwer Publishers, Deventer/Boston, S. 159-175

Taha, Tarek T. / **Taylor**, G. Don (1994): *An integrated modelling framework for evaluating hub-and-spoke networks in truckload trucking*, in: Logistics and Transportation Review, Vol. 30, No. 2, S. 141-166

Taneja, Nawal K. (1978): *Airline Traffic Forecasting*, Lexington Books, Lexington/Toronto

Taneja, Nawal K. (1988): *The international airline industry: Trends, issues and challenges*, Lexington Books, Lexington/Toronto

Tettenborn, Alexander (1993): *Die Deregulierung des Luftverkehrs in den Europäischen Gemeinschaften und in den USA unter besonderer Berücksichtigung der kartellrechtlichen Aspekte*, Diss. Universität Mainz 1992, Bernd Tetens Verlag, Husum

Teuscher, Wolf Rütger (1994): *Zur Liberalisierung des Luftverkehrs in Europa*, Vandenhoeck und Ruprecht, Göttingen

Thayer, Russel (1982): *Airline fleet and schedule planning*, in: James, George W. [Hrsg.]: Airline Economics, Lexington Books, Lexington/Toronto, S. 265-280

Thiesing, Jochen (1976): *Die Abgrenzung des relevanten Marktes in der Rechtsprechung des Europäischen Gerichtshofes zu Art. 85 und 86 EWGV*, in: Wettbewerbsordnung im Spannungsfeld von Wirtschafts- und Rechtswissenschaft, FIW-Schriftenreihe, Heft 75

Toh, Rex S. / **Higgins**, Richard G. (1985): *The impact of hub and spoke network centralization and route monopoly on domestic airline profitability*, in: Transportation Journal, Vol. 24, No. 4, S. 16-27

Toh, Rex S. / **Hu**, Michael Y. (1988): *Frequent Flier Programs: Passenger attributes and attitudes*, in: Transportation Journal, Vol. 28, No. 2, S. 11-22

Tolksdorf, Michael (1994): *Dynamischer Wettbewerb - Einführung in die Grundlagen der Deutschen und internationalen Wettbewerbspolitik*, Gabler Verlag, Wiesbaden

Trent, Judith M. (1995): *A history of halting moves toward open markets*, in: Jenkins, Darryl [Hrsg.]: Handbook of airline economics, Aviation Week Group, New York, S. 165-173

Tretheway, Michael W. / **Oum**, Tae H. (1992): *Airline Economics: Foundations for Strategy and Policy*, The Centre for Transportation Studies, University of British Columbia, Vancouver

Van Houtte, Ben (1992): *Competition issues*, in: Wassenbergh, Henri A. (Hrsg.): External aviation relations of the European Community, Kluwer Publishers, Deventer/Boston, S. 21-29

Van Houtte, Ben (1993): *Community competition law in the air transport sector*, in: Air & Space Law, Vol. XVIII, No. 2, S. 61-70

Vinod, Ben (1995): *Origin-and-destination yield management*, in: Jenkins, Darryl [Hrsg.]: Handbook of airline economics, Aviation Week Group, New York, S. 459-468

Viton, Philip A. (1983): *A simple hub-and-spoke model of optimal international air transportation*, in: International Journal of Transport Economics, Vol. 10, No. 3, S. 593-611

Viton, Philip A. (1986): *Air deregulation revisited: choice of aircraft, load factors, and marginal-cost fares for domestic travel*, in: Transportation Research A, Vol. 20A, S. 361-371

Volkmann, Christine (1989): *Theoretische Grundlagen und Anwendung von Planungssystemen in Luftverkehrsunternehmen - aufgezeigt am Untersuchungsobjekt der Deutschen Lufthansa AG*, Diss. Gießen, Gießen

Waltrip, William H. (1982): *International planning*, in: James, George W. [Hrsg.]: Airline Economics, Lexington Books, Lexington/Toronto, S. 281-291

Wassenbergh, Henri A. [Hrsg.] (1992): *External aviation relations of the European Community*, Kluwer Publishers, Deventer/Boston

Wassenbergh, Henri (1993): *Principles and practices in air transport regulation*, Institut du Transport Aérien (ITA), Paris

Welge, Martin K. (1995): *Strategische Allianzen*, in: Tiez, Bruno [Hrsg.]: Handwörterbuch des Marketing, 2. Aufl., Schäffer-Poeschel Verlag, Stuttgart, S. 2396-2410

Wenglorz, Georg W. (1992): *Die Deregulierung des Linienluftverkehrs im Europäischen Binnenmarkt*, Diss. Universität Konstanz, R. v. Deckers rechts- und sozialwissenschaftliche Abhandlungen, Bd. 55, Heidelberg

Wexler, Harvey J. (1982): *Government affairs planning*, in: James, George W. [Hrsg.]: Airline Economics, Lexington Books, Lexington/Toronto, S. 261-264

Wheatcroft, Stephen (1964): *Air Transport Policy*, London

Wheatcroft, S. / **Lipman**, G. (1990): *European Liberalisation and World Air Transport*, Special Report No. 2015, The Economist Intelligence Unit, London

Wied-Nebbeling, Susanne (1994): *Markt- und Preistheorie*, 2. Aufl., Springer-Verlag, Berlin/Heidelberg/u.a.

Wiezorek, Bernhard (1994): *Luftverkehrsbeziehungen zwischen der EU und den USA*, Diplomarbeit Universität Bonn

Wilken, Dieter (1996): *Code-Shring im Luftverkehr Deutschlands*, in: Internationales Verkehrswesen, 48. Jg., Nr. 7+8, S. 25-29

Will, Th. (1995): *Wettbewerbsstrategien*, in: Corsten, Hans [Hrsg.]: Lexikon der Betriebswirtschaftslehre, 3. Aufl., R. Oldenbourg Verlag, München, S. 1042-1048

Williams, George (1993): *The airline industry and the impact of deregulation*, Ashgate Publishing, Aldershot/Brookfield

Windle, Robert J. (1991): *The world's airlines - a cost and productivity comparison*, in: Journal of Transport Economics and Policy, Vol. XXV, No. 1, S. 31-49

Windle, Robert / **Dresner**, Martin (1995): *A note on productivity comparisons between air carriers*, in: Logistics and Transportation Review, Vol. 31, No. 2, S. 125-134

Windle, Robert / **Dresner**, Martin (1993): *Competition at "duopoly" airline hubs in the U.S.*, in: Transportation Journal, Vol. 33, No. 2, S. 22-30

Wöhe, Günter (1981): *Einführung in die Allgemeine Betriebswirtschaftslehre*, 14. Aufl., Verlag Franz Vahlen, München

Youssef, Waleed Ahmed Hafez (1992): *Causes and effects of international airline equity alliances*, Diss. University of California at Berkeley, UMI order number DA93-05129

Youssef, Waleed / **Hansen**, Mark (1994): *Consequences of strategic alliances between international airlines: The case of Swissair and SAS*, in: Transportation Research, Vol. 28A, No. 5, S. 415-431

Zantke, Siegfried (1985): *ABC des Luftverkehrs - Ein Lexikon der internationalen kommerziellen Zivilluftfahrt*, Deutscher Verkehrs-Verlag, Hamburg

Zimmermann, Guido (1992): *Logistische Gestaltungsaspekte des gewerblichen Luftfrachtverkehrs*, Diss. Berlin, Berlin

B. Publikationen von Unternehmen, Verbänden, Behörden, etc.

ACI Airports Council International (1995): *Policy Handbook*, 2. Ausgabe, Genf

AEA Association of European Airlines (1990): *EC aviation relations with third countries*, Brüssel

AEA Association of European Airlines (1991): *White paper on air transport and the internal market. A policy statement*, Brüssel

AEA Association of European Airlines (1992): *Competitive opportunities in the Europe-US air transport market. A comparative analysis*, Brüssel

Airbus Industrie (1995): *Global Market Forecast 1995 - 2014*, Blagnac

Airbus Industrie (1995): *Global Market Forecast 1995 - 2014, Asia/Pacific aspects*, Blagnac

Airbus Industrie (1995): *Working together: the regional network*, AI/CM-D 312.0255/95

ATA Air Transport Association of America (1993): *Air Travel Survey 1993*, Studie durchgeführt von "The Gallup Organization", Washington D.C.

ATA Air Transport Association of America (1995): *Airline cost index. Fourth quarter 1994*, Washington D.C.

ATA Air Transport Association of America (1996): *Air service rights in U.S. international transport agreements - a compilation of scheduled and charter service rights contained in U.S. bilateral aviation agreements*, Washington D.C.

ATAG Air Transport Action Group (1996): *European traffic forecasts 1980-2010*, Genf

Avmark (1992): *The competitiveness of the European Community's air transport industry*, Arlington

Boeing Commercial Airplane Group (1994): *Current Market Outlook - World Air Travel Demand and Airplane Supply Requirements*, Seattle

British Airways (1991): *A manifesto for civil aviation in the 1990s*, Heathrow Airport, London

British Airways (1995): *A guide to our alliance and franchise partners*, Heathrow Airport, London

BTCE Bureau of Transport and Communication Economics (1994): *International Aviation*, Report 86, Australian Government Publishing Service, Canberra

Clinton Commission [The National Commission to ensure a strong competitive airline industry](1993): *Change, challenge and competition*, Washington D.C.

Comité des Sages for Air Transport (1994): *Expanding Horizons - civil aviation in Europe, an action programme for the future*, Brüssel

Copenhagen Airports (1991): *Airport charges survey*, Copenhagen

DOT U.S. Department of Transportation (1986): *Interline practices in the airline industry*, Office of the Secretary of Transportation, Washington D.C.

DOT U.S. Department of Transportation (1990*): Secretary's task force on competition in the U.S. domestic airline industry*, Office of the Secretary of Transportation, Washington D.C.

DOT U.S. Department of Transportation (1994): *U.S. international aviation policy statement*, Office of the Secretary of Transportation, Washington D.C.

ECAC European Civil Aviation Conference (1989): *ECAC code of conduct for Computer Reservation Systems*, Neuilly-sur-Seine Cedex

GAO U.S. General Accounting Office (1990): *Airline competition - Higher fares and reduced competition at concentrated airports*, GAO/RCED-90-102, Washington D.C.

GAO U.S. General Accounting Office (1991): *Airline competition - Industry competitive and financial problems*, GAO/RCED-91-89, Washington D.C.

GAO U.S. General Accounting Office (1991): *Airline competition - Effects of airline market concentration and barrier to entry on airfares*, GAO/RCED-91-101, Washington D.C.

GAO U.S. General Accounting Office (1991): *Airline competition - Weak financial structure threatens competition*, GAO/RCED-91-110, Washington D.C.

GAO U.S. General Accounting Office (1991): *Meeting the aviation challenges of the 1990s - Experts define key problems and identify emerging issues*, GAO/RCED-91-152, Washington D.C.

GAO U.S. General Accounting Office (1991): *Airline competition - Industry competitive and financial problems*, GAO/RCED-92-28, Washington D.C.

GAO U.S. General Accounting Office (1992): *Comments on "airline competition enhancement act of 1992"*, GAO/T-RCED-92-71, Washington D.C.

GAO U.S. General Accounting Office (1992): *Computer Reservation Systems - Action needed to better monitor the CRS Industry and eliminate CRS biases*, GAO/T-RCED-92-130, Washington D.C.

GAO U.S. General Accounting Office (1992): *Airline competition - Impact of changing foreign investment and control limits on U.S. airlines*, GAO/RCED-93-7, Washington D.C.

GAO U.S. General Accounting Office (1993): *Airline competition - Strategies for addressing financial and competitive problems in the airline industry*, GAO/T-RCED-93-11, Washington D.C.

GAO U.S. General Accounting Office (1993): *International aviation - Measures by European Community could limit U.S. airlines´ability to compete abroad*, GAO/RCED-93-64, Washington D.C.

GAO U.S. General Accounting Office (1993): *Airline competition - Options for addressing financial and competition problems*, GAO/RCED-93-52, Washington D.C.

GAO U.S. General Accounting Office (1993): *Airline competition - Industry competitive and financial issues*, GAO/T-RCED-93-49, Washington D.C.

GAO U.S. General Accounting Office (1993): *Airline competition - Higher fares and less competition continue at concentrated airports*, GAO/T-RCED-93-49, Washington D.C.

GAO U.S. General Accounting Office (1994): *Airport competition - Essential air service slots at O´Hare International Airport*, GAO/RCED-94-118FS, Washington D.C.

GAO U.S. General Accounting Office (1994): *International aviation - New competitive conditions require changes in DOT strategy*, GAO/T-RCED-94-194, Washington D.C.

GAO U.S. General Accounting Office (1994): *International aviation - DOT needs more information to address U.S. airlines´ problems in doing business abroad*, GAO/RCED-95-24, Washington D.C.

GAO U.S. General Accounting Office (1995): *International aviation - airline alliances produce benefits, but effect on competition is uncertain*, GAO/RCED-95-99, Washington D.C.

GAO U.S. General Accounting Office (1995): *International aviation - Better data on code-sharing needed by DOT for monitoring and decisionmaking*, GAO/T-RCED-95-170, Washington D.C.

GAO U.S. General Accounting Office (1995): *International aviation - DOT needs better data for monitoring and decisionmaking*, GAO/T-RCED-95-240, Washington D.C.

GAO U.S. General Accounting Office (1996): *International aviation - DOT´s efforts to increase U.S. airlines´ access to international markets*, GAO/T-RCED-96-32, Washington D.C.

GAO U.S. General Accounting Office (1996): *Domestic aviation - Changes in airfares, service, and safety since airline deregulation*, GAO/T-RCED-96-126, Washington D.C.

GAO U.S. General Accounting Office (1997): *Airline deregulation - Barriers to entry continue to limit competition in several key domestic markets*, GAO/RCED-97-4, Washington D.C.

IATA International Air Transport Association (1989): *IATA´s involvements in fares and rates*, Genf

IATA International Air Transport Association (1993): *Aims and activities*, Montreal

IATA International Air Transport Association (1994): *Scheduling - Getting the best out of the air transport system*, Genf

IATA International Air Transport Association (1994): *Settling Accounts: The IATA Clearing House*, Genf

IATA International Air Transport Association (1995): *European Air Transport Forecast 1980-2010*, Hounslow

IATA International Air Transport Association (1995): *Airline Coding Directory*, 37. Aufl., Hounslow

IATA International Air Transport Association (1996): *What it is and what it does*, Genf

ICAO International Civil Aviation Organization (1992): *Policy and guidance material on the regulation of international air transport*, DOC 9587, Montreal

ICAO International Civil Aviation Organization (1994): *Memorandum on ICAO - The story of the International Civil Avition Organization*, Montreal

ICAO International Civil Aviation Organization (1995): *Digest of bilateral air transport agreements*, DOC 9511, Montreal

ICAO International Civil Aviation Organization (1995): *Outlook for air transport to the year 2003*, Circular 252-AT/103, Montreal

ICAO International Civil Aviation Organization (1995): *Report of the world wide air transport conference on international air transport regulation: present and future [Montreal, 23.11. - 06.12.94]*, DOC 9644 AT Conf/4, Montreal

ICAO International Civil Aviation Organization (1995): *The world of civil aviation 1994-1997*, Circular 258-AT/107, Montreal

ICAO International Civil Aviation Organization (1996): *Manual on the regulation of international air transport*, DOC 9626, Montreal

ITA Institut du Transport Aérien (1995): *World air transport guide*, Paris

Kommission der Europäischen Gemeinschaft (1984): *Zivilluftfahrt. Fortschritt auf dem Weg zu einer gemeinschaftlichen Luftverkehrspolitik*, KOM (84) 72 endg., in: ABL. C 182 vom 9.7.1984

Kommission der Europäischen Gemeinschaft (1992): *Beziehungen mit Drittländern auf dem Gebiet des Luftverkehrs*, KOM(92) 434 endg., Brüssel, 21.10.92

Kommission der Europäischen Gemeinschaft (1994): *Die Zivilluftfahrt in Europa auf dem Weg in die Zukunft*, KOM(94) 218 endg., Brüssel, 01.06.94

Kommission der Europäischen Gemeinschaft (1995): *Mitteilung der Kommission an den Rat und das Europäische Parlament zur Überlastung des Luftraums und zur Krise des Luftverkehrs*, KOM (95) 318 endg., Brüssel, 05.07.95

Kommission der Europäischen Gemeinschaft (1996): *Air negotiations with the United States - the European approach*, PCU/LM-LVH, Brüssel, 08.07.1996

Kommission der Europäischen Gemeinschaft (1996): *Auswirkungen des Dritten Pakets von Maßnahmen zur Liberalisierung des Luftverkehrs*, KOM(96) 514 endg., Brüssel, 22.10.1996

LCB Consultants (1988): *Turbulence in European Aviation. A study of threats and opportunities in a rapidly restructuring industry,* London (unveröffentlicht)

McDonnell Douglas (1995): *Outlook for Commericial Aircraft 1994-2013*, Long Beach

McDonnell Douglas (1995): *World economic and traffic outlook 1995*, Long Beach

OECD Organisation for Economic Co-operation and Development (1988): *Deregulation and airline competition*, Paris

OECD Organisation for Economic Co-operation and Development (1993): *International air transport: The challenge ahead*, Paris

Transportation Research Board (1991): *Winds of change - domestic air transport since deregulation*, Washington D.C.

WTTC World Travel & Tourism Council (1993): *The way forward - Multilateral Air Transport Liberalisation*, Brüssel

WTTC World Travel & Tourism Council (1995): *Travel & Tourism Economic Perspective*, Brüssel

C. Artikel aus der Fach- und Tagespresse

Abbey, Doug (1997): *The new jet set*, in: Airline Business, Vol. 13, No. 5, S. 40-45

Ballantyne, Tom (1997): *Ansett - Business revolution*, in: Airline Business, Vol. 13, No. 8, S. 28-31

Ballantyne, Tom (1997): *Asia´s liberal minority*, in: Airline Business, Vol. 12, No. 9, S. 96-98

Ballantyne, Tom (1997): *SIA eyes up ANZ stake*, in: Airline Business, Vol. 13, No. 8, S. 19

Ballantyne, Tom (1997): *Thai Airways - All tied up*, in: Airline Business, Vol. 13, No. 4, S. 32-37

Barton, Clive / **Bradshaw**, Lar / **Brunschwiler**, Remo / **Bull-Larsen**, Thomas (1995): *A new game plan for Europe*, in: Avmark Aviation Economist, Vol. 12, No. 3, S. 14-16

Belobaba, Peter P. / **Wilson**, John L. (1997): *Cleaning up on yields*, in: Airline Business, Vol. 13, No. 4, S. 48-51

Bohlender, Sylvia (1996): *Wie sicher ist Fliegen - 85 Airlines unter der Lupe*, in: fliegen & sparen, Nr. 2, S. 20-23

Cameron, Doug (1992): *The right to buy*, in: Airline Business, Vol. 8, No. 8, S. 28-31

Cameron, Doug (1997): *Disquiet on the state aid front*, in: Airline Business, Vol. 13, No. 3, S. 22f

Cameron, Doug (1997): *People Movers*, in: Airline Business, Vol. 13, No. 3, S. 50-52

Cameron, Doug (1997): *Turn off the TAP*, in: Airline Business, Vol. 13, No. 12, S. 54-57

Cameron, Doug (1997): *Two to tango*, in: Airline Business, Vol. 13, No. 7, S. 50-51

Chamish, Barry (1997): *EL AL tackles weekend trip*, in Airline Business, Vol. 13, No. 3, S. 18

Colgate, Ray (1991): *EC civil aviation relations with third countries after 1992*, in: Brussels Aviation Report, Vol. 9, 02.12.91

Coombs, Tim (1993): *Surviving the new world order*, in: Avmark Aviation Economist, Vol. 10, No. 4, S. 6-8

Cotter, Marion (1995): *High life in the skies*, in: EuroBusiness, June, S. 72-74

Dodgson, John / **Jorge**, José (1997): *Law of the jungle?*, in: Airline Business, Vol. 13, No. 5, S. 70-73

Doganis, Rigas (1996): *Led to extinction?*, in: Airline Business, Vol. 12, No.10, S. 26-29

Donoghue, J.A. (1996): *Getting a grip on the gripes*, in: Air Transport World, Vol. 33, No. 2, S. 51-53

Donoghue, J.A. (1997): *Airbus: Alone at the top*, in: Air Transport World, Vol. 34, No. 4, S. 38-41

Endres, Günter (1994): *Chinese airlines - Phenomenal growth, stretched resources and safety worries*, in: Avmark Aviation Economist, Vol. 11, No. 10, S. 18-23

Entenmann, Uschi (1995): *Fix und fertig - und betrunken*, in: Manager Magazin, September, S. 254-255

Ewald, Rolf (1991): *Vergabe von Verkehrsrechten - Aufwendiges US-Verfahren zur Auswahl der Carrier*, in: Deutsche Verkehrszeitung, 15.10.91

Feldman, Joan M. (1994): *Alliances - Cross-border airline links: Naughty or nice?*, in: Air Transport World, Vol. 31, No. 6, S. 173-176

Feldman, Joan M. (1994): *Doing what works*, in: Air Transport World, Vol. 31, No. 9, S. 38-42

Feldman, Joan M. (1995): *Alliances - Are we making money yet?*, in: Air Transport World, Vol. 32, No. 10, S. 33-35

Feldman, Joan M. (1996): *Continental learns to believe*, in: Air Transport World, Vol. 33, No. 2, S. 43-45

Feldman, Joan M. (1997): *Austrian Airlines - Strength in numbers*, in: Air Transport World, Vol. 34, No. 7, S. 161-163

Feldman, Joan M. (1997): *Code-sharing promiscuity pays*, in: Air Transport World, Vol. 34, No. 2, S. 37-40.

Feldman, Joan M. (1997): *Finding the center*, in: Air Transport World, Vol. 34, No. 5, S. 51-56

Feldman, Joan (1997): *It´s still a bilateral world*, in: Air Transport World, Vol. 34, No. 8, S. 35-39

Feldman, Joan M. (1997): *Sticker shock*, in: Air Transport World, Vol. 34, No. 4, S. 67-71

Feldman, Joan M. (1997): *Swissair - time to* deliver, in: Air Transport World, Vol. 34, No. 6, S. 30-38

Flint, Perry (1994): *Continental Divide*, in: Air Transport World, Vol. 31, No. 9, S. 26-34

Flint, Perry (1995): *Agency commissions - Delta´s shot heard round the world*, in: Air Transport World, Vol. 32, No. 4, S. 61-62

Flint, Perry (1995): *Finding the key to passenger preference*, in: Air Transport World, Vol. 32, No. 4, S. 67-68

Flint, Perry (1996): *New orders at last*, in: Air Transport World, Vol. 33, No. 12, S. 24-32

Flint, Perry (1996): *Northwest Airlines - The hub specialist*, in: Air Transport World, Vol. 33, No. 8, S. 45-51

Flint, Perry (1996): *Sabre unleashed*, in: Air Transport World, Vol. 33, No. 11, S. 95-96

Flint, Perry (1997): *Midwest Express - Milwaukee´s best*, in: Air Transport World, Vol. 34, No. 5, S. 79-80

Flint, Perry (1997): *Road warriors and price-driven occasionalists*, in: Air Transport World, Vol. 34, No. 8, S. 31

Flint, Perry (1998): *Will four go into two?*, in: Air Transport World, Vol. 35, No. 6, S. 39-42

Flint, Perry / **Henderson**, Danna K. (1997): *American at bay*, in: Air Transport World, Vol. 34, No. 3, S. 29-40

Gallacher, Jackie (1994): *Alliances - Bagging the benefits*, in: Airline Business, Vol 10, No. 7, S. 44-49

Gallacher, Jackie (1995): *Alliances - Making it work*, in: Airline Business, Vol. 11, No. 6, S. 27-48

Gallacher, Jackie (1996): *Alliances - A clearer direction*, in: Airline Business, Vol. 12, No. 6, S. 22-51

Gallacher, Jackie (1997): *Alliances - Partners for now*, in: Airline Business, Vol. 13, No. 6, S. 26-65

Gallacher, Jackie (1997): *A tale of two startups*, in: Airline Business, Vol. 13, No. 12, S. 60-63

Gallacher, Jackie (1997): *Power to the plans*, in: Airline Business, Vol. 13, No. 8, S. 34-37

Gallacher, Jackie (1998): *Alliances - Hold your horses*, in: Airline Business, Vol. 14, No. 6, S. 42-81

Gialloreto, Louis (1992): *Euro-majors - Who will survive Euro-deregulation?*, in: Avmark Aviation Economist, Vol. 9, No. 1, S. 18-22

Gialloreto, Louis (1993): *US industry - Are the US titans running out of jet fuel?*, in: Avmark Aviation Economist, Vol 10, No. 5, S. 14-18

Gialloreto, Louis (1993): *US industry - Role reversal in the upturn*, in: Avmark Aviation Economist, Vol. 10, No. 8, S. 12-17

Götzen, Alexander (1997): *Unbequem aber günstig*, in: Business Traveller, Nr. 4, S. 20-21

Großbongardt, Heinrich (1997): *Hotel über den Wolken*, in: Business Traveller, Nr. 4, S. 16.

Guillebaud, David / **Bond**, Richard (1997): *Surviving the customer*, in: Airline Business, Vol. 13, No. 3, S. 54-59

Hamilton, Martha A. (1993): *DOT tentatively approves Northwest-KLM Combination*, Legi-Slate Article No. 168737 vom 25.08.93

Hassenmeier, Jacko A. (1995): *Auf Wolken gebettet - Business-Class Vergleich*, in: Business Traveller, Nr. 6, S. 16-18

Hassenmeier, Jacko A. (1995): *Wenig Freude in der Holzklasse - Economy-Class Vergleich*, in: Business Traveller, Nr. 4, S. 12-14

Hassenmeier, Jacko A. (1996): *Billige Betten sollen die Flugzeuge füllen. Stopover-Programme mit Extras umsonst*, in: Handelsblatt, Nr. 9 vom 12.01.96

Hassenmeier, Jacko A. (1996): *Mehr Bewegungsfreiheit - Business-Class Vergleich*, in: Business Traveller, Nr. 6, S. 14-16

Hassenmeier, Jacko A. (1996): *Tortur für Große - Economy-Class Vergleich*, in: Business Traveller, Nr. 3, S. 20-23

Henderson, Danna K. (1996): *Commission costs nosedive*, in: Air Transport World, Vol. 33, No. 10, S. 104-106

Henderson, Danna K. (1997): *America West - Back in the saddle*, in: Air Transport World, Vol. 34, No. 6, S. 84-90

Henderson, Danna K. (1997): *Commission costs level*, in: Air Transport World, Vol. 34, No. 10, S. 102-104

Henderson, Danna K. (1997): *IT outsorcing takes hold*, in: Air Transport World, Vol. 34, No. 9, S. 101-104

Henderson, Danna K. (1997): *Winning ugly*, in: Air Transport World, Vol. 34, No. 9, S. 66-68

Hewitt, Michael (1995): *Asian aeropolitics - A relic from the occupation?*, in: Avmark Aviation Economist, Vol. 12, No. 8, S. 5-9

Hewitt, Michael (1996): *Asia Pacific - The quadruple Japan effect*, in: Avmark Aviation Economist, Vol. 13, No. 1, S. 17-22

Hill, Leonard (1997): *Bilateral ballistics*, in: Air Transport World, Vol. 34, No. 2, S. 53-61

Hill, Michael (1996): *Continental Airlines - Das Comeback eines schon abgeschriebenen Carriers*, in: Handelsblatt, 15.11.96, S. 14

Hoffmann, Thomas (1995): *Scheduling software ignites airline battle*, in: Computerworld, 28.08.95, S. 16

Hooks, Lance (1996): *Fleet planning - The big widebody race is on*, in: Airlines International, März/April, S. 38-42

Hunt, Mary (1996): *A better class - the 1996 short-haul business class survey*, in: Business Traveler, April, S. 17-21

Jennings, Mead (1996): *Alliances - Immune deficiency syndromes*, in: Airline Business, Vol. 12, No. 6, S. 52-55

Jennings, Mead (1996): *Alliances - Poisoned pals*, in: Airline Business, Vol. 12, No. 7, S. 22-24

Jennings, Mead (1996): *USAir smells a* conspiracy, in: Airline Business, Vol. 12, No. 9, S. 12

Jennings, Mead (1996): *Valujet´s long shadow*, in: Airline Business, Vol. 12, No. 9, S. 74-79

Jones, Lois (1996): *Franchising - Keeping up apprearances*, in: Airline Business, Vol. 12, No. 10, S. 38-42

Jones, Lois (1996): *Startups - Off to a head-start*, in: Airline Business, Vol. 12, No. 9, S. 60-66

Jones, Lois (1997): *A red flag to a bull?* in, Airline Business, Vol. 13, No. 7, S. 52-55

Jones, Lois (1997): *Alitalia pays a small price*, in: Airline Business, Vol. 13, No. 1, S. 10

Jones, Lois (1997): *British Airways - The good European*, in: Airline Business, Vol. 13, No. 6, S. 74-79

Jones, Lois (1997): *Can Sabena bite the bullet?*, in: Airline Business, Vol. 13, No. 5, S. 48-51

Jones, Lois (1997): *Euro agents fight change*, in: Airline Business, Vol. 13, No. 5, S. 18

Jones, Lois (1997): *Euro agents´ work cut out*, in: Airline Business, Vol. 13, No. 3, S. 12

Jones, Lois (1997): *French kiss of life?*, in: Airline Business, Vol. 13, No. 8, S. 42-45

Jones, Lois (1997): *Having fun in Brussels*, in: Airline Business, Vol. 13, No. 5, S. 54-55

Jones, Lois (1997): *No predators in Europe?*, in: Airline Business, Vol. 13, No. 5, S. 16

Jones, Lois (1997): *Much ado about nothing?*, in: Airline Business, Vol. 13, No. 3, S. 34-36

Jones, Lois (1998): *A first class idea*, in: Airline Business, Vol. 14, No. 7, S. 38-41

Kealy, Kevin (1989): *The North Atlantic Memorandum of Understanding on air fares*, in: ITA Magazine, No. 58, S. 22-24

Kuile, Alexander ter (1997): *Hub fever*, in: Airline Business, Vol. 13, No. 12, S. 66-71

Kiani-Kreß, Rüdiger (1995): *Lufthansa - Spaß am Finger*, in: Wirtschaftswoche, Nr. 14, S. 100-106

Killing, J. Peter (1982): *How to make a global joint venture work*, in: Harvard Business Review, Mai/Juni, S. 120-127

Knibb, David (1994): *Reluctant allies*, in: Airline Business, Vol. 10, No. 3, S. 40-43

Knibb, David (1997): *Battle of wills*, in: Airline Business, Vol. 13, No. 5, S. 56-59

Knibb, David (1998): *Delta jilted at Jap dance*, in: Airline Business, Vol. 14, No. 4, S. 10

Knibb, David / **Ballantyne**, Tom (1996): *CNAC enters with Dragon*, in: Airline Business, Vol. 12, No. 6, S. 9

Kolf, Florian (1996): *Geheime Staatssache*, in: Wirtschaftswoche, Nr. 31, S. 78-79

Kolf, Florian (1997): *Gemeinsam Gewinn einfliegen*, in: Handelsblatt, 23.10.97, S. 2

Kowalewsky, Reinhard (1996): *Den Schein wahren*, in: Wirtschaftswoche, Nr. 44, S. 90

Levere, Jane (1997): *Agents of change*, in: Airline Business, Vol. 13, No. 8, S. 52-54

Levere, Jane (1997): *Commission cuts hit the small guys*, Vol. 13, No. 6, S. 95

Levere, Jane (1997): *No ticket to ride catching on fast*, in: Airline Business, Vol. 13, No. 9, S. 122

Lima, Evaldo Pereira (1997): *Varig´s 10-years war*, in: Air Transport World, Vol. 34, No. 6, S. 46-49

Loppow, Bernd (1997): *Billigflieger am Start*, in: Die Zeit, 28.03.97, S. 27

Lyle, Chris (1995): *The future of international air transport regulation*, in: Journal of Air Transport Management, Vol. 2, No. 1, S. 3-10

McGee, William J. (1997): *Tending the global traveler*, in: Air Transport World, Vol. 34, No. 2, S. 87-89

McNeill, Linsey (1993): *Codesharing and blockspacing - Maximum advantage from a minimum of investment*, in: Avmark Aviation Economist, Vol. 10, No. 3, S. 14-16

McWhirter, Alex (1995): *Flugplankosmetik - Weil Pünktlichkeit ihren Preis fordert, dauert Fliegen immer länger*, in: Business Traveller, Nr. 2, S. 26

Meredith, John (1995): *Space Race*, in: IATA: Air transport progress, S. 174-176

Moorman, Robert W. (1994): *The interlopers - Low-cost jet airlines are plentiful and problematic for the revenue-starved majors*, in: Air Transport World, Vol. 31, No. 12, S. 67-70

Moorman, Robert W. (1996): *Split personality*, in: Air Transport World, Vol. 33, No. 10, S. 62-64

Moorman, Robert W. (1997): *Fan Watch*, in: Air Transport World, Vol. 34, No. 5, S. 30-42

Müller, Norbert / **Weber**, Heide Ilka (1997): *Willkommen in der Zukunft*, in: Business Traveller, Nr. 4, S. 12-14.

Müller, Norbert / **Weber**, Heide Ilka (1997): *Gnadenloser Wettbewerb*, in: Business Traveller, Nr. 6, S. 15-17.

Nelms, Douglas W. (1994): *Hub building - Taking charge, Nashville style*, in: Air Transport World, Vol. 31, No. 4, S. 65-66

Nelms, Douglas W. (1995): *Airline advertising - Image is (nearly) everything*, in: Air Transport World, Vol. 32, No. 5, S. 71-75

Nelms, Douglas W. (1996): *Delta-Express - Orlando magic*, in: Air Transport World, Vol. 33, No. 12, S. 59-61

Nelms, Douglas W. (1996): *The new wave - Dutch style*, in: Air Transport World, Vol. 33, No. 8, S. 53-57

Newitt, Simon (1995): *Service competition - A high quality gamble*, in: Avmark Aviation Economist, Vol. 12, No. 7, S. 22-23

Noble, Martin (1995): *Catering for profit*, in: Interavia, Februar, S. 32-35

Nocella, Andrew (1993): *New competitive forces in the US*, in: Avmark Aviation Economist, Vol. 10, No. 3, S. 15-19

Nuutinen, Heini (1992): *EC external policy. Negotiating with one voice?*, in: Avmark Aviation Economist, Vol. 9, No. 8, S. 6-7

Nuutinen, Heini (1993): *Bermuda 3 - or the end of bilateralism*, in: Avmark Aviation Economist, Vol. 10, No. 4, S. 5-7

Nuutinen, Heini (1995): *Latin America - A new continent of privatised airlines*, in: Avmark Aviation Economist, Vol. 12, No. 9, S. 11-18

Nuutinen, Heini (1995): *US majors - Restructuring continues, profitability remains elusive*, in: Avmark Aviation Economist, Vol. 12, No. 1, S. 16-25

Nuutinen, Heini (1995): *US majors - Lite vanishes, industry recovers*, in: Avmark Aviation Economist, Vol. 12, No. 6, S. 6-10

Odell, Mark (1994): *Looking beyond the Alcazar failure*, in: Airline Business, Vol. 10, No. 1, S. 18-19

Odell, Mark (1997): *Current and future major jet aircraft programmes*, in: Airline Business, Vol. 13, No. 4, S. 27

Odell, Mark (1997): *BA-AA: a hell of a furore*, in: Airline Business, Vol. 13, No. 2, S. 8

Odell, Mark / **Whitaker**, Richard (1997): *A picture of health - regional airline rankings*, in: Airline Business, Vol. 13, No. 5, S. 28-38

Odell, Mark / **Whitaker**, Richard (1997): *KLM ponders US disposal*, in: Airline Business, Vol. 13, No. 8, S. 10

Olivier, Charles (1994): *Has British Airways slipped up?*, in: Corporate Finance, No. 5, S. 18-24

Osterland, Andrew (1995): *Can the airlines stand prosperity?*, in: Financial World, Vol. 164, No. 24, S. 26-29

O'Toole, Kevin (1993): *Global goals*, in: Flight International, 06.01.93, S. 23-26

Ott, James (1992): *More skies to open as U.S. signs pacts*, in: Aviation Week & Space Technology, 14.09.92, S. 32f

Ott, James (1995): *Costs, competition drive labor issues*, in: Aviation Week & Space Technology, Vol. 143, No. 21, S. 46-48

o.V. (1986): *Computer im Cockpit*, in: Wirtschaftswoche, Nr. 40, S. 98-99

o.V. (1992): *Heimvorteil genutzt - Beifall für Miles & More*, in: Touristik Report, Jg. 12, Nr. 25, S. 14-18

o.V. (1992): *KLM/Northwest - Antitrust immunity the key to link-up*, in: Avmark Aviation Economist, Vol. 9, No. 10, S. 6

o.V. (1993): *Airline concentration - Herfindahl-Hirschman revisited*, in: Avmark Aviation Economist, Vol. 10, No. 6, S. 12-13

o.V. (1993): *Die niederländische KLM sagt die Alcazar-Fusion ab*, in: FAZ, Nr. 271, S. 23

o.V. (1993): *The search for meaningful recommendations*, in: Avmark Aviation Economist, Vol. 10, No. 4, S. 4

o.V. (1993): *US anti-trust action. The silent conversation issue: farce or tragedy?*, in: Avmark Aviation Economist, Vol. 10, No. 4, S. 2-4

o.V. (1994): *Lufthansa baut Konzern um*, in: Die Welt, 16.09.94

o.V. (1994): *Neue Wege für den Jet-Absatz*, in: Handelsblatt, 14.12.94

o.V. (1995): *Air France verkauft ihren Anteil an Sabena*, in: Die Welt, 22.03.95

o.V. (1995): *Alitalia - Verlorener Posten*, in: Wirtschaftswoche, 26.10.95, S. 86

o.V. (1995): *Auch bei Swissair-Ehe weiter eine EU-Firma*, in: Handelsblatt, 20.03.95

o.V. (1995): *Codesharing - Moving towards consumer protection*, in: Avmark Aviation Economist, Vol. 12, No. 6, S. 2-5

o.V. (1995): *Fly me to the job centre*, in: EuroBusiness, November/Dezember, S. 13

o.V. (1995): *Lateinamerika-Luftfahrt: Erste Privatisierung brachte Erfolg*, in: Handelsblatt, 18.10.95

o.V. (1995): *Swissair klopft an die Tür des liberalisierten Luftfahrt-Europas*, in: Handelsblatt, 20.01.95

o.V. (1995): *Trade commission hops into line on „Kangaroo" route*, in: Flight International, 17.05.95, S. 8

o.V. (1995): *US-Japan ASA - Inequities on both sides*, in: Avmark Aviation Economist, Vol. 12, No. 8, S. 2-4

o.V. (1996): *Airbus Industrie / Leasinggesellschaft ordert 38 Jets*, in: Handelsblatt, 11.03.96

o.V. (1996): *Alitalia - Kartellwächter verklagen Airline*, in: Handelsblatt, 14.10.96, S. 16

o.V. (1996): *Alliances - Marriages made in heaven*, in: Avmark Aviation Economist, Vol. 13, No. 1, S. 12-13

o.V. (1996): *British Airways - Beamte raus*, in: Manager Magazin, Februar, S. 38f

o.V. (1996): *British Airways - Globale Allianz mit American*, in: Handelsblatt, 12.06.96, S. 1 + 21

o.V. (1996): *Der Phönix ist noch immer nicht der Asche entstiegen*, in: Handelsblatt, 28.02.96

o.V. (1996): *Die Neuordnung der Lufthansa-Provisionen stößt auf Kritik*, in: FAZ, 29.11.96, S. 23

o.V. (1996): *Freche Franzosen*, in: Der Spiegel, Nr. 30, S. 71

o.V. (1996): *Holding künftig als SAirGroup AG*, in: Handelsblatt, 20.12.96, S. 21

o.V. (1996): *Kinnock vertraut auf die Zusage von Regierungschef Juppé*, in: Handelsblatt, 25.07.96

o.V. (1996): *Lufthansa-Privatisierung soll Waigels Kassen füllen*, in: Handelsblatt, 15.11.96, S. 3

o.V. (1996): *Olympic Airways - Airline verschleißt 26 Bosse in 20 Jahren*, in: Handelsblatt, 27.3.96, S. 14

o.V. (1996): *Spaniens Staatscarrier fliegt erstmals wieder mit Gewinn*, in: Handelsblatt, 10.09.96

o.V. (1996): *Startschuß für „Team Lufthansa"*, in: Lufthansa Infoline, Nr. 11, S. 7

o.V. (1996): *Swire's deal with China clears the air*, in: Hong Kong Trader, No. 6, S. 2

o.V. (1996): *USAir-Anteil kommt auf den Markt*, in: Handelsblatt, 19.12.96

o.V. (1996): *USAir zieht sich weiter zurück*, in: Handelsblatt, 28.10.96, S. 15

o.V. (1997): *Alitalia / KLM - Start frei für die Partnerschaft*, in: Handelsblatt, 20.12.97, S. 14

o.V. (1997): *Aerolineas Argentinas - Nordamerikaner wollen groß einsteigen*, in: Handelsblatt, 02.11.97, S. 14

o.V. (1997): *Air-France-Präsident Christian Blanc zurückgetreten*, in: Handelsblatt, 28.11.97, S. 21

o.V. (1997): *Auftragsschub für den Airbus*, in: Handelsblatt, 10.02.97, S. 9

o.V. (1997): *BA-AA rivals round on DOT*, in: Airline Business, Vol. 13, No. 3, S. 9

o.V. (1997): *Belgiens Airline schwer unter Druck*, in: Handelsblatt, 01.02.97

o.V. (1997): *Boeing-Fusion im Grundsatz genehmigt*, in: Handelsblatt, 24.07.97, S. 11

o.V. (1997): *Boeing shrugs off a two-year China freeze*, in: Asiaweek, 25.04.97, S. 67

o.V. (1997): *Business or state symbol?*, in: Air Transport World, Vol. 34, No. 4, S. 28

o.V. (1997): *Europe report - BA*, in: Air Transport World, Vol. 34, No. 7, S. 10

o.V. (1997): *Flucht unter die Flügel der Großen*, in: Handelsblatt, 01.09.97, S. 17

o.V. (1997): *Größtes Airline-Bündnis wächst weiter*, in: Handelsblatt, Nr. 23.10.97, S. 13

o.V. (1997): *Kartellamt untersagt Lufthansa Preise auf der Monopolstrecke*, in: Handelsblatt, 25.2.97, S. 13

o.V. (1997): *Konkurrenz für „Star"-Allianz*, in: Handelsblatt, 21.07.97, S. 11

o.V. (1997): *Neue Konzernstruktur - Lufthansa-Passage wird bedingt eigenständig*, in: Blick durch die Wirtschaft, 06.02.97

o.V. (1997): *Niedrige Tarife - und kein Menü umsonst*, in: Handelsblatt, 25.03.97, S. 19

o.V. (1997): *Offener Himmel über Europa*, in: Der Spiegel, Nr. 11, S. 103

o.V. (1997): *Olympic Airways steuert auf den Absturz zu*, in: Handelsblatt, 10.09.97, S. 20

o.V. (1997): *Passenger Service Award - Midwest Express*, in: Air Transport World, Vol. 34, No. 2, S. 44

o.V. (1997): *Road warriors and price-driven occasionalists*, in: Air Transport World, Vol. 34, No. 8, S. 31

o.V. (1997): *Singapur wird Drehkreuz für Südostasien*, in: Handelsblatt, 25.11.97, S. 17

o.V. (1997): *Streit um die venezolanische Airline*, in: Handelsblatt, 21.01.97, S. 14

o.V. (1997): *TAP-Swissair: Kooperation vereinbart*, in: Handelsblatt, 11.09.97, S. 14

o.V. (1997): *US-Airlines kämpfen um Aerolineas Argentinas*, in: Handelsblatt, 15.07.97, S. 16

o.V. (1997): *Venezuelas Airline vor Auflösung*, in: Handelsblatt, 24.02.97, S. 15

o.V. (1997): *Warning! Danger! Herb serves food*, in: Air Transport World, Vol. 34, No. 11, S. 128

o.V. (1997): *Weg zur Lufthansa-Restprivatisierung frei*, in: Handelsblatt, 15.01.97, S. 1+8

o.V. (1998): *American teams with JAL ... while ANA gets United*, in: Air Transport World, Vol. 35, No. 4, S. 9

o.V. (1998): *A new round of consolidation?*, in: Air Transport World, Vol. 35, No. 3, S. 11

o.V. (1998): *BA und AA steigen ein*, in: Handelsblatt, 15.05.98

o.V. (1998): *Swissair gründet europäische Luftverkehrsallianz*, in: Handelsblatt, 31.03.98, S. 13

o.V. (1998): *Trio kommt auf 80 % Marktanteil*, in: Handelsblatt, 27.04.98, S. 13

Palmer, Jay (1994): *The British are coming*, in: Barron´s, Vol. 74, No. 50, S. 29-34

Pearson, April (1997): *North Atlantic - Shifting sands*, in: Airline Business, Vol. 13, No. 8, S. 46-51

Petersen, Randy (1997): *The price of loyalty*, in: Airline Business, Vol. 13, No. 8, S. 39-40

Pilo, Martin (1997): *Meilenfieber*, in: Business Traveller, Nr. 2, S. 20-25

Pöll, Sibylle (1996): *Kriterien für die Airline- und Hotelwahl*, in: Business Traveller, Nr. 2, S. 6

Reed, Arthur (1995): *British Airways franchising - Buying into the game*, in: Air Transport World, Vol. 32, No. 2, S. 96-97

Reed, Arthur (1996): *Neil Kinnock - EU Transport Commissioner discusses the implications of U.S. open-skies maneuvring*, in: Air Transport World, Vol. 33, No. 2, S. 47-49

Rittweger, Alexander / **Larew**, John (1996): *Revenue Management - Dig a little bit deeper*, in: Airline Business, Vol. 12, No. 10, S. 64-66

Rivera, Luis / **Pompeo**, Lucio / **Martin**, Alberto (1997): *Network agility*, in: Airline Business, Vol. 13, No. 7, S. 56-61

Rowland, Rebecca / **Morris**, Peter (1996): *What airports do passengers prefer?*, in: Airlines International, März/April, S. 24-29

Ryan, Rob (1997): *Reach for the sky*, in: The Sunday Times, 06.04.97, S. 6.2

Sauer, Ulrike (1995): *Alitalia - Verlorener Posten*, in: Wirtschaftswoche, Nr. 44, S. 86-87

Schellenberg, Cord (1996): *Hubs-and-spokes: Besser umsteigen als keinen Flug*, in: Business Traveller, Nr. 2, S. 36-39

Schlicht, Cornelia (1995): *Subventionstropf rettet Südeuropas Fluglinien vor dem Absturz*, in: Die Welt, 27,02.95

Shenton, Harold (1993): *North Atlantic competition - How should the Europeans respond?*, in: Avmark Aviation Economist, Vol. 10, No. 1, S. 10-13

Shenton, Harold (1994): *Codesharing - GRA report sanctifies DOT policy*, in: Avmark Aviation Economist, Vol. 11, No. 10, S. 2-5

Shenton, Harold (1995): *McKinsey analysis - A new game plan for Europe*, in: Avmark Aviation Economist, Vol. 12, No. 3, S. 14-18

Shenton, Harold (1995): *The GAO´s report on alliances - Codesharing only part of the big picture*, in: Avmark Aviation Economist, Vol. 12, No. 4, S. 2-5

Siegmund, Heiner *(1996): Southwest, die Großfamilie im Wilden Westen*, in: Aero International, Nr. 4 April 1996, S. 66-70

Smith, Wake (1996): *Maintenance - shifting spanners*, in: Airline Business, Vol. 12, No. 10, S. 47-52

Soames, Trevor (1997): *European Commission - great expectations*, in: Airline Business, Vol. 13, No. 9, S. 82-85

Spaeth, Andreas (1997): *Tarife - Schein und Sein*, in: brt travel, Jg. 3, Nr. 2, S. 16-19

Stirland, Richard (1995): *What role for OAA?*, in: Travel Trade Gazette - Asia, 03.03.95

Stockman, Ian (1996): *Airports - Raming up the price*, in: Airline Business, Vol. 12, No.10, S. 53-58

Thomas, Ian (1997): *Ansett - `An excellent airline but a poor business´*, in: Air Transport World, Vol. 34, No. 7, S. 23-27

Toy, Stewart / **Chandler**, Susan / **Neff**, Robert / **Dawson**, Margaret (1995): *Flying High at KLM*, in: Business Week, 20.02.95, S. 36-39

Treitel, David / **Smick**, Edward (1996): *Networks - all change*, in: Airline Business, Vol. 12, No. 7, S. 34-36

Trent, Judith (1993): *The minimal impact of opening up cabotage*, in: Avmark Aviation Economist, Vol. 10, No. 4, S. 7-10

Walker, Karen (1997): *A breath of fresh air*, in: Airline Business, Vol. 13, No. 11, S. 32-37

Walker, Karen (1997): *Delta deal fires debate*, in: Airline Business, Vol. 13, No. 5, S. 14

Walker, Karen (1997): *Delta dumps Frankfurt hub*, in: Airline Business, Vol. 13, No. 2, S. 12

Walker, Karen (1997): *Friendly skies? Let´s get honest*, in: Airline Business, Vol. 13, No. 7, S. 74

Walker, Karen (1997): *Hubs - bespoke fortunes*, in: Airline Business, Vol. 13, No. 1, S. 32-35

Walker, Karen (1997): *Mesa Air - Leap of faith*, in: Airline Business, Vol. 13, No. 7, S. 62-63

Walker, Karen (1997): *No more tears*, in: Airline Business, Vol. 13, No. 10, S. 34-37

Walker, Karen (1997): *Southwest - Proceed with care*, in: Airline Business, Vol. 13, No. 6, S. 70-73

Walker, Karen (1997): *US opens up centre stage*, in: Airline Business, Vol. 13, No. 6, S. 11

Walker, Karen (1997): *United target on legal front*, in: Airline Business, Vol. 13, No. 3, S. 16

Walker, Karen (1997): *When the Wolf´s at your door*, in: Airline Business, Vol. 13, No. 5, S. 62-67

Walker, Karen (1998): *American to bed US rival*, in: Airline Business, Vol. 14, No. 6, S. 14

Walker, Karen (1998): *Delta ties knot at last*, in: Airline Business, Vol. 14, No. 6, S. 8

Walker, Karen (1998): *US alliance opens the floodgates*, in: Airline Business, Vol. 14, No. 3, S. 24-25

Walker, Karen / **Cameron**, Doug (1997): *Boeing pulls off twin coup*, in: Airline Business, Vol. 13, No. 1, S. 8

Walker, Karen / **Odell**, Mark (1997): *Airframes - Happy families*, in: Airline Business, Vol. 13, No. 4, S. 24-28

Welch, Tim / **Whitaker**, Richard (1997): *Together we stand*, in: Airline Business, Vol. 13, No. 9, S. 31

Wetjen, Birgit (1995): *Der Himmel über Köln*, in: markt + wirtschaft, Nr. 9, S. 9-19

Whitaker, Richard (1997): *Continental - We win together*, in: Airline Business, Vol. 13, No. 7, S. 34-37

Whitaker, Richard / **Levere**, Jane (1997): *Web fever*, in: Airline Business, Vol. 13, No. 2, S. 26-33

Winter, Russell (1996): *Startups - Starting over*, in: Airline Business, Vol. 12, No. 9, S. 70-73

Woolsey, James P. (1997): *Delta Express - It´s a Delta jet*, in: Air Transport World, Vol. 34, No. 7, S. 35

Woolsey, James P. (1997): *On top of the world*, in: Air Transport World, Vol. 34, No. 7, S. 39

Zwätz, Dietrich (1996): *Die Allianzen der Airlines rufen Neider auf den Plan*, in: Handelsblatt, 01.08.96, S. 9

D. Beschlüsse, Entscheidungen, Richtlinien und Verordnungen der EU

Beschluß des Rates vom 22. Juni 1992 über den Abschluß eines Abkommens zwischen der Europäischen Wirtschaftsgemeinschaft, dem Königreich Norwegen und dem Königreich Schweden über die Zivilluftfahrt (92/384/EWG), in: ABL Nr. L 200 vom 18.07.92, S. 20-31

Entscheidung des Rates vom 14. Dezember 1987 über die Aufteilung der Kapazitäten für die Personenbeförderung zwischen Luftfahrtunternehmen im Fluglinienverkehr zwischen Mitgliedstaaten und über den Zugang von Luftfahrtunternehmen zu Strecken des Fluglinienverkehrs zwischen Mitgliedsstaaten (87/602/EWG), in: ABL Nr. L 374 vom 31.12.87, S. 19-25

Richtlinie des Rates vom 14. Dezember 1987 über Tarife im Fluglinienverkehr zwischen Mitgliedstaaten (87/601/EWG), in: ABL Nr. L 374 vom 31.12.87, S. 12-18.

Verordnung (EGW) Nr. 3975/87 des Rates vom 14. Dezember 1987 über die Einzelheiten der Anwendung der Wettbewerbsregeln auf Luftfahrtunternehmen, in: ABL Nr. L 374 vom 31.12.87, S. 1-8

Verordnung (EWG) Nr. 3976/87 des Rates vom 14. Dezember 1987 zur Anwendung von Artikel 85 Absatz 3 des Vertrages auf bestimmte Gruppen von Vereinbarungen und aufeinander abgestimmte Verhaltensweisen im Luftverkehr, in: ABL L 374 vom 31.12.87, S. 9-11

Verordnung (EWG) Nr. 2299/89 des Rates vom 24. Juli 1989 über einen Verhaltenskodex im Zusammenhang mit computergesteuerten Buchungssystemen, in: ABL Nr. L 220 vom 29.07.89, S. 1-7

Verordnung (EWG) Nr. 2342/90 des Rates vom 24.07.1990 über Tarife im Linienflugverkehr, in: ABL Nr. L 217 vom 11.08.90, S. 1-7

Verordnung (EWG) Nr. 2343/90 des Rates vom 24.07.1990 über den Zugang von Luftverkehrsunternehmen zu Strecken des innergemeinschaftlichen Linienflugverkehrs und über die Aufteilung der Kapazitäten für die Personenbeförderung zwischen Luftverkehrsunternehmen im Linienflugverkehr zwischen Mitgliedstaaten, in: ABL Nr. L 217 vom 11.08.90, S. 1-7

Verordnung (EWG) Nr. 2344/90 vom 24. Juli 1990 zur Änderung der Verordnung (EGW) Nr. 3976/87 zur Anwendung von Artikel 85 Absatz 3 des Vertrages auf bestimmte Gruppen von Vereinbarungen und aufeinander abgestimmte Verhaltensweisen im Luftverkehr, in: ABL L 217 vom 11.08.87, S. 15-16

Verordnung (EWG) Nr. 83/91 der Kommission vom 5. Dezember 1990 zur Anwendung von Artikel 85 Absatz 3 des Vertrages auf Vereinbarungen zwischen den Unternehmen über computergesteuerte Buchungssysteme für den Luftverkehr, in: ABL Nr. L 10 vom 15.01.91, S. 9-13

Verordnung (EWG) Nr. 2408/92 des Rates vom 23.07.1992 über den Zugang von Luftfahrtunternehmen der Gemeinschaft zu Strecken des innergemeinschaftlichen Flugverkehrs, in: ABL L 240 vom 24.08.92, S. 8-14

Verordnung (EWG) Nr. 2409/92 des Rates vom 23.07.1992 über Flugpreise und Luftfrachtraten, in: ABL Nr. L 240 vom 24.08.92, S. 15-17

Verordnung (EWG) Nr. 2410/92 des Rates vom 23. Juli 1992 zur Änderung der Verordnung (EGW) Nr. 3975/87 über die Einzelheiten der Anwendung der Wettbewerbsregeln auf Luftfahrtunternehmen, in: ABL Nr. L 240 vom 24.08.92, S. 18

Verordnung (EWG) Nr. 2411/92 vom 23. Juli 1992 zur Änderung der Verordnung (EGW) Nr. 3976/87 zur Anwendung von Artikel 85 Absatz 3 des Vertrages auf bestimmte Gruppen von Vereinbarungen und aufeinander abgestimmte Verhaltensweisen im Luftverkehr, in: ABL L 240 vom 24.08.87, S. 19-20

Verordnung (EWG) Nr. 95/93 des Rates vom 18. Januar 1993 über gemeinsame Regeln für die Zuweisung von Zeitnischen auf Flughäfen in der Gemeinschaft, in: ABL L 14 vom 22.01.93, S. 1-6

Verordnung (EWG) Nr. 1617/93 der Kommission vom 25. Juni 1993 zur Anwendung von Artikel 85 Absatz 3 EWG-Vertrag auf Gruppen von Vereinbarungen, Beschlüssen und aufeinander abgestimmten Verhaltensweisen betrefffend die gemeinsame Planung und Koordinierung von Flugplänen, den gemeinsamen Betrieb von Flugdiensten, Tarifkonsultationen im Personen- und Frachtlinienverkehr sowie die Zuweisung von Zeitnischen auf Flughäfen, in: ABL L 155 vom 26.06.93, S. 18-22

Verordnung (EWG) Nr. 3089/93 des Rates vom 29. Oktober 1993 zur Änderung der Verordnung (EWG) Nr. 2299/89 über einen Verhaltenskodex im Zusammenhang mit computergesteuerten Buchungssystemen, in: ABL Nr. L 278 vom 11.11.93, S. 1-9

Verordnung (EWG) Nr. 3652/93 der Kommission vom 22. Dezember 1993 zur Anwendung von Artikel 85 Absatz 3 des Vertrages auf bestimmte Gruppen von Vereinbarungen zwischen Unternehmen über computergesteuerte Buchungssysteme für den Luftverkehr, in: ABL L 333 vom 31.12.93, S. 37-44

E. Periodika

AAPA Association of Asia Pacific Airlines [bis 1997 Orient Airlines Association (OAA)]: *Annual Report*, Manila

ACI (Airports Council International): *Worldwide airport traffic report*, Genf

AEA (Association of European Airlines): *Yearbook + Statistical Appendices to Yearbook*, Brüssel

Airclaims: *Airline fleet developments*, Heathrow

Airclaims: *Airline finance and traffic*, Heathrow

ATA (Air Transport Association of America): *Air Transport - The Annual Report of the U.S. Scheduled Airline Industry*, Washington D.C.

ERA (European Regional Airlines Association): *Yearbook*, Woking

IATA (International Air Transport Association): *Airline result & prospects*, Hounslow

IATA (International Air Transport Association): *Airport monitor*, Hounslow

IATA (International Air Transport Association): *Corporate air travel survey*, Hounslow

IATA (International Air Transport Association): *World air transport statistics (WATS)*, Hounslow

ICAO (International Civil Aviation Organization): *Annual civil aviation report*, in: ICAO Journal

ICAO (International Civil Aviation Organization): *Civil aviation statistics of the world*, Montreal

ICAO (International Civil Aviation Organization): *Financial data - Commercial air carriers*, Montreal

ICAO (International Civil Aviation Organization): *Fleet & personnel - Commercial air carriers*, Montreal

ICAO (International Civil Aviation Organization): *Regional differences in fares, rates and costs for international air transport*, Montreal

F. Luftverkehrsspezifische Fachzeitschriften

Aero International, München

Aerospace Asia-Pacific, Singapur

Airline Business, Sutton, Großbritannien

Airlines International, Hounslow, Großbritannien [offizielles Magazin der IATA]

Air Transport World, Washington D.C., USA

Avmark Aviation Economist, Arlington, USA

Business Traveller, Hamburg (Ausgabe Deutschland), London (Ausgabe Großbritannien/USA), Hongkong (Ausgabe Asien/Pazifik)

ICAO Journal, Montreal, Kanada [offizielles Magazin der ICAO]

ITA Press, Paris, Frankreich

Journal of Air Transport Management, Oxford/Cranfield, Großbritannien

Lufthanseat, Frankfurt [Mitarbeiterzeitschrift der Deutschen Lufthansa AG]
Orient Aviation, Manila, Philippinen [offizielles Magazin der OAA]
Zeitschrift für Luft- und Weltraumrecht, Köln

GLOSSAR

Airline-Code (Airline Designator)
Zweistellige Buchstabenkombinationen, die von der ↗ IATA an Fluggesellschaften vergeben wird, um deren Identifizierung in ↗ CRS, Flugplänen und Transportdokumenten zu erleichtern (z.B „LH" für Lufthansa).

Alcazar-Projekt
Geplante Fusion zwischen KLM, Swissair, SAS und Austrian Airlines, die allerdings 1993 scheiterte.

Angebotene Sitzkilometer
(↗ ASK)

Antitrust Immunity
Freistellung für einzelne Unternehmen oder Gruppen von Unternehmen von den Bestimmungen des US-Wettbewerbsrechts (↗ Gruppenfreistellung).

ASK (Available Seat Kilometers, angebotene Sitzkilometer)
Kennzahl für die Verkehrsleistung eines Luftfahrtunternehmens. Die in einem bestimmten Berichtszeitraum angebotenen Sitzkilometer berechnet man, indem man für jeden Flug die Anzahl der verfügbaren Sitzplätze mit der zurückgelegten Kilometerentfernung multipliziert und dann die Summe über alle Flüge des Berichtszeitraums bildet (↗ RPK).

Atlantic Excellence Alliance
Strategische Allianz von Delta Air Lines, Swissair, Sabena und Austrian Airlines für den Nordatlantikverkehr.

Average Stage Length
(↗ Durchschnittliche Streckenlänge)

Bank of flights (flight complex)
Abfolge von Flügen, die innerhalb eines engen Zeitkorridors auf einem Drehkreuz landen und nach kurzer Zeit wieder starten. Sowohl die ankommenden als auch die abgehenden Flüge sind dabei genau aufeinander abgestimmt, um kurze Umsteigezeiten zu ermöglichen. Auf großen ↗ Hubs treffen zu Beginn des „bank" 20 - 40 Flugzeuge ein. Passagiere, die mit einer anderen Maschine weiterfliegen möchten, haben dann 30 - 60 Minuten für das Umsteigen Zeit, worauf alle Flugzeuge wieder innerhalb eines kurzen Zeitraums abfliegen.

Blind sector flight
Flug im Anschluß an eine Zwischenlandung, auf dem wegen der geltenden bilateralen Luftverkehrsabkommen nur Passagiere und Fracht des Ausgangsflughafens, nicht jedoch des Zwischenlandeflughafens befördert werden dürfen.

Benennung
(↗ Designierung)

Blockspacing
Vereinbarung zwischen gewöhnlich zwei Fluggesellschaften, durch die das eine Unternehmen auf Flügen der Partnergesellschaft ein festes Sitzplatzkontingent zugewiesen bekommt und dieses unter Verwendung des eigenen ↗ Airline-Codes und auf eigenes Risiko verkaufen kann. Hierbei handelt es sich um eine spezielle Form des ↗ Codesharing.

Blockstunden (block hours)
Einsatzzeit eines Flugzeugs, die gewöhnlich in Stunden pro Tag gemessen wird. Für einen bestimmten Flug wird die „block-to-block time“ als Zeitraum zwischen dem Ablegen vom Gate des Ausgangsflughafens bis zum Andocken am Gate des Zielflughafens gemessen.

Catering
Versorgung einer Fluggesellschaft mit allen Gütern, die an Bord benötigt werden (z.B. Bordverpflegung, Getränke, Zeitschriften, duty-free Artikel).

Change of gauge
Bezeichnung für den planmäßig vorgenommenen Wechsel des Fluggeräts auf einer Unterwegsstation. Der betroffene Liniendienst wird dabei unter der gleichen Flugnummer, aber Einsatz einer kleineren bzw. größeren Maschine fortgesetzt.

Codesharing
Vereinbarung zwischen zwei oder mehr Fluggesellschaften, aufgrund derer bestimmte Flüge zwar von jedem beteiligten Unternehmen mit eigenem ↗ Airline-Code und eigener Flugnummer angeboten werden können, die Durchführung aber nur mit dem Fluggerät eines Partners (des „operating carrier“) erfolgt (↗ Blockspacing).

Commuter Carrier
Fluggesellschaft, die Zu- und Abbringerdienste mit (Turboprop-)Flugzeugen bis zu 50 Sitzplätzen durchführt (↗ Regional Carrier).

Computerreservierungssystem (CRS)
EDV-gestütztes System, das Informationen über die Angebote von Fluggesellschaften und verwandten Leistungsträgern (z.B. Hotels, Mietwagenagenturen) enthält und mit dem Buchungen vorgenommen sowie alle erforderlichen Reisedokumente ausgestellt werden können.

Consolidator
Unternehmen, welches große Ticketkontingente von den Airlines erwirbt und diese auf eigene Rechnung und eigenes Risiko weiterverkauft.

Crew
Besatzung eines Flugzeugs, die in „Cockpit Crew" (Pilot, Kopilot und evtl. Bordingenieur) und „Cabin Crew" unterteilt wird.

CRS
(↗ Computerreservierungssystem)

Designierung (Benennung)
Gewährung von Verkehrsrechten durch eine Regierung an ein nationales Luftfahrtunternehmen. Die Designierung ist Voraussetzung dafür, daß das Unternehmen eine bestimmte internationale Strecke bedienen kann.

Direktflug
Flug, der das Ziel mit einem oder mehreren Zwischenstops erreicht. Ein Wechsel des Fluggeräts ist dabei allerdings nicht erforderlich (↗ Nonstopflug).

Display Bias
Verfälschte Auflistungsreihenfolge der Flüge in einem ↗ Computerreservierungssystem zugunsten der das CRS betreibenden Fluggesellschaft(en).

Dry-Lease
Zumeist kurzfristiger Leasing-Vertrag über ein Flugzeug in Form des Operate-Lease. Im Gegensatz zum ↗ Wet-Lease erfolgt dabei keine Übernahme der ↗ Crew.

Durchschnittliche Streckenlänge (Average Stage length)
Die durchschnittliche Streckenlänge einer Fluggesellschaft ergibt sich, indem man die im Betrachtungszeitraum insgesamt geflogenen Flugkilometer durch die Anzahl der Flüge dividiert.

Feeder Carrier
Fluggesellschaft, die vornehmlich ↗ Feed-Traffic für größere Luftfahrtunternehmen erbringt.

Feed-Traffic
Verkehr zu einem Drehkreuzflughafen. Von diesem erfolgt dann die Weiterbeförderung zur Enddestination.

Flag Carrier
Aus den 60er und 70er Jahren stammende Bezeichnung für die größte und gewöhnlich im staatlichen Eigentum befindliche Fluggesellschaft eines Landes (z.B. Lufthansa in Deutschland, Alitalia in Italien, Olympic Airways in Griechenland, Iberia in Spanien).

FFP
(↗ Vielfliegerprogramm)

Flight Complex
(↗ bank of flights)

Franchising
Im Luftverkehr versteht man hierunter eine Vereinbarung zwischen einem Franchise-Nehmer (gewöhnlich ein kleines Luftfahrtunternhmen) und einem Franchise-Geber (gewöhnlich eine renommierte internationale Fluggesellschaft), aufgrund derer der Franchise-Nehmer das Recht erhält, seine Flüge unter der Flugnummer des Franchise-Gebers anzubieten, seine Flugzeuge in dessen Farben zu lackieren und seine Crew mit dessen Uniformen auszustatten. Obwohl das wirtschaftliche Risiko beim Franchise-Nehmer verbleibt, erfolgt die Vermarktung der Flüge durch den Franchise-Geber. Dieser ist auch weitgehend für die Flugplangestaltung zuständig und besitzt zahlreiche Kontrollrechte, um die Einhaltung des von ihm vorgegebenen Serviceniveaus sicherzustellen. Außerdem erhält er vom Franchise-Nehmer eine Franchise-Gebühr.

Freiheiten der Luft

1. Freiheit: Das Recht, das Territorium eines fremden Staates ohne Landung zu überfliegen,
2. Freiheit: Das Recht, im Territorium eines fremden Staates zu nichtgewerblichen Zwecken zu landen,
3. Freiheit: Das Recht, Passagiere, Fracht und Post im Heimatland aufzunehmen und in einem fremden Staat abzusetzen,
4. Freiheit: Das Recht, Passagiere, Fracht und Post in einem fremden Staat aufzunehmen und in das Heimatland zu befördern,
5. Freiheit: Das Recht, Passagiere, Fracht und Post zwischen zwei fremden Staaten zu befördern, sofern das betroffene Flugsegment Teil eines Fluges ist, der im Heimatland beginnt oder endet (erfolgt im Anschluß an einen Dienst der 3. Freiheit oder vor einem Dienst der 4. Freiheit),
6. Freiheit: Das Recht, Passagiere, Fracht und Post in einem fremden Staat aufzunehmen und nach Zwischenlandung im Heimatland in einen Drittstaat weiterzubefördern (Kombination eines Rechts der 3. und 4. Freiheit),
7. Freiheit: Das Recht, Passagiere, Fracht und Post zwischen zwei fremden Staaten zu befördern,
8. Freiheit (Kabotage): Das Recht, Passagiere, Fracht und Post innerhalb eines fremden Staates zu befördern.

Frequenz

Anzahl der Flüge (i.d.R. pro Tag oder Woche), die auf einer bestimmten Strecke angeboten werden (↗ Kapazität).

Gate

Flugsteig.

Gini-Koeffizient (G)

Index zur Messung der Marktkonzentration, der sich durch folgende Formel ergibt:

$$G = \frac{2 \cdot \sum_{i=1}^{n} i \cdot x_i}{n} - \frac{n+1}{n}$$

mit x_i = Marktanteil von Unternehmen i und $x_i \leq x_{(i+1)}$

Es gilt $0 \leq G < 1$. Der Gini-Koeffizient ist um so größer, je ungleicher die Marktanteile ausfallen. Er ist gleich Null, wenn alle Anbieter den gleichen Marktanteil haben.

Go Show
Passagier, der für einen bestimmten Flug zwar keine Buchung besitzt, zu diesem aber trotzdem erscheint (↗ No Show).

Gruppenfreistellung
Nichtanwendung der Wettbewerbsbestimmungen auf bestimmte Unternehmen. In Europa besitzt die EU-Kommission die Möglichkeit, die Wettbewerbsregeln des Art. 85 Abs. 3 EG-Vertrag auf bestimmte Vereinbarungen, Beschlüsse oder aufeinander abgestimmte Verhaltensweisen im Luftverkehr für nicht anwendbar zu erklären (↗ Antitrust Immunity).

Halo Effekt
Bevorzugung der Betreiberfluggesellschaft(en) eines ↗ Computerreservierungssystems gegenüber anderen Airlines durch ein angeschlossenes Reisbüro. Die Gründe für das Vorliegen das Halo Effekts liegen in den freundschaftlichen Beziehungen zwischen Betreiber-Airline und Reisebüro, die auf langjährige Geschäftsbeziehungen und persönliche Kontakte zurückzuführen sind, sowie in der umsatzabhängigen Gebührengestaltung für die Nutzung des CRS.

Herfindahl-Hirschman-Index (HHI)
Index zur Messung der Marktkonzentration, der sich durch Summation der quadrierten Marktanteile aller n Unternehmen eines Marktes ergibt:

$$H = \sum_{i=1}^{n} \left(p_i\right)^2 \quad \text{mit } p_i = \text{prozentualer Marktanteil von Unternehmen i}$$

Bei einem Monopol nimmt der HHI den Höchstwert 10.000 an. Je mehr Wettbewerber in den Markt eintreten und je gleicher die Marktanteile werden, desto geringer wird der HHI-Wert. Das U.S. Department of Justice (DOJ) verwendet den HHI zur Bewertung horizontaler Fusionen und Konzentrationsprozesse. Dabei gelten folgende Einstufungen:

	HHI	<	1.000	⇒	keine Konzentration
1.000 ≤	HHI	≤	1.800	⇒	geringe Konzentration
1.800 <	HHI	<	10.000	⇒	starke Konzentration

Host System
↗ Computerreservierungssystem, dessen zentrale Datenbank mit dem internen Reservierungssystem der Betreiberfluggesellschaft identisch ist.

Hub
Drehkreuzflughafen (↗ Hub-and-spoke).

Hub-and-spoke
Streckennetzsystem, bei dem alle Verbindungen über ein oder mehrere zentrale Drehkreuze geführt werden. Hub-and-spoke bedeutet soviel wie „Nabe und Speiche". Wie die Speichen eines Rades auf die Nabe zulaufen, so sind beim Hub-and-spoke-Streckennetz die Verbindungen („spokes") auf das zentrale Drehkreuz („hub") ausgerichtet. Im Gegensatz zum ↗ linearen Streckennetz existieren Nonstopflüge somit nur auf Verbindungen von/zu einem Drehkreuz, auf allen anderen Verbindungen ist ein- oder mehrmaliges Umsteigen erforderlich.

IATA (International Air Transport Association)
1945 gegründete Interessenvertretung der großen Linienfluggesellschaften der Welt.

ICAO (International Civil Aviation Organization)
Forum der Regierungen der am internationalen Luftverkehr teilnehmenden Nationen, welches 1944 auf der Konferenz von Chicago ins Leben gerufen wurde und der UNO seit 1947 als Sondereinrichtung angegliedert ist. Die ICAO befaßt sich mit der Entwicklung eines Ordnungsrahmens für die internationale Zivilluftfahrt, berät Mitgliedsstaaten in Fragen der Ausgestaltung bilateraler Luftverkehrsabkommen, arbeitet technische Standards aus, erbringt verschiedene Dienste im technischen Bereich und veröffentlicht zahlreiche Statistiken und Untersuchungen über den internationalen Luftverkehr.

Interline-Verbindung
Eine Umsteigeverbindung, bei der an mindestens einem Zwischenpunkt die Fluggesellschaft gewechselt werden muß (↗ Online-Verbindung).

Interlining
Nutzung eines einzigen Tickets zur Beförderung durch verschiedene Fluggesellschaften auf den einzelnen Teilsegmenten einer Reise. Das Ticket wird gewöhnlich von der Airline ausgestellt, die den Großteil der Beförderungsleistung übernimmt.

Kabotage
Beförderung von Passagieren, Fracht und Post innerhalb eines fremden Staates.

Kapazität
Anzahl der Sitzplätze, die auf einer bestimmten Strecke oder in einem bestimmten Flugzeug angeboten werden (↗ Frequenz).

Leasing
(↗ Dry-Lease, ↗ Wet-Lease)

Lineares Streckennetz
Streckennetzsystem, bei dem alle Verbindungen nur in Form von ↗ Nonstop- oder ↗ Direktflügen zwischen dem Ausgangs- und dem Zielflughafen erfolgen. Das Umsteigen an einem Drehkreuz ist daher nicht erforderlich (↗ Hub-and-spoke).

Major Carrier
a) Große Fluggesellschaft, die nationale und internationale Strecken mit Düsenflugzeugen bedient.
b) US-amerikanische Fluglinie mit mehr als 1 Mrd. US-$ Umsatz.
(↗ Commuter Carrier, ↗ Mega Carrier, ↗ National Carrier, ↗ Regional Carrier)

„Majority in interest"-Klausel
Eine in manchen Verträgen zwischen großen Luftfahrtunternehmen und Flughafengesellschaften enthaltene Klausel, die dem Carrier ein Mitsprache- oder sogar Vetorecht in Bezug auf Flughafenerweiterungsmaßnahmen zugesteht.

Mega Carrier
Sehr große Fluggesellschaft mit globalem Streckennetz (↗ Commuter Carrier, ↗ Major Carrier, ↗ National Carrier, ↗ Regional Carrier).

National Carrier
US-amerikanische Fluggesellschaft mit zwischen 100 Mio. und 1 Mrd. US-$ Umsatz (↗ Commuter Carrier, ↗ Major Carrier, ↗ Mega Carrier, ↗ Regional Carrier).

Network Management
EDV-gestützten Integration aller produktions- und vertriebsrelevanten Planungs-, Steuerungs- und Kontrollschritte, um die Aktivitäten in einzelnen Teilbereichen (z.B. ↗ Routing, ↗ Scheduling, Crew- und Flotteneinsatzplanung, ↗ Yield Management, ↗ Vielfliegerprogramm, ↗ Reisebürozusatzprovisionen, Firmen-

tarife, ↗ Codesharing und Streckenoutsourcing) optimal aufeinander abzustimmen.

Nonstopflug
Flug, der das Ziel ohne Zwischenlandung erreicht (↗ Direktflug).

No-show
Passagier, der für einen bestimmten Flug zwar eine feste Buchung hat, zu diesem aber nicht erscheint (↗ Go Show).

O/D-Verkehr (Origin-Destination-Verkehr, Quell-Ziel-Verkehr)
Verkehr zwischen zwei Punkten, dem Ausgangsort (origin) und dem Zielort (destination). In Bezug auf einen bestimmten Flughafen liegt dann O/D-Verkehr vor, wenn der Verkehr dort entweder beginnt oder endet (Gegensatz: Umsteigeverkehr).

Online-Verbindung
Umsteigeverbindung, bei der auf allen Teilsegmenten mit derselben Fluggesellschaft geflogen wird (↗ Interline-Verbindung).

Online Preference
Bevorzugte Darstellung von ↗ Online-Verbindungen gegenüber Interline-Verbindungen in einem ↗ Computerreservierungssystem.

Open sky
Grundsätzlich versteht man hierunter einen Ordnungsrahmen für den zivilen Luftverkehr, der vollständige Niederlassungsfreiheit und eine freie Wahl der Preise, Routen, Kapazitäten und Frequenzen sicherstellt. In der politischen Diskussion wird unter Open Sky jedoch oftmals nur die völlige Freigabe von Routen der 3., 4. und 5. Freiheit verstanden (↗ Freiheiten der Luft).

Overbooking
(↗ Überbuchung)

Passage
Bezeichnung für den Unternehmensbereich einer Fluggesellschaft, der sich mit der Beförderung von Passagieren befaßt (im Gegensatz zum Frachtbereich).

Predation (predatory behaviour)
Unlauteres Verhalten, welches dazu bestimmt ist, bestehende Wettbewerber aus dem Markt zu drängen bzw. potentielle Wettbewerber vom Markteintritt abzuhalten.

Pro-rate

Im Rahmen des ↗ Interlining werden Passagiere nicht nur von der ticketausstellenden Fluggesellschaft, sondern auch von anderen Luftfahrtunternehmen befördert. Für ihre Transportleistung erhalten letztere von der ticketausstellenden Airline eine Pro-rate, die nach einem von der ↗ IATA entwickelten komplizierten Verfahren berechnet wird.

Regional Carrier

a) Fluggesellschaft, die Kurzstreckendienste zwischen kleinen bis mittleren Städten und Großstädten sowie Zubringerdienste zu Drehkreuzen durchführt. Eingesetzt werden dabei entweder Turbopropmaschinen oder kleine Jets.
b) US-amerikanische Fluglinie mit weniger als 100 Mio. US-$ Umsatz.

(↗ Commuter Carrier, ↗ Major Carrier, ↗ Mega Carrier)

Reisebürozusatzprovision

(↗ TACO)

Routing

Festlegung der Streckennetzstruktur und Auswahl der anzufliegenden Destinationen sowie der zu bedienenden Routen (↗ Scheduling).

RPK (Revenue Passenger Kilometers, verkaufte Passagierkilometer)

Kennzahl für die Verkehrsleistung eines Luftfahrtunternehmens. Die in einem bestimmten Berichtszeitraum verkauften Passagierkilometer berechnet man, indem man für jeden Flug die Anzahl der verkauften Sitzplätze mit der zurückgelegten Kilometerentfernung multipliziert und dann die Summe über alle Flüge des Berichtszeitraums bildet (↗ ASK).

Scheduling

Festlegung der Frequenzen und Flugzeiten (↗ Routing).

Silent Conversations

Geheime Wettbewerbsabsprachen (v.a. hinsichtlich Preise und Kapazitäten) zwischen Fluggesellschaften unter Zuhilfenahme eines ↗ Computerreservierungssystems.

Sitzladefaktor

Kennziffer für die Auslastung einer Fluggesellschaft die angibt, wieviel Prozent der angebotenen Sitze tatsächlich verkauft wurden. Für einen bestimmten Flug berechnet man den Sitzladefaktor, indem man die Anzahl der im Flugzeug vorhandenen Sitzplätze durch die Anzahl der zahlenden Passagiere dividiert.

Slot
Unter Slot (Zeitnische) versteht man das (hoheitlich eingeräumte) Recht, zu einer genau festgelegten Zeit auf einem bestimmten Flughafen starten bzw. landen zu dürfen.

Spoke
Verbindung zwischen einem Drehkreuzflughafen und einem an diesen angeschlossenen Airport (↗ hub-and-spoke).

Star Alliance
Strategische Allianz von Lufthansa, United Airlines, SAS, Air Canada, Varig und Thai Airways (ab März 1999 auch Air New Zealand und Ansett Australia).

TACO (Travel Agent Commission Override)
Zusatzprovision an ein Reisebüro, die beim Erreichen bestimmter Umsatz- bzw. Absatzmengen ergänzend zur Grundvergütung gezahlt wird.

Transitpassagier
Flugreisender, der auf einem Flughafen umsteigt.

Überbuchung (Overbooking)
Da in der Regel nicht alle gebuchten Passagiere zum Flug erscheinen (↗ No Show), akzeptieren die Airlines mehr Buchungen, als der tatsächlichen Kapazität des Flugzeugs entspricht. Die Festlegung einer optimalen Überbuchungsrate gehört zu den wichtigsten Aufgaben des ↗ Yield Managements.

Upgrade
Höherstufung in die nächsthöhere Beförderungsklasse.

Verkaufte Personenkilometer
(↗ RPK)

Vielfliegerprogram (Frequent Flier Programme, FFP)
Ein von den meisten großen Fluggesellschaften eingesetztes Marketing-Instrument, welches dazu dient, neue Kunden zu gewinnen und bestehende langfristig an das Unternehmen zu binden. Dem Passagier werden dabei für zurückgelegte Flugkilometer Bonusmeilen gutgeschrieben, die bei Erreichen einer bestimmten Meilenzahl in Freiflüge oder andere Leistungen eingetauscht werden können.

Wet-Lease
Zumeist kurzfristiger Leasing-Vertrag über ein Flugzeug, der die Cockpit- und Kabinenbesatzung sowie ggf. alle Wartungsarbeiten beinhaltet und gewöhnlich in Form des Operate-Lease geschlossen wird (↗ Dry-Lease).

Yield Management
EDV-gestütztes Verfahren zur Ertragsmaximierung, bei dem durch die dynamische Preis-Mengen-Steuerung eine gewinnoptimale Ausnutzung der Kapazitäten angestrebt wird.

AIRLINE-CODES

Airline	Code	Airline	Code
Adria Airways	JP	Iberia	IB
Aer Lingus	EI	Iran Air	IR
Aeroflot	SU	Japan Air System	JD
Aerolineas Argentinas	AR	Japan Airlines	JL
Aeromexico	AM	JAT Jugoslovenskj Aerotransport	JU
Air Afrique	RK	Kenya Airways	KQ
Air Canada	AC	KLM	KL
Air China	CA	Korean Air	KE
Air France	AF	Lauda Air	NG
Air India	AI	Lloyd Aéreo Boliviano	LB
Air Malta	KM	LOT Polish Airlines	LO
Air Mauritius	MK	Lufthansa	LH
Air New Zealand	AZ	Malaysia Airlines	MH
Air Niugini	PX	Malév	MA
Air Zimbabwe	UM	Mexicana	MX
Alaska Airlines	AS	Middle East Airlines	ME
Alitalia	AZ	Myanmar Airways	UB
All Nippon Airways (ANA)	NH	Northwest Airlines	NW
America West	HP	Olympic Airways	OA
American Airlines	AA	Oman Air	WY
Ansett Australia	AN	Pakistan International	PK
Asiana	OZ	Philippine Airlines	PR
Austrian Airlines	OS	Polynesian Airlines	PH
Aviaco	AO	Qantas	QF
Avianca	AV	Reno Air	QQ
Balkan Bulgarian Airlines	LZ	Royal Brunei Airlines	BI
Biman Bangladesh	BG	Royal Jordanian Airline	RJ
British Airways	BA	Royal Nepal Airlines	RA
British Midland	BD	Sabena	SN
Canadian Airlines	CP	Saudia	SV
Cathay Pacific	CX	Silk Air	MI
China Airlines	CI	Singapore Airlines	SQ
China Eastern	MU	Skandinavian Airlines	SK
China Southern	CZ	South African Airways	SA
Condor	DE	Southwest	WN
Continental Airlines	CO	Swissair	SR
Crossair	LX	TAT European Airlines	IJ
Cyprus Airways	CY	Thai Airways	TG
Czechoslovak Airlines	OK	THY Turkish Airlines	TK
Delta Air Lines	DL	Tunis Air	TU
Deutsche BA	DI	Turkish Airlines	TK
Dragon Air	KA	TWA	TW
Emirates	EK	Uganda Airlines	QU
Eurowings	NS	United Airlines	UA
Eva Airways	BR	US Airways	US
Finnair	AY	Varig	RG
Garuda	GA	VASP	VP
Garuda Indonesia	GA	Vietnam Airlines	VN
Gulf Air	GF	Virgin Atlantic	VS

FSC
www.fsc.org
MIX
Papier | Fördert
gute Waldnutzung
FSC® C083411

Kolibri 360 GmbH
Ferdinand-Jühlke-Straße 7
99095 Erfurt, Deutschland
produktsicherheit@kolibri360.de

Druck:
CPI Druckdienstleistungen GmbH
im Auftrag der
Kolibri 360 GmbH
Ferdinand-Jühlke-Str. 7
99095 Erfurt